SVEC

2004 : 04

Manuscripts (two hard copies with an electronic version on floppy disk and a brief summary) should be prepared in accordance with the *SVEC* stylesheet, available on request and at the Voltaire Foundation website (www.voltaire.ox.ac.uk), and should be submitted to the *SVEC* general editor at the Voltaire Foundation, 99 Banbury Road, Oxford OX2 6JX, UK.

Chappe d'Auteroche

Voyage en Sibérie
fait par ordre du roi en 1761

II

Edition critique par

MICHEL MERVAUD

ouvrage publié avec le concours
du Centre national du livre

SVEC
2004:04

VOLTAIRE FOUNDATION

OXFORD

2004

© 2004 Voltaire Foundation, University of Oxford

ISBN 0 7294 0839 6
ISSN 0435-2866

Voltaire Foundation
99 Banbury Road
Oxford OX2 6JX, UK

A catalogue record for this book
is available from the British Library

The correct reference for this volume is
SVEC 2004:04

This series is available on annual subscription

For further information about *SVEC*
and other Voltaire Foundation publications see
www.voltaire.ox.ac.uk

This book is printed on acid-free paper

Typeset in Baskerville by Alden Bookset
Printed and bound by Polestar Scientifica Ltd

Table des matières

Liste des illustrations

Le Roy au milieu d'une guerre dispendieuse daigna s'occuper
de l'avancement des Sciences. L'académie sous la figure d'Uranie
lui rend compte du passage de Vénus sur le Soleil, et des autres
observations morales et phisiques faites à cette occasion.

VOYAGE EN SIBÉRIE

FAIT PAR ORDRE DU ROI EN 1761;

CONTENANT

Les mœurs, les usages des Russes, et l'état actuel de cette puissance; la description géographique et le nivellement de la route de Paris à Tobolsk; l'histoire naturelle de la même route; des observations astronomiques, et des expériences sur l'électricité naturelle:

ENRICHI

De cartes géographiques, de plans, de profils du terrain; de gravures qui représentent les usages des Russes, leurs mœurs, leurs habillements, les divinités des Calmouks, et plusieurs morceaux d'histoire naturelle.

Par M. l'abbé Chappe d'Auteroche, *de l'Académie royale des Sciences.*

Préface

L'INSTANT où les hommes ont formé des sociétés, fixe l'époque de la naissance des lois et des différents gouvernements. Ces lois, déterminées par la nature des besoins, étaient simples dans leur origine, et dirigées vers le bonheur des peuples. Les connaissances acquises, l'inégalité des conditions, les émigrations, et une multitude d'autres causes morales et physiques, ont été la cause de nouveaux systèmes politiques, aussi différents entre eux, que les causes qui ont concouru à leur établissement. Heureux ceux qui ont conservé, au milieu de ces révolutions, les premiers principes des gouvernements, établis relativement à la nature des climats, à l'esprit et au caractère des peuples: principes si essentiels dans toute législation, par l'influence du gouvernement sur les mœurs!

L'humanité, considérée dans les voyages sous différents points de vue, offre le tableau le plus intéressant, et le plus propre à former l'homme et à le diriger vers le bonheur. Le philosophe y trouve l'histoire de l'homme et de la nature; l'homme d'Etat, le système politique des nations, les intérêts et la connaissance des peuples.

Les Russes, renfermés dans leurs contrées au commencement de ce siècle, n'avaient aucune liaison avec l'Europe civilisée. On savait à peine qu'il existait dans ces climats glacés un peuple ignorant et grossier.[1] L'influence actuelle de la Russie dans le système politique de l'Europe montre assez les avantages qu'on peut tirer de la connaissance de ce

---

1. Idée reçue, d'autant plus tenace, peut-être, que les Français découvrent la Russie après les autres. Encore mal connue au début du XVIIIe siècle, la Russie n'était pas dépourvue de relations avec 'l'Europe civilisée'. Ses liens avec l'Occident étaient d'ailleurs anciens (Anne de Kiev avait épousé Henri Ier de France en 1051), et même pendant le joug tatar, du XIIIe au XVe siècles, elle n'avait pas été complètement isolée (les relations commerciales de Novgorod avec la Hanse et les Flandres n'avaient pas été interrompues). Dès le XVIe siècle, la 'Moscovie' entretient des missions diplomatiques: celle de Ivan Mikhaïlovitch Vorontsov en Suède (1567-1569), d'Ivan Petrovitch Novossiltsov en Turquie (1570), de Fedor Andreevitch Pissemski (1582-1583), puis de Mikouline (1600) en Angleterre... Les relations commerciales avec la Hollande et l'Angleterre se développent considérablement au XVIe et surtout au XVIIe siècles. Au début du XVIIe siècle, des ambassadeurs hollandais (Reyhout van Brederode et d'autres) vont en Russie. La France reçoit plusieurs ambassades russes: celles de Piotr Ivanovitch Potemkine en 1668 et 1681, de Iakov Fedorovitch Dolgorouki et Iakov Mychetski en 1687. Des étrangers viennent aussi en Russie bien avant le XVIIIe siècle (Introduction, p.41). De 1475 à 1479, l'architecte bolognais Aristote Fioravanti reconstruit la cathédrale de l'Assomption à Moscou. Au XVIIe siècle, les tsars encouragent les étrangers à s'établir en Moscovie pour y diffuser leur savoir et leur savoir-faire. Vers la fin du siècle, le 'faubourg des Allemands', au nord-est de Moscou, comptera plus de mille marchands étrangers.

peuple et du pays qu'il habite.[2] Je n'entreprends point d'en donner l'histoire; je me borne à ajouter de nouvelles connaissances à celles que nous avons; je rapporte des faits propres à répandre du jour sur son histoire civile, morale et politique. C'est l'objet de la première partie de mon ouvrage. Les dessins nécessaires à la description des mœurs sont de M. Le Prince, de l'Académie de peinture: on reconnaît dans la beauté de ses compositions, la fécondité de son génie et son rare talent pour rendre le costume et la nature, qu'il a étudiés en Russie.

La seconde partie a pour objet la géographie. Quand on cherche une exactitude sévère dans cette branche des connaissances humaines, on voit avec étonnement combien elles sont bornées à cet égard. On connaissait à peine en 1761, quelques positions déterminées astronomiquement depuis Strasbourg jusqu'à Tobolsk en Sibérie: cette distance est cependant de douze cents lieues environ.[3] M. Cassini de Thuri a rectifié, dans son voyage à Vienne,[4] cette ancienne géographie, par des observations géométriques, depuis nos frontières jusqu'à cette capitale de l'Autriche.

Aidé de quelques observations de M. De l'Isle,[5] faites en Russie, et de celles que je fis en Sibérie en revenant de Tobolsk, j'ai établi la partie géographique de cette contrée d'après un canevas fondé sur des observations astronomiques: j'ai borné cependant mon travail à la seule route que j'ai parcourue. Il n'est pas possible de construire une carte d'après les seuls éclaircissements qu'on peut tirer de ces peuples, surtout pour les endroits dont ils sont éloignés. J'apportai d'autant plus de soin au détail de ma route, que les cartes russes qui forment l'Atlas terminé en

---

2. Le 20 juin 1767, annonçant la prochaine parution du *Voyage en Sibérie*, l'*Année littéraire*, vol. 4, p.130, reprenait le passage de Chappe depuis 'Les Russes renfermés dans leurs contrées' jusqu'à 'et du pays qu'il habite', en sautant la phrase 'on savait à peine qu'il existait dans ces climats glacés un peuples ignorant et grossier'. En mars 1769, le *Journal des savants*, p.21-22, commence son compte rendu du *Voyage* en reproduisant intégralement le texte cité de Chappe.

3. Soit environ 4 800 km. C'est effectivement à peu près la distance parcourue par Chappe. Il y avait un itinéraire plus court, à travers l'Allemagne et la Pologne, celui que suivra Fonvizine. Mais la guerre avait contraint Chappe à passer par Vienne, et il ne pouvait éviter le détour que représente le passage par Pétersbourg.

4. César François Cassini de Thury, dit Cassini III (1714-1784), fils et petit-fils d'astronomes, fut adjoint à La Caille pour vérifier la méridienne de France. Lors de la campagne de Flandre, en 1745, à la demande de Louis XV, il leva la carte des pays occupés. La carte détaillée qu'il présenta émerveilla tellement le roi qu'il lui demanda d'entreprendre la carte du Royaume. En 1750, une somme annuelle de 40 000 livres fut attribuée à cette mission. Les subsides furent suspendus en 1755, à la veille de la guerre de Sept Ans (Débarbat *et al.*, 1990, p.21). Cassini de Thury observa le passage de Vénus à l'Observatoire des jésuites de Vienne, en présence de l'archiduc Joseph (Woolf, 1962, p.39).

5. Sur Joseph Nicolas Delisle, voir l'Introduction, note 22.

1745,[6] ne présentent qu'un canevas très imparfait de la géographie de ce pays. On y voyage quelquefois sans trouver sur ces cartes une seule position dans des espaces de près de cent lieues. La route de Cazan à Ossa[7] est dans ce cas, quoiqu'on traverse la partie du pays la plus peuplée, et qu'on rencontre à chaque quart de lieue des poteaux où les distances sont marquées. Je donne dans cette partie tout le détail des matériaux que j'ai employés, afin qu'on puisse juger du degré de précision de mes résultats, et les rectifier par les nouvelles connaissances qu'on peut avoir avec le temps.

Il serait bien à désirer que les géographes accompagnassent leurs cartes de mémoires instructifs, où l'on pût s'assurer des fondements de leur travail. Quelques-uns l'ont fait dans certaines parties de leurs ouvrages, et en particulier MM. Delisle, Buache, Danville et Bellin.[8] C'est la seule route qu'on puisse suivre pour faire des progrès dans la géographie: on ignore, sans ces mémoires, quelles sont les parties perfectionnées d'une carte, celles qui demandent à l'être: souvent, dans le but de les rectifier, on dénature les contrées connues: on substitue des erreurs à des vérités, par l'ignorance des travaux, peut-être immenses, des géographes qui ont discuté les relations des voyageurs.

C'est ce qui est arrivé à l'égard de la communication de l'Orénoque avec la rivière des Amazones, établie par les anciens géographes, supprimée par les suivants, et rétablie par des témoignages authentiques.[9] C'est ainsi que la Californie est redevenue de nos jours une péninsule, comme on l'avait reconnue au temps de sa découverte, quoique depuis longtemps elle fût regardée comme une île sur les cartes.[10]

---

6. L'*Antidote*, 1770, 1re partie, p.3, accuse Chappe d'avoir copié le *Journal* de Gmelin sans le dire lorsqu'il prétend avoir corrigé les inexactitudes de l'*Atlas* russe de 1745. Selon le *Nécrologe*, 1771, p.148, il a effectivement travaillé à diminuer son imperfection. Cet *Atlas* russe de 1745 (BnF, Ge. DD 1436) est en couleurs, avec les noms en caractères latins. Chappe le critique encore dans la deuxième partie du *Voyage*; mais il convient que, 'malgré son imperfection', il 'fait honneur à ceux qui l'ont publié, et il suffirait seul pour immortaliser Pierre Ier' (Chappe, 1768-2, ii.348). Il relève d'ailleurs des erreurs 'sur les meilleures cartes que nous ayons de la Russie' (p.371).

7. La petite ville d'Ossa est située sur la haute Kama, en aval de Perm. Chappe a effectué le trajet d'Ossa à Kazan à son retour de Tobolsk (ci-dessous, p.554-58).

8. Guillaume Delisle (1675-1726), frère aîné de Joseph Nicolas, était devenu premier géographe du roi en 1718. Philippe Buache (1700-1773) lui succéda en 1729. Son *Atlas physique* est de 1754. Jean-Baptiste Bourguignon d'Anville (1697-1782) est l'auteur de 211 cartes ou plans considérés comme les meilleurs du XVIIIe siècle, et de soixante-dix-huit ouvrages ou mémoires sur la géographie ancienne et moderne. Jacques Nicolas Bellin (1703-1772), hydrographe de la marine, publia en 1753 un atlas des côtes de France, en 1756 les cartes des côtes du monde entier, et en 1764 un *Petit Atlas maritime* en cinq volumes.

9. L'Orénoque se jette dans l'Atlantique. Mais, à 500 km de ses sources, un de ses bras s'écoule vers le Rio Negro. L'Orénoque perd ainsi $1/8$ de son débit au profit de cet affluent de l'Amazone. Son cours n'a été entièrement reconnu qu'en 1951.

10. Ce n'est qu'en 1700 que le père Kino et Guillaume Delisle réfutèrent cette idée (Broc, 1975, p.167-68; cité par Pinault Sørensen, 1994, p.141).

La troisième partie traite de l'histoire naturelle. La théorie physique du globe terrestre a été de tous les temps l'objet des recherches des philosophes, et la source d'une multitude de systèmes: enfants de l'imagination et de l'erreur; ils conduisent rarement à la vérité: la vraie route est dans la science des faits.

Les révolutions étonnantes et successives arrivées à notre globe, sont empreintes dans les masses énormes qui en forment la charpente: leurs figures irrégulières font voir aux naturalistes la plus grande harmonie: l'examen des différentes matières qui en composent l'intérieur, en a développé l'organisation, l'économie: l'ordre a succédé à la confusion apparente qui s'annonçait de toutes parts. Ces matières transportées dans le laboratoire du chimiste, ont été analysées, reproduites; et la nature, surprise dans ses mystères, a vu élever le monument où la postérité lira l'histoire du globe et de ses révolutions.

L'étude de la nature, autrefois le partage de quelques philosophes, est devenue dans ce siècle éclairé le goût de la nation: on doit à l'esprit de recherche qui l'anime, ces collections immenses, rassemblées de toutes les parties du globe: elles offrent, dans la seule capitale, les dépôts les plus féconds et les plus lumineux. Il serait peut-être avantageux qu'on s'attachât moins à tout ce qui tient au merveilleux, et qu'on portât plus d'attention aux productions plus communes; qu'on les distribuât par ordre des pays et des lieux où elles se trouvent, et qu'on en formât des catalogues raisonnés. Ils seraient les archives de la nature, et les moyens les plus propres à former la géographie physique du globe, science qui constitue le fondement de l'édifice.[11]

M. Guettard[12] est le premier, ce me semble, qui nous ait donné des cartes minéralogiques: elles ont pour objet une partie de l'histoire de la surface du globe. Je suivis, en 1753, ce projet dans la description des Vosges.[13] La Sibérie m'a fourni une nouvelle occasion de concourir à son exécution: les résultats en sont d'autant plus intéressants, que cette partie du globe nous est absolument inconnue. Les Russes nous la présentent comme un nouveau Pérou, où abondent les mines d'or, d'argent, et les pierres précieuses. Il est constant qu'on trouve des mines d'or et d'argent dans les terrains glacés de la Sibérie, ainsi que dans les terrains brûlants de la zone torride. Si l'on jugeait même de la formation des mines de Sibérie par la situation de celles qu'on y exploite, on serait tenté de croire que la nature y a suivi une marche différente de celle des autres pays. On ne les trouve pas en Sibérie, comme partout ailleurs, dans le sein de ces blocs immenses de rochers,

---

11. 'Science des faits', 'archives de la nature': il y a là l'amorce d'une sorte de 'discours de la méthode' scientifique.

12. Jean Etienne Guettard (1715-1786) a reconnu le premier l'origine volcanique de la chaîne des Puys. Il a étudié l'érosion des sols et décrit des fossiles de la région parisienne.

13. En 1753 (ou 1754, éd. présente, p.3, 235, 236), Chappe avait levé des cartes dans le comté de Bitche, avec l'aide de Pauly, alors étudiant en mathématiques.

dont la solidité et la continuité forment des chaînes de montagnes qui traversent le globe. Les mines sont le plus souvent, en Sibérie, dans des endroits peu élevés, et à un ou deux pieds de la surface de la terre.[14] La profondeur et les dispositions intérieures de ces mines y présentent un spectacle nouveau.

Je ne me suis pas borné à déterminer leurs positions géographiques, je suis entré dans des détails particuliers par rapport à celles que j'ai examinées. J'en donne les plans et les profils: on y voit la direction des filons: j'en ai déterminé, quand je l'ai pu, les formes, les profondeurs, les épaisseurs, ainsi que les dimensions des couches des matières qui les séparent, et tout ce qui doit concourir à donner l'idée la plus exacte de l'organisation intérieure de ces parties du globe.

J'ai rapporté une collection nombreuse de tous ces fossiles,[15] comme des mémoires pour servir à leur histoire. J'ai profité à ce sujet des lumières de M. Le Sage,[16] connu par ses talents dans la chimie. Cette partie offre des objets d'autant plus intéressants, qu'on pourra avoir recours aux matériaux que j'ai rapportés, pour leur comparer les faits dont je donne le détail.

Quoique toutes ces connaissances soient des plus propres à nous conduire à la découverte du mécanisme de la nature et des agents qu'elle emploie dans ses productions, il était nécessaire, pour en faire une juste application au système général, de considérer l'organisation du globe sous de nouveaux rapports absolument inconnus. L'épaisseur de la Terre soumise à nos connaissances, est composée de différentes couches de terre, de sable, de marne, d'argile, de pierres vitrifiables et calcaires. On trouve dans toutes ces couches, des coquilles marines; elles forment souvent des bancs qui traversent des provinces entières. Toutes ces couches, produits des sédiments que les eaux ont déposés dans les révolutions que le globe a éprouvées, offrent dans les montagnes, les plaines et les vallées, des phénomènes analogues à ces événements: ils en fixent l'ordre et les époques relatives. Mais la solution de ces différents problèmes suppose que l'on connaisse la hauteur de ces différentes couches par rapport à un niveau commun, l'inclinaison qu'elles observent dans la plupart des montagnes, la direction de leur pente, la position des métaux, des minéraux, et de toutes les matières qui sont les produits de la destruction des substances animales et végétales.

---

14. Erreur de Gmelin, reproduite par d'Holbach dans l'article 'Mines' de l'*Encyclopédie*, x.527b). En 1773, Diderot demandera aux académiciens russes si toutes les mines de Sibérie se trouvent à peu de profondeur (Proust, 1969, p.114). Erik Laxman répondra qu'il y a des mines assez peu profondes, mais que certaines ont plus de 50 brasses russes de profondeur (plus de 100 m), et que l'une d'entre elles atteint même plus de 90 brasses (Proust, 1969, p.119). Pallas, dans ses *Voyages*, iii.334, relève également l'erreur de Gmelin.

15. Cette collection de fossiles semble avoir disparu.

16. Balthazar-Georges Sage (1740-1824), membre de l'Académie royale des sciences à partir de 1768.

Les connaissances neuves et lumineuses que nous présente le nivellement du globe, m'avaient occupé de tous les temps; et malgré les difficultés qu'il a fallu vaincre, le baromètre m'a fourni le moyen d'en constater la possibilité par le fait; ce qui forme la quatrième partie de mon ouvrage.

Avant la détermination de la figure de la Terre, une courbe dont tous les points étaient placés à égale distance du centre de la Terre, déterminait le niveau auquel on rapportait toutes les opérations du nivellement.

L'aplatissement de la Terre vers ses pôles[17] a fait connaître que le niveau de la mer décrit, dans la direction des méridiens, une courbe telle que les lignes droites, tirées de sa surface dans la direction de la pesanteur, forment par leur intersection une autre courbe que M. Bouguer[18] appelle *gravicentrique*. Toutes ces lignes déterminent dans cette courbe le lieu géométrique des centres des différentes courbures du méridien: elles sont les tangentes de la courbe gravicentrique; et par conséquent toutes ces hauteurs déterminées par rapport au niveau de la mer, font partie de cette tangente.

Il suit de cette théorie, que les matières de niveau ne seront plus à égale distance du centre de la Terre: des couches de même pesanteur spécifique, déposées en même temps vers l'équateur et vers les pôles, seront plus éloignées du centre du globe sous l'équateur que sous le pôle; elles ne seront de niveau qu'en suivant la courbure des méridiens, que je suppose uniforme.

La théorie du baromètre étant fondée sur la pesanteur, les hauteurs qu'on en déduit font partie de la tangente de la courbe gravicentrique; et par conséquent elles sont immédiates, et n'ont besoin d'aucune correction. Cet instrument et sa théorie offrent, sous ce point de vue, les moyens les plus commodes, et les seuls praticables pour le genre d'observations nécessaires au nivellement du globe; mais il faut convenir que dans la pratique, les causes physiques opposent les plus grands obstacles à ce qu'on obtienne des résultats exacts.

Dans l'usage qu'on a fait jusqu'ici du baromètre pour niveler, on s'est presque borné à déterminer les différentes hauteurs des montagnes, sans doute par les difficultés qu'opposent les variations de l'atmosphère: et en effet quelques heures suffisent pour observer la hauteur d'une montagne; et il est aussi facile de s'assurer si l'atmosphère a eu des variations dans cet intervalle, que d'y avoir égard. Mais dans l'application de cet instrument

---

17. L'aplatissement de la terre aux pôles avait été reconnu dès 1669 par l'abbé Jean Picard. On sait que Maupertuis l'a vérifié au cours de son expédition en Laponie en 1736.

18. Pierre Bouguer (1698-1758), astronome, mathématicien, est l'un des premiers hydrographes du XVIIIᵉ siècle. En 1735, il était allé au Pérou avec l'astronome Louis Godin (1704-1760) et le naturaliste Charles Marie de La Condamine (1701-1774) pour y déterminer la longueur du méridien. Il est le fondateur de la photométrie et l'inventeur de l'héliomètre.

pour niveler le terrain, tous les inconvénients semblent se réunir pour s'opposer à son usage. Les moyens dont je me suis servi pour m'assurer de l'exactitude de mes observations, seraient ici trop longs à détailler. J'en fis l'application pour la première fois dans les Vosges en 1754, et ce fut avec le plus grand succès. Je me trouvais dans les circonstances les plus favorables: l'étendue du pays que j'observais, n'occupait qu'une vingtaine de lieues: j'avais des cartes très exactes, et un baromètre de comparaison au centre de mes opérations. Dans mon voyage de Sibérie, j'étais dépourvu de toutes ces ressources: je n'ai pu que très rarement faire usage avec exactitude d'observations correspondantes: j'ai été obligé en conséquence de multiplier mes observations, de déterminer les pentes des rivières, et de lever le plan des terrains que je parcourais. Sans ces différentes opérations, je ne pouvais m'assurer de l'exactitude de mes résultats: elles demandaient un travail continuel et des plus pénibles; mais j'étais animé par l'espérance du succès.

Quand je fus de retour en France, la combinaison de cette multitude d'observations m'offrit de nouveaux obstacles. J'étais dans le préjugé, avec plusieurs physiciens, que le terrain de la Sibérie était prodigieusement élevé: ce préjugé, établi par les voyageurs, passait pour un fait décidé, d'où l'on partait pour donner des raisons plausibles du grand froid qu'on éprouve en Sibérie.[19]

Persuadé que tous mes résultats devaient s'accorder avec cette hypothèse erronée, je me faisais illusion sur tout ce qui y était contraire: l'erreur était pour moi une source de plaisir: la vérité parlait en vain, j'étais sourd à sa voix; mais elle conserva l'avantage de jeter tant d'amertume et de dégoût sur un travail de plus de deux mois, que j'avais renoncé à publier cette partie de mon ouvrage, et au baromètre pour toujours.

Je repris cependant ce travail après plusieurs mois, et je me livrai enfin aux seules observations. Un premier calcul, fait grossièrement, me fit connaître, par l'accord de mes résultats, que j'étais sur la bonne voie: j'abjurai un préjugé qui était démenti par toutes mes observations; je ne consultai plus que les faits. Je résolus de faire un semblable usage du baromètre dans tous mes voyages. L'occasion s'en présenta de nouveau dans l'examen de la pendule de longitude de M. Berthou: elle m'obligea de me rendre à Brest en 1765, où je me réunis à M. Duhamel qui y fut pour le même sujet.[20]

---

19. Le père Avril écrivait par exemple que le grand froid de la Sibérie était dû à 'son élévation extraordinaire' (Avril, 1692, p.217). Mais l'*Encyclopédie* indique déjà en 1765 que la Sibérie est 'une large vallée ouverte aux vents du Nord'.

20. Ferdinand Berthoud (1727-1807), horloger suisse, inventa l'horloge marine pour connaître la longitude en mer. Henri Louis Duhamel Du Monceau (1700-1782), agronome et ingénieur, était inspecteur général de la marine. Chappe est allé à Brest, non en 1765, mais en 1764 (Introduction, p.22).

Ces dernières observations, combinées avec celles de mon voyage en Sibérie, et avec celles que j'avais faites en 1754 dans les Vosges, m'ont procuré le moyen de donner le profil de la partie du globe comprise entre Brest et Tobolsk, sur une distance de 1600 lieues environ, à quelques lacunes près, dans les endroits où des accidents m'ont privé de mes baromètres.

On trouvera sur les cartes géographiques de la route, toutes les positions des fossiles. J'ai profité, pour la partie située en Europe, des cartes minéralogiques de M. Guettard. Les hauteurs de ces positions sont déterminées dans le profil, ainsi que celles des rivières, des montagnes, et principalement celles des différents fossiles que j'ai vus. Ce nivellement m'a procuré l'avantage particulier de pouvoir exprimer les montagnes sur les cartes par des teintes analogues à leurs différentes hauteurs, et par là de rendre la nature, objet trop négligé dans la géographie.

J'ai exposé dans des tables toutes les observations telles qu'elles ont été faites, et les résultats corrigés: il sera facile par ce moyen de s'assurer de leur exactitude, ou de les rectifier. Cette méthode m'a paru la plus avantageuse. Quelques découvertes qu'on fasse par la suite, on sera à même de tirer parti des observations originales: ce qu'on n'est pas toujours à portée de faire, lorsqu'elles sont déguisées par des corrections particulières.

La cinquième partie a pour objet l'astronomie, et principalement l'observation du passage de Vénus. Les événements de la guerre[21] ont privé l'astronomie d'une partie des observations qui devaient être faites vers le Midi. Cependant l'incertitude de la parallaxe du soleil ne roule plus que sur deux ou trois secondes, tandis qu'elle était de huit; et les astronomes voient enfin approcher le terme désiré qui décidera cet élément, l'un des plus importants de l'astronomie.[22]

La sixième partie contient une suite d'expériences sur l'électricité naturelle, faites à Tobolsk, et comparées à celles que j'avais faites à Bitche en Lorraine, en 1757. Le tonnerre est rangé maintenant dans la classe des phénomènes électriques; c'est une vérité constante, d'après laquelle il faut partir dans la recherche des effets de ce météore.

J'étais persuadé, en 1757, que les nuages orageux étaient toujours enveloppés d'une atmosphère de matière électrique, et qu'ils étaient les seuls conducteurs d'où partaient ces éclats de foudre, qui, après avoir traversé les airs, portent l'effroi et le désordre sur la surface du globe. J'élevai, d'après ces idées, en plein air une barre de fer, suivant la méthode

---

21. La guerre de Sept Ans (1756-1763).

22. Voir Chappe, 1762, p.3, et Chappe, 1769, p.1. Maximilien Hell, en 1769, trouve que la parallaxe moyenne du soleil est de 8"70 (*De Parallaxi solis, ex observationibus transitus Veneris anni 1769*, Vienne, J. T. de Trattnern, 1772). Lalande, en comparant les observations de Chappe en Californie avec celles qui ont été faites à Wardhus par Hell, dans la baie d'Hudson et ailleurs, estime que la parallaxe du soleil est de 8"5 ou 8"75 tout au plus (Delambre, 1827, p.585).

ordinaire, dans le dessein de déterminer l'étendue de l'atmosphère électrique des nuages, et le rapport des degrés d'électricité analogues aux circonstances, et aux différentes distances de la barre aux nuages où je supposais que se faisait l'inflammation. La physique détermine cette distance par l'intervalle du temps compris entre l'éclair et le bruit, en supposant qu'une seconde de temps répond à 173 toises. Pour mesurer les différents degrés d'électricité, je me servis de la méthode de M. l'abbé Nollet,[23] rapportée dans ses Lettres sur l'électricité. Je ne connaissais pas alors l'ingénieux instrument inventé par M. le Chevalier d'Arcy et M. Le Roi,[24] connu sous le nom d'*électromètre*.

Je reconnus et m'assurai bientôt que dans presque toutes mes observations, l'inflammation s'était faite à la surface du globe, qui représentait alors le conducteur, et que la foudre s'élevait, au lieu de se précipiter des nuages.[25] Les circonstances d'un homme qui en fut frappé, et dont je dressai un procès-verbal, m'en fournirent une nouvelle preuve. Il se trouvait cependant des cas où l'inflammation se faisait à près de 1000 et 1500 toises de l'endroit où j'observais; mais ces distances étant dans la direction oblique du rayon visuel, elles pouvaient être des plus considérables, quoique l'endroit de l'inflammation fût peu élevé au-dessus de l'horizon.

---

23. L'abbé Jean Antoine Nollet (1700-1770), célèbre physicien, membre de l'Académie des sciences (1739), est l'auteur de *Leçons de physique expérimentale* (1743) et de *L'Art des expériences* (1770). Ses *Lettres sur l'électricité*, en trois volumes, ont paru à Paris en 1753 et 1760.

24. Patrick d'Arcy (1725-1779), ingénieur et physicien d'origine irlandaise, membre de l'Académie des sciences dès 1749. En 1750, il écrit contre Maupertuis pour défendre le principe qu'il nomme *conservation d'action*. En 1757, il participe à la bataille de Rosbach comme colonel. Il a publié notamment des ouvrages d'artillerie. Son *Eloge* sera fait par Condorcet. Jean-Baptiste Leroy (1719-1800), fils du célèbre horloger Julien Le Roy membre de l'Académie des sciences dès 1751. Il a inventé la première machine électrique, a perfectionné les paratonnerres. Il est l'auteur d'un *Mémoire sur l'électricité* (1753) et de nombreux autres ouvrages. En 1755, dans l'*Encyclopédie*, Le Roy décrit longuement l'électromètre qu'il a inventé en 1749 avec le chevalier d'Arcy (art. 'Electromètre'), en renvoyant aux *Mémoires de l'Académie* de 1749, p.63.

25. En 1757, l'année même où Chappe échafaudait sa théorie, D'Alembert écrivait dans l'*Encyclopédie* que la foudre est une 'matière enflammée qui sort d'un nuage avec bruit et violence' (art. 'Foudre'). Chappe a pressenti une autre partie de ce phénomène complexe, resté longtemps mystérieux, et dont la compréhension est récente (vers 1980). Au bas du nuage où sont concentrées de nombreuses charges électriques, se forme en un millième de seconde une onde d'ionisation, le précurseur, qui descend jusqu'au sol à la vitesse de plusieurs milliers de kilomètres par seconde. Lorsque cette onde s'approche du sol, un autre précurseur sort de la terre et monte à la rencontre du précurseur venu du nuage. Dès que les précurseurs descendant et ascendant entrent en contact, il se produit un énorme court-circuit qui déclenche instantanément, du sol vers le nuage, une *onde de retour* d'une très grande intensité (jusqu'à 200 000 ampères), dont la vitesse est d'environ 100 000 kilomètres par seconde (voir Yvonne Rebeyrol, 'Les forges du ciel', *Le Monde*, 26 juin 1985, p.17). C'est sans doute cette *onde de retour*, pourtant extrêmement rapide, que Chappe a plusieurs fois observée.

La position où j'étais ne me permit pas de me servir des moyens propres à m'éclairer sur cette matière. J'eus cet avantage à Tobolsk; je saisis avec empressement cette occasion: je me trouvais d'ailleurs à portée d'examiner plusieurs questions intéressantes sur l'électricité. On sait, du moins c'est une opinion reçue, que l'électricité est très faible dans les pays méridionaux; et il est d'autant plus important de s'assurer de son degré de force dans les pays du nord, qu'on a soupçonné bien des rapports entre les aurores boréales et la matière électrique. La tradition des habitants décida d'avance ce que je devais espérer de mes expériences. Le tonnerre est si fréquent à Tobolsk, et il y produit de si grands ravages, qu'on y redoute ce météore plus que partout ailleurs; l'été, la seule saison où ces habitants puissent jouir de quelques agréments dans ce climat glacé, est pour eux une saison de crainte et de désolation. J'élevai promptement une barre de fer: le respect qu'elle imprima à ce peuple timide, mit mon observation à l'abri des insultes dont il était menacé chaque jour; les premières expériences ayant répandu la terreur parmi ce peuple superstitieux. La disposition de mon observatoire, et sa situation d'où je découvrais l'horizon, me procurèrent les moyens de faire mes observations avec la plus grande facilité, et en particulier celles que je n'avais pu faire à Bitche: elles consistaient à déterminer, dans toutes les circonstances, la hauteur au-dessus de l'horizon de l'endroit où paraissait l'inflammation dans les orages.

Par l'intervalle de l'éclair et du bruit, je connaissais exactement l'hypoténuse d'un triangle sensiblement rectangle, dont la perpendiculaire abaissée de l'endroit de l'éclair sur l'horizon, déterminait la hauteur. Or, en observant l'angle formé à mon œil, il m'était aisé de déterminer tous les éléments de ce triangle.

J'avais remarqué que les grands éclats de foudre surtout déterminent dans le ciel des points fixes et décidés, que nous rapportons dans les nuées, qui offrent elles-mêmes, dans leurs couleurs et leurs figures, des objets également terminés. Partant de ces faits, dont on peut s'assurer dans tous les temps, j'avais disposé un quart-de-cercle de trois pieds de rayon, divisé par transversales: il était mobile sur son genou, et parfaitement calé dans tous les sens. L'œil fixe sur un nuage, un éclair ne paraissait point, que je ne dirigeasse à l'instant la lunette du quart-de-cercle sur le point du ciel où il paraissait. La seule erreur que je pouvais craindre, était fondée sur le mouvement du nuage; mais en lui supposant une vitesse des plus rapides, estimée de douze lieues par heure, on aurait huit toises par seconde, et dans la vitesse moyenne, deux toises environ: or, dans les circonstances les plus défavorables, la promptitude avec laquelle on peut faire cette opération, met à l'abri de toute erreur considérable, et l'on est sûr d'avoir la hauteur de l'éclair avec une exactitude plus que suffisante pour l'objet qu'on se propose.

Les orages sont si fréquents à Tobolsk, que j'ai été à même de multiplier mes opérations de ce genre. Je n'ai jamais observé en Europe une électricité si forte que dans cette partie du nord; et j'ai reconnu constamment dans mes observations de Sibérie, que la foudre s'était portée de bas en haut. Si l'on examinait les orages avec attention, et avec des yeux dégagés de préjugés, on la verrait souvent s'élancer de la terre, ainsi que je l'ai observé plusieurs fois à Tobolsk. Il est vraisemblable qu'elle s'élève souvent en silence par des conducteurs qui nous sont invisibles, et qu'elle n'éclate qu'après être parvenue à une certaine hauteur.

Plusieurs physiciens, et en particulier M. le Marquis de Maffei et M. Beccari, sont parvenus aux mêmes résultats par des routes différentes;[26] mais il faut convenir que, malgré ces découvertes, ce météore est un champ presque en friche, qui promet une récolte abondante à ceux qui voudront le cultiver.

Il serait bien avantageux qu'on vît renaître le zèle qui animait l'Europe savante en 1753, lors des premières découvertes.[27] On manque de faits pour marcher sûrement dans la recherche des nouvelles vérités que nous offre ce météore: ils peuvent seuls nous y conduire.

Destiné à concourir en 1769 à la découverte de la parallaxe du soleil, je me propose de faire dans la zone torride, des observations semblables à celles que j'ai faites dans les pays glacés. Que je me croirai heureux, si l'on trouve dans mes travaux le fruit des espérances de l'Académie! On reconnaîtra du moins le zèle de ses membres à remplir ses vues, et celles des ministres éclairés qui ont concouru au succès de ces voyages. A portée de connaître les intentions du Souverain, ils savent qu'on ne peut mieux lui plaire qu'en lui faisant part de tout ce qui a rapport au bonheur de ses peuples; qu'augmenter nos connaissances, c'est être le bienfaiteur de l'humanité, étendre la gloire de Louis et celle de la Nation.

---

26. Giovanni Battista Beccaria (1716-1781) et non Beccari, physicien italien, professeur à l'université de Turin, montra l'existence de deux sortes de charges électriques. L'auteur de l'article 'Foudre' du *Supplément* de l'*Encyclopédie*, en 1777, examine les orages 'avec des yeux dégagés de préjugés', comme le souhaitait Chappe, et fait état d'observations qui vont dans le même sens. Il rapporte le témoignage du physicien suédois Wilcke selon qui, en juillet 1758, un éclair 'parut venir de la terre au travers de la colonne de poussière et du nuage positif' (iii.103b); il écrit encore qu'avant de savoir que les nuages orageux étaient le plus souvent électrisés négativement, 'on ne pouvait pas se persuader que la foudre pût partir de terre pour frapper les nuages, comme le marquis de Maffei assurait l'avoir observé', et qu'elle pût même sortir de cavités souterraines ou de puits, comme l'affirmait le père Beccaria (p.104a); l'auteur de l'article cite aussi les *Lettres* de Franklin, d'après lesquelles un nuage électrisé négativement peut recevoir de la terre 'un coup de fluide électrique' (p.99b).

27. Franklin avait découvert en 1752 la nature électrique de la foudre. Le physicien Louis Guillaume Le Monnier (1717-1799) avait fait dès 1746 le premier essai de mesure de la vitesse de propagation de l'électricité. En 1752, il avait reconnu l'existence de charges électriques libres dans l'air. En 1753, J.-B. Leroy avait publié son *Mémoire sur l'électricité*.

Extrait des Registres
de l'Académie royale des sciences.
Du 31 août 1768.

Messieurs de Jussieu, D'Alembert et Bézout,[28] qui avaient été nommés pour examiner la relation que M. l'abbé Chappe se propose de publier, du voyage qu'il a fait en Sibérie, à l'occasion du dernier passage de Vénus sur le disque du soleil, et l''Histoire du Kamstchatka', en ayant fait leur rapport, l'Académie a jugé cet ouvrage digne de l'impression: en foi de quoi j'ai signé le présent certificat. A Paris le 31 août 1768.

Grandjean de Fouchy, Secrétaire perpétuel de l'Académie royale des sciences.

Privilège du roi

Louis, par la grâce de Dieu, roi de France et de Navarre: à nos amés et féaux conseillers, les gens tenant nos cours de parlement, maîtres des requêtes ordinaires de notre hôtel, grand-conseil, prévôt de Paris, baillis, sénéchaux, leurs lieutenants civils, et autres nos justiciers qu'il appartiendra, salut. Nos bien amés les membres de l'Académie royale des sciences de notre bonne ville de Paris, nous ont fait exposer qu'ils auraient besoin de nos lettres de privilège pour l'impression de leurs ouvrages: à ces causes, voulant favorablement traiter les exposants, Nous leur avons permis et permettons par ces présentes de faire imprimer par tel imprimeur qu'ils voudront choisir, toutes les recherches ou observations journalières, ou relations annuelles de tout ce qui aura été fait dans les assemblées de ladite Académie royale des sciences, les ouvrages, mémoires ou traités de chacun des particuliers qui la composent, et généralement tout ce que ladite Académie voudra faire paraître, après avoir fait examiner lesdits ouvrages, et jugé qu'ils sont dignes de l'impression, en tels volumes, forme, marge, caractères, conjointement ou séparément, et autant de fois que bon leur semblera, et de les faire vendre et débiter par tout notre royaume, pendant le temps de vingt années consécutives, à compter du jour de la date des présentes; sans toutefois qu'à l'occasion des ouvrages ci-dessus spécifiés, il en puisse être imprimé d'autres qui ne soient pas de ladite Académie: faisons défenses à toutes sortes de personne, de quelque qualité et condition qu'elles soient,

---

28. Etienne Bézout (1730-1783), mathématicien, membre de l'Académie des sciences (1758).

d'en introduire d'impression étrangère dans aucun lieu de notre obéissance; comme aussi à tous libraires et imprimeurs d'imprimer ou faire imprimer, vendre, faire vendre, et débiter lesdits ouvrages, en tout ou en partie, et d'en faire aucunes traductions ou extraits, sous quelque prétexte que ce puisse être, sans la permission expresse et par écrit desdits exposants, ou de ceux qui auront droit d'eux, à peine de confiscation des exemplaires contrefaits, de trois mille livres d'amende contre chacun des contrevenants, dont un tiers à Nous, un tiers à l'Hôtel-Dieu de Paris, et l'autre tiers auxdits exposants, ou à celui qui aura droit d'eux, et de tous dépens, dommages et intérêts; à la charge que ces présentes seront enregistrées tout au long sur le registre de la communauté des libraires et imprimeurs de Paris, dans trois mois de la date d'icelles; que l'impression desdits ouvrages sera faite dans notre royaume, et non ailleurs, en bon papier et beaux caractères, conformément aux règlements de la librairie; qu'avant de les exposer en vente, les manuscrits ou imprimés qui auront servi de copie à l'impression desdits ouvrages, seront remis ès mains de notre très cher et féal chevalier le sieur d'Aguesseau, Chancelier de France, commandeur de nos Ordres; et qu'il en sera ensuite remis deux exemplaires dans notre Bibliothèque publique, un en celle de notre château du Louvre, et un en celle de notre dit très cher et féal chevalier le sieur d'Aguesseau, Chancelier de France, le tout à peine de nullité des présentes: du contenu desquelles vous mandons et enjoignons de faire jouir lesdits exposants et leurs ayant cause pleinement et paisiblement, sans souffrir qu'il leur soit fait aucun trouble ou empêchement. Voulons que la copie des présentes, qui sera imprimée tout au long au commencement ou à la fin desdits ouvrages, soit tenue pour dûment signifiée, et qu'aux copies collationnées par l'un de nos amés, féaux conseillers et secrétaires, foi soit ajoutée comme à l'original. Commandons au premier notre huissier ou sergent sur ce requis, de faire pour l'exécution d'icelles, tous actes requis et nécessaires, sans demander autre permission, et nonobstant clameur de haro, charte normande, et lettres à ce contraires: car tel est notre plaisir. Donné à Paris le dix-neuvième jour du mois de février, l'an de grâce mil sept cent cinquante, et de notre règne le trente-cinquième. Par le roi en son conseil. Moi.

Registré sur le registre XII de la Chambre royale et syndicale des libraires et imprimeurs de Paris; n° 430, fol. 309, conformément au règlement de 1723, qui fait défenses, art. 4, à toutes personnes, de quelque qualité et condition qu'elles soient, autres que les libraires et imprimeurs, de vendre, débiter et faire afficher aucuns livres pour les vendre, soit qu'ils s'en disent les auteurs, ou autrement; à la charge de fournir à la susdite Chambre huit exemplaires de chacun, prescrits par l'art. 108 du même règlement. A Paris le 5 juin 1750.

Signé, Le Gras, Syndic

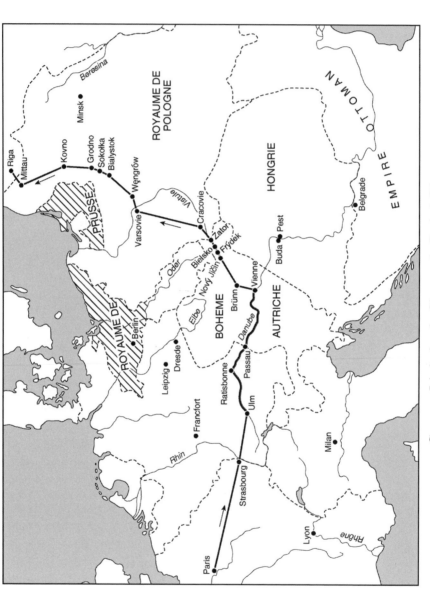

Carte 1. Itinéraire de Chappe de Paris à Riga

Carte dessinée par Ailsa Allen, cartographe, Université d'Oxford, département de Géographie.

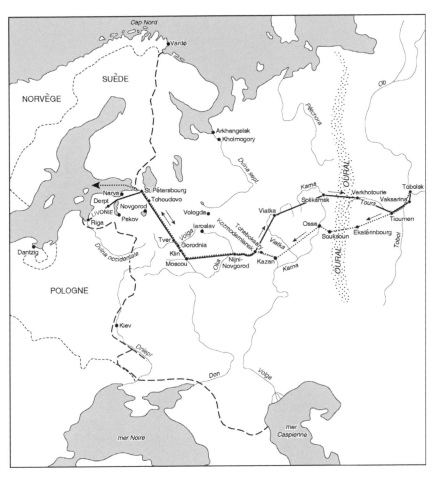

Carte 2. Itinéraire de Chappe de Riga à Tobolsk, et retour de
Tobolsk à Saint-Pétersbourg
*Carte dessinée par Ailsa Allen, cartographe, Université d'Oxford, département
de Géographie.*

[1]. Relation du voyage fait en Sibérie pour le passage de Vénus sur le soleil

MUNI des ordres du Roi et des recommandations de l'Académie, pour aller observer à Tobolsk le passage de Vénus sur le soleil, je comptais m'embarquer en Hollande, afin d'éviter l'embarras de transporter par terre jusqu'à Saint-Pétersbourg un appareil considérable d'instruments: mais le dernier des vaisseaux qui devaient faire ce trajet, était déjà en mer. Je me vis donc obligé de faire la route par terre, ce qui exigea de nouveaux arrangements, très différents de ceux sur lesquels j'avais compté. M. Durieul, colonel au service du roi de Pologne, devait partir pour Varsovie; je lui proposai de faire la route avec lui, et nous partîmes à la fin de novembre 1760. Je me consolai d'autant plus aisément de ne m'être pas embarqué sur le vaisseau hollandais, que j'appris, quelques jours avant mon départ de Paris, qu'il avait échoué sur les côtes de Suède.

Les pluies avaient rendu les chemins si impraticables, que nous n'arrivâmes à Strasbourg qu'après huit jours de route: nous nous y arrêtâmes deux jours, dans l'espérance de pouvoir faire rétablir nos voitures; mais une multitude d'accidents les avaient mises dans un si mauvais état, que nous fûmes obligés d'en prendre de nouvelles. Tous mes baromètres et thermomètres furent brisés dans la nuit du 1er au 2 décembre, par la chute d'une des voitures dans un fossé de cinq à six pieds de profondeur. J'en fis de nouveaux à Strasbourg, pendant le séjour que nous y fîmes.

Les difficultés que nous avions éprouvées dans notre route en France, nous firent craindre d'en trouver de plus grandes en Allemagne; et en effet, elles se multiplièrent si considérablement, et nous essuyâmes tant d'accidents, que nous fûmes forcés d'aller nous embarquer à Ulm sur le Danube, quoique je susse dès avant mon départ de Paris, que les brouillards rendaient alors la navigation de ce fleuve très incertaine.

Sachant que nous n'avions aucune carte détaillée du Danube dans cette partie de son cours, je saisis cette occasion d'en lever le plan dans le plus grand détail. Comme j'aurai occasion d'en parler ailleurs, je passe ici sous silence tout ce qui a rapport à cet objet.

Embarqués sur le Danube, nous ne pouvions voyager que le jour, et souvent quelques heures seulement, à cause des brouillards et de quelques endroits dangereux qu'on rencontre sur ce fleuve. Les brouillards étaient d'autant plus incommodes que ce fleuve était débordé: les ponts n'offraient alors qu'un très petit passage; il était nécessaire de découvrir les arches à une grande distance, pour choisir celles où le courant était moins rapide.

Le Danube, après avoir traversé la vaste plaine des environs d'Ulm, coule entre deux chaînes de montagnes: elles n'ont d'abord que très peu de hauteur, et sont très éloignées; mais elles s'élèvent insensiblement, se rapprochent de même, et ne forment plus qu'une gorge à quelques journées d'Ulm. Les rivages de ce fleuve n'offrent alors communément que des montagnes escarpées et arides: mais dans les terrains fertiles, les prairies, les coteaux, et les bois dispersés çà et là, forment à chaque instant avec les villes et les bourgades, de nouveaux points de vue; ils présentent aux regards avides du voyageur tranquille sur son bord, une variété d'objets toujours plus riants.

Le lit du Danube est si serré par des masses de rochers dans quelques endroits de ces montagnes, qu'on ne s'expose point à le remonter dans ces gorges, tandis que d'autres voyageurs le descendent. Ces courts trajets exigent beaucoup de précautions de la part des mariniers, parce que ces rochers étant à pic ne laissent, en cas de naufrage, aucune espérance de salut.

Cette disposition locale nous obligeait à ne faire que de courtes journées; mais à peine avait-on mis le bateau à l'ancre, que j'allais sur ces montagnes, pour en déterminer les hauteurs avec le baromètre. Je n'en ai jamais trouvé qui eussent plus de trois cents à trois cent cinquante toises de hauteur: elles étaient cependant dominées par d'autres qui s'élevaient de plus en plus, à mesure qu'elles étaient plus éloignées du Danube. La neige couvrait toutes ces montagnes, tandis qu'on n'en trouvait pas le plus petit vestige dans tout le pays situé sur les bords du fleuve.

Arrivé proche de Ratisbonne, je sortis du bateau avec M. Durieul, pour parcourir les environs de cette ville, dans le dessein de faire quelques recherches sur l'histoire naturelle. Nous nous occupions de cet objet toutes les fois que nous débarquions. M. Durieul se prêtait avec d'autant plus de zèle à ces recherches, qu'il réunit à une douceur de caractère peu commune, les connaissances les plus étendues. A peine fûmes-nous sortis du bateau qu'il découvrit une inscription singulière sur une pierre qui était au bord du fleuve. Nous fîmes apporter des pioches du bateau pour la découvrir; nous essayâmes de copier cette écriture que nous ne connaissions pas: l'étendue de cette inscription, le froid qui se faisait sentir vivement, et la nuit qui commençait à couvrir la terre, nous déterminèrent à abandonner ce travail. Nous résolûmes de déterrer la pierre, et de l'emporter dans le bateau. Sa grandeur nous obligea d'aller chercher du secours dans le village voisin. Les paysans que nous amenâmes nous apprirent qu'on trouvait quantité de semblables inscriptions dans tous les environs de l'endroit où nous étions. La multitude de ces inscriptions fit d'abord disparaître le merveilleux de notre découverte. Nous cherchâmes, mais un peu trop tard, à l'approfondir. Elle se réduisit à celle de plusieurs tombeaux de juifs, dont les inscriptions étaient les épitaphes en langue hébraïque.

Quoique d'abord un peu interdits, nous prîmes le parti de nous en amuser, et nous en soupâmes de meilleur appétit, à cause du grand exercice que nous avions fait. Nous fûmes assez heureux en nous retirant, de sauver la vie à un jeune homme, qui dans un dépit amoureux allait se jeter dans le Danube: nous en fûmes avertis par le cri de quelques personnes qui couraient après lui; nous l'arrêtâmes, et le remîmes entre leurs mains.

Nous partîmes le lendemain, et nous passâmes le pont de Ratisbonne, qu'on nous avait dit très dangereux. On nous citait pour preuve décisive la mort d'un ambassadeur qui y avait péri. Nous reconnûmes que ce pont ne devait cette célébrité qu'à la mort de l'ambassadeur.

Nous étant arrêtés à midi le même jour, pour prendre des provisions dans une petite ville située sur le bord du Danube, nous fûmes fort étonnés en rentrant dans le bateau, de trouver parmi les mariniers une jeune demoiselle de quinze à seize ans qui s'était embarquée: elle réunissait un air distingué, à la figure la plus agréable: ses yeux baissés, son maintien, sa timidité, son habillement, tout annonçait une personne honnête; aussi l'engageâmes-nous à entrer dans notre chambre; elle y consentit: son embarras et une tristesse profonde étaient exprimés dans les regards languissants qu'elle jetait sur nous de temps en temps. Nous la rassurâmes par toutes les attentions que nous eûmes pour elle: nous apprîmes après quelques questions, qu'elle demeurait chez un oncle qui était curé à quelques lieues de la dernière ville où nous nous étions arrêtés: elle s'était sauvée de chez lui, parce qu'il voulait la forcer à être religieuse. Nous la conduisîmes jusqu'à Passau, où était sa famille.

Nous arrivâmes le 24 décembre à un gros village. Ce jour était la veille de Noël. Nous allâmes à l'église pour y entendre les offices, qui furent très longs. Je reconnus le lendemain, que ma dévotion m'avait coûté la perte d'un porte-manteau qui contenait une grande partie de mon linge. C'est l'époque du débris de ma garde-robe, dont je n'ai rapporté que peu de chose à Paris; le reste m'a été volé dans le cours de mon voyage.

Après plusieurs jours de route, nous parvînmes le 27 à Lintz: nous trouvâmes dans les environs de cette ville un amas de granites travaillés pour des escaliers, cheminées et autres ornements. Les mariniers nous apprirent qu'on tirait ces granites des environs de cette ville, où ces pierres étaient communes.

Le Danube sépare Lintz en deux parties, qui communiquent par un pont de bois; j'en déterminai la longueur de trois cent cinquante pas mesurés exactement. J'ai évalué cette distance à cent cinq toises, et la profondeur de ce fleuve est dans cet endroit de cent pieds, ou de dix-sept toises environ, suivant l'estime des mariniers. Le brouillard qui avait été considérable toute la matinée du 28, se dissipa vers midi, et nous partîmes aussitôt. Le temps ayant été assez beau pendant plusieurs jours, nous fûmes peu retardés en route: nous arrivâmes enfin à Vienne le 31 décembre 1760.

Je reçus dans cette capitale l'accueil le plus favorable de leurs Majestés Impériales;[1] elles voulurent honorer les sciences et l'Académie, en

---

1. Marie-Thérèse et François Ier.

désirant que je leur fusse présenté. Pendant mon séjour dans cette ville j'allai voir le Cabinet d'histoire naturelle de l'Empereur.[2] On peut le placer dans le nombre des plus beaux de l'Europe, par les suites complètes qu'il renferme. Je n'en ai vu nulle part une aussi belle dans la classe des coraux.

L'Arsenal sous la direction du prince Lictenstein[3] est un objet des plus curieux à voir, non seulement par la quantité d'artillerie dont ce prince l'a augmenté, mais encore par la multitude d'armes de toute espèce qu'on y trouve. L'ordre et l'arrangement offrent un coup d'œil admirable. Ce prince a fait construire dans le milieu une salle, où il a placé deux belles statues de marbre qui représentent l'Empereur et l'Impératrice. Leurs Majestés Impériales ayant été voir l'Arsenal, furent agréablement surprises d'y voir cette nouvelle preuve d'attachement et de zèle du prince Lictenstein; mais ce prince le fut encore plus quelque temps après, de voir son buste placé dans le même salon, vis-à-vis de ceux de leurs Majestés; faveur sans contredit la plus flatteuse pour un sujet, et qui peut-être fait encore plus d'honneur à leurs Majestés Impériales, dont la bonté et la générosité captivent tous ceux qui ont l'honneur de les approcher. Le prince Lictenstein me procura une suite de bois pétrifiés des Monts Carpaks, des marbres, et différents cailloux qui ne sont pas moins intéressants.

Je savais qu'on faisait à Vienne l'examen le plus sévère de tout ce qui y entrait. Dans la crainte que mes instruments, arrangés avec le plus grand soin, ne souffrissent de cette visite, je priai M. le comte de Staremberg,[4] ambassadeur de leurs Majestés Impériales à Paris, d'obtenir que mes instruments ne fussent point déballés. Il eut la bonté d'écrire à ce sujet à M. le baron de Cotec, qui avait la régie de la douane. Je fus enchanté de ses politesses, et des ordres qu'il avait donnés.

J'avais observé pendant le cours de mon voyage sur le Danube, la hauteur du baromètre: mais l'usage que je devais faire de mes observations exigeait que je les comparasse à celles faites à Vienne. J'y trouvai le Père Hell,[5] jésuite, professeur d'astronomie, connu par son

2. Les 'cabinets de curiosité' étaient alors à la mode (voir Laissus, 1964). Celui d'Albertus Seba, à Amsterdam, était célèbre. Pierre le Grand avait créé le sien en 1719. C'est la fameuse 'Kunstkamera' de Saint-Pétersbourg, où il avait rassemblé notamment des monstres, procurés par un ukase.

3. Le prince Josef Wenzel Lorenz Liechtenstein (1696-1772), après avoir représenté l'Autriche à Paris de 1738 à 1741, devint général, puis feld-maréchal. Commandant l'armée d'Italie, il remporta la victoire de Plaisance sur les Français en 1746. Directeur général de l'artillerie, il réorganisa cette dernière à la manière prussienne. Marie-Thérèse lui fit élever un monument en bronze dans l'Arsenal de Vienne.

4. Le prince Georg Adam von Starhemberg (1724-1807), ambassadeur à Paris de 1755 à 1766, devint en 1767 conseiller d'Etat et grand-maître de la cour de Vienne. De 1770 à 1783, il fut gouverneur général des Pays-Bas autrichiens.

5. Maximilien Hell (1720-1792), astronome et jésuite hongrois. En 1756, il est appelé à Vienne. Il y occupera pendant 36 ans le poste d'astronome et de conservateur de l'Observatoire qu'on y a installé pour lui. Ses *Ephémérides* renommés paraissent de 1757

mérite distingué dans cette science, et par ses Ephémérides dont il enrichit chaque année l'Europe savante. Le Père Liesganig,[6] de la même Société, et qui s'occupe avec succès dans le même genre, voulut bien se charger de faire des observations correspondantes à celles que je ferais par la suite, et me communiquer celles qu'il avait faites pendant mon voyage sur le Danube. Nous déterminâmes dans son observatoire la déclinaison de la boussole de treize degrés vers l'occident, et nous comparâmes en même temps nos baromètres.

J'appris de M. le baron de Vanswietten,[7] premier médecin de l'Impératrice, et associé de notre Académie, qu'il employait avec le plus grand succès l'électricité, pour guérir les rhumatismes, et les autres infirmités de ce genre, tandis qu'en France les malades n'en reçoivent presque aucun soulagement. Cette différence aurait-elle sa source dans la différence des climats, ou n'aurait-on pas saisi la vraie route dans l'application de ce remède?

Je partis le 8 janvier de cette capitale, après avoir reçu de grandes marques de bonté de M. le duc de Pralin,[8] pour lors ambassadeur à Vienne. M. Favier,[9] qui allait à Pétersbourg en qualité de secrétaire

à 1786. En 1768, il se rend en Laponie pour observer le passage de Vénus sur le soleil. Il en profite pour *tout* étudier: géographie, histoire, religion, physique, météores, langage (il voit des rapports entre le lapon, le hongrois et le chinois!)... En relations avec Mesmer, selon qui l'acier aimanté pouvait guérir les maladies nerveuses, il crut pouvoir attribuer cette propriété à l'aimant lui-même. Mesmer combattit cette opinion. M. Hell est l'auteur de nombreux ouvrages.

6. Joseph Liesganig (1719-1799), astronome allemand, jésuite. Il enseigna les mathématiques et les belles-lettres. En 1756, il devient directeur de l'Observatoire de la maison des jésuites à Vienne. Après la suppression de son ordre, en 1773, il sera inspecteur des ponts et chaussées dans les provinces polonaises de l'Autriche. Il est l'auteur d'ouvrages de mathématiques et d'une excellente carte détaillée de Galicie.

7. Gérard, baron van Swieten (1700-1772), médecin hollandais disciple de Herman Boerhaave (1668-1738). Il commence en 1736 des leçons publiques sur les *Institutions* de Boerhaave, mais, étant catholique, il est obligé de fermer ses cours. Sur la proposition de Marie-Thérèse, il se rend à Vienne en 1745, devient premier médecin de l'impératrice et président des études médicales dans l'Empire. Il a laissé quelques œuvres et 30 volumes in-folio d'extraits de plus de 500 écrivains modernes attestant son immense érudition médicale. C'était un homme de foi peu tolérant. En 1771, dans son *Epître au roi de Danemark, Christian VII*, Voltaire s'en prend, sans le nommer, à ce 'tyran de [sa] pensée' qui empêche ses œuvres de pénétrer à Vienne (M.x.423-24).

8. César Gabriel de Choiseul-Chevigny, duc de Praslin (1712-1785), cousin du duc de Choiseul, avait remplacé le comte de Stainville à l'ambassade de Vienne en 1758. Il deviendra secrétaire d'Etat aux Affaires étrangères en 1761.

9. Sur Favier, voir l'Introduction, note 81. Pour décider Favier à entreprendre le voyage en Russie, qui devait lui attirer des ennemis puissants, on lui aurait promis de le nommer à son retour secrétaire aux conférences du Congrès qui devait se tenir à Augsbourg pour les négociations de paix. Mais ce congrès n'eut pas lieu. A Vienne, la lettre de recommandation du duc de Choiseul assura à Favier un parfait accueil auprès du chancelier Kaunitz, mais cela le fit prendre en grippe par le duc de Choiseul-Praslin. A Pétersbourg, Favier se fit un ennemi mortel du baron de Breteuil, qui, jaloux de ses succès, excita contre lui ses parents et amis tout-puissants à Versailles. Lorsque le duc de Praslin devint ministre des Affaires étrangères, le duc de Choiseul se considéra comme dégagé des promesses faites à Favier et dit à celui-ci, qui cherchait un emploi: 'Vous n'êtes ni marin, ni

d'ambassade, se joignit à nous: nous arrivâmes le 9 janvier 1761 à Nikolsbourg,[10] petite ville assez bien bâtie. On y voit un assez beau château, et une belle fontaine. La ville de Brünn, où nous séjournâmes le même jour, est fortifiée, mais médiocrement; elle est assez belle. La citadelle est placée sur une hauteur.

Nous avions voyagé depuis Vienne dans une plaine où le chemin est très beau; mais il devint mauvais aux environs de Brünn. Nous ne partîmes de cette ville qu'à dix heures du soir, ayant été retenus dans cet endroit par une de nos voitures, dont une des roues avait été fracassée. Je perdis par cet accident un de mes baromètres; et le jour suivant le dernier, par la chute de la voiture dans un fossé. Nous employâmes une partie de la nuit à la retirer: nous fûmes obligés de la décharger, ainsi que nous le pratiquions à chaque accident. Ils étaient si fréquents que j'étais dans une inquiétude perpétuelle au sujet de mes instruments. Les flambeaux dont nous avions fait provision à Vienne commençaient à nous manquer; alors il nous aurait été impossible de voyager pendant la nuit; ce qui me faisait craindre de ne pouvoir arriver à temps à Tobolsk. Nous arrivâmes le même jour sur les bords de la rivière de Bianavoda:[11] elle me parut avoir trente toises de largeur environ. N'étant gelée que sur ses bords, nous la passâmes à gué. Quoiqu'elle n'eût dans cet endroit que deux pieds de profondeur, les chevaux éprouvèrent les plus grandes difficultés à la traverser, à cause des glaçons flottants qui les incommodaient beaucoup, et de ses bords gelés, dont il fallut faire rompre la glace. Nous arrivâmes enfin le 11 à Neutischein,[12] nous y passâmes la nuit, et en partîmes le 12 à sept heures du matin. Nous avions toujours à notre droite les Monts Carpaks, à la distance d'une lieue ou d'une lieue et demie, quelquefois moins. Nous dînâmes à Friedeck:[13] c'est une petite ville de Silésie assez peuplée; on y tenait une foire considérable. L'habillement du peuple de cette ville et des paysans des environs, me parut le même que celui des habitants de la Moravie: les femmes portent de petits jupons blancs très courts; elles ont une espèce de corset ordinairement bigarré, et un voile blanc de toile attaché sur la tête. Ces paysannes s'enveloppent dans ce voile, qui descend jusqu'à la ceinture: quelques-unes n'ont qu'un crêpe blanc, qui joue sur les épaules; leurs bas sont tout plissés comme s'ils

---

militaire; je ne puis rien pour vous. M. de Praslin vous a pris en grippe, ce n'est pas ma faute' (Flammermont, 1899, p.175-76). On peut se demander si une brochure de Favier, rédigée en juillet 1756 à la prière du comte d'Argenson, ne l'a pas desservi. Il y contestait en effet le renversement des alliances, car le traité avec l'Autriche n'était 'avantageux à la France ni pour sa sûreté, ni pour son agrandissement, ni pour son crédit ou réputation' (Favier, 1789, p.97). La brochure ne fut imprimée qu'en 1778, puis en 1789 et en 1792, mais des copies manuscrites en circulaient.

10. Mikulov, actuellement en République tchèque.

11. Biala Voda, comme le fait observer l'*Antidote*, 1770, 1re partie, p.14. Ce nom signifie 'eau blanche'.

12. Nový Jičin, en Moravie septentrionale, actuellement en République tchèque.

13. Frýdek, actuellement en République tchèque.

étaient formés d'une grosse ficelle entortillée autour de leurs jambes: leur habillement est aussi ridicule que leur figure.[14] Les hommes d'ailleurs y sont passablement bien faits: leurs habits ont beaucoup de rapport avec ceux de nos paysans de France.[15]

Quoique nous fussions au 12 janvier, le froid n'était pas considérable: le thermomètre n'était qu'à trois degrés au-dessous de o; il tomba beaucoup de neige: le 13, le thermomètre descendit à cinq degrés; il se soutint à cette hauteur le 14; mais dans la nuit suivante il descendit tout à coup à quatorze et demi; nous étions alors à Bilitz.[16] Nous partîmes de cette ville à huit heures du matin, exposés à ce froid rigoureux: j'y fus d'autant plus sensible que je n'en avais pas encore éprouvé de considérable. Nous arrivâmes le même jour à Zator, à deux heures après midi: nos équipages n'arrivèrent qu'à onze heures du soir; nous avions été obligés de les faire transporter sur des chariots de paysans, à cause des accidents que nos voitures avaient éprouvés.

Zator est un gros bourg situé sur la frontière de la Pologne; le comte de Dunin en est Starost (seigneur):[17] il ne borna point ses bontés à nous obliger de prendre un logement chez lui; ayant vu nos voitures dans le plus mauvais état, il fit choisir dans ses magasins les meilleurs bois, et donna les ordres les plus précis pour qu'elles fussent parfaitement raccommodées. Malgré tous les agréments que nous procurait M. le comte de Dunin, nous nous disposâmes à partir aussitôt que nos voitures furent en état; mais nous apprîmes que la Vistule n'était pas encore totalement gelée. Le froid, qui avait été si violent le 15, cessa tout à coup; le thermomètre n'était qu'à o le 17. Dans l'incertitude où nous étions si la rivière serait bientôt totalement gelée, nous prîmes le parti de faire casser la glace: nous passâmes cette rivière vers sa source le 18 dans un bac; nous arrivâmes le 19 à Cracovie, et le 22 à Varsovie.

Varsovie est la capitale de la Pologne; c'est une très belle ville; on y trouve de très beaux bâtiments; mais il est singulier qu'il n'y ait pas une seule auberge. Un étranger qui y arriverait sans connaissance, serait exposé à coucher dans la rue.[18] Les Polonais sont à la vérité si hospitaliers,

---

14. L'*Antidote* raille ce point de vue 'philosophique' de Chappe: 'M. l'abbé, qu'est-ce qu'un habillement ridicule? Est-ce celui qu'on ne porte point à Paris?' (*Antidote*, 1770, 1re partie, p.15).

15. Ramener l'inconnu au connu est l'un des procédés classiques des récits de voyage.

16. Bielitz (Bielsko), actuellement en Pologne.

17. Le terme de *starosta*, commun à plusieurs langues slaves, signifie 'l'ancien'. En russe, il désignait un élu représentant par exemple la communauté paysanne et remplissant des fonctions administratives et policières. En polonais, il s'appliquait au gentilhomme d'une *starostie*, fief accordé à titre viager par le souverain. Le mot *staroste* apparaît en français au début du XVIIe siècle.

18. Le chevalier de Beaujeu affirmait au contraire qu'il y avait dans les capitales de Pologne (Varsovie, Lublin, etc.) des maisons où l'on vendait du vin et où l'on donnait quelquefois à manger. Ces sortes d'auberges étaient pour la plupart tenues par des cabaretiers français. Mais, après Regnard, il prévenait par ailleurs que les nombreuses auberges qu'on trouvait dans les gros villages n'étaient que des bâtiments où le voyageur

que ces tristes événements sont au moins très rares. J'y reçus les plus grandes marques de bonté de M. le marquis de Paulmy, notre ambassadeur. Il me présenta au feu roi[19] le 23, et au prince de Curlande.[20]

Le sexe en général est beau dans la Pologne; les femmes y sont aimables, leur esprit est cultivé par la lecture et la connaissance de plusieurs langues: en cérémonie, elles sont communément habillées à la française; en négligé, elles portent un habit polonais: c'est une espèce d'habit de cheval, mais des plus galants. Elles ont au lieu de coiffures un bonnet à la dragonne; cet ajustement sied admirablement à celles qui sont bien faites. Elles aiment la société et les plaisirs, ceux de l'amour y sont peu connus; leur vertu à cet égard tient cependant plus à la superstition qu'aux mœurs civilisées, au climat, et aux vrais principes de la religion.[21] C'était alors le carnaval, temps consacré aux plaisirs: les ambassadeurs et quelques grands de Pologne donnaient des fêtes des plus dispendieuses: l'ennui, compagnon de l'étiquette et de la cérémonie, y jouait toujours le premier rôle; les plaisirs volaient à la redoute.[22]

La redoute est un spectacle semblable à quelques égards au bal masqué de Paris: elle est composée de plusieurs appartements; on danse dans les uns, on joue aux jeux de hasard dans un autre, et le quatrième appartement est une salle de rafraîchissement. Les Polonais y paraissent en habit masqué, et souvent, suivant le costume du pays, cet habit est une longue robe; ils portent dessous une soubreveste,[23] et un bonnet sur leur tête rasée. Les Polonais sont ordinairement grands et bien faits: tout respire en eux la liberté; ils paraissent vous dire par la fierté de leur

---

devait apporter son lit, ses provisions, sa cuisine et son cuisinier, et n'avait de rapports avec l'hôte que pour lui payer le fourrage qu'il lui fournissait (Beaujeu, 1700, p.140-43.) Dans l'*Encyclopédie*, Jaucourt cite les Mémoires de Beaujeu à l'article 'Karesma' (polonais *karczma*, 'auberge'). Varsovie était alors une ville modeste: en 1754, elle ne comptait que 23 000 habitants, et en 1765, selon l'*Encyclopédie*, elle n'en avait encore que 50 000. Elle n'atteindra 120 000 habitants qu'en 1792.

19. Antoine-René de Voyer d'Argenson, marquis de Paulmy (1722-1787), auteur d'opéras comiques, élu membre de l'Académie française en 1748, était depuis un an ambassadeur à Varsovie. Il allait quitter la Pologne au début de 1764 à la suite d'une querelle de protocole (Fabre, 1752, p.244). Le roi Auguste III (1696-1763), fils d'Auguste II, régna de 1733 à 1763. Soutenu par Vienne et Pétersbourg, on sait qu'il avait dû sa couronne à l'intervention armée des Russes. Son concurrent Stanislas Leszczyński, élu par 12 000 nobles polonais, avait attendu vainement le secours de la France à Danzig, où la petite troupe du comte de Plélo n'avait pu résister à 35 000 Russes.

20. Pierre, fils de Biron (voir ci-dessous, ch.1, n.44). Anna Ivanovna avait donné le duché de Courlande à Biron, qui le transmit à son fils. En 1795, lors du dernier partage de la Pologne, Catherine II obligea Pierre à abdiquer et annexa la Courlande.

21. Fonvizine estimait que les Polonaises s'habillaient 'selon leur fantaisie, mais, pour la plupart, d'une étrange façon'. Il notait, contrairement à Chappe, la 'dépravation des mœurs', qui avait atteint selon lui un 'degré extrême' (Fonvizine, 1995, p.47).

22. Emprunt à l'italien *ridotto* au sens de 'bal public'. Le mot désignait le lieu où l'on dansait et, par métonymie, la danse elle-même (1752).

23. Emprunt à l'italien *sopravesta*, 'veste de dessus', dès le XVe siècle. C'était une veste longue sans manches que portaient autrefois les mousquetaires et les chevaliers de Malte.

maintien, de respecter les jeunes Polonaises qu'ils ont choisies pour danser avec eux. La physionomie douce et agréable de ces dernières, la vivacité de leurs yeux, leur taille délicate, et leur légèreté, font un contraste singulier avec les Polonais.

Dans ces bals, la danse polonaise est la dominante; les danseurs font un cercle aussi grand que la salle le permet; ils tournent autour de cette salle chacun avec sa compagne, les personnes les plus distinguées à leur tête: l'homme agit peu, ne faisant que des pliés; la femme, que le cavalier tient par la main, fait plus de mouvement. Cette danse se fait au son d'une musique aussi triste et aussi ennuyeuse que la danse. On prétend qu'elle est remplie de dignité. Après la polonaise, les danses anglaises sont le plus en usage; leur vivacité dédommage de la lenteur des premières.

La Pologne est assez peuplée:[24] la noblesse y jouit de la plus grande indépendance, et la nation est asservie par les puissances voisines; son gouvernement anarchique offre un souverain sans autorité, un Etat sans défense, à la merci de ceux qui voudront s'en emparer: les terres appartiennent aux nobles; ils en distribuent une certaine quantité aux paysans, qui sont leurs esclaves; ils leur donnent aussi des bestiaux. Le paysan retire tout le fruit des terres qui lui ont été données; mais il est obligé de travailler avec ses bœufs et ses chevaux quatre jours de la semaine, à labourer les terres du seigneur, ou à ce qu'on exige de lui, même à tous les ouvrages domestiques.

Chaque seigneur a une espèce de fermier, qu'on appelle *podstaroste*; il lui donne un certain revenu en argent ou en terre, et celui-ci a sous lui un *wout*[25] ou sous-fermier, qui rend compte tous les soirs au fermier de l'état du village et des travaux. Si quelque esclave n'a pas été exact à se rendre à l'ouvrage, ou qu'il ne s'y soit point conduit au gré du sous-fermier, il est puni sur-le-champ: dans ce cas on le couche par terre, le dos tout nu, un esclave le tient par la tête, et un autre par les pieds, pendant qu'un troisième lui met le dos tout en sang avec un fouet, qu'on appelle *kantzouk*.[26] Le sous-fermier conduit ces esclaves à l'ouvrage le fouet à la main, ainsi que des chevaux, et il les traite de la même manière.

Pendant que les hommes sont occupés aux terres, les femmes vont accommoder le chanvre du seigneur, faire la lessive, ou les autres ouvrages de leur district: en cas de mécontentement on leur donne le kantzouk, ainsi qu'aux hommes. Si des esclaves tâchent de se soustraire à cette tyrannie, en se sauvant du village, les seigneurs voisins les renvoient bientôt, par une convention faite entre eux: ils sont alors punis si sévèrement, qu'on est rarement obligé d'avoir recours à de pareils exemples.

---

24. William Coxe, d'après Büsching, calculait qu'avant les partages la Pologne ne comptait pas moins de 14 millions d'habitants (Coxe, 1787, i.99. Voir aussi Fabre, 1952, p.25).

25. Le mot *wojt* désigne actuellement un maire de village.

26. Le fouet, en polonais, se dit *kanczug*.

Les Polonais ont toujours un grand nombre de domestiques, qu'ils choisissent parmi leurs esclaves: on leur distribue une certaine quantité de pain par semaine, et par jour un potage fait avec une espèce d'orge, des choux, et du sel: on leur donne en même temps la livrée, des bottes, des bas, et un louis par an pour leur entretien.

La façon de voyager des Polonais exige qu'ils aient une suite considérable de domestiques; car ils portent avec eux tout ce qui est nécessaire à l'usage et aux commodités de la vie, toutes les provisions de bouche, les ustensiles pour les accommoder, des tables, des chaises et des lits, même lorsqu'ils vont chez leurs amis, qui n'en ont jamais que le nombre nécessaire à leur famille. Ils supposent que les voyageurs ont toujours leur lit avec eux.[27]

Le seul paysan paye les impôts en Pologne; ils y sont très modiques: le principal revenu des seigneurs consiste dans le grain, le beurre et le miel; les abeilles le déposent dans le tronc des arbres, au milieu des bois. Ceux qui sont convaincus d'avoir enlevé du miel qui ne leur appartenait pas, sont condamnés à mort: leur procès fait, on les attache nus à l'arbre où est la ruche à miel; on leur ouvre le ventre vers le nombril, on fait sortir par cette ouverture tous les boyaux, qu'on entortille autour de l'arbre, et on les laisse ainsi mourir de la mort la plus cruelle. Cette punition n'est cependant presque plus en usage actuellement.

Toute la noblesse ne jouit pas à beaucoup près du même état en Pologne: la plupart ont des biens fonds; d'autres ne jouissent que des bienfaits du roi. Le monarque ne peut y être que bienfaisant, et ne peut jamais y faire du mal. Il n'appartient qu'au souverain de donner des starosties,[28] ou terres considérables. Une famille n'a le droit d'en jouir que jusqu'à la mort du père, à moins que le souverain ne la donne de nouveau à ses héritiers. Il arrive quelquefois que des Polonais très opulents tombent tout à coup dans la misère: toute la famille est alors obligée d'entrer au service des riches, et souvent des étrangers qui résident à Varsovie.[29]

Cet état de servitude ne dégrade pas en Pologne:[30] un jour de diète le gentilhomme domestique quitte son maître pour aller donner sa voix. Il obtient quelquefois une starostie, et devient à son tour un grand seigneur.

Tous les grands de la Pologne donnent le nom de palais à leurs hôtels, qu'on ne regarderait ailleurs que comme des maisons de très petits

---

27. C'est ce qu'écrivait le chevalier de Beaujeu en 1700 (voir ci-dessus, ch.1, n.18).

28. Voir ci-dessus, ch.1, n.17.

29. C'était le cas des deux gentilshommes polonais qui servaient de cochers à Beauplan pendant son long séjour en Pologne (Beauplan, 1660, p.99).

30. Un siècle avant Chappe, Beauplan note que les nobles polonais pauvres, surtout en Mazovie, sont obligés de labourer eux-mêmes leurs terres 'et ne tiennent point à honte de tenir le manche de la charrue ou d'aller servir de gentilhomme suivant aux plus grands seigneurs' (Beauplan, 1660, p.99).

particuliers. Quelques-uns sont cependant assez beaux, surtout le palais du grand maréchal.

Je partis le 27 de Varsovie, avec M. Favier: nous traversâmes la Vistule sur la glace; elle a dans cet endroit soixante toises environ de largeur. Nous passâmes le 28 par le village de Pirdeleiova. Cinq Français de la même famille avaient été assassinés quelques jours auparavant par des Russes auprès de ce village. La mère, du nom de Lebel, faisait à Pétersbourg un grand commerce de bijouterie: elle avait repassé en France pour y faire de nouveaux achats; elle y avait établi en même temps sa fille, qu'elle emmenait en Russie avec son gendre, un commis, et une servante. Ces voyageurs apprirent en arrivant à Varsovie, que des voituriers russes allaient repartir pour Saint-Pétersbourg: ils firent par principe d'économie un marché avec les Russes, pour les conduire en Russie. Arrivés à Wegrow, la mère laissa imprudemment apercevoir une partie de ses bijoux. Les Russes formèrent aussitôt le projet de les assassiner: pour exécuter leur dessein sans témoins, ils proposèrent à ces voyageurs de partir à deux heures du matin, sous le prétexte que s'ils ne partaient pas à cette heure, ils seraient obligés de traverser la nuit suivante une rivière très dangereuse. Les voyageurs suivirent leur conseil: les deux hommes étaient dans une voiture, et les trois femmes dans l'autre. A quelques milles de Pirdeleiova, les Russes avaient séparé les voitures pendant que les voyageurs dormaient. Ils commencèrent par assassiner les deux hommes, avec l'espèce de poignard qu'ils portent toujours à leur ceinture. Ils furent ensuite à la voiture des femmes: la jeune mariée fut d'abord égorgée sans aucune résistance; la mère se défendit avec un couteau, blessa même un de ces malheureux. La servante s'était sauvée dans un bois voisin, où elle se croyait en sûreté; ils l'y poursuivirent, et l'égorgèrent de même. Ils ont par la suite avoué tous ces faits. Après avoir assassiné toute cette famille, ils enfoncèrent les malles, prirent les effets les plus précieux, et continuèrent leur route vers la Russie. Un officier au service de l'impératrice reine, qui allait à Saint-Pétersbourg, passa dans cet endroit, quelques heures après cet assassinat: il retourna à Wegrow, et apprit aux habitants ce triste événement. Le curé, qui nous a rapporté tous ces faits, lui donna les renseignements nécessaires pour reconnaître ces assassins. Il repartit aussitôt, s'informant à chaque village de leur route. Ils avaient suivi la grande route de la Pologne, sans doute pour arriver plus tôt en Russie, où ils se croyaient en sûreté; mais cet officier fit une si grande diligence qu'il les atteignit avant qu'ils pussent sortir de la Pologne. Ils étaient chez des juifs, où ils avaient déposé leur butin. Malgré leur résistance et celle des juifs, il les fit arrêter, en informa la République, et continua sa route pour Pétersbourg.

Cet assassinat fit d'autant plus de bruit dans le pays, que les Polonais sont en général très hospitaliers, et connaissent peu ces crimes. Ils ne nous en parlaient qu'en versant des larmes, et semblaient trouver de la consolation à raconter les plus petites actions de ces infortunés voyageurs, leur honnêteté, leur bonté, et surtout la parfaite union des jeunes mariés, dont la tendresse mutuelle éclatait à chaque occasion.

La Russie fut à peine informée de cet événement, qu'elle réclama les Russes qui avaient commis ces meurtres. Les Polonais, et les étrangers qui étaient à Saint-Pétersbourg furent étonnés de cette démarche. Cet assassinat ayant été commis sur le territoire de Pologne, la République avait le droit de les punir. La Russie crut cependant qu'il était de sa grandeur que ces scélérats ne fussent pas pendus,[31] et la Pologne en les rendant, donna une nouvelle preuve de sa faiblesse.

Nous arrivâmes le 29 à Bialistok à dix heures du matin, par un temps très froid; le thermomètre était à onze degrés au-dessous de o dans la voiture. Nous avions toujours voyagé depuis Varsovie sur une belle plaine; elle était toute couverte de granite depuis Wegrow jusqu'à sept ou huit lieues de Bialistok. Ces granites sont de différentes espèces et de différentes couleurs; on les trouve partout, depuis quatre pieds de diamètre jusqu'à deux pouces, et communément à quatre ou cinq pouces: la plupart ont une forme sphérique qui annonce qu'ils ont été roulés dans les eaux.

Varsovie est pavé en entier de ces granites: on n'en trouve point dans les environs de Bialistok, ni même aucune espèce de pierre. A peine fûmes-nous arrivés dans ce bourg, qu'on peut regarder comme une petite ville,[32] que nous allâmes voir le château de M. Braniskc,[33] grand maréchal de la Pologne.

On parvient au château par une grande rue qui a un portail de pierre à chaque extrémité: le premier est isolé, et assez inutile; le second s'élève en dôme, et sert d'entrée au château. On voit sur ce dernier portail un cadran solaire, et au-dessous un griffon doré, qui soutient les armes du grand général. En entrant dans la cour, qui est très vaste, on voit des deux côtés deux ailes de bâtiments à la romaine, au milieu desquelles est un grand pavillon. Le corps de logis est en face du portail. On entre dans le château par un petit vestibule: quatre colonnes de marbre noir

---

31. 'Les meurtriers étaient Russes, il fallait relever ce fait odieux', ironise l'*Antidote*, qui reproche à Chappe de consacrer à cette affaire presque autant de papier qu'à la description de la Pologne tout entière (1770, 1re partie, p.17).

32. Selon Coxe, Bialystok était une ville propre et bien bâtie, qui devait sa beauté à l'illustre famille Branicki (Coxe, 1787, i.163-64). C'est actuellement une ville de plus de 200 000 habitants.

33. Jan Branicki (1689-1771), castellan de Cracovie et grand hetman de la Couronne. Après la mort d'Auguste III en 1763, le parti hostile à la Russie voulut le placer sur le trône de Pologne. Il fut banni et ne put rentrer dans son pays qu'après l'élection de Stanislas-Auguste Poniatowski, dont il avait épousé la sœur. Il finit ses jours dans son 'Versailles polonais' de Bialystok. Dernier rejeton de sa famille, il ne faut pas le confondre avec François-Xavier Branicki (mort en 1819), qui appela les Russes en Pologne et qui, devenu général dans l'armée russe après le dernier partage, fut déclaré traître à la patrie. Un autre Branicki, Xavier (v.1815-1879) fut un des personnages les plus considérables de l'émigration polonaise: il participa à la création de *La Tribune des peuples*, en 1849, fut un des fondateurs du Crédit foncier et acquit en Touraine le château de Montrésor, qui appartient toujours à ses descendants.

soutiennent l'escalier; il est étranglé, et n'est point noble: il faut chercher derrière les colonnes les appartements du maréchal et de la maréchale; les premiers sont à droite, et les derniers à gauche. Les appartements du grand maréchal sont beaux; on y voit quantité de belles figures de bronze: les appartements de la maréchale sont magnifiques; l'or, la peinture et la sculpture y brillent de toutes parts, et y sont distribués avec tout le goût possible. On descend ensuite dans des bains qui peuvent contenir plus de vingt personnes; mais ils sont un peu négligés. Au premier étage, on entre d'abord dans un beau salon, dont la sculpture est cependant médiocre: on trouve à droite et à gauche différents appartements d'une assez grande beauté, quoique distribués avec moins de goût, et inférieurs à tous égards à ceux de la maréchale. L'appartement du roi est très beau: celui de la reine est très riche, mais ancien; le lit est entièrement brodé en or.[34]

Les jardins, les bosquets, et l'orangerie y sont distribués au mieux: le parc est vaste, bien planté, et bien entretenu; il est rempli de daims: on y voit une belle faisanderie. Ce séjour annonce le palais d'un monarque plutôt que celui d'un particulier. Quoique le grand maréchal fût absent à notre passage, ses gens nous y comblèrent de politesses.

Bialistok est exposé au grand désagrément de manquer d'eau; on est obligé de la faire venir de fort loin, et par conséquent avec des frais très considérables. Cette ville est située au milieu d'une grande plaine très bien cultivée. Nous en partîmes le même jour, et arrivâmes à onze heures du soir à Sokolka, après avoir traversé beaucoup de bois depuis Bialistok.[35]

Le thermomètre était encore le 30 à huit heures du matin, à 11 degrés au-dessous de 0. Malgré ce grand froid, nous ne trouvâmes de la neige que dans les bois. Nous arrivâmes à neuf heures sur les bords de la rivière de Mémel, dont le vrai nom est Niémen. Après avoir passé dans un bac la rivière, qui n'était gelée que vers les bords, nous montâmes une rue qui conduit à Grodno: cette rue, ainsi que toute la ville, est pavée de granite de différentes couleurs. On divise la ville en haute et basse: la première a une citadelle isolée, qui communique avec la ville par le moyen d'un pont-levis placé sur une gorge très profonde: le chemin est très beau depuis Varsovie jusqu'à cette ville; mais à mesure qu'on approche du nord, le terrain commence à devenir inégal, et forme des monticules. En traversant à un mille de Rotnica une petite rivière gelée, la glace se cassa, et une de nos voitures s'embourba. Il nous fut impossible de la retirer de cet endroit, quoique nous eussions attelé à cette voiture tous les chevaux, au nombre de dix; et nous fûmes obligés d'en envoyer chercher quatre nouveaux: il était onze heures du soir. Le froid devint des plus violents;

---

34. La comtesse Potocka, sous le règne de Stanislas-Auguste Poniatowski, fera de cette demeure la description suivante: 'J'ai encore vu le château de Bialystok meublé avec une rare magnificence. Des tapissiers français, amenés à grands frais, y avaient apporté des ameublements, des glaces, des boiseries, dignes du palais de Versailles' (Potocka, 1897, p.7).

35. La forêt de Knyszyn.

nous fîmes du feu au milieu des glaces et de la neige: les chevaux arrivèrent enfin pendant que nous soupions, et nous sortîmes, après bien des peines, de ce malheureux endroit. Les montagnes se multipliaient à mesure que nous avancions: quoique peu élevées, elles nous opposaient de grandes difficultés. Les chevaux ne sont point ferrés en Pologne,[36] et la plupart de ces montagnes étaient gelées depuis le sommet. Nous arrivâmes le 31 à quatre heures du matin, sur le bord d'une rivière, que nous passâmes dans un bac, après deux heures de travail à faire rompre la glace de ses bords. Nous prîmes de nouveaux chevaux au village de Mereck, situé sur l'autre bord, et en partîmes aussitôt. Arrivés à Olitta, nous nous disposions à passer la Niémen pour la seconde fois, lorsqu'on nous apprit que le bac avait été emporté par le courant, et qu'il fallait aller à Kowno par un chemin de traverse. La route devenait cependant très mauvaise, et à peine eûmes-nous fait un mille que nous trouvâmes de nouvelles montagnes gelées: les rampes étaient très raides; on ne pouvait alors parvenir à leur sommet qu'en attelant tous les chevaux à la même voiture: on en attelait ensuite une partie derrière pour descendre. Nous passâmes toute la nuit du 31 janvier au premier février, à voyager de cette manière, et nous arrivâmes le même jour à Gniezno,[37] village dont le comte de Pascy est seigneur: il était alors à Varsovie. N'ayant point trouvé de chevaux dans cet endroit, nous envoyâmes prier le fermier du château de nous en procurer; il nous en accorda de très bons, qui nous conduisirent à Darszoniski avant midi, malgré des chemins affreux. Nous reconnûmes dans cet endroit que les postillons s'étaient égarés, en s'écartant de la route de Kowno de plus de deux milles. Il fallut retourner sur nos pas. Les habitants de ce village nous firent espérer que la rivière de Niémen, qui n'était qu'à un quart de lieue, serait parfaitement gelée. Nous prîmes cette route pour la traverser sur la glace; mais arrivés sur les bords de la rivière, il nous fut impossible de la passer; la glace était trop faible: nous fûmes obligés de prendre un autre chemin. Parvenus à une montagne proche du hameau de Podstrava, nous tentâmes en vain de la monter depuis trois heures après midi jusqu'à six heures du soir; elle était cependant très basse; mais sa rampe était escarpée, et gelée d'un bout à l'autre. Nous retournâmes au hameau que nous venions de quitter; il n'était éloigné de cet endroit que d'une portée de fusil: après y avoir laissé reposer les chevaux pendant plusieurs heures, nous tentâmes de nouveau de passer cette montagne. Nous avions pris tous les paysans du hameau, et allumé des torches pour ménager nos flambeaux. Après avoir attelé les dix chevaux à la même voiture, nous parvînmes à moitié de la montagne; mais il ne fut pas possible de passer outre, quoique les uns fussent occupés à fouetter les chevaux, et les autres à pousser la voiture. Toutes nos tentatives furent inutiles, et nous retournâmes au hameau de Podstrava,

---

36. Le fait a été observé par Beauplan, 1660, p.42.
37. A ne pas confondre avec la ville de Gniezno, à l'est de Poznan.

où nous passâmes la nuit. Etant obligés de voyager à pied sur toutes ces montagnes gelées, M. Favier avait fait plusieurs chutes: les dernières furent très dangereuses; il avait plusieurs contusions, qui lui faisaient éprouver de vives douleurs. La maison où nous logions était une espèce d'auberge: elle présentait le tableau de la plus grande misère; un juif en était le possesseur: il n'y avait qu'un lit pour le père et la mère; le reste de la famille était couché par terre sur les haillons les plus dégoûtants. Ces gens n'ont d'autre lumière que des lames de bois allumées: ils les plantent horizontalement dans le mur. Le paysan se nourrit de pain pendant l'été dans ces endroits, ainsi que dans la Lithuanie; mais il en manque pendant l'hiver, parce qu'il vend la plus grande partie de ses blés: il se nourrit alors de cacha,[38] qui n'est autre chose que de l'orge mondé, cuit dans de l'eau comme du riz. Les Polonais aisés mangent beaucoup de cochon, et de la *chou-croute**.[39] Ils ont encore une soupe qu'ils appellent *barsez*:[40] le bouillon est du jus de betterave, qu'ils font aigrir dans un tonneau pendant plusieurs mois; ils mêlent ce jus avec de l'eau, de la crème, et de la viande quand ils en ont. Ils regardent ce mets comme très délicat.

Les habitants de ce hameau sont si misérables, que nous ne pûmes nous procurer qu'avec beaucoup de peine quelques bottes de paille pour nous coucher. Quoique très fatigués, nous reposâmes peu: nous étions dans la plus grande inquiétude à cause des retards continuels que nous éprouvions. M. Favier était chargé de dépêches importantes pour M. le marquis de L'Hôpital,[41] ambassadeur à Saint-Pétersbourg: elles demandaient une si grande diligence qu'il avait été obligé plusieurs fois de rendre compte à M. le duc de Choiseul de cette multitude d'accidents qui retardaient notre arrivée à Saint-Pétersbourg. Le paysan que nous avions envoyé chercher de nouveaux chevaux revint à quatre heures du matin: il nous apprit qu'on n'avait voulu nous en envoyer que jusqu'à la moitié du chemin; ils nous étaient alors presque inutiles: nous prîmes le parti de tenter à tourner la montagne, et attendîmes en conséquence que le jour commençât à paraître. Nous nous fîmes accompagner par tous les paysans que nous pûmes ramasser dans le hameau, et avec leur secours nous sortîmes enfin le 2 au matin de cet endroit, où nous étions arrivés le 1er

---

* Ce sont des choux qu'on a coupés, et qu'on a fait aigrir pendant plusieurs mois dans de l'eau.

---

38. La *kasza* polonaise, comme la *kacha* russe, est une bouillie de céréales cuite dans du lait. La *kacha* russe est plutôt à base de sarrazin. La *kasza* polonaise ajoute à l'orge mondé des œufs et de la crème aigre. Le mot est employé pour la première fois par Beauplan, 1660, p.109, puis par Chappe. On ne le retrouvera pas ensuite, chez les auteurs français, avant le milieu du XIXe siècle.

39. Le mot est attesté en 1739 sous la forme *sorkrote*. C'est Chappe qui semble l'employer le premier sous sa forme moderne (dans l'*Encyclopédie*, l'article 'Sauer-Kraut' signale que les Français l'appellent par corruption *sourcrout*).

40. Peut-être une faute d'impression pour *barscz* (en polonais *barszcz*). C'est le *borchtch* des Russes, terme qui n'apparaît en français qu'à partir des années 1860.

41. Voir l'Introduction, n.78.

à trois heures après midi. Nous arrivâmes à Kamstiski à onze heures du matin, et le même jour à Kowno sur les quatre heures du soir.

Le 3 février le thermomètre de M. de Réaumur monta tout à coup à o; ce qui nous fit craindre le dégel: mais il descendit le soir avec la même promptitude, le vent ayant tourné au nord: nous voyageâmes toute cette journée dans une plaine. Le 4 au matin le froid diminua un peu; le thermomètre n'était qu'à cinq degrés au-dessous de o: le vent était considérable, il élevait des tourbillons de neige qui nous incommodaient beaucoup: un postillon ne put y résister; il nous abandonna au milieu des bois, et se sauva, sans qu'il nous fût possible de le joindre: nous fûmes obligés d'en envoyer chercher un autre au plus prochain village. Nous arrivâmes à Kraski à onze heures du soir, et le 5 à Mittau[42] sur les dix heures du matin. Nous avions beaucoup souffert cette nuit du froid; le thermomètre était descendu à onze degrés au-dessous de o.

Mittau est la capitale de la Courlande, et la résidence du duc. Cette ville est belle, mais en général assez mal bâtie:[43] on rencontre en sortant, le palais que le duc de Biren[44] avait fait bâtir pendant qu'il était le favori de la czarine Anne. Ce palais serait de toute beauté, s'il était fini.

Les chemins avaient été très beaux depuis Kowno. Nous passâmes à Olin le même jour, après avoir traversé à un mille de cet endroit les limites de la Livonie et de la Russie. Tout le pays était couvert de neige, et l'on commençait à faire usage des traîneaux. Nous arrivâmes à Riga à dix heures du soir, et descendîmes à une auberge nommée Krieq: on avait déjà soupé; la compagnie était très nombreuse: elle était assise autour de la table, dont on avait tout enlevé, excepté les bouteilles et les verres. Tous les convives avaient une pipe de près de trois pieds de long; ils fumaient et buvaient tour à tour: les uns étaient appuyés sur la table, les autres étaient étendus nonchalamment dans leur fauteuil, la veste déboutonnée; on n'entendait que le bruit qu'occasionnait le choc des verres, des bouteilles, et le mouvement des lèvres de ceux qui fumaient. Il s'élevait de toutes parts des tourbillons de fumée qui affectaient aussi désagréablement la vue que l'odorat. La fumée était si considérable qu'on distinguait à peine les personnes à l'autre bout de l'appartement. Des servantes fort jolies, très bien faites, et proprement habillées, paraissaient de temps en temps, et faisaient connaître qu'elles ne se piquaient pas d'être vestales.[45]

---

42. L'actuelle Elgava, en Lettonie.

43. Contradiction relevée par l'*Antidote* (1770, 1re partie, p.18).

44. Ernst-Johann Bühren, dit Biron (1690-1772), Allemand des pays baltes, amant d'Anna Ivanovna, duchesse de Courlande, puis impératrice de Russie (1730-1740). Favori et ministre tout-puissant, il fit régner la terreur policière et la corruption, en plaçant des Allemands aux postes importants. Ce régime fut appelé la *bironovchtchina*. A la mort d'Anna, Biron fut exilé en Sibérie, puis à Iaroslav. Catherine II lui rendit son duché de Courlande en 1763.

45. 'Malgré la fumée, l'Abbé trouve à son gré les servantes de l'auberge [...]. Mais l'Abbé, n'avez-vous pas honte de venir faire à l'Académie des contes pareils, j'en rougis pour vous' (*Antidote*, 1770, 1re partie, p.19).

Nous fîmes un assez mauvais souper: nous avions moins besoin de manger que de prendre un peu de repos. Nous fûmes voir le lendemain la ville, pendant qu'on nous construisait des traîneaux, sur lesquels nous fîmes placer nos voitures.

Riga est une grande ville très commerçante: elle est située sur la Duna. Avant d'entrer dans la ville, nous traversâmes sur la glace cette rivière: elle a environ deux fois la largeur de la Seine. La mer n'étant éloignée que de deux lieues de Riga, on y transporte aisément les marchandises. Cette ville a autrefois appartenu aux Suédois, qui la perdirent du temps du czar Pierre Ier: elle a conservé tous les privilèges qu'elle demanda lors de sa capitulation avec la Russie.[46] Il y a peu de noblesse, excepté parmi les étrangers. Les habitants sont presque tous commerçants.

Après le dîner nous fûmes pour rendre visite au gouverneur, qui est de la famille des Dolgorouski; mais comme il était très âgé et malade, il ne fut pas possible de le voir.

M. de Vittinhof,[47] conseiller de la Régence de Livonie, et chevalier de l'ordre de St. Alexandre Newski, nous combla de politesses. Il avait épousé la fille du fameux général Munick,[48] quoiqu'exilé en Sibérie.

Nos traîneaux furent finis le 7: nous partîmes le même jour de Riga à six heures du soir. A peine fûmes-nous éloignés de la ville d'un demi-mille, que nous ne trouvâmes plus de neige: nous étions alors dans une vaste plaine, qu'il nous était impossible de traverser avec les traîneaux. La nuit était encore très obscure, et nous étions éloignés de tout secours. Nous tentâmes de remettre les voitures sur les roues; mais quoique nous eussions des flambeaux, l'obscurité de la nuit et la pesanteur de nos bagages nous opposèrent des obstacles insurmontables. Nous fîmes proposer aux postillons, par un interprète que j'avais pris à Varsovie, d'aller chercher du secours au plus proche village: il s'éleva aussitôt une dispute des plus vives entre les Russes et l'interprète. N'entendant point la langue, il ne nous était pas possible de découvrir le sujet de la querelle; et mon interprète étant ivre, nous ne pouvions ni lui faire entendre raison, ni

---

46. Riga capitula le 4/15 juillet 1710. Pierre Ier reconnut les privilèges de la noblesse livonienne par une Résolution en treize points du 1er mars 1712.

47. Trois faussetés en peu de mots, relève l'*Antidote*: M. de Vittinghoff est chevalier de Sainte-Anne (et non d'Alexandre Nevski); il a épousé la petite-fille (et non la fille) de Münnich; ce dernier n'était pas général, mais feld-maréchal avant et après son exil (1770, 1re partie, p.20).

48. Burchard-Christophe Münnich (1683-1767), né dans l'Oldenbourg, avait d'abord été au service de la France (1699), de la Hesse (1701) et de la Pologne (1716). Appelé en Russie par Pierre le Grand en 1721, il était devenu général en chef et comte sous Pierre II, en 1727. Nommé feld-maréchal et ministre de la guerre par Anna Ivanovna, il avait fondé à Pétersbourg un corps de cadets. Il chasse Stanislas Leszczýnski de Danzig en 1734, devient commandant en chef des armées russes dans la guerre contre la Turquie (1736-1739). Condamné à mort sous Elisabeth, en 1742, sa peine est commuée en déportation en Sibérie, d'où il est rappelé par Pierre III en 1762. Son *Ebauche* du gouvernement de l'Empire de Russie (en français) a été récemment rééditée avec des commentaires et des notes de Francis Ley (Münnich, 1989).

l'obliger à se taire. Nous étions cependant toujours au bivouac par le froid le plus rigoureux, sans beaucoup d'espérance de sortir sitôt de cette situation: nous comprîmes enfin, après bien des peines, que les postillons ne voulaient pas aller chercher du secours, sous prétexte que la nuit était trop obscure. Je m'approchai d'eux, et leur montrai un rouble*:[49] ils partirent aussitôt, sans en pouvoir garder un auprès de nous; ils revinrent très promptement avec des paysans. On décida qu'il suffirait de détacher les traîneaux, qui tenaient lieu des roues de devant, et qu'on les attacherait derrière les voitures. Nous nous remîmes en route vers onze heures du soir; mais à peine eûmes-nous fait quelques pas que les cordes des autres traîneaux se cassèrent: les paysans, qui ne nous avaient pas quittés, nous firent entendre qu'il serait indispensable d'ôter les autres traîneaux, et qu'ils nous rendraient ce service, si nous leur voulions donner encore un rouble: nous leur en avions déjà donné deux, et un aux postillons; ce qui faisait vingt livres argent de France. Quoique peu contents de nous voir vexés de la sorte, nous leur accordâmes tout ce qu'ils demandèrent, par le désir où nous étions de sortir promptement de cet endroit. Nous voyageâmes tranquillement le reste de la nuit et une partie de la journée du 8. La neige augmentait cependant de plus en plus: on ne voyait même que des traîneaux sur la route; mais ce qui nous était arrivé nous avait décidés à n'en faire usage que le plus tard que nous pourrions. Nous éprouvâmes le 8 un ouragan des plus violents: des tourbillons de neige s'élevaient de toutes parts; on distinguait à peine à quelques toises de distance les objets les plus apparents; le vent lançait la neige avec tant de violence que les chevaux s'arrêtaient à chaque instant, sans qu'il fût possible de les faire avancer. Pour surcroît de malheur un des postillons culbuta dans un trou les chevaux et la voiture des équipages: nous crûmes que tout était perdu; nous descendîmes promptement de voiture, et après deux heures de travail nous nous remîmes en route, et arrivâmes enfin à Lenzenhof. Le vent s'apaisa bientôt; nous fîmes la poste pour Wolmar[50] sans aucun accident; ce qui était très rare. Le pays était couvert de neige,

---

* Monnaie de Russie qui vaut cinq livres de France.

---

49. Le cours du rouble était déjà de cinq livres en 1689 (La Neuville, 1698, p.69). Au début du XVIIe siècle, il était de six livres douze sols environ (Margeret, 1983, p.67, 71, 90).

50. C'est l'actuelle Valmiera, en Lettonie, à une centaine de kilomètres au nord-est de Riga. La ville devait son nom de Wolmar, Wolmer ou Walmer, selon le *Grand Dictionnaire historique* de Moreri, à Waldemar II, roi de Danemark qui l'avait fait bâtir en 1218 sur le champ de bataille où il venait de défaire les Livoniens. Dans ses différentes éditions (Paris 1732, Bâle 1740, Paris 1759), Moreri, reprenant le *Dictionnaire géographique et historique* de Michel-Antoine Baudrand (Paris 1705), situait Wolmar en 'Lettonie suédoise'. Or, depuis 1710 en fait et depuis 1721 en droit, la Suède l'avait perdue au profit de la Russie. Elle était donc devenue une 'petite ville de l'Empire Russien', comme l'indiquait le *Grand Dictionnaire géographique et critique* de Bruzen de La Martinière, t.ix, La Haye, 1739 (Acher, 1980, p.368-69).

et la route très large: elle devint très étroite à la sortie de Wolmar; le chemin était tracé sur un tas de neige que les vents avaient amassé entre des palissades: il n'était solide que dans les endroits battus; les postillons nous conduisaient avec les plus grandes précautions dans cette route dangereuse. Nous touchions au moment d'être délivrés de nos craintes, lorsque la voiture où nous étions disparut tout à coup: on voyait à peine la tête des chevaux, et nous étions calfeutrés dans notre voiture; il ne restait qu'une petite ouverture vers le haut de l'impériale, par où nous sortîmes sans attendre qu'on nous apportât du secours. Nous tentâmes en vain tous les moyens possibles pour dégager notre voiture, en y attelant tous les chevaux de la première: nous fûmes obligés d'envoyer chercher des pelles au plus prochain village, et nous parvînmes enfin à déterrer la voiture et les chevaux, après avoir passé une partie de la journée à cette opération. Nous fîmes mettre au premier village nos voitures sur les traîneaux, et arrivâmes le 10 à deux heures après midi à Derpt.[51] Nous y apprîmes par des Russes qui venaient de Saint-Pétersbourg, que la quantité de neige était si considérable sur la route, et que les chemins étaient si étroits, qu'il n'était pas possible de voyager avec nos voitures. Le maître de la poste nous confirma dans la même idée, et nous assura que nous n'arriverions pas à Saint-Pétersbourg dans quinze jours: nous abandonnâmes donc nos voitures, et prîmes dans cette ville quatre traîneaux, deux pour nous, les deux autres pour le domestique et les équipages. Je connus pour la première fois la facilité de voyager avec des traîneaux: nous allions avec la plus grande vitesse, sans éprouver aucun accident. Le froid augmentait cependant chaque jour à mesure que nous approchions de Saint-Pétersbourg: le 11 le thermomètre se soutenait à douze degrés et demi à midi, et il descendait de quatre ou cinq degrés pendant la nuit. Presqu'à découvert dans nos traîneaux, nous éprouvions les plus vives douleurs de ce froid rigoureux, auquel nous n'étions pas accoutumés. Nous arrivâmes enfin à Saint-Pétersbourg le 13 février, après deux mois et demi de route. Chaque jour avait été marqué par des accidents si multipliés, que j'avais désespéré d'arriver à temps en Russie pour mon observation.

J'allai sur-le-champ chez M. le marquis de L'Hôpital, notre ambassadeur, dont j'éprouvai bien des bontés. Il était au moment de son départ: M. le baron de Breteuil[52] y resta ministre plénipotentiaire.

J'étais parti de France d'après la demande que l'Académie de Saint-Pétersbourg avait faite à celle de Paris, d'envoyer un de ses membres en Sibérie, où quelques astronomes de Russie devaient aussi se rendre.[53] Ces

---

51. Ancienne Iouriev, fondée en 1030 en pays finnois par le prince Iaroslav de Novgorod, la ville devint allemande en 1224 sous le nom de Dorpat. Une université de langue allemande y fut créée en 1632. Elle devint russe en 1704 sous le nom de Derpt. C'est l'actuelle Tartou, en Estonie, où l'université a été recréé par Alexandre Ier.

52. Sur le baron de Breteuil, voir l'Introduction, n.79.

53. Sur les malentendus entre les deux Académies, voir l'Introduction, p.6-9.

astronomes étaient déjà partis depuis plus d'un mois,[54] lorsque j'arrivai à Saint-Pétersbourg: leur départ et quelques difficultés survenues avant mon arrivée, avaient rendu problématique mon voyage à Tobolsk. Des académiciens de Pétersbourg proposèrent différents autres endroits de la Russie, d'un accès plus facile que Tobolsk, et beaucoup moins éloignés; mais la durée du passage de Vénus sur le soleil était plus courte dans cette capitale de la Sibérie que dans aucun autre endroit du globe: elle offrait alors la position la plus avantageuse, dont tout autre n'aurait pu me dédommager. Il me fut aisé de faire goûter ces raisons à un ministre aussi éclairé que M. le baron de Breteuil. Il trouva auprès de M. le comte de Woronzof,[55] grand chancelier de Russie, amateur et protecteur des sciences, toutes les facilités possibles; les obstacles qu'on avait suscités furent levés, et mon départ fut enfin fixé au 10 mars.

L'Impératrice Elisabeth donna les ordres les plus précis à ce sujet. C'est à la protection de cette princesse que je dois les secours dont j'ai joui en Sibérie pendant le cours de mon voyage.[56]

Arrivé à Saint-Pétersbourg, j'étais encore éloigné de plus de huit cents lieues[57] de Tobolsk. Ce nouveau voyage exigeait de nouveaux préparatifs, et d'un genre différent de ceux dont je m'étais occupé à mon départ de France. Il fallait me pourvoir pour tout ce trajet, de provisions de bouche de toute espèce, même de celles dont l'usage est le plus nécessaire, comme de pain, de lits et de tous les ustensiles nécessaires à la vie. Je ne pouvais me passer ni d'un interprète, ni d'un horloger pour raccommoder mes pendules, en cas d'accident. A peine avais-je le temps de désirer; j'étais prévenu en tout par M. le baron de Breteuil; il partageait mon zèle pour cette observation. C'est à lui surtout que les sciences en doivent le succès; et que ne doit pas d'ailleurs la nation à ce sage ministre?

La saison était cependant si avancée, que menacé du dégel avant mon arrivée à Tobolsk, on me faisait craindre que ce nouveau contretemps ne rendît mon voyage inutile, en m'obligeant de rester au milieu des forêts de Sibérie. Je fondais toute mon espérance dans la facilité qu'offrent les traîneaux pour voyager avec la plus grande vitesse.

---

54. Les deux astronomes russes, Stepan Roumovski et Nikita Popov, avaient été envoyés en Sibérie à deux endroits différents. Roumovski était parti de Pétersbourg au mois de janvier 1761 (Introduction, p.10). L'*Antidote* prétend que c'est à cause du 'long retard' de Chappe que l'Académie de Pétersbourg a envoyé un astronome russe à sa place (1770, 1re partie, p.21).

55. Mikhail Illarionovitch Vorontsov (1714-1767) était chancelier depuis 1758. Il avait succédé à Alexeï Petrovitch Bestoujev-Rioumine, hostile à la France et qui avait perdu la confiance d'Elisabeth à cause de ses positions pro-anglaises pendant la guerre de Sept Ans.

56. Si Chappe a reçu en cadeau mille roubles en plus des chevaux et des guides (*SRIO*, x.319), c'est sans doute grâce à Elisabeth. On a vu que Chappe a fait un grand éloge de l'impératrice, alors défunte, à son retour de Sibérie (Chappe, 1762, p.4).

57. Soit plus de 3 200 km. L'itinéraire de Chappe par Moscou, Nijni-Novgorod, Viatka, augmente la distance, mais celle-ci ne semble pas supérieure à 2 800 km.

Je partis de Saint-Pétersbourg le 10 mars au soir,[58] avec quatre traîneaux. On en distingue de plusieurs espèces (*N. I.*),[59] quoique la construction soit toujours la même à plusieurs égards*.

Celui dans lequel je voyageais en partant de Saint-Pétersbourg, était fermé de toutes parts: mais il était très pesant, à cause de tout ce que j'avais placé dans son intérieur. On y avait attelé cinq chevaux de front: l'horloger et mon domestique étaient dans un autre couvert à moitié; un

---

* *Description des traîneaux*[60]

La partie inférieure des traîneaux est composée de deux pièces de bois qui ont six pouces environ de largeur, et trois d'épaisseur à l'extrémité du derrière du traîneau: ces dimensions sont les mêmes sur deux ou trois pieds de longueur; elles diminuent ensuite, toujours en approchant de l'autre extrémité, qui se relève en arc sur le devant du traîneau, jusqu'à la hauteur de deux pieds environ, ainsi que dans le traîneau de la Planche Iere, où l'on voit quatre enfants traînés par deux autres. (On donne cette courbure au bois, au temps de la sève, en le fixant dans cet état contre les maisons, où il reste quelquefois une année). Ces deux pièces, qui sont les principales du traîneau, ont dans le milieu et au-dessous deux lames de fer presque aussi minces que celles des patins, et l'usage en est le même. Ces deux pièces sont fixées à deux pieds et demi de distance plus ou moins, par des traverses très solides: au-dessus de ce premier châssis on en place un second, qui est attaché au premier par des chevilles, ainsi qu'on le voit dans le traîneau ci-dessus: les pièces du second châssis sont cependant moins fortes que celles du premier. Cette construction simple forme les traîneaux ordinaires, dont on fait usage pour transporter les provisions et les bagages: ils sont traînés quelquefois par des hommes; mais on y attelle communément plusieurs chevaux, et plus souvent un seul, par le moyen de deux brancards attachés sur les côtés du traîneau: le conducteur s'assied alors sur les provisions; et si le traîneau est vide, il se tient quelquefois debout, quoique le traîneau aille avec toute la vitesse possible. Les autres traîneaux de voyage sont de deux sortes: les uns sont couverts en entier, et les autres à moitié seulement. Ces derniers sont les plus communs: leur construction diffère très peu de ceux dont j'ai déjà parlé; on élève sur le second châssis huit montants de bois, de même hauteur que les deux pièces de bois recourbées. Ces montants sont fixés en bas par des chevilles, et en haut par deux traverses: on forme avec des cerceaux sur le derrière du traîneau, une espèce de coffre semblable à ceux des cabriolets; ou plutôt le traîneau dans cet état forme la caisse d'une voiture connue sous le nom de dormeuse: elle est couverte de toutes parts avec du cuir, et le plus souvent avec des ragoches.† Ce traîneau ainsi construit, est de la plus grande légèreté: on en peut voir la figure dans la Planche Ire. Pour rendre le traîneau plus solide, on fixe obliquement sur les côtés deux traverses, qu'on attache ensemble derrière le coffre: on se met à l'abri des injures de l'air, en attachant une ragoche sur le bord de l'impériale; on l'abat sur le devant du traîneau, ou on la relève à volonté: on en place une seconde sur les pieds, pour empêcher en même temps que la neige ne tombe dans le traîneau. Le plus commode de tous les traîneaux est celui qui est placé au milieu de la Planche: c'est une caisse très légère, qui a six pieds de long sur trois de large, et quatre ou cinq pieds de haut, avec une porte et une fenêtre de chaque côté; on s'y procure les mêmes commodités que dans une voiture ordinaire.

† Les ragoches sont des nattes formées avec des filaments d'écorces d'arbres.[61]

---

58. Nouveau style. Chappe n'a pas tenu compte du calendrier russe, alors en retard de onze jours sur le calendrier grégorien.

59. C'est-à-dire, voir planche numéro I.

60. Les traîneaux russes ont toujours fasciné les voyageurs. Le père Avril, qui s'extasie sur leur vitesse et leur commodité, les décrit en illustrant son propos par des gravures (Avril, 1692, p.150 et 165). Voir Mervaud/Roberti, 1991, p.89-90. La description de Chappe est plus précise et plus détaillée que celles de ses prédécesseurs.

61. *Rogoja*: natte de tille.

Tom I N° I

J.B.Le Prince del

J.B.Le Prince Sculp

I. Traîneaux de Russie pour voyager pendant l'hiver
Collections de la Bibliothèque municipale de Rouen.
Photographie Thierry Ascencio-Parvy

bas officier, que M. le chancelier avait eu la bonté de me donner, pour me conduire, avait choisi celui où étaient les provisions; et mes instruments étaient dans un quatrième.

Désirant procurer à ceux qui m'accompagnaient, tous les agréments qui étaient en mon pouvoir, je leur donnai la liberté d'acheter toutes les provisions de bouche qui étaient le plus de leur goût, excepté du vin; il n'était pas possible d'en emporter une assez grande quantité pour tout le monde. Je me bornai même à n'en accepter de M. le baron de Breteuil, que quatre flacons pour mon usage, dans l'espérance à la vérité d'en trouver à Tobolsk.

Je partis dans la semaine de maslinitsa:[62] elle précède le grand carême; les Russes se mettent alors rarement en route, à cause de la débauche du peuple: il ne cesse d'être ivre pendant ce temps, et se livre à toutes sortes d'excès.[63] La crainte de manquer mon observation ne me permit pas de suivre les conseils qu'on me donna, de retarder mon voyage, et je n'éprouvai aucun événement fâcheux de la part des Russes.

Je voyageai toute la nuit sans sortir de mon traîneau, et ne dormis que le 11 dans la matinée. J'arrivai le même jour vers midi à Tschoudoiwa. Quoiqu'enfermé dans mon traîneau, et couvert de pelisses, j'y avais éprouvé un très grand froid: j'en sortis pour entrer dans un poêle; mais quel fut mon étonnement, de voir de petits enfants nus qui jouaient sur la neige par ce froid rigoureux, tandis que d'autres plus âgés s'amusaient à en promener quatre ou cinq dans un traîneau! Ces enfants s'accoutument ainsi dès leur naissance au froid, dont ils ne sont jamais incommodés, quoiqu'ils éprouvent à chaque instant l'alternative du froid et du chaud en rentrant dans leurs poêles.

Je fis apporter dans le poêle ce qui m'était nécessaire pour dîner: je trouvai plusieurs de mes flacons vides, et une partie des autres provisions avaient disparu. Ayant voulu m'informer des circonstances de cet événement, l'un de mes conducteurs me répondit qu'ils en étaient les auteurs; que quant au vin ils le préféraient à l'eau-de-vie, et qu'ils voulaient en boire. Ce début, et le ton décisif avec lequel on me tint ce langage, me surprirent d'autant plus que je n'avais rien négligé pour captiver et m'attacher tous ces gens. L'idée de voyager seul avec des personnes que je ne connaissais que depuis deux jours, et qui tenaient une

---

62. *Maslenitsa*: désignation populaire de la 'semaine grasse' (*maslenaïa nedelia*). Elle précède le grand Carême de quarante jours d'avant Pâques. C'est le Carnaval russe. La viande est interdite, mais le beurre, le laitage et les œufs sont encore permis. A l'Eglise, cette semaine est désignée sous le nom de *syrnaïa sedmitsa* (semaine de laitage).

63. Les 'excès' en période de Carnaval ont été observés ou rapportés par de nombreux voyageurs: La Neuville, 1698, p.190-91; Avril, 1692, p.319-20; Carlisle, 1857, p.337; Weber, 1725, i.206; Jubé, 1992, p.116. Chappe revient sur ces temps de 'débauche' et d'ivrognerie' à la p.414. L'*Antidote* affirme que le peuple russe 'ne boit ni ne fait plus de débauche dans le Carnaval que le peuple n'en fait dans les autres pays' et que 'l'amour de la boisson diminue beaucoup d'année en année en Russie et par la cherté de l'eau-de-vie et parce que les mœurs du peuple se changent' (1770, 1re partie, p.22-23).

pareille conduite, ne me permit pas d'apporter la plus petite réflexion à celle que je devais tenir: ma réponse fut telle que M. le harangueur fut aussi prompt à sauter de plein gré l'escalier, que je l'avais été à lui répondre.[64] Je fus cependant très aise quelques moments après de sa légèreté, et ne me repentis pas de ma vivacité: trop de prudence aurait eu pour moi dans cette circonstance les suites les plus fâcheuses. Les Russes de cette classe ne connaissent d'autre subordination que celle des vils esclaves: ils ne reconnaissent un maître qu'aux durs traitements qu'ils en éprouvent.

J'arrivai le 13 à Gorodnia, hameau situé entre Tver et Klin: à peine fus-je sorti de mon traîneau, que l'horloger m'en demanda un pour lui seul; il se plaignait qu'il était trop gêné dans celui où il était avec mon interprète: outre que cet arrangement produisait une augmentation de dépense absolument inutile, la difficulté d'avoir des chevaux suffisait pour me déterminer à lui refuser cette demande. Cette fantaisie d'un second traîneau était d'autant plus mal fondée, que si le traînage est agréable au commencement de l'hiver, cette façon de voyager est des plus incommodes vers la fin de cette saison, surtout si on est seul dans un traîneau: les routes sont dans ce temps toutes coupées par des fossés parallèles, éloignés de six à sept toises, et l'on trouve souvent des creux de plusieurs pieds de profondeur, dans lesquels les traîneaux se précipitent: on éprouve alors des secousses si violentes, qu'on court les plus grands dangers de se fracasser la tête contre les parois du traîneau, si l'on ne reste point couché. Malgré cette précaution on est ballotté si considérablement, que les voyageurs préfèrent d'être plusieurs ensemble: les secousses deviennent alors moins dangereuses.

J'arrivai à Moscou le 14 au soir,[65] mes traîneaux tous brisés, par les secousses perpétuelles qu'ils avaient éprouvées:[66] ils étaient en si mauvais état, qu'il ne fut pas possible de les faire raccommoder. M. le chancelier de Woronzof m'adressa à Moscou à M. son frère:[67] je reçus de lui les plus grandes marques d'amitié, ainsi que de Madame la comtesse son épouse; ils jouissent dans cette ville de la plus grande considération: ce respect

---

64. Paraphrasant Montesquieu, l'*Antidote* écrit avec esprit: à entendre parler Chappe, 'l'on dirait qu'il faut écorcher un Russe pour s'en faire respecter' (1770, 1re partie, p.24).

65. Le voyage de Pétersbourg à Moscou a donc duré quatre jours. Weber, 1725, i.183, assurait qu'il pouvait se faire en moins de quatre jours l'hiver, contre deux à trois semaines en été. En février 1751, un voyageur aurait effectué en 52 heures les 748 verstes de Pétersbourg à Moscou ('Mémoire sur le commerce de Russie', *Journal œconomique...*, février 1751, n° 4, p.80).

66. Les baromètres furent sans doute également brisés. L'Allemand Maggi, à Moscou, en fit d'autres, dont Chappe fut pleinement satisfait, comme l'écrivit Müller à Johann Albrecht Euler le 22 mars (2 avril) 1770 (Lioubimenko, 1937, p.175-76).

67. Le comte Roman Illarionovitch Vorontsov (1707-1783), père de la princesse Dachkova, franc-maçon conservateur, était général-lieutenant, sénateur et membre de la Commission des lois de 1760, qu'il présidait à la fin du règne d'Elisabeth. Son fils Alexandre (1741-1805), franc-maçon libéral, deviendra chancelier de 1802 à 1804 et sera très proche de Radichtchev.

qu'on a pour leur vertu est plus flatteur que celui qui est attaché au rang qu'ils y occupent. MM. de Woronzof sont les pères des étrangers: la sincérité et l'aménité, plus rares en Russie que partout ailleurs,[68] sont chez eux des qualités qu'on reconnaît dès le premier moment qu'on a l'honneur de les voir.

M. de Woronzof me confirma que le dégel serait décidé avant mon arrivée à Tobolsk, ainsi qu'on me l'avait prédit à Saint-Pétersbourg: il m'aurait alors été impossible d'arriver dans cette ville, et de remplir l'objet de ma mission. J'avais employé quatre jours pour arriver de Pétersbourg à Moscou, tandis qu'on fait souvent cette route en deux jours. Ce retard avait été occasionné par une multitude d'accidents que je n'avais pas prévus: ils avaient leur source dans le mauvais état des chemins.

Le froid m'avait encore retardé, en engageant ceux qui m'accompagnaient à rester trop longtemps dans les poêles, pendant qu'on changeait les chevaux. Ces inconvénients me firent connaître alors la vérité des obstacles qu'on m'avait prédits, et l'impossibilité d'arriver à Tobolsk, si je ne prenais d'autres arrangements.

J'abandonnai les nouveaux traîneaux que j'avais commandés, et je m'en procurai de ceux des paysans: il m'était plus facile de les faire arranger promptement. Je rétablis mes provisions, qui étaient en assez mauvais ordre, ou plutôt M. de Woronzof me procura la plus grande partie de ce qui m'était nécessaire. Je partis le 17 au matin, résolu de ne plus m'arrêter: je signifiai le lendemain à mon horloger et à mon interprète, que je les laisserais en route, s'ils entraient dans les poêles. Cette menace, qu'ils savaient que j'exécuterais, et l'eau-de-vie que je faisais distribuer aux postillons, eurent tout le succès que j'en avais espéré: je n'éprouvais plus de retard, et mes traîneaux allaient avec une rapidité sans égale. Les rivières gèlent très promptement dans le Nord: leurs surfaces gelées ne sont point raboteuses, ainsi que la rivière de Seine à Paris; mais elles sont parfaitement unies: la vitesse des traîneaux est alors si grande qu'étant sur la rivière d'Ocka, un des postillons ne put éviter un trou où l'eau n'était pas gelée, quoiqu'il l'eût découvert à la distance de plus de trente pas: un cheval de volée[69] tomba dans ce trou; les autres, malgré leur résistance, et les efforts du postillon, qui ne cessait de les fouetter, y auraient été entraînés sans le prompt secours que nous y apportâmes, en coupant les cordes qui l'attachaient au traîneau. On trouve quantité de trous pareils, où l'eau ne gèle jamais,[70] quoique la

---

68. Chappe loue Vorontsov, mais injurie la nation russe, s'indigne l'*Antidote*. Or, dans quel pays l'homme n'est-il pas homme? En Russie, 'ils sont tels que partout ailleurs' (1770, 1re partie, p.25-26).

69. Cheval de devant, attelé à côté du cheval de brancard, et qui porte la bricole. On l'appelle aussi bricolier (le mot n'est attesté que depuis 1751).

70. D'après l'*Antidote*, ces trous, appelés *proloubi*, sont pratiqués par les habitants des rives pour puiser de l'eau ou laver le linge (1re partie, p.27-28). Le mot *proloubi* (ou *prolouby*) est un régionalisme du sud pour *proroubi*, selon le dictionnaire de Vladimir Dal'.

glace ait jusqu'à trois pieds d'épaisseur, et que la rigueur du froid fasse geler l'eau-de-vie et l'esprit de vin. J'ai vu sur cette même rivière un espace de plus de cent toises, où l'eau n'était pas gelée. On serait d'abord tenté d'attribuer ce phénomène à des sources d'eau chaude qui peuvent se trouver dans le fond de cette rivière: mais comment imaginer des sources assez abondantes pour produire des ouvertures aussi considérables? D'ailleurs cette rivière étant d'une très grande profondeur, quelque légèreté spécifique qu'on suppose à ces eaux de source, elles auraient le temps de contracter un degré de froid dans la diagonale qu'elles parcourent pour parvenir à la surface. Il me paraîtrait plus simple d'en chercher la cause physique dans la congélation même des eaux de cette rivière: et en effet, dans les pays du Nord, ainsi que dans nos climats, les grandes rivières ne gèleraient jamais, à cause de la vitesse du courant, si les glaçons ne commençaient à se former vers les bords des rivières, où les eaux sont plus tranquilles: ces glaçons flottants s'accroissent, se multiplient chaque jour, et couvrent bientôt la surface des eaux. Dans ces circonstances la rigueur des froids du Nord fixe dans le même temps tous ces glaçons flottants: ils forment par conséquent une surface parfaitement unie; tandis que dans nos climats tempérés la surface des rivières gelées est toujours raboteuse, parce que le froid n'est pas assez vif pour produire cette prompte réunion.

En admettant dans le pays du Nord cette prompte réunion des glaçons flottants, on conçoit aisément qu'ils doivent laisser entre eux des intervalles vides, à cause des figures différentes de ces glaçons. Quant au grand espace dont j'ai parlé, il est vraisemblable qu'il a la même origine: il occupait le milieu du courant suivant sa longueur; or supposant la rivière gelée sur ses bords pendant qu'elle charriait, et par conséquent son canal considérablement rétréci à la surface de l'eau, les grands glaçons auront formé un embarras dans cet endroit; ils s'y seront fixés, et auront occasionné cette grande ouverture. On dira sans doute, et avec raison, que quoique la surface de l'eau soit gelée, la rivière peut charrier encore sous cette surface gelée: ces glaçons doivent monter à la superficie de l'eau dans les endroits qui ne sont pas gelés, s'y fixer, et remplir les espaces vides. Ces nouveaux glaçons sont, je crois, la véritable cause pour laquelle on trouve si peu d'espace vide sur ces grandes rivières; mais il ne s'ensuit pas que toutes les ouvertures doivent être remplies; d'ailleurs dès le moment que les rivières sont gelées, elles charrient très peu, et pendant un espace de temps très court. Dans notre climat tempéré le froid est peu considérable, eu égard à celui des pays du Nord, où le thermomètre descend à vingt ou vingt-cinq degrés, et quelquefois jusqu'à soixante-dix: les variations de la température de l'air sont encore si considérables dans notre climat, qu'on éprouve souvent plusieurs dégels dans le même hiver; et ainsi il n'est pas surprenant que les rivières charrient la plus grande partie de ces temps, tandis que le froid excessif des pays du Nord fixe tout à coup tous les glaçons flottants; et il ne s'en forme plus de nouveaux, parce que le froid y est continuel pendant sept à huit mois de l'année.

J'ai fait une remarque en Sibérie, qui prouve que les rivières gelées ne charrient plus après ce premier moment, et que les espaces vides, situés vers les courants, ne doivent jamais geler tout le temps que dure l'hiver. En voyageant sur l'Oka, et par la suite sur le Volga, je rencontrai sur ma route quantité d'ouvertures de dix-huit pouces de diamètre: elles avaient été faites par les paysans à travers la glace, qui avait trois pieds d'épaisseur; ils font usage de ces ouvertures pour placer dans la rivière des filets propres à prendre le poisson. Cet usage n'aurait point été établi, et ne subsisterait point, si ces rivières charriaient, puisque leurs filets seraient bientôt emportés. La même raison prouve que l'eau ne doit pas geler dans ces endroits; et en effet, je l'ai toujours trouvée liquide dans toutes les ouvertures où je me suis arrêté pour examiner ce fait.

Cette observation, en faisant voir que le mouvement des eaux courantes est un grand obstacle à leur congélation, vient à l'appui du système des physiciens qui ont avancé que l'eau des mers situées vers le pôle ne devait jamais être gelée, malgré les montagnes énormes de glace qui flottent sur les côtes de ces mers à la fin de l'hiver. Ces montagnes de glace n'ont été formées que sur les côtes, aux embouchures des rivières surtout, par les glaçons qu'elles y ont charriés au commencement de l'hiver: mais en pleine mer l'eau n'y doit pas être plus gelée que dans la zone torride, et les voyageurs n'ont été en danger sur ces mers, que parce qu'ils ne s'éloignaient pas assez des côtes.

L'accident qui a donné lieu à cette courte dissertation arriva à quelques lieues de Niznowogorod, où j'arrivai le 20 à une heure après midi.

Avant d'arriver à Niznowogorod, j'observai de mon traîneau que la petite chaîne de montagnes qui borde la rivière d'Oka du côté du midi, était disposée par couches de matières de différentes couleurs. Cette montagne étant coupée à pic, ces couches étaient des plus apparentes, et m'offraient des objets intéressants: je fis arrêter le traîneau pour aller les examiner; j'étais alors à vingt wersts[71] de Niznowogorod. Cette montagne avait environ cinquante toises de hauteur au-dessus du niveau de la rivière, et les couches dont j'ai parlé six à sept toises seulement: malgré le plus grand désir de les examiner de près, je balançai cependant longtemps sur le parti que je devais prendre; je ne pouvais parvenir à leur hauteur qu'en traversant un tas de neige de quarante pieds de hauteur, que les vents y avaient entassée: elle me parut assez solide vers le bas pour me porter; mais il était à craindre qu'une fois embarqué sur cette neige, elle ne m'engloutît; j'y montai cependant, avec une hache et un marteau,

---

71. La *verste* correspond à 1,0668 km. Attesté en français depuis 1607, le mot, avant le XIXe siècle, est souvent employé au masculin, comme le fait Chappe, ci-dessous, p.549. Dans la deuxième partie, il l'emploie au féminin: 'la werst [est] de 552 toises trois pieds 7 pouces 6 lignes, et 103 wersts un tiers sont égales à un degré du méridien, que je suppose de 57 060 toises' (Chappe, 1768-2, p.360).

suivi de mon domestique, qui m'abandonna aussitôt. Ce tas de neige étant à la hauteur des couches, j'en fis le dessin; j'examinai et pris des échantillons de ces différentes matières: je descendis néanmoins promptement; j'étais obligé de changer de place à chaque instant, parce que je m'enfonçais insensiblement, et me trouvais au bout de quelques minutes dans la neige jusqu'aux genoux. Ces différentes couches, qui de loin présentaient un mur de brique, étaient un gypse particulier, dont je parlerai à l'article de l''Histoire naturelle de Russie'.

Quoique vers la fin de l'hiver, j'avais trouvé peu de neige dans le plat pays, sans doute parce que les grands vents l'avaient rassemblée dans les endroits qui opposaient des obstacles à la direction du vent. C'est par cette raison qu'il y en avait une si grande quantité le long de cette montagne: je la suivis jusqu'à Niznowogorod, et je remarquai dans plusieurs endroits les mêmes couches dont j'ai déjà parlé plus haut. Mon premier soin en arrivant dans cette ville fut d'aller voir M. Ismaelof, qui en était le gouverneur: je devais lui remettre des lettres de M. de Woronzof, grand chancelier. Ce ministre n'avait point borné ses bontés à me procurer des lettres de recommandation pour tous les endroits où je devais passer; il avait encore donné des ordres avant mon départ de Saint-Pétersbourg, pour que j'eusse sur ma route tous les agréments qu'on pouvait me procurer. Je dois ajouter que plusieurs autres seigneurs m'avaient prévenu, en me donnant de même des lettres qui portaient des ordres pour leurs gens d'affaires: aussi je trouvais auprès d'eux les plus grands secours. Si je me suis trouvé dans quelques circonstances fâcheuses, je ne dois l'attribuer qu'au pays et au naturel du peuple qui l'habite. On n'est point à l'abri de ces événements dans les régions les plus policées; à plus forte raison dans la Sibérie, si éloignée des yeux du souverain.

J'appris par M. Ismaelof, qu'il y avait dans la ville un Français nommé Boudet, chargé de l'éducation des enfants d'une des principales maisons de la ville: il s'en acquittait avec distinction; aussi était-il très estimé et considéré dans cet endroit. Il me vint voir le même jour, et me conduisit dans tous les endroits que je désirais connaître.

M'étant arrêté à Niznowogorod, pour faire raccommoder mes traîneaux, je passai toute la journée du 20 à voir la ville, dont la position est des plus agréables: elle est située en amphithéâtre, sur la rampe d'une montagne dont le bas est arrosé par le Volga. On trouve sur cette montagne une plaine considérable: le terrain, situé au niveau de ce fleuve, offre également une plaine au-delà du Volga: elle est bornée par la seule étendue de la vue.

Ce fleuve est d'autant plus beau à Niznowogorod, que la rivière d'Oka a son embouchure dans cet endroit: la profondeur du Volga est de trente pieds, et sa largeur de cent cinquante toises, avant sa jonction avec la rivière d'Oka: la largeur de celle-ci est au moins de soixante toises. Ces deux rivières offrent en été le coup d'œil le plus agréable, par l'étendue de cette nappe d'eau. Le gouvernement est entouré de murs en pierre:

ils forment une espèce de fortification, mais faible; la ville a quatre cents toises environ de longueur, y compris les faubourgs: elle est dans le deuxième rang en Russie, par son étendue, et à juste titre dans le premier, par son commerce,[72] parce qu'elle est l'entrepôt de tous les grains des environs; ce qui la rend très commerçante. On y voit chaque jour en été, sept à huit cents nouveaux visages, pendant quatre mois de l'année: cependant les habitants n'y sont pas riches, parce que la plus grande partie du commerce s'y fait pour le compte du souverain despote, dont tous les employés sont de petits tyrans;[73] le surplus de ce commerce appartient aux différents seigneurs qui y font apporter leurs grains, de façon que l'habitant de la ville n'est pour rien dans ce commerce. On y voit quelques marchands merciers: mais on trouve à peine chez eux quelques mauvaises étoffes; leurs boutiques sont situées dans le marché, sur le bord du Volga. Je trouvai dans ce marché une populace considérable: les provisions qu'on y vendait consistaient en poissons gelés de différentes espèces; on les prend au commencement de l'hiver, et on les conserve par le moyen du froid, jusqu'à la fin de cette saison, ainsi que la viande de boucherie et le gibier: on en fait souvent des provisions pour quatre ou cinq mois.

La ville est aussi désagréable par la façon dont elle est bâtie, qu'agréable par sa situation: les maisons sont presque toutes en bois;[74] il n'y en a que quelques-unes en brique. On compte trente paroisses dans cette ville, et cinq ou six couvents: mais chaque paroisse n'a que deux ou trois prêtres, nombre plus que suffisant pour celui des paroissiens qui en dépendent. C'est un usage parmi les Russes d'avoir une multitude de paroisses dans leurs villes, quoiqu'elles soient très peu peuplées: cette quantité de paroisses multiplie considérablement les gens d'Eglise.

On marie les garçons, ainsi que dans tous les environs, à quatorze ou quinze ans, et les filles à treize: les femmes y sont souvent fécondes jusqu'à cinquante. On conclura sans doute que ce pays doit être très peuplé: on verra cependant le contraire par la suite,[75] et qu'il est nécessaire d'y marier les filles de bonne heure, pour éviter le désordre.[76]

---

72. Nijni-Novgorod était la ville la plus florissante de Russie au début du XVIIe siècle. La foire de Makariev, à 180 km au nord, y fut transférée en 1817. Les foires de Nijni-Novgorod devinrent les plus célèbres de Russie.

73. Il n'y a aucune branche de commerce en Russie dont la Couronne fasse exclusivement le commerce, prétend l'*Antidote*. Par ailleurs, il n'y a pas de Bastille, et les employés russes sont cent fois moins tyrans que ceux du roi de France. Et puis, il y en a moins: 2 000 en Russie, plus de 80 000 en France (1770, 1re partie, p.31-32).

74. La ville a été réduite en cendres en 1767 et rebâtie en briques et en pierres, corrige l'*Antidote*. Dix-sept autres villes ont été reconstruites après des incendies grâce au prêt de Catherine II (1770, 1re partie, p.29-30).

75. Voir ci-dessous p.458 et suiv.

76. Ce n'est point pour éviter le désordre des filles qu'on marie jeunes les paysans, mais pour avoir un travailleur de plus en la personne de la belle-fille, selon l'*Antidote*. D'ailleurs, les paysans tâchent de marier leurs filles le plus tard possible pour ne pas se priver de leur travail. 'Mais, M. l'Abbé, vous donnez beaucoup d'attention aux filles [...]. Sont-ce des

Mes traîneaux ayant été raccommodés le 21 au soir, je partis de cette ville le même jour à huit heures: l'accident qui m'était arrivé auprès de Niznowogorod, où un de mes traîneaux avait manqué de périr, quoique pendant le jour, m'avait d'abord déterminé de renoncer à voyager sur les rivières pendant la nuit. On ne voit pas alors les trous: nous pouvions tous être engloutis, sans que la perte des uns pût même indiquer aux autres la présence du danger; les postillons m'assurèrent cependant qu'ils connaissaient les endroits dangereux, et que nous raccourcirions beaucoup en suivant ce fleuve. Je me confiai à leur expérience: j'arrivai le 22 à Kuzmodemiansk[77] à sept heures du soir, après avoir fait quarante-trois lieues: la surface du Volga était aussi unie qu'une glace; on n'y voyait pas la plus petite inégalité; la neige qui était tombée avait été enlevée aussitôt par les vents, et les traîneaux allaient avec une vitesse dont on ne peut se former aucune idée. Je sortais quelquefois de mon traîneau, et me plaçais derrière, pour jouir du plaisir de voyager avec cette promptitude; plaisir d'autant plus grand que les bords du Volga étant très peuplés sur cette route, ce fleuve était couvert d'une multitude de traîneaux qui se croisaient, se heurtaient, et souvent se culbutaient par l'excessive vitesse dont ils allaient. Quoique ce spectacle fût des plus amusants pour moi, je ne pouvais en jouir longtemps: la rigueur du froid qui faisait descendre le thermomètre à dix-huit degrés, m'obligeait de rentrer promptement dans mon traîneau; je ne pouvais supporter d'ailleurs l'excessive vitesse, lorsque je restais debout sur mon traîneau. Les chevaux dont on fait usage sont d'une espèce très petite: ils paraissent même très faibles à la vue; mais ils sont durs à la fatigue,[78] et vont avec la plus grande vitesse, quoique les postillons les fouettent rarement: ils se bornent à les siffler en remuant la main, et en leur parlant; ils appellent ces animaux leur mère, leur sœur, leur bien-aimé: on croirait, à les entendre, qu'ils sont en conversation avec des êtres raisonnables. Je faisais quelquefois quatre lieues par heure: mais j'étais souvent retardé par la difficulté de trouver assez de chevaux.

Si la mauvaise saison m'avait fait éprouver beaucoup de désagréments en voyageant en traîneau, je fus convaincu par la traversée que je fis de Niznowogorod à Kuzmodemiansk, que cette voiture est fort agréable dans le commencement de l'hiver: j'étais aussi tranquille dans le traîneau sur le Volga, que je l'aurais été en été dans un bateau.

Kuzmodemiansk est un assez gros village qu'on appelle ville en Russie: il est situé sur le bord du Volga. Je trouvai à la porte une assemblée d'une quinzaine de paysans: ils prirent mon baromètre pour une horloge. Un de

---

contes à faire à l'Académie, que vos inclinations si marquées pour les filles?' (1770, 1re partie, p.34-35).

77. Kozmodemiansk est actuellement une petite ville de la République autonome des Maris.

78. La petite taille et la robustesse des chevaux russes a été notée par les voyageurs (Margeret, 1983, p.80; Miège, 1857, p.304).

ces paysans avait une chaîne au cou, d'où pendait un gros billot de deux pieds et demi de hauteur sur huit pouces de diamètre: c'est une punition; mais je ne pus savoir son crime. Je trouvai dans cet endroit tous les chevaux dont j'avais besoin: je partis aussitôt, et quittai la route du Volga avec regret.

Depuis Saint-Pétersbourg je n'avais point rencontré de montagnes qui en méritassent le nom: cette vaste plaine est découverte dans bien des endroits, et cultivée en partie: on ne voit dans les autres que des pins et des bouleaux. Après avoir traversé le Volga à Kuzmodemiansk, j'entrai dans une grande forêt de plus de trois cents lieues de longueur: on pourrait même regarder comme une seule forêt le reste de la route, jusqu'aux environs de Tobolsk, dont j'étais encore éloigné de près de cinq cents lieues.

Les bois étaient de même nature dans cette forêt que ceux dont j'ai déjà parlé: mais la neige était plus considérable; elle avait plus de quatre pieds d'épaisseur dans les bois, tandis que dans le pays découvert elle n'avait que deux pieds au plus. Le thermomètre se soutenait toujours à dix-huit et dix-neuf degrés au-dessous de o.

Je fus obligé de faire avec les mêmes chevaux les postes de Bolchaïa et de Koumia: la première n'est éloignée de Kuzmodemiansk que de deux lieues, et la dernière de deux et demie: les deux postes n'étant que des hameaux composés de quatre ou cinq maisons, je n'y trouvai ni chevaux ni postillons; je fus encore obligé de me servir des mêmes jusqu'à Choumetri, où j'arrivai le 23 à dix heures du matin. Les gens de ce hameau se sauvèrent dans les bois à mon arrivée: je me trouvai seul avec le maître de la poste; nous parcourûmes en vain ce hameau pour avoir des chevaux: je ne vis partout que des enfants au berceau; les mères et les filles s'étaient cachées, dans la crainte qu'on ne les fît servir de postillons. Le maître de la poste n'avait que six chevaux, ainsi qu'il est porté par l'ordonnance, pour l'usage des courriers de la Cour, et les anciens n'étaient pas en état de me conduire plus loin. Quelques paysans passèrent dans leurs traîneaux: on les arrêta, en leur disant qu'on avait besoin de leurs chevaux; au lieu de faire quelque résistance, ils abandonnèrent les traîneaux, avec tout ce qu'ils contenaient, et se sauvèrent dans les bois: on en prit cependant quelques-uns qui furent moins prompts à la course. Je demandai la raison de leur fuite, et de cette espèce de désordre que je n'avais pas encore éprouvé: on me répondit que la plupart des voyageurs disposaient en maîtres dans ces hameaux des chevaux et de tout ce que ces habitants possédaient; qu'ils étaient souvent maltraités en demandant les rétributions qui leur sont dues. Ils avaient jugé, à l'uniforme de l'officier qui me conduisait, et à ma petite caravane, qu'ils pourraient éprouver le même traitement: les anciens postillons rassurèrent ces malheureux paysans; l'eau-de-vie que je leur fis distribuer rétablit l'ordre dans ce hameau. Ceux qu'on avait arrêtés demandèrent même à me conduire avec ceux des anciens postillons qui étaient le moins fatigués: je remontai ensuite continuellement vers le Nord. Le froid et la neige augmentaient chaque jour; les habitations devenaient plus rares; il fallait faire vingt-cinq à trente lieues avec les mêmes chevaux: les chemins étaient si étroits qu'un traîneau y passait à peine, et ils étaient d'ailleurs si tortueux qu'on était fort incommodé du choc continuel qu'on éprouvait contre les arbres. Les creux qu'on rencontrait à chaque instant faisaient encore essuyer des secousses si violentes, que j'étais dans une crainte perpétuelle que les traîneaux ne se brisassent. Si je rencontrais d'autres traîneaux venant du côté de la Sibérie, on les couchait sur le côté, pour laisser passer les miens: c'est un droit accordé à ceux qui voyagent avec la poste royale; une clochette attachée au premier cheval en est le signe, et avertit au loin les voyageurs de se ranger.

Le premier endroit que je rencontrai en partant de Choumetri, est le bourg de Carewokokszaisk: il dépend uniquement de l'impératrice; les habitants, qui ne dépendent que du souverain,[79] sont beaucoup plus heureux que ceux qui ont des seigneurs particuliers. Ceux-ci ayant la liberté des impositions, en abusent presque toujours: outre le droit du seigneur, les habitants payent encore un rouble (cinq livres de France) à l'impératrice. La maîtresse de la poste, âgée de quarante ans, avait eu vingt enfants, dont elle n'en a conservé que deux; l'un âgé de cinq ans, et l'autre de quatre: tous les autres étaient morts avant d'avoir atteint cet âge. Je m'arrêtai dans cet endroit pour faire raccommoder mes traîneaux: j'en partis aussitôt qu'ils furent en état; le thermomètre se soutenait toujours à la même hauteur de dix-huit à dix-neuf degrés. A quelques versts de ce bourg mon traîneau fit une culbute si violente, que mon dernier baromètre fut cassé. Je n'avais point quitté la forêt depuis Kuzmodemiansk, et je n'avais rencontré de clairières que dans les environs des habitations: les bois étaient toujours de pins, sapins et bouleaux; ils avaient été brûlés par accident dans quelques endroits, sur des distances de vingt à trente lieues. C'était alors le temps du carême, que les Russes observent avec la plus grande rigidité: ils ne se nourrissent qu'avec un mauvais pain noir, mal fait et mal cuit, et avec du gruau qui a bouilli dans de l'eau: les plus opulents y mêlent de l'huile de chènevis. Ils ont pour boisson de la quouas,[80] qui n'est autre chose que de l'eau qui a fermenté avec du son et un peu de farine: cette liqueur est très claire, et d'une couleur jaunâtre; mais plus aigre que du vinaigre, et d'un goût insupportable pour ceux qui n'y sont pas accoutumés. Dans les autres

---

79. Les paysans de l'Etat constituaient un peu moins de la moitié de la population paysanne. Ils se divisaient en trois catégories: les paysans de la Cour, de loin les plus nombreux, les serfs des domaines impériaux (propriété personnelle des tsars), et, depuis 1763 (comme le précise l'*Antidote*, 1770, 1re partie, p.37), les paysans vivant sur les terres des monastères (ces derniers, sous Catherine II, deviendront des travailleurs des mines et des usines).

80. Le *kvas*. Le mot a connu diverses formes en français, depuis sa première attestation en 1540. Il est rarement féminin, comme chez Chappe ou Jubé. Pour son goût de vinaigre, voir ci-dessous ch.1, n.84.

temps de l'année, ils se nourrissent surtout de poisson et de piroquis:[81] les piroquis sont des espèces de petits pâtés de trois pouces de diamètre, remplis en dedans d'un poisson qu'ils appellent siantki.[82] Ils prennent leur repas sur une table, où ils se placent autour d'une jatte remplie de gruau (*N.* II);[83] les uns sont assis, et les autres se tiennent debout: de vieilles femmes vont dans les maisons à l'heure des repas, pour y vendre des piroquis.

Leurs chaumières[84] offrent un séjour d'autant plus triste, que la rigueur des hivers ne leur permet pas de communication avec l'air extérieur: les fenêtres n'ont ordinairement qu'un pied de large sur six pouces de haut; ils sont encore presque privés de la lumière du soleil, tout le temps que cet astre est dans les signes méridionaux: alors dans une nuit presque perpétuelle, ils ne sont éclairés que par des éclats de bouleau, qu'ils appellent louchines;[85] ils les font d'abord sécher sur le poêle, et les fichent entre les poutres pour éclairer, ou ils les placent sur un trépied: les

---

81. *Pirog*, pluriel *pirogui*. Le mot apparaît dans la traduction française d'Olearius avec son pluriel allemand *piroguen* (Olearius, 1659, i.163) et dans la traduction de Weber, 1725, ii.34 sous la forme *Pyrogs*. Il s'agit là d'attestations isolées. Après le *Voyage en Sibérie*, le mot ne se rencontre plus avant 1839.

82. *Sniatki*, comme le corrige l'*Antidote*, 1770, 1re partie, p.39. Mais ce pluriel est un régionalisme qui, selon le dictionnaire de Dal', désigne la crème de lait.

83. La planche II ne ressemble pas du tout aux soupers russes, selon l'*Antidote*, 1770, 1re partie, p.38.

84. On trouvera chez Radichtchev une description comparable de l'isba: 'Un plafond complètement noirci, quatre murs à moitié couverts de suie; le plancher tout fendu et couvert d'une couche de crasse épaisse de quelque deux pouces; le four, dépourvu de cheminée mais demeurant la meilleure défense contre le froid, et la fumée emplissant la maison tous les matins, hiver comme été; les embrasures des fenêtres sur lesquelles on avait tendu des vessies qui laissaient filtrer une terne lumière à l'heure de midi; deux ou trois pots de terre (heureuse l'isba où l'un d'eux contient une soupe maigre tous les jours!). Une écuelle de bois et des ronds de bois appelés assiettes; une table façonnée à la hache et qu'on nettoie avec un grattoir pour les fêtes. L'auge à cochons, ou à veaux lorsqu'il y en a, et avec lesquels on dort en respirant un air où une chandelle allumée paraît dissimulée par un brouillard ou par un voile. Chez les plus chanceux un cuveau de *kvas* qui a un goût de vinaigre, et dans la cour une étuve où, lorsqu'on ne s'y baigne pas, dorment les bêtes...' (Radichtchev, 1988, p.348).

Cette prétendue misère n'existe pas, proteste l'*Antidote*: la preuve, c'est que des paysans ont donné de l'argent pour la guerre contre les Turcs. Le paysan russe est donc plus heureux que le paysan français (*Antidote*, 1770, 1re partie, p.39-40).

'On ne manque de rien nulle part' en Russie, alors qu'on meurt de faim à Paris, écrit Catherine II à Voltaire en novembre 1770 (D16764). C'est aussi le sentiment de Fonvizine, 1995, p.113, mais aussi de Français comme Ségur, 1826, ii.233, et même du futur jacobin Gilbert Romme vers 1785 (Lioubimenko, 1935, p.139).

85. *Loutchina*. Chappe note très justement que cet oribus se place parfois sur un trépied, c'est-à-dire une torchère métallique, et que cet usage se pratique dans toute la Russie. Au XVIIe siècle, cette manière de s'éclairer avec des 'chandelles faites d'éclats de bois' avait été observée par Beauplan, 1660, p.3, et par Guy Miège, de l'ambassade de Carlisle, notant que les paysans russes 'se contentent la plupart du temps de se servir de grands lumignons de bouleau ou de sapin, qui, étant fort minces et secs, prennent feu facilement et rendent beaucoup de clarté' (Miège, 1857, p.321). Voir aussi Weber, 1725, ii.69 et Kracheninnikov, qui, dans sa *Description du Kamtchatka*, signale qu'un Kamtchadale s'éclaire avec un vase 'pareil à un *loutchina*' (Chappe, 1768-2, iii.92).

II. Souper russe
Collections de la Bibliothèque municipale de Rouen.
Photographie Thierry Ascencio-Parvy

vieillards sont ordinairement chargés de cet ouvrage, et d'en substituer d'autres à mesure que les premiers se consument. Cet usage se pratique dans toute la Russie.

Leurs maisons sont de bois, et n'exigent pas beaucoup d'architecture: ils se contentent de faire des entailles aux extrémités de chaque poutre, afin qu'elles puissent s'emboîter solidement les unes sur les autres. Le peu d'attention qu'ils apportent à les équarrir est cause qu'elles laissent des intervalles entre elles, qu'ils remplissent avec de la mousse, pour empêcher la communication de l'air extérieur. Après avoir élevé le bâtiment de douze à vingt pieds, ils le couvrent avec des planches. Dans les maisons qui ont deux étages, le bas est pour les bestiaux, et le deuxième est divisé en deux parties; l'une pour le laitage, les provisions, et l'autre pour la famille. On trouve dans ce dernier un poêle, qui en occupe près d'un quart: il est ordinairement de brique, et ressemble à nos fours ordinaires, avec cette différence qu'il est plat, et qu'il n'a point de cheminée: pour y remédier, ils font communément au plancher une ouverture de six pouces environ, qu'ils peuvent ouvrir ou fermer à volonté, par le moyen d'une soupape. Malgré la rigueur des hivers, ils ne font du feu dans leur poêle qu'une fois par jour, et c'est le matin, vers sept à huit heures. A peine le feu est-il allumé, que l'appartement se remplit de fumée, la soupape étant fermée dès la veille. Cette fumée devient si considérable, qu'elle forme une nuée qui se soutient à la hauteur de deux pieds ou deux pieds et demi au-dessus du plancher:[86] il faut alors que les habitants soient assis sur le plancher, ou qu'ils marchent tout courbés; la fumée est d'une telle épaisseur, qu'une personne debout y serait bientôt étouffée. Cette pratique, qui pourra d'abord paraître bizarre, est cependant fondée: la fumée ne peut se répandre, et séjourner longtemps dans ces chaumières, sans en augmenter considé- rablement la chaleur; aussi après que le bois est consumé, et qu'il ne reste plus qu'un brasier, ils ouvrent la soupape, trois heures environ après que le feu a été allumé: la fumée se dissipe promptement, et on referme aussitôt la soupape, jusqu'au lendemain, pour empêcher toute communi- cation avec l'air extérieur. La chaleur est si considérable, que la liqueur se soutient le matin dans le thermomètre de M. de Réaumur à trente-six et quarante degrés, chaleur presque aussi insupportable pour un étranger, que la rigueur du froid de l'air extérieur. La chaumière conserve toujours jusqu'au lendemain, un degré de chaleur considérable; le thermomètre est à seize et dix-huit degrés au-dessus du tempéré.

Tous leurs meubles consistent dans des bancs[87] placés autour de leurs chaumières, quelquefois une petite table, quelques ustensiles de bois et de

---

86. Les poêles russes n'ont pas de cheminée, 'si bien que l'intérieur est tout noir de fumée' (Carlisle, 1857, p.317). Les poêles russes ont été longuement décrits, avec croquis à l'appui, par Jubé. Il s'était fait aménager une cheminée pour éviter la fumée dans sa maison (Jubé, 1992, p.162-65).

87. La présence de ce banc fixe (*lavka*) le long des murs de l'isba avait été remarquée par Jubé, 1992, p.166.

terre, pour préparer leur nourriture; ils la préparent sur le devant du four avec le brasier qui reste après la consommation du bois. Ce sont toujours les femmes qui sont chargées de ce soin: les hommes s'occupent à faire les traîneaux, les filets pour la pêche, et autres instruments pour la chasse des animaux qui fournissent à la Russie ses belles pelleteries.

Tous ces habitants m'ont paru attachés à la religion grecque, jusqu'au fanatisme: ils sont si rigides pour les jeûnes du carême, qu'ils les font observer aux enfants de deux ou trois ans; et ils ne s'écartent jamais de ce devoir, lors même qu'ils commettent les plus grands crimes.

Chaque famille a dans sa maison une petite chapelle, où est le patron de la famille: ils le regardent comme le dieu tutélaire de la chaumière; ils n'y entrent, ni n'en sortent jamais sans faire des signes de croix pendant plusieurs minutes, en s'inclinant et adressant quelques prières au saint. Je vis un jour un de ces paysans, qui dans l'enthousiasme de ses inclinations se donna contre un poteau un coup de tête si violent, que son visage se couvrit aussitôt d'une pâleur mortelle: il continua cependant ses prières. Tout le monde le regardait, sans lui prêter aucun secours; je fus à lui, et l'obligeai de s'asseoir: il se trouva mal; mais heureusement son excès de dévotion n'eut pas de suite plus fâcheuse.

Les Russes ont la plus grande attention à garnir cette chapelle de petites bougies de six à sept pouces de hauteur, et de la grosseur de trois ou quatre lignes. Ils y placent aussi d'autres petites images;[88] surtout celles qu'ils ont reçues en mariage. Les plus opulents suspendent une lampe devant la chapelle: ils allument certains jours toutes ces bougies, qu'ils laissent brûler toute la nuit. Le peu de précaution qu'ils apportent à en substituer d'autres, avant que les premières soient totalement brûlées, occasionnent quantité d'incendies: la chapelle, le saint, la chaumière, et le village entier, sont consumés dans quelques heures. Ces accidents sont fréquents, parce que cet usage se pratique dans toute la Russie, même chez l'impératrice.[89]

Les Russes ont une si grande confiance aux saints de leurs chapelles, qu'ils leur font toujours une courte prière avant de faire une action quelconque. J'ai su par un Russe épris des charmes d'une jeune femme sa voisine, dont il était aimé, qu'après avoir éprouvé toutes les difficultés qu'occasionne un mari jaloux et incommode, il était enfin parvenu à pénétrer dans l'appartement de la jeune femme: elle se rappelle le saint de

---

88. C'est-à-dire des icônes. Le mot *icône* (russe *ikona*, d'origine grecque) est alors inconnu des voyageurs, qui ne parlent que d'images ou de tableaux. Il ne s'imposera en français qu'au XIXe siècle.

89. Il n'y a pas de bouts de bougies de six à sept pouces de hauteur dans les appartements de l'impératrice, affirme l'*Antidote*, 1770, 1re partie, p.43-44. Dans sa lettre à Voltaire du 8/19 décembre 1771, Catherine II écrit également: 'Les contes de l'abbé Chappe ne méritent guère de croyance. Je ne l'ai jamais vu, et cependant il prétend dans son livre dit-on avoir mesuré des bouts de bougie dans ma chambre, où il n'a jamais mis le pied...' (D17521). Rappelons que, lors du séjour de Chappe en Russie, Catherine II n'était pas encore impératrice.

la chapelle, dans les moments qu'on regarde en amour comme les plus précieux; elle court aussitôt faire sa prière au saint, et revient entre les bras de son amant.[90]

J'arrivai le 25 à Chlinow ou Wiatka,[91] à trois heures après midi: c'est une petite ville située sur la rivière du même nom. Je ne m'y arrêtai que le temps nécessaire pour faire raccommoder mes traîneaux. M. le chancelier de Woronzof m'avait adressé à M. Perminof, qui pour lors était absent: Madame son épouse me combla d'honnêtetés. J'acceptai le dîner qu'elle eut la bonté de m'offrir, et je partis à huit heures du soir. La nuit était si obscure, que Madame Perminof me fit accompagner à cheval par ses gens, qui couraient la poste avec des lanternes attachées à l'extrémité de grands bâtons. Je les renvoyai à un quart de lieu de la ville, ayant un flambeau à chaque traîneau.

Le pays avait toujours été couvert, depuis Kuzmodemiansk jusqu'à Chlinow; il n'y avait que les environs des habitations qui fussent défrichés. Ces clairières occupaient rarement une lieue, et communément beaucoup moins. Toutes les fois que je me trouvais sur des hauteurs, je m'y arrêtais, pour en découvrir les environs: ils ne me présentaient jamais que des bois; les petits défrichements se perdaient toujours dans la masse de ces immenses forêts.

A peine eus-je fait quelques versts, que je rentrai dans le bois, où je voyageai toute la nuit sans accident, malgré les culbutes fréquentes de nos traîneaux. J'arrivai à Troitskoie le 26 à deux heures après midi: je fus obligé de m'arrêter dans ce hameau jusqu'à six heures du soir, pour faire raccommoder un de mes traîneaux, qui avait été le plus maltraité dans la dernière nuit. Je partis de cet endroit avec de nouveaux chevaux.

Depuis le 12[92] que j'étais parti de Moscou, je ne m'étais arrêté qu'à Niznowogorod, où j'avais dormi une nuit: j'avais presque toujours passé le reste du temps dans mon traîneau, où je prenais très peu de repos, à cause des secousses et culbutes que j'éprouvais sans cesse. Ceux qui m'accompagnaient ne s'accoutumaient pas à ce genre de vie: ils n'avaient d'ailleurs en vue aucun objet qui pût les encourager; aussi me témoignaient-ils tous les jours leur mécontentement. J'eus à peine fait quelques versts dans la forêt, que je m'endormis d'un profond sommeil: je m'éveillai après quelque temps; la nuit couvrait encore la terre de ses ombres; je ne distinguais les objets qu'à la lueur de la neige, affaiblie par un ciel nébuleux. Dans ce premier instant de réveil, je ne savais si j'étais éveillé, ou si je rêvais, où j'étais, ni où j'allais: je ne sortis de cet état que

---

90. Deleyre observe que les courtisanes d'Italie retournent l'image de la Vierge pendant qu'elles exercent leur métier, et qu'ainsi les mêmes superstitions se retrouvent dans les climats les plus différents (Deleyre, 1780, p.173. Cette remarque ne figure pas dans Deleyre, 1770).

91. Selon Joseph Nicolas Delisle, Viatka était un 'bel et grand endroit' (Delisle, 1768, p.527).

92. En réalité le 17 (voir p.271).

par l'affreuse idée qui se présenta d'abord que j'étais abandonné par ceux qui m'accompagnaient. M'étant jeté aussitôt en bas de mon traîneau, je me trouvai seul: j'appelai tous ceux qui m'accompagnaient, chacun par son nom: un profond silence régnait autour de moi; leur mécontentement que j'avais vu s'accroître tous les jours, quelques propos que j'avais entendus, paraissaient me confirmer dans cette idée. On se persuadera aisément quelle fut ma situation: je me voyais abandonné dans une nuit des plus obscures, à quatorze cents lieues de ma patrie, au milieu des glaces et des neiges de la Sibérie,[93] ayant sous les yeux le tableau de la soif et de la faim, dont j'allais éprouver les horreurs: j'ignorais même si j'étais sur la route battue; ce qui n'était pas vraisemblable.

Agité de toutes ces idées, je me remets dans mon traîneau; j'en descends aussitôt; j'y rentre le moment d'après, je prends mes deux pistolets, et je suis une route que je croyais entrevoir. Je m'en écartai bientôt, et au premier pas je m'abîmai dans la neige jusqu'aux épaules: je m'en retirai néanmoins après bien des efforts; mais si accablé de fatigue, que je restai couché dans la même attitude, la face sur la neige. Je m'assieds au bout de quelque temps; je tâte autour de moi, et ne retrouve plus mes armes: elles étaient restées dans la neige; je reconnais, et m'assure que je suis dans la même route; je regagne mon traîneau. J'étais cependant toujours si agité, que je ne pus y rester longtemps; je reprends bientôt le même chemin: averti par l'accident que je venais d'éprouver, de marcher avec précaution, je vais plus lentement; cette lenteur forcée ajoute un nouveau tourment à ma situation. Je me promenai ainsi une partie de la nuit, toujours occupé de ma situation, revenant de temps en temps à mon traîneau. Quoiqu'exposé à un froid des plus vifs, j'étais tout en eau, sans cependant marcher beaucoup; enfin en parcourant de nouveau cette route, j'aperçus une faible lumière à quelque distance de moi; je reconnus en m'approchant, que c'était une maison: j'y entrai aussitôt, et j'y trouvai mes gens qui dormaient du plus profond sommeil: ils étaient couchés par terre à côté de jeunes filles: tout annonçait qu'ils avaient besoin de repos; j'éveillai cependant mon domestique, et sortis promptement de cet endroit. Il était d'ailleurs inutile qu'ils fussent témoins de la joie que j'éprouvais à les retrouver. On apporta bientôt un flambeau; je reconnus qu'ils avaient laissé les autres traîneaux au bas du village, et qu'ils avaient conduit le mien cent toises au-dessus. Ils m'apprirent ensuite qu'accablés de fatigue, et me voyant endormi, ils avaient voulu se reposer quelque temps; mais que séduits par la beauté de ces jeunes filles, dont la plus âgée n'avait que dix-sept ans, ils s'étaient arrêtés plus longtemps qu'ils n'avaient cru: il fallut bien leur pardonner. Je retrouvai mes pistolets, et partis à sept heures du matin, avec les anciens chevaux. Je fis la poste de

---

93. Chappe n'est pas encore en Sibérie, puisqu'il n'a pas franchi l'Oural. Exagération épique aussi pour la distance qui le sépare de la France: dans sa Préface, il parlait de 1 200 lieues jusqu'à Tobolsk (voir p.230, et note 3).

Volva, et arrivai le 28 à Berezowka. C'est un hameau situé dans l'endroit le plus épais de la forêt. Comme il n'était composé que de trois maisons habitées par des malheureux, je n'y trouvai point de chevaux; je fus obligé de me servir des mêmes jusqu'à Joussineuwskoe, et par conséquent pendant vingt-cinq lieues, quoique les chemins fussent des plus mauvais. Je trouvai cependant que j'avais fait deux lieues par heure. Je ne rencontrai dans cet espace de vingt-cinq lieues que quelques habitations: elles en méritaient à peine le nom, par le peu d'habitants qui y étaient, et par la misère dans laquelle ils vivaient. Je voyageais toujours dans la même forêt, qui devenait sans cesse plus épaisse à mesure que j'avançais. Les chemins étaient si étroits que les traîneaux qui faisaient route opposée, y causaient encore plus d'embarras que partout ailleurs. Il y avait une si grande quantité de neige, qu'on était obligé de prendre des précautions pour coucher les traîneaux sur le côté: on ne voyait alors que la tête des chevaux, qu'on faisait sortir de la route pour laisser passer mes traîneaux. Dans une de ces circonstances, en passant avec trop de vitesse auprès d'un traîneau ainsi renversé, l'impériale du mien toucha au brancard de ce traîneau, et fut emportée avec tant de force qu'il m'en aurait coûté la vie, si j'en avais été frappé. Cette secousse acheva de mettre mon traîneau dans le plus mauvais état: je me trouvai à découvert, et exposé aux plus grandes injures de l'air. Etant peu éloigné de Solikamskaïa,[94] où je prévoyais que je serais obligé de prendre de nouveaux traîneaux, je ne jugeai pas à propos de m'arrêter à Joussinewskoe pour faire raccommoder le mien: les autres étaient aussi très délabrés. Je continuai la route: mais mon traîneau ne se renversait plus impunément: toutes les fois j'étais jeté au milieu de la neige, à plusieurs pieds de distance. J'arrivai enfin à Solikamskaïa le 29, à huit heures du soir, après avoir fait cent quatre-vingts versts dans ce malheureux état. J'étais d'autant plus fatigué, que n'étant entré dans aucun poêle depuis le 18 du même mois, je n'avais fait usage d'aucune nourriture qui ne fût gelée, excepté à Chlinow. Arrivé à Solikamskaïa, je fus au comptoir de M. Dimidof:[95] il m'avait donné une lettre pour ses gens d'affaires, et les avait prévenus de mon passage. J'appris qu'ils demeuraient à un quart de lieue de l'endroit: on voulut m'y conduire; mais j'étais si accablé, qu'il ne me fut pas possible d'aller plus loin. Je fis apporter au plus vite mon matelas, et me couchai: je pris peu de repos; j'éprouvais les douleurs les plus vives dans tous les membres: j'avais encore un rhume qui m'ôtait la faculté de parler. A peine fut-il jour qu'on

---

94. Solikamsk, fondée en 1430 et appelée alors *Sol' Kamskaïa* (Sel de la Kama). C'est actuellement une ville de plus de cent mille habitants.

95. Les Demidov, célèbres industriels russes, étaient les descendants de Nikita Demidov, maître de forges de Toula, qui avait fondé à la fin du XVIIe siècle les premières usines de l'Oural. Au cours du XVIIIe siècle, les Demidov construisirent ou acquirent 55 usines. Ils avaient été anoblis en 1726 et possédaient plus de quatre-vingt-trois mille serfs. Au début du XIXe siècle, ils produisaient le quart de la fonte russe.

m'annonça que l'homme d'affaires de M. Dimidof m'avait envoyé plusieurs traîneaux pour moi et ceux qui m'accompagnaient, et des chevaux pour conduire mes bagages.

Je me levai, et partis immédiatement: je fus reçu par Mme*, qui me fit dire par mon interprète, qu'elle avait reçu des ordres de son maître pour que je fusse traité comme s'il y était; que je ne pouvais lui faire de plus grand plaisir que de disposer de tout ce qui était dans la maison, avec la même liberté que si j'en étais le possesseur. Après lui en avoir témoigné ma reconnaissance, je fis décharger mes traîneaux, et j'envoyai quérir des gens pour les réparer. Il fallut les abandonner, excepté celui des équipages, qui était susceptible d'être raccommodé. On m'apprit en même temps que je ne pourrais être en état de partir que dans trois jours. Le thermomètre étant à dix à onze degrés au-dessous de 0, et le pays toujours couvert de neige, rien n'indiquait l'apparence du dégel. Je m'arrêtai dans cet endroit, sans aucune inquiétude: je n'étais d'ailleurs éloigné de Tobolsk, lieu de ma destination, que de cent cinquante lieues environ.

La maison de M. Dimidof est située sur une petite montagne qui borde le rivage oriental de la Kama: il a réuni à cette situation heureuse tous les agréments qu'il a pu se procurer par le secours de l'art, soit dans son bâtiment, qui est en bois, soit dans un jardin des plus vastes. La rigueur des hivers étant un obstacle à l'entretien de ce jardin, il y a établi douze serres très belles: elles étaient remplies de citronniers et d'orangers; on y trouvait tous les autres fruits de France, d'Italie, et quantité de plantes et d'arbustes de différents pays. Ces serres étaient les seules que j'eusse trouvées en route depuis Moscou; mais elles sont communes dans cette dernière ville, dans Pétersbourg, et leurs environs. Sans ces serres, on ne jouirait dans ces villes d'aucune espèce de légumes la plus grande partie de l'année, à cause de la durée de l'hiver.[96]

M. Dimidof avait encore établi dans sa maison une apothicairerie très bien fournie, et dans le plus bel ordre: un homme fort entendu était chargé de la diriger, et de distribuer des remèdes à tous les malades du lieu.

Son jardinier était russe, et avait des connaissances sur la physique, outre celles de son état: les premières annonçaient à la vérité moins un homme instruit, que les plus grandes dispositions à le devenir. M. Dimidof était lui-même trop connaisseur pour que les talents de son jardinier lui eussent échappé: aussi lui avait-il procuré des livres de mathématique, de physique, de botanique, et des instruments de tout genre.

Le séjour que je fis à Solikamskaïa m'ayant permis de remplacer le baromètre que j'avais perdu en route à quelque distance de Cazan, j'en fis

---

*Je n'ai point trouvé son nom dans mon journal.

---

96. Pour les considérations que ces plantes exotiques ont suggérées à Deleyre, voir Deleyre 1770, p.427.

deux, et j'en donnai un à ce jardinier,[97] qui n'en avait pas: il le reçut avec autant de joie que si on lui avait accordé la liberté.

Solikamskaïa est une petite ville située sur le bord de la rivière Kama. Isbrants Ides,[98] ambassadeur moscovite, en donne une si grande idée[99] dans son voyage de Moscou à la Chine*, que je me proposai de la voir dans le plus grand détail. Je me levai le 31 de très grand matin, pour prendre les bains[100] avant de sortir; on me les avait offerts la veille. A peine fus-je levé qu'on vint m'avertir qu'ils étaient prêts, ainsi que le traîneau qui devait m'y transporter. Ils étaient sur le bord de la rivière. Je m'enveloppai dans ma toulouppe†,[101] je pris mon domestique avec moi, et l'on me conduisit aux bains:[102] le froid était si vif, que je traversai promptement une petite antichambre, et fus ouvrir une porte que je jugeai celle des bains. Il en sortit aussitôt une bouffée de fumée si étouffante, que je regagnai la porte avec la plus grande promptitude: j'avais cru que le feu était dans la chambre aux bains. Voyant les Russes

---

* *Recueil des Voyages au Nord*, tome VIII, page 9, in-12, édition d'Amsterdam.
† Espèce de robe de chambre fourrée.

---

97. Dans sa lettre à Vorontsov du 8 mai 1761 (RGADA, fonds 199-Müller, n° 546, f.2v), Chappe rapporte qu'il a donné un baromètre et un thermomètre au jardinier de Demidov.

98. Evert Isbrand Ides, ambassadeur des jeunes tsars Ivan V et Pierre Ier, était d'origine allemande. Avec sa suite de douze Allemands et de neuf Russes, il était parti de Moscou pour la Chine le 13 mars 1692. La *Relation du voyage de M. Evert Isbrand...*, rédigée par Adam Brand, l'un des Allemands qui l'accompagnaient, parut en français à Amsterdam en 1699. Elle fut reproduite dans le t.viii du *Recueil des voyages au Nord* édité par Jean-Frédéric Bernard en 10 tomes à Amsterdam en 1731-1738.

99. Brand décrit les salines de Solikamsk, qui employaient alors plus de vingt mille ouvriers. Le sel était source de profits considérables pour les marchands: le poude (16 kg) ne leur revenait qu'à un demi-kopeck, et, transporté en bateau à Kazan, il était vendu 12 ou 13 kopecks (Brand, 1699, p.22-23).

100. Chappe a eu la curiosité d'entrer dans les bains russes, contrairement à Deschisaux et à Jubé.

101. Le mot *touloupe* est masculin en russe, et désigne plutôt un manteau fourré. Chappe est le premier à l'employer en français. Il ne réapparaîtra ensuite que dans la seconde moitié du XIXe siècle.

102. Les bains de vapeur étonnent tous les étrangers. La Neuville, 1698, p.182, assure que seuls les Russes peuvent en supporter la chaleur. Rares sont les voyageurs qui les ont utilisés, comme Carlisle et ses compagnons à Vologda (Miège, 1857, p.43-44), ou qui y sont entrés, comme Olearius à Astrakhan (Olearius, 1659, i.167-68). Le 'désordre' des bains mixtes de Riga suscitait l'indignation de Deschisaux (Deschisaux, 1727, p.19. La multitude d'hommes et de femmes nus dans les bains publics donne à Jubé 'l'idée d'une résurrection, mais qui mène en droiture à la mort seconde' (Jubé, 1992, p.135). 'La première fois que je vis ces lieux publics, je crus être en Amérique & voir des sauvages', note un autre observateur, frappé lui aussi par l'impudeur des Russes (Schwan, 1764 ou 1766, p.99-100). Sur les fantasmes que les bains russes ont toujours fait naître chez les étrangers, voir Kabakova-Stroev, 1997. Les Russes qui occupaient les Ardennes en 1816-1818 eurent des difficultés pour se faire aménager des bains et suscitèrent la stupéfaction des habitants en se jetant nus dans l'eau glacée au sortir des étuves (Breuillard, 1980, p.12). A l'époque soviétique, les bains russes continuèrent de faire l'objet de la curiosité des voyageurs, dont certains en eurent une expérience dissuasive qui rappelle curieusement celle de Chappe: voir par exemple Smith, 1976, p.178-81 et Thubron, 1991, p.87-89.

aussi interdits de ma démarche, que je l'étais de cet événement et de leur surprise, j'en demandai à mon domestique l'explication: Ce sont les bains, me dit-il; il faut vous déshabiller, et y entrer. Un Russe ouvrit la porte de nouveau, et y entra en effet tout habillé. Je reconnus que cette fumée n'était que la vapeur des bains, qui formait un brouillard des plus épais, et bientôt de la neige, à cause de la rigueur du froid. La vivacité de la chaleur que j'avais éprouvée ne s'accordait cependant pas encore avec mes idées sur ces bains, que je croyais des bains de propreté. Ce ne fut qu'après différentes autres questions que je sus qu'ils étaient faits pour suer. Content de ma santé, je me déterminai à repartir à l'instant: mon domestique m'arrêta, et m'apprit qu'on avait passé une partie de la nuit à les préparer, et que je ferais beaucoup de chagrin aux gens de la maison, si je n'en faisais point usage. Ces raisons et un peu de curiosité me déterminèrent à les prendre: je fis ouvrir la porte, et essuyai d'abord cette bouffée de chaleur. Je me déshabillai promptement, et me trouvai dans une petite chambre carrée: elle était si échauffée par un poêle, que dans l'instant je fus tout en sueur. On voyait à côté de ce poêle une espèce de lit de bois élevé d'environ quatre pieds: on y montait par des degrés; la légèreté de la matière du feu est cause que l'atmosphère est excessivement échauffée vers la partie supérieure de l'appartement, tandis qu'elle l'est peu sur le plancher; de façon que par le moyen de ces escaliers on se prépare par degrés à la chaleur qu'on doit éprouver sur le lit. Ignorant toutes ces précautions, et étant très pressé de sortir de ces bains, je fus aussitôt me placer dans l'endroit le plus élevé.

Le plancher avait contracté un si grand degré de chaleur dans cet endroit, que je ne pus supporter la douleur que je ressentais à la plante des pieds: je n'y restai que par la précaution qu'on prit d'y jeter de l'eau froide, qui s'évaporait presque aussitôt. Je pris mon thermomètre, qui dans quelques minutes monta à soixante degrés. Cette chaleur excessive me porta bientôt à la tête, et m'occasionna un mal de cœur des plus considérables. Mon domestique, qui se disait fort au fait des bains, me conseilla de m'asseoir, m'assurant que cet étourdissement n'aurait pas de suite; mais ayant suivi son conseil, j'éprouvai une douleur si vive, que je crus m'être assis sur une plaque de fer rouge. Je n'eus pas le temps de réfléchir sur la cause de ma douleur, ni de chercher les escaliers: je me trouvai dans un instant au bas de ce malheureux lit, avec mon thermomètre brisé par la chute que je fis. La chaleur étant moins considérable sur ce plancher, je restai d'abord couché sans oser me remuer: je fis ouvrir la porte promptement, et les petites fenêtres. Il y avait un tonneau à côté de moi, avec de l'eau et des bassins. Ayant fait remplir un des bassins, je m'assis dedans, et me fis jeter de l'eau avec l'autre sur tout le corps. Un peu revenu à moi, je ne songeai plus qu'à sortir de ce lieu: mais je n'osais me tenir debout, parce que j'étais alors dans la partie très échauffée de l'atmosphère. Voulant donc m'habiller courbé, mouillé, et avec un peu trop de vitesse, mes vêtements se trouvèrent trop étroits:

plus je me pressais, et moins j'avançais. Excédé de tant d'embarras, je me jetai dans l'antichambre presque nu: la rigueur du froid ne m'ayant pas plus permis de m'habiller, je m'enveloppai dans ma toulouppe; je gagnai ma voiture, traînant après moi une partie de mes vêtements, et je me fis conduire avec la plus grande vitesse au logis, où je me couchai aussitôt. Mon prompt retour, et l'accoutrement dans lequel j'y arrivai, firent craindre à la maîtresse de la maison qu'il ne me fût arrivé quelque accident: elle vint aussitôt me voir; je la rassurai, et lui demandai de la tranquillité: c'était le seul remède dont j'eusse besoin; elle sortit, et revint quelque temps après avec une jatte de thé, qu'elle me présenta. Me voyant peu disposé à faire usage de cette boisson, elle me fit dire par le sergent russe, qui commençait à entendre le français, que j'étais revenu trop promptement des bains pour avoir assez sué; qu'il était nécessaire que je prisse cette liqueur pour faciliter la transpiration.

Quoique mon intention n'eût jamais été de suer, elle insista avec tant de bonté, que je pris cette jatte de thé; mais m'en ayant promis une seconde dans quelques minutes, je me levai dès l'instant qu'elle fut sortie. Mon domestique était resté aux bains: ne le voyant pas venir au bout d'une demi-heure, j'étais sur le point de l'envoyer chercher, persuadé qu'il lui était arrivé quelque accident. Il entra dans le moment que je faisais partir un Russe: il alla se jeter sur son lit, sans vouloir dire un mot; il m'apprit enfin, après bien des questions, qu'il s'était trouvé mal aux bains, et voulut me persuader qu'il en était encore si malade, qu'il en crèverait certainement. Mon domestique étant accoutumé à ces bains, j'attribuai son incommodité à des vapeurs pernicieuses: dans pareils cas, le changement d'air est le remède le plus sûr, et le plus prompt; je fis ouvrir en conséquence les fenêtres, et j'ordonnai qu'on le laissât tranquille, et au bout de deux heures il fut parfaitement remis.

Ce premier essai m'avait si fort dégoûté des bains de Russie, que je fus cinq mois à Tobolsk sans vouloir les éprouver de nouveau, malgré toutes les instances qu'on me fit à ce sujet. Tout ce que j'appris dans cette ville et dans la suite de mon voyage, sur leur utilité, et la façon de les prendre, excita cependant si fort ma curiosité, que je les essayai à Ekaterinbourg, à mon retour de Tobolsk: mais je ne pus soutenir le degré de chaleur que j'y éprouvais. Ne voulant point partir de Russie sans avoir vu par moi-même tout ce qu'on m'en disait, je les pris encore chez un particulier à Saint-Pétersbourg, deux mois avant mon départ pour la France.

Ces bains se pratiquent dans toute la Russie: les habitants de cette vaste contrée, depuis le souverain jusqu'au dernier de ses sujets, les prennent deux fois par semaine, et de la même manière. Tous ceux qui jouissent de la plus petite fortune ont dans leur maison un bain particulier, dans lequel le père, la mère, et les enfants se baignent quelquefois en même temps. Les personnes du bas peuple vont dans des bains publics. Il y en a communément pour les hommes et pour les femmes: les deux sexes sont séparés par des cloisons de planches;[103] mais sortant des bains tout nus, les deux sexes se voient dans cet état, et s'entretiennent souvent des choses les plus indifférentes: ils se jettent ensuite confusément dans l'eau ou dans la neige.[104] Dans les hameaux pauvres et éloignés, ils sont souvent tous ensemble dans le même bain. J'ai vu dans les salines de Solikamskaïa des hommes qui y prenaient les bains: ils venaient de temps en temps à la porte, pour s'y rafraîchir, et y causaient tout nus avec des femmes, qui la plupart apportaient aux ouvriers de la saline, de l'eau-de-vie ou de la quouas. Les bains des riches ne diffèrent de ceux du peuple que par une plus grande propreté: en général l'appartement des bains est tout en bois; il contient un poêle, des cuves remplies d'eau, et une espèce d'amphithéâtre, sur lequel on parvient par plusieurs degrés (*N*. 3).[105] Le poêle a deux ouvertures semblables à celle des fours ordinaires: la plus basse sert pour mettre le bois dans le poêle, et la deuxième contient un amas de pierres soutenues par un grillage de fer: elles sont continuellement rouges, par l'ardeur du feu qu'on entretient dans le poêle; on en verra l'usage par la suite. En entrant dans le bain on se munit d'une poignée de verges, d'un petit seau de sept à huit pouces de diamètre, qu'on remplit d'eau, et l'on se place au premier ou deuxième degré. Quoique la chaleur soit moins considérable dans cet endroit que partout ailleurs, on est bientôt en sueur: on renverse alors le seau d'eau sur sa tête, et après quelques intervalles on en renverse un deuxième et un troisième. On monte ensuite plus haut, où l'on fait les mêmes opérations, et enfin sur l'amphithéâtre, où la chaleur est la plus considérable. On s'y repose un quart d'heure ou une demi-heure environ, et dans cet intervalle on se répand plusieurs fois de l'eau tiède sur le corps. Un homme placé devant le poêle jette de temps en temps de l'eau sur les pierres rouges: dans l'instant des tourbillons de vapeurs sortent avec bruit du poêle, s'élèvent jusqu'au plancher, et retombent sur l'amphithéâtre, sous la forme d'un

---

103. Un ukase de Catherine II enjoignit 'dans les villes aux entrepreneurs de bains publics de construire des bains séparés pour les deux sexes', mais 'après avoir pris le bain chaud, hommes et femmes sortent tout nus, pour courir ensemble se plonger dans la rivière qui passe derrière les bains' (Masson, 1800, t.ii, chap. 'Gynécocratie', p.132-33). A Pétersbourg même, la loi n'était pas observée à la lettre: 'Nous sommes entrés plusieurs fois dans un bain de femmes, et nous nous sommes promenés une demi-heure dans la cour, bien enveloppés dans nos manteaux, au milieu de cent femmes absolument nues, qui ne prenoient seulement pas garde à nous' (Fortia de Piles, 1796, iv.331, n.1).

104. Mensonge 'aussi grossier et aussi absurde que celui des amours des muletiers avec les dames de Babylone' (*Antidote*, 1770, 1ʳᵉ partie, p.53). Par cette allusion transparente à un thème voltairien (voir *La Philosophie de l'histoire* ou *La Défense de mon oncle*), l'*Antidote* pense récuser Chappe, qui reprend peut-être ici le témoignage de La Neuville, 1698, p.182. La planche III est jugée 'très indécente' par l'*Antidote*: elle 'vous donnera plutôt l'idée d'une bacchanale que des bains de Russie' (1770, 1ʳᵉ partie, p.51). Mais d'autres voyageurs continueront à décrire la même scène: selon Masson, par exemple, 'après avoir pris le bain chaud, hommes et femmes sortent tout nus, pour courir ensemble se plonger dans la rivière qui passe derrière les bains' (Masson, 1800, ch.9, dans de Grève, 1990, p.930).

105. La chaleur des étuves est toujours de 38 à 42 degrés de Réaumur, prétend Fortia de Piles, 1796, iv.331. Mais, à la différence de Chappe, il n'y est pas entré.

J.B. le Prince del.   J. Ph. le Bas sculp.

III. Bain public de Russie
Collections de la Bibliothèque municipale de Rouen.
Photographie Thierry Ascencio-Parvy

nuage qui porte avec lui une chaleur brûlante. C'est alors qu'on fait usage des verges, qu'on a rendues des plus souples, en les présentant à cette vapeur au moment qu'elle sort du poêle: on se couche sur l'amphithéâtre, et le voisin vous fouette avec une poignée de verges, en attendant que vous lui rendiez le même service; et dans beaucoup de bains, des femmes sont chargées de cette opération. Pendant que les feuilles sont attachées aux verges, on ramasse par un tour de main un volume considérable de vapeurs: elles ont d'autant plus d'action sur le corps, que les pores de la peau sont très ouverts, et que ces valeurs brûlantes sont poussées vivement par les verges dont on continue à vous fouetter sur toutes les parties du corps.

Dans les bains particuliers que je pris, j'éprouvai une chaleur si étouffante, lorsqu'on me ramassait sur le visage avec les verges ces tourbillons de vapeurs, que je n'aurais pu y résister, si ces moments avaient eu quelque durée. Désirant savoir le degré de chaleur que cette manœuvre produisait, je fis la même opération sur le thermomètre, qui ne monta cependant que de trois degrés.

Après avoir été fouetté, on me jeta de l'eau sur le corps, et l'on me savonna: on prit aussitôt les verges par les deux bouts, et l'on me frotta avec tant de violence, que celui qui me frottait éprouvait une transpiration aussi considérable que moi. On jeta de nouveau de l'eau sur mon corps, sur les pierres rouges, et l'on se disposa à me fouetter de nouveau; mais les verges n'ayant plus de feuilles, dès le premier coup je me levai avec tant de vitesse, que le fouetteur fut culbuté de l'escalier sur le plancher: je renonçai à être fouetté et frotté plus longtemps. Dans quelques minutes on m'avait rendu la peau aussi rouge que de l'écarlate. Je n'avais jamais pu rester sur l'amphithéâtre; mais j'y fis porter mon thermomètre, qui monta à cinquante degrés,[106] pendant qu'il se soutenait à quarante-cinq dans l'endroit où j'étais: je sortis bientôt de ces bains.

Les Russes y demeurent quelquefois plus de deux heures, et recommencent à différentes reprises toutes les opérations dont j'ai parlé: la plupart se frottent encore le corps avec des oignons, pour suer davantage; ils sortent tout en sueur de ces bains, et vont se jeter et se rouler dans la neige par les froids les plus rigoureux, éprouvant presque dans le même instant une chaleur de cinquante à soixante degrés, et un froid de plus de vingt degrés, sans qu'il leur arrive aucun accident.

Les Russes du premier état se mettent au lit en sortant du bain, et s'y reposent quelque temps. Il est généralement reçu que les bains sont plus efficaces pour les gens du commun, qui de cette grande chaleur passent au grand froid, que pour ceux qui vont se mettre au lit.

Toute la nation est en général très sujette au scorbut: la vie languissante qu'ils mènent, le peu d'exercice qu'ils font, étant enfermés tout l'hiver

---

106. Le docteur Sanches écrira un livre sur le sujet, en 1779 (voir *Catalogue des planches et des dessins*, planche III, 1er état).

dans leurs poêles, occasionnent beaucoup d'humeurs, et ils transpirent peu. Ces bains sont donc pour eux un remède indispensable: sans l'usage qu'ils en font, ils seraient exposés à bien des maladies. Ces étuves produisent une grande fermentation dans le sang et les humeurs, et occasionnent de grandes évacuations par la transpiration: le grand froid produit une répercussion dans ces humeurs portées vers la peau, et rétablit l'unisson et l'équilibre. Que ces conclusions soient justes ou non, il est constant par le fait, que ces bains sont très salutaires en Russie: ils seraient certainement très utiles en Europe pour quantité de maladies, surtout pour celles de la classe des rhumatismes. On ne connaît presque point en Russie ces maladies, et quantité d'étrangers en ont été guéris radicalement par le secours des bains.

La veille de mon départ de Solikamskaïa, je fus voir la fonderie de cuivre et les salines: la fonderie est située sur le petit ruisseau Talitza, à deux versts de la ville: elle est composée de trois fourneaux; un seul était en bon état. Je m'étais proposé d'aller voir M. Tourchenin, qui en est le directeur: mais il était absent. Je demandai son substitut; il ne fut pas possible de le trouver, malgré toutes les recherches que je fis dans ces différents bâtiments. Je retournai alors à la fonderie, désirant avoir quelques éclaircissements sur différents objets: je m'adressai aux ouvriers qui me parurent les plus intelligents: mais je ne pus, malgré mon interprète, ni entendre les Russes, ni m'en faire entendre. Le substitut de M. le directeur arriva enfin; mais de fort mauvaise humeur: il prit une pelle, et se mit à travailler; je fus le saluer, et lui témoignai par mon interprète, mes regrets de ne l'avoir pas trouvé: je le priai en même temps de me faire voir les mines: elles sont au milieu de la cour, me dit-il, et me tourna le dos. Ce discours laconique me guérit de l'envie de lier un plus long entretien avec M. le substitut. Je fus voir cependant toutes les mines, dont je pris des échantillons, que je détaillerai à l'article des mines. Ce Russe paraissait d'ailleurs fort instruit, à en juger par le bon ordre qui régnait dans cette fonderie. Il avait un air intelligent et spirituel: il ne lui manquait, à ce qu'il me parut, que d'avoir plus vécu avec les hommes, moins avec les ours, et d'exister dans un pays libre. J'ai remarqué dans tout le cours de mon voyage, que toutes les fois qu'on n'a point de lettres de recommandation pour les particuliers chargés de la direction des manufactures, on éprouve toujours des procédés semblables, et des honnêtetés sans bornes dans le cas contraire. Ces hommes sont esclaves d'un supérieur despote, ignorants en général, et méfiants à l'excès. Cette conduite est dans l'ordre des choses.

On trouve à quelque distance de la fonderie une fabrique où l'on met en œuvre la plus grande partie du cuivre de cette fonderie: on l'emploie à des ustensiles de ménage, à des tabatières, et autres ouvrages de ce genre; ils sont tous du travail le plus grossier. Je restai peu de temps dans cette manufacture: j'y fus aussi mal reçu qu'à la fonderie.

La même ville abonde en fontaines salées: on en compte plus de soixante.[107] Malgré cette quantité de fontaines, on ne fait usage que de deux chaudières: la première forme un carré de trente pieds sur deux de profondeur environ; la deuxième est un peu plus grande*.

Ces deux chaudières sont placées dans différents bâtiments situés à cinquante toises des sources des fontaines: on élève l'eau salée dans un réservoir, par le moyen des pompes que des chevaux font jouer: des tuyaux de plomb, soutenus par des supports de bois, conduisent ces eaux jusqu'aux bâtiments où sont les chaudières. Tous ces bâtiments étaient dans le plus grand délabrement: j'en fus d'autant plus étonné, qu'ils sont de bois, et qu'il est assez commun dans le pays. Il m'a paru qu'on était plus occupé du produit de ces salines que d'en faire les réparations.

On fait une cuisson dans quarante-huit heures: elle produit communément cinquante sacs de sel, et le sac contient quatre poudes: chaque cuite produit donc deux cents poudes†, ou soixante-six quintaux de France.[110] En supposant cent quatre-vingt-deux cuites par an, et la poude de sel se vendant cinquante kopykkes‡,[111] cette chaudière produirait

---

* Selon M. Isbrants-Ides, Tome VIII du *Recueil des Voyages au Nord*, page 9, Solikamskaïa est une grande ville très commerçante: elle est surtout célèbre par ses salines, qui occupent pendant toute l'année cinquante chaudières, dont les moindres ont dix toises de profondeur. Il s'y fait une grande quantité de sel, que l'on transporte sur de grands vaisseaux qui ne servent qu'à cet usage. Ces bâtiments ont seize à dix-huit toises de longueur, portent sept à huit cents hommes d'équipage, et cent ou cent vingt mille poudes, c'est-à-dire huit cents ou mille tonneaux.[108]

Le nombre des chaudières a pu être plus considérable autrefois: mais il est absurde de leur donner dix toises de profondeur. Il n'y a point à Solikamskaïa de rivière capable de porter un bâtiment de mille tonneaux, et jamais on n'y a employé huit cents hommes d'équipage pour conduire du sel. La Kama dans cet endroit est un peu plus considérable que la Seine lorsqu'elle est haute. On emploie sur cette rivière des bateaux semblables à ceux qu'on voit à Paris, seulement un peu plus longs.[109]

† La poude égale quarante livres de Russie, et trente-trois livres de France.

‡ Un kopykke vaut environ un sou de notre monnaie.

---

107. Laurent Lange n'en comptait que trente-cinq en 1715 (Lange, 1725, p.95). Joseph Nicolas Delisle, qui avait visité Solikamsk, trouvait son sel moins bon que le sel marin ou le sel gemme (Delisle, 1768, p.528).

108. Brand, 1699, p.21-22, faisait état de quatre-vingts chaudières (et non cinquante) et de 'cinq cents ouvriers' (et non huit cents) par bâtiment...

109. L'*Antidote* réfute longuement Chappe et confirme Brand: la Kama, jusqu'au confluent avec la Viatka, n'est navigable que dans les hautes eaux du printemps; mais alors, de grands bâtiments, qui portent effectivement jusqu'à huit cents hommes d'équipages, descendent la Kama, puis remontent la Volga jusqu'à Kazan et Nijni-Novgorod. On décharge ces grandes barques sur des vaisseaux plus petits qui remontent la Volga jusqu'à Iaroslav. Des barques ordinaires transportent ensuite le sel ou le cuivre jusqu'à Pétersbourg (*Antidote*, 1770, 1ʳᵉ partie, p.57-58).

110. Le quintal était alors de cent livres et non de cent kilogrammes comme actuellement.

111. Le mot *kopeck* est attesté en français depuis Margeret, en 1607. On trouve la forme *coupique* chez La Neuville, 1698, p.191, *Copeakes* chez Collins, 1679, p.40, *copic* ou *kopic* en 1726 dans le Ms. *Mémoires sur la Russie* (f.51, et passim). La forme *kopeck*, avec ses variantes *copec*, *kopek*, s'imposera au XIXᵉ siècle.

dix-huit mille deux cents roubles par an, ou quatre-vingt-onze mille livres de France, produit de douze mille douze quintaux de France.

On n'emploie que six hommes à une chaudière; autrefois il y en avait dix; le premier a treize kopykkes par jour; parmi les cinq autres, les uns en ont dix, les autres huit: les supposant à neuf, la dépense journalière pour les manœuvres est donc de cinquante-huit koppykes par jour, et de deux cent onze roubles par an.

On consume par cuisson dix toises carrées de bois (la toise est égale à trois archines[112] et demi); la toise carrée de bois coûte trente koppykkes, et les dix toises trois roubles; la dépense du bois est donc de cinq cent quarante-six roubles par an.

Chaque saline a quatre et six chevaux: supposons-en cinq, ils coûtent chacun vingt kopykkes de nourriture par jour; ce qui fait une dépense annuelle de trois cent soixante-cinq roubles pour la nourriture des chevaux. Supposons six autres hommes pour avoir soin des chevaux, des pompes, et leur paye à six kopykkes. Quoiqu'on puisse regarder comme nulle la dépense de l'entretien des bâtiments, par le mauvais état où ils sont, je la supposerai de deux cents roubles. L'achat des chevaux est de sept à huit roubles; et comme il n'en meurt pas tous les ans, cette dépense ne serait jamais de dix roubles par an. Supposons-la de cent, à cause de l'entretien des harnais; la dépense de l'exploitation de ces salines n'ira jamais au-delà de seize cents roubles, ou huit mille livres argent de France. Le produit est de dix-huit mille deux cents roubles, ou quatre-vingt-onze mille livres argent de France. Cette première chaudière produirait donc de net seize mille six cents roubles, ou quatre-vingt-trois mille livres argent de France, et les deux chaudières produiront plus de trente-trois mille roubles, ou plus de cent soixante-six mille livres de France. M. Tourchemin a l'entreprise de ces salines. Feu M. de Showalow[113] en avait la régie en 1762. Ces deux premiers payés, le reste doit entrer dans les coffres de l'impératrice. Je m'informai de la raison pour laquelle on ne se servait que de deux chaudières, on me répondit que le bois commençait à manquer.[114] On le fait venir de cinquante wersts, ou de douze lieues de France, par la rivière Kama.

Je trouvai dans ces salines des habitants du pays qui y prenaient les bains, de la même manière que je l'ai décrit en parlant des bains

---

112. L'*archine* était égale à 0,71 m. Le mot apparaît en 1699 dans Brand sous la forme allemande *arschin*.

113. Sans doute Piotr Ivanovitch Chouvalov (1710-1762), grand-maître de l'artillerie, puis feld-maréchal, père d'Andreï Chouvalov.

114. Dans les années 1760, un voyageur remarque que, malgré la quantité de bois dont dispose la Russie, Pétersbourg pourrait en manquer dans peu d'années. Le bois commence à devenir cher dans la capitale, parce que l'exploitation des forêts est anarchique et qu'il y a du gaspillage (ms. *De la Russie*, f.3). On sait que Pierre le Grand avait tenté de réagir en interdisant par exemple les cercueils en chêne. La législation russe, au XVIIIe siècle, tendra à protéger les forêts et à en régler les coupes (Eeckaute, 1968). Sur l'interprétation qu'a tirée Deleyre de ce défaut de bois en Russie, voir Introduction, p.106.

ordinaires. Ils en sortirent au bout de quelque temps tout nus; et quoiqu'en sueur, ils furent se rouler dans la neige.

La petite ville de Solikamskaïa n'offrant rien d'intéressant que ses salines et ses fonderies, j'en partis le 2 avril à trois heures du soir, pénétré des politesses des gens de M. Dimidof. Je trouvai presque aussitôt les montagnes des Monts Poias*:[115] elles forment une chaîne qu'on doit considérer comme une branche de la grande chaîne du Mont Caucase. Celle des Monts Poias part du midi, et sépare l'Asie de l'Europe, jusqu'à la mer Glaciale. Les montagnes de cette chaîne sont très petites, n'ayant que cinquante à quatre-vingts toises[116] de hauteur communément: mais les rampes en sont très rapides; elles sont toutes couvertes de bouleaux, de pins et de sapins. Les chemins y étaient affreux, et d'autant plus dangereux, que les nuits les plus obscures m'exposaient à chaque instant au danger d'être abîmé dans la neige, qui est très sujette à s'ébouler. Je courais les plus grands risques, si je me fusse écarté de quelques pieds du chemin battu. Ceux qui m'accompagnaient, et les postillons, me conseillaient de ne pas voyager de nuit: mais le vent ayant tourné au sud, le froid avait diminué tout à coup: le thermomètre ne descendait plus que de deux degrés au-dessous de 0, et remontait l'après-midi jusqu'à trois degrés au-dessus; ce qui me faisait craindre le dégel. Cet instrument était cependant le seul indice qui en annonçât les approches. Des sapins de la plus grande hauteur paraissaient accablés sous le poids de la neige: la terre en était couverte partout de plus de sept pieds d'épaisseur. Nul oiseau n'annonçait le retour de la nouvelle saison: les pies et les corneilles, qu'on trouve en quantité sur les routes dans toute la Russie, avaient même abandonné ces déserts: la nature y paraissait comme engourdie. On reconnaissait à la seule trace des traîneaux, que ces lieux étaient habités. Une sombre tristesse régnait partout, et le silence ne cessait que par les

---

* Ou Poias Zemnoi.

---

115. La 'Ceinture terrestre', ou encore *Kamennyj Pojas* (la Ceinture de pierre), c'est-à-dire l'Oural. En français, on appelait ces montagnes les Monts Rhiphées (ou Ryphées), ou les 'Montagnes hyperborées', comme l'attestent les articles de Moreri, Bruzen de La Martinière ou l'*Encyclopédie*. Quant au fleuve Oural, il s'appelait le *Iaïk*. On sait que la montagne et le fleuve seront débaptisés après la révolte de Pougatchev (1773-1775), l'insurrection des Cosaques étant partie de là. Il s'appellera désormais l'Oural. Le mot *Oural*, qui apparaît sous la forme *Uralk* en 1765 dans un article du *Dictionnaire universel du commerce*, v.664, ne s'impose en effet qu'après la défaite de Pougatchev. On rencontre par exemple 'le mont Ural' mentionné avec le fleuve 'Jaïk' en 1781 dans l'*Histoire des découvertes faites par divers savans voyageurs*, 1778-1787, ii.394.

116. C'est-à-dire environ 100 à 160 m. Chappe précise plus loin (p.297) qu'il s'agit de hauteurs prises à la base des montagnes, mais qu'elles sont beaucoup plus élevées par rapport au niveau de la mer. L'Oural septentrional peut atteindre en effet 1 500 m d'altitude. Laurent Lange assurait que ces montagnes avaient neuf verstes (environ neuf km) dans leur plus grande hauteur! (Lange, 1725, p.96). Vers 1480, Julius Pomponius Laetus affirmait déjà qu'elles étaient aussi hautes que les Alpes (Alekseev, 1932, i.69). Au contraire, M. Miechowita (sur le témoignage de Russes rencontrés à Cracovie?) avait noté en 1517 qu'elles étaient d'une hauteur peu considérable (Alekseev, 1932, i.80).

cris de quelqu'un de nous, dont le traîneau avait été renversé, et qui demandait du secours.

Les habitants y sont enfermés dans leurs chaumières pendant neuf mois de l'année, et n'en sortent presque pas de tout l'hiver.[117] La neige paraît dans ces montagnes au commencement de septembre, et bientôt la quantité qui en tombe efface presque tout vestige d'habitation.

Les habitants sont alors obligés de se frayer des passages à travers des tas de neige que les vents y ont formés: le dégel y commence plus tard que dans la plaine; il n'a lieu ordinairement dans les montagnes que vers la fin d'avril, et la neige ne disparaît totalement que dans les derniers jours de mai: ainsi ils ne jouissent qu'environ trois mois des douceurs de l'été. On y sème cependant dans ce court espace, du seigle, de l'avoine, de l'orge, et des pois qu'on recueille vers la fin d'août: mais ces grains parviennent rarement à une parfaite maturité. On fume les terres dans ces montagnes.

J'arrivai à Rostess le 3 à minuit, très fatigué des secousses de mon traîneau, et des culbutes perpétuelles que j'avais faites. N'ayant pas trouvé de chevaux dans cet endroit, je fus obligé de continuer ma route avec les mêmes. J'allais alors très lentement, à cause de la rapidité des montagnes qu'il fallait grimper. Je me trouvai le 4 à neuf heures trente minutes du matin sur celle qui était la plus élevée dans cette partie de la chaîne: elle n'était cependant que de quatre-vingts toises au-dessus de sa base. Mais quoique ces montagnes ne soient pas hautes par rapport au terrain où elles sont situées, elles le sont beaucoup plus par rapport au niveau de la mer, à cause que le sol est très élevé. Quand je pris la hauteur de cette montagne, je n'étais qu'à une heure et demie de chemin de Paiudinska, où j'arrivai le 4 à midi: j'en repartis aussitôt. Je passai le ruisseau de Padira, où est située une fonderie de fer nommée Spaskoe. On va chercher la mine dans les environs de Werkhotourie. On me dit dans ce hameau qu'une femme y avait été dévorée par un ours au commencement de l'hiver. Ces sortes d'accidents sont cependant très rares, quoique les ours soient très communs dans ces montagnes: ils sont presque tous noirs. Ces animaux se retirent aux approches de l'hiver, dans des cavernes ou sous de vieux sapins fort touffus: ils y passent cette saison sans prendre aucune nourriture.

Ces peuples vont à la chasse des ours à la fin de l'hiver: ils se servent de raquettes pour marcher sur la neige; ils sont armés de piques, et amènent avec eux de petits chiens pour agacer l'animal. Ils l'attendent hors de son enceinte, dans laquelle ils auraient trop de désavantage; parce que la neige y étant très solide, l'ours y ferait usage [de] toutes ses forces: mais dès le moment qu'il en sort il s'enfonce aussitôt dans la neige; et pendant qu'il est occupé à se débarrasser, les chasseurs le tuent facilement avec

---

117. Les neiges et les glaces ne font point des Sibériens 'des taupes retapies dans leurs trous', conteste l'*Antidote*: beaucoup de conquêtes ont été faites par les Russes en hiver, et c'est à ce penchant à tenter l'aventure que la Russie est redevable de l'immense territoire qu'elle possède (1770, 1re partie, p.60).

leurs piques*.[118] Ils ne vont à cette chasse que pour la peau et la graisse de cet animal. On trouve dans les forêts de ces montagnes quantité de loups, de renards, de lièvres, d'écureuils, et de différentes espèces de bêtes fauves. On n'y voit point d'ours blancs: ils se tiennent plus au nord sur les bords de la mer Glaciale; mais on en apporte les peaux dans toute la Sibérie. J'ai vu à Saint-Pétersbourg trois de ces animaux en vie. L'ours blanc est de la plus grande férocité. Ceux que j'ai vus à Saint-Pétersbourg étaient enchaînés à un poteau au milieu d'une cour: ils n'avaient pour litière qu'une couche de glace de cinq à six pouces d'épaisseur: elle avait été formée par leurs ordures et la neige fondue. Cet animal est beaucoup plus dégagé et plus leste que l'ours noir: il est plus long, sa taille mieux décidée, et il a un museau plus allongé; il suffit de le voir pour être convaincu qu'il doit être très prompt à la course, et c'est de sa vitesse qu'on a su tirer parti pour le tuer facilement: il faut à la vérité être intrépide. On m'a dit à Tobolsk, et je n'en ai point d'autre certitude, qu'on va à la chasse de ces animaux avec une simple pique: ils se tiennent vers la mer Glaciale, où la neige est aussi solide que la terre ferme. Ils courent sur les hommes avec une si grande vitesse, que le chasseur ne fait qu'un demi-tour sur lui-même pour s'en garantir, et perce en même temps l'ours avec sa pique.

J'arrivai le même jour à Melechina (*N.* 4), si fatigué que je me proposai d'y passer une partie de la nuit: je frappai à la première porte, où j'attendis quelque temps; tout le monde était couché: un Russe vint m'ouvrir, tenant d'une main une louchine† pour m'éclairer, et son bonnet de l'autre. On voyait à peine son visage au milieu de ses cheveux hérissés, et d'une longue barbe qui lui descendait sur la poitrine. Le premier objet qui me frappa en entrant, fut une vieille femme qui s'était endormie en berçant un enfant suspendu dans un panier: sa peau ridée et rembrunie par la fumée, offrait un objet des plus désagréables. Son accoutrement concourait encore à la rendre plus hideuse. On voyait tout auprès sur un banc, une jeune femme, plus occupée de satisfaire sa curiosité que de rajuster sa chemise, qui formait tout son vêtement. Le désordre qui y régnait, et son attitude, laissaient à découvert les beautés de cet âge, et sa peau, de la plus grande blancheur, recevait encore un nouvel éclat de la vieille placée à ses côtés.[119] Elle avait près de son banc de petits enfants couchés par terre, ainsi que de jeunes veaux dans une étable: le reste de la famille était couché pêle-mêle sur le poêle, et sur une espèce de

---

* J'ai appris ces faits à Spaskoe, et ils m'ont été confirmés à Tobolsk, ainsi que la chasse des ours blancs, dont je parlerai dans la suite.
† Morceau de bois allumé, dont j'ai déjà parlé.

---

118. L'*Antidote* voit là une contradiction avec la Préface, éd. présente, p.238 où il est dit que le peuple russe est 'timide' (1770, 1re partie, p.62).

119. Tous les objets ne révoltent pas Chappe, raille le 'Scythe': 'Halte-là, M. l'Abbé, vous êtes trop électrique, vous anticipez sur votre mission; ce n'est qu'à Tobolsk que vous devez observer Vénus' (*Lettres d'un Scyte franc et loyal*, 1771, p.29).

IV. Intérieur d'une habitation russe pendant la nuit
Collections de la Bibliothèque municipale de Rouen.
Photographie Thierry Ascencio-Parvy

soupente;[120] les uns dormaient, et les autres paraissaient aussi étonnés de me voir dans leur chaumière, que je l'étais de leur situation et de leur figure.

L'enfant qui était dans le panier n'avait pas un mois: il dormait au milieu d'un tas de paille couvert d'un linge, étant nouveau-né. Hors ce temps, les enfants sont communément nus en Sibérie, ainsi que dans toute la Russie: ils jouent dans leur panier des pieds et des mains sans être emmaillotés. Ce panier est suspendu à une longue perche élastique, qu'on peut faire mouvoir facilement avec le pied, pour les bercer. Les femmes chargées de ce soin, s'occupent en même temps à filer du chanvre. On nourrit les enfants de lait d'animaux, par le moyen d'un cornet, au bout duquel on adapte une tétine de vache: les mères leur donnent cependant quelquefois à téter. Ces enfants, quoique très faibles, jouissent de la liberté de se rouler à terre. Ils s'y culbutent, et font des efforts pour marcher. On les laisse se débattre, quoiqu'ils soient le plus souvent nus, ou qu'ils n'aient qu'une chemise pour tout vêtement. Ils marchent enfin au bout de quelques mois, tandis qu'en France ils pourraient à peine se soutenir. Bientôt ils courent partout, et vont jouer sur la neige. On n'y connaît point le corps, ni cette multitude de vêtements et de ligatures gênantes, dont on s'empresse ici de garrotter les enfants. Non seulement ils nuisent au développement des muscles, mais ils sont encore la principale cause de ce qu'il y a tant d'hommes contrefaits dans les autres nations d'Europe, tandis qu'ils sont très rares en Russie. C'est ainsi qu'on y forme des hommes sujets naturellement à moins d'infirmités. Ils vivraient plus longtemps que partout ailleurs, sans leurs excès et leurs débauches. Le peuple y est si robuste, qu'ayant engagé à Tobolsk les soldats de ma garde à coucher dans mon observatoire pendant que j'observais, ils préféraient d'aller passer la nuit sur l'herbe, et se levaient le matin avec des habits presque aussi mouillés par la rosée, que s'ils avaient couché dans l'eau. Ils y dormaient du plus profond sommeil, et n'en ressentaient jamais aucune incommodité. Toute leur vie et leurs exercices tiennent à cette force de tempérament qui leur fait supporter pendant la guerre les plus grandes fatigues, sans que leur santé en soit altérée.

Le physique a sur le moral une influence considérable: les grandes passions forment souvent les grands hommes; elles supposent presque toujours des tempéraments vigoureux. Quels avantages ne produirait pas une éducation semblable à celle de Russie, dans une nation où la forme du gouvernement et l'éducation morale tendent également à diriger l'homme vers l'honneur, la gloire et le courage?[121] Elle serait sans doute d'autant plus avantageuse, que le luxe et la mollesse concourent avec

---

120. Cette soupente de l'isba se nomme en russe *polati* (s. pluriel).

121. 'Est-ce votre gouvernement que vous prétendez louer', interroge l'*Antidote*. 'L'instruction donnée par l'impératrice Catherine II dirige l'homme vers l'honneur, la gloire et le courage' (1770, 1re partie, p.65-66).

l'éducation physique, à détruire tous les principes de cette éducation morale.

Il faut convenir cependant que les préjugés de l'éducation physique ne sont pas si considérables à Paris, qu'ils l'étaient il y a peu de temps. Quelques personnes commencent à ne pas emmailloter les enfants:[122] d'autres les élèvent même presque nus.

Parmi le nombre des préjugés de l'éducation de notre enfance, celui de nous accoutumer à ne faire usage que du bras droit, peut être regardé comme un des plus grands abus. A peine les faibles membres de l'enfant commencent à prendre quelque consistance, qu'on l'oblige à ne prendre sa nourriture que de la main droite: cela est dans l'ordre, dit-on, d'une éducation honnête. Il contracte bientôt l'habitude de se servir par préférence du bras droit, et insensiblement il n'a de l'adresse dans tous ses exercices du corps que dans les mouvements qui se font à droite. Les difficultés qu'on éprouve de la part des enfants, pour les obliger à se servir par préférence du bras droit, prouvent évidemment que la nature n'est pour rien dans cet abus; et l'embarras et la maladresse de ceux qui n'ont plus que le bras gauche, prouvent également l'utilité de laisser aux enfants la liberté de se servir indifféremment des deux bras, et la nécessité de les obliger par la suite à faire à droite et à gauche les exercices reçus.

L'éducation physique que j'ai remarquée en Sibérie se pratique dans toute la Russie, excepté chez les grands, où elle a souffert quelques changements, à mesure qu'ils ont commencé a se civiliser. Quelque avantage qu'ait cette éducation sur celle des nations livrées au luxe et à la mollesse, il faut convenir cependant qu'il meurt, dans le peuple surtout, une prodigieuse quantité d'enfants: il en reste rarement un tiers dans une famille; souvent les pères et mères n'en conservent que trois ou quatre de seize à dix-huit auxquels ils ont donné le jour: mais plusieurs causes concourent à dépeupler perpétuellement les hameaux dispersés dans ces vastes déserts.

La petite vérole emporte près de la moitié des enfants,[123] et quelquefois plus: le scorbut et la débauche des pères et mères leur occasionnent quantité de maladies inconnues ailleurs aux enfants, peut-être parce qu'ils n'ont dans ce pays d'autres remèdes que leurs étuves:[124] elles sont très salutaires à ceux qui n'éprouvent que les maladies analogues au climat;

---

122. Sous l'influence de Rousseau. Le plaidoyer de Chappe s'inspire non seulement de l'exemple des Russes, mais aussi, manifestement, du premier chapitre de l'*Emile*, où Rousseau s'insurge contre la coutume d'emmailloter les enfants. Il est curieux que cette coutume se rencontre chez certains peuples 'sauvages' (Sagard, 1990, p.207).

123. Voltaire considérait que la petite vérole était une des causes du dépeuplement de la Russie (*Histoire de Pierre le Grand, OC*, t.46, p.487). Schwan le dit également, mais il voit la première cause de la dépopulation dans les bains, auxquels peu d'enfants résistent: ils sont échaudés, puis on leur verse de l'eau glacée sur la tête, traitement qui serait funeste même à un Emile! (Schwan, 1764, p.97-101).

124. 'Ils ont quantité de drogues qu'ils font d'herbes, et qui valent bien les remèdes des médecins' (*Antidote*, 1770, 1re partie, p.68).

mais elles ne sont qu'un palliatif pour les maladies vénériennes[*]. Ces dernières y sont plus dangereuses que partout ailleurs, parce que le scorbut s'y trouve presque toujours réuni, et que le remède propre à une de ces maladies est toujours contraire à l'autre. Les maladies vénériennes sont si répandues dans la Sibérie et la Tartarie septentrionale, qu'il est à craindre que par la suite des temps elles n'y détruisent totalement l'espèce humaine.[129] La manière dont ces peuples vivent dans leurs chaumières doit en accélérer le moment, à cause de l'excès de libertinage qu'elle y occasionne.[130] Ils ne connaissent point l'usage des lits;[131] ils couchent pêle-mêle presque nus sur des bancs et sur les poêles: les pères et les mères ne sauraient jouir des droits du mariage que les enfants n'en soient témoins. La jeunesse plus tôt instruite qu'ailleurs, a trop de facilité, pour ne pas se livrer à la dissolution.

---

[*] Quelques auteurs prétendent cependant que les Russes font usage dans cette maladie du sublimé corrosif, et en particulier M. Macquer[125] dans son *Dictionnaire de Chimie* (T. 2, p. 65). On sait d'ailleurs, dit cet auteur, que l'usage interne du sublimé corrosif est établi avec succès[126] depuis longtemps chez les Tartares et chez les Russes, que leur manière de vivre sans retenue avec toutes sortes de femmes, expose continuellement à accumuler des maladies vénériennes les unes sur les autres.

Je n'ai vu nulle part, dans ma route de Pétersbourg à Tobolsk, qu'on y fit usage du sublimé corrosif,[127] et j'ai su que des gens opulents attaqués de cette maladie, passaient en Europe pour s'en faire traiter. Peut-être a-t-il été abandonné à cause des suites fâcheuses que ce remède peut produire lorsqu'il est mal administré.[128]

125. Pierre Joseph Macquer (1718-1784), docteur en médecine et professeur de chimie, membre de l'Académie des sciences (1745), est connu pour ses travaux sur l'arsenic et le bleu de Prusse. Il réalisa la combustion du diamant, étudia l'oxydation de l'étain et de l'argent, observa le premier, en 1776, que la combustion de l'hydrogène produit de l'eau. En chimie organique, il détermina la composition du lait et trouva des dissolvants au caoutchouc.

126. Chappe a ajouté 'avec succès' au texte de Macquer.

127. 'les Moscovites [...] dans les maladies veneriennes [...] prennent du mercure sublimé, ou sans aucun vehicule, ou dans la bouillie aigre, ou dans de la soupe faite avec du gruau d'avoine' (Muller, 1725, p.161). L'abbé Lambert reprend textuellement cette information (Lambert, 1750, i.204-205). Le 1er novembre 1773, Diderot posait la question suivante aux académiciens de Pétersbourg: 'On dit que les Tartares se guérissent de la maladie vénérienne avec une préparation mercurielle qui a la forme du son. Le fait est-il vrai? Comment se prépare ce mercure? Serait-il possible d'en avoir?' (Proust, 1969, p.116-17). Laxman répondit: 'La préparation mercurielle avec laquelle les peuples tartares soignent ordinairement le mal vénérien est le sublimé de mercure corrosif qu'ils reçoivent de la Chine et qu'ils prennent dissous dans l'eau-de-vie. Ce sublimé est toujours vendu en poudre et ne semble pas atteindre l'efficacité de ceux d'Europe' (p.124).

128. Le sublimé corrosif ou chlorure mercurique, longtemps utilisé comme antisyphilitique, est aujourd'hui abandonné en raison de sa toxicité.

129. Sans aller si loin, Voltaire parlait des 'deux fléaux par qui le monde est plus dépeuplé que par la guerre': 'la petite vérole venue du fond de l'Arabie, et l'autre venue d'Amérique' (*Histoire de Pierre le Grand*, OC, t.46, p.487).

130. 'Il n'y a point de chaumière où il n'y ait de séparation pour les gens mariés' (*Antidote*, 1770, 1re partie, p.69).

131. L'absence de lits en Russie, sauf dans les classes privilégiées, a été maintes fois relevée (Miège, 1857, p.321; Jubé, 1992, p.165-66; Dumas, 1860, iii.38).

Quoique je me fusse d'abord décidé à passer la nuit dans le hameau de Melechina, l'odeur insupportable qu'on respirait dans la chambre où j'étais, m'obligea d'en partir quelques heures après mon arrivée. Ces habitants enfermés dans leurs chambres la plus grande partie de l'année, ne communiquent avec l'air extérieur que par des fenêtres d'un pied en carré toujours fermées, et par un petit passage qu'ils ouvrent quelque temps le matin, afin que la fumée se dissipe; de sorte qu'ils vivent dans des vapeurs infectes qui ont vieilli et fermenté près de neuf mois de l'année.[132]

Je quittai les montagnes en sortant de Melechina, et me trouvai dans une vaste plaine: la neige diminua tout à coup si considérablement, qu'elle couvrait à peine dans quelques endroits la superficie de la terre. Le thermomètre était cependant à sept degrés au-dessous de 0 à Lialinskoi. J'arrivai à ce hameau le 5 à cinq heures du matin, et le même jour à Verkhotourie[133] à une heure après midi. Verkhotourie est une petite ville de Sibérie peu éloignée de la rivière Tura: elle est située sur des rochers, et environnée de quelques mauvaises fortifications. Elles ont été faites par les Russes depuis qu'ils sont en possession de la Sibérie. Cette ville était le seul passage par où l'on pouvait voyager de Russie en Sibérie, depuis Gagarin,[134] gouverneur de cette province. Ce gouverneur ayant conçu le dessein sous Pierre I, de se faire souverain de la Sibérie, ses projets avaient exigé qu'il défendît la route d'Ekaterinbourg, alors la plus pratiquée, parce qu'elle était la plus courte.[135] Depuis ce temps elle avait été abandonnée, et elle ne fut permise qu'en 1761, par une ordonnance de l'impératrice Elisabeth, donnée à ce sujet. On avait établi à Verkhotourie une douane des plus sévères:[136] en ayant été prévenu à Saint-Pétersbourg, j'avais prié M. le Chancelier de m'accorder un ordre, pour que les caisses qui contenaient mes instruments ne fussent pas ouvertes. Elles étaient restées fermées depuis Paris. Cette grâce me fut accordée, malgré la sévérité des ordonnances. Pierre I en avait rendu une, qui fait trop

---

132. 'Vous le dites vous-même, on ouvre le passage tous les matins pour laisser sortir la fumée. Il n'y a donc point de vapeur vieillie et fermentée' (*Antidote*, 1770, 1re partie, p.69). Effectivement, voir éd. présente, p.281.

133. Ville fondée en 1597 sur le cours supérieur de la Toura, d'où son nom (Müller, 1750, p.330; Müller, 1732-1764, vi.502).

134. Le prince Matveï Petrovitch Gagarine, gouverneur de Sibérie depuis 1708, fut pendu pour ses malversations. Chargé de surveiller le commerce avec la Chine, monopole du gouvernement, il avait amassé une immense fortune par des trafics illégaux effectués par des marchands et par lui-même. L'*oberfiskal* Nesterov soumit au tsar deux rapports sur les activités de Gagarine, en 1714 et 1717, et le fit condamner à la potence.

135. La ville d'Ekaterinbourg, au sud de Verkhotourié, se trouve en effet sur la route directe de Moscou à Tobolsk, en passant par Nijni-Novgorod et Kazan. C'est cette route que Chappe empruntera à son retour de Tobolsk.

136. Joseph Nicolas Delisle observait qu'à Verkhotourié les Russes avaient fait d'un passage formé par la nature une barrière pour que rien n'entre ni ne sorte sans payer des droits de douane. Mais, comme Chappe, il avait été exempté de ces droits parce qu'on ne pouvait visiter ses caisses (Delisle, 1740, 4e cahier non paginé; Delisle, 1768, p.529).

d'honneur au goût de ce monarque pour les sciences et les arts, pour ne pas la rappeler ici: elle contenait que tous les instruments qui avaient rapport aux sciences et aux arts ne seraient jamais visités: mais bientôt l'abus qu'on fit de cette permission obligea ses successeurs à rétracter cet ordre. Le directeur de la douane,[137] nommé Michitas Ivan Soubatof,[138] se borna à me demander un état de mes effets, et me combla de politesses. Il me fit présent de deux zibelines, de quelques livres de thé, et de différentes sortes de provisions. Je me disposais à partir, lorsqu'il me fit l'honneur de me venir voir avec les principaux de la ville. J'avais encore des liqueurs de Lunéville, et quelques bouteilles de vin de Bourgogne, que M. le baron de Breteuil m'avait données à mon départ de Saint-Pétersbourg. Je les engageai à en boire: ils furent des plus satisfaits du vin de Bourgogne: on ne connaît en Sibérie que le vin que les voyageurs y apportent; mais nos liqueurs leur parurent fades, et trop faibles. Accoutumés à des liqueurs fortes, celles de France font à peine quelques légères impressions sur leur palais. Ils me firent des instances si vives pour séjourner à Verkhotourie, que je retardai mon départ jusqu'à la nuit. M. Soubatof m'engagea d'aller me rafraîchir chez lui: j'y trouvai toute sa famille. Je ne pus voir sa femme qu'à travers la porte de sa chambre, ouverte à moitié: elle était des plus jolies et des mieux vêtues; mais il ne fut pas possible d'obtenir qu'elle parût. Je partis à huit heures du soir: le ciel était très obscur, et le chemin fort mauvais; ce qui me détermina à faire allumer tous les flambeaux. Je voyageai toute la nuit sans le plus petit accident, quoique on m'en eût beaucoup prédit à mon départ de Verkhotourie. Le temps, qui était très doux quand je sortis de cette ville, se refroidit tout à coup vers trois heures du matin, à ma grande satisfaction. Le thermomètre était descendu à neuf degrés au-dessous de la glace: mais le soleil eut à peine paru sur l'horizon, que cet instrument remonta avec la plus grande promptitude. Je descendais toujours vers le midi, et la neige diminuait perpétuellement; ce qui me détermina à ne pas perdre un moment, crainte d'être surpris par le dégel. Le même jour le traîneau de l'horloger se cassa au milieu de la campagne. Comme nous n'étions à portée d'aucun secours, on l'ajusta avec des cordes, et on le conduisit avec beaucoup de peine jusqu'à Makhneva, où je me proposais de le faire raccommoder: mais n'ayant trouvé personne qui voulût s'en charger, je pris le parti d'en acheter un autre. Pendant qu'on arrangeait ce nouveau traîneau, je dînai dans une maison du hameau, et fus témoin du dîner des postillons: ils s'étaient réunis avec d'autres Russes qui conduisaient des provisions à Verkho-tourie; ils se rangèrent tous autour d'une petite table, la seule qu'il y eût dans la maison; les uns sur des bancs, les autres debout. On leur servit d'abord, sans nappe ni assiette, une soupe dans une petite jatte de bois:

---

137. Les douanes intérieures ont été supprimées par Elisabeth en 1752. On ne sait qui Chappe a pris pour un directeur de douanes (*Antidote*, 1770, 1re partie, p.71-72).

138. *Michitas* n'existe pas en russe. Peut-être s'agit-il d'un Nikita Ivanovitch Zoubatov, suggère l'*Antidote* (1770, 1re partie, p.73).

elle était faite de choucroute et de gruau, sans pain; ils la mangeaient avec des cuillers de bois; leur pain, dont je voulus goûter, malgré sa couleur aussi noire que de l'encre, n'était pas supportable. On enleva cette première jatte: elle fut remplacée par une seconde de choucroute, préparée avec de l'huile de poisson. On accommode quelquefois la choucroute avec de l'huile de chènevis, ou d'ours:[139] leur boisson était de la quouas*, la même que celle des Russes, dont j'ai déjà parlé. La dépense de leur dîner se monta à un sou par tête. Ils ont d'autres fois des pois, des navets, et des radis cuits dans de l'eau avec du sel. C'était alors le temps du Carême, pendant lequel ils ne peuvent manger ni viande, ni lait, ni beurre, ni poisson: ils ont la plus grande attention de ne pas laisser sur la table la plus petite miette de leurs mets; ils la ramassent avec le plus grand soin, et la mangent aussitôt. La table après le dîner, est le seul meuble qui soit propre dans leur maison. Ayant éprouvé en arrivant une chaleur presque étouffante, je plaçai mon thermomètre sur la soupente, où ils dorment la nuit et une partie de la journée. Cet instrument monta jusqu'à quarante degrés, ou près de dix degrés plus haut que les plus grandes chaleurs d'été à Paris. Il y avait quatre ou cinq femmes dans cette maison, qui à notre arrivée se sauvèrent derrière une espèce de rideau: elles s'apprivoisèrent peu à peu, et parurent des plus surprises, de nous voir manger de la viande et de toutes nos autres provisions, qui dans ce temps de Carême leur sont défendues. Ces peuples sont si rigides à cet égard, qu'ayant donné un peu de brioche à un enfant d'environ trois ans, sa mère l'en priva aussitôt; et le plus petit, de sept à huit mois, fut le seul qui eut la permission d'en manger. L'excessive chaleur que j'éprouvais m'obligea de quitter ma toulouppe; je pris une redingote à la française. Ces femmes admiraient cet habillement, et regardaient avec la plus grande curiosité toutes les parties de mon vêtement: tout leur paraissait nouveau, quoique cette route fût la seule pratiquée: ces femmes me parurent plus éveillées que toutes celles que j'avais vues depuis Moscou, principalement depuis le Volga. Elles étaient encore mieux faites, plus grandes, et d'un plus beau sang que sur cette dernière partie de ma route. Deux filles de la maison étaient surtout très jolies: elles avaient même des espèces de manchettes à leurs chemises; ce que je n'avais vu nulle part en Russie, dans la classe des paysans.

    J'avais toujours voyagé depuis le Volga dans la même forêt, où je n'avais trouvé communément que des hameaux, qui annonçaient la plus grande misère. Le pays devint plus découvert à mesure que je m'éloignai des montagnes, et les habitations étaient plus peuplées. Les Sibériennes ont en général un habillement semblable à celui des Russes: les filles

---

* Ou Kwas.

---

139. Chappe veut rire: on ne se sert d'huile de chènevis que pour les lampes, et d'huile d'ours que comme 'remède extérieur' (*Antidote*, 1770, 1re partie, p.74).

portent de même leurs cheveux en tresse; ils forment seuls leur coiffure jusqu'au moment qu'elles se marient. Les femmes ne peuvent être coiffées en cheveux.

Je partis de cet endroit aussitôt que les traîneaux furent prêts, et j'arrivai le 7 à midi au hameau nommé Babikhina. Le dégel était si décidé, que la neige était fondue partout, excepté sur la route battue. Une couche d'eau répandue sur les rivières encore gelées, m'avertissait du danger que je courais à les passer. Cette crainte, et le désir d'arriver bientôt à Tobolsk, dont je n'étais plus éloigné que de soixante-dix lieues environ, ranimèrent le courage de tout le monde; chacun s'empressait à l'envi de tout arranger à chaque poste. J'arrivai à Tumen le même jour à minuit. Je me disposais à partir tout de suite: mais je ne trouvai personne qui voulût courir les risques de passer la rivière. Les gens de la poste prétendaient que la débâcle devait arriver à chaque instant. Je tentai en vain tous les moyens possibles pour les déterminer: ils voulaient attendre le jour pour se décider. J'étais encore éloigné de soixante lieues de Tobolsk. Cette nuit perdue pouvait être un obstacle à mon arrivée avant la débâcle; et dans ce cas il aurait fallu rester dans l'endroit où je me serais trouvé. Il est alors absolument impossible de voyager, même en bateau, parce que tout le pays est inondé par des torrents qui se répandent de toutes parts. Je m'adressai aux anciens postillons, et leur représentai qu'ils m'avaient passé toute la journée sur différentes rivières, sans qu'il parût aucun danger, et que depuis quelques heures, les passages des rivières ne pouvaient pas être plus dangereux. Je promis de leur payer double poste, et leur fis boire tant d'eau-de-vie qu'ils se déterminèrent à me passer. J'engageai les gens de la poste à fournir les chevaux, et nous traversâmes la rivière sans accident.

J'arrivai le 9 à Sozonowa, vers cinq heures du matin. Je fus longtemps retardé dans ce hameau, n'ayant pas trouvé de chevaux à mon arrivée. Je voulus réparer le temps perdu, en faisant distribuer en route de l'eau-de-vie aux postillons, pour les engager à me conduire avec la plus grande vitesse: mais la neige étant totalement fondue dans la plupart des endroits de la route, je ne pus, malgré cette précaution, arriver à Berozoviar qu'à quatre heures du soir, et à neuf à la poste de Vaksarina, où je devais passer la rivière de Tobol.

Je demandai aussitôt des chevaux: ils me furent refusés aussi promptement que je les avais demandés; et après une heure de dispute, je n'étais pas plus avancé. Je ne pouvais pas me dissimuler le danger de traverser cette rivière: les raisons des habitants de ce hameau m'avaient même d'abord déterminé à me fixer dans cet endroit, pour y faire mes observations: mais outre que la situation n'était pas commode, j'avais besoin d'être appuyé de l'autorité du souverain, pour bâtir un obser-vatoire, et pour n'être pas dérangé dans mes opérations: l'un et l'autre me paraissait impossible à exécuter. Je commençais déjà à connaître assez ce peuple, pour ne pas ignorer que je devais les politesses que j'avais éprouvées sur ma route, à quelques personnes honnêtes que j'avais rencontrées, et principalement aux lettres de recommandation de M. de Woronzof. Dans toutes les circonstances où le seul naturel des habitants avait agi, j'avais éprouvé les plus grandes difficultés, et dans celle-ci j'avais encore à craindre la superstition d'un peuple ignorant.[140]

Je n'étais d'ailleurs qu'à vingt-cinq lieues de Tobolsk: dans douze heures je pouvais y arriver; et au moment que je touchais au terme de toutes mes fatigues, je me trouvais dans l'affreuse situation de manquer mon observation. Je ne pus y résister: une sueur froide se répandit dans tous mes membres; elle fut suivie d'un abattement universel: mais bientôt le désespoir ranima toutes mes facultés; je proposai à tous ces gens de faire sur la glace une espèce de train avec des planches, ou avec des branches d'arbres: mais leurs têtes étaient montées de façon qu'ils trouvaient impossible tout ce que je proposais; ils rejetèrent durement ma proposition. Leur refus fit sur moi une telle impression, que je fus tenté de les forcer à me passer: mais ayant conçu le dessein d'acheter leurs chevaux, et de nous conduire nous-mêmes, ce projet remit le calme dans mes sens. Je sortis un moment, pour méditer sur le parti que je devais prendre: le dernier me parut sûr. Ceux qui me suivaient m'avaient paru d'ailleurs déterminés à ne pas me quitter. Etant rentré assez tranquille, je fis apporter des provisions pour souper, et de l'eau-de-vie pour distribuer à tout le monde. Il était nécessaire de ramener tous les esprits, qui avaient pris de l'humeur de tout ce qui s'était passé.

On m'apporta en même temps mon thermomètre: je le plaçai contre le mur, désirant savoir le degré de chaleur de l'endroit; elle était étouffante. Ces habitants furent aussi étonnés de cet instrument, que ceux de Kuzmodemiansk l'avaient été de mon baromètre, qu'ils avaient pris pour une horloge. Le thermomètre fit sur ceux de Waksarina d'autant plus d'impression, que cet instrument transporté de l'air froid dans un poêle des plus chauds, montait avec rapidité. Les voyant fort attentifs à ce phénomène, je leur dis sans aucune vue particulière, que ce thermomètre indiquait le chaud et le froid; que le mercure montait dans le premier cas, et descendait dans le dernier. Cette explication naturelle ne le fut pas pour eux; ils attribuèrent du merveilleux à cet instrument. Je m'en aperçus, et je ne manquai pas d'en profiter. Le thermomètre monta bientôt à vingt-cinq degrés: je le pris alors, et leur dis d'un air assuré, qu'il nous indiquerait, en le transportant dehors, si l'on pouvait passer la rivière sans danger; que dans ce cas il descendrait

---

140. Pour la plupart des étrangers, la religion des Russes n'était qu'un tissu de superstitions dues à l'ignorance (voir par exemple La Neuville, 1698, p.192-93). L'*Antidote* insiste au contraire sur la *tolérance* des Russes à l'égard des nombreuses religions de l'empire (1770, 1re partie, p.78-81). Dans une phrase qui fait songer aux *Lettres philosophiques* de Voltaire, l'*Antidote* conclut: 'La grande diversité de peuples, & leur mélange, leur fait pratiquer tous les jours ce précepte' (p.81).

au-dessous d'un terme que je leur fis marquer[*]. Ils attachèrent aussi le thermomètre en dehors: je rentrai aussitôt, et ne parlai plus de partir. Je m'aperçus bientôt de la fermentation que produisaient l'ignorance et la superstition dans toutes ces têtes, échauffées encore par quelques mots de l'objet de mon voyage, qu'ils avaient entendus, et qu'ils ne comprenaient pas plus que l'usage de quelques-uns de mes autres instruments qu'ils avaient vus.

J'étais occupé à les faire boire, lorsque le plus mutin, que je n'avais pas vu sortir, rentra avec enthousiasme, et me dit que l'animal[141] était descendu au-dessous de l'endroit indiqué. Tous coururent s'en assurer, et je n'eus dans ce moment d'autre embarras pour partir, que celui de faire taire mon interprète, qui voulait leur expliquer que le mercure n'était pas un animal. J'eus bientôt le nombre nécessaire de chevaux, et je ne fis pas attendre les postillons pour partir: celui qui avait été le plus mutin toute la journée, était le plus enthousiaste dans ce moment. Je le chargeai de conduire le traîneau où étaient mes instruments: il me précédait, et les autres nous suivaient. A peine fûmes-nous sortis du hameau, que nous découvrîmes la rivière: c'était le seul objet qui s'offrait à la vue, au milieu des ténèbres qui couvraient cet hémisphère: la faible lueur des étoiles, réfléchie par l'eau qui coulait sur cette glace raboteuse[†], faisait distinguer au loin cette rivière, par les reflets et les différentes nuances de leur sombre lumière; ils présentaient les apparences des ondes légèrement agitées. Nous arrivâmes bientôt sur ses bords, où régnait le plus profond silence. Le premier postillon se dispose à la traverser, et s'arrête aussitôt. J'étais debout sur mon traîneau: je lui crie *stoupai* (en français, marche); et je pousse en même temps mon postillon si rudement,[142] que celui-ci part à l'instant. Le premier ne veut point être prévenu: il part avec plus de vitesse; les autres nous suivent, et dans un clin d'œil nous arrivons à l'autre bord.

Je ne jouis cependant pas dans ce moment de l'excès de plaisir que je devais ressentir. J'eus à peine traversé la rivière, que j'éprouvai un tremblement dans tous mes membres, suivi de tressaillements convulsifs: mes forces, qui avaient paru acquérir plus de vigueur, à mesure que

---

[*] Ce terme était celui d'un degré au-dessous de 0, et il était communément en dehors à cette heure, deux ou trois degrés au-dessous. Ce terme était éloigné de plus de quatre pouces de celui de vingt-cinq degrés.
[†] Ces inégalités étant occasionnées par la glace déjà fondue, ne contredisent point ce que j'ai dit ailleurs, que la surface des rivières gelées était unie.

---

141. Le mot *swerok*, dont assurément on s'est servi dans ce moment, est un terme badin, que le peuple emploie pour ce qui ressemble à quelque chose de vivant, tente d'expliquer l'*Antidote*, 1770, 1re partie, p.84. *Zverok* est un diminutif qui signifie tout de même un animal!

142. 'Le but des voyages étant, comme le dit Montaigne, de *frotter & limer sa cervelle contre celle d'autrui*, il ne suffit pas aux voyageurs de frotter & limer leurs poings contre les épaules de leurs conducteurs, comme a fait M. l'Abbé Chappe, qui s'en fait une espece de mérite...' (*Lettres d'un Scyte franc et loyal...*, p.31-32).

j'approchais de cet instant, s'affaiblirent tout à coup: j'eus recours à un reste de liqueur[143] que j'avais dans mon traîneau. Je me trouvai bientôt soulagé; je m'endormis, et je dormais encore en arrivant à la poste de Chestakova. Je partis aussitôt de cet endroit, et j'arrivai dans quelques heures à Dektereva, où je devais prendre des chevaux pour la dernière fois. Etant séparé de la ville de Tobolsk par la rivière Irtysz, je m'attendais à de nouvelles difficultés de la part des habitants de ce hameau: je n'en éprouvai cependant aucune. On traversait encore à Tobolsk la rivière sur la glace, sans doute parce que ce passage étant plus fréquenté, la neige battue par les pieds des hommes et des animaux faisait corps avec la glace, l'avait consolidée, et en avait augmenté l'épaisseur.

J'arrivai enfin à Tobolsk le 10 avril, six jours avant la débâcle, après avoir fait en traîneau depuis Saint-Pétersbourg, huit cents lieues environ, ou trois mille cent dix-huit versts[144] en un mois, quoique j'eusse été retardé par beaucoup d'accidents, et par la difficulté d'avoir des chevaux.

Dès que je fus arrivé, j'allai voir M. de Soimonof,[145] qui en était le gouverneur. Il envoya chercher ses filles: la plus âgée était veuve; elle vint

---

143. Cet 'homme intrépide', qui a poussé un postillon, éprouve un 'tremblement' qu'il calme avec 'un reste de liqueur', ironise l'*Antidote*, 1770, 1re partie, p.85.

144. Soit plus de 3 300 km. Chappe exagère encore les distances (voir ci-dessus, ch.1, n.93). S'il y a bien 1 200 lieues de Strasbourg à Tobolsk, comme il l'écrit dans sa Préface (ci-dessus, p.230), il ne resterait plus que 400 lieues (soit 1 600 km) entre Strasbourg et Pétersbourg. Or, cette distance, en passant par Vienne et Varsovie, est de plus de 2 000 km.

145. Fedor Ivanovitch Soïmonov (1692-1780), navigateur et hydrographe. Après avoir étudié à l'école de mathématiques et de navigation de Moscou, il passe trois ans en Hollande pour se perfectionner dans l'art des choses maritimes. En 1719, il est chargé de décrire les rives de la Caspienne et l'embouchure de la Volga. Sa carte, publiée en 1720 à Pétersbourg, sera envoyée à l'Académie des sciences de Paris. Il participe à la campagne de Perse, dont il rédige en 1723 un récit détaillé, *Описание Каспийского моря* [Description de la mer Caspienne et des conquêtes russes qui y furent faites, considéré comme une partie de l'histoire de Pierre le Grand], qui sera publié en 1763 dans les *Publications mensuelles* de l'Académie des sciences de Pétersbourg. (Des extraits de ce journal de Soïmonov ont paru en allemand dans Müller, 1732-1764, t.vii, 1762, p.155-515). En 1727, Soïmonov est transféré dans la flotte de la Baltique. En 1734, il participe au blocus de Danzig. En 1739, il est nommé commissaire général à la guerre avec le grade de vice-amiral, et vice-président du Collège de l'Amirauté. Il s'attire de nombreux ennemis, dont Biron, par ses plans de réforme et sa dénonciation des abus dans la marine. En 1740, il est impliqué dans le complot d'Artemi Petrovitch Volynski contre Biron: Volynski est arrêté et exécuté, Soïmonov, condamné à mort, voit sa peine commuée en déportation à vie au bagne d'Okhotsk après avoir subi le knout et l'arrachement des narines. Il perd tous ses titres et droits. Il fonde une école à Okhotsk, un phare et un port sur le Baïkal, se préoccupe de faire construire de nouveaux bateaux. Il est libéré à l'avènement d'Elisabeth, mais sans que ses grades lui soient rendus. En 1753, il dirige une expédition destinée à décrire la rivière Chilka jusqu'à son embouchure, mission après laquelle il est nommé gouverneur de la Sibérie. Pendant les six années où il occupe ce poste (1757-1763), il se distingue par son humanité et son souci des besoins du pays. De 1763 à 1766, il est sénateur.

Soïmonov savait le latin, l'allemand et le hollandais. Il avait des connaissances en astronomie, en physique, en économie. Son *Histoire de Pierre le Grand*, manuscrite, est restée inachevée. Mais il a publié deux ouvrages sur le commerce: un sur celui de la Sibérie

m'embrasser sur la bouche, et prit ma main pour la baiser. Peu au fait de cette étiquette russe, je fus d'abord un peu déconcerté: je me remis bientôt. Les deux autres, dont la plus jeune avait dix-neuf à vingt ans, s'étant approchées pour le même motif, je fus au-devant d'elles: après les avoir embrassées selon leur usage, je baisai leurs mains, et retirai la mienne. Selon l'étiquette, je devais en effet faire un baiser sur leurs mains, pendant qu'elles en faisaient un sur la mienne; mais je devais attendre à ma place, qu'elles vinssent m'embrasser.

Le gouverneur me fit l'accueil le plus honnête: il me témoigna l'estime qu'il avait pour les sciences; il les aime et les cultive. Il me fit donner une garde,[146] composée d'un bas officier et de trois grenadiers; il me procura en même temps tous les secours dont j'avais besoin.

Je m'occupai dès les premiers jours à faire construire mon observatoire, et généralement tout ce qui y avait rapport. Il ne fut en état, malgré mes soins, que le 11 de mai. J'y plaçai aussitôt mes instruments. Le 18 du même mois le temps, quoique couvert, me permit d'observer plusieurs phases de l'éclipse de lune. Je m'étais préparé le 3 pour celle du soleil, invisible en France. Cette observation était très précieuse: elle m'offrait un des meilleurs moyens de déterminer avec précision la longitude de Tobolsk, et je n'avais presque aucune espérance de pouvoir observer les éclipses des satellites de Jupiter, parce que le soleil éclaire presque perpétuellement cet hémisphère en été; et d'ailleurs cette éclipse étant visible en Suède, en Dannemarck et à Saint-Pétersbourg, j'étais sûr d'avoir des observations correspondantes aux miennes. Le ciel fut encore couvert au commencement de l'éclipse: il tomba même quantité de neige, quoique en juin. J'observai cependant la fin avec la plus grande exactitude. La longitude de Tobolsk, qui résulte de cette observation, étant comparée à celle de Stokolm, que M. Delisle a bien voulu me communiquer,[147] donne quatre heures vingt-trois minutes trente-quatre secondes, par rapport au méridien de Paris.

Les habitants de cette ville, peu accoutumés à voir des étrangers, avaient été étonnés de mon arrivée: ils avaient vu mon observatoire s'élever aussitôt; il était d'une forme très différente de celle de leurs bâtiments. Ils y trouvèrent du mystère. Sa situation sur une montagne, d'où je

---

(en 1755) et un sur celui de la Caspienne (en 1765) dans les *Publications mensuelles*. En tant que gouverneur, Soïmonov était très aimé des Sibériens en raison de la douceur et de la droiture de son caractère. Il avait le sens de la justice et recourait rarement aux châtiments corporels. La négligence et la routine qui régnaient partout à l'époque l'obligeaient à travailler d'arrache-pied de l'aube à la nuit (d'après RBS, 1909, xx.44-48).

146. La *Galerie françoise*, n° VII, 1771 (p.5), note que 'pour la première fois peut-être, les sciences, dont l'empire est fondé sur les charmes & la douceur de leur jouissance, se virent obligées d'user de violence, & de s'établir pour ainsi dire, à main armée'.

147. L'astronome Joseph Nicolas Delisle est rentré de Russie en 1747. C'est donc en France que Chappe l'a rencontré. Mais on ignore à quelle date. Peut-être dès 1753, à son entrée à l'Observatoire. Sur Delisle, voir l'Introduction, n.22.

découvrais tout l'horizon, les surprit beaucoup. Il était d'ailleurs à un quart de lieue de la ville. Ils formèrent d'abord des conjectures vagues et fort bizarres: mais à la vue d'un quart-de-cercle, des pendules, d'une machine parallactique, d'une lunette de dix-neuf pieds, instruments absolument nouveaux pour eux, ils ne doutèrent plus que je ne fusse un magicien.[148] J'étais occupé toute la journée à observer le soleil, pour régler mes pendules, et essayer mes lunettes. La nuit j'observais la lune et les étoiles: je faisais usage surtout d'une petite lampe placée à mon quart-de-cercle, pour voir les fils du micromètre; je ne revenais quelquefois à la ville que le matin, très fatigué; et le désordre de ma toilette, dont je m'étais peu embarrassé, les confirmait dans l'idée qu'ils avaient prise de moi.

Le gouverneur et quelques autres personnes furent seuls convaincus que l'observation du passage de Vénus sur le soleil était le sujet de mon voyage: tout le reste de la ville était livré à la superstition. Les moins ignorants débitaient sur cette observation les impertinences les plus absurdes, tandis que les autres attendaient ce moment comme le dernier du genre humain. Ils me regardaient comme l'auteur du débordement de l'Irtysz.[149] Il fut si considérable cette année, qu'une partie de la basse ville fut submergée jusqu'aux toits, et plusieurs personnes perdirent la vie, en emportant leurs effets à travers les torrents qui culbutaient et entraînaient leurs maisons. Plusieurs parties de la montagne se détachèrent en différents endroits, et se précipitèrent avec un bruit effroyable dans la rivière. Quelques habitants qui avaient leurs maisons sur les bords de cette montagne, furent obligés de les abandonner, dans la crainte d'être entraînés dans la rivière. Le magasin du sel fut totalement submergé; et quoiqu'on eût employé les moyens les plus prompts pour en retirer le sel, la plus grande partie fut perdue. La plaine située au bas de la montagne de Tobolsk n'offrait plus à ceux qui étaient sur son sommet, que des îles dispersées dans cette surface submergée, dont l'étendue n'était limitée que par celle de la vue.

Cette rivière déborde cependant tous les ans à la fonte des neiges: mais on ne se rappelait point qu'elle eût jamais produit des effets si funestes; ce qui donnait lieu à toutes les extravagances de ce peuple, qui ne voyait de soulagement à tous ses maux que dans mon départ de Tobolsk. Uniquement occupé de mon observation, j'ignorais absolument tout ce qui se passait à ce sujet; et j'étais si tranquille, que je laissais toujours chez moi ma garde, pendant que j'allais à mon observatoire avec mon

---

148. Au début du XVIIe siècle, un mathématicien persan, secrétaire d'un envoyé au Danemark, passant par Moscou, prédit une éclipse de soleil. Le jour de l'éclipse, 'la canaille s'assembla vers le soir autour de sa maison, et demanda qu'on le lui livrât pour le brûler ou le mettre en pièces, comme un sorcier qui avoit procuré cette éclipse ' (Perry, 1717, p.200-201).

149. 'Si les bonnes vieilles de Tobolsk pensaient ainsi, cela leur était commun avec celles de Paris et de bien d'autres endroits', remarque justement l'*Antidote*, 1770, 1re partie, p.86. Effectivement, voir dans l'Introduction, p.76, n.299, ce qui est arrivé à Monge et Laplace dans le Massif central.

interprète, ou quelquefois avec l'horloger; mais elle eut ordre de ne pas me quitter. Quelques Russes m'avertirent de ne pas aller seul à mon observatoire, et de me précautionner contre l'insolence de la populace, capable de tout dans ces moments d'ivresse. L'avis était trop prudent pour que je ne le suivisse pas: je pris même dès lors le parti de passer la plupart des nuits à mon observatoire, dans la crainte qu'il ne leur prît fantaisie de le culbuter. Le 4 du même mois le vent me fit courir les plus grands risques de le voir renversé. Il était si violent et si constant, que je ne fus rassuré que le 5: il s'apaisa vers midi.

Je touchais enfin au moment de remplir l'objet de mon voyage: le jour suivant (6 juin) devait remplir tous mes désirs. M. de Soimanof, M. le comte de Pouskin,[150] et l'archevêque de Tobolsk, dont je ne puis trop me louer, m'ayant témoigné la plus grande envie de voir ce phénomène, je fis préparer une tente, dans laquelle je plaçai une lunette pour eux et leurs familles, afin de n'être pas troublé pendant mes opérations.

J'employai la journée du 5 à disposer tous mes instruments, et me déterminai à passer la nuit dans mon observatoire. Je n'avais rien à désirer. Tout m'annonçait le succès de mon observation, le ciel était serein, le soleil se coucha sous un horizon dégagé de vapeurs; la tendre lueur du crépuscule, et le calme parfait qui régnait dans la nature, portaient le plaisir dans mon âme tranquille. Je fis souper tout mon monde. Mon bonheur me suffisait. Je ne fus pas heureux longtemps. Etant sorti vers dix heures pour en jouir dans le silence, je fus anéanti à la vue des brouillards qui privaient les étoiles d'une partie de leur lumière. Consterné, je parcours l'horizon: des nuages se forment déjà de toutes parts; ils deviennent plus épais à chaque instant; l'obscurité de la nuit augmente, le ciel disparaît; et bientôt tout l'hémisphère, couvert d'un seul et sombre nuage, fait évanouir toutes mes espérances, et me plonge dans le désespoir le plus affreux.

L'observation de ce passage offrait à l'univers pour la première fois, le moyen de déterminer avec exactitude la parallaxe du soleil. Ce phénomène attendu depuis plus d'un siècle, fixait les vœux de tous les astronomes: tous désiraient d'en partager la gloire. Le célèbre Halley en l'annonçant, fit voir le premier l'importance de ce phénomène, et porta au tombeau les regrets de ne pouvoir en être le témoin. Toute l'Europe savante avait voulu concourir à la réussite de cette observation. Les souverains, au milieu d'une guerre dispendieuse,[151] n'avaient rien négligé pour en assurer

---

150. Apollon Pouchkine, procureur de Tobolsk, qui logeait Chappe (voir plus loin, p.379). Ce personnage est difficile à identifier. La lignée des Pouchkine ne comporte pas moins de 400 noms masculins (Modzalevski, 1907, p.12-13). Apollon ne fait pas partie des ancêtres directs du poète A. S. Pouchkine, et ne figure pas parmi les collatéraux mentionnés par Modzalevski, qui ne cite que les plus importants. Peut-être Apollon est-il un descendant d'Ostafi Mikhaïlovitch Pouchkine, qui fut gouverneur de Tobolsk, où il mourut en 1602 (Modzalevski, 1907, p.12).

151. La guerre de Sept Ans (1756-1763).

le succès. Il pouvait servir d'époque à leur gloire, et devenir la source des plus grands avantages pour leurs sujets et pour l'humanité.[152]

Revenir en France sans avoir rempli l'objet de mon voyage, être privé du fruit de tous les dangers que j'avais courus, des fatigues auxquelles je n'avais résisté que par le désir et l'espérance du succès; en être privé par un nuage au moment même où tout me l'assurait; ce sont des situations qu'on ne peut que sentir.

Dans l'affreux désespoir où j'étais, je ne jouissais pas même de la faible consolation de voir quelqu'un qui y prît part. Tous ceux qui m'accompagnaient en avaient été les témoins: ils étaient rentrés dans l'observatoire, où je les trouvai dormant du plus profond sommeil. Je les éveillai tous: ils me laissèrent seul; j'en étais moins malheureux.

Je passai toute la nuit dans cette cruelle situation: je sortais, je rentrais à chaque instant; je ne pouvais rester ni assis ni debout, tant j'étais agité.

Il faut avoir éprouvé ces cruels moments, pour pouvoir jouir de l'excès de plaisir que me procura le lever du soleil, en faisant renaître mes espérances. Les nuages étaient cependant encore si épais, que cette contrée restait plongée dans les ténèbres, quoique cet astre l'éclairât. Une teinte rougeâtre répandue sur les nuages était presque le seul indice de sa présence: mais un vent d'Est chasse ce sombre voile vers le couchant, et met bientôt à découvert une partie du ciel à l'horizon: elle augmente insensiblement; les nuées offrent déjà une couleur blanchâtre, qui s'anime à chaque instant; la joie coule dans tous mes membres, et donne une nouvelle vie à toute mon existence. Les nuages continuent à se dissiper, la nature reprend un air riant, tout célèbre le retour d'un beau jour; et mon âme ravie, puise sans cesse de nouveaux plaisirs dans mes désirs animés par l'espérance.

Le gouverneur arrive avec M. Pouskin, et leur famille: ils partageaient ma joie. L'archevêque et quelques archimandrites les suivirent de près. J'avais augmenté ma garde, dans la crainte d'être assailli par une multitude de curieux: précaution inutile. Tous les habitants s'étaient enfermés dans les églises et dans leurs maisons. On ne voyait cependant pas encore le soleil: mais tout annonçait sa prompte apparition. Je me dispose à mon observation; les assistants entrent dans la tente que j'avais préparée pour eux. Mon horloger était chargé d'écrire, et d'avoir l'œil sur la pendule, pendant que mon interprète devait compter. Le calme et la

---

152. Chappe reprend ici, avec plus de concision, le début de son *Mémoire du passage de Vénus...*: 'Vous le savez, Messieurs, presque toute l'Europe a voulu concourir au succès de l'observation de ce phénomène. Tous les savants ont désiré d'en partager la gloire: les souverains, dont les démarches sont réglées par des vues supérieures et le motif du bien public, ont cru devoir donner dans cette occasion de nouvelles preuves de la protection qu'ils ont toujours accordée aux sciences [...]. Ils étaient persuadés que les sciences et les arts étaient aussi étroitement liées à leur gloire que propres à faire fleurir leurs Etats' (Chappe, 1762, p.3).

sérénité de l'air m'avaient déterminé à transporter mes instruments hors de l'observatoire, pour les mouvoir plus facilement. J'aperçus bientôt un des bords du soleil: c'était le temps où Vénus devait entrer sur cet astre, mais vers le bord opposé. Ce bord était encore dans les nuages. Immobile, et l'œil fixé à ma lunette, mes désirs parcourent un million de fois à chaque instant, l'espace immense qui me sépare de cet astre. Que ce nuage tardait à disparaître! Il se dissipe: enfin j'aperçois Vénus déjà entrée sur le soleil, et je me dispose à observer la phase essentielle (l'entrée totale). Quoique le ciel soit parfaitement serein, la crainte trouble encore mes plaisirs. Ce moment approche: un frémissement s'empare de tous mes membres; il faut que je fasse usage de toute ma réflexion, pour ne pas manquer mon observation. J'observe enfin cette phase, et un avertissement intérieur m'assure de l'exactitude de mon opération. On peut goûter quelquefois des plaisirs aussi vifs: mais je jouis dans ce moment de celui de mon observation, et de l'espérance qu'après ma mort la postérité jouira encore de l'avantage qui en doit résulter.

Le ciel ayant été serein toute la journée, j'eus la facilité de continuer mes autres observations. Je les fis passer quelques jours après en Europe, profitant de l'occasion d'un courrier que le gouverneur fit partir pour la Cour de Russie. J'en envoyai une copie à l'Académie de Saint-Pétersbourg,[153] et une autre à celle de Paris[154] Je restai cependant encore à Tobolsk jusqu'au 28 août, pour y faire d'autres observations astronomiques. Je m'occupai pendant ce temps à acquérir des connaissances de la Sibérie. Je les ai combinées avec celles que j'avais acquises en allant à Tobolsk, et avec celles que je me procurai dans mon retour à Saint-Pétersbourg.

---

153. Plus exactement, au chancelier Mikhaïl Vorontsov, qui les transmit à l'Académie (Introduction, n.82).

154. En réalité, Chappe semble n'avoir envoyé qu'un extrait de ses observations à Mme de Fouchy (lettre à Fouchy du 21 mars 1762, de Pétersbourg. Paris, Académie des sciences, Archives, pochette de séance du 5 mai 1762). Chappe adressa à Fouchy son *Mémoire du passage de Vénus*, en regrettant de ne pouvoir en envoyer un exemplaire à chaque membre de l'Académie, à cause des 900 lieues qui le séparent de Paris (lettre citée; on notera que Chappe, une fois de plus, exagère les distances).

[2]. Du climat de la Sibérie et des autres provinces de la Russie

LE vaste Empire de Russie a dix-neuf cent lieues* environ d'Occident en Orient,[1] depuis l'Ile d'Ago[2] jusqu'au Cap Tchuktschi, situé à sa limite orientale[†]. La Sibérie occupe dans cette partie du globe quatorze cent soixante-dix lieues environ de l'Occident à l'Orient, et le reste de la Russie quatre cent trente.[3] La largeur de cette dernière partie est de cinq cent vingt-cinq lieues[4] depuis Azow jusqu'à ses limites dans la mer Glaciale[‡]. La plus grande largeur de la Sibérie, depuis les limites méridionales, vers Selinsgintg[§],[5] est de près de sept cents lieues[¶].[6]

J'appris à mon passage par Solikamskaïa[||], ville située sur les limites occidentales de la Sibérie, que le thermomètre de M. Delisle était descendu la même année 1761 à deux cent quatre-vingts degrés, qui répondent à soixante-dix environ de celui de M. de Réaumur. Cet horrible froid, presque incroyable, m'étonna d'autant plus, qu'il fallait traverser une cour pour observer le thermomètre exposé au nord contre un mur, et je n'imaginais pas que l'homme pût supporter un froid si rigoureux. Le froid que j'avais éprouvé en Russie me confirmait encore

---

* Les lieues sont de vingt-cinq au degré, ou de deux mille deux cent quatre-vingt-deux toises, en supposant le degré moyen du méridien, de cinquante-sept mille soixante toises.

† La longitude de l'île d'Ago est à quarante degrés environ de longitude, et le cap Tchuktschi à deux cent neuf.

‡ Azow est au quarante-septième degré de latitude, et les limites du nord vers le soixante-huitième degré.

§ Ses limites sont à quarante-neuf degrés de latitude, et s'étendent jusqu'à soixante-dix-sept degrés.

¶ Ces dimensions sont les plus grandes. La longueur moyenne de la Russie, jusqu'à la Sibérie, est de trois cent cinquante lieues environ; sa largeur moyenne, de quatre cents. Quant à la longueur moyenne de la Sibérie, on la peut supposer de quatorze cent soixante-dix lieues, et la largeur moyenne de cinq cents.

|| Longitude, soixante-quatorze degrés vingt-quatre minutes, latitude, cinquante-neuf degrés trente-cinq minutes.

---

1. La longueur de la Russie serait donc de moins de 8 500 km. En fait, elle atteignait comme aujourd'hui les 10 000 km. Hübner, Voltaire et l'*Encyclopédie* minimisaient aussi ses distances d'ouest en est.

2. Dago, île de la Baltique, actuellement Khiuma, en Estonie.

3. La Sibérie atteindrait 6 600 km, alors qu'elle mesure en fait plus de 7 000 km. Chappe sous-estime aussi la longueur de la partie européenne de la Russie: 1 900 km environ, au lieu de plus de 2 200.

4. La largeur de la Russie serait de 2 300 km environ. Elle atteint en réalité 2 500 km de la mer d'Azov au nord de la presqu'île de Kola.

5. Selinsgintg: Selenginsk, à l'est du lac Baïkal.

6. C'est-à-dire environ 3 100 km, ce qui est à peu près exact.

dans cette idée. J'avais craint plusieurs fois de ne pouvoir y résister, quoique le thermomètre de M. de Réaumur ne descendît qu'à vingt-deux degrés environ: mon haleine se gelait autour de mes lèvres, et ne formait qu'un glaçon avec ma barbe, que je n'avais faite depuis mon départ de Moscou qu'une seule fois à Niz-nowogorod, où j'avais séjourné. La quantité de pelisses dont j'étais couvert mettait à la vérité à l'abri de ce froid le reste du corps. La neige même qui tombait, servait quelquefois à m'en garantir, en formant sur mon traîneau une couche de cinq à six pouces d'épaisseur: mais l'air que je respirais produisait sur ma poitrine, dont je n'avais jamais été incommodé, un déchirement si considérable, que j'étais accablé par la vivacité des douleurs continues que j'éprouvais. Ces dures expériences me rendirent suspect le froid de soixante-dix degrés. D'ailleurs le mercure condensé à un certain degré dans le thermomètre, exige un froid beaucoup plus considérable, pour qu'il continue à se condenser dans le même rapport; de sorte qu'en supposant le froid de Solikamskaïa quatre fois plus grand que celui que j'avais éprouvé, ce froid excessif, dont on ne peut se former une idée, serait considérablement au-dessous de celui auquel les habitants de Solikamskaïa avaient été exposés.

Désirant avoir sur ce fait les plus grands éclaircissements, je fus voir le thermomètre dont le Russe avait fait usage: il était appliqué sur une plaque de cuivre parfaitement divisée; et sa hauteur, réduite pour ce jour suivant les règles connues, s'accordait parfaitement avec celle de mon thermomètre, fait avec la plus grande exactitude sur les principes de M. de Réaumur. Je ne pouvais alors avoir aucune incertitude sur la bonté de cet instrument. Je me fis apporter le journal d'observations de toute l'année, et je reconnus avec la plus grande évidence, par la marche du thermomètre, la vérité de ce fait extraordinaire. C'est sans doute à des froids semblables que l'on doit attribuer les accidents qu'éprouvent quelquefois les voyageurs en Sibérie. On m'assura à Solikamskaïa, qu'il augmentait dans quelques heures avec tant de vivacité, que dans ces circonstances les hommes et les chevaux étaient frappés de mort,[7] lorsque trop éloignés des habitations, ils ne pouvaient s'y réfugier promptement.

Il arrive souvent dans les froids ordinaires, que quelques parties du corps se gèlent: on se contente alors de les frotter avec de la neige, et la circulation se rétablit aussitôt. Lorsque ces accidents arrivent au visage,

---

7. Même en Russie d'Europe, les froids rigoureux impressionnent tous les étrangers. Herberstein en fait des descriptions terrifiantes: en 1526, par exemple, 'des gens qui conduisaient du bétail depuis les environs de Moscou jusqu'à la ville furent terrassés par la puissance du froid et périrent avec leurs bêtes la longe encore à la main' (Herberstein, 1965, p.95). Beauplan décrit longuement les mutilations que causent les grands froids, qui peuvent entraîner une mort rapide et douce ou lente et cruelle (Beauplan, 1660, p.85-87). Jubé garde des froids de l'Epiphanie, particulièrement intenses, un souvenir qui le 'fait trembler' (Jubé, 1992, p.129); le 27 février 1729, 'le froid fut si grand dans la matinée qu'il mourut 25 personnes d'une caravane, et 15 personnes dans les rues mêmes de la ville de Moscou' (p.161).

qui dans ces froids n'est presque plus susceptible de sensation, il est nécessaire qu'on en soit averti: on se rend mutuellement ces services essentiels, sans lesquels ont serait bientôt privé de la partie gelée.

Le climat de Tobolsk est très froid: le thermomètre de M. de Réaumur y a été observé à trente degrés en 1735[*]; mais il paraît que les hivers y sont moins durs qu'à Solikamskaïa. Quoique celui de 1761 ait été très rigoureux dans cette capitale de la Sibérie, il n'avait cependant aucun rapport avec celui de Solikamskaïa.

Le sol des environs de Tobolsk est très propre à l'agriculture: on trouve partout une couche de terre noire d'un pied d'épaisseur, jusqu'à deux. Cette terre est si grasse, qu'on n'y fait jamais usage du fumier pour l'engraisser: elle est si légère, qu'on laboure facilement avec un seul cheval. Malgré toutes ces circonstances les plus propres à la culture des terres, elle y est très négligée, tant à cause de la paresse des habitants,[8] que de la rigueur du froid, de la durée des hivers, et des pluies presque perpétuelles qui succèdent au dégel. Ces différentes causes physiques font que le peu de blé qu'on y sème parvient rarement à une parfaite maturité.

Dans nos climats tempérés, dès le mois de mai la nature renaissante semble procurer une nouvelle vie à tout ce qui végète et qui respire: les arbres se parent de feuilles nouvelles, une douce verdure couvre toutes les campagnes, et ses différentes nuances offrent les tableaux les plus riants. Déjà les oiseaux ont choisi leur compagne: ils égayent la nature par leurs chants et par leurs jeux, et font éclater leur allégresse dans les buissons et les arbres fleuris. L'alouette au lever de l'aurore semble en donner le signal: elle s'élève jusqu'aux nues, faisant retentir l'air de son ramage, et se précipite dans un instant au milieu des fleurs dont les prairies et les champs sont émaillés. Tout s'embellit, tout inspire la joie et le plaisir dans nos climats; et la nature n'offre dans le même temps à Tobolsk, que les horreurs de l'hiver. Au lieu de cette verdure et des fleurs qui répandent au loin l'odeur la plus agréable, la fonte successive des neiges forme et entretient des torrents dans les montagnes: les uns se précipitent dans les rivières, les font gonfler, et inondent les environs; d'autres parcourent cette vaste plaine, la sillonnent dans tous les sens, et portent partout le désordre et la désolation. Alors la plaine, vue d'un endroit élevé, offre une nouvelle mer formée tout à coup au milieu du continent. Le ciel est alors presque toujours nébuleux, les vapeurs qui ont formé ces nuages retombent le plus souvent en pluie; d'autres fois en neige, ou sous la

---

[*] M. Delisle, vol. Acad. 1749, page 2 des *Mémoires*.

---

8. Lieu commun des voyageurs. J. Legras juge qu'il s'agit moins de paresse que de la répugnance à un travail régulier, interrompu à heures fixes par des périodes de repos. Mais il est vrai que la Russie payait cher cette tendance au travail sporadique (Legras, 1934, p.119). J.-L. van Regemorter explique que cette 'paresse' était en fait 'un rythme de travail inégal adapté au calendrier des saisons où les coups de collier alternaient avec les temps morts' (dans Mervaud-Roberti, 1991, p.8).

forme de brouillards glacés, auxquels on craint d'autant plus de s'exposer, que chassés par des vents impétueux, ils font éprouver des douleurs plus vives qu'un froid plus rigoureux. C'est dans l'alternative de la pluie, de la neige et des brouillards, qu'on passe cette saison de l'année. Le 4 de juin la terre fut trois fois couverte de neige, et trois fois elle disparut: mais bientôt le soleil, en s'approchant du solstice, rendit l'air plus tempéré. Cet astre est alors presque toujours sur l'horizon: on peut lire à minuit avec la plus grande facilité. Quoique la chaleur y soit d'une très courte durée, cependant dans ce petit intervalle les végétaux prennent tout à coup leur accroissement. Le 22 juin le blé avait déjà un pied de hauteur: mais au lieu des arbres fruitiers, qui croissent presque partout ailleurs, on ne voit dans ces campagnes, presque désertes, que des sapins, qui paraissent aussi vieux que la Terre: leur forme, toujours la même, et leur sombre couleur, portent la tristesse dans l'âme la plus gaie. On ne rencontre dans ces bois solitaires que quelques malheureux habitants qui y cherchent des arbres de bouleau, auxquels ils font une incision, pour en recevoir la sève dans des vases. Ils en font leur hydromel.

Je me suis souvent promené sur les bords de la rivière Irthisz, à la distance de plusieurs lieues de Tobolsk. J'espérais parcourir des paysages embellis par une multitude d'habitations: je n'ai trouvé le long de cette rivière qu'une vaste plaine couverte du limon que les eaux avaient déposé avant de se retirer, et des mares d'eau croupissante, distribuées de toutes parts. Leurs bords étaient couverts de branchages morts, et de troncs d'arbres déracinés. Quoique vers la fin de juillet le terrain n'eût pas encore acquis assez de consistance pour qu'on pût le parcourir sans danger, animé du désir de me procurer différents oiseaux que je ne connaissais pas, je m'arrêtai quelques minutes dans le même endroit; mais trop occupé de mon objet, je ne m'aperçus que le terrain avait cédé insensiblement, qu'après avoir tué d'un coup de fusil un de ces oiseaux: je voulus l'aller chercher; mais j'étais embourbé de façon que je n'avais pas même la liberté de me procurer le plus petit mouvement. Je ne sortis de cet endroit qu'en me faisant un point d'appui de mon fusil. Je renonçai à mon oiseau, et ne fus pas tenté d'en chercher de nouveaux. Je regagnai le bateau dans lequel j'avais descendu la rivière, et ne le quittai qu'au premier village, situé sur un terrain assez élevé. Tout y annonçait la plus grande misère. J'en parcourus les environs. On avait semé du blé dans quelques endroits: il était aussi beau qu'on pouvait le désirer; mais si peu avancé pour la saison, que les habitants désespéraient qu'il eût le temps de mûrir.

On ne voit à Tobolsk aucune espèce de fruits d'Europe, excepté la groseille, qu'on trouve quelquefois dans les bois. Les fruits du pays sont le glouguat,[9] et une espèce de framboise. Le glouguat a beaucoup de

---

9. En russe *klioukva*, airelle des marais ou canneberge (oxycoccos). La groseille se dit *smorodina*.

rapport à nos groseilles. Ces fruits ont un goût aigrelet, et sont regardés comme antiscorbutiques. On y recueille encore avec soin les fruits d'une espèce de pin, qui ressemble fort au cèdre. Il en croît cependant peu dans les environs de Tobolsk: mais on en trouve en quantité dans ceux de Werkhotourie. Les fruits de cet arbre sont très recherchés: on les mange crus, et l'on en retire une huile pour l'usage ordinaire de la table.

On a tenté en vain de semer des légumes à Tobolsk: les radis, quelques salades, et une espèce de chou vert et frisé, sont presque les seuls qui aient réussi; mais les habitants ont dans leurs jardins de la rhubarbe[10] de la seconde espèce, dont ils mangent les feuilles en salade. Ils en font aussi avec des pissenlits, et des orties lorsqu'elles commencent à pousser.

Un Russe avait apporté de Moscou un jeune pommier, qu'il avait élevé dans une serre: il produisit cette année (1761) une pomme de la grosseur de celles d'api. On l'apporta dans un grand plat au milieu d'un dîner de cérémonie: elle fut coupée en petits morceaux, et distribuée à quelques convives. On me fit l'honneur de m'en donner un morceau. Ce fruit était si aigre et si mauvais, que je ne pus jamais me déterminer à le mâcher. Pour répondre à l'honnêteté qu'on m'avait faite, je fus obligé de l'avaler comme une pilule.

Les pâturages sont cependant de toute bonté. L'herbe croît partout également bien: aussi les habitants ont-ils beaucoup de bestiaux. J'avais lu dans quelque voyageur, que le terrain ne dégelait à Tobolsk pendant l'été que de quelques pieds de profondeur: je fus confirmé dans cette idée par un habitant de cette ville. Mes observations journalières rendirent cependant son autorité aussi suspecte que celle de l'auteur que j'avais lu. Je tentai plusieurs fois de faire creuser la terre. La difficulté d'avoir des manœuvres dans ce pays, où tout est esclave, me détermina à m'adresser au gouverneur: il eut la bonté de me donner une douzaine de criminels enchaînés et condamnés aux travaux publics, ainsi que les galériens dans nos ports.[11] Je fis d'abord creuser la terre jusqu'à dix pieds; elle était dégelée. Je me proposai d'aller encore à une plus grande profondeur. Ayant cru pouvoir sans conséquence augmenter la paie de ces malheureux, qui n'était que d'un sou par jour, je leur fis distribuer quelque argent. Ils firent apporter quantité d'eau-de-vie, soûlèrent la Garde, et se sauvèrent pendant qu'elle dormait. Je trouvai quelques jours après leurs fers dans les bois. M. le gouverneur n'ayant pas jugé à propos de m'en envoyer de nouveaux, je fus obligé d'abandonner cet ouvrage. Ils avaient encore creusé la terre de quatre pieds, sans qu'elle fût gelée. J'y enfonçai ensuite mon épée jusqu'à la garde*, avec la plus grande facilité. Il est

---

* Je voyageais en laïc.

---

10. Sur la 'rhubarbe de Tartarie', voir la question de Diderot (Proust, 1969, p.117).

11. Jubé compare aussi les condamnés russes enchaînés aux galériens de Marseille (Jubé, 1992, p.154).

donc bien constant que le terrain dégèle totalement à Tobolsk,[12] puisqu'il l'est à seize pieds de profondeur. Si cette épreuve me désabusa sur l'idée que je m'étais formée du climat de Tobolsk, elle me confirma aussi dans celle que j'avais sur le danger d'avancer des faits d'après la tradition et les ouï-dire, et je crois qu'on doit plutôt à la crédulité des voyageurs qu'à leur mauvaise foi, les mensonges trop communs dans les ouvrages de quelques-uns.

N'ayant pas voyagé au-delà de Tobolsk, je ne puis faire connaître le climat du reste de la Sibérie, d'après mes observations: mais les nouveaux voyageurs ayant parcouru cette contrée le thermomètre à la main, et avec un esprit d'observation que tous leurs prédécesseurs n'avaient pas, on est en état de donner l'idée la plus exacte du climat de ce vaste pays: elle est nécessaire dans cet ouvrage.

Suivant les observations de M. Gmelin[*], faites en Sibérie dans la ville d'Argunskoi[†], le climat est si froid dans cette contrée, qu'on y trouve plusieurs endroits où la terre ne dégèle pas à plus de trois pieds de profondeur. Ceux qui travaillent aux mines d'argent des environs de cette ville, ont pratiqué dans les galeries abandonnées des celliers pour garantir leurs provisions des grands froids qu'on éprouve à Argunskoi,[14] même en été. L'air est encore si froid dans ces celliers, que la glace qui s'y forme en hiver n'y fond point en été: cependant le 17 juillet 1735, le thermomètre y était un peu au-dessus de la congélation.

Le même voyageur éprouva dans la ville d'Ienisseik[‡], pour la première fois, le plus grand froid de Sibérie[§], vers le milieu de décembre. 'L'air était comme gelé: il ressemblait à un brouillard, quoique le ciel fût sans nuage. Cette espèce de brume, ou plutôt cet air extrêmement condensé, empêchait la fumée des cheminées de s'élever: les moineaux et les pies tombaient et mouraient glacés,[15] lorsqu'on ne les portait pas aussitôt dans un endroit chaud. Quand on ouvrait la porte d'une chambre, il se formait

---

[*] Gmelin, *Voyage en Sibérie*, édition française,[13] tome premier, pp. 252 et 258.

[†] Latitude, cinquante degrés cinquante-trois minutes; longitude, cent trente-six degrés quarante-deux minutes.

[‡] Latitude, cinquante-huit degrés vingt-sept minutes; longitude, cent dix degrés quarante minutes.

[§] Gmelin, tome premier, p.181 et 182.

---

12. Chappe a raison: le gel profond du sol (*merzlota*) ne se rencontre que bien au nord de Tobolsk, à partir de Beriozov (Berezovo), sur le cours inférieur de l'Ob (Hambis, 1957, p.22). Ce passage inspire à Deleyre la réflexion suivante: 'Est-ce que cela contredit formellement les assertions de Gmelin et de plusieurs autres savants? Il semble qu'on en pourrait conclure simplement que la terre n'est pas également gelée partout' (Deleyre, 1780, p.185; cette remarque ne figurait pas dans Deleyre, 1770).

13. L'édition française du *Voyage en Sibérie* de Gmelin est de 1767.

14. Il n'y a pas de ville de ce nom. La région de la rivière Argoun, affluent de l'Amour, fait la frontière entre la Russie et la Mongolie chinoise.

15. A Moscou même, le froid 'est souvent si rude que les oiseaux en volant tombent morts' (Jubé, 1992, p.162).

subitement un brouillard auprès du poêle, et dans l'espace de vingt-quatre heures, les fenêtres étaient couvertes entièrement[16] d'une glace épaisse de trois lignes.'

M. Gmelin repassa par la même ville en retournant à Saint-Pétersbourg en 1739, à ce qu'il paraît[*]: il y fit plusieurs observations, pour constater si le froid y était toujours aussi vif. 'Le 22 octobre à minuit, le thermomètre de M. Delisle se soutenait à cent quatre-vingt-dix degrés, qui répondent à vingt et un de celui de M. de Réaumur, au-dessous de la glace. Le thermomètre de M. Delisle descendit à Ienisseik, vers la fin de janvier du même hiver, à deux cent quinze degrés, qui répondent à trente-huit de celui de M. de Réaumur. Depuis ce temps il n'y eut plus de froid: la rivière d'Ienissea dégela le 8 avril, et en trois semaines la campagne reprit sa verdure; ce qui prouve que les hivers y varient considérablement, ainsi que partout ailleurs.'[17]

Suivant le même voyageur[†], le froid commençait à se faire sentir vers la fin d'août 1736 à Olekminskoi[‡]: 'les arbres se dépouillèrent les premiers jours de septembre; toutes les herbes se flétrirent: il tomba de la neige, et le froid forma du verglas. Le 19 septembre la rivière Léna commençait à charrier: peu de jours après on en tirait des morceaux de glace épais de plus de deux pieds. Les habitants du pays en font un usage très avantageux. Leurs fenêtres ferment très mal; et les moyens ordinaires, tels que le fumier et les peaux, ne peuvent garantir du grand froid ni les chambres ni les celliers. On prend donc des morceaux de glace bien purs, de la grandeur de la fenêtre; on les place par dehors, on les arrose d'un peu d'eau, et la fenêtre est faite.'

Le froid est si vif à Iakutsk[§], que quelques années avant 1736 un vaivode obligé d'aller de sa maison à la chancellerie, qui n'en était éloignée que de quatre-vingts pas environ, eut les pieds, les mains et le nez gelés; et il ne se rétablit qu'avec beaucoup de peine. Son corps était cependant couvert d'une ample fourrure, et une capote de peau cachait sa tête[¶]. Vers la fin de juin on trouve quelquefois le terrain gelé, en creusant la terre de trois pieds de profondeur. En 1685 on voulut creuser un puits, et l'on trouva la terre gelée au mois de juillet jusqu'à treize toises de profondeur[‖]: cependant le 11 de mai 1737, la rivière dégela, et le 14 du même mois il n'y avait plus de glace.

---

[*] Gmelin, tome 2, p. 51.
[†] Tome premier, pp. 352 et 355.
[‡] Latitude, soixante degrés vingt minutes; longitude, cent trente-sept degrés.
[§] Latitude, soixante-deux degrés; longitude, cent quarante-cinq degrés quarante-deux minutes.
[¶] Tome premier, p. 381, 411 et 412.
[‖] Je crois que c'est une faute d'impression, et qu'il faut lire treize pieds.

---

16. 'Intérieurement' dans Gmelin.
17. Chappe a abrégé et remanié le texte de Gmelin.

La ville de Tomsk, quoique beaucoup plus méridionale*, éprouve des froids très rigoureux. 'Dès le milieu d'avril l'air était chaud et agréable: mais il changea tout à coup vers le 15 de mai; nous eûmes des neiges, des pluies, du verglas, et un jour de froid inouï dans cette saison.'[†]

La ville de Mangasea,[18] située sur la rivière d'Ienissea[‡], est dans un climat très froid. M. Gmelin s'en explique ainsi[§]: 'J'ai parlé des beaux jours que nous eûmes avant notre départ d'Ienisseik, vers la fin de mai[¶].[19] Lorsque nous arrivâmes à Mangasea, 'nous crûmes passer de l'été à l'hiver; cependant c'était le dixième de juin: il est vrai que nous étions déjà à soixante-cinq degrés trente-six minutes de latitude septentrionale. La terre était couverte de neige, et il en tombait encore: la glace avait une épaisseur considérable, et ne dégelait point pendant le jour. Ce triste temps cessa bientôt. Nous ne fûmes pas peu surpris du changement subit qui se fit presque sous nos yeux. Dès que l'air eut pris quelque chaleur, il la conserva: les vapeurs et les nuages dont le ciel était obscurci disparurent tout à coup: nous pûmes dès le 12 nous passer de feu. Nous vîmes le lendemain des hirondelles. La chaleur du soleil augmentait: le 14 on ne vit plus de neige; l'herbe croissait à vue d'œil. Si quelqu'un en a vu croître, c'est peut-être à Mangasea.'

M. Delisle, de l'Académie royale des sciences, a recueilli pendant le long séjour qu'il a fait à Saint-Pétersbourg, toutes les observations faites en Sibérie par les différens académiciens qui y ont été envoyés de Russie: il a vécu avec la plupart d'eux au retour de leur voyage, et en a reçu tous les éclaircissemens qu'il pouvait désirer. Le tableau qu'il donne des froids de Sibérie est trop intéressant pour ne pas le rapporter ici[‖]. Il expose d'ailleurs dans une table toutes ces observations, et l'on peut par ce moyen se former d'un coup d'œil une idée exacte des froids presque incroyables de la Sibérie, et de ceux du reste de la Russie.

On voit dans cette table que le froid fit descendre à soixante-dix degrés le thermomètre de Réaumur, à Ienisseik en 1735, ainsi qu'il a été observé à Solikamskaïa dans l'hiver de 1761. Dans la même année 1735, le froid fut beaucoup moins considérable à Tomsk, puisque le froid qu'on y éprouva répond à cinquante-quatre degrés et demi du thermomètre de

---

*Latitude, cinquante-sept degrés trois minutes; longitude, cent deux degrés trente-huit minutes.

† Gmelin, tome II, p. 164.

‡ Latitude, soixante-cinq degrés trente-six minutes; longitude, cent sept degrés.

§ Tome II, p. 54.

¶ Tome II, p. 51.

‖ Vol. de l'Acad. royale des Sciences de Paris, année 1749, page 1ère des *Mémoires*.[20]

---

18. Il ne s'agit pas de Mangazeïa sur le Taz (fondée en 1601), mais de Novaïa Mangazeïa (l'actuelle Touroukhansk) sur l'Enisseï.

19. Chappe paraphrase ici Gmelin.

20. Cette table avait été reproduite dès 1757 par de Villiers à l'article 'Froid' de l'*Encyclopédie*, vii.317a.

TABLE Représentant les plus grands Froids
Obſervés en Siberie et ailleurs.

Degrez du Thermometre de M.r de Reaumur au deſſous de la Congelation.

Degrez du Thermometre de M.r de L'Isle au deſſous de l'Eau bouillante.

Columns (left to right): Paris — Froid Artificiel — Petersbourg — Torna — Kebec — Astracan — Ekaterinbourg — Irkutsk — Tobolsk — Tomsk — Kiringa — Jenisseck

Years noted: 1709, 1737, 1734, 1738, 1736, 1733, 1749 (Petersbourg); 1743, 1737 (Torna); 1746 (Astracan); 1736, 1734, 1737, 1735 (Ekaterinbourg); 1734, 1735 (Irkutsk); 1736, 1738, 1735 (Tobolsk); 1735, 1737, 1738 (Tomsk); 1735 (Kiringa)

Bottom labels: Paris — Froid Artificiel — Peters-bourg — Tornea — Kebec — Astra-can — Ekaterin-bourg — Irkutsk — Tobolsk — Tomsk — Kiringa — Jenisſek

Table I: Table représentant les plus grands froids observés en Sibérie et ailleurs

M. de Réaumur. Il fut à Irkutsk[*] à trente-deux degrés, quoique cette ville soit dans une province des plus méridionales de la Sibérie, et à Tobolsk de trente degrés. Cette ville est cependant au nord d'Irkutsk de six degrés environ[†].

Il n'est pas rare d'éprouver jusqu'aux frontières de la Chine des froids qui font descendre le thermomètre de M. de Réaumur jusqu'à trente degrés, et ces endroits sont dans les environs du parallèle de Paris, où le plus grand froid a été à quinze degrés un quart en 1709.

Les observations faites sur le froid à Astracan nous offrent encore des faits aussi singuliers que ceux que je viens de rapporter. Astracan, situé sous le parallèle du milieu de la France[‡], est exposé aux froids les plus rigoureux, tels qu'on les observe dans les pays les plus septentrionaux de l'Europe. Suivant les observations de M. Lerch[§],[21] le 14 décembre 1745 le fleuve Volga gela, le froid augmenta chaque jour, et le thermomètre de M. Delisle descendit le 27 du même mois à cent quatre-vingt-quatre degrés, qui répondent à seize degrés de celui de M. de Réaumur. Au commencement de janvier 1746, le froid répondait à Astracan à douze degrés du thermomètre de Réaumur: le froid augmenta chaque jour jusqu'au 16 du même mois. Le thermomètre de M. Delisle se soutenait à cent quatre-vingt-quinze degrés et demi, qui répondent à vingt-quatre degrés et demi de celui de M. de Réaumur; et pendant qu'on éprouvait ce froid rigoureux à Astracan, l'hiver était très doux dans les parties boréales de l'Europe.

Si après avoir ainsi rapporté les froids de Sibérie, on passe à ceux qu'on éprouve dans le reste de la Russie, on trouve un climat bien différent, quoique toujours très froid. Le climat devient plus tempéré à mesure qu'on s'approche des limites occidentales de la Russie. On voit par la table de M. Delisle, que le froid fait descendre le thermomètre de M. de Réaumur à Saint-Pétersbourg[¶], depuis dix-sept degrés jusqu'à trente. Je n'ai trouvé nulle part d'observations faites à Moscou: mais on sait en général que le froid y est si rigoureux, quoique cette ville soit beaucoup plus méridionale que Saint-Pétersbourg[||], que dans certains hivers les

---

[*] Latitude, cinquante-deux degrés dix-huit minutes; longitude, cent vingt-deux degrés trente-huit minutes.

[†] Latitude, cinquante-huit degrés douze minutes vingt-deux secondes; longitude, quatre-vingt-cinq degrés cinquante-six minutes quarante secondes.

[‡] Latitude, quarante-six degrés quinze minutes; longitude, soixante-huit degrés douze minutes.

[§] Volume de l'Académie de Berlin, année 1746, p. 257.

[¶] Latitude, cinquante-neuf degrés cinquante-six minutes; longitude, quarante-sept degrés cinquante-trois minutes.

[||] Latitude, cinquante-cinq degrés quarante-six minutes; longitude, cinquante-cinq degrés sept minutes.

---

21. Johann Jacob Lerche (1708-1780), médecin et naturaliste allemand. En 1731, il se rendit en Russie. A partir de 1732, comme médecin militaire, il explora les côtes de la Caspienne et la Perse. Ses relations de voyage ont été publiées.

habitants ont de la peine à résister aux grands froids qu'on y éprouve. Si l'on jette de l'eau en l'air, elle retombe souvent en glace. L'hiver dure communément dans ces deux dernières villes sept à huit mois, et quelquefois plus. A mesure qu'on s'approche du midi, le climat devient plus tempéré. Celui de l'Ukraine est très doux.[22]

Malgré les froids dont j'ai parlé, le grain croît dans une partie de ces endroits. Le terrain en général est très propre à l'agriculture, dans une partie de la Sibérie. On y trouve une terre noire semblable à celle de Tobolsk, par conséquent très féconde; et si le sol n'y produit pas partout du blé, c'est par le défaut de chaleur nécessaire à la végétation des plantes.[23]

La province de Nerczinsk[24] est très fertile, et la plus féconde de toute la Sibérie: les grains y parviennent en maturité, et elle produit toutes sortes de fruits. Ce fait est constaté par tous les voyageurs.

Quoique le terrain ne dégèle point à Argunskoi à une certaine profondeur, il y croît cependant 'une espèce de blé sarrasin sauvage, qui diffère du commun en ce qu'il est moins gros, et n'est presque pas anguleux'*.

Le blé vient assez bien entre le Fort Olekminskoi et celui de Vitimskoi,[25] malgré le grand froid qu'on y éprouve†. Le 10 août 1736 les foins étaient serrés à Vitimskoi: la plus grande partie des blés étaient coupés, et dans les bonnes années la moisson n'est pas plus tardive. On avait cependant eu dès lors des nuits froides.[26]

Le sol glacé de la province d'Ienisseik, et la paresse des habitants, concourent également à rendre cette province presque inculte, quoiqu'elle soit des plus étendues.

La province d'Irkutsk est très étendue: elle est inculte et stérile; on n'y voit que des plaines désertes et arides, à travers lesquelles on voyage plusieurs jours sans rencontrer un seul arbre. Cette province contient beaucoup de lacs salés.

'Le climat d'Iakutsk ne convient nullement au blé: on a cependant vu l'orge y croître et mûrir; mais comme elle y a mal réussi plusieurs fois, on en a abandonné la culture depuis longtemps. Quant aux autres espèces de blé, on n'y en a jamais vu venir en maturité. Ce canton est non seulement

---

* Gmelin, tome I, p. 259.
† Gmelin, tome I, pp. 338 et 349.

---

22. Jugement étonnant. Beauplan décrivait au contraire les froids terrifiants d'Ukraine (ci-dessus, ch.2, n.7).

23. La Sibérie cultive présentement plus de blé que jamais, elle en vend même à ses voisins intérieurs et extérieurs, affirme l'*Antidote* (1770, 1re partie, p.91).

24. Nertchinsk, au confluent de la Nertcha et de la Chilka, affluent de l'Amour. Du début du XVIIIe siècle à 1917, la ville fut le centre d'un bagne particulièrement rigoureux. Y furent déportés notamment les décembristes et Tchernychevski.

25. Olëkminsk, sur la haute Lena, en amont de Iakoutsk. Vitim, sur la haute Lena également, en amont d'Olëkminsk. Chappe emploie les formes adjectivales.

26. Paraphrase de la p.338 de Gmelin.

trop septentrional, mais encore trop oriental. La terre y est cependant noire et grasse, ainsi que dans les meilleurs terrains de Sibérie*.'[27]

Toutes les autres parties de la Sibérie depuis la ville d'Ilimsk[28] jusqu'à la mer du Kamtchatka, sont incultes, arides et désertes†. Les habitants de ces dernières contrées se passent facilement de pain: ils se nourrissent d'herbes, de poissons, de gibier, et de l'aubier des jeunes pins. Ils le raclent, le font sécher, le mettent en poudre, et le mêlent à leurs aliments‡. On transporte cependant du blé dans ces parties de la Sibérie, mais en très petite quantité, à cause de la longueur des chemins, et de la difficulté de nourrir les chevaux.

Suivant le rapport de M. Gmelin§, on ne trouve aucun pâturage dans les environs de la ville d'Okotskoi.[29] Il n'y croît que de petits osiers, dont les chevaux peuvent manger les jeunes pousses. Il arrive souvent que dans la traversée de cette ville¶ à Iakousk, où il faut ramener les chevaux, on est surpris en route par l'hiver: alors la plupart des chevaux périssent; et sur cent, à peine en peut-on conserver un.[31]

Les contrées du midi de la Sibérie situées sur les limites, ne produisent point de grains, ou n'en produisent que très peu,[32] jusque dans les environs d'Astracan.[33] C'est cependant, pour ainsi dire, le seul pays de la Sibérie qui paraisse propre à être habité par des hommes:[34] le climat en est doux; tout y annonce un terrain qui serait des plus fertiles, s'il était cultivé: mais faute d'habitants, on n'y rencontre que des déserts, qui opposent aux

---

* Gmelin, tome I, p. 411.
† *Description de l'Empire de Russie*, par M. le baron de Strahlenberg, tome I, p. 28.
‡ Gmelin, tome I, p. 388.
§ Gmelin, tome I, p. 416.
¶ Ville située sur la mer de Pengina.[30] Il y a un port: on s'y embarque pour passer au Kamchatka.

---

27. Chappe a coupé et remanié le texte de Gmelin.
28. Ilimsk, au nord-ouest du lac Baïkal.
29. Okhotsk, petite ville fondée au milieu du XVIIᵉ siècle. Une des plus anciennes de l'Extrême-Orient russe, sur la mer qui porte son nom.
30. La mer (ou plutôt le golfe) de Penjina se trouve en réalité à l'extrême nord de la mer d'Okhotsk, à l'ouest du Kamtchatka.
31. Résumé de la p.417 de Gmelin.
32. Or, ci-dessus, p.[95], Chappe a dit que la province de Nertchinsk est 'la plus féconde de toute la Sibérie', remarque l'*Antidote*. Celle d'Irkoutsk, située également au sud de la Sibérie, produit du blé. 'Si Olearius & tous ces vieux auteurs dont l'abbé copie les bêtises, les bévues & les absurdités revenaient au monde, ils seraient obligés d'avouer que leurs ouvrages ne sont plus bons qu'à être jetés au feu' (1770, 1ʳᵉ partie, p.104).
33. D'Astrakhan à Tsaritsyne, il y a, outre les Russes, 27 000 colons de toutes nations sur la rive droite de la Volga, objecte l'*Antidote*. 'Allez voir comme ils cultivent, vous y trouverez de vos compatriotes, qui, il est vrai, ne mangent plus de châtaigne' (1770, 1ʳᵉ partie, p.106).
34. Mais les richesses en pelleteries se trouvent au nord! Et on a longtemps préféré en Sibérie les produits de la chasse à ceux de l'agriculture, constate l'*Antidote*. 'Il se peut que ce climat ne soit point du goût de l'abbé [...], mais tous les humains qui n'ont pas été en France ne sont pas moins hommes pour cela, quoique l'abbé aurait envie d'en faire des ours' (1770, 1ʳᵉ partie, p.107-108).

Tartares une puissante barrière.[35] Le froid y est quelquefois très rigoureux, ainsi que je l'ai dit ailleurs: mais on doit regarder ces événements comme des phénomènes qui ne tiennent point à une loi générale.

Le reste de l'empire de Russie est cultivé dans beaucoup d'endroits. Cette partie de la Russie a dans sa longueur moyenne trois cent cinquante lieues environ d'occident en orient, et quatre cents du sud au nord (page [83], note (5)). Elle n'est pas partout également peuplée, ni également propre à l'agriculture. Tout le pays compris entre la mer Glaciale et le parallèle de Saint-Pétersbourg, situé par le soixantième degré de latitude, n'est presque point peuplé: on n'y voit que des forêts et des marais; il n'y vient point de blé, ou du moins très peu. Ce climat n'a aucun fruit, ni même aucun des légumes ordinaires[*].[36] Cette partie, presque déserte et aride, occupe trois cent cinquante lieues d'occident en orient, sur deux cents du nord au sud. Le reste de la Russie s'étend encore deux cents lieues vers le sud, et cette seule partie offre un terrain propre à l'agriculture. L'Ukraine est une province des plus fertiles, où règne l'abondance en tout genre. La plupart des terres sont cultivées dans toutes les autres provinces, depuis cinquante-six degrés de latitude, jusqu'au parallèle de Pétersbourg: mais le grain n'y vient que médiocrement[†].[37]

D'après les détails que je viens de rapporter, fondés sur les observations de tous les voyageurs qui ont parcouru ce vaste empire, j'ai dressé une carte[‡], où l'on peut voir d'un coup d'œil les différentes contrées qui le composent; celles qui sont cultivées, celles qui sont incultes, quoique le terrain soit propre à la végétation, et enfin celles dont le physique est absolument opposé à l'agriculture, parce qu'il y règne, pour ainsi dire, un éternel hiver, et qu'elles n'offrent que des déserts arides, de vastes forêts, et des marais.

On vient de considérer le climat de Russie par rapport à ses productions: le physique offre de nouveaux objets des plus intéressants. Il confirme l'observation généralement reçue, que plus on avance vers l'est sous le même parallèle, en partant d'Europe, et plus le froid

---

[*] Strahlemberg, *Description de l'Empire de Russie*, tome I, p. 26, et tous les voyageurs.
[†] Strahlemberg, tome I, p. 28.
[‡] Cette carte est la vingt-septième de l'*Atlas géographique*, tome III de mon *Voyage en Sibérie*.[38]

---

35. 'Ces pretendus déserts sont habités & cultivés', et 'ces habitations augmentent d'années en années', proteste l'*Antidote* (1770, 1re partie, p.108).

36. Ni Strahlenberg, ni aucun des voyageurs qui parlent de la Russie au nord de Pétersbourg n'y ont été, affirme l'*Antidote* (1770, 1re partie, p.110-11). 'Je n'y ai pas été non plus', reconnaît l'auteur, mais dans l'Ingrie 'les grains & legumes viennent très bien', il y a plus de cinquante mille cultivateurs, et, en Carélie, les habitants sont 'les plus fameux dessecheurs de marais qu'on connoisse'.

37. 'Voila bien des erreurs en peut de mots', selon l'*Antidote* (1770, 1re partie, p.113-14): les gouvernements de Belgorod, de Voronej, de Nijni-Novgorod et de Kazan, situés au sud du 56e degré, sont tout aussi fertiles que l'Ukraine. Le blé s'y conserve mieux que les blés étrangers, il est 'moins humide & moins porté à se moisir'.

38. Cette carte est critiquée par l'*Antidote*, selon qui les parties cultivées, en rouge, sont beaucoup plus restreintes que dans la réalité (1770, 1re partie, p.117-19).

augmente; et cette observation s'étend jusque vers l'Amérique, ainsi que le confirme le Mémoire de M. Delisle, dont j'ai déjà parlé. Voici comment cet académicien s'en explique*:

'Suivant la connaissance que j'ai de la manière dont on se garantit des plus grands froids en Russie et en Sibérie, et de ce que l'on éprouve dans les chambres chaudes pendant les plus grands froids, je ne pense pas qu'il puisse y en avoir de plus grands que ceux dont le capitaine Midleton[40] a fait le récit à la Société royale de Londres, les ayant éprouvés dans l'habitation des Anglais à la baie de Hudson, sous la latitude de cinquante-sept degrés trois quarts.

Quoique les maisons dans lesquelles on est obligé de s'enfermer pendant cinq à six mois de l'année soient de pierre, dont les murs ont deux pieds d'épaisseur: quoique les fenêtres soient fort étroites, et garnies de planches fort épaisses, que l'on ferme pendant dix-huit heures tous les jours: quoique l'on fasse dans ces chambres de très grands feux quatre fois par jour, dans de grands poêles faits exprès: quoique l'on ferme bien les cheminées lorsque le bois est consommé, et qu'il n'y reste plus que de la braise ardente, afin de mieux conserver la chaleur; cependant tout l'intérieur des chambres et les lits se couvrent de glace de l'épaisseur de trois pouces, que l'on est obligé d'ôter tous les jours. L'on ne s'éclaire dans ces longues nuits qu'avec des boulets de fer de vingt-quatre, rougis au feu, et suspendus devant les fenêtres. Toutes les liqueurs gèlent dans ces appartements, et même l'eau-de-vie dans les plus petites chambres, quoique l'on y fasse continuellement un grand feu.

Ceux qui se hasardent à l'air extérieur, quoique couverts de doubles et triples habillements et fourrures, non seulement autour du corps, mais encore autour de la tête, du cou, des pieds et des mains, se trouvent d'abord engourdis par le froid, et ne peuvent rentrer dans les lieux chauds que la peau de leur visage et de leurs mains ne s'enlève, et qu'ils n'aient quelquefois les doigts des pieds gelés.

L'on peut encore juger de la rigueur du froid extérieur, sur ce que le capitaine Midleton rapporte que les lacs d'eau dormante qui n'ont que dix ou douze pieds de profondeur, se gèlent jusqu'au fond; ce qui arrive aussi à la mer, qui se gèle de la même hauteur que l'on vient de dire, quoique la glace ne soit que de neuf à dix pieds d'épaisseur dans les rivières qui sont le plus près de la mer, et où la marée est forte.

---

* Volume de l'Académie de Paris de 1749, p. 13.[39]

---

39. Extrait des 'Observations du thermomètre faites pendant les grands froids de la Sibérie', de Delisle, 12 novembre 1749, *Histoire de l'Académie royale des sciences* (1749, Paris, Imprimerie royale, 1753), p.13.

40. Le capitaine Christopher Middleton (v.1700-1770), navigateur anglais, entreprit de découvrir le passage du nord-ouest au nord de l'Amérique. Sa mission, mise à part la découverte du cap Dobbs, fut considérée comme un échec. On le soupçonna même d'avoir commis des erreurs volontaires dans ses comptes rendus, pour toucher de l'argent. Un procès fut engagé contre lui, mais il fut ensuite réhabilité.

Le grand froid fait fendre quelquefois cette glace avec un bruit étonnant, aussi fort que celui du canon.

A l'égard de la terre, M. Midleton croit qu'elle n'est jamais dégelée jusqu'au fond, parce que l'ayant creusée jusqu'à la profondeur de cinq à six pieds pendant les deux mois que dure l'été, il l'avait trouvée encore gelée et blanche comme de la neige.

Voilà des effets plus grands que ceux que l'on éprouve ordinairement en Sibérie; ce qui ferait croire que les froids de la baie de Hudson et du voisinage, sont pour le moins aussi grands que les plus grands de la Sibérie. C'est ce dont on ne pourra s'assurer exactement que par des observations faites avec des thermomètres réglés comme l'ont été ceux dont on s'est servi en Sibérie.'

Ces dernières observations constatent de plus en plus que le froid augmente à mesure qu'on s'avance à l'est, et ce fait devient une vérité des plus décidées. On a cru trouver la cause principale de ce phénomène en Sibérie, dans la prodigieuse hauteur qu'on a supposée au terrain de cette contrée, et à la quantité de sel qu'on y trouve. La disposition du terrain de la Sibérie a été encore envisagée sous un nouveau rapport. Cette contrée forme un plan incliné depuis la mer Glaciale jusque vers les frontières de la Chine, où le terrain est le plus élevé, parce que des chaînes de montagnes y séparent ces deux empires. Le soleil situé vers l'horizon de ces montagnes ne peut donc, lorsqu'il éclaire cet hémi-sphère, échauffer que faiblement ce terrain incliné. Ses rayons ne font qu'effleurer la surface du globe. La combinaison de ces différentes causes explique parfaitement que cette contrée doit être très froide. Mais dans quel rapport chacune de ces causes influe-t-elle sur cet effet général? le terrain de la Sibérie est-il aussi élevé qu'on l'a cru jusqu'ici? Ces objets méritent quelques discussions. Laurent Lange attribue à la chaîne de montagnes qui sépare la Russie de la Sibérie une hauteur de plus de deux lieues.*

'Les montagnes de Werchatourie, dit-il, sont entre cette dernière place et Solikamskaïa. Nous les traversâmes pendant un si grand froid, que les couvertures de nos traîneaux ne suffisaient pas pour nous en garantir; et nous courions tant de danger de perdre le nez, que nous ne pouvions pas faire plus de vingt wersts sans nous arrêter. Nous en avions cinquante à faire à travers ces montagnes, qui, je crois, en ont neuf dans leur plus grande hauteur.'

C'est par de semblables observations que les premiers voyageurs ont déterminé la grande élévation de ces montagnes et de la Sibérie. La plupart de ceux qui les ont suivis ont adopté ces premiers préjugés, les ont

---

* 'Journal du voyage de Laurent Lange à la Chine', tome V, p. 378 du *Recueil des voyages au Nord*, édition d'Amsterdam, chez Jean-Frédéric Bernard.[41]

---

41. Paru d'abord dans Weber, 1725, ii.96.

confirmés, et ils n'ont plus été considérés que comme des faits connus: mais on voit par le nivellement que j'ai fait dans mon voyage, que non seulement ces montagnes sont peu élevées, mais encore que le terrain de la Sibérie, du moins jusqu'à Tobolsk, est très bas. Je réserve à l'article du 'Nivellement' la preuve de tous ces faits. Il me suffit d'observer ici que la hauteur du milieu de cette chaîne proche du hameau Rostess, qui est l'endroit le plus élevé, est de quatre cent soixante-onze toises[42] au-dessus du niveau de la mer à Brest, au lieu de cinq mille toises que Laurent Lange lui attribue, et l'Irtysz à Tobolsk n'est que de soixante-neuf toises au-dessus du niveau de la mer, vingt-quatre toises au-dessus du niveau de la grande salle de l'observatoire, et quarante-huit toises au-dessus du niveau de la Seine au Pont Royal.

Quant aux autres endroits de la Sibérie où l'on a observé des froids si rigoureux, il ne m'est pas possible de donner avec exactitude la hauteur de ces terrains, n'ayant pas été sur les lieux. M. Gmelin y a fait cependant des observations du baromètre, et M. Braun en a fait un 'Extrait' dans les *Mémoires de l'Académie de Saint-Pétersbourg**: mais cet Extrait, ni de simples observations du baromètre, ne sont pas toujours suffisants pour déterminer avec quelque précision la hauteur des endroits où elles ont été faites. Les observations de M. Gmelin sont dans ce cas; et l'on peut s'en convaincre dans l'article du 'Nivellement', en examinant les moyens dont je me suis servi pour m'assurer de l'exactitude de mes opérations. On peut cependant, par la pente des rivières qui traversent la Sibérie du sud au nord, obtenir des résultats, qui, sans être précis, seront néanmoins suffisants pour faire connaître si ces endroits sont assez élevés pour être la cause principale des froids de Sibérie.

La rivière de la Loire a une pente des plus considérables: ainsi en supposant aux fleuves de Sibérie qui ont leur cours à travers des plaines de cinq à six cents lieues, une pente semblable, les hauteurs que j'en déduirai ne peuvent être que trop grandes: or en supposant la pente moyenne de la Loire de quatre pieds sept pouces huit lignes par lieue de deux mille toises[†], on trouve les hauteurs rapportées dans la table suivante.

Si l'on supposait à toutes les rivières dont j'ai fait usage, la pente de la rivière Irtysz, la hauteur de tous ces endroits serait plus petite d'un quart environ.

---

* Tome VI, p. 425.
† La pente de la Loire

	6 pieds	11 pouces	4 lignes
à Rouanne est par lieue de deux mille toises, de	6 pieds	11 pouces	4 lignes
à Orléans, de	4	7	10
à Angers, de	2	3	11
Pente moyenne	4	7	8

42. C'est-à-dire un peu plus de 900 m. On a vu que l'Oural septentrional peut atteindre une hauteur de 1 500 m (ci-dessus, ch.1, n.115). Mais l'Oural subpolaire culmine à 1894 m, au mont Naroda.

Table II *Des hauteurs par rapport au niveau de la Mer, des endroits de Sibérie où l'on a observé les plus grands froids.* (*)

NOMS DES LIEUX.	Longitudes.		Latitudes.		Distances des rivières à leurs embouchures.	Hauteurs au dessus du niv. de l'Océan à Brest, déterminées par la pente moy. de la Loire.	Hauteurs au dessus du niv. de l'Océan à Brest, déterminées par la pente moy. de l'Irtysz.	Hauteurs moyennes au dessus de l'Océan à Brest.
	d.	m.	d.	m.	lieues de 2000 tois.	toises de France.	toises de France.	toises de France.
Astracan	68	12.	46	15.		Observée.		
Solikamskaïa	74	24.	59	35.		Observée.		187.
Ekaterinbourg	78	40.	56	44.		Observée.		220.
Tobolsk	85	57.	58	12.		Observée.		69.
Tomsk	102	38.	57	3.	500.	426.	132.	279.
Irtysz-Lac-Saizan (†)	103	30.	47	54.	760.	626.	201.	413.
Mangasea	107	0.	65	36.	200.	154.	53.	103.
Ienisseik	110	40.	58	27.	440.	380.	115.	247.
Irkutsk	122	38.	52	18.	900.	775.	236.	505.
Kiringa	125	54.	57	30.	750.	618.	197.	407.
Nerczinsk	133	48.	51	48.	660.	549.	172. dans les montagnes.	549.
Argunskoi	136	42.	50	53.	637.	531.	166.	531.
Olekminskoi	137	0.	60	20.	640.	533.	167.	350.
Iakutsk	145	52.	62	0.	400.	349.	105.	227.

---

* On trouve ces observations dans la Table I, page 94 *de l'éd. originale.*

† Le lac Saizan,[43] où l'Irtysz prend sa source, est fort éloigné de sept cent soixante lieues environ du golfe Obskaïa,[44] en suivant cette rivière: or en supposant la pente de cette rivière égale à celle de la Loire, déterminée de quatre pieds sept pouces huit lignes par lieue de deux mille toises, le niveau du lac Saizan sera de six cent vingt-six toises au-dessus du niveau de la mer. J'ai déduit de mes observations la pente de l'Irtysz à Tobolsk, qu'on pourrait supposer pour la pente moyenne, d'un pied sept pouces par lieue de deux mille toises, et alors le lac Saizan ne serait que de deux cent une toises au-dessus du niveau de la mer. Cette hauteur doit être cependant plus grande, à cause que la pente de cette rivière doit augmenter à mesure qu'on s'approche de sa source; et je crois qu'en prenant un milieu entre ces deux résultats, on approcherait beaucoup de la vérité. Ce résultat moyen donne la hauteur du lac Saizan, de quatre cent treize toises[45] au-dessus du niveau de la mer Glaciale.

J'ai déterminé de la même manière les hauteurs des autres endroits, rapportées dans la Table II, excepté celles des quatre premières positions. Elles ont été déterminées par des

---

43. Le lac Zaïsan.

44. Une faute d'impression donne *Oblkaïa* pour *Obskaïa* (*Obskaïa gouba*: golfe de l'Ob).

45. Soit plus de 800 m. En réalité, le lac Zaïsan n'est situé qu'à 386 m de hauteur.

Les résultats rapportés dans cette Table constatent l'observation que tous les voyageurs ont faite, que le terrain s'élève continuellement à mesure qu'on s'avance de Tobolsk vers l'orient. Cette ville, située par la latitude de cinquante-huit degrés, paraît l'endroit le plus bas de tous ceux de la Sibérie, situés sous le même parallèle: aussi toutes les rivières dont les sources sont à l'ouest et à l'est de l'Irtysz, ont-elles leur embouchure dans cette rivière. Il suffit de jeter un coup d'œil sur la carte pour s'en assurer. Les endroits situés dans les environs du parallèle de Tobolsk, et rapportés dans la Table II, sont Solikamskaïa, Tomsk, Ienisseik, Kiringa[46] et Olekminskoi. Tous ces endroits sont au nombre de ceux où l'on a observé les plus grands froids de Sibérie. Il a été observé dans l'année 1735[‡], de trente degrés à Tobolsk, pendant qu'on l'observait à Tomsk de cinquante-trois degrés et demi, et à Ienisseik de soixante-dix. La différence extrême de ce froid est de quarante degrés entre Tobolsk et Ienisseik, pendant que la différence de hauteur au-dessus du niveau de la mer entre ces deux villes, n'est que de cent soixante-dix-huit toises, dont celle d'Ienisseik est plus élevée.[47] Or une si petite différence de hauteur n'a aucun rapport avec la différence du froid qu'on a éprouvé à Ienisseik et à Tobolsk; d'ailleurs dans ce même hiver le froid fut moins vif à Tomsk de dix-huit degrés qu'à Ienisseik, quoique la ville de Tomsk soit plus élevée, puisque sa hauteur est de deux cent soixante-dix-neuf toises,[48] et celle d'Ienisseik de deux cent quarante-sept toises. Il n'est pas nécessaire, je crois, de s'appesantir sur cette matière, pour prouver que les petites différences qu'on trouve dans les hauteurs des endroits ci-dessus, ne peuvent pas produire les grandes différences qu'on remarque dans les froids rapportés par les voyageurs.[49]

---

observations rapportées à l'article du nivellement de la Russie. Les hauteurs de Nerczinsk et d'Argunskoi, sont déterminées par la seule pente de la rivière de la Loire; parce que je suppose que le fleuve Amour a une pente très rapide, son cours étant en entier parmi les montagnes; au lieu que les autres fleuves de Sibérie ayant leur cours dans la plaine immense qui s'étend depuis cette chaîne jusqu'à la mer Glaciale, leurs pentes doivent être beaucoup moins rapides. Au reste on ne doit pas s'attendre, ainsi que je l'ai déjà dit, à des résultats bien précis: mais ils fournissent un terme de comparaison approchant de la véritable position de ces endroits; au lieu que les voyageurs ont tous avancé que la Sibérie était très élevée, sans nous donner la moindre idée de la hauteur de ce terrain; et ceux qui l'ont fait, comme Laurent Lange, sont tombés dans des erreurs énormes.

‡ Voyez la Table Ire, p. 94 *de l'éd. originale.*

---

46. La rivière Kirenga, affluent de la Lena, au nord du Baïkal. Chappe a peut-être confondu avec la ville de Kirensk, sur cette rivière.

47. Ienisseisk est à peu près à la même altitude que Tobolsk (moins de 100 m), ce qui renforce la thèse de Chappe.

48. Beaucoup moins: Tomsk et Ienisseisk sont à une altitude voisine de celle de Tobolsk.

49. Chappe d'Auteroche est le premier à avoir détruit la légende qui attribuait les grands froids de Sibérie à l'altitude. On croyait jusque-là que la Sibérie était montagneuse dès sa partie occidentale (voir par exemple encore en 1765 l'art. 'Commerce de Sibérie' du *Dictionnaire universel du commerce*). Le *Journal des savans*, frappé par cette découverte de Chappe, la rapporte par deux fois, en mars 1769, p.24, et en août 1769, p.73. L'*Encyclopédie*, dès 1765, en avait pris acte.

Les dispositions locales, le sel qu'on trouve en quantité dans différents endroits de la Sibérie, me paraissent la vraie cause des différences des froids qui s'y font sentir. Les observations suivantes en sont encore une nouvelle preuve.

Suivant les observations de M. Gmelin, rapportées page 92, le terrain n'est pas dégelé à Jakutsk à la fin de juillet. Il soupçonne même qu'on ne trouve pas de source dans cette contrée, parce que la terre y est perpétuellement gelée. On trouve à Argunskoi, quoiqu'à peu près sous le même parallèle que Paris, plusieurs endroits où la terre ne dégèle jamais à plus de trois pieds de profondeur, et on peut considérer ces endroits comme des termes constants de la glace. Cette ville n'est cependant élevée que de cinq cent trente et une toises environ au-dessus du niveau de la mer. M. Bouguer a trouvé le terme constant de la glace au Pérou, à deux mille quatre cent trente-quatre toises au-dessus du niveau de la mer[*]. Il estime qu'il doit être par le parallèle de Paris, à quinze ou seize cents toises. Ce terme devrait être par conséquent le même à Argunskoi, puisque cette ville est à peu près par la même latitude. Cette observation pourrait faire soupçonner que le terrain d'Argunskoi est plus élevé que je ne le suppose: mais il ne faut pas confondre le terme de la glace, observé en Sibérie par M. Gmelin, avec celui observé au Pérou par M. Bouguer: ils tiennent à des causes bien différentes. Je ne crois pas même que la Sibérie fournisse des montagnes assez élevées, pour qu'on y puisse trouver le terme constant dont parle M. Bouguer; et en effet, tous les voyageurs qui ont traversé les montagnes situées entre la Chine et la Sibérie, n'ont reconnu nulle part ce terme constant. Mais revenons à notre sujet. Le terme constant de la glace dont parle M. Bouguer, tient à la prodigieuse élévation des Cordelières; car on sait que le froid augmente à mesure qu'on s'élève dans l'atmosphère, et M. Bouguer en donne les raisons. L'air étant plus subtil et plus transparent à mesure qu'on s'éloigne de la terre, il reçoit moins de chaleur par l'action immédiate du soleil, par la facilité avec laquelle un corps très transparent donne passage aux rayons, au lieu que vers la surface du globe, l'air grossier doit être plus échauffé par la seule action du soleil. Cette chaleur augmente encore par le contact et par le voisinage des corps plus denses que celui qu'il environne, et sur lesquels il rampe, et par conséquent l'air doit être moins échauffé que les corps plus denses qui lui sont contigus. Si l'on expose un thermomètre directement au soleil, et un autre à l'ombre, le premier se soutient quelquefois en été quatorze à quinze degrés plus haut que le dernier. Celui-ci marque l'état de l'atmosphère, et le premier l'effet de l'action du soleil sur la terre, qui lui est exposée immédiatement.

---

[*] *Figure de la Terre*, p. 48.[50]

---

50. Le passage évoqué se trouve bien p.xlviii, mais dans la *Relation abrégée du voyage fait au Pérou*, qui précède la *Figure de la terre*, de Bouguer (Paris 1749).

Ces courtes réflexions appliquées au terme constant de la glace, observé par M. Gmelin, prouvent avec la plus grande évidence, qu'il n'a pas sa source dans la grande hauteur d'Argunskoi, et que cette cause est absolument différente de celle qui produit le terme constant de la glace aux Cordelières; car alors la terre serait à Argunskoi couverte perpétuellement de neige et de glace à sa surface, ainsi qu'au Pérou: le froid augmenterait à mesure qu'on s'élèverait dans l'atmosphère, et tout le contraire arrive. On ne trouve à Argunskoi la glace qu'à trois pieds de profondeur. Le terrain est parfaitement dégelé à sa surface. Le climat est même assez tempéré dans quelques endroits, puisque les végétaux y prennent leur accroissement. Nerczinsk, quoique sous le même parallèle, et à quinze lieues seulement au nord-ouest, offre un climat tempéré et des plus fertiles. Il est cependant plus élevé de quelques toises qu'Argunskoi. La cause du terme constant de la glace en Sibérie est donc différente de celle du Pérou; elle n'indique donc pas une grande hauteur, et c'est une erreur d'attribuer les froids énormes de la Sibérie à la prodigieuse hauteur qu'on suppose mal à propos au terrain de cette contrée. Ces froids énormes sont sans doute occasionnés par les sels[51] qu'on trouve dans la Sibérie; aussi en trouve-t-on en quantité dans les environs de Solikamskaïa, à Ienisseik, à Irkutsz, dans le Baraba.[52] C'est donc à des causes locales et particulières qu'il faut attribuer les froids dont on a parlé. Le défaut de culture entre encore dans le nombre des causes générales. A mesure qu'on s'approche de l'est, le terrain devient dépeuplé, inculte et désert. On ne trouve que des forêts immenses, qui empêchent l'action du soleil sur la surface de la terre, des marais et des lacs, dont les eaux absorbent les rayons du soleil, et en réfléchissent très peu. Les hommes par la culture des terres influent considérablement sur les climats.[53]

Les hommes vivent cependant en Sibérie, quoique exposés souvent pendant plusieurs minutes à des froids qui font descendre le thermomètre de M. de Réaumur à soixante-dix degrés.[54] Ils éprouvent dans les bains une chaleur qui le fait monter à soixante degrés. M. Tillet a fait voir qu'une femme avait supporté en France pendant dix minutes un degré de

---

51. Les froids de Sibérie ne sont pas dus aux sels. Ils s'expliquent par le climat continental d'un immense pays massif: les déserts d'Asie centrale l'isolent des zones tempérées, et des bourrelets montagneux, à l'ouest comme à l'est, empêchent les influences maritimes de lui apporter un adoucissement (Hambis, 1957, p.21).

52. Baraba (Барабинская степь): steppe de Sibérie occidentale, entre les monts Altaï, l'Irtych et l'Ob.

53. C'est une réflexion qui n'est pas rare au XVIIIe siècle. On a rapproché récemment cette phrase de Chappe d'une argumentation développée dans l'*Histoire des deux Indes*, de Raynal, à propos de l'Amérique, où l'arrivée des Européens, avec la destruction des forêts, a profondément modifié le climat (Goggi/ Dulac, 1993, p.27-28).

54. Voir la *Table* de Chappe, ci-dessus, p.323, où figure une température de moins 70 degrés à Ienisseisk en 1735, température également relevée en 1757 par l'*Encyclopédie* à l'article 'Froid', vii.317a). On peut enregistrer aussi cette température en hiver à Verkhoïansk et sur le plateau d'Oïmiakon, en Sibérie orientale.

chaleur qui faisait monter le même thermomètre à cent douze degrés*. On croyait, d'après M. Boerhaave,[56] que les hommes ne pouvaient pas supporter un degré de chaleur de cinquante-quatre degrés, et que les animaux et les végétaux devaient périr à un froid au-dessous de trente-quatre degrés. On a encore été longtemps persuadé qu'on ne pouvait pas produire un froid artificiel plus grand que celui de trente-deux degrés; et M. Braun,[57] de l'Académie de Saint-Pétersbourg, a congelé le mercure par un froid de quatre cent soixante-dix degrés au thermomètre de M. Delisle, qui répondent à cent soixante-dix degrés de celui de M. de Réaumur†.

Ces vérités font voir le progrès de nos connaissances dans la science des faits, et semblent nous rapprocher de la connaissance des causes premières, qui cependant nous seront peut-être toujours inconnues.

---

* Volume de l'Académie des sciences, de l'année 1764, p. 195 des *Mémoires*.[55]
† Dissertation de M. Braun sur le froid artificiel, imprimée à Saint-Pétersbourg en 1759.

---

55. Dans le 'Mémoire sur les degrés extraordinaires de chaleur auxquels les hommes et les animaux sont capables de résister', de Mathieu Tillet, on lit effectivement 'qu'il fallait estimer à 112 degrés réels' la chaleur qu'une fille avait soutenue dans un four 'pendant dix minutes sans en être incommodée', et qu'on avait porté 'encore à plusieurs degrés au-delà la chaleur qu'elle avait soufferte pendant cinq minutes sans aucun accident' (*Mémoires de l'Académie royale des sciences*, année 1764, Paris, Imprimerie royale, 1767, p.195).
56. Herman Boerhaave (1668-1738), célèbre médecin et chimiste hollandais.
57. Les expériences sur le froid artificiel ont été poursuivies en Russie après la parution du Mémoire de Joseph Adam Braun (1759) auquel se réfère Chappe. L'Académie royale des sciences de Paris en fut informée au début de 1760, lors des séances auxquelles assistait l'abbé: le duc de Chaulnes y lut un extrait d'une lettre du marquis de Montalembert (Pétersbourg, 18 janvier), qui rapportait notamment que le froid artificiel avait été poussé par les Russes au point de fixer le mercure, devenu dur et cassant sous le marteau. Les membres de l'Académie de Pétersbourg, annonce Montalembert, se proposent d'en faire part à la nôtre (procès-verbal de séance du 16 février 1760, f.87). Le 20 février, on lit un extrait d'une lettre de Grischow à La Condamine, du 1er/12 janvier, de Pétersbourg, informant que le thermomètre de Delisle est descendu à 300° (f.89-90). Le 23 février, on lit encore un Mémoire de Pierre Poissonnier, médecin et chimiste français séjournant en Russie, sur les expériences de congélation du mercure à Pétersbourg (f.96).

[3]. Du gouvernement de Russie, depuis 861 jusqu'en 1767

SUIVANT les *Annales* de la Pologne et de la Russie, ce dernier Etat a été gouverné par une suite de souverains, grands-ducs ou czars, issus de la même famille, depuis l'année 861[*] jusqu'en 1596. Le premier de ces souverains s'appelait Rurich, et le dernier Fédor Iwanowich. Dans cet intervalle de plus de sept cents ans, les aînés ont toujours succédé de droit,[1] sans éprouver aucune contestation de la part de leurs frères ni de leurs sujets. Cette longue filiation semblerait prouver que les Russes jouissaient alors du prix de la liberté. Les mêmes *Annales*, et tous les historiens, nous représentent cependant cette nation gouvernée par des souverains despotes.[2] Ce gouvernement était, selon toutes les apparences, adouci par des usages particuliers, puisqu'on ne voit pas que l'Etat ait souffert de grands troubles jusqu'à la mort de Fédor Iwanowich.

---

[*] Suivant quelques autres historiens, depuis l'année 700.

---

1. En fait, dans l'Etat kiévien, les princes ne se succédaient pas de père en fils, mais de frère aîné à frère cadet, d'oncle à neveu, etc., selon la règle du séniorat. L'extrême complexité de cette hérédité collatérale était source de conflits. Ceux-ci 'naissaient particulièrement de la rivalité entre l'aînesse *généalogique* – le degré de parenté avec l'ancêtre commun – et l'aînesse *physique* – l'âge des concurrents –, c'est-à-dire entre neveux plus âgés et oncles moins âgés' (Welter, 1963, p.59). De 1169 à 1243, le siège de Kiev compta vingt-deux titulaires, et la plupart d'entre eux l'occupèrent à deux, trois, quatre ou même cinq reprises (Welter, 1963, p.62). Après la chute de Kiev, dans la Russie de Vladimir et de Souzdal, puis de Moscou, c'est toujours la même famille, celle des descendants de Rurik, qui, en principe, possède en commun le pouvoir. Mais ses membres se sont partagé les terres. La famille a donc cessé d'être un clan qui possède la totalité des territoires. Cependant, la nouvelle règle de succession en ligne directe (de père en fils aîné) fut parfois contestée au nom de l'ancienne règle successorale.

2. Comme Catherine l'écrivait à propos de Strube de Piermont (Introduction, p.73), l'*Antidote* affirme que la forme du gouvernement russe est 'la seule qui puisse exister vue l'étendue de l'Empire'. Et l'auteur renvoie au chapitre II de l'*Instruction pour le code des lois* de Catherine II, interdite à Paris par un 'gouvernement monarchique doux et modéré' (1770, 1re partie, p.123). A propos du mot *despote*, l'*Antidote* constate que Chappe en fait un équivalent de *tyran*. Or, en Russie, il ne s'agit pas de la volonté d'un seul, mais de 'la volonté écrite du souverain, qui s'appelle loi'. L'*Antidote* allègue que les lois romaines ont été introduites en Russie avec le christianisme, car elles faisaient partie des lois de l'Eglise. Ainsi, la Russie était réglée comme presque tous les autres gouvernements de l'Europe, et peut-être mieux que quelques-uns, comme le montrent les codes de Iaroslav, d'Ivan III et d'Alexis. Pour 700 ans, Chappe n'a employé qu'une demi-page, alors qu'il a rempli une page et demie avec le prétendu forfait de Boris (1770, 1re partie, p.124-25).

Fédor Iwanowich mourut en 1596 sans enfants. Quelques historiens prétendent que ce prince fut empoisonné, avec sa fille,[3] par Boris Godonou, son ministre et son favori. La princesse mourut avant son père. Boris Godonou ayant acquis la plus grande autorité sous le règne du czar Fédor, fit assassiner à Uglicz en 1597 le jeune Démétrius,[4] héritier légitime[*]: il se défit de l'assassin dont il s'était servi: on rasa par son ordre le château d'Uglicz, et l'on égorgea une partie des habitants de la ville, pour prouver son innocence, et donner une marque éclatante de son attachement à la famille royale. Ce tyran despote ne s'en tint pas là; il fit périr sous différents prétextes tous les princes qui pouvaient avoir des prétentions au trône, toutes les personnes en place qui leur étaient attachées; et entassant crimes sur crimes, Boris monta sur le trône en 1598, et se fit couronner par la nation consternée. Assis sur un trône qu'il a teint du sang de ses rois, la crainte et la méfiance l'environnent. Cet usurpateur ne voit autour de lui que des traîtres ou de nouveaux prétendants: le plus léger soupçon lui fait rendre un arrêt de mort contre celui qui l'a fait naître: le sang innocent ne cesse de couler; le glaive de la tyrannie étincelle de toutes parts, le crime devient une vertu; et la vertu gémissante, avilie,[5] n'ose plus se montrer. Boris établit par de nouveaux forfaits l'esclavage le plus affreux,[6] et croit s'assurer le trône; mais il en est chassé presque aussitôt par un nouvel usurpateur,[7] qui est assassiné

---

[*] Ce prince était frère du czar Fédor, par une autre mère.

---

3. La fille unique de Fedor et d'Irène, sœur de Boris.

4. Dmitri, fils d'Ivan IV et de sa septième femme, Marthe Nagoï, était mort tragiquement en 1591 à Ouglitch, sur la Haute-Volga. Il était âgé de neuf ans et demi. La cause de sa mort reste une énigme. La commission d'enquête officielle avait conclu à un accident: le jeune prince se serait blessé mortellement avec un couteau au cours d'une crise d'épilepsie. Mais des contemporains, puis des historiens, ont accusé Boris Godounov de l'avoir fait assassiner.

5. 'Monsieur l'Académicien, sont-ce des âmes aviliés que celles de ce prince Serge Troubetskoï, de ce Cheremetev, de ce moine du couvent de la Trinité, de ce marchand de Nijni-Novgorod' qui formèrent le projet de donner un souverain à la Russie, de lui rendre la paix et la tranquillité? 'Avili vous-même, vous ne voyez pas que voilà des hommes qui méritent des statues?' (*Antidote*, 1770, 1re partie, p.128).

6. Ce jugement frisant l'anathème est influencé par une tradition remontant aux récits hostiles à Boris Godounov composés après sa mort dans l'entourage de Vassili Ivanovitch Chouiski et des Romanov. Certains historiens russes, comme Nikolaï Mikhaïlovitch Karamzine, Nikolaï Ivanovitch Kostomarov, Serguei Mikhaïlovitch Soloviev, malgré des efforts d'objectivité, resteront sévères à l'égard de Boris. Mais le portrait sans nuances de Chappe compte parmi les plus négatifs. Même Margeret, qui avait peu de sympathie pour lui bien qu'il l'ait servi, et qui le qualifie aussi de 'tyran', reconnaît les aspects positifs de son activité d'homme d'Etat (Margeret, 1983, p.50-52) et ses efforts pour secourir les pauvres pendant la grande famine des années 1601-1604 (p.91). Il est vrai que Margeret ne croyait pas au meurtre d'Ouglitch puisqu'il considérait le faux Dmitri comme le dernier fils d'Ivan IV. Sur l'interprétation de Karl Marx, voir l'Introduction, note 253.

7. Boris n'a pas été 'chassé' par un imposteur. Il est mort en avril 1605, et ce n'est que le 10 juin de la même année que le premier 'faux Dmitri' entra dans Moscou. S'agissait-il d'ailleurs d'un 'nouvel usurpateur'? Ou bien était-ce le fils d'Ivan le Terrible, sauvé par

luimême en 1606. La Russie ne présente plus qu'un état de désordre: les prétendants au trône se multiplient;[8] ils sont successivement assassinés ou détrônés; les troubles augmentent chaque jour, et se perpétuent jusqu'en 1613.

Quoique la Russie n'eût jamais été un royaume électif, la nation fut obligée dans cette circonstance de se choisir un souverain: Michel Romanof, grand-père du czar Pierre, fut élu la même année par une assemblée des principaux boyards,[9] et les Russes se soumirent à un jeune homme de quinze ans, sans rien exiger de lui*. La facilité que les Russes eurent alors de changer l'ancienne forme du gouvernement, suppose, puisqu'ils ne l'ont pas fait, qu'ils n'avaient aucune idée de la liberté, ou qu'ils étaient bien avilis.[10]

Son fils, Alexis Mikaelowitz, monta sur le trône en 1645, sans autre forme d'élection. Son règne fut troublé par des séditions et des guerres intestines, occasionnées la plupart, à ce qu'il paraît, par le despotisme avec lequel Morozou, favori du czar, gouvernait l'empire.[11] M. de Voltaire observe

---

* *M. de Voltaire*, tome I, p. 80, édition de Paris, chez Panckoucke. [En fait, seul le tome ii utilisé par Chappe est de chez Panckoucke, Paris 1763, in-12 (le tome i, de 1760, n'a pas la même pagination que celle indiquée par Chappe). Le tome i dont s'est servi Chappe est sans doute celui de l'édition Cramer, Genève 1759, in-12, sans nom d'éditeur. La pagination de l'édition Cramer de 1759-1763, in-8, est légèrement différente.]

---

miracle? Là encore, l'énigme historique reste entière. Mais il est vrai que pendant cette période d'anarchie appelée le 'Temps des troubles' les prétendants au trône se sont multipliés, notamment de nombreux 'faux Dmitri'.

8. Chappe passe vite sur le 'Temps des troubles', cette période shakespearienne de l'histoire russe. Après l'assassinat du premier faux Dmitri, le 17 mai 1606, le boïar Vassili Chouiski se fit proclamer tsar (1606-1610). Un second faux Dmitri avait pris la tête de bandes cosaques, lituaniennes et polonaises, mais fut assassiné le 11 décembre 1610. Cependant, les Polonais avaient occupé Moscou et Chouiski avait été contraint d'abdiquer le 17 juillet. Les milices populaires formées contre les Polonais et les Cosaques par Kouzma Minitch Minine et le prince Dmitri Mikhaïlovitch Pojarski permirent aux Russes de libérer leur territoire au cours de l'année 1612.

9. Tous les nobles de Russie ne sont pas des boyards, remarque fort justement l'*Antidote* (1770, 1re partie, p.128-29). Effectivement, comme Voltaire (*Histoire de Pierre le Grand, OC*, t.46, p.512-13), dont il s'inspire ici étroitement, Chappe n'a pas vu que le Zemski Sobor qui a élu Michel Romanov n'était pas composé que des 'principaux boyards': il comprenait au moins trois ordres: le haut clergé, les boïars, et la noblesse de service. Le premier Zemski Sobor avait été convoqué par Ivan IV en 1549.

10. Voltaire observe que les Russes étaient dans la même situation que les Polonais, chez qui 'le droit d'élire un monarque a été une source de guerres civiles'. Mais il affirme à tort que, contrairement aux Polonais, ils n'ont pas fait de contrat avec leur roi élu: 'Quoiqu'ils eussent éprouvé la tyrannie, ils se soumirent à un jeune homme sans rien exiger de lui' (Voltaire, *Histoire de Pierre le Grand, OC*, t.46, p.516). On voit que le commentaire de Chappe est plus critique que le texte de Voltaire. L'abbé sait que des Russes ont voulu, un siècle plus tard, 'changer l'ancienne forme du gouvernement' en imposant des 'conditions' à Anna Ivanovna. Mais il y voit une preuve de plus du despotisme russe (ci-dessous, ch.3, n.23).

11. Alexis, intelligent et cultivé, mais peu énergique, laissait agir ses conseillers. En 1648, le boïar Boris Ivanovitch Morozov, son ancien précepteur, crut résoudre la crise financière en doublant le prix du sel. Le peuple envahit le Kremlin, injuria le tsar et le

'que cette partie du monde était celle où les hommes étant le moins gouvernés par les mœurs, ne l'étaient que par les supplices;[12] et de ces supplices affreux naissait la servitude'[*].

La servitude s'accrut de plus en plus après la mort du czar Alexis, arrivée en 1677.[13] Ce prince avait été marié deux fois. Il laissa de son premier mariage deux princes, Fédor, Iwan, et six princesses; et du second mariage, Pierre Ier et une princesse. Fédor monta sur le trône à l'âge de quinze ans, et mourut sans enfants en 1682[†]. Fédor avant d'expirer, voyant que son frère Iwan, trop disgracié de la nature, était incapable de régner, nomma pour héritier des Russes son second frère, Pierre, qui n'était âgé que de dix ans.[14] La princesse Sophie, fille de Fédor[15] du premier lit, conçut le dessein de se mettre à la tête de l'empire. Cette princesse, d'un esprit aussi supérieur que dangereux,[16] ne cessa pendant sept ans environ d'exciter les révoltes les plus sanglantes. Dans ce temps de trouble, ce n'étaient que trahisons et meurtres publics. La nation est dans la confusion et dans le désordre. Les Strelits font couler le sang de toutes parts, et exercent des cruautés inouïes. La vie du souverain n'est pas plus en sûreté que celle des sujets, Sophie est enfin renfermée dans un couvent: mais la nation, accoutumée aux supplices et aux attentats, fait toujours redouter les mêmes forfaits. Pierre Ier gouverne seul l'empire en 1689, conçoit le dessein de réformer sa nation, et de la civiliser: mais plus absolu qu'aucun des souverains ses prédécesseurs, il resserre les liens de l'esclavage.[17] On connaît les vastes projets de ce grand

---

[*] *M. de Voltaire*, p.83.
[†] *M. de Voltaire*, p.87 et suivantes.

---

somma de lui livrer les coupables. En 1662, l'inflation et la dévaluation de la monnaie de cuivre provoquèrent une émeute: les révoltés, forçant les portes du palais de Kolomenskoe, près de Moscou, présentèrent une pétition au tsar. La répression fut terrible: plus de sept mille insurgés furent noyés, pendus, mutilés.

12. 'Quant aux supplices, ils étaient cruels, mais quelle est la nation qui n'ait eu dans ce temps-là les plus affreux supplices?', observe avec raison l'*Antidote*. 'Nous avons malheureusement imité les autres nations. Que celles-ci nous imitent à leur tour et qu'elles règlent leur justice criminelle d'après le chapitre X de l'Instruction de Catherine II qui a été interdite à Paris et à Constantinople' (1770, 1re partie, p.132-33).

13. Alexis est mort en fait en 1676.

14. Ce n'est pas Fedor qui désigna Pierre comme son successeur, contrairement à ce qu'affirmait aussi Voltaire (*Histoire de Pierre le Grand*, *OC*, t.46, p.525-26). C'est le clan Narychkine, appuyé par le patriarche Joachim et les ministres, Ivan Maksimovitch Iazykov et Likhatchov, qui, après la mort du jeune tsar, tenta d'imposer Pierre en le faisant acclamer sur la place Rouge.

15. Lapsus de Chappe. Sophie était bien entendu la fille d'Alexis, et la sœur de Fedor. L'erreur est relevée par l'*Antidote* (1re partie, p.112).

16. Expression empruntée à Voltaire (*Histoire de Pierre le Grand*, *OC*, t.46, p.526). Exagération de Chappe: les 'révoltes les plus sanglantes' n'ont pas duré sept ans, mais ont éclaté à plusieurs reprises entre 1682 et 1689.

17. Pierre-Charles Lévesque, qui fait un portrait contrasté de Pierre le Grand, note comme Chappe que le tsar réformateur 'resserra la chaîne du peuple par la forme qu'il fit

homme. Il meurt au milieu de ses travaux en 1725, et l'impératrice Catherine sa femme, en 1727.

Pierre Alexiowitz, petit-fils de Pierre Ier, monte sur le trône, et meurt en 1730. Le prince d'Olgorouki,[18] et le comte d'Osterman, qui composaient le Haut Conseil, supprimèrent le testament de l'impératrice Catherine, et répandirent le bruit que Pierre II avait désigné en mourant, la princesse Anne, duchesse douairière de Courlande. Elle était fille de Jean,[19] frère aîné de Pierre Ier*, mais d'un autre lit. Cette princesse, exclue du trône par les enfants de Pierre Ier, fut obligée de consentir à des conditions qui bornaient son autorité. Le prince d'Olgorouki, et le comte d'Osterman, s'étaient proposé de rester les maîtres du gouvernement:[23] mais à peine fut-elle sur le trône, qu'elle reprit l'autorité des souverains ses prédécesseurs.

Cette princesse avait amené avec elle son favori Biren,[24] natif de Courlande. Il gouverna les Russes avec un sceptre de fer, sous le nom de l'impératrice Anne. Il semble qu'il méditait dès lors le projet de les gouverner un jour en souverain. Biren subjugua la nation par les supplices et les exils en Sibérie. L'impératrice Anne le fit déclarer duc de Courlande après la mort du dernier prince de la Maison de Ketler;[25] et quand elle mourut en 1740, elle le désigna pour régent de l'empire, jusqu'à la

---

*Le testament de l'impératrice Catherine, dont les dispositions n'avaient point été publiées, réglait la succession du trône de Russie: la duchesse de Holstein,[20] et la princesse Elisabeth,[21] filles de Pierre Ier et de l'impératrice Catherine, devaient succéder à Pierre Alexiowitz.[22] Stralemberg, tome I, p. 225.

---

prendre à la perception de l'impôt', alors qu'il aurait pu faire 'un bel usage du despotisme en forçant les nobles à affranchir leurs paysans' (Lévesque, 1782, iv.542).

18. Vassili Loukitch Dolgorouki (v.1670-1739) avait accompagné Pierre le Grand lors de son voyage à Paris en 1717. En 1730, il fut chargé d'aller porter à la duchesse Anne de Courlande les 'points' rédigés par le Haut Conseil secret, et qui devaient limiter son pouvoir.

19. Ivan V, demi-frère de Pierre Ier et frère cadet de Fedor, mentionné à la page précédente.

20. Anna Petrovna (1708-1728), épouse de Charles-Frédéric, duc de Holstein-Gottorp, et mère du futur Pierre III.

21. Elisabeth, née en 1709, régnera sous le nom d'Elisabeth Ire du 25 novembre / 6 décembre 1741 au 25 décembre 1761/ 5 janvier 1762.

22. C'est en effet le quatrième point du Testament de Catherine Ire.

23. Chappe passe vite sur cette période confuse de l'histoire russe, et présente de manière schématique les objectifs des membres du Haut Conseil secret. Ceux-ci (Vassili Dolgorouki, Andrei Ivanovitch Ostermann, mais aussi Dmitri Mikhaïlovitch Golitsyne) avaient tenté de restreindre les pouvoirs d'Anna Ivanovna, sans doute pour 'rester les maîtres du gouvernement', mais aussi pour fonder en Russie un semblant de monarchie constitutionnelle à l'anglaise ou à la suédoise, en donnant des libertés à la noblesse. Mais il est certain que leur projet fut perçu par une grande partie de l'opinion, pourtant favorable à la limitation de l'autocratie, comme une tentative de restauration du pouvoir des boïars.

24. Sur Biron, voir ci-dessus, ch.1, n.44.

25. Le premier prince de la maison de Kettler, Gotthard (v.1517-1587), fut grand-maître de la branche livonienne des chevaliers Porte-Glaive (1559). Il sécularisa l'ordre et devint duc de Courlande sous la suzeraineté de la Pologne en 1562.

majorité du fils de sa nièce, âgé de deux mois. Ce jeune prince fut reconnu empereur sous le nom d'Iwan ou de Jean III;[26] et le duc de Biren, quoique odieux à la nation, eut le titre de régent.

La princesse de Brunswic, mère de l'empereur,[27] ne peut cependant supporter la domination du régent: elle conçoit le dessein de la secouer, et choisit le général Munic,[28] étranger en Russie, pour remplir ses vues. Munic connaissait Biren et les Russes: il répondit à la princesse, que s'étant occupée de ce projet, elle courait les plus grands risques d'être arrêtée avec ses partisans, si Biren ne l'était dans vingt-quatre heures. Munic se charge de cette commission, et se retire aussitôt. Afin d'éloigner toutes les inquiétudes du régent, il prend le chemin de la maison de Biren, pour aller lui faire une visite: il revient sur ses pas à moitié chemin, dans la crainte d'être suivi par quelque espion de la princesse, et d'être soupçonné de trahison. Il va chez lui, et n'en sort qu'à minuit le 18 novembre 1740, avec quelques soldats de confiance. Il arrête Biren dans son lit: on l'envoie quelques jours après en exil en Sibérie;[29] il y est enfermé dans une maison bâtie au milieu d'un marais, et la princesse de Brunswic est reconnue régente.

Les différentes révolutions que la Russie avaient éprouvées en préparaient de nouvelles, et en facilitaient les moyens. Ce peuple, toujours esclave, n'était lié à son souverain ni par les lois ni par l'amour: l'intrigue et le droit du plus fort offraient le trône à quiconque osais s'en emparer.[30]

Lestoc,[31] chirurgien étranger, attaché à la princesse Elisabeth, fille de Pierre Ier, forme le projet de la placer sur le trône, de concert avec un

---

26. Ivan VI (1740-1764), et non Ivan III, était le petit-fils de Catherine Ivanovna, fille aînée d'Ivan V, et de Charles-Léopold, duc de Mecklembourg-Schwerin.

27. La mère d'Ivan VI, Anna Leopoldovna, avait épousé Antoine Ulrich, prince de Brunswick. Elle sera régente jusqu'en novembre 1741.

28. Sur Münnich, voir ci-dessus, ch.1, n.48. Ce n'est pas Anna Leopoldovna qui conçut le dessein d'arrêter Biron, mais Münnich, qui, voyant le mécontentement général, s'adressa à Anna, après le refus d'Elisabeth, comme le rectifie l'*Antidote*, 1770, 1re partie, p.139-40.

29. Arrêté par les soldats du régiment Preobrajenski, l'un des deux régiments de la Garde impériale, Biron fut condamné à mort, puis gracié et exilé en Sibérie.

30. Ce passage est 'un des plus injurieux que puisse vomir la passion' (*Antidote*, 1770, 1re partie, p.141-42). Effectivement, en l'absence de règle de succession, ce fut le 'droit du plus fort', c'est-à-dire l'appui de la Garde, qui décida de l'accès au trône au cours des révolutions de palais du XVIIIe siècle: celles d'Anna Ivanovna, d'Anna Leopoldovna ou d'Elisabeth. Epoque dominée par les 'intrigues', comme Chappe l'a bien perçu: selon Herzen, le trône impérial ressemblait alors au lit de Cléopâtre: 'dans cette *bufera infernale*', 'à peine l'élu avait-il eu le temps de s'enivrer de toutes les jouissances d'un pouvoir exorbitant, que la vague suivante de dignitaires et de prétoriens l'entraînait avec tout son entourage dans l'abîme' (*Du Développement des idées révolutionnaires en Russie*, dans Herzen, 1954-1966, vii.47; original en français).

31. Descendant de protestants français émigrés, le comte Johann-Hermann Lestocq (1692-1767) était arrivé à Pétersbourg en 1713. Médecin d'Elisabeth, et peut-être son amant, il était un agent secret de Versailles: il recevait une pension de 15 000 livres de la France et était en relation avec l'ambassadeur La Chétardie, qui avait pour mission de

ministre d'une puissance d'Europe.[32] Cette révolution est sur le point d'être exécutée, quand la régente en est avertie par des avis qu'elle reçoit de Bruxelles. Elle fait venir la princesse Elisabeth, lui en fait part aussitôt, persuadée qu'elle ne pourra lui en imposer dans ce premier moment de surprise. La contenance de la princesse Elisabeth, et sa douceur, persuadent la régente de son innocence. Elisabeth retourne chez elle, dit à Lestoc que la conjuration est découverte, et qu'elle renonce à l'empire. Lestoc l'écoute, sort, et va tout disposer pour la placer dans quelques heures sur le trône.

Lestoc, après avoir vu les principaux conjurés, se rend au billard vers huit heures du soir: il y trouve une personne suspecte; il était nécessaire de l'empêcher de parcourir la ville. La passion de cet espion pour le jeu lui en procure un moyen aisé. Il l'engage à jouer quelques parties de billard, et le retient jusqu'à l'arrivée d'un de ses émissaires. Dès lors Lestoc termina promptement la partie. Il sortit presque aussitôt, et alla se promener autour du palais, pour voir si tout était dans l'état ordinaire. Il se rendit après cela sur la place, et y attendit jusqu'à onze heures un autre émissaire qu'il avait envoyé chez le général Munic et chez Osterman, premier ministre. Sur l'avis qu'il reçoit que tout est tranquille, il retourne chez la princesse Elisabeth, et fait conduire deux traîneaux dans sa cour. Il lui annonce d'un air satisfait, que tout est disposé pour la placer sur le trône. Elle rejette toutes les propositions, et ne veut plus en entendre parler. Il tire alors de sa poche deux petits tableaux faits à la hâte sur des cartes à jouer. Un de ces tableaux représentait la princesse Elisabeth dans un couvent: on lui coupait les cheveux, et Lestoc était sur l'échafaud. Elle était représentée dans l'autre montant sur le trône, aux acclamations du peuple.[33] Lestoc, en lui donnant ces deux tableaux, lui dit de choisir entre les deux états. Elle choisit le trône.

Lestoc ne l'entretient plus que du succès de l'entreprise: il l'engage à prendre le cordon de l'ordre de Russie, et la conduit à son traîneau. Il se place derrière avec feu M. de Woronzof,[34] pour lors page de la

---

détacher la Russie de l'Autriche, fût-ce au prix d'une révolution de palais. Lestocq était aussi un partisan de la Prusse (c'est sur l'intervention de cette puissance que l'empereur Charles VI lui avait donné le titre de comte). En 1744, Bestoujev réussit à saisir la correspondance secrète de Lestocq avec La Chétardie. Ce dernier est chassé de Russie, et Lestocq perd son influence. En 1748, à la suite de nouvelles intrigues contre Bestoujev, Lestocq est arrêté, torturé, condamné à mort, puis gracié et exilé en 1750 à Ouglitch, où il reste trois ans. Transféré à Veliki-Oustioug, il sera libéré en 1762 par Pierre III. Lestocq était l'ami de Vockerodt, l'auteur de *Considérations* sur la Russie que Frédéric II avait envoyées à Voltaire en 1737.

32. L'ambassadeur de Suède.

33. L'anecdote figure aussi, avec des variantes, dans Manstein, 1771, p.416; Lévesque, 1782, v.64-65; Rulhière, 1797, p.36.

34. Sur M. I. Vorontsov, mort en 1767, voir, ci-dessus, ch.1, n.55. Vorontsov n'était pas page, mais gentilhomme de la chambre, et c'est de lui, et non de Lestocq, que vinrent les premières propositions en faveur d'Elisabeth, affirme l'*Antidote* (1770, 1re partie, p.150).

princesse. Deux officiers étaient dans l'autre traîneau. Elisabeth accompagnée de quatre personnes, prend le chemin du palais pour s'emparer de l'empire. Vingt soldats gagnés attendaient cependant la princesse sur son passage. Elle va d'abord au corps de garde.[35] A la vue de cette petite troupe, le tambour veut sonner l'alarme. Lestoc crève d'un coup de couteau la peau de la caisse.[36] La princesse paraît en même temps avec cet air noble qui lui captivait tous les cœurs: elle dit aux soldats en peu de mots, que fille de Pierre Ier elle avait seule droit au trône que la régente avait usurpé; leur ordonne de lui prêter serment de fidélité, et de la suivre. Elle parlait à des esclaves: ils se prosternent, et se joignent à sa petite troupe. Lestoc distribue les gens affidés dans les postes les plus délicats, et garde auprès de lui les autres: il est sûr de leur fidélité, parce qu'il sera toujours à portée de les commander. Tous les gardes du palais se rendent au seul commandement d'Elisabeth. Elle parvient enfin à la porte de l'appartement de la régente, qui était dans le plus profond sommeil: elle avait à ses côtés l'empereur son fils, le jeune Iwan. Elisabeth trouve pour la première fois de la résistance: l'officier de garde présente la baïonnette, se met non seulement en devoir de défendre l'entrée, mais même menace de donner la mort à tous ceux qui oseront se présenter. Lestoc lui crie à l'instant: '*Malheureux, que fais-tu? demande grâce à l'impératrice*'.[37] L'esclave trahit sa souveraine. Elisabeth entre dans l'appartement avec sa suite. La régente s'était éveillée au bruit qu'elle avait entendu. La princesse Elisabeth l'aborda la première: '*Hé quoi! c'est vous, Madame*', dit la régente.[38] Elle fut arrêtée aussitôt, transportée hors du palais avec le petit Iwan son fils, et conduite dans la maison de la princesse, avec les mêmes traîneaux qui avaient amené sa rivale. Elle y fut gardée soigneusement. Elisabeth sur le trône de ses pères, ordonne dans le palais en souveraine, et tout lui obéit. Pendant ce temps Lestoc envoie des soldats affidés arrêter Munic et Osterman. Quelques heures sont à peine écoulées depuis l'instant que la princesse Elisabeth est sortie de sa maison, que la régente est détrônée. Tous les gens suspects sont arrêtés; et cinq à six mille hommes prêtent serment de fidélité à la princesse Elisabeth, déterminés à égorger la régente et leur empereur,[39] si Elisabeth l'ordonne, ou à l'égorger elle-même, si la régente peut commander un instant. Le bruit de l'avènement de la princesse Elisabeth au trône commençait cependant

---

35. A la caserne du régiment de Preobrajenski.

36. Le tambour fut-il crevé par Lestocq, ou par Elisabeth? 'Ils se sont toujours disputé l'honneur d'avoir eu cette présence d'esprit', écrit Rulhière, 1797, p.37.

37. L'anecdote est aussi dans Rulhière, 1797, p.37.

38. L'*Antidote* conteste tout ce récit du coup d'Etat: la garde ne s'est pas prosternée devant Elisabeth, l'officier de garde n'a ni fusil ni baïonnette, il n'y avait en fait que deux sentinelles qui ne firent aucune résistance, Elisabeth ne monta pas et ne vit pas la Régente... (1770, 1re partie, p.154-58).

39. Plus de 20 000 hommes (et non 5 à 6 000) prêtèrent serment de fidélité, et personne n'était déterminé à égorger la Régente et son fils, assure l'*Antidote* (1770, 1re partie, p.159-60).

à se répandre: mais les personnes qui annonçaient cette nouvelle dans le public, étaient regardées comme des gens dangereux; on les fuyait sans leur répondre.

Lestoc avait tout prévu. Pendant qu'il conduisait au trône sa souveraine, on imprimait le manifeste[40] qui proclamait Elisabeth impératrice; et le soleil parut à peine sur l'horizon, qu'elle fut reconnue dans la capitale, et bientôt par toute la nation.

La régente, renvoyée d'abord dans ses Etats avec son fils, était déjà à Riga lorsqu'elle fut arrêtée d'après de nouveaux ordres. Reconduite à Saint-Pétersbourg, on l'enferma pour toujours, ainsi que son fils. Munic et Osterman furent exilés en Sibérie; et dans cette révolution du 5 au 6 octobre 1741,[41] il n'y eut pas une goutte de sang répandu. L'impératrice Elisabeth régna jusqu'en 1762, tourmentée souvent par la crainte d'être détrônée à son tour. Elle fit venir son neveu, duc de Holstein,[42] et lui fit épouser une princesse d'Anhalt-Zerbst.[43]

Lestoc, attaché à sa souveraine dès l'enfance de cette princesse, jouissait de la rare faveur d'en être chéri sincèrement, quoiqu'il lui eût mis la couronne sur la tête. Il est fait comte de l'empire, et épouse une des filles d'honneur de l'impératrice. Sa Majesté ne cesse de le combler de bienfaits: mais au moment qu'il a le plus grand crédit, Bestuchef,[44] son ennemi déclaré, fin et rusé, fait éclater une trame qu'il ourdissait depuis longtemps. Il obtient de la faiblesse de l'impératrice Elisabeth, de faire arrêter Lestoc et sa femme. Ils sont envoyés en exil en Sibérie,[45] et tous leurs biens sont confisqués. Bestuchef à son tour est exilé de même.[46] La cour de Russie paraît à l'extérieur plus tranquille pendant quelque temps: mais dans l'intérieur l'envie, la jalousie, la méfiance parcourent ce vaste palais. Le grand-duc ne vit plus avec sa femme. La princesse d'Anhalt-Zerbst, née dans un pays libre, et élevée au milieu des muses et des arts, n'est point abattue par cette disgrâce. Son génie et des connaissances acquises lui procurent les plus grandes ressources. Elle trouve la tranquillité au milieu des tumultes de cette cour. Cette princesse n'avait épousé le duc de Holstein que sur le droit qu'on lui avait accordé de pouvoir succéder au trône. Dans sa retraite elle ne s'occupe plus que d'acquérir la con-

---

40. Le Manifeste ne fut pas imprimé: il n'y avait alors qu'une imprimerie à Pétersbourg, celle de l'Académie des sciences, rectifie l'*Antidote* (1770, 1re partie, p.161).

41. En fait, dans la nuit du 24 novembre/5 décembre au 25 novembre/6 décembre.

42. Le futur Pierre III.

43. Sophie, qui deviendra Catherine II.

44. Le comte Alexei Petrovitch Bestoujev-Rioumine (1693-1766), chancelier à partir de 1744, fut le responsable de la politique étrangère russe de 1742 à 1757. Il refusa de se laisser entraîner dans l'alliance franco-prussienne que préconisaient les Chouvalov et qui était inspirée par La Chétardie et Lestocq. On comprend ainsi que Bestoujev ait réussi à faire expulser La Chétardie et à envoyer Lestocq en déportation.

45. Non: on a vu (ci-dessus, ch.3, n.31) que Lestocq avait été assigné à résidence d'abord à Ouglitch, sur le cours supérieur de la Volga, puis à Veliki-Oustioug, sur la Dvina septentrionale.

46. Bestoujev fut remplacé par le vice-chancelier Mikhaïl Vorontsov et déporté en 1758.

naissance des hommes, et le talent de les gouverner. Ne voulant rien ignorer, elle passe ses moments de loisir à cultiver les sciences, les arts et les lettres. Elle reconnaît des talents dans la princesse Daschkof:[47] elle l'associe à ses amusements. Mais le grand-duc, jaloux même de ses plaisirs, l'oblige de prendre des précautions pour vivre avec cette jeune princesse, sœur de la Frayle de Woronzof.[48] J'ai lu une lettre de cette jeune princesse sur l'amitié: nos meilleurs écrivains ne la désavoueraient pas.

J'étais encore à Saint-Pétersbourg lorsque l'impératrice Elisabeth, attaquée d'une longue maladie, faisait toujours craindre pour ses jours. Elle était chérie de toute la nation, et l'on redoutait le règne de Pierre III. Elle mourut au mois de janvier 1762.[49]

Pierre III monte en chancelant sur le trône,[50] dont il aurait peut-être été privé pour toujours, si l'impératrice avait vécu sept à huit jours de plus. Au moment de son avènement à l'empire, quelques ordres mal entendus occasionnèrent des troubles qui semblaient annoncer la révolution que tout le monde attendait. Des particuliers avaient même déposé leur fortune chez les ministres de leur nation. Mais un Russe, M. Glebof,[51] avait été assez hardi pour donner des conseils à Pierre III

---

47. Ekaterina Romanovna Dachkova, née Vorontsova (1744-1810) n'avait que vingt-quatre ans quand parut le *Voyage en Sibérie*. 'Directeur' de l'Académie des sciences de Pétersbourg de décembre 1782 à 1796, elle fut la première présidente de l'Académie russe fondée en 1783. L'histoire de ses Mémoires est compliquée. Le manuscrit original français a été brûlé par l'amie de la princesse, Mary Wilmot (devenue ensuite Mrs Bradford). Une copie due à M. Wilmot, envoyée en Angleterre, servit de base à une version anglaise inexacte, *Memoirs of the Princess Dashkaw, lady of honour to Catherine II*, Londres, Henry Colburn, 1840, 2 vol. Une autre copie faite par M. Wilmot, restée en Russie et intitulée Mon histoire, fut publiée en 1881 par P. Bartenev dans le t.xxi des *Archives Vorontsov* (*Архив князя Воронцова*). C'est cette édition qui est la plus fiable. En 1857, parut une traduction allemande de l'éd. anglaise, avec une introduction de Herzen (*Memoiren der Fürstin Daschkoff* [...] *Nebst Einleitung von Alexander Herzen*, Hambourg, Hoffmann und Campe, 2 vol. in-16). Une version française faite également à partir de l'édition anglaise parut à Paris en 1859: *Mémoires de la princesse Daschkoff, dame d'honneur de Catherine II*, trad. par Alfred Des Essarts, Paris, A. Franck, 4 t. en 2 vol. in-18. La première édition russe, traduite de l'anglais, parut à Londres en 1859, chez Trübner et Cie, avec une préface de Herzen: *Записки княгини Е.Р. Дашковой писанные ею самой*. Voir aussi Dachkova, 1999.

48. Elizaveta Vorontsova, fille de Roman Vorontsov et sœur aînée de la princesse Dachkova, était la maîtresse du grand-duc (le futur Pierre III). Le mot *frayle* forgé à partir du russe *freilina* (lui-même emprunté à l'allemand *Fräulein* au temps de Pierre le Grand), signifie 'dame d'honneur, dame d'atour' (Elisabeth Vorontsova était dame d'honneur de l'impératrice Elisabeth). Rulhière, 1797, p.56, écrit également qu'Elisabeth Vorontsova était une des *frailes* de la Cour, ou filles d'honneur.

49. Nouveau style. On sait qu'Elisabeth est morte le 25 décembre 1761, ancien style.

50. Pierre III n'est pas monté en chancelant sur le trône, objecte l'*Antidote*, 1re partie, 1770, p.165: il avait été déclaré le successeur d'Elisabeth depuis vingt ans.

51. Alexandre Ivanovitch Glebov (1722-1790), procureur général du Sénat de 1761 à 1764. Avec deux autres hauts personnages, il reçut un pot-de-vin d'un intrigant qui s'était emparé de l'argent destiné à la colonie serbe établie dans les provinces du sud de la Russie, et traitait ces colons en esclaves. Glebov et le général Alekseï Petrovitch Melgounov

pendant la maladie de l'impératrice. A l'instant de sa mort, Pierre III commande, et il est empereur. L'impératrice sa femme vient se prosterner à ses pieds; et frappant du front contre la terre, elle lui rend ses hommages comme sa première esclave.[52] Tous ses sujets lui prêtent de même serment de fidélité, et il jouit paisiblement de l'empire. Pierre III rappelle tous les exilés depuis l'impératrice Anne, et je jouis à Saint-Pétersbourg du spectacle singulier d'y voir réunis Biren, Munic et Lestoc.[53] Pierre III quitte son ancien palais pour habiter le nouveau, et laisse l'impératrice dans le premier. Il se livre indécemment aux plaisirs et aux fêtes, où l'on ne voit jamais l'impératrice, pour qui les Russes ont toujours eu la plus grande vénération.

Un mois ne s'est pas écoulé depuis qu'il est sur le trône, qu'il se fait conduire au Sénat, et déclare qu'il accorde la liberté à sa noblesse. Cette nouvelle répand dans la nation un excès de plaisir indicible. Dans ce premier moment d'enthousiasme, elle veut lui élever une statue d'or massif.[54] Quelqu'un fait la réflexion que l'empire n'en contient pas assez pour remplir cet objet. La justesse de cette réflexion détermine les Russes à se borner à une statue d'un pied de hauteur. Elle doit être placée dans le Sénat. On y substitue bientôt une statue de bronze, et la nation paraît enfin décidée pour une statue de marbre.

La liberté que l'empereur accorde à sa nation exige cependant qu'il publie une ordonnance à cet égard; et sur les représentations de quelques ministres en place, Pierre III borne la liberté qu'il accorde à la noblesse, à la permission de ne pas servir,[55] et de voyager avec son agrément. Voici cette ordonnance*.

---

*ORDONNANCE DE PIERRE III[56]

Par la grâce de Dieu: Nous Pierre III, empereur et autocrateur de toutes les Russies, etc., etc., etc.

Ce n'est pas l'Europe, mais la plus grande partie de l'Univers, qui est le témoin irréprochable des travaux et des peines immenses, que le très prudent monarque, le

---

partagèrent ce présent avec Pierre III, et celui-ci sanctionna un acte privant la Russie de cent mille habitants (Herzen, 1954-1966, xii.383).

52. Catherine ne s'est pas prosternée devant Pierre III et ne s'est pas déclarée son esclave, proteste l'*Antidote* (1re partie, 1770, p.168-69).

53. 'Spectacle que les siècles ne ramèneront peut-être jamais', écrit Rulhière, 1797, p.29. Ce 'spectacle singulier', Chappe le vécut à son retour de Tobolsk, lors de son second séjour à Pétersbourg (du 1er novembre 1761 au printemps 1762). Biron, Münnich et Lestocq furent rappelés d'exil dès le début du règne de Pierre III. Münnich devint membre du nouveau Conseil. Quant à Biron, Catherine II lui rendra son duché de Courlande en 1763.

54. L'anecdote est rapportée aussi par Schwan, 1764, p.42, et par Rulhière, 1797, p.28.

55. La noblesse n'avait jamais été esclave: il s'agit de la liberté de servir ou de ne pas servir, observe l'*Antidote* (1770, 1re partie, p.170).

56. Cet édit a été très mal traduit, quoiqu'il le fût par autorité, assure l'*Antidote*, 1770, 1re partie, p.173. Une autre version française de l'Ordonnance de Pierre III commence ainsi: 'Nous Pierre III par la grace de Dieu Empereur de toutes les Russies etc.' (AAE, M. & D. Russie, t.ix, f.290*r*). Le texte, parfois assez différent de celui que reproduit Chappe, est suivi de la mention suivante: 'Donné à St Petersbourg le 18 fev. 1762. L'original signé de la main de S.M.I. Pierre. Contresigné Alexandre Glebov General procureur. Imprimé à St Petersbourg le 20 fev. 1762' (f.296*r-v*). Sur Glebov, voir ci-dessus ch.3, n.51.

souverain chéri, notre aïeul Pierre le Grand, empereur de toutes les Russies, d'immortelle et glorieuse mémoire, a été obligé d'endurer, uniquement pour le bonheur et l'utilité de sa patrie, en élevant la Russie à la connaissance parfaite des affaires militaires, civiles et politiques.

Mais comme pour parvenir à ce but il était nécessaire, en premier lieu, de faire connaître à la noblesse, comme au principal ordre de l'Empire, combien sont grands par rapport à la prospérité du genre humain, les avantages dont jouissent les Etats éclairés, en comparaison des nations innombrables enfoncées dans l'abîme de l'ignorance, le besoin extrême l'obligea en ce temps-là d'ordonner à la noblesse russe, en lui donnant des marques distinguées de sa bonté, de s'engager dans le service militaire et civil; et de plus d'instruire la jeune noblesse, non seulement en différentes sciences, mais aussi en beaucoup d'arts utiles, en les envoyant dans les Etats de l'Europe, et en établissant aussi en Russie, dans cette vue, différentes écoles, afin de recueillir d'autant plus promptement le fruit désiré.

Il est vrai que ces règlements parurent en partie dans le commencement durs, et insupportables à la noblesse, en les tirant du repos, en les éloignant de leurs maisons, en les faisant servir contre leur gré, dans l'état militaire ou dans d'autres emplois. Il y en eut qui se cachèrent, en s'exposant par là, non seulement à la punition, mais même à perdre leurs biens, comme négligeant leur propre bien-être et celui de leur postérité.

Cet établissement, quoique accompagné dans le commencement de quelque contrainte, a été suivi avec beaucoup d'utilité par tous ceux qui depuis Pierre le Grand ont occupé le trône de Russie: et en particulier par notre très chère tante l'impératrice Elisabeth Petrowna, d'heureuse mémoire, qui, imitant les actions de l'empereur son père, a étendu et multiplié par sa protection la connaissance des affaires politiques, et les différentes sciences dans l'Empire de Russie. Quant aux effets qui en ont été produits, nous voyons avec satisfaction, et tout véritable enfant de la patrie doit le reconnaître, que cela a procuré des avantages sans nombre. La grossièreté de ceux qui auparavant n'avaient aucun zèle pour le bien public, est extirpée: l'ignorance a fait place à la saine raison; l'état militaire a des généraux braves et habiles; l'état civil et la politique, des gens savants et propres aux affaires. Pour conclure en un mot, les sentiments nobles ont gravé dans les cœurs de tous les vrais patriotes une fidélité et un amour sans bornes envers Nous, une grande ardeur et un zèle distingué pour notre service; ce qui fait que nous ne trouvons plus la même nécessité de forcer au service, laquelle a existé jusqu'à présent.

Ainsi ayant égard aux circonstances ci-dessus exposées; en vertu de la puissance que Dieu nous a donnée, Nous accordons par notre très haute grâce impériale, dorénavant, à perpétuité et pour toutes les races à venir, à toute la noblesse russe, la liberté et la franchise; en sorte qu'elle peut servir tant dans notre Empire que dans les autres Etats de l'Europe qui nous sont alliés, suivant la teneur de la Constitution qui suit.

I. Tous les gentilshommes qui se trouvent dans les différents états de notre service, peuvent y rester autant qu'ils le souhaiteront, et que leur situation le leur permettra. Cependant il est défendu aux militaires de demander leur congé, ni pendant la campagne, ni trois mois avant son ouverture: mais après la fin de la campagne, ceux qui sont dans le service militaire, tant au dedans de l'Empire qu'au dehors, peuvent demander leur congé à leur chef; et tous ceux qui sont à notre service, dans quelque état que ce soit, savoir ceux des huit premières classes, attendront la résolution de notre très haute confirmation, et les autres classes attendront la résolution des départements auxquels ils appartiennent.

II. Tout gentilhomme qui nous aura servi d'une manière exacte et irréprochable, sera pour récompense élevé à un grade de plus, en recevant son congé, s'il a été plus d'un an dans le grade où il se trouve lors de son congé. Cela regarde ceux qui demandent à n'être plus employés dans aucune affaire: mais pour ceux qui voudront quitter le service militaire pour passer dans le civil, s'il y a vacance, on les avancera de même, en les employant, après avoir examiné s'ils ont été trois ans dans un même grade; savoir dans celui où ils se trouvent lorsqu'ils embrassent l'état civil, ou autre quelconque à notre service.

III. Quiconque aura été pendant quelque temps hors du service, ou ayant quitté l'état militaire, aura embrassé le civil ou autre dans notre service, et voudra rentrer dans le service militaire, il y sera reçu, s'il en est reconnu digne, dans le même rang où il se trouva, en changeant son titre en celui de grade militaire: mais si tous ceux-là sont déjà avancés, alors celui qui rentre dans le service militaire pourra compter son ancienneté du jour qu'il y sera rentré; ce que nous établissons, afin que ceux qui servent en reçoivent de l'utilité et de l'avantage sur ceux qui ne servent pas. De même si quelqu'un ayant eu son congé après avoir servi dans l'état civil, veut par la suite rentrer dans le même état civil, ou dans quelqu'autre, excepté le militaire, on agira à son égard suivant la teneur de cet article, à l'exception du changement de titre.

IV. Si quelqu'un, après avoir quitté notre service, souhaite d'aller dans les autres Etats de l'Europe, notre Collège des affaires étrangères lui donnera sans obstacle les passeports nécessaires, en lui faisant promettre que lorsque les affaires l'exigeront, il retournera dans sa patrie, comme tous les gentilshommes qui sont sortis de notre Empire, dès qu'on aura fait à ce sujet la publication nécessaire. Dans ce cas-là chacun est obligé d'exécuter notre volonté avec toute la promptitude possible, sous peine du séquestre de ses biens.

V. Les gentilshommes russes qui auront été au service des autres souverains de l'Europe, peuvent, étant de retour dans leur patrie, entrer à notre service, suivant leur volonté et leur capacité, s'il y a vacance: savoir ceux qui auront été au service des têtes couronnées, dans le même rang dont ils produiront les patentes; et ceux qui auront servi chez les autres puissances, avec un rang de moins, comme cela a été réglé par une Constitution antérieure, et qui est à présent observée.

VI. Comme en vertu de ce très gracieux règlement que nous faisons, nul gentilhomme russe ne sera plus obligé de servir contre son gré, il ne sera pas non plus employé par nos départements, en aucune affaire des terres, à moins qu'un besoin extraordinaire ne l'exige, et pour lors cela ne sera pas autrement ordonné que par un commandement exprès signé de notre propre main. Il en sera de même de la noblesse de Smolensko. Pareillement il a été réglé par un édit de Pierre Ier, qu'à Pétersbourg et à Moscou il y aurait au Sénat et à son comptoir un certain nombre de personnes prises d'entre les gentilshommes congédiés du service, pour tous les besoins qui peuvent survenir. Nous ordonnons que dorénavant il y aura au Sénat trente personnes, et à son comptoir vingt, lesquelles seront relevées chaque année. C'est pourquoi la Chambre héraldique fera tous les ans la répartition proportionnellement des gentilshommes qui demeurent dans les gouvernements, et non de ceux qui sont employés au service; cependant sans désigner personne nommément: mais les gentilshommes eux-mêmes feront l'élection entre eux dans les gouvernements et provinces, et déclareront seulement aux chancelleries, qui est celui qui aura été élu, afin qu'elles puissent en faire leur rapport à la Chambre héraldique, et expédier l'élu.

VII. Quoique par notre présente très gracieuse Constitution, tous les gentilshommes russes, excepté les Odnodwortzy,[57] jouiront pour toujours de la liberté, cependant notre attention paternelle envers eux va encore plus loin, s'étendant à leurs enfants en bas âge, lesquels nous ordonnons que depuis à présent uniquement, pour en être informés, ils soient déclarés à l'âge de douze ans à la Chambre héraldique, dans les gouvernements, provinces et villes là où il sera plus avantageux et plus commode à chacun. En même temps on s'informera de leurs pères et mères, et autres parents entre les mains de qui ils seront, de ce qu'on leur aura fait apprendre jusqu'à l'âge de douze ans, et où ils veulent leur faire continuer leurs études. Si c'est dans notre Empire, dans les différentes écoles établies à nos dépens, ou dans les autres Etats de l'Europe, ou dans leurs propres maisons, par des maîtres savants et habiles, si les moyens des parents le leur permettent. Mais afin que personne, malgré notre défense expresse, n'ait la témérité d'élever ses enfants sans les instruire dans

---

57. *Odnodvortsy*. Au sing.: *odnodvoretz*. Le nom signifie: qui possède *une* maison (*dvor*) située en dehors d'un village. Les *odnodvortsy* étaient les descendants des nobles de service qui, aux XVIe et XVIIe siècles, avaient reçu des lots individuels de terre en échange du service d'ost. Ils étaient devenus des paysans libres. En 1761, on leur avait interdit d'aliéner leur lot, ce qui les avait presque assimilés à des paysans d'Etat, dont ils ne se distinguaient plus guère que par leur habitat isolé. Ils seront même soumis à la redevance (*obrok*) comme les autres paysans.

Un officier russe veut en conséquence de cet arrêt se retirer du service. Il en demande l'agrément à l'empereur. — *'Quel est ton grade? Capitaine.* — *Hé bien, je te fais lieutenant, et tu serviras'*; et il servit lieutenant.[58]

La familiarité de l'empereur captive cependant une partie de la nation: mais sa conduite publique et privée éloigne la plus sensée. Uniquement occupé de ses plaisirs, une révolution le fait descendre du trône, et y place l'impératrice.[59] Dès l'instant la seule volonté de cette princesse suffit pour disposer de la vie et des biens de ses sujets: on ne paraît devant elle que prosterné,[60] en lui jurant la plus grande fidélité, ainsi qu'aux souverains ses prédécesseurs. Mais la mort inattendue de l'empereur, et celle du jeune Iwan,[61] lui assurent doublement l'empire.

les sciences convenables à la noblesse, nous ordonnons, sous peine de notre indignation, à tous les gentilshommes qui n'ont pas plus de mille paysans, de déclarer leurs enfants directement à notre Corps des cadets, où on leur enseignera avec le plus grand soin, tout ce qui appartient à l'instruction de la noblesse; et après la fin des études, on les en fera sortir chacun selon son mérite, en lui donnant un grade pour récompense; après quoi chacun peut s'engager et servir selon ce qui a été dit ci-dessus.

VIII. On ne donnera pas le congé aux gentilshommes qui sont actuellement dans notre service militaire, comme soldats, et dans d'autres rangs inférieurs à celui d'officier, et qui n'ont pas encore l'ancienneté requise pour être officiers, à moins qu'ils n'aient été plus de douze ans dans le service militaire: alors ils pourront obtenir leur congé.

IX. Mais comme nous constituons notre présent très gracieux règlement, pour être dans tous les temps à perpétuité, une loi fondamentale et immuable, ainsi nous assurons sur notre parole impériale, de la manière la plus solennelle, que nous maintiendrons ceci pour toujours sacré et inviolable, dans le sens qui y est exprimé, et dans les privilèges; et nos légitimes héritiers qui seront nos successeurs, ne pourront rien faire qui puisse y déroger en quoi que ce soit; car nous regardons le maintien inviolable de notre présente Constitution comme le plus ferme appui du trône souverain de toutes les Russies. D'un autre côté nous espérons que toute la noblesse russe étant sensible à de si grands bienfaits de notre part envers eux et leur postérité, ils seront excités par la fidélité et le zèle qu'ils nous doivent comme nos sujets, à ne pas avoir d'éloignement pour le service, et à ne pas se cacher pour l'éviter; mais à s'y engager avec émulation et volontairement, et à s'y conduire de tout leur pouvoir honorablement et sans reproche, aussi bien qu'à instruire avec soin et application leurs enfants, de toutes les sciences convenables; car tous ceux qui plongés dans la paresse et l'oisiveté n'ayant été dans aucun genre de service dans aucun pays, n'instruiront pas leurs enfants dans les sciences utiles à leur patrie, seront regardés comme des gens sans zèle pour le bien public, et par conséquent dignes du plus haut mépris, et ne seront pas soufferts ni à notre Cour ni dans les assemblées et solennités publiques. Donnée à Saint-Pétersbourg le 18 février 1762.

[Cette ordonnance a été imprimée en français à Saint-Pétersbourg, telle qu'elle paraît ici.]

58. Cette anecdote est traitée d'"absurde conte bleu' par l'*Antidote* (1770, 1re partie, p.176-77): un officier subalterne ne demande pas son congé à l'empereur. C'est le Collège de la guerre qui le congédie en lui donnant un grade de plus. En Russie, on ne saurait dégrader personne sans jugement préalable.

59. Pierre III perdit par son peu de prudence et de conduite l'estime et la confiance publiques; son incapacité fit le reste, d'où la révolution du 28 juin 1762, 'et jamais événement n'arriva plus heureusement pour sauver un empire près de sa perte', commente l'*Antidote* (1770, 1re partie, p.177-78).

60. 'Ne dirait-on pas, après avoir lu cela, que l'on n'oserait approcher nos souverains qu'en marchant à quatre pattes?' (*Antidote*, 1770, 1re partie, p.179).

61. Ivan VI, arrière-petit-fils d'Ivan V (ch.3, n.19). En juillet 1764, un complot se noua en sa faveur: l'officier Vassili Iakovlevitch Mirovitch tenta de soulever la garnison de la

Le souverain, dès le moment qu'il est sur le trône, est supposé n'avoir plus de parents, et personne n'ose se réclamer de la famille royale. Un courtisan étranger ayant appris que Madame la comtesse de Woronzof[62] était alliée à l'impératrice Elisabeth, crut avoir fait une découverte politique. Il fut aussitôt lui en faire compliment: elle pâlit, et lui dit qu'il se trompait.

Il était défendu, sous peine de mort, de garder une monnaie marquée au coin du jeune Iwan. Le peuple n'oserait jouer avec les roubles où est l'empreinte du souverain. On ne peut passer devant le palais, vis-à-vis des appartements de l'empereur, sans ôter son chapeau, ou baisser la glace, si l'on est en voiture; sans quoi l'on est exposé à la brutalité des soldats. Celui qui écrirait en petits caractères sur une lettre le nom de l'impératrice, serait dans le cas d'être puni sévèrement.[63]

On ne rapporte ces détails minutieux, qu'afin de faire connaître l'étendue du pouvoir despotique des souverains de Russie.

La noblesse n'ose approcher du trône qu'en tremblant. La plus petite intrigue suffit pour l'envoyer en exil en Sibérie, et ses biens confisqués rendent toute une famille victime de l'adresse du courtisan.[64] Etant à Saint-Pétersbourg, je me trouvai chez un étranger, homme en place. Curieux de m'instruire, je demandai si le prince Iwan était mort ou en vie: on me répondit tout doucement à l'oreille, qu'on ne parlait point de ce prince en Russie. Nous n'étions cependant que trois Français dans l'appartement, et il avait plus de trente pieds en carré. La veille de la mort de l'impératrice Elisabeth, on n'osait s'informer de sa santé. Elle était morte; chacun le savait, et l'on craignait de s'en entretenir.[65]

La méfiance dans laquelle on vit en Russie, et le silence absolu de la nation, sur tout ce qui peut avoir quelque rapport au gouvernement ou au souverain, sont principalement fondés sur la liberté dont jouissent tous les Russes sans distinction, de crier publiquement, '*Slowo Dielo*';[66] c'est-à-dire, je vous dénonce criminel de lèse-majesté en paroles et en

---

forteresse de Schlüsselbourg où Ivan était détenu, mais le prisonnier fut tué par ses gardiens.

62. Anna Karlovna Vorontsova, née Skavronskaïa (1722-1775), épouse du chancelier M. I. Vorontsov, était la nièce de Catherine Ire et la cousine de l'impératrice Elisabeth. Son portrait, peint par A. P. Antropov en 1763, est au Musée d'Etat russe de Saint-Pétersbourg. L'*Antidote*, qui rappelle que la comtesse Vorontsova est la fille du frère de Catherine Ire, affirme qu'on pourrait citer cent exemples montrant que les souverains russes reconnaissent leurs parents, comme en témoignent les lettres de Fedor Ivanovitch et de Pierre Ier aux reines Elisabeth et Anne d'Angleterre (1770, 1re partie, p.180-83).

63. L'*Antidote* (1770, 1re partie, p.184-85), s'inscrit en faux contre ces deux phrases.

64. Les confiscations n'existent plus sous le règne de Catherine II, assure l'*Antidote* (1770, 1re partie, p.186-87).

65. 'Voilà un passage singulier: la veille de sa mort, l'impératrice n'était pas morte!' (*Antidote*, 1770, 1re partie, p.188).

66. *Slovo i delo* (littéralement: parole et action). Tout accusé voulant être jugé par l'empereur, ce recours au souverain dégénéra en vice, aussi l'abolit-on totalement, si bien que tout ce paragraphe de l'abbé tombe à plat, observe l'*Antidote* (1770, 1re partie, p.189).

actions. Alors tous les assistants sont obligés d'arrêter celui qui est dénoncé. Un père se prête à arrêter son fils, le fils son père, et la nature gémit dans le silence. L'accusé et le dénonciateur sont d'abord conduits en prison, et ensuite à Saint-Pétersbourg, où ils sont jugés par la chancellerie secrète.

Ce tribunal, composé de quelques ministres choisis par le souverain, livre à la merci de leur haine la vie et la fortune de toutes les familles. Cette juridiction est si odieuse, qu'un sujet indifférent à ces suppôts de la tyrannie, est souvent jugé criminel, lors même que le dénonciateur ne peut apporter de preuves certaines du crime de l'accusé, ainsi que dans le cas où le dénonciateur répond sur ses épaules du crime de l'accusé; c'est-à-dire qu'il s'oblige à recevoir le knout[*]. S'il le supporte sans se rétracter, l'accusé est jugé coupable, digne de mort, et une partie de ses biens est confisquée au profit du dénonciateur.[67] Si des circonstances extraordinaires démontrent que l'accusé est innocent, le dénonciateur est puni une seconde fois. Il l'est aussi, mais une fois seulement, lorsque n'ayant pas demandé à être admis à la preuve du knout, il ne peut pas prouver le crime de celui qu'il dénonce.

Dans cette juridiction la tyrannie ne s'est proposé que de jouir de la liberté de sacrifier au despote tous ceux qui lui sont suspects.[68] Il était alors nécessaire que le crime du délateur ne fût point puni de mort, et que le supplice du knout fût toujours adouci à son égard.[69]

La noblesse ainsi asservie sous le joug de l'esclavage le plus affreux,[70] en fait sentir le contrecoup à tout le peuple: il est son esclave, ou celui du souverain et des vaïvodes qui le représentent.

On distingue en Russie deux sortes d'esclaves parmi le peuple: les uns appartiennent au souverain, et les autres à la noblesse. Les premiers ne payent le tribut qu'à l'impératrice, et les autres au souverain et à leur seigneur. Les nobles comptent leurs richesses par le nombre des paysans

---

[*] Voyez l'article des 'Supplices'.

---

67. Quand le délateur était un domestique, il devait subir trois fois le knout, puis, s'il persévérait dans ses accusations, on donnait le knout au maître, et si celui-ci avouait, il était exilé et privé de tous ses biens (Jubé, 1992, p.158). Selon l'*Antidote*, 1770 (1re partie, p.190-91), si le délateur, après avoir subi la question, ne se rétractait pas, l'accusé était soumis à trois 'examens', puis était confronté au délateur.

68. 'Ce sont les troubles de la fin du siècle passé qui ont produit la Chancellerie secrète', rappelle l'*Antidote* (1770, 1re partie, p.192). 'Lorsque ces troubles finirent, ce tribunal devint inutile, mais il exista, parce que dans tout Etat un tribunal une fois cru nécessaire, il n'y a que le temps qui prouve le contraire. Témoin votre Bastille.' La Chancellerie secrète, créée en 1718 par Pierre le Grand à l'occasion du procès du tsarévitch Alexis, fut supprimée en 1726, recréée sous un autre nom en 1731 et de nouveau supprimée par Pierre III. L'*Antidote* assurait qu'elle avait été abolie, sans dire par qui (1770, 1re partie, p.145).

69. Faux, affirme l'*Antidote* (1770, 1re partie, p.192).

70. L'*Antidote* (1770, 1re partie, p.193-96) s'élève longuement contre cette assertion. Schwan assurait également que 'le plus grand seigneur de l'empire n'est pas moins esclave que son palefrenier' (Schwan, 1764, p.47).

qui leur appartiennent. Les esclaves de la Couronne paient au Trésor royal cent-dix kopykkes, ou cinq livres dix sous de notre argent, et les autres trois livres dix sous à la Couronne*. Les seigneurs imposent la taxe qu'ils jugent à propos sur leurs esclaves, et leur enlèvent même quelquefois la petite fortune qu'ils ont pu acquérir par leurs talents. Si ces esclaves ne gagnent pas assez par la culture des terres et leur industrie, pour payer le seigneur, il leur permet de se louer aux marchands, aux étrangers, ou aux autres personnes qui n'ont pas d'esclaves. Il leur donne à ce sujet un passeport pour quelques années seulement. L'esclave est obligé de remettre chaque année ses gages à son seigneur, qui lui laisse ce qu'il juge à propos.[71]

Les seigneurs vendent leurs esclaves comme on vend ailleurs les bestiaux.[72] Ils choisissent parmi eux le nombre de domestiques dont ils ont besoin: ils les traitent très durement. Ils n'ont point civilement droit de vie ni de mort sur leurs domestiques ni sur leurs autres esclaves; mais ayant le droit de les punir des batoques,[73] ils les font châtier de façon que par le fait ils acquièrent moralement le droit de les punir de mort.[74]

Dans les cas graves, un seigneur doit, suivant la loi, traduire son esclave aux tribunaux ordinaires, pour y être jugé. En 1761 le Sénat rendit une ordonnance, par laquelle tous les seigneurs ont la permission d'envoyer aux mines tous les esclaves dont ils sont mécontents; mais les seigneurs préfèrent et préféreront toujours de les châtier, et de les conserver.

C'est ce peuple assujetti par l'esclavage que gouverne l'impératrice d'Anhalt-Zerbst. Génie vaste, elle connaît le vice d'un pareil gouvernement, et ne s'occupe qu'à le réformer. Sans doute qu'elle ne se bornera pas à accorder la liberté à la noblesse, et que tous ses sujets jouiront de la même faveur. L'humanité la réclame, et la politique même la demande. La Russie sans cela ne présenterait qu'un gouvernement féodal, qui, considéré sous ce seul point de vue, multiplierait les petits tyrans, et détruirait toute puissance souveraine. Heureuse la nation, si elle sent le bonheur d'être gouvernée par un tel maître! Toutes ses démarches tendent

---

* On éclaircira l'article des 'Impôts' dans celui des 'Revenus de la Russie'.

---

71. Jusqu'à Fedor Ivanovitch il n'y avait point de serfs en Russie, rappelle l'*Antidote*. Les paysans de l'Empire, de la Cour et des couvents payent une taxe fixe et modique. La condition du peuple russe n'est pas plus mauvaise qu'ailleurs, elle est même meilleure. 'La Russie est le pays où le citoyen est le moins gêné et le moins vexé' (1770, 1re partie, p.196-98).

72. Cela se pratique dans toute l'Europe, affirme l'*Antidote* (1770, 1re partie, p.200).

73. En russe *batogui*: baguettes de frêne de la grosseur d'un petit doigt et longues de deux à trois pieds. Le mot apparaît pour la première fois en français en 1607 sous la forme *batogues* (Margeret, 1983, p.96).

74. 'Je crois qu'on peut dire la même chose de tous les domestiques de l'Europe. C'est une question de mœurs plus que de lois' (*Antidote*, 1770, 1re partie, p.200-201).

au bonheur de ce peuple, qui touchait sous Pierre III au moment de rentrer dans son premier état de barbarie. Elle fait élever un monument à Pierre Ier,[75] pour perpétuer à la postérité la mémoire de ce grand homme: elle porte l'encouragement dans les sciences, dans les arts, dans toutes les parties de l'administration; et elle montre à cette même nation, qu'elle seule était digne de régner sur le trône de Pierre Ier.

---

75. Le monument d'Etienne-Maurice Falconet ne sera inauguré qu'en 1782, après le départ du sculpteur.

[4]. De la religion grecque

LA religion dominante de la Sibérie, ainsi que de toute la Russie, est la religion chrétienne du rite grec. On doit attribuer à Volodimer la vraie époque de son établissement en Russie, l'an 987.[1] Les patriarches de Constantinople ordonnèrent d'abord les métropolites de Russie sous le règne du czar Fédor Iwanowitz. Jérémie, patriarche de Constantinople, vint à Moscou en 1588, et sacra Job patriarche de toute la Russie.[2] Depuis ce temps les patriarches de Russie furent sacrés par les évêques de la nation: mais, suivant Strahlemberg,[3] ils continuèrent à être confirmés par le patriarche de Constantinople, jusqu'au patriarche Nicon, qui secoua le premier cette dépendance. Suivant M. de Voltaire dans son *Histoire de la Russie* (p. 66), l'époque de cette indépendance remonte à celle où la Russie eut un patriarche pour la première fois.[4]

La religion grecque diffère principalement de la latine dans les articles suivants. Les Grecs donnent le baptême par immersion, et les Latins par aspersion: les derniers consacrent avec du pain azyme; les premiers avec du pain levé, et ils administrent le sacrement de l'Eucharistie sous les deux espèces. Les Latins croient que le Saint-Esprit procède du Père et du Fils;[5] et les Russes, que le Saint-Esprit procède du Père par le Fils. La précision de la théologie scolastique a mis de grandes différences entre ces deux assertions: elles ont été la source de bien des disputes. Cependant plusieurs Pères se sont servis quelquefois de ces deux façons de parler. Dans l'Eglise latine le pape est reconnu pour le premier évêque de droit divin, et il est en cette qualité, le centre de l'unité de l'Eglise. Les Russes ne reconnaissent point la primauté du pape; ils condamnent dans leur

---

1. La date de la conversion des Russes, généralement admise par les historiens, est 988.

2. Jérémie II, patriarche de Constantinople, avait étudié en Pologne la situation difficile de l'Eglise orthodoxe ukrainienne et biélorusse, placée sous sa juridiction. C'est pour parler de cette question, et sans doute aussi pour obtenir une aide financière, qu'il se rendit à Moscou où il arriva le 13 juillet 1588. En accord avec Boris Godounov, le métropolite Job fut ordonné patriarche par Jérémie le 26 janvier 1589.

3. Strahlenberg, 1757, ii.100. On ne voit pas pourquoi les patriarches russes auraient dû se faire confirmer par le patriarche de Constantinople.

4. 'Il était en effet dangereux, honteux, et ridicule, que l'Eglise russe dépendît d'une Eglise grecque esclave des Turcs. Le patriarche de Russie fut dès lors sacré par les évêques russes, non par le patriarche de Constantinople' (Voltaire, *Histoire de Pierre le Grand, OC*, t.46, p.499).

5. C'est la fameuse question du *Filioque*. Cette expression ne figure pas dans le texte du Symbole de Nicée. Elle a été ajoutée à une date incertaine par l'Eglise catholique, en Espagne wisigothique.

catéchisme[*] le sentiment des Latins sur le purgatoire: mais ils croient que ceux qui meurent dans le péché ne sont pas toujours damnés, et qu'ils peuvent être rachetés, même des plus grands crimes, par les prières et les aumônes qu'on fait en faveur des morts[†].

---

[*] J'ai traduit du latin ce que je rapporte ici, d'après le catéchisme des Russes. Cet ouvrage me fut communiqué pendant quelques jours en 1765, par l'aumônier de l'ambassadeur de Russie. L'édition a été faite à Breslau en 1751, chez Jean-Jacques Korn.[6]

[†] Parmi les hommes qui meurent, n'y en a-t-il pas quelques uns qui tiennent un milieu entre les sauvés et les damnés?

R. Il ne se trouve point d'hommes de cette sorte; mais il est constant que plusieurs ont été tirés des enfers, non par la pénitence qu'ils ont faite après leur mort, mais par les pieux offices des vivants, et par les prières de l'Eglise, surtout par le sacrifice de la messe, qu'elle offre communément pour tous les vivants et tous les morts. Du reste ces âmes ne peuvent point se délivrer par leurs propres œuvres, ni par leur pénitence, ni rien faire qui puisse les délivrer de l'enfer.

65. Que doit-on penser des aumônes et des pieux offices qui se font pour le soulagement des morts?

R. Théophylacte[7] commente ainsi les paroles de J.-C., rapportées au chapitre 12 de saint Luc: *Craignez celui qui a la puissance de vous jeter dans la géhenne* (l'enfer). Prenez garde, dit Théophylacte, que J.-C. ne dit pas: *Craignez celui qui après avoir donné la mort précipite dans l'enfer*, mais *craignez celui qui a le pouvoir de vous y jeter*; car tous les hommes généralement qui meurent dans le péché, ne sont point jetés dans l'enfer; mais il est au pouvoir de Dieu de les y jeter, ou de leur faire grâce. Je dis ceci à cause des oblations et des aumônes qui se font en faveur des morts, puisqu'elles ne servent pas peu, même à ceux qui sont sortis de ce monde étant souillés des plus grands crimes. C'est pourquoi ne discontinuons pas de faire nos efforts pour apaiser par nos prières et nos aumônes celui qui ayant un tel pouvoir n'en fait pas toujours usage; mais qui peut encore accorder le pardon. Il faut donc conclure de la doctrine de l'Ecriture et de l'explication de ce Père, qu'il nous faut absolument faire des prières, de grosses aumônes, et offrir surtout le sacrifice de la messe pour les morts, puisqu'ils ne peuvent pas eux-mêmes faire de telles œuvres en leur faveur.

66. Que devons-nous penser du feu du purgatoire?

R. Il n'a jamais été fait mention dans les Livres sacrés, qu'il existât après la mort une peine temporelle qui purifiât les âmes.[8] Bien plus, c'est principalement pour cette raison que l'Eglise condamne le sentiment d'Origène.[9] Il paraît assez clair que l'âme étant une fois séparée du corps, elle ne peut plus participer à aucun sacrement ecclésiastique; car si elle pouvait expier par sa propre satisfaction les fautes commises, sans doute qu'elle pourrait recevoir quelques parties du sacrement de pénitence. Cette doctrine étant entièrement contraire à l'orthodoxe, c'est avec raison et justice que l'Eglise offre le saint

---

6. Cet ouvrage, communiqué à Chappe par l'aumônier de Dmitri Golitsyne, n'est pas à la BnF. Le catéchisme russe à caractères slavons (Moscou 1773), rapporté de Russie par Diderot (BnF, Rés. D 80453), est destiné aux enfants et ne comporte pas les questions et réponses rapportées par Chappe. Il est précédé d'un 'Premier enseignement pour les hommes qui veulent apprendre à connaître le livre de la divine Ecriture', par Platon, archevêque de Tver.

7. Théophylacte, théologien byzantin du début du XIIe siècle. Auteur de *Lettres* et de *Gloses* sur l'Ancien et le Nouveau Testament. Son *Livre des erreurs des Latins* tente de concilier Latins et Grecs.

8. Controversé. Pour l'*Encyclopédie*, si le mot ne figure pas dans les Ecritures, la notion y est clairement exprimée dans le second livre des Macchabées (art. 'Purgatoire', xiii.580a).

9. On sait qu'Origène ne croyait pas à l'éternité des peines et que saint Augustin condamna les origénistes, qui admettaient la purgation des âmes (Voltaire, art. 'Purgatoire', M.xx.309). Mais on ne voit pas pourquoi Origène aurait été condamné pour cela par l'Eglise, au contraire!

On prêche souvent dans ce catéchisme la nécessité de faire des aumônes à l'Eglise, pour être heureux dans l'autre monde. Le clergé de Russie doit à cette doctrine les grands biens qu'il a acquis dans le temps de la ferveur des premiers chrétiens. Le czar Wolodimer[10] parcourait avec son patriarche Cyrus[11] une partie de ses Etats, pendant que les Tartares subjuguaient l'autre,[12] enseignant à ses sujets cette opinion, que les pauvres n'aimaient pas. Les prêtres firent un saint du czar Wolodimer. Ses successeurs défendirent qu'on fît de nouvelles donations à l'Eglise, et délivrèrent, après de longues guerres, la Russie des Tartares.

Suivant l'article 28 de ce catéchisme, 'Dieu insinue l'âme dans le corps, dès que les organes sont formés. Elle s'y répand aussitôt, de la même manière que le feu s'insinue dans toutes les parties d'un fer rouge. Sa principale demeure est dans la tête et le cœur.'

On admet cependant dans d'autres endroits du même ouvrage, la spiritualité de l'âme.

Suivant les articles 18 et 43 de ce catéchisme, 'le seul consentement par lequel quelqu'un se destine à commettre un péché mortel, ne donne pas entièrement la mort à l'âme, quoiqu'il lui fasse une grande plaie. Il n'y a de vrai péché mortel, que celui qui est réduit en acte. Tous les autres sont dans la classe des péchés véniels, qu'on doit expier par des prières et de bonnes œuvres.'

La Russie n'a plus de patriarche depuis Pierre Ier; il le remplaça en 1719,[13] par un Synode toujours subsistant. Il est composé d'un président, dignité que le czar se réserva pour lui-même,[14] d'un vice-président, qui est un archevêque, de six conseillers évêques, et de six archimandrites ou abbés. Le Synode est obligé de porter toutes les affaires importantes devant le czar dans le Sénat, où il se rend en corps, et il siège au dessous des sénateurs‡.

---

sacrifice, et fait à Dieu des prières pour obtenir le pardon de ceux qui autrefois ont péché pendant leur vie, et non afin qu'ils soient purifiés par les supplices qu'ils souffrent. Les seules messes, les prières et les aumônes que les vivants font en leur faveur, les soulagent et les rachètent de l'enfer.

‡ Strahlemberg, tome II, p.103.[15] Suivant M. de Voltaire, *Histoire de Russie*, tome II, p.229, le Synode a le même rang que les sénateurs. [*Histoire de Pierre le Grand*, OC, t.47, p.895].

---

10. Vladimir n'était pas tsar, mais grand-prince de l'Etat kiévien.

11. Il n'y avait pas de patriarche à l'époque de Vladimir. On a vu que le patriarcat a été créé en 1589. Chappe commet ici la même bévue que Voltaire dans l'*Histoire de Pierre le Grand*, OC, t.46, p.498).

12. Les Tatars n'ont pas commencé à 'subjuguer' la Russie à l'époque de Vladimir (fin du Xe siècle-début du XIe), mais beaucoup plus tard, à partir des années 1220-1230.

13. En fait, c'est en 1721 qu'un ukase remplaça le patriarche par un Saint-Synode et qu'un Règlement ecclésiastique rédigé par l'archevêque Théophane Prokopovitch institua une nouvelle organisation de l'Eglise.

14. Le Saint-Synode était surveillé, non par le tsar en personne, mais par un fonctionnaire laïc qui le représentait, le haut-procureur ou procureur général (*ober-prokuror*).

15. Strahlenberg, 1757, ii.109 (et non 103, comme l'écrit Chappe).

On doit diviser le clergé de Russie en deux corps, les moines et les prêtres réguliers, qu'on appelle popes. Tous les moines de Russie sont de l'ordre de saint Basile,[16] dont ils doivent suivre la règle. Ils vivent en communauté: il ne leur est jamais permis de manger de la viande, mais seulement du poisson, des œufs et du laitage. Ils doivent même s'abstenir de ces mets le carême, les lundis, les mercredis et les samedis pendant toute l'année.

Le haut clergé, composé d'archevêques, d'évêques, abbés ou archimandrites, est tiré des moines: aussi sont-ils obligés de suivre la même règle de saint Basile; mais les archimandrites sont les seuls du haut clergé qui résident dans les communautés:[17] elles sont toutes soumises aux archevêques et aux évêques. Les prêtres ne peuvent posséder aucune dignité du haut clergé: ils sont tous mariés; ils doivent épouser une vierge avant d'être sacrés, et s'abstenir de dire la messe, toutes les fois qu'ils n'ont pas été continents la veille avec leur femme. S'ils deviennent veufs, et s'ils ne sont plus nécessaires à la subsistance de leurs enfants, ils se font communément moines; et en cas de concurrence pour un évêché ou une abbaye, le moine qui a été marié doit avoir la préférence. Quoique les enfants des prêtres aient la liberté de prendre un état différent de celui de l'Eglise, l'usage a prévalu. Ils prennent presque tous celui du sacerdoce.

Les évêques et les moines jouissent en Russie de toutes les richesses du clergé. Les prêtres sont très pauvres, parce que les cures et les dessertes sont trop nombreuses: le casuel fait le principal revenu de ceux qui les possèdent.

Les évêchés sont à la nomination du Synode; mais il est nécessaire qu'elle soit confirmée par le souverain. Les évêques nomment aux abbayes et à toutes les places du bas clergé: elles sont amovibles, ainsi que celle des abbés, et leur état dépend absolument du caprice de leur évêque. Cette subordination excessive rend les évêques trop puissants à l'égard du bas clergé: les moines et les prêtres ne forment plus qu'un corps de vils esclaves; ils ne paraissent devant les évêques qu'en suppliants, et dans un état d'humiliation. Les prêtres ont peu de considération dans la société, et parmi les moines, qui sont leurs supérieurs. Ils seraient encore plus malheureux, sans leurs femmes, qui rendent les moines plus humains.

L'ignorance, l'ivrognerie et la débauche avec les femmes, sont l'apanage du clergé de Russie.[18] Les évêques et les prêtres sont à ce

---

16. La règle de tous les monastères russes n'est pas celle de saint Basile, mais celle de saint Théodore Studite qui fut adoptée à Kiev au XIe siècle par saint Théodose, abbé du monastère des Grottes; saint Serge l'imposa pour le monastère de la Trinité au XIVe siècle, et elle fut aussi celle du monastère de la Laure de saint Alexandre Nevski à Pétersbourg à partir des années 1720 (Rouët de Journel, 1952, p.76, 95, 142).

17. C'est aussi le cas des évêques qui ne siègent pas dans le Synode, observe l'*Antidote* (1770, 1re partie, p.203).

18. 'Je me souviens trop bien de tant de conciles dans les pays soumis au pape pour réformer les mœurs du clergé', rétorque l'*Antidote*, qui prétend que le clergé séculier russe étant moins riche et marié est sans comparaison moins débauché que l'autre (1770, 1re partie, p.204).

dernier égard les moins déréglés: les premiers, à cause de leur âge; et les derniers, parce que leurs femmes leur font aimer la sagesse de bonne heure: ils s'en dédommagent par la boisson.

Ils font du vin avec des herbes, quelques drogues, et de l'eau-de-vie. Ils ont de la bière, et une espèce d'hydromel, dont la base est la liqueur qui suinte du bouleau au commencement de l'été. Leur boisson favorite est l'eau-de-vie, et une autre liqueur qu'ils appellent *crematum*.[19] Cette dernière est si violente, que la première fois que j'en bus, je crus avoir avalé de l'eau-forte: elle m'avait causé une si grande irritation au palais, que je ne pouvais ni parler ni cracher. Je renonçai au *crematum* pour la vie.

Un de ces prélats, homme d'ailleurs fort aimable, me proposa d'aller voir sa bibliothèque, et il en prit aussitôt le chemin. Je le suivis, très empressé de connaître les livres qu'il possédait: il me conduisit dans un bâtiment isolé au milieu d'un jardin. Nous entrâmes dans un corridor très propre et très éclairé: les murs étaient percés de quantité de guichets d'un pied en carré. Le prélat en ouvrit les portes, et je reconnus des tonneaux à chaque guichet. Ces tonneaux, remplis de différentes liqueurs, et entourés de glace, occupaient tout le bâtiment, et formaient sa bibliothèque.[20] Il avait fait bâtir au-dessus de cette espèce de glacière, un appartement des plus agréables.

J'ai rencontré dans la société, des prêtres, et particulièrement des moines si ivres, qu'on était obligé de les emporter sur des brancards: leurs actions et leurs discours faisaient rougir les honnêtes gens. On ramasse souvent dans les rues des ecclésiastiques, hors d'état de se conduire chez eux.

Il ne faut cependant pas juger tout le clergé de Russie d'après le portrait désavantageux que j'en ai fait. J'ai connu dans mon voyage des ecclésiastiques éclairés, et dont les mœurs étaient des plus honnêtes. Je pourrais citer des archimandrites et des prêtres de Tobolsk. Ils avaient dans l'archevêque un modèle à imiter à cet égard. Ce prélat était à la vérité peu instruit dans ce qui était étranger à son ministère: mais il ne laissait à désirer, quant à son état, qu'un enthousiasme mieux dirigé.

La Sorbonne proposa au czar en 1717, la réunion de l'Eglise grecque avec l'Eglise latine. On sait tout ce qui s'est passé à ce sujet.[21] Si cette

---

19. Il se peut que pour rire quelque bon vivant ait donné un tel sobriquet à l'eau-de-vie, ou qu'il se soit moqué de Chappe, ou que, pour se faire entendre, il ait présenté du *vinum crematum*, supposant que l'abbé savait le latin, commente l'*Antidote* (1770, 1re partie, p.206).

20. C'est un prélat d'origine polonaise, rappelle l'*Antidote* (1770, 1re partie, p.207)! Joseph Nicolas Delisle avait vu à Tobolsk la bibliothèque du chef du monastère: elle était composée de près de cent livres ou manuscrits russes et slavons d'histoire et de théologie (Delisle, 1768, p.549).

21. Pierre Ier, en Angleterre, était resté insensible au prosélytisme anglican, qui tentait de rapprocher les églises anglicane et orthodoxe. Vingt ans plus tard, à Paris, il promit aux jansénistes de la Sorbonne de transmettre aux évêques russes leur proposition de réunir l'église orthodoxe et l'église latine. 'Oui, la Sorbonne nous est connue par deux anecdotes intéressantes, ironise l'*Antidote*: la première, lorsqu'en 1717 elle s'illustra en présentant à Pierre le Grand les moyens de soumettre la Russie au pape; la seconde, par sa prudente

société n'a pas réussi dans ses vues, au moins s'est-elle acquis parmi le
clergé de Russie une si grande vénération, qu'il croit qu'on ne peut être
instruit en France sans être membre de cet illustre corps.

Il serait bien avantageux que la considération dont cette société jouit
en France, rejaillît sur ceux qui se dévouent à l'éducation de la jeunesse.
Les Russes ont les plus grands égards pour les gouverneurs et les
précepteurs: ils les considèrent comme les pères de leurs élèves.[22] Si
l'éducation n'a pas en Russie tout le succès qu'on devrait attendre de
cette conduite, c'est que l'amour de la gloire et de la vertu ne peut germer
qu'au sein de la liberté.

La noblesse n'entre jamais en Russie dans le sacerdoce: on n'y
connaît point de tiers état.[23] Le corps ecclésiastique est donc composé en
entier, de personnes du peuple, ou d'enfants de prêtres, souvent plus
corrompus: les uns et les autres n'ayant reçu aucun principe d'éducation,
l'ignorance et la dépravation des mœurs du clergé de Russie, sont dans
l'ordre des effets moraux. Sa puissance n'a été absolument dangereuse que
du temps de la primitive Eglise. Il était alors mieux composé, et toute la
nation était dans la plus grande ferveur: cette ferveur n'existe plus que
dans le peuple.

Les biens du clergé s'étant accrus, et n'ayant jamais été exposés avant
Pierre Ier, aux révolutions de ceux des particuliers, le clergé est devenu
plus opulent que la plus grande partie des nobles.[24] Le zèle de la religion
ayant diminué dans ceux-ci, ils ont vu jouir avec peine les moines, des
biens immenses qu'ils avaient acquis souvent par la confiscation de ceux
de leurs ancêtres. Dès lors le clergé, au lieu d'avoir un soutien dans ce
corps de l'Etat, a trouvé des ennemis dans toute la noblesse. Pierre Ier osa
affaiblir le grand pouvoir des ecclésiastiques: il supprima la dignité de
patriarche,[25] et ne détruisit point la religion qu'il respectait, ni son
pouvoir sur les peuples, en attaquant la superstition et les abus. Il avait

---

et spirituelle condamnation du *Bélisaire* de Marmontel en 1766. Vous pouvez juger par
ces deux traits de la profonde vénération que tout homme qui a le sens commun doit
avoir pour un corps aussi respectable, qui plus d'une fois a condamné le pour et le contre,
et qui fut si ouvertement opposé à Henri IV, le meilleur de vos rois' (1770, 1re partie,
p.208-209).

22. A nuancer. Le précepteur étranger, appelé alors *outchitel* (le mot est même attesté en
français), était méprisé en Russie et traité comme un domestique, à l'instar du sieur
Beaupré, ancien perruquier et soldat, précepteur du jeune Griniov, dans *La Fille du capitaine*
de Pouchkine. Les précepteurs russes ne valaient guère mieux, tels ceux de Mitrophane,
dans la comédie *Le Mineur* (**Недоросль**) de Fonvizine. Veut-il dire que la Sorbonne aurait
mission de 'dresser des gouverneurs' pour élever des Russes?, s'interroge l'*Antidote*. Ces
'convertisseurs de profession' feront sucer à des innocents 'un venin imperceptible qui nuira
sans faute au repos de l'Empire' (1770, 1re partie, p.210).

23. Voir l'Introduction, n.261.

24. 'Le revenu de l'Archevêque de Novgorod monte à près de cent mille de nos livres'
(Lévesque, 1782, v.97).

25. Le patriarche Adrien, mort en 1700, ne fut pas remplacé.

formé le projet de diminuer les revenus des moines, et de les ramener à leur première institution. Il donna à ce sujet l'ordonnance suivante.*

*ORDONNANCE DE PIERRE Ier,
SUR L'INSTITUTION DES MOINES ET LEUR RÉFORME,
envoyée au Synode le 31 janvier 1724†

Vous verrez par ce qui suit, les Règlements que nous avons établis concernant les monastères, les raisons qui nous y ont déterminé, et ce que nous avons exposé au public dans notre Déclaration à ce sujet. Avant toutes choses il faut établir quelle est l'origine, le but de l'état monastique, et quel fut le genre de vie des anciens moines; ce qui nous mettra à même de procéder à la réforme des nouveaux, pour rendre leur vie, ainsi que l'administration et l'emploi de leurs biens, conformes à leur première institution.

On a déjà prescrit dans le Règlement ecclésiastique[26] quelques règles sur les moines: mais on ne s'est point assez étendu sur cette matière importante. Il était alors bien plus nécessaire de régler ce qui concernait le pouvoir des évêques, que quelques-uns d'eux, à l'exemple du siège de Rome, cherchaient toujours à augmenter, contre la volonté expresse de Dieu. Notre dessein ayant, grâce au ciel, pleinement réussi, malgré les obstacles que les personnes véritablement zélées pour la vérité ont eu à surmonter; et nous voyant présentement le loisir de régler toutes les affaires de notre Empire, nous nous croyons obligés de fixer d'une manière plus précise ce qui regarde l'état monastique, autant dans les vues du salut éternel, que pour le bien de la société.

En premier lieu, le Saint Synode se souviendra qu'il a déjà réfuté par des raisons convaincantes cette fausse opinion répandue dans toute notre nation, qui fonde l'origine de la vie monastique sur ces paroles de J.-C.: *Celui qui abandonne son père et sa mère*, etc. Vous avez fait voir que cette interprétation doit être attribuée aux hérétiques; et vous avez expliqué le véritable sens de ces paroles, comme on le peut voir dans le Règlement ecclésiastique. Avant donc que d'entrer dans les différents arrangements qui regardent l'état monastique, il faut faire connaître quelle est la véritable origine des moines, et indiquer dans quel temps, par qui, de quelle façon et à quelle intention les moines ont été établis.

On voit par le chapitre 6 des *Nombres*, qu'il y avait chez les Hébreux un ordre semblable à l'état monastique, appelé l'ordre Nazaréen: mais les vœux n'étaient pas perpétuels; ils n'étaient que pour un temps,[27] et l'on ne s'engageait par aucun serment. Ce sont pareillement des raisons très pieuses qui dans le commencement du christianisme ont donné naissance à l'état monastique. Cependant les personnes les plus sages et les plus éclairées savent le tort que cet état a fait par la suite à la société, ainsi que les scandales qu'il a causés; et c'est pour faire connaître tous ces abus à ceux qui pourraient en douter, que nous entrerons dans quelque détail sur ce sujet.

Il faut d'abord savoir ce que c'est que le mot d'état monastique, dans quel temps, et où l'on s'en est servi, et si l'on peut partout employer ce terme.

Le mot de moine est grec; il signifie isolé, seul, qui est sans compagnie, sans société.

Le mot de monastère peut signifier aussi société ou communauté de plusieurs solitaires.

Deux raisons contribuèrent au commencement du christianisme, à faire embrasser l'état monastique. Quelques-uns choisissant cet état du propre mouvement de leur conscience, et sans y être portés par aucune vue humaine, suivaient un penchant naturel qui les appelait à la solitude, et ils croyaient qu'il leur était impossible de faire leur salut dans ce monde. Or, suivant cette opinion, non seulement les bons princes et les autres chefs des Etats que Dieu a appelés à gouverner les hommes, et qui sont les images de la divinité sur la terre, seraient privés du royaume des cieux, mais aussi les ministres des trois premiers

---

† Cette ordonnance m'a été communiquée par M. de **. Il l'a traduite à Saint-Pétersbourg, sur l'original russe. Je la rapporte ici telle qu'on me l'a communiquée.

26. Publié en 1721 (ch.4, n.13).
27. Ce temps de séparation est appelé *nazaréat* ou *naziréat*.

siècles du christianisme, et les Apôtres mêmes en auraient été exclus, comme ne vivant point dans l'état monastique: car au temps des Apôtres on ne trouvait pas la moindre trace des moines, comme le dit saint Chrysostome dans son *Discours 25* sur l'*Epître aux Hébreux*. D'autres se réfugièrent dans la solitude, pour éviter la cruauté des tyrans et des persécuteurs de la foi chrétienne, suivant Sozomène,[28] livre Ier de son *Histoire*, chapitre 12, et Nicéphore Calistof,[29] livre 8, chapitre 59. Ainsi les chrétiens qui pour faire leur salut se cachaient dans les déserts, en expliquant à la lettre les paroles de J.-C., et en abandonnant tout pour l'amour de lui, étaient de véritables moines; parce que loin de rien demander aux autres hommes, ils les fuyaient, et ne voulaient pas même les voir ni les entendre, comme on le voit par le témoignage de Sozomène et de quelques autres. Ils faisaient leur séjour dans la Palestine, dans l'Egypte, l'Afrique, et dans d'autres lieux fort chauds, où la terre, sans être cultivée par la main des hommes, leur fournissait abondamment des fruits. Ils n'avaient besoin ni d'habits ni de maisons, ni d'aucune autre chose. Ils suppléaient cependant par le travail de leurs mains à ce que la terre leur refusait. On peut ici citer pour preuve de ce que l'on avance, plusieurs histoires des anciens anachorètes, comme celle de Théodoret dans le livre intitulé *Philothée*; celle de Jean Moscus,[30] celle de Palladius[31] dans son *Histoire lausiaque*, et plusieurs autres.

Ces solitaires n'avaient absolument aucun monastère: ils vivaient chacun séparément dans les déserts, comme nous venons de le dire.

Voici ce qui donna lieu à l'établissement des moines. Les hérésies ayant partout commencé à s'introduire dans l'Eglise, les solitaires, quoique répandus chacun séparément dans le désert, avaient cependant occasion de se voir et de se parler quelquefois, pour s'instruire mutuellement. Ils s'aperçurent avec douleur, que les maux qu'entraîne l'hérésie avaient pénétré jusque dans leurs déserts. Ils résolurent, pour leur utilité commune, de vivre désormais ensemble, sous des directeurs éclairés qui pussent résoudre leurs doutes, et détruire les fausses opinions qui naîtraient parmi eux. Ce changement fut alors salutaire; ce qui détermina plusieurs saints Pères, et particulièrement Basile le Grand, à y travailler, autant par cette première raison, que par d'autres motifs pieux, comme on le voit dans Socrate,[32] liv. 4, chap.. 21, dans l'historien ecclésiastique Rufin,[33] livre 2, chapitre 9. Mais Basile lui-même fournit les meilleures preuves de ce que nous avançons, dans les règles qu'il donne aux moines, dans sa *Réponse sur la septième question*, où il établit par plusieurs raisons fort étendues, qu'il vaut mieux que les moines vivent en commun dans des monastères, que séparément dans des déserts. Il fait voir dans ce même ouvrage, que la vie solitaire est exposée à de grands dangers, et qu'elle peut causer de grands maux à notre âme. Mais ces monastères étaient établis dans les mêmes endroits déserts, et les moines vivaient de la même manière que ces solitaires avaient vécu. Ils ne subsistaient point aux dépens des

28. Hermias Sozomène (fin du IVe siècle-v.443), historien ecclésiastique grec établi à Constantinople. Il a laissé une *Histoire ecclésiastique* dédiée à Théodose II sur la période 324-439.

29. Nicéphore Calliste (2e moitié du XIIIe siècle-v.1350), historien byzantin, auteur d'une *Histoire de l'Eglise* en 18 livres allant jusqu'à 610. Il est surnommé le Thucydide ecclésiastique.

30. Johannes Moschos (mort à Rome en 619), anachorète à Antioche et en Egypte, auteur du *Pré spirituel*.

31. Palladios, théologien grec (v.363-v.431), moine en Palestine, puis évêque d'Hélénopolis en Bithynie. Outre l'*Histoire lausiaque*, source fondamentale pour connaître le monachisme primitif, il a écrit un *Dialogue sur la vie de Jean Chrysostome*.

32. Socrate le Scolastique (v.379-ap.440), historien et avocat grec né à Constantinople. Il se montre impartial à l'égard des partis qui divisent alors le monde chrétien.

33. Rufin d'Aquilée (v.340-410), moine et théologien de l'Eglise latine, ami de saint Jérôme, avec qui il se brouilla à cause des querelles origénistes. Il a laissé des traductions latines d'Origène et une suite à l'*Histoire ecclésiastique* d'Eusèbe, à laquelle se réfère ici l'Ordonnance sur les moines.

autres hommes: leurs couvents étaient éloignés des villes et des autres habitations. C'est ainsi que le monastère de Basile était bâti dans le désert appelé Pont;[34] et saint Chrysostome, dans son *Discours 43 sur la Genèse,* quand il parle des moines, les appelle toujours habitants des montagnes. Voyez son *Discours sur saint Matthieu,* et ses trois livres sur ceux qui blâment l'état monastique. Voyez encore plusieurs autres endroits de son ouvrage. Nous avons des témoignages sans nombre, que les moines ne prétendaient pas vivre aux dépens des autres. Saint Chrysostome dit dans son *Discours* à ce sujet, que les moines non seulement ne vivaient que du travail de leurs mains, mais qu'ils exerçaient l'hospitalité envers les étrangers, recevaient les malades, les nourrissaient et les servaient. Basile le Grand dans les *Règles sur les couvents,* et dans la *Réponse à la Question 31,* établit par les raisons les plus solides, l'obligation où sont les moines de travailler, et il rejette les excuses de ceux qui ne voulaient que chanter des psaumes; et dans la *Réponse à la Question 38,* il traite des travaux qui leur conviennent. Il ajoute encore dans la *Réponse à la Question 42,* que les moines doivent travailler pour eux que pour les pauvres, et les assister du fruit de leurs travaux. Saint Isidore de Péluse,[35] dans sa *Lettre 49* à Paul, directeur d'un couvent, qui avait sous son obéissance beaucoup de moines vivant dans l'oisiveté, lui fait des reproches amers à ce sujet, et déclame avec force contre ces moines, qui commençaient déjà à vivre d'une façon si peu conforme à leur première institution, laquelle avait pour base la pénitence, le travail et la pauvreté. Nous lisons dans Socrate, historien ecclésiastique, livre 4, chapitre 8, qu'un de ces anciens anachorètes avait donné lieu à ce proverbe, qu'*un moine oisif est un voleur rusé.* Nous savons aussi que cent ans après l'origine des moines, il y eut des moines oisifs, qui désirant se nourrir du travail des autres, excusaient leur paresse en interprétant mal ces paroles de J.-C.: *Considérez les oiseaux du ciel, ils ne moissonnent point, ils n'amassent rien dans des greniers; mais notre Père céleste les nourrit: ne valez-vous pas beaucoup mieux que des oiseaux?* Mais la fausseté de ce sentiment fut bientôt combattue par les véritables moines, comme on le voit dans la vie des anciens Pères.

Le fameux docteur Augustin a réfuté cette opinion dangereuse, dans un livre qu'il donne sur ces moines inutiles et désœuvrés.[36] J.-C., par les paroles qu'on vient de citer, nous avertit seulement de n'avoir pas une confiance trop grande dans nos travaux et nos entreprises: il veut qu'en nous occupant au travail, nous mettions notre espérance dans la providence divine. Mais il s'en faut bien que par ces paroles J.-C. défende de travailler; puisque dans plusieurs endroits de l'*Ecriture sainte* il loue non seulement le travail, mais il l'ordonne expressément. Il menace surtout pour le jour du Jugement, de peines éternelles ceux qui n'auront pas assisté les pauvres; et dans le temps qu'il allait à la mort, il rendit lui-même un dernier service à ses disciples, en leur lavant les pieds: ce qu'il leur a ordonné de faire aux autres. Cette action de charité de J.-C. est beaucoup au-dessus, non seulement de l'état monastique actuel, mais même de l'ancien dans sa plus grande perfection; car quelque louable que soit le moyen qu'avaient choisi ces anciens anachorètes pour faire leur salut, cependant il est d'institution humaine; au lieu que celui d'avoir soin des pauvres a été ordonné par Dieu même. Si les chrétiens eussent suivi les instructions de ces faux dévots qui leur prêchaient la paresse, ils auraient renversé l'*Ecriture sainte,* qui ordonne à tout homme de travailler suivant sa profession. Ces paroles de J.-C., *voyez les oiseaux du ciel,* etc., ne sont pas pour les seuls moines, mais pour tous les hommes en général. Si l'on eût adopté

---

34. Basile s'était retiré à Néo-Césarée (l'actuelle Niksar, en Turquie) dans les montagnes qui bordent le Pont, c'est-à-dire la mer Noire.

35. Saint Isidore de Péluse (v.370-v.435), moine qui attaqua les nestoriens, puis Eutychès. Il a laissé deux mille lettres où il défend surtout la mémoire de saint Jean Chrysostome.

36. Dans *Du Travail des moines,* écrit vers 400, saint Augustin fait une excellente satire de certains moines qui se dispensaient de travailler de leurs mains et se contentaient de prier, de lire et de chanter, sous prétexte que Jésus-Christ avait dit qu'il ne fallait pas se mettre en peine du lendemain. Saint Augustin se réfère à saint Paul, selon qui celui qui ne veut pas travailler n'est pas digne de manger (Hoefer, t.iii, 1855, col. 717).

l'explication de ces faux sages, il s'ensuivrait que personne ne devrait travailler, et que les hommes se réduiraient par là de leur propre mouvement, à la triste nécessité de mourir de faim. On pourrait citer ici un grand nombre de raisonnements, tirés tant de l'*Ecriture sainte* que des ouvrages des saints Pères; mais ce que nous venons de dire suffit.

Qu'arriva-t-il dans la suite, lorsque quelques-uns de ces faux saints se furent insinués auprès des empereurs grecs, et surtout auprès de leurs épouses? On les vit bientôt commencer à bâtir des couvents, non plus dans les déserts, mais dans le voisinage des villes, ou dans les villes mêmes. Ils demandèrent des secours en argent pour cette prétendue œuvre de piété; et ce qui est encore pis, c'est qu'ils n'avaient pour but que de vivre aux dépens des autres, en se procurant une vie douce et oisive. Les empereurs séduits par des dehors trompeurs de sainteté, ou poussés par quelque passion particulière à les favoriser, firent le contraire de ce que leur devoir exigeait, et causèrent par là beaucoup de mal, tant à eux-mêmes qu'à leurs sujets, comme il est aisé de le voir par l'histoire de Constantinople. On comptait plus de trente couvents de moines sur les bords du seul canal de cette ville, lequel n'a pas plus de trente verstes, ou sept lieues et demie d'étendue, depuis la mer Noire jusqu'à Constantinople. Combien y en avait-il encore dans les différentes provinces de l'Empire? Et ils avaient tous des revenus considérables. Par cet abus, aussi bien que par le peu de soin qu'on donnait aux affaires du gouvernement, les empereurs grecs furent réduits à un si triste état, que quand les Turcs vinrent assiéger Constantinople, ces princes ne trouvèrent pas six mille soldats pour leur défense.

Ce mal commença à s'étendre beaucoup chez nous, sous la protection des patriarches, de même qu'à Rome, comme nous l'avons déjà dit: mais la providence divine ne permit pas que nos prédécesseurs imitassent les empereurs grecs, qui négligèrent de faire attention à un pareil désordre. Les souverains de Russie sont peut-être ceux qui surent y mettre les plus justes bornes. Dès que l'on commença à vendre ou à donner en différentes manières des biens et des terres aux couvents, on remédia à cet abus par les raisons que nous avons déjà rapportées; et dans le temps que l'on composa le Code intitulé *Oulogenie*, c'est-à-dire en 1669,[37] on renouvela les mêmes défenses, comme on le voit par ce même Code, chapitre 17, article 42, où il est dit que personne ne pourra donner ni vendre ses terres aux monastères, ou au clergé, sous quelque prétexte que ce soit. Il est aussi défendu aux moines, sous peine de confiscation, d'acheter ou de recevoir des terres en legs. Il est encore marqué dans l'article 43, qu'aucune personne des deux sexes qui sera entrée en religion, ne pourra donner au couvent les terres qui lui appartiennent, ni en conserver la jouissance; et à l'article 44, ces mêmes lois interdisent toute jouissance et possession de leurs terres à toutes personnes de l'un et de l'autre sexe, qui étant déjà entrées en religion, en ont conservé jusqu'alors la jouissance.[38]

Après ces éclaircissements, nous exposerons présentement les mesures que l'on doit prendre pour remédier à cet abus, et les règlements que l'on doit faire à ce sujet.

Nous commencerons par examiner si les moines peuvent chez nous remplir toutes les obligations que l'état monastique impose. La rigueur de notre climat septentrional ne le permet pas; et, comme tout le monde le sait, il leur serait impossible de subsister sans travailler eux-mêmes, ou sans faire travailler d'autres personnes pour eux.

Cette vérité une fois établie, que la rigueur de notre climat ne permet pas que les moines vivent en solitaires, suivant leur première institution; il faut songer aux moyens de les tenir sur le pied de bons et de véritables religieux. Deux raisons seules peuvent rendre nécessaire l'état monastique.

1°. Pour satisfaire ceux qu'une véritable vocation appelle à cet état; 2°. pour les fonctions de l'épiscopat, puisque c'est une ancienne coutume parmi nous, que les moines seuls puissent parvenir à cette dignité, quoique autrefois, et dans les trois siècles qui suivirent la mort de J.-C., les évêques ne fussent pas moines.

Etant donc absolument impossible, à cause de la rigueur de notre climat, comme nous venons de le dire, de ramener dans notre pays les moines à leur ancienne origine, nous

---

37. Le Code d'Alexis (*Sobornoe Oulogénié*) date en fait de 1649.

38. Informations exactes (*Oulogénié*, 1961, p.210-11).

devons chercher un autre moyen qui soit agréable à Dieu, et édifiant devant les hommes. Nous devons le chercher avec d'autant plus de raison, que la vie que mènent aujourd'hui les moines n'est qu'un prétexte trompeur. Les moines sont devenus le scandale et le mépris des autres religions, l'opprobre de la nôtre. Ils sont même dangereux à l'Etat, puisque la plupart sont des fainéants inutiles, attirés dans les cloîtres par l'amour de l'oisiveté, qui, comme on ne le sait que trop, enfante les superstitions, les schismes, et même les troubles. La plupart de nos moines sont des gens de la campagne, qui, loin de renoncer à une vie douce et commode, n'embrassent l'état monastique que pour se la procurer, et se soustraire à des impôts que la paresse leur rend onéreux. Ils avaient dans leur village la triple charge de contribuer pour la subsistance de leurs maisons, pour l'Etat et pour leur seigneur. Dès qu'ils sont moines, ils ne savent plus ce que c'est que besoin: leur subsistance est toujours prête. Si par hasard ils travaillent dans l'état monastique, ce n'est que pour eux-mêmes; et des trois charges auxquelles ils sont assujettis comme cultivateurs, à peine en remplissent-ils une comme moines. Les voit-on s'appliquer à l'intelligence des *Saintes Ecritures*, ou à instruire le peuple? Mais, disent-ils, nous prions. Tout le monde ne prie-t-il pas? Saint Basile a détruit cette vaine excuse. Quel avantage la société retire-t-elle donc des monastères? On ne peut répondre que par un ancien proverbe, *aucun*, ni pour Dieu ni pour les hommes. Il y aurait cependant pour ces moines oisifs et inutiles, un autre genre de vie laborieuse, agréable à Dieu, et honorable aux yeux des hommes: ce serait de servir les véritables pauvres, les enfants et les vieillards. Tels sont les motifs qui nous ont engagés à ordonner au très Saint Synode d'exécuter les articles suivants.

I. On répartira dans les couvents, suivant leurs revenus, des soldats invalides ou congédiés, qui sont hors d'état de travailler, et d'autres véritables pauvres; et l'on bâtira des hôpitaux, comme il est ordonné par les règlements.

II. On établira des moines pour les servir: on aura soin d'augmenter le nombre des religieux en proportion des différents degrés de maladies, en observant que ceux qui seront moins malades, ou seulement que l'âge aura rendus moins infirmes, en aient aussi moins que les autres: ce qui sera statué conformément au règlement concernant les hôpitaux; et ces moines ne doivent pas avoir moins de trente ans.

III. On donnera des terres appartenantes au couvent, à ceux des moines qui ne seront point employés au service des malades, afin qu'ils les cultivent eux-mêmes, et qu'ils puissent se procurer de quoi vivre. Quand il y aura des places vacantes parmi les moines qui servent les malades, il faudra les remplacer par ceux qui cultivent la terre, et l'on n'en recevra point d'autres à la place de ces derniers: mais lorsqu'il n'y aura plus de ces derniers pour remplacer ceux-là, alors on en pourra choisir de nouveaux, et leur donner la tonsure. Il faut en agir de même avec les religieuses qui ne sont point employées à servir les malades: au lieu de cultiver la terre, elles fourniront à leur subsistance par le travail de leurs mains; c'est-à-dire, en filant pour les manufactures. Elles ne sortiront point de leurs monastères: elles assisteront à l'office divin dans les tribunes, comme on l'a déjà dit en parlant des couvents pour les orphelines; et afin que ceux qui viendront dans l'église ne puissent pas les voir, il faudra garnir les tribunes de grilles très serrées.

IV. Il y aura deux cuisiniers, un pour les laïques ou malades, et l'autre pour les moines.

V. Les moines qui servent les malades n'auront point de cellules particulières; on leur pratiquera des cloisons dans les mêmes infirmeries où seront les malades.

VI. Ils n'auront point de chantres particuliers: les prêtres et les diacres qui ne servent point les malades chanteront l'office.

VII. Les prêtres et les diacres partageront aussi entre eux ce travail, de manière que deux prêtres n'aient inspection que sur un certain nombre de malades; afin que si l'un d'eux vient à tomber malade, ou soit obligé de vaquer à l'office divin, l'autre soit toujours en état de faire la visite, ou son rapport au supérieur.

VIII. Les supérieurs ne manqueront point chaque jour de faire deux fois la visite dans l'hôpital: ils changeront les heures, afin que l'on ignore le temps où elle se doit faire.

IX. Personne ne recevra de gages ni de nourriture en particulier, et le pourvoyeur du couvent donnera à chacun ce qui est prescrit par les règlements.

[4]. *De la religion grecque*

Le peuple est attaché à la religion grecque jusqu'au fanatisme: ce fanatisme augmente à mesure qu'on s'éloigne de la capitale: mais ce peuple est si peu éclairé sur sa religion, qu'il croit en général en remplir les devoirs, en s'acquittant de quelques pratiques extérieures,[40] et surtout en observant avec la plus grande rigueur, les jeûnes du carême. Il se livre d'ailleurs à la débauche et à tous ses penchants vicieux. Les bonnes

---

X. On aura des domestiques pour les affaires des couvents, et pour avoir soin des terres: on observera de n'en pas avoir plus qu'il n'en faut.

XI. On ne donnera point aux moines l'administration des villages: on pourra seulement y envoyer les plus âgés, pour veiller sur la conduite des domestiques chargés d'en avoir soin; encore ne faudra-t-il les envoyer que de temps en temps.

XII. Il sera rigoureusement défendu aux moines de sortir de leurs couvents: mais le supérieur, l'économe et le trésorier auront la liberté de sortir pour les affaires du couvent. On enverra de temps en temps les vieux moines visiter les terres et les biens de campagne, en observant toujours d'envoyer les mêmes dans les plus grands monastères. On n'en enverra pas au-delà de quatre, et dans les autres à proportion. On tiendra exactement la main, pour que les autres moines ne sortent pas. En effet, lorsqu'ils ont quitté le monde, ils ne doivent plus y rentrer.

XIII. Les religieuses doivent se conformer, de même que les moines, aux règlements établis pour le service des pauvres de leur sexe. On destinera quelques monastères pour tous les orphelins de l'un et de l'autre sexe, privés des secours de leurs parents; pour les bâtards ou ceux qui sont regardés comme tels. On élèvera les garçons jusqu'à l'âge de sept ans; après quoi on les enverra dans les écoles. Les filles apprendront à lire, et différents métiers, comme à filer, coudre, faire des dentelles. C'est dans cette vue que l'on fera venir du Brabant des orphelines instruites à ces sortes d'ouvrages, pour entrer dans nos couvents de filles, et les instruire. On aura soin de faire dans les monastères destinés aux orphelines, des passages qui aboutissent aux portes de l'église, afin que l'on puisse y aller entendre l'office divin, sans entrer dans le monastère. Dans les autres monastères de femmes, on fera aussi des tribunes pour chanter l'office.

XIV. Quand les garçons auront atteint l'âge de sept ans, on les mettra dans d'autres endroits, parce qu'il ne convient pas qu'ils restent dans les monastères. C'est à quoi seront propres les couvents vides dont on a tiré les moines. On établira pour les orphelins des écoles, où on leur apprendra non seulement leur religion, mais encore l'arithmétique et la géométrie.‡

‡ Les autres articles ont pour objet l'établissement de deux séminaires; l'un à Moscou, et l'autre à Saint-Pétersbourg; les moyens dont on doit se servir pour instruire ceux qui se destinent à l'état ecclésiastique, et la discipline qu'on doit observer dans ces maisons. Ces derniers articles ayant beaucoup de rapport à ce qui se pratique dans nos séminaires, j'ai cru pouvoir les supprimer. D'ailleurs cette ordonnance n'a été exécutée qu'en partie, Pierre Ier étant mort un an après sa publication. L'impératrice régnante a privé les moines d'une partie des biens qui leur restaient.[39] C'est un sûr moyen d'en diminuer le nombre.

---

39. Catherine II n'a pas seulement privé les moines de leurs biens, elle a sécularisé les immenses domaines de l'Eglise en 1763-1764: deux millions de paysans seront désormais soumis à la juridiction du Collège d'Economie.

40. Les étrangers sont généralement frappés par ce qu'ils considèrent comme du formalisme religieux chez les Russes: ils rendent aux saints et aux images 'l'honneur qui n'est dû qu'à Dieu', observe par exemple Olearius, 1659, i.235. L'abbé Jean-François Georgel notera encore à la fin du XVIIIe siècle: 'Jeûner, réciter des litanies, se courber devant les images, faire des signes de croix, voilà toute la religion du Russe: l'ivrognerie, le vol, l'incontinence, etc., ne sont que des faiblesses pardonnables' (Georgel, 1818, p.262).

mœurs sont plus rares parmi les Russes que chez les païens leurs voisins.[41] La façon de penser des Russes sur le christianisme est si extraordinaire, qu'on croirait que cette religion, si conforme au bonheur et à l'ordre de la société, a servi à rendre le peuple russe plus méchant. Un assassin ayant été pris et condamné au supplice, on lui demanda dans l'interrogatoire qu'on lui fit subir, s'il avait observé les jeûnes du carême; ce scélérat fut aussi étonné de cette question, que le pourrait être un parfait honnête homme, dont on soupçonnerait la probité. Il répondit avec vivacité, qu'il était incapable de manquer aux devoirs de sa religion. Il était chef d'une troupe de brigands; et quand ils s'emparaient de quelques voyageurs, il cédait tout le butin à ses compagnons, pourvu qu'on lui livrât en vie ces malheureuses victimes. Il les déshabillait, et les attachait tout nus à un arbre, quel que fût leur sexe: il leur ouvrait le sein vis-à-vis du cœur, et s'abreuvait de leur sang. Il avait, disait-il, beaucoup de plaisir à voir les mouvements affreux et les convulsions horribles de ces infortunés*.

De semblables faits sont rares en Russie; aussi n'ai-je rapporté celui-ci, que pour faire connaître que dans cette nation on s'est moins attaché dans la religion, à donner des mœurs au peuple, qu'à lui faire observer certaines pratiques de religion, qui ne rendent pas toujours l'homme meilleur.

La religion grecque n'a presque point eu de secte en Russie, peut-être par l'ignorance du clergé.[43] Celle de Razholniki est la seule qui s'y soit soutenue jusqu'à ce jour. M. de Voltaire assigne l'époque de son établissement au douzième siècle.[44] Ces sectaires n'ont ni prêtres[45] ni églises; ils tiennent leurs assemblées dans des maisons particulières. Paisibles dans leurs hameaux, ils y vivent en frères. Ils s'éloignent du

---

* Ce fait, presque incroyable,[42] m'a été raconté par des Russes.

---

41. 'Chaque mot de ce bel exposé mérite une tape', estime l'*Antidote*: il n'y a nulle part moins de fanatiques qu'en Russie, il n'y a point de pays où le respect pour les parents et les personnes âgées soit poussé plus loin, et où il y ait moins de voleurs (1770, 1re partie, p.214-16).

42. 'Il le trouve incroyable, et il le rapporte', s'étonne l'*Antidote*. Même si ce récit est vrai, 'un cas unique aussi atroce' peut-il prouver que la façon de penser des Russes sur le christianisme 'a servi à rendre le peuple russe plus méchant'? 'L'homme est toujours à peu près le même dans quelque hémisphère qu'il respire' (1770, 1re partie, p.218-19).

43. En fait, les hérésies foisonnent en Russie dès les XVe-XVIe siècles, surtout dans la région de Novgorod, restée longtemps païenne. Rappelons les deux principales: celle des 'judaïsants', rationaliste, et celle des *strigol'niki* ('barbiers'), plus populaire. Elles niaient de nombreux dogmes, dont la divinité du Christ, et la hiérarchie ecclésiastique. Quant aux *raskolniks*, on sait qu'ils se diviseront en de multiples sectes à partir du XVIIIe siècle (plus de cinquante selon l'*Antidote*, 1770, 1re partie, p.220).

44. Voltaire, *Histoire de Pierre le Grand, OC*, t.46, p.502. En fait, on sait que les *raskolniks* n'apparaissent qu'au XVIIe siècle, à l'époque du schisme (*raskol*). Ils refusaient les réformes de Nikon, patriarche à partir de 1652.

45. Les *raskolniks* ne sont pas tous des sans-prêtres (*bespopovtsy*). Il y a des modérés qui acceptent les prêtres et qu'on nomme *popovtsy*. L'impératrice Anna Ivanovna leur donna six bourgades de refuge en Ukraine, comme le rappelle l'*Antidote* (1770, 1re partie, p.221).

commerce des Russes, dont les mœurs corrompues troubleraient leur société. Ignorants à l'excès, ils croient que c'est un grand péché de dire trois fois *Alleluia*, et ils ne le disent que deux. Les évêques russes donnent la bénédiction avec l'index et le doigt du milieu: ces sectaires prétendent au contraire qu'on ne doit jamais la donner qu'avec les trois autres doigts.[46] Ils ne veulent pas qu'un prêtre qui a bu de l'eau-de-vie confère le baptême. Ces sottises et quelques autres de cette espèce, constituent le schisme de Razholniki. Les cruelles persécutions des Russes en ont fait des fanatiques si outrés, qu'ils croient qu'on peut se donner la mort pour l'amour de J.-C.; et en effet, lorsqu'on les persécute ils s'assemblent dans une maison, y mettent le feu, et périssent dans les flammes.[47]

Ces faits, rapportés par MM. de Voltaire et Strahlemberg,[48] et dont je me suis assuré à Tobolsk, devraient engager les ministres de l'Eglise à mettre plus de douceur dans la pratique de la religion. Cette religion sainte la prêche partout dans l'Evangile: elle n'est ni tyrannique ni sanguinaire. Toujours d'accord avec les lois de la morale et celles de l'Etat, elle nous fait aimer nos frères comme enfants du même Dieu, elle forme le vrai chrétien et le bon citoyen.

La persécution a privé la Russie de plus de cent mille familles, qui se sont réfugiées chez les Tartares, ennemis de tout temps de la Russie. Ceux qui restent sont encore plus fermes dans leur croyance: ils vénèrent comme martyrs ceux qui ont péri dans les tourments. Une femme surtout, car les femmes dévotes sont toujours plus fanatiques, est placée au premier rang des saints de cette secte.[49] Accusée de faire le signe de la croix avec trois doigts, elle fut condamnée à mort. Pendant qu'on la conduisait au supplice, elle ne cessait d'exhorter les gens de sa croyance, à rester fermes

---

46. Exact pour l'*Alleluia*, faux pour le signe de croix, comme le relève l'*Antidote* (1770, 1re partie, p.222). Pour les vieux croyants, dire *Alleluia* deux fois et ajouter sa traduction 'Gloire à Toi, Dieu', c'est louer trois fois la Trinité; dire trois fois *Alleluia* et ajouter sa traduction, c'est supposer un quatrième Dieu: c'est donc une abomination latine. Par ailleurs, quand Nikon introduisit le signe de croix *avec trois doigts*, les vieux croyants continuèrent à se signer *avec deux doigts*. Chappe suit ici Weber, 1725, i.220 ou Voltaire, *Histoire de Pierre le Grand*, OC, t.46, p.503. L'erreur remonte peut-être à une compilation anonyme, *La Religion ancienne et moderne des Moscovites*, Cologne 1698, p.63. Il est surprenant que des voyageurs, surtout des ecclésiastiques comme l'abbé Chappe ou l'abbé Jubé, 1992, p.114, se soient trompés dans la question du signe de croix chez les Russes.

47. De 1672 à 1691, il y eut plus de vingt mille vieux croyants qui se firent brûler vifs, notamment dans les solitudes boisées du nord, au cours de trente-sept autodafés.

48. Voltaire, *Histoire de Pierre le Grand*, OC, t.46, p.504. Strahlenberg, 1757, ii.10.

49. Feodossia Prokofievna Morozova (1632-1675), une des plus riches dames de la cour, mariée en 1649 au boïar Gleb Ivanovitch Morozov, veuve à trente ans. Elle prit le voile en 1670 sous le nom de Feodora. Proche du protopope Avvakum, elle fut arrêtée en novembre 1671 sur ordre du tsar Alexis, et mise à la question. Elle ne fut pas condamnée à mort, mais enfermée au monastère-forteresse de saint Paphnuce de Borovsk, à 150 km environ au sud de Moscou, où elle mourut de faim et de mauvais traitements dans la nuit du 1er au 2 novembre 1675. Sa *Vie* a été rédigée par un de ses familiers. Un tableau de Sourikov (1887) représente son départ de Moscou (Moscou, galerie Tretiakov).

dans la foi de leurs pères. Elle levait à chaque instant les mains au ciel, faisant le signe de la croix avec trois doigts, malgré les coups de bâton dont on ne cessait de l'accabler.

Ces persécutions augmentaient chaque jour le nombre des sectaires: plusieurs croyants abjuraient leur religion, dont les ministres ne respiraient que le sang et le carnage; et ceux qu'on aurait pu convertir, demeuraient fermes dans leur erreur. On n'a jamais converti un seul Razholniki.

Dans ces circonstances le souverain vient au secours de ces fidèles sujets, comme un père au secours de ses enfants: la religion le lui ordonne, et la sûreté de ses Etats le demande; aussi Pierre Ier persuadé de toutes ces vérités, donna les ordres les plus précis pour que les Razholniki n'éprouvassent aucune persécution;[50] et par quelques exemples sévères, il rendit les prélats vraiment chrétiens et citoyens[*].

Après la mort de Pierre Ier, les persécutions se renouvelèrent, par la faiblesse des successeurs de ce grand homme.[51] Pendant mon séjour à Tobolsk, plusieurs de ces malheureux étaient dans les prisons.[52] On les en retirait quelquefois dans les grandes fêtes, pour leur faire voir les cérémonies de l'Eglise, dans la vaine espérance qu'ils en seraient touchés.

Je m'entretenais quelquefois avec l'archevêque et les abbés de ce pays, du schisme des malheureux Razholniki. Je demandai un jour en plaisantant, à***, si ces sectaires, qui ne voulaient dire que deux fois *Alleluia*, iraient en enfer ou en purgatoire; car en paradis, il ne fallait pas y penser. Aussitôt son visage prit la couleur du plus vif écarlate; ses yeux étincelants annoncèrent d'avance sa réponse: nous n'avons point, dit-il, de purgatoire

---

[*] Le mot *citoyen* exprime ici une vertu, dont l'objet est le bien général de l'Etat.

---

50. Pierre Ier encouragea effectivement la tolérance à l'égard des vieux croyants, envers lesquels il semble n'avoir éprouvé aucune hostilité (le fait est relevé par Weber, 1725, i.132). Mais les *raskolniks* s'opposaient farouchement à ses réformes, si bien qu'à l'adoucissement des mesures dirigées contre eux au début du règne succédèrent 'de nouvelles restrictions et pénalités, par ex. des impôts spéciaux' (Riasanovsky, 1987, p.257). Les vieux croyants barbus devaient porter un costume spécial, et leurs femmes, 'auxquelles la nature avait épargné un impôt sur la barbe', devaient revêtir de longs manteaux et se coiffer de bonnets à cornes (Klioutchevski, 1953, p.258). Ainsi, Pierre persécuta les *raskolniks* plus cruellement que ne l'avait fait son père, non pour des raisons religieuses, mais politiques (Welter, 1963, p.205). Les *Considérations sur l'état de la Russie sous Pierre Ier*, de Vockerodt (1737, inédites en 1768), affirment que le zèle de Pierre 'a été jusqu'à persécuter, et faire brûler certains schismatiques' (Vockerodt, 1999, p.1048).

51. C'est surtout pendant le règne d'Anna Ivanovna (1730-1740) que les vieux croyants furent victimes de la *Bironovchtchina* (le régime de terreur du ministre et favori Biron): ils constituèrent une grande partie des vingt ou trente mille déportés en Sibérie pendant ces dix années.

52. Deleyre observe: 'Mais sans doute la main qui veut secourir en Pologne les *dissidents* étrangers n'opprimera pas des citoyens *dissidents* dans ses propres Etats...' (Deleyre, 1770, p.440). En 1780, il écrit plus directement: 'Quelques années plus tard, le voyageur philosophe aurait tenu un langage bien différent, s'il eût pu lire la loi de tolérance portée par l'impératrice Catherine II dans tout l'Empire de Russie, et qui a remédié à tous les abus qu'il déplore ici avec trop de raison' (Deleyre, 1780, p.188).

comme dans votre Eglise latine;[53] ils seront damnés sans rémission. Il ne put pas m'en dire davantage. Ce ministre de Dieu, d'ailleurs rempli de mœurs, et toujours prêt à secourir les malheureux, aurait cru faire une action bien méritoire, s'il avait pu m'anéantir dans ce moment.

Parmi le nombre des saints dont les Russes font les fêtes, saint André est, après saint Nicolas, un de ceux auxquels ils ont le plus de confiance. Ses reliques sont à Nowogorod. Le clergé prétend que dans le temps de la séparation de l'Eglise grecque et de la latine,[54] il partit par mer de Rome, où il s'embarqua sur une meule de moulin: l'aviron était un roseau qui s'était pétrifié à l'instant que la meule s'était mise en mouvement. Ses équipages le suivaient dans une espèce de malle, qui voguait de même sur la mer: elle contenait, suivant l'archevêque de Tobolsk, des ornements d'église. Ce grand saint russe, arriva à Nowogorod après un long voyage,[55] et sa malle quelques jours après. Il fit venir un pêcheur, et fit marché avec lui pour ce qu'il prendrait au premier coup de filet qu'il jetterait dans la rivière. Le marché était si avantageux au pêcheur, qu'il fut aussitôt accepté: mais ayant vu une malle au lieu de quelques poissons qu'il attendait, il prétendit qu'elle lui appartenait. Après bien des discussions, l'affaire fut portée au tribunal des juges du lieu. Le saint, pour prouver la bonté de sa cause, donna un état de ses effets. La vérification en ayant été faite par l'ouverture de la malle, ses effets lui furent rendus.[56] Saint André se fixa à Nowogorod, où il mourut en odeur de sainteté.[57]

---

53. On sait que la croyance au purgatoire est étrangère à l'Eglise orthodoxe. L'*Antidote* soupçonne qu'il s'agit ici de l'évêque de Tobolsk, connu comme un 'fanatique persécuteur' (1770, 1re partie, p.223).

54. Anachronisme évident: le schisme est bien postérieur à saint André, puisqu'il date de 1054.

55. La légende selon laquelle l'apôtre André aurait séjourné en Russie tire son origine de l'hagiographie byzantine: d'après Eusèbe de Césarée au IIIe siècle, Epiphane de Chypre au IVe et Eucher de Lyon au Ve, André aurait évangélisé les Scythes de Crimée. Puis, selon la tradition russe, il serait venu en Russie même, comme le rapportent Herberstein, 1965, p.118, Olearius, 1659, i.235, ou Jubé, 1992, p.81. Dans le *Récit des temps passés (Povest' vremennykh let)*, on lit en effet qu'André aurait remonté le Dniepr, planté sa croix sur le site où s'élèvera Kiev, béni les collines, puis se serait rendu à Novgorod. Cette légende daterait du règne de Vsevolod Iaroslavitch dont le nom de baptême était André, vers 1086. L'Eglise russe ne comptant alors que deux ou trois saints canonisés, elle créait ainsi un lien avec le christianisme primitif et donnait au christianisme russe une dimension 'apostolique' (Müller, 1973, p.48-63). Cette tradition explique que la plus haute décoration russe soit l'Ordre de Saint-André, créé par Pierre le Grand en 1698, et que la marine russe ait porté la croix de Saint-André sur son pavillon. Saint André n'a pas plus été en Russie que les autres apôtres, relève l'*Antidote*: le voyage sur la meule appartient à saint Antoine, fort en vénération à Novgorod (1770, 1re partie, p.224).

56. Ce récit de l'archevêque de Tobolsk reflète-t-il vraiment une tradition du clergé russe? En tout cas, il ne correspond pas à ce que rapporte le *Récit des temps passés*, où il n'est question ni de meule sur laquelle André aurait voyagé, ni de malle voguant sur la mer. D'après le *Récit*, c'est après avoir prêché à Sinop qu'André se serait rendu en Russie. Le *Récit* ne parle pas non plus de ce curieux marché avec un pêcheur.

57. D'après des récits apocryphes, saint André serait mort crucifié à Patras. La tradition russe ne le fait pas mourir à Novgorod. En tout cas, selon le *Récit des temps passés*, il aurait

On y voit encore, suivant les Russes, les reliques, la meule et la malle, qui ne cessent de faire des miracles depuis ce temps: aussi y va-t-on de toutes parts en pèlerinage.

J'ai vu à Paris un archimandrite qui me confirma singulièrement tous ces faits. Il aurait plutôt renoncé à perdre sa barbe,[58] que de douter du plus petit détail. J'en fus étonné, parce qu'il avait un esprit cultivé; et il n'était pas abbé du monastère où résident les reliques de ce prétendu saint. Ces reliques, ainsi que d'autres semblables dans beaucoup d'abbayes, y contribuent à augmenter les revenus des moines, à la honte de la religion.

Je demandai à l'archevêque de Tobolsk l'histoire des saints russes: il m'en nomma très peu. Nous ne connaissons pas, me dit-il, l'abus d'envoyer à Rome des sommes d'argent pour faire des saints: ils sont reconnus en Russie, quand le Synode les juge tels, et après que l'impératrice a approuvé la décision du Synode. Je n'avais jamais l'honneur de voir ce prélat qu'il ne m'entretînt de la religion, et principalement du pape. Il trouvait fort extraordinaire que Sa Sainteté communiât dans certaines cérémonies, assise dans un fauteuil. Je niai d'abord le fait: il me cita un Russe qui en avait été témoin au sacre du dernier pape. N'aimant pas les disputes, je l'assurai que le pape était estropié.

M. l'archevêque n'aimait pas plus l'astronomie, que le pape. Le mouvement de la terre surtout, le mettait toujours en fureur. Il me citait des passages qu'il disait de l'apôtre saint-Paul*: je lui proposais des vérités astronomiques; mais en astronomie ce prélat était un hérétique.

Quoique les prêtres de Russie soient par leur ignorance peu propres à faire des conversions, ils ont cependant la manie de vouloir convertir tout le monde. J'avais l'honneur de dîner un jour chez un de ces prélats: il imagina, après avoir bien bu, de convertir mon domestique, luthérien de profession. J'en avais fait mon interprète et mon cuisinier, fonctions dont il s'acquittait assez mal. Le discours de Monseigneur fut à peine fini, que mon domestique lui répondit fort en colère, qu'un luthérien valait bien un schismatique. Le premier mouvement du prélat fut de prendre une assiette, et d'en apostropher la physionomie de l'hérétique. Je retins Monseigneur, et lui représentai que je n'avais point lu dans l'Ecriture, que les apôtres abattissent la mâchoire de personne, pour le faire aller en paradis. J'envoyai dîner mon domestique: quelques verres de *crematum* rétablirent le calme dans l'assemblée.

---

* On ne trouve nulle part aucun passage de l'apôtre saint Paul, opposé au mouvement de la terre autour du soleil.

été tellement frappé à Novgorod par la coutume de se fustiger dans les bains russes qu'il l'aurait contée à Rome, où il serait retourné en passant chez 'les Varègues', c'est-à-dire par la Scandinavie.

58. Lapsus. Lire: 'Il aurait plutôt renoncé à sa barbe' ou 'consenti à perdre sa barbe'.

Les églises sont très mal bâties à Tobolsk, et dans toute la Russie: on n'y trouve nulle part de ces beaux monuments répandus dans le reste de l'Europe. Les temples sont au contraire très petits, peu éclairés en général, et encore plus mal ornés. On y voit beaucoup de tableaux: mais ils n'ont ni dessin ni coloris; ils sont tous placés les uns sur les autres contre le mur de la nef. A Tobolsk, quatre rangées de ces tableaux[59] font tout l'ornement de la cathédrale. Le chœur est placé dans le milieu, ainsi que dans la plupart de nos églises, avec cette différence cependant, qu'on ne peut voir les cérémonies dans l'intérieur du chœur. C'est un endroit sacré, où les seuls prêtres peuvent entrer: la porte est presque toujours fermée;[60] on ne l'ouvre que pendant quelques instants, pour donner la bénédiction, ou faire quelque autre action d'éclat, et dans les grandes cérémonies qui se font hors du chœur.

Dans ces circonstances, l'archevêque est précédé par son clergé, dont les habillements sont très majestueux: leur barbe et leurs cheveux épars, à la malpropreté près, leur donnent un air très respectable. Ils forment, dans le plus grand silence et le plus grand ordre, un demi-cercle aux deux côtés de la porte, et paraissent pénétrés de la cérémonie qui les occupe. L'archevêque paraît enfin au milieu de son clergé, la mitre sur la tête, et la crosse à la main. Quelquefois il n'a ni l'une ni l'autre; mais il tient à chaque main un chandelier à trois branches garni de cierges, ou de reliques: il donne la bénédiction avec ces reliques ou avec les chandeliers. Cette conduite de l'Eglise grecque inspire tant de vénération au peuple, que s'il se passe quelque désordre dans l'église, ainsi que dans la plupart des églises latines, il cesse aussitôt qu'on ouvre les portes. Le peuple attend dans un profond respect ce spectacle, dont il jouit rarement.

Les habillements de cérémonie sont très nobles: ils sont à la vérité embarrassants; la chape, au lieu d'être ouverte par devant, ainsi que dans l'Eglise latine, n'a qu'une seule ouverture où l'on passe la tête, et on retrousse sur les bras tout le devant de ce vêtement.[61]

Les abbés ont des mitres semblables à celles des évêques; mais elles sont très différentes de celles de nos prélats. On ne peut s'en former une idée plus juste qu'en les comparant à une ruche à miel: elles sont couvertes d'ornements et de pierreries communément fausses.[62]

M. Le Prince ayant publié les habillements de l'Eglise grecque, j'ai cru inutile de les faire graver de nouveau; et comme un coup d'œil sur ces gravures donnera une idée plus juste de ces différents habillements, que

---

59. Il s'agit de l'iconostase, cloison qui sépare le sanctuaire de la nef, avec ses cinq rangées d'icônes représentant, de haut en bas, les patriarches, les prophètes, les douze grandes fêtes, la Deisis, la Cène. Chappe ne mentionne que les quatre rangées supérieures, la cinquième, plus petite, étant à la hauteur de la porte royale.

60. C'est la porte royale (*tsarskie vrata*) ou porte d'or (*zlatye vrata*).

61. La chape de l'évêque (*mantia*) est de couleur, avec des bandes de soie horizontales.

62. La mitre (*mitra*) est fermée par dessus et élargie au sommet. Elle est ornée de médaillons en broderie ou en métal et de pierres précieuses.

toutes les descriptions que j'en pourrais faire, ceux qui seront curieux de les connaître pourront y avoir recours.

Le culte de la religion est presque toujours présenté en action, dans les cérémonies de l'Eglise grecque qui se font en public. Ces représentations font la plus grande impression sur le peuple: mais deviennent ridicules lorsqu'elles sont mal rendues.

J'ai été témoin de la cérémonie de la Cène. Saint Pierre était représenté par un gros moine, bien nourri et de bonne mine, mais apparemment peu au fait de ces exercices. Il avait l'air gauche et imbécile. L'archevêque avait au contraire un air aisé et une vivacité qui caractérisait parfaitement son enthousiasme. Après avoir lavé les pieds à onze moines, il s'adressa à saint Pierre: il s'éleva alors une grande dispute, qu'on n'entendait pas, parce que ce prélat avait à une de ses manches un carré d'étoffe, entouré de clochettes qui faisaient un bruit considérable: mais on reconnaissait aisément à l'air triste et embarrassé du moine qui représentait saint Pierre, qu'il n'aimait pas les disputes. Quelques éclats de rire des assistants achevèrent de le déconcerter: on ne les fit cesser qu'en lui lavant promptement les pieds. L'archevêque fit un discours sur l'humilité; il s'en fut, et moi aussi.

On fait approcher dans l'Eglise grecque, les enfants de la sainte Table, quoiqu'ils n'aient que cinq ou six mois. J'en fus témoin à Tobolsk: on éveilla un petit enfant pour faire cette action sainte; il fit connaître par ses cris et par les pleurs qu'il répandait, qu'on aurait pu l'en dispenser: mais malgré ses pleurs et ses cris, on le fit communier; on ne l'apaisa qu'en lui donnant à téter.

Le jour de Pâques en Russie est un jour consacré aux visites, ainsi qu'en France le premier jour de l'an. Ignorant les usages du pays, je me fis innocemment quelques tracasseries.

Occupé dans la matinée à des calculs d'astronomie, je ne m'aperçus pas qu'un Russe était dans ma chambre. Ne voulant pas apparemment me déranger, il s'était placé à mes côtés, mal à propos pour lui et pour moi; car m'étant levé avec vivacité, pour me promener dans l'appartement, nos physionomies se choquèrent si rudement, qu'il fit la culbute sur le plancher, et moi sur une malle. Quoique je fusse aussi étourdi de cet événement, que de voir dans mon appartement ce Russe que je n'avais pas l'honneur de connaître, je fus à lui pour lui demander excuse de cet accident. Je lui présentai ma main pour l'engager à s'asseoir: il me tendit la sienne; je trouvai un œuf dans la mienne. Cet œuf m'étonna, parce que je n'étais pas encore remis du coup de tête que j'avais reçu. J'étais d'ailleurs fort embarrassé pour répondre à tout ce qu'il me disait; car il me parlait toujours, comme si j'eusse entendu sa langue. Je ne cessais de mon côté de lui faire des révérences, et de lui témoigner par des signes de la tête, des pieds et des mains, combien j'étais sensible à toutes ses honnêtetés. Il s'en fut enfin, et me parut fort mécontent. Je me disposais à me remettre à mon travail, lorsqu'un autre Russe entra dans ma chambre.

On décidait aisément à sa marche, qu'il n'était pas à jeun: il vint à moi pour m'embrasser: comme il répandait une odeur d'eau-de-vie fort désagréable, je fis un mouvement pour n'être pas embrassé sur la bouche: mais il ne fut pas possible de m'en défendre. Ce Russe me donna aussi un œuf: mais j'étais déjà assez au fait pour lui faire présent à mon tour, de celui que j'avais déjà reçu. Il me quitta cependant encore mécontent.

Quant à moi, j'étais si peu satisfait de ces deux visites, que dans la crainte d'une troisième, je fermai au plus vite la porte de ma chambre: j'y mis deux clous, l'un en haut, et l'autre en bas, n'ayant point de verrou.

J'appris quelques heures après, que ce jour était consacré à faire des visites, ainsi que je l'ai déjà dit. Les hommes vont dans la matinée les uns chez les autres: ils s'annoncent dans une maison en disant, *J.-C. est ressuscité*, et on leur répond: *Oui, il est ressuscité*. On s'embrasse alors; on se donne mutuellement des œufs, et l'on boit beaucoup d'eau-de-vie. J'avais manqué à tous ces usages: je reconnus la raison du mécontentement des deux Russes que j'avais vus dans la matinée. J'en fus d'autant plus fâché, qu'ayant fait les frais de la cérémonie, il m'aurait été aisé de les contenter, par le moyen de quelques verres d'eau-de-vie. J'avais d'ailleurs la plus grande attention de me conformer aux usages reçus dans le pays. Sans cette conduite on se fait des ennemis, et l'on s'aliène tout le monde.

L'après-midi est consacré à voir les femmes, et elles vont aussi faire des visites. Les hommes se réunissent communément avec elles pour ces visites: elles en goûtent le plaisir avec vivacité, parce qu'elles jouissent rarement de cette liberté; et les hommes ont celui de boire toute la journée. L'appartement dans lequel on reçoit les visites est paré de tout ce qu'on a de plus beau. Une espèce de buffet en forme d'autel, s'élève dans le fond de l'appartement: toutes les richesses de la famille, assiettes, plats, couverts, bouteilles, verres, chandeliers, etc., y sont distribués sur plusieurs gradins, et placés dans le plus grand ordre. On voit au milieu de la chambre une table couverte d'un tapis: elle est garnie de confitures de la Chine, et d'une espèce de framboise du pays, qu'on a fait sécher au soleil. En entrant dans l'appartement, tout le monde se place debout, le long des bancs qui règnent tout autour, les femmes les premières, et les hommes après. Alors la maîtresse de la maison va embrasser toute l'assemblée sur la bouche, avec le plus grand sérieux, et sans dire un mot. Cette cérémonie faite, les hommes se retirent dans un autre appartement, et les femmes restent seules dans le premier. On a disposé de même dans la chambre des hommes, une table avec un tapis et des confitures.

Le maître de la maison fait les honneurs dans cet appartement, tandis que sa femme les fait dans l'autre. Quelques voyageurs ont avancé que les femmes boivent dans ce pays des liqueurs avec excès:[63] je ne l'ai point vu.

---

63. Voir par exemple Margeret, 1983, p.47; Olearius, 1659, i.175; De Bruyn, 1718, iii.250; Gmelin, 1767, ii.54.

On leur sert du café à l'eau, avec une espèce de mauvaise bière, et du thé: elles en boivent même plutôt par complaisance pour la maîtresse de la maison, que par goût. Il n'en est pas de même des hommes: ils sont presque tous ivres après trois ou quatre visites; et en effet, à peine est-on assis, que le maître de la maison apporte sur une espèce de cabaret, des verres remplis d'eau-de-vie, ou d'autres liqueurs semblables. Il en présente à chaque convive: on lui manquerait essentiellement, si l'on refusait d'en boire. On sert après la liqueur une espèce d'hydromel, du café, et de temps en temps de l'eau-de-vie. Il faut boire de toutes ces drogues, et prendre quelques confitures. La visite dure communément une demi-heure. L'on retourne dans l'appartement des femmes: l'on est embrassé de nouveau, et l'on va ensemble chez la voisine. On est ainsi toute la journée à parcourir la ville et à boire. J'eus à peine fait deux visites, qu'une violente douleur de tête m'avertit que j'avais besoin de prendre quelque repos. J'étais encore si incommodé le jour suivant, que malgré le désir de continuer les visites avec les personnes qui me faisaient l'honneur de me le proposer, j'y aurais renoncé, si l'on ne m'avait assuré, que je pourrais me dispenser de boire en me mettant à l'écot des femmes: mais je m'aperçus dès la première visite, que cela n'était pas du goût des hommes. Un Russe, qui a eu souvent la bonté de m'aider de ses conseils, me le confirma, et je retournai à la table des hommes; mais j'avais pris la précaution de me munir de plusieurs mouchoirs, qui me tirèrent d'affaire. A peine avais-je pris mon verre d'eau-de-vie, que faisant semblant de m'essuyer, je répandais cette liqueur dans mon mouchoir: j'eus par ce moyen la faculté de visiter toute la journée sans accident. Ces visites durent communément trois jours.

J'ai été témoin pendant la Semaine Sainte, de la facilité qu'ont les gens opulents de Russie, à s'acquitter des prières d'usage. Les prêtres vont dans leurs maisons avec les ornements de l'église, et tout ce qui est nécessaire aux offices du temps: ils y font ces offices moyennant une légère rétribution, pendant que les Russes sont au lit ou dans leurs autres appartements.

[5]. Description de la ville de Tobolsk, de ses habitants, des mœurs des Russes, de leurs usages, coutumes, etc.[1]

La Sibérie fut connue des Russes en 1563, par un particulier des environs d'Archangel, nommé Anika,[2] et conquise dans la suite par un chef de brigands, sous le règne de Jean Basilides.[3] Elle était gouvernée par un prince tartare de la famille des Usbeks. Ce brigand, nommé Termack Timofeiwitz,[4] à la tête de sept à huit cents Cosaques, ravageait les environs de la rivière d'Oka et du fleuve Volga*.

Le czar Basilides envoya des troupes contre ce chef de Cosaques: elles l'obligèrent de se retirer dans les montagnes qui séparent la Russie de la

---

* Voyez les cartes, n° VI, VII, VIII et IX.

---

1. L'*Antidote* reproduit en traduction une 'Lettre de Tobolsk' très caustique sur le séjour de Chappe. On y lit que l'abbé aurait été surpris de trouver à Tobolsk, malgré la censure de la Sorbonne et l'index de Rome, des œuvres qu'on ne lisait qu'en tapinois en France: celles de Bayle, de Corneille, de Voltaire, *La Pucelle, L'Esprit des lois...* (*Antidote*, 1770, 2ᵉ partie, p.4). Quant à Chappe, il lisait Noël-Antoine Pluche et les récits de voyage en Amérique de La Condamine et de Bouguer (p.5 et 6). Les Russes s'attendaient à voir arriver un homme de la trempe de Delisle ou de Cassini: or, ce fut un 'polisson' qui ne parlait que de farces du boulevard et citait la littérature avec inexactitude, qui s'adressait surtout aux dames non pour les amuser, mais pour les faire rougir, ce qui fit qu'elles cherchèrent à l'éviter. L'abbé crut que la jalousie de leurs maris en était la cause (p.2-4).

Chappe aurait été victime d'un mystificateur, le boulanger gascon Chabers au service du procureur de Tobolsk. Celui-ci lui aurait fait croire que les *taracanes* (sorte de cafards) chantaient comme des cigales et étaient aussi dangereux que des scorpions. Chappe en aurait acheté une douzaine pour en faire présent à l'Académie (p.5). Le Gascon lui aurait vendu aussi une fiole contenant une grosse mouche qu'il aurait fait passer pour un animal apporté par une caravane venant de Chine, animal ne se nourrissant que de thé vert (p.6). Par ailleurs, l'auteur de la 'Lettre' prétend que la lunette de Chappe, de 19 pieds et pesant 240 livres, était inutilisable: un métal aussi pliant que le cuivre s'était courbé sur une pareille longueur. On aurait trouvé dans les prisons de Tobolsk une ferblantière qui aurait fait une lunette en fer blanc grâce à laquelle Chappe aurait pu faire son observation (p.7-8).

2. Anikei ou Anika Stroganov (1498-1570), pionnier de la famille, père de Iakov et de Gregori Stroganov, qui obtiendront des privilèges économiques. Chappe s'inspire ici probablement de Voltaire, qui écrit qu'un 'particulier des environs d'Archangel, nommé Anika', découvrit la Sibérie en 1563 (*Histoire de Pierre le Grand, OC*, t.46, p.461). Dans l'article 'Sibérie' de l'*Encyclopédie*, Jaucourt démarque Voltaire et parle même des 'Aniciens'. En 1776, Samuel Engel, dans son grand article 'Asie septentrionale' du *Supplément* de l'*Encyclopédie*, i.636a, mentionnera des 'Anicowiens'.

3. C'est-à-dire Ivan IV, le Terrible.

4. Iermak, et non Termack, comme le corrige l'*Antidote*, 1770, 2ᵉ partie, p.8 (peut-être s'agit-il d'une faute d'impression). Ermak Timofeevitch (mort en 1585) n'était pas un 'chef de brigands', mais un ataman de Cosaques.

Sibérie, connues sous le nom de Poias Zemnoy,[5] ou Monts Poias. Il traversa cette chaîne, en remontant la rivière Czauzowa,[6] et se retira sur les terres de M. Strogonof,[7] dont les descendants possèdent encore des terrains considérables dans cette contrée[*].

Ce chef, à la tête d'une troupe de brigands déterminés, obtint aisément de M. Strogonof tous les secours qu'il demandait. Il s'embarqua avec sa troupe sur la rivière Tagil, qu'il descendit jusqu'à son embouchure dans la rivière Tura. Continuant ensuite sa route sur cette dernière rivière, il s'empara de la Ville de Tumen, surprit celle de Tobolsk, fit prisonnier le fils du Kan Zutchuin,[8] âgé de douze ans, et l'envoya à Moscou, en offrant la Sibérie au czar de Russie, dont il obtint par ce moyen le pardon de ses brigandages.

Tobolsk, capitale de la Sibérie, a été bâtie à côté de l'ancienne ville, qui pour lors s'appelait Sibir.[9] Elle contient quinze mille habitants environ, presque tous Russes, ou naturalisés. On trouve parmi ces derniers beaucoup de Tartares mahométans;[10] mais la plupart de ceux-ci demeurent hors de la ville, pour pratiquer avec plus de tranquillité les exercices de leur religion[†].

Cette ville est divisée en deux parties: la plus grande est située sur le bord de l'Irtisz, et l'autre sur une petite montagne dont le sommet est un plateau qui s'étend à l'orient de Tobolsk. La hauteur de cette montagne est de vingt-cinq toises environ au-dessus de la rivière. La ville haute est fortifiée à l'orient et au nord, par un rempart, des bastions, et un fossé de six pieds de large, bordé de palissades. Toutes ces fortifications sont dans

---

[*] Il paraît qu'il remonta cette rivière jusque dans les environs de Bilimbaeuskoi.
[†] *Explication de la vue de Tobolsk* (n° V)
La première église, située à gauche sur la montagne, est l'église de Saint- Sauveur:[11] elle a trois clochers.

---

5. C'est-à-dire l'Oural (voir ch.1, n.114).
6. La Tchoussovaïa, affluent de la Kama.
7. Les Stroganov étaient de riches marchands qui, dès le XVIe siècle, avaient fondé de grandes entreprises (chasses aux fourrures, mines de sel et pêcheries) dans le nord-est de la Russie. En outre, ils avaient obtenu du tsar la concession de vastes territoires dans la région de la Kama supérieure.
8. Le dernier khan tatar de Sibérie s'appelait Koutchoum.
9. Sibir était la capitale du khanat fondé en 1200 dans la région de l'Irtych. J. G. Gmelin et G.-F. Müller, qui voulurent la visiter, ne virent qu'un vieux mur tombé en ruine sur la rive droite de l'Irtych, à quatre lieues et demie de Tobolsk (Gmelin, 1767, ii.69). C'est en 1587 que, par ordre du tsar, 500 Cosaques venus de Tioumen et conduits par Danila Tchoulkov bâtirent à l'emplacement du futur archevêché une fortification (*ostrog*) sur la rive orientale élevée de l'Irtych en face de l'embouchure du Tobol, 'sans l'opposition redoutée des Tatars des alentours' (Müller, 1750, p.216-17; Müller, 1732-1764, vi.418). De 1686 à 1824, Tobolsk fut le chef-lieu de toute la Sibérie.
10. Selon Gmelin, les Tatars constituaient à peu près le quart de la population de Tobolsk (Gmelin, 1767, ii.74). Gmelin décrit par ailleurs longuement une noce tatare (p.55-63).
11. L'église du Sauveur est l'une des deux plus anciennes de Tobolsk. Elle a été bâtie par Tchoulkov en dehors de la forteresse. L'autre église, qu'il fit construire à l'intérieur de la forteresse, est l'église de la Trinité (Müller, 1750, p.217; Müller, 1732-1764, vi.418).

V. Vue de Tobolsk

Collections de la Bibliothèque municipale de Rouen.
Photographie Thierry Ascencio-Parvy

la plaine: les autres parties de la ville sont naturellement de difficile accès; la partie méridionale, à cause d'une gorge très profonde, dont les montagnes sont très escarpées; celle du couchant, parce que l'Irtisz coule au pied de la montagne, qui est très dangereuse à escalader, car elle n'est formée que d'un sable très mouvant. Des masses énormes s'en détachent continuellement, se précipitent dans la rivière, et y entraînent tout ce qui se trouve dans les environs.[15] J'ai été témoin d'un pareil événement.

La seconde est un couvent de filles. On voit sur le devant une partie de l'ancien gouvernement, terminé par deux tours avec des créneaux. Il est fait de pierre presque en entier, quoique les pierres soient très rares dans les environs de Tobolsk.

On trouve, immédiatement après, un couvent de moines, composé de deux grands clochers et d'un petit.

Le nouveau gouvernement suit immédiatement: il est tout en bois; il a à son côté droit deux clochers; et ensuite la cathédrale, composée de quatre clochers.

Les bâtiments situés à droite de la cathédrale composent la chancellerie. On voit immédiatement après, la porte de la haute ville: on y monte rarement par cet endroit, parce que le chemin qui y conduit est très escarpé.

Les différents clochers situés derrière cette porte et sur la droite, dépendent de différentes paroisses, et tous les autres bâtiments appartiennent à l'archevêché, et les tours situées sur l'extrémité de la montagne, font partie de la citadelle.

Le vrai chemin qui conduit à la ville haute est pratiqué dans une gorge formée par la montagne dont je viens de parler, et par celle qui règne le long de la basse ville. Ce chemin est une espèce de pont tout en bois. Les règles de la perspective n'ont pas permis de le représenter ici.

On voit dans la basse ville une maison, vis-à-vis de la porte don j'ai parlé: c'est l'hôtel de ville, bâti en pierre et en brique. C'est le seul bâtiment de Tobolsk qui soit assez bien fait.

On trouve après l'hôtel de ville, l'église de l'Epiphanie: elle est composée de trois clochers.

L'église nommée Michel Arcangel, se voit entre le second et le troisième mât des grands bateaux: elle est composée de deux clochers.

L'église de l'Annonciation est à droite du troisième mât. Celle qu'on voit immédiatement après, et qui est composée de cinq clochers, est le monastère de Znamenki,[12] ou le grand couvent des moines.

L'église située à gauche du quatrième mât, et composée de deux clochers, s'appelle Probrasenia.[13]

L'église de la Croix est située à droite du cinquième mât.

La première, située à droite du sixième mât, est appelée Patnis Proscovica; la seconde Pocrof,[14] et la troisième Saint-André.

12. *Znamenski*, de *znamenie* (*krëstnoe*), 'signe de croix'.

13. *Preobrajénie*, c'est-à-dire Transfiguration. La Transfiguration est l'une des douze grandes fêtes religieuses russes, le 6 août.

14. *Pokrov*: l'Intercession de la Vierge. Littéralement: 'le voile' tenu étendu par la Vierge au-dessus de la nef de l'église des Blachernes lors de son apparition à Constantinople en 861. Une des douze grandes fêtes, le 1er octobre.

15. Gmelin avait signalé ce phénomène: 'Du côté de la montagne, vers l'Irtich, il se détache tous les ans de grandes masses de terre, et souvent les habitans sont obligés de déloger, d'abattre leurs maisons et de les rebâtir plus loin.' L'ancien gouverneur Gagarin avait cru que cette chute de terres était due au Tobol: il fit creuser un nouveau lit par les prisonniers suédois, mais sans grand succès. Gmelin attribuait plutôt ces éboulements à la nature très argileuse des terres: elles ne tombent qu'au printemps, quand l'Irtych enfle. Il croyait aussi que l'eau sapant le rivage en emporte le dessous, et fait tomber le dessus (Gmelin, 1767, ii.71-72).

Je revenais de la promenade, où j'avais été en bateau avec M. Pouskin, Mme son épouse, et quelques autres personnes. Nous montâmes cette montagne par un sentier qui conduisait au logement de M. Pouskin. A peine eûmes-nous fait quelques pas, qu'il se fit un éboulement si considérable à notre droite, que la terreur se répandit parmi nous. Nous n'éprouvâmes cependant d'autre accident que de grimper la montagne avec plus de vitesse que nous ne nous l'étions proposé.

La ville a un gouverneur, dont le district embrasse presque toute la Sibérie, et une chancellerie, composée de quinze conseillers: ils règlent les affaires civiles et militaires. Le gouverneur en est le président, et y décide presque tout en souverain.[16] Eloigné de la cour de près de huit cents lieues, la vérité parvient rarement jusqu'au trône; aussi les gouverneurs abusent-ils presque toujours de leur pouvoir, par la facilité qu'ils en ont.

Pour contrebalancer cette autorité, Pierre Ier créa une nouvelle charge. Celui qui en est revêtu s'appelle procureur: ils ne dépend ni du gouverneur ni de la chancellerie: il occupe le premier rang après le gouverneur; et une partie de ce qui se décide par la chancellerie, ou par le gouverneur, a besoin de l'approbation du procureur, pour être exécuté. M. le comte Apollon Pouskin occupait alors cette place importante: la Russie ne pouvait faire un choix plus judicieux. Ce ministre réunit un esprit juste et éclairé à l'amour de la vérité et de l'humanité. Guidé par le zèle et le désintéressement le plus décidé, il est à portée de procurer à la Russie les plus grands avantages. Il eut la bonté de m'offrir un logement chez lui, et me fit par la suite des instances si vives à ce sujet, que je ne pus m'y refuser. Je me suis applaudi tous les instants de mon séjour à Tobolsk, d'avoir accepté ses offres obligeantes.

Il était arrivé à Tobolsk deux mois avant moi: il y vivait philosophiquement avec son épouse, uniquement occupé à remplir les devoirs de sa place, et à cultiver les lettres, qu'il avait toujours chéries. Possédant la langue française, il avait emporté de Moscou une bibliothèque choisie, composée des ouvrages de nos meilleurs auteurs. Son esprit cultivé avait répandu dans ses mœurs une douceur de caractère et une urbanité peu commune. Il ne connaissait point le barbare préjugé national, de ne voir dans sa femme qu'une esclave:[17] elle était son meilleur ami; elle osait se livrer aux tendres sentiments dont elle était animée, et jouissait de la liberté de faire le bonheur de son époux.

---

16. Les affaires militaires ne sont pas du ressort de la chancellerie du gouverneur, mais du général qui commande les troupes de la province, objecte l'*Antidote*. Le gouverneur ne peut rien décider sans la chancellerie, mais il a voix prépondérante (1770, 2e partie, p.9-10).

17. Les femmes ont plus de liberté que dans bien d'autres pays d'Europe, rétorque l'*Antidote*: 'une femme mariée peut disposer à l'insu de son mari de tout le bien qu'elle a apporté en mariage'. Sa dot est à elle et, de la maison dont elle est sortie, 's'il n'existe point de frère ou de neveu, elle est héritière universelle' (1770, 2e partie, p.13).

M. de Soimanof[18] était gouverneur de la Sibérie: il avait servi dans la marine, du temps de Pierre Ier, et avait acquis à Saint-Pétersbourg de grandes connaissances dans l'astronomie avec M. Delisle, de l'Académie des sciences. Les talents de M. de Soimanof déterminèrent par la suite Pierre Ier à lui confier le commandement d'une flotte sur la mer Caspienne. Il fut chargé en même temps d'en lever le plan, et c'est à lui que l'on doit la première carte exacte de cette mer. Après la mort de Pierre Ier, il fut cruellement persécuté par ses ennemis,[19] qui trouvèrent le moyen de le faire exiler. Il fut rappelé, et après différents événements, la czarine Elisabeth lui donna le gouvernement de la Sibérie. Il avait vécu longtemps à la cour; aussi en connaissait-il toutes les ruses. Quoique né avec un caractère naturellement vrai, les disgrâces qu'il avait éprouvées l'avaient rendu méfiant et dissimulé. Son esprit supérieur le rendait dangereux à ses ennemis: il était hardi, entreprenant, capable de former et d'exécuter de grands projets, s'il avait été moins âgé. Malheureusement pour moi il ne parlait pas le français. J'ai reconnu dans bien des circonstances que j'avais beaucoup perdu de n'avoir pu m'entretenir avec lui que par le canal de mon interprète.

Tobolsk a un archevêque, dont le diocèse comprend la plus grande partie de la Sibérie. Le prélat qui occupait alors ce siège, était Polonais. Ses connaissances n'étaient pas étendues; mais il possédait parfaitement la langue latine et la Bible. Son zèle pour sa religion était un fanatisme des plus outrés. Il ne cessait de persécuter les mahométans et les païens des environs de Tobolsk, pour les convertir à la religion grecque. Il était d'ailleurs très poli, et très aimable dans la société.

Outre ces principaux officiers, il y avait encore à Tobolsk le grand général, qui occupait dans le militaire un rang distingué. Homme faible, imbécile et superstitieux, il croyait, ainsi que le peuple, que mon arrivée dans ce pays était la cause du débordement de l'Irtisz, et que ce fleuve ne rentrerait dans son lit qu'après mon départ.

Tous les conseillers de la chancellerie, et plusieurs négociants, tiennent un état honnête à Tobolsk. La garnison, composée de deux régiments d'infanterie, fournit un grand nombre d'officiers qui ne respirent que le plaisir.

Le clergé est composé de cinquante moines et d'une vingtaine de prêtres. On en compte trois parmi eux qui savent le latin, y compris l'archevêque.

Ces différents états du militaire, des gens de justice, du clergé, et des négociants, formeraient partout ailleurs des sociétés agréables: la plupart des personnes en place y sont même envoyées de Saint-Pétersbourg et de Moscou.

---

18. Sur Soïmonov, voir ci-dessus, ch.i, n.145.

19. Impliqué dans le complot de Volynski en 1740 (voir ch.i, n.145).

La ville de Tobolsk présente à la distance d'un quart de lieue, un bel aspect par sa situation, et à cause d'une multitude de petits clochers, la plupart couverts de cuivre jaune. Mais cette beauté disparaît en entrant dans la ville:[20] les maisons sont toutes de bois, et mal bâties; le gouvernement, la chancellerie, l'archevêché, la maison de ville, et une espèce de citadelle, sont les seuls bâtiments où l'on a employé de la brique et quelques pierres.

On peut à peine passer dans les rues de cette ville, à cause de la quantité de boue qu'on y trouve, même dans la ville haute, excepté une partie de l'été.[21] Pour remédier à cet inconvénient, on a fait des chemins avec du bois dans quelques rues, ainsi que cela se pratique dans toute la Russie: mais ils sont si mal entretenus à Tobolsk, qu'on ne peut guère sortir qu'en voiture; elles y sont assez communes, parce que le bois, les chevaux et leur nourriture y sont à vil prix.[22]

Les hommes sont grands, robustes et bien faits dans la Sibérie, ainsi que dans presque toute la Russie:[23] ils aiment les femmes et les liqueurs à l'excès. Esclaves d'un souverain despote, ils exercent encore avec plus de dureté ce même pouvoir à l'égard de leurs esclaves ou de leurs inférieurs.

Les femmes sont généralement belles à Tobolsk: elles ont la peau de la plus grande blancheur, une physionomie douce et agréable; leurs yeux sont noirs, languissants, et toujours baissés: elles n'osent jamais regarder un homme en face: elles n'ont point de coiffures; mais elles font usage de mouchoirs de couleurs, qu'elles entrelacent avec tant d'art dans leurs cheveux, presque toujours noirs et sans poudre, que cet arrangement leur donne l'air le plus séduisant. Elles mettent toutes du rouge, les filles comme les femmes; les servantes, et une partie du peuple sont même dans cet usage.

Les femmes sont communément bien faites jusqu'à l'âge de dix-huit à vingt ans; mais leurs jambes sont toujours grosses, ainsi que leurs pieds. La nature semble avoir prévu en cela l'embonpoint qu'elles doivent avoir un jour, et qui semble demander des points d'appui très solides.

---

20. C'est aussi ce qu'observaient les voyageurs à propos de Moscou (Avril, 1692, p.158; Jubé, 1992, p.186; Custine, 1843, lettre 24).

21. 'Il y a tant de boue à Tobolsk au printemps qu'on peut à peine y passer, observait également Gmelin. Même en été, aucun endroit n'est parfaitement sec, sauf la ville haute, où la chaleur du soleil est plus vive' (Gmelin, 1767, ii.72).

22. Tout est à bas pris à Tobolsk, confirme Gmelin. A tel point que, selon lui, dix roubles par an permettent de bien vivre. Le bas prix du pain expliquerait la paresse extrême des ouvriers: lorsqu'ils n'ont plus rien, ils travaillent deux heures, et gagnent de quoi vivre pendant une semaine (Gmelin, 1767, ii.73-74).

23. 'Le Russe généralement est de bonne taille, fort, robuste, et bien constitué, très sujet à l'ivrognerie' (*De la Russie*, 1757, f.9v).

Les bains qu'elles prennent deux fois par semaine contribuent surtout à leur déformer la taille:[24] ils occasionnent un relâchement dans toutes les parties du corps, qui est cause qu'avant l'âge de trente ans elles sont presque passées.

Leurs habillements ont présentement beaucoup de rapport avec ceux du reste de l'Europe. Celui des hommes en place est absolument le même à Tobolsk et dans toute la Russie. Quelques négociants, les gens d'affaires des seigneurs, et le peuple, sont presque les seuls qui aient conservé l'habit ancien, ainsi que la barbe. Je n'ai vu à Tobolsk que quelques gentilshommes disgraciés, qui conservassent ces anciens usages; sans doute qu'ils les avaient repris. L'habillement des femmes, à la coiffure près, ne diffère à Tobolsk de celui d'Europe, que dans tout ce qui peut avoir rapport à nos modes, qu'elles ne connaissent pas: elles portent communément une robe volante en forme de domino. Dans les grands jours de cérémonie, leurs robes ont beaucoup de rapport aux manteaux troussés qu'on portait anciennement en France. Cet habillement a passé de Pétersbourg à Tobolsk.

Les hommes et les femmes sont pour l'ordinaire richement habillés: ils tirent leurs étoffes de Moscou, et quelquefois de la Chine; mais à Tobolsk, ainsi que dans toute la Russie, les deux sexes sont très malpropres, malgré les bains qu'ils prennent deux fois par semaine.[25] Les femmes changent rarement de linge, et elles ne connaissent point tout ce détail de vêtements qui forment le négligé des femmes d'Europe; négligé souvent plus séduisant que la plus belle parure: aussi est-il rare d'assister à la toilette des femmes russes.

A Tobolsk et dans la plus grande partie de la Russie, les personnes du premier rang n'ont dans leurs maisons qu'un lit pour le mari et pour la femme, et quelques-uns pour les enfants: toutes les autres personnes de la maison couchent communément sur des bancs ou sur des nattes, qu'ils étendent par terre dans les différents appartements*. Les lits n'ont

---

*En 1663, les boyards (les personnes de qualité) avaient pour lit des planches, ou des bancs, sur lesquels on étalait une peau ou une couverture: les maison étaient sans meubles, et presque toutes les tables à manger sans linge. M. de Voltaire, *Histoire de la Russie*, tome I, page 20.[26]

---

24. 'Mais ne serait-ce pas plutôt le grand nombre d'enfants qui est cause qu'elles sont flétries à l'âge de trente ans?', s'interroge Deleyre. 'Le froid excessif', ajoute-t-il, 'rétablit vraisemblablement le ressort des fibres que les bains chauds servent à relâcher' (Deleyre, 1770, p.440; Deleyre, 1780, p.189). C'est ce qu'objecte l'*Antidote*: 'Quant à leur embonpoint, c'est parce qu'elles ont beaucoup d'enfants, qu'elles ne se lacent point à cause des fréquentes grossesses, et surtout qu'elles mangent presque continuellement, et puis les hommes n'aiment point les squelettes' (1770, 2ᵉ partie, p.20).

25. Sur la malpropreté des Russes, malgré l'usage des bains, voir par exemple La Neuville, 1698, p.182, ou Custine, 1843, iii.76-77 (lettre 20).

26. Voltaire, *Histoire de Pierre le Grand*, OC, t.46, p.443. Voltaire s'appuie sur Carlisle, qui rapporte que les Moscovites n'ont pas de lits, 'hormis quelques personnes de qualité' (Miège, 1857, p.321). Sur l'absence de lits en Russie, voir ci-dessus, ch.1, n.131. C'est un de ces mensonges qui mériterait une punition corporelle, s'indigne l'*Antidote* (1770, 2ᵉ partie, p.23-25).

point de rideaux; et au lieu de traversin, le mari et la femme ont sept à huit oreillers, plus petits les uns que les autres, qui forment deux pyramides. Ce lit est ordinairement leur principal meuble. Ils ont à Tobolsk dans cet appartement, quelques chaises de bois, un gros poêle, et une petite table.

Il n'y avait pas dans toute la ville de Tobolsk, une seule maison qui contînt quelque espèce de tapisserie: des poutres placées les unes sur les autres, mais plus unies qu'à l'ordinaire, des bancs, et quelques chaises de bois, composaient tous les meubles de leurs appartements.

Les hommes sont extrêmement jaloux de leurs femmes à Tobolsk, et dans la plus grande partie de la Russie: ils restent cependant peu avec elles au-delà de Moscou; ils passent la plus grande partie de la journée à boire, et rentrent chez eux communément ivres. Les femmes sortent peu: elles vivent seules dans l'intérieur de leur maison, livrées à l'ennui et à l'oisiveté, source de la corruption de leurs mœurs.[27]

On n'y connaît point cet amour délicat, apanage des âmes sensibles, dont la vertu la plus sévère ne peut pas toujours se défendre. Un amant n'y jouit jamais de cet état enchanteur que fait sentir la volupté, de devoir à ses soins et à l'excès de son amour, l'embarras, le trouble et l'égarement d'une amante, qui voudrait être vertueuse.[28] Ces situations sont inconnues en Sibérie et dans la plus grande partie de la Russie, où les mœurs policées du reste de l'Europe n'ont pas encore pénétré. Dans ces contrées barbares,[29] les hommes tyrannisent leurs femmes, qu'ils regardent et traitent comme leurs premières esclaves, et en exigent les services les plus vils: ils les obligent dans leurs fiançailles, de leur présenter une poignée de verges en grande cérémonie,[30] et de tirer leurs bottes, pour preuve de la supériorité du mari, et de la servitude de la femme. Abusant plus que partout ailleurs, du droit du plus fort, ils ont établi les lois les plus injustes, lois que la beauté et la douceur de ce sexe n'ont encore pu ni détruire ni adoucir. D'après un pareil traitement, il n'est pas étonnant qu'on n'y trouve pas la délicatesse de sentiments des pays policés. Il suffit quelquefois d'être téméraire, pour être heureux, si l'on peut l'être en pareil cas; cependant l'occasion ne s'en trouve pas souvent. On ne voit

---

27. 'Il était résulté de cette captivité des femmes, au milieu d'une foule d'esclaves, le dérèglement total des mœurs', affirme également Rulhière, 1797, p.11.

28. 'On s'aperçoit bien que M. l'Abbé a lu, relu et médité souvent le *Cantique des Cantiques*', raille l'auteur des *Lettres d'un Scyte franc et loyal*, 1771, p.50 (Introduction, p.101).

29. Ni Calas, ni le chevalier de La Barre, n'ont été jugés au XVIIIe siècle en Russie, fait observer l'*Antidote*, 1770, 2e partie, p.30.

30. Pierre le Grand avait aboli cette coutume, comme le rapporte Voltaire (*Anecdotes sur le czar Pierre le Grand*, dans *Histoire de Pierre le Grand*, OC, t.46, p.67). Pour l'*Antidote*, c'était un ancien usage des paysans finnois dont il n'y a pas trace en Russie. Chez les Finnois même, c'était une espèce de badinage (1770, 2e partie, p.30)!

communément les femmes qu'en présence de leur mari; et si on leur marque des soins et des attentions, on court risque de n'être plus à portée de les revoir.[31]

J'ai vu à Tobolsk des étrangers, qui y étaient depuis le commencement de la dernière guerre.[32] Ignorant les usages du pays, ils ont souvent éprouvé les suites fâcheuses du préjugé où ils étaient, qu'il était permis d'être poli, et d'avoir des égards pour ce sexe, ainsi que dans le reste de l'Europe. Plus instruits dans la suite, ils connurent qu'il ne fallait faire aucun cas des femmes, en présence des maris; et en partageant leurs plaisirs de la table, ils parvenaient bientôt à pouvoir être en particulier, plus honnêtes avec les femmes. C'est ainsi que la corruption de ce sexe en Russie est une suite de la tyrannie des hommes.

Les femmes ne connaissent d'autres plaisirs que celui des sens: elles se livrent souvent à leurs esclaves, qui ne sont pas eunuques: la bonne constitution et la vigueur déterminent toujours leur choix.

Ce pays ne sera jamais policé tant que les femmes y vivront dans l'esclavage, et qu'elles ne serviront point à l'agrément de la société.[33] Si les hommes exercent la plus grande sévérité envers leurs femmes, ils sont beaucoup plus indulgents à l'égard de leurs filles. Ils prétendent qu'une femme ayant un mari, ne doit être occupée que de lui; au lieu que les filles doivent jouir d'une plus grande liberté pour s'en procurer: elles ne manquent pas d'en profiter de bonne heure, sans consulter les parents ni l'Eglise. Dès l'âge de douze à treize ans, elles ont souvent connu les douceurs du mariage, avant l'âge de puberté: mais l'inconséquence des hommes est si extraordinaire, qu'en accordant aux filles cette liberté, qu'une bonne éducation devrait diriger, ils exigent qu'elles conservent leur virginité: ils prétendent s'assurer de cet état, par des experts qui y apportent l'examen le plus sévère, et qui serait le plus indécent partout ailleurs.

Le jour fixé pour la cérémonie du mariage, et après que les prétendus ont été mariés par un prêtre, ainsi que dans notre Eglise, les parents de la fille donnent un grand souper, où se trouvent ceux du mari, quelques

---

31. 'Combien de maris à Paris souffriraient que vous étaliez en leur présence toute la délicatesse de vos sentiments aux pieds de leurs vertueuses moitiés', ironise l'*Antidote*, 1770, 2ᵉ partie, p.36.

32. La guerre de Sept Ans (1756-1763).

33. Peut-être Chappe s'est-il souvenu de Montesquieu: 'Le changement des mœurs des femmes influera sans doute beaucoup dans le gouvernement de Moscovie. Tout est extrêmement lié: le despotisme du prince s'unit naturellement avec la servitude des femmes' (*De l'esprit des lois*, livre XIX, ch.XV). Karamzin, qui avait probablement lu Chappe, verra lui aussi 'l'enjeu politique de la condition féminine' (Breuillard, 1994, ii.416-17). Il fera du degré d'émancipation des femmes le critère du degré de civilisation de la Russie. Fourier, dans sa *Théorie des quatre mouvements*, en 1808, généralisera le propos en l'appliquant à toutes les sociétés.

amis, et un sorcier, dont l'objet est de détruire tous les sortilèges que d'autres magiciens peuvent mettre en usage pour empêcher la consommation du mariage. On conduit avant le souper les nouveaux mariés à la chambre nuptiale, dans la plus grande cérémonie: ils sont accompagnés d'un parrain et d'une marraine.

Le sorcier est à la tête, le parrain vient immédiatement après, conduisant la jeune mariée: le mari donne la main à la marraine, et le garçon d'honneur à la plus proche parente du mari, qui est du nombre des experts; les femmes nommées pour experts sont communément au nombre de trois ou quatre. Pendant que ce cortège va à la chambre nuptiale, on finit de tout disposer pour la fête dans l'appartement où l'assemblée est restée: elle n'attend que le retour des mariés pour se livrer au plaisir, dans la persuasion où l'on est, que la décision des experts sera favorable à la jeune mariée.

L'appartement nuptial ne contient communément qu'un lit, ordinairement très propre, et sans rideaux, les images que le parrain et la marraine ont données aux jeunes mariés, quelques chaises et une table, où sont des bouteilles d'eau-de-vie, des verres placés sur un cabaret, auprès duquel est une vieille matrone.

Le cortège étant arrivé dans la chambre nuptiale, la matrone présente à la jeune mariée le cabaret, où sont des verres remplis d'eau-de-vie, ou d'autres liqueurs: celle-ci en présente d'abord au magicien, et ensuite à chacun, suivant son rang; le sorcier fait tous ses sortilèges, et l'on déshabille la jeune mariée, lui laissant seulement un petit jupon et une camisole; mais l'un et l'autre arrangés pour ce jour de cérémonie, où doit régner la volupté. On déshabille de même le mari, à qui on passe une robe de chambre: la jeune mariée embrasse alors toute l'assemblée sur la bouche, présente de nouveau un verre d'eau-de-vie; et après avoir bu, tout le monde se retire dans l'appartement qui précède la chambre nuptiale; les jeunes mariés restent seuls avec la matrone, qui préside à cette cérémonie; elle y prend d'autant plus d'intérêt, qu'elle est récompensée si la jeune pupille est décidée vierge; au lieu qu'on la force de boire dans un verre percé,[34] au milieu de l'assemblée, lorsqu'elle n'est point vierge; ce qui est un arrêt d'infamie.

Après la consommation du mariage, on fait rentrer les femmes, qui déshabillent la jeune mariée toute nue, pour juger de sa virginité (n° VI). Parmi les différentes preuves, ils regardent comme la plus certaine, celle où le linge a été ensanglanté, et dans ce cas on place sa chemise dans une cassette; on en remet une autre à la mariée, qu'on habille, et l'on fait rentrer le sorcier, le parrain, et le garçon d'honneur. La matrone,

---

34. Si les 'marques d'honneur' n'apparaissent pas sur la chemise de la mariée, les femmes donnent à boire à sa mère dans un gobelet écorné, rapporte Beauplan, 1660, p.68. Schwan a assisté à une noce qui s'est bien passée, mais rapporte lui aussi ce qui arrive quand elle se passe mal (Schwan, 1764, p.153-58). La coutume du verre percé en cas de non-virginité se rencontrait aussi chez les Tchouvaches (Müller, 1732-1764, iii.377).

J. B. le Prince del.

Aug. de St Aubin sculp. 1767.

VI. Usage des Russes après le mariage, et avant la noce
Collections de la Bibliothèque municipale de Rouen.
Photographie Thierry Ascencio-Parvy

triomphante dans cette circonstance, présente de nouveau le cabaret à la jeune mariée, pour offrir encore un verre de liqueur à tout le cortège. On ramène ensuite les deux époux à l'assemblée: la cassette qui contient le dépôt de la virginité de la jeune femme, passe la première; et sitôt que cette cassette paraît, la musique annonce le triomphe des deux époux. On montre pendant ce concert à tous les convives, les marques de la virginité de la mariée, et pendant plusieurs jours on transporte la cassette chez tous les voisins. Après que l'assemblée a été convaincue de la virginité de la mariée, elle danse quelques minutes avec son mari, et l'on se met promptement à table, où la plupart des hommes s'enivrent pour l'ordinaire[*].

Il y eut plusieurs mariages à Tobolsk pendant le séjour que j'y fis: je ne pus jamais obtenir d'être admis à leur fête; une femme surtout, d'ailleurs fort aimable, s'y opposa constamment, dans la crainte, disait-elle, que je ne trouvasse leur cérémonie ridicule, et que je n'en fisse part au public.

A mon retour de Tobolsk à Saint-Pétersbourg, je fus engagé en route à être garçon d'honneur. Un officier militaire épousa une demoiselle de seize ans, des plus jolies de la ville. Je jugeai que le père était négociant, à l'ancien habillement russe qu'il avait conservé, et à une espèce d'opulence du pays qui paraissait dans la maison. Je m'y rendis à cinq heures du soir: l'assemblée était brillante; elle était composée de quelque noblesse de l'endroit, et d'autres personnes du lieu habillées à la russe, mais très galamment. La jeune mariée se faisait distinguer dans cette assemblée par sa parure et sa beauté. Malgré son habillement, partie russe, partie français, on découvrait dans sa taille, la tournure la plus élégante et la plus noble: des cheveux du plus beau noir, mais sans poudre, formaient seuls sa coiffure: une partie était nattée, et le reste tombait en grandes boucles sur ses épaules[†] et sur son sein, de la plus grande blancheur, et à moitié découvert. Elle avait une physionomie très piquante, animée par deux grands yeux noirs bien fendus, où brillaient le désir et l'amour du plaisir.

Avant d'aller à la chambre nuptiale, on but à plusieurs reprises différents verres de liqueurs, et l'on se mit en marche de la même manière que je l'ai rapporté, avec cette différence qu'il n'y avait point de sorcier. Cette marche se fit dans le plus grand sérieux, et sans parler. Nous ne trouvâmes dans la chambre nuptiale qu'une vieille matrone, un lit sans rideaux, selon l'usage du pays; mais il était d'ailleurs superbement paré: les autres meubles consistaient dans une table et quelques chaises de bois.

La jeune mariée nous donna à tous un baiser sur la bouche, nous présenta de la liqueur, fut déshabillée à l'ordinaire, ainsi que le mari, et nous nous retirâmes dans une antichambre. Nous y restâmes dans le plus

---

[*] J'ai lu, je ne sais dans quel auteur, que les Turcs sont si jaloux de la virginité de leurs femmes, que s'ils n'en ont pas des preuves évidentes, ils la renvoient à ses parents le lendemain du mariage. Ils croient de même que la femme n'est point vierge, lorsque la défaite n'est point sanglante.

[†] Cette coiffure est en usage dans toute la Russie dans ce jour de cérémonie.

grand silence, jusqu'à ce qu'on ouvrît la porte pour faire entrer les experts: ils en sortirent bientôt en fureur, et traversèrent l'appartement comme un éclair: le parrain pâlit à cet événement. Après avoir rêvé quelque temps, il entra dans la chambre nuptiale, dont la porte était restée ouverte. Je le suivis: le mari s'était déjà retiré. Je restai interdit à la vue de la jeune mariée: elle était encore toute nue, évanouie entre les bras de la matrone: sa tête était penchée sur son épaule droite, appuyée contre la figure ridée de la vieille matrone, qui la soutenait d'une main placée au-dessous des reins: elle tenait de l'autre la chemise, qu'elle n'avait pas eu le temps de passer, et qui s'échappait de toute part par sa pesanteur. La jeune mariée avait le corps un peu penché en arrière: son bras gauche pendait sur le côté, qu'on voyait à découvert, tandis que l'autre bras touchait presque à terre. Immobile dans cette attitude, et les yeux fermés, j'aurais cru qu'elle n'était plus du nombre des vivants, sans les mouvements qu'occasionnait la respiration sur une gorge naissante, où toutes les formes de la jeunesse paraissaient avec éclat: elles en acquéraient de nouveaux par la figure, la couleur et l'ajustement de la vieille.

Le parrain s'approche, et lui parle dans la langue du pays: à ce son de voix, la jeune mariée ouvre des yeux mourants, qu'elle tourne de son côté, lève un bras languissant; il retombe aussitôt, et ses yeux se referment: le parrain tente en vain de lui faire avaler de l'eau-de-vie; il lui en jette sur le visage: elle ouvre les yeux une seconde fois, fait des efforts pour soulever sa tête: ses regards égarés paraissent chercher la lumière; mais elle ne peut encore proférer une parole. Le froid de la mort l'avait totalement défigurée; ses lèvres étaient livides et fanées; et ses joues étaient retirées, et couvertes d'une pâleur mortelle. Je craignais qu'elle ne pût résister à cet excès de douleur. Ses yeux ne présentaient qu'une membrane blanche à travers les paupières à moitié fermées. Le parrain redouble ses soins et ses caresses: elle laisse enfin échapper un soupir, on la relève sur ses jambes encore faibles: mais ce premier état de connaissance augmente ses malheurs; elle lève les mains et les yeux au ciel, et semble implorer le secours de l'univers; ses yeux fixes et ouverts ne répandaient point de larmes. J'étais tout saisi de ce spectacle affreux: je ne pus en être témoin plus longtemps; je courus rejoindre ceux qui m'avaient conduit à ce mariage, dans le dessein de m'en retourner chez moi, et de m'éloigner de ce séjour de douleur: mais l'assemblée me présenta une nouvelle scène.

Les experts, semblables à des mégères, étaient à peine sorties de la salle nuptiale, qu'elles avaient mis le désordre dans l'assemblée: les deux plus vieilles et les plus méchantes, vomissaient des injures au bonhomme de père, en lui tenant le poing sous la gorge (n° VII). Ce père anéanti, et les bras croisés, souffrait toutes ces injures en silence, tandis que sa femme, persécutée par d'autres parentes du mari, versait des torrents de larmes, et jetait les hauts cris. Je vois plus loin une autre furie, qui tient d'une main une bouteille, et de l'autre le verre percé; les yeux étincelants, et le visage pâle de fureur: elle court dans l'appartement les bras tendus,

J.B. le Prince del.

N. de Launay Sculp. 1767.

VII. Noce russe interrompue
Collections de la Bibliothèque municipale de Rouen.
Photographie Thierry Ascencio-Parvy

demande à tout le monde la matrone, pour la faire boire dans le verre percé: elle heurte et culbute tout ce qui se trouve sur son passage. Les convives tâchent de se démêler de ce désordre comme ils peuvent: l'un cherche son chapeau, une femme demande son mantelet; d'autres veulent en vain adoucir les parents du jeune mari. Dans ce désordre un plat renversé cause de nouveaux troubles, de la part du domestique qui a été culbuté, et de celui dont l'habit a été gâté. Des enfants réfugiés dans un coin de l'appartement, font des cris affreux. Les musiciens en groupe sur une espèce d'amphithéâtre, se disposaient de même à partir; mais ils avaient déjà tiré parti du festin, par quantité d'eau-de-vie qu'ils avaient bue: l'un, en attendant qu'il puisse trouver un passage, admire tranquillement ce spectacle; un autre est si ivre, qu'il paraît ignorer la triste aventure de la jeune mariée, et la tête tremblante, ainsi que tout son corps, il prélude un air sur son violon; tandis qu'un troisième, le corps penché en arrière, élève avec peine un bras énervé par l'eau-de-vie; et en le laissant tomber, apostrophe de sa large main la physionomie du joueur de violon, pour l'avertir qu'il faut partir.

Enfin je trouvai au milieu de ce désordre la personne qui m'avait conduit à cette noce. Tranquille dans un coin, elle y observait cette scène tragique. Je la déterminai cependant à partir: mais elle ne cessa d'en rire jusqu'au logis, ainsi que de la colère que sa joie m'occasionnait. Lui ayant demandé que deviendrait la jeune mariée, il me répondit qu'elle ne reparaîtrait plus dans l'assemblée, où il ne resterait que quelques personnes: que le mari garderait sa femme; et qu'à la longue il prendrait le meilleur parti, celui du raccommodement.

Ces usages se pratiquent avec la plus grande rigueur dans toute la Russie, au-delà de Moscou: mais on n'est plus si rigide dans cette ville, ainsi qu'à Saint-Pétersbourg:[35] parmi les grands on se contente communément d'enlever la chemise de la mariée, pendant qu'elle est couchée avec son mari, et cette chemise offre toujours des preuves authentiques de sa virginité. Racontant un jour à Saint-Pétersbourg le triste événement de la jeune mariée, dont je viens de parler, une jeune demoiselle m'interrompit, et fit part à l'assemblée des sages précautions qu'on prend dans cette ville, pour éviter de pareils inconvénients. Je fus seul étonné de l'esprit cultivé de cette jeune demoiselle: on en trouverait rarement ailleurs de si instruites.

L'artifice est cependant une précaution nécessaire dans ces circonstances: souvent l'effusion de sang n'a point lieu, quoique les filles soient très vertueuses, tandis que d'autres en répandent, quoiqu'elles aient eu commerce avec des hommes. Des faits viennent à l'appui de ces vérités dont les anatomistes éclairés conviennent, ainsi que de l'incertitude des

---

35. Vockerodt, en 1737, observait que l'obligation pour une épouse de montrer 'les marques de sa virginité' faisait partie des coutumes désormais condamnées (Vockerodt, 1999, p.1153).

autres prétendus signes de virginité. L'effusion de sang étant en Russie la condition la plus essentielle, je me bornerai à rapporter ici ce que M. de Buffon dit à ce sujet, *Histoire naturelle*, tome 4, in-12, page 247.

'On a cru dans tous les temps, que l'effusion de sang était une preuve réelle de la virginité; cependant il est évident que ce prétendu signe est nul dans toutes les circonstances où l'entrée du vagin a pu être relâchée ou dilatée naturellement. Aussi toutes les filles, quoique non déflorées, ne répandent pas de sang: d'autres qui le sont en effet, ne laissent pas d'en répandre: les unes en donnent abondamment, et plusieurs fois; d'autres très peu, et une seule fois; d'autres point du tout. Cela dépend de l'âge, de la santé, de la conformation, et d'un grand nombre d'autres circonstances. Nous nous contenterons d'en rapporter quelques-unes: en même temps nous tâcherons de démêler sur quoi peut être fondé tout ce qu'on raconte des signes physiques de la virginité.

'Il arrive dans les parties de l'un et de l'autre sexe, un changement considérable dans les temps de la puberté; celles de l'homme prennent un prompt accroissement, et ordinairement elles arrivent en moins d'un an ou deux, à l'état où elles doivent rester pour toujours: celles de la femme croissent aussi dans le même temps de la puberté; les nymphes surtout, qui étaient auparavant presque insensibles, deviennent plus grosses, plus apparentes, et même elles excèdent quelquefois les dimensions ordinaires; l'écoulement périodique arrive en même temps; et toutes ces parties se trouvant gonflées par l'abondance du sang, et étant dans un état d'accroissement, elles se tuméfient, elles se serrent mutuellement, et elles s'attachent les unes aux autres dans tous les points où elles se touchent immédiatement. L'orifice du vagin se trouve ainsi plus rétréci qu'il ne l'était, quoique le vagin lui-même ait pris aussi de l'accroissement dans le même temps. La forme de ce rétrécissement doit, comme l'on voit, être fort différente dans les différents sujets, et dans les différents degrés de l'accroissement de ces parties; aussi paraît-il par ce qu'en disent les anatomistes, qu'il y a quelquefois quatre protubérances ou caroncules, quelquefois trois ou deux, et que souvent il se trouve une espèce d'anneau circulaire ou semi-lunaire, ou bien un froncement, une suite de petits plis; mais ce qui n'est pas dit par les anatomistes, c'est que quelques formes que prenne ce rétrécissement, il n'arrive que dans les temps de la puberté. Les petites filles que j'ai eu occasion de voir disséquer, n'avaient rien de semblable; et ayant recueilli des faits sur ce sujet, je puis avancer que quand elles ont commerce avec les hommes avant la puberté, il n'y a aucune effusion de sang, pourvu qu'il n'y ait pas une disproportion trop grande, ou des efforts trop brusques; au contraire lorsqu'elles sont en pleine puberté, et dans le temps de l'accroissement de ces parties, il y a très souvent effusion de sang, pour peu qu'on y touche, surtout si elles ont de l'embonpoint, et si les règles vont bien; car celles qui sont maigres, ou qui ont des fleurs blanches, n'ont pas ordinairement cette apparence de virginité; et ce qui prouve évidemment que ce n'est en effet qu'une apparence trompeuse, c'est qu'elle se répète même plusieurs fois, et après des intervalles de temps assez considérables. Une interruption de quelque temps fait renaître cette prétendue virginité; et il est certain qu'une jeune personne, qui dans les premières approches aura répandu beaucoup de sang, en répandra encore après une absence, quand même le premier commerce aurait duré pendant plusieurs mois, et qu'il aurait été aussi intime et aussi fréquent qu'on le peut supposer: tant que le corps prend de l'accroissement, l'effusion de sang peut se répéter, pourvu qu'il y ait une interruption de commerce assez longue, pour donner le temps aux parties de se réunir, et de reprendre leur premier état; et il est arrivé plus d'une fois, que des filles qui avaient eu plus d'une faiblesse, n'ont pas laissé de donner ensuite à leur mari cette preuve de leur virginité, sans autre artifice que celui d'avoir renoncé pendant quelque temps à leur commerce illégitime. Quoique nos mœurs aient rendu les femmes trop peu sincères sur cet article, il s'en est trouvé plus d'une qui ont avoué les faits que je viens de rapporter. Il y en a dont la prétendue virginité s'est renouvelée jusqu'à quatre et même cinq fois, dans l'espace de deux ou trois ans. Il faut cependant convenir que ce renouvellement n'a qu'un temps: c'est ordinairement de quatorze à dix-sept, ou de quinze à dix-huit ans. Dès que le corps a achevé de prendre son accroissement, les choses demeurent dans l'état où elles sont, et elles ne peuvent paraître différentes qu'en employant des secours étrangers, et des artifices dont nous nous dispenserons de parler.

'Ces filles dont la virginité se renouvelle, ne sont pas en aussi grand nombre que celles à qui la nature a refusé cette espèce de faveur. Pour peu qu'il y ait de dérangement dans la santé; que l'écoulement périodique se montre mal et difficilement; que les parties soient trop humides; que les fleurs blanches viennent à les relâcher, il ne se fait aucun rétrécissement, aucun froncement: ces parties prennent de l'accroissement; mais étant continuellement humectées, elles n'acquièrent pas assez de fermeté pour se réunir. Il ne se forme ni caroncules, ni anneau, ni plis: l'on ne trouve que peu d'obstacles aux premières approches, et elles se font sans aucune effusion de sang.

'Rien n'est donc plus chimérique que les préjugés des hommes à cet égard, et rien de plus incertain que ces prétendus signes de la virginité des corps. Une jeune personne aura commerce avec un homme avant l'âge de puberté, et pour la première fois; cependant elle ne donnera aucune marque de cette virginité: ensuite la même personne, après quelque temps d'interruption, lorsqu'elle sera arrivée à la puberté, ne manquera guère, si elle se porte bien, d'avoir tous ces signes, et de répandre du sang dans de nouvelles approches; elle ne deviendra pucelle qu'après avoir perdu sa virginité; elle pourra même le devenir plusieurs fois de suite, et aux mêmes conditions. Une autre au contraire qui sera vierge en effet, ne sera pas pucelle, ou du moins n'en aura pas la moindre apparence. Les hommes devraient donc bien se tranquilliser sur tout cela, au lieu de se livrer, comme ils le font souvent, à des soupçons injustes ou à de fausses joies, selon qu'ils s'imaginent avoir rencontré.'[36]

Avant Pierre Ier, la cérémonie du mariage des czars de Russie n'était pas moins extraordinaire. Il ne sera peut-être pas inutile de la rapporter ici: c'est une époque qui peut servir à faire connaître le progrès des mœurs civilisées en Russie. Elle est des plus authentiques. Je possède un manuscrit curieux[37] sur ce sujet, avec les planches dessinées. Il est d'autant plus intéressant, que les copies en sont très rares en Russie.

En 1626 Michel Romano, aïeul de Pierre Ier, se choisit une épouse suivant l'usage ordinaire rapporté par M. de Voltaire, *Histoire de Russie sous Pierre le Grand*, tome I, page 79.

'Pour marier un czar on faisait venir à la cour les plus belles filles des provinces:[38] la grande Maîtresse de la Cour les recevait chez elle, les logeait séparément, et les faisait manger toutes ensemble. Le czar les voyait, ou sous un nom emprunté, ou sans déguisement. Le jour du mariage était fixé sans que le choix fût encore connu,[39] et le jour marqué on présentait un habit de noce à celle sur qui le choix secret était tombé: on distribuait d'autres habits aux prétendantes, qui s'en retournaient chez elles.[40] C'est de cette manière que Michel Romano épousa Eudoxe, fille d'un pauvre gentilhomme nommé Streshneu. Il cultivait ses champs

---

36. Buffon, *Histoire naturelle de l'homme*, chap. 'De la puberté', dans *Histoire naturelle générale et particulière*, 5e édn, Paris 1762, iv.247-53. Toutes ces pages de Chappe sur le mariage russe et sur la virginité ont suscité l'indignation du 'Scythe': 'Je respecte trop le Public, Monsieur, je me respecte trop moi-même, pour suivre le chaste Abbé dans les trois pages de détails anatomiques, théoriques et pratiques, sur la façon dont les experts de nôces s'assurent de la virginité [...] ils sont nobles, utiles, nécessaires dans l'*Histoire naturelle de M. de Buffon*; ils sont déplacés & scandaleux dans l'Histoire d'un Abbé qui emploie encore six mortelles pages à décrire les cérémonies d'une nôce indécente' (*Lettres d'un Scyte franc et loyal*, 1771, p.53). L'*Antidote* écrit de son côté: 'il entre dans des détails qui font rougir, mais encore il présente à vos regards une taille douce qui est d'une indécence telle, que la police n'en permettroit point le débit dans les carrefours'. Il n'y a de sorciers à aucune noce: ils 'ne seroient point souffert par le gouvernement'. Quant à tout ce que rapporte Chappe de ces noces, 'est il plus absurde que le droit des seigneurs établi anciennement dans beaucoup de province de France, d'Allemagne & meme en Livonie? Nous ne pouvons que gagner à la comparaison de nos anciennes mœurs & coutumes, avec celles des pays ou ce droit étoit établi' (1770, 2e partie, p.41-42).

37. Ce manuscrit est sans doute un Journal de la Cour de ce temps-là, selon l'*Antidote*. Ces journaux ne sont points rares: il y en a plusieurs d'imprimés (1770, 2e partie, p.51).

38. Ce n'était pas toujours l'usage: 'beaucoup de tzars ce sont marié avec la première demoiselle qui leur plaisoit, mais lorsqu'ils n'en trouvoient point qui leurs plut, on en envoyoit chercher dans les provinces', observe l'*Antidote*, 1770, 2e partie, p.43.

39. Il était connu, rectifie l'*Antidote*, car 'la coutume étoit que trois jours avant celui des fiançailles, on donnoit le titre de grande Princesse à la Demoiselle' choisie par le tsar, et 'dès ce jour on inséroit son nom dans les prières publiques, ancienne coutume qui s'observe encore de nos jours'. Catherine II 'a porté le titre de Grande Princesse et on a prié Dieu pour Elle dans tout l'Empire un an & deux mois avant la celebration de son mariage' (1770, 2e partie, p.44).

40. Chappe a sauté la phrase: 'Il y eut quatre exemples de pareils mariages' (il s'agit d'Ivan IV, de Michel Romanov, d'Alexis Mikhaïlovitch et d'Ivan V).

lui-même avec ses domestiques, lorsque des chambellans envoyés par le czar avec des présents, lui apprirent que sa fille était sur le trône.'[41]

Après que le czar Romano eut choisi son épouse, il la fit conduire avec pompe dans une grande salle, où il avait assemblé les principaux seigneurs de la cour. Il leur déclara, assis sur son trône, qu'il avait choisi pour épouse Eudoxe, fille du boyard Streshneu, et qu'il leur ordonnait, ainsi qu'à tous ses sujets, de la reconnaître et respecter comme princesse issue de la famille royale. Il donna de même ses ordres pour faire enregistrer son mariage dans les archives de l'Etat, et le faire publier dans toute l'étendue de sa domination. On commença dès ce moment les préparatifs du mariage, et le czar distribua toutes les charges de la cérémonie.

Le jour suivant le czar, suivi de toute sa cour, alla voir le patriarche son père. Il se rendit ensuite à l'église, pour y entendre sa messe, et lui annoncer de nouveau son mariage. Le czar déclara au patriarche, après la messe, qu'il ne lui avait demandé jusqu'ici son consentement, que comme à son père; mais qu'il était venu pour le lui demander eu égard à la qualité de sa charge de patriarche. Ce prélat fit un discours au czar sur sa soumission exemplaire, sur son mariage, et lui donna la bénédiction avec l'image de la Sainte Vierge.

La cérémonie du mariage[42] exigeait plusieurs appartements arrangés de la manière que je vais rapporter*. On avait placé dans le premier appartement le trône du czar, et dans le milieu une grande table couverte d'un tapis vert brodé en or. Des sièges étaient disposés autour de la table, pour les principaux seigneurs de la cour, et des bancs pour le reste de l'assemblée. On y voyait quatre images placées suivant les quatre points cardinaux.

Le second appartement était superbement orné: on l'appelait le salon nuptial. Le trône du czar était dans le milieu, avec deux fauteuils pour leurs Majestés, dont les coussins étaient d'étoffes très riches. On avait placé sur chaque coussin quarante peaux de martres zibelines.[43] Un seigneur de la cour était debout à côté du trône, et tenait autant de peaux dans ses mains. Une grande table était disposée vis-à-vis du trône, ainsi que dans le premier appartement, avec cette différence que celle-ci était

---

*Je n'ai fait d'autres changements à la traduction de mon manuscrit, que de supprimer quelques détails ennuyeux et inutiles, et d'y mettre plus d'ordre.

---

41. Voltaire, *Histoire de Pierre le Grand*, OC, t.46, p.514-15. Il s'agit du *second* mariage de Michel Romanov, avec Eudoxie Strechnev, qui sera la mère du tsar Alexis.

42. Sur le mariage russe, voir la remarquable description d'Olearius, 1659, p.169-73, qui concerne les hautes classes de la société et les tsars. Sur le mariage des tsars, comparer le récit de Chappe au chapitre de Lévesque, 1782, iv.41-51, d'après la *Древняя российская билиофика* (*Bibliothèque de la Russie ancienne*) de Novikov (1773-1775). On notera les survivances de coutumes païennes: pains, plat rempli de céréales, gerbes de froment sur le lit nuptial (symboles de fécondité), les pièces d'or et d'argent (survivance du mariage par rachat).

43. 'On croyait alors que ces peaux avaient la vertu d'écarter les sorts' (Lévesque, 1782, iv.44).

couverte de trois nappes. Tout le service consistait dans trois plats, et une salière avec du sel: le premier plat contenait un gâteau; le deuxième des confitures en pyramide, et le troisième un fromage. Il y avait aussi sur la même table plusieurs douzaines de mouchoirs blancs de mousseline, qui devaient servir à présenter ces différents mets au czar, à la czarine, et aux seigneurs de la cour. Les tiroirs de la table étaient remplis de ces mets, au cas que ceux qui étaient sur la table ne fussent pas suffisants.[44] Cette salle contenait, ainsi que la première, quatre images disposées de la même façon.

On avait préparé dans un troisième appartement, voisin du premier, deux couroway[45] ou grands pains nuptiaux; l'un pour le czar, et l'autre pour la czarine. Le nombre neuf était désigné trois fois sur ces pains: leurs parties supérieures, et toutes les figures de décorations étaient dorées, et leurs parties inférieures étaient argentées. Ces deux pains étaient placés sur des brancards qui posaient eux-mêmes sur une table couverte d'un tapis vert. Les deux pains étaient aussi couverts; celui du czar d'un velours rouge brodé en or, et celui de la czarine d'une étoffe d'or.

On avait placé dans un quatrième appartement, sur une table couverte d'un tapis, deux cierges de figure conique, mais tronqués par le bas: celui du czar pesait trois poudes, ou quatre-vingt-dix-neuf livres de France; celui de la czarine deux poudes, ou soixante-six livres.[46] Ces cierges étaient entourés de quatre cercles d'or, et les intervalles étaient peints de différentes couleurs.

On trouvait dans un cinquième appartement, sur une grande table couverte aussi d'un tapis vert, deux grandes lanternes nuptiales d'argent doré, mais de figures différentes: celle du czar était plus grande que celle de la czarine, et pointue comme les clochers ordinaires; celle de la czarine était en forme de dôme.

Le premier jour de la cérémonie nuptiale, le czar sortit de ses appartements ordinaires, dans ses habits royaux: il portait par-dessus une espèce de simarre très riche, un manteau de velours brodé en or, et doublé de martres zibelines. Un chœur de chantres précédait la marche, chantant des chansons d'allégresse. Ils étaient suivis par les chambellans et les gentilshommes de la cour. Les ministres du Cabinet venaient après. Ceux-ci étaient suivis des conseillers privés, du chancelier, et des officiers de la

---

44. Pour entendre ce passage, écrit l'*Antidote*, 'il faut savoir que le mariage, dans l'eglise Grecque, comme dans la Romaine, est un sacrement, que tout sacrement demandoit une preparation de quelques jours de jeunes & de priere, qui ne finissoit [...] qu'après la bénédiction du mariage, alors la première nouriture qu'on prenoit étoit du pain, du sel, un gateau & du fromage benit, dont chacun mangeoit à sa volonté, tout cela après un jeune, on peut le supposer, étoit une espece de commemoration de l'ancienne Paques' (1770, 2ᵉ partie, p.50).

45. En russe *karavaï*, pain rond, d'une ancienne forme *korovaï* (comme en ukrainien).

46. Le poud valait 40 livres *russes*, d'où les chiffres donnés par Lévesque (1782, iv.45: 120 et 80 livres) Le poud pesant 16kg 38, les équivalents de Chappe en livres *françaises* sont exacts.

solennité nuptiale, nommés *bruchi*.[47] Plusieurs princes précédaient le czar, qui marchait appuyé sur le bras du chef des officiers de la cérémonie. Tout l'intérieur de la maison du czar, gentilshommes, bas officiers, et valets de pied, fermaient la marche.

Le czar étant entré dans le premier appartement dont j'ai parlé, salua plusieurs fois, ainsi que sa suite, les quatre images placées aux quatre coins du salon: il se plaça sur son trône vis-à-vis la grande table, et fit asseoir tout le monde.

Pendant que le czar sortait de son appartement pour venir dans celui-ci, la czarine avait aussi quitté le sien, et s'était rendue avec toute sa suite dans un autre appartement, où elle attendait les ordres du czar pour aller au salon nuptial.

Le czar, après s'être placé sur son trône dans le premier appartement, ordonna au chef de la cérémonie d'aller complimenter de sa part la princesse Eudoxe, et de la prier de se rendre dans la grande salle nuptiale. A peine le chef de cérémonie se fut acquitté des ordres du czar, que la princesse Eudoxe, habillée en czarine, et la couronne sur la tête, se mit en marche par la grande galerie du palais, magnifiquement tapissée, jusqu'au grand escalier. La marche commença par les deux seigneurs qui portaient les cierges dont j'ai parlé. Ceux qui portaient les pains venaient après, et ils étaient suivis par les porteurs de lanternes: les officiers de noces suivaient immédiatement; ils étaient richement habillés, et ils avaient des bonnets fourrés de peaux de renards noirs. Ceux qui portaient le cierge de l'Epiphanie venaient après: il était allumé; au lieu que ceux de la noce ne l'étaient point. Le chef du conseil suivait immédiatement, portant un grand plat d'or rempli de froment, de blé, d'avoine, et de tous les grains qui viennent en Russie. Il était suivi par deux autres, dont l'un portait un vase rempli de miel, et l'autre un peigne dans un plat. La czarine était encore précédée par cinq seigneurs: le premier portait vingt-sept peaux de zibelines, et vingt-sept mouchoirs de mousseline brodés en or; le deuxième, vingt-sept peaux d'hermines; le troisième, vingt-sept peaux d'écureuils; le quatrième, un plat qui contenait cinquante-une pièces d'argent monnayé de Russie; et le cinquième un autre plat qui contenait neuf pièces d'or. Tous les officiers de la cérémonie portaient de grandes serviettes en bandoulière.

Les autres officiers de cérémonie venaient après ce cortège, ainsi que le clergé, précédé d'un archiprêtre, qui jetait de l'eau bénite dans tous les endroits où la czarine devait passer; enfin la czarine paraissait au milieu d'un cercle formé par les dames de la cour, appuyée sur le bras de la première *swachy*[48] ou femme d'honneur. Elle était suivie par une autre

---

47. Il s'agit des *drouschki*, c'est-à-dire des servants, suggère l'*Antidote* (1770, 2ᵉ partie, p.52-53). Le *droujka* (pl. *droujki*) était effectivement une sorte de garçon d'honneur du fiancé. Généralement marié, connaissant tous les rites du mariage, c'était aussi un amuseur. Le terme figure dans Lévesque, 1782, iv.49.
48. La *svakha* est la marieuse (*svakhi* est le pluriel).

swachy, qui portait un plat d'or, avec des mouchoirs de mousseline brodés en or, pour le czar, le patriarche, et la mère du czar.

La czarine arriva avec sa suite, dans l'appartement nuptial dont j'ai déjà parlé: il était voisin du premier appartement du czar: elle fit, ainsi que toute sa suite, des signes de croix et des révérences à toutes les images, et aussitôt l'archiprêtre s'approcha du trône où étaient les deux fauteuils; il les bénit, et prit les quarante peaux de zibelines, qui étaient sur le fauteuil de la czarine, et les donna à tenir à un seigneur placé à droite du trône. La première swachy conduisit alors la czarine au trône dans le fauteuil à gauche, et un des principaux seigneurs russes se plaça dans l'autre: on l'appelait aussi par cette raison garde-place du czar.

Le père du czar ne pouvant assister à la cérémonie, par sa qualité de patriarche, ni sa mère, parce qu'elle était religieuse, leurs places restèrent vacantes. Ces deux sièges étaient un peu élevés, et à gauche de la czarine (n° VIII).[49] Toutes les autres femmes de la cérémonie se placèrent immédiatement après, autour de la table, quand elles eurent chanté plusieurs chansons analogues à la cérémonie.

Les couroway* ou pains nuptiaux furent placés avec le brancard, vis-à-vis du trône; les cierges à droite, avec celui de l'Epiphanie, et les lanternes à gauche.

Tout étant ainsi disposé, le chef de la noce envoya deux officiers au czar, pour l'avertir de l'arrivée de la princesse Eudoxe: ils lui témoignèrent en même temps le désir et l'empressement qu'elle avait de le voir. Le czar fit savoir au chef de noce, qu'il se rendrait bientôt au salon nuptial. Il y envoya en même temps en grand cortège, le prince Iwan Nikitycz Romanou,[50] pour occuper la place du père du czar. Iwan Nikitycz Romanou fit en entrant de grandes révérences à chaque image séparément, et ensuite à la czarine, mais sans lui parler. Il se plaça à table à gauche de la czarine, et à côté de son épouse, qui représentait la mère du czar. Après avoir gardé quelque temps le silence, il déclara au prince Iwanowichz Szuiski,[51] qu'il le choisissait pour ambassadeur, avec le prince Daniel,[52] pour annoncer

---

*On les nomme encore en russe *kouraki*.

---

49. Dans cette estampe, s'indigne l'*Antidote*, 'les figures sont aussi ignobles qu'il a été possible de les représenter' (1770, 2ᵉ partie, p.53).

50. Ivan Nikititch Romanov (mort en 1640), fils de Nikita Romanov, dont la sœur Anastasie avait été la première épouse d'Ivan le Terrible. Il était le frère de Fedor Romanov, devenu patriarche sous le nom de Philarète, et l'oncle du tsar Michel Romanov, comme le rappelle l'*Antidote*, 1770, 2ᵉ partie, p.54.

51. 'Je parie tout ce qu'on voudra' qu'on lit dans le manuscrit *Schouiski*, écrit l'auteur de l'*Antidote* (1770, 2ᵉ partie, p.55). On ne désigne pas les personnes uniquement par leur patronyme (*Ivanovitch*), poursuit l'*Antidote*, qui, avec une certaine mauvaise foi, reproche à Chappe d'ignorer les coutumes russes les plus ordinaires (Chappe a dû oublier le prénom *Ivan*, dont il fait état au début du paragraphe suivant). Les Chouiski descendaient de Riourik.

52. Le prince Daniel Ivanovitch Mesetzkoi, selon l'*Antidote*, qui dit avoir entre les mains un manuscrit pareil à celui de l'abbé (1770, 2ᵉ partie, p.57-58).

VIII. Usages et cérémonies qu'on observait anciennement aux mariages des czars
Collections de la Bibliothèque municipale de Rouen.
Photographie Thierry Ascencio-Parvy

au czar *bonne nouvelle*, que son père, sa mère, et la princesse Eudoxe leur fille, l'attendaient avec impatience dans la salle nuptiale.

Le prince Iwan Iwanowichz Szuiski, et le prince Daniel, se levèrent aussitôt; et après avoir fait la révérence aux images, au père, à la mère du czar, et à la czarine, ils allèrent à l'appartement du czar; et le prince Daniel portant la parole, dit au czar: 'Grand prince et duc de Russie, notre très gracieux souverain, le prince Iwan Nikitycz, tenant la place de votre père, m'envoie vous avertir qu'il est temps de continuer votre affaire de mariage,[53] et vous prier de vous rendre dans le salon nuptial, où toute l'assemblée vous attend, avec l'impatience de vous voir réuni à une princesse remplie de mérite et de vertu, qui doit faire le bonheur et la satisfaction de tous vos sujets'.

Le czar se mit aussitôt en marche, pour aller à la salle nuptiale. La czarine et toute l'assemblée se levèrent dès que le czar parut: il s'arrêta au milieu de la salle; et après avoir salué les quatre images, l'archiprêtre lui parla en ces termes: 'Grand prince Michel Feodorowichz, notre très gracieux souverain, la Mère Sainte Eglise vous permet de vous réunir légitimement à la princesse Eudoxe: vous pouvez vous placer à côté d'elle'[54] et il lui donna la bénédiction avec la croix d'or. Le prince Czerkavisei[55] prit par la main le garde-place du czar, qui était à côté de la czarine, et plaça le czar sur le trône à droite de la princesse: tous les officiers et seigneurs de la cérémonie se placèrent à la droite du czar.

Le czar ordonna en même temps à toute l'assemblée de s'asseoir. Après quelques moments de silence, l'archiprêtre commença des prières.[56] La princesse Sancho et le conseiller Demetri Obrarcou[57] s'approchèrent du trône. Ce dernier portait un vase rempli de miel, et la princesse Sancho un peigne, qu'elle trempa dans ce vase. Elle peigna alternativement le czar et la czarine, trempant de temps en temps le peigne dans le miel.[58] Le Sr. Théodor Lichaczou tenait un grand plat rempli de froment, de blé, d'avoine, et autres grains de Russie mêlés ensemble, et il en jetait des

---

53. Phrase mal traduite, estime l'*Antidote*, qui en profite pour faire l'éloge de la langue russe, très riche, alors que le français serait très pauvre et plat (1770, 2ᵉ partie, p.56). Quand tout était préparé, un prince du sang ou un des grands de l'empire envoyait un officier dire au tsar: 'Il est temps, Seigneur, de venir à votre affaire' (Lévesque, 1782, iv.45).

54. Mais un rideau de taffetas les séparait (Lévesque, 1782, iv.45). Olearius précise qu'il s'agissait d'un taffetas rouge cramoisi qui les empêchait de se voir (Olearius, 1659, i.171).

55. Le prince Czerkaskoi [Tcherkasski], corrige l'*Antidote*. 'Quand on copie aussi inexactement que l'abbé, mérite-t-on de la foi dans ce qu'on rapporte de mémoire?' (1770, 2ᵉ partie, p.56-57).

56. 'Les prières ne se font pas quand l'assemblée est assise!', s'exclame l'*Antidote*, 1770, 2ᵉ partie, p.57.

57. Dimitri Obraszow [Obraztsov], selon l'*Antidote*. Quant à la princesse Sancho, il s'agirait de l'épouse du boïar Michel Borissovitch Schein, Marie Mikhaïlovna (1770, 2ᵉ partie, p.58).

58. Il s'agissait en fait d'hydromel dont on se servait pour laver le peigne (Lévesque, 1782, iv.46). En russe, le terme désignant le miel et l'hydromel est le même, d'où la mauvaise traduction du texte rapporté par Chappe.

poignées sur les cheveux et la face du czar et de la czarine,[59] chantant des chansons de jubilation, ainsi que la princesse Sancho, pendant qu'elle peignait leurs Majestés. On alluma en même temps les cierges et les lanternes dont j'ai déjà parlé. Le cierge de l'Epiphanie était toujours resté allumé.[60]

Après que la princesse Sancho eut bien peigné le czar et la czarine, elle remit la couronne sur la tête de la princesse Eudoxe, aidée des autres dames de cérémonie, et on remit de même celle du czar. Une dame de noce, nommée *sibacha*[61] en russe, prit encore un grand plat d'or rempli de graines, et en jeta de nouveau sur la tête et sur la face de leurs Majestés,[62] jusqu'à ce qu'il n'y en eût plus dans le plat. Elle le remplit de nouveau, et le porta sur une petite table, placée tout exprès dans l'antichambre du grand salon. Le chef de cérémonie se leva alors de sa place, tenant un grand couteau à sa main droite: il s'adressa au prince Iwan Nikitycz, qui représentait le père du czar, et lui demanda au nom de toute l'assemblée, la permission de couper le couroway ou gâteau nuptial, ainsi que le fromage. Cette permission lui ayant été accordée, il en coupa d'abord pour le czar et la czarine, qu'il leur envoya par trois officiers, sur des mouchoirs de mousseline: l'un portait du gâteau; le deuxième du fromage, et le troisième des confitures. Ces mets étaient les seuls qui fussent sur la table, ainsi que je l'ai déjà dit.

On envoya de pareils députés au patriarche, avec les mêmes présents, et à la mère du czar, qui était dans le couvent. On distribua ensuite les restes de ces différents mets à toute l'assemblée, et des mouchoirs de mousseline aux principales dames de la cour, de la part de la czarine.

Toutes ces cérémonies étant finies, le chef de noce donna les ordres pour aller à l'église. Leurs Majestés furent à peine descendues du trône, que des officiers ôtèrent la première nappe, sur laquelle on avait coupé le gâteau nuptial, et le fromage. Le czar ordonna en même temps au grand chambellan de sa garde-robe, de garder soigneusement cette nappe, et

---

59. 'La première *Svakha* répandait sur la tête des deux époux de la graine de houblon, qu'on lui présentait dans un plat d'or: cette graine était un symbole de la fécondité' (Lévesque, 1782, iv.46). Olearius rapporte que la svakha jetait sur la compagnie des poignées de houblon, d'orge et d'avoine mêlés à de petits morceaux de taffetas et à de petites pièces d'argent (Olearius, 1659, i.171).

60. Voici ce que dit mon manuscrit, écrit l'auteur de l'*Antidote*: 'Le Sr. Feodor Lihatchow tenoit un plat avec des grains.' Ces grains 'n'étoient point jetté par poignée sur les cheveux & sur la face du Tzar & de la Tzarine, avec autant d'ireverences & de manque de respect que le rapporte l'abbé, mais on en jettoit quelques grains sur les deux époux par formalité, tout comme on faisoit semblant de les peigner avec du miel. Les chansons de jubilation restent sur le compte de l'Abbé, il n'en est fait aucune mention'. Le cierge de l'Epiphanie 'ne servoit qu'a allumer ceux de la noce, & les lanternes pour les couvrir du vent'; il n'était donc pas toujours resté allumé (1770, 2ᵉ partie, p.59).

61. C'est la marieuse (*svakha*) (voir ch.5, n.48).

62. 'Ce n'est point votre manuscrit, mais votre malice, qui dit page 180 ces paroles', écrit l'auteur de l'*Antidote*. Mon manuscrit 'ne raporte point non plus qu'on vuida les plats à force d'en jetter' [des grains] (1770, 2ᵉ partie, p.60).

que l'armoire où elle serait placée fût fermée à double tour, et cachetée du sceau de l'Etat.[63] Le grand officier de noce monta ensuite sur le trône: il plaça le coussin du czar sur celui de la czarine, avec quarante peaux de martre zibeline;[64] et le prince Daniel resta auprès du trône, pendant que leurs Majestés furent à l'église, où l'on transporta les quarante autres peaux.

Le czar trouva à la sortie du palais, un cheval turc,[65] superbement harnaché, et quantité d'autres chevaux pour sa suite. On avait préparé un superbe traîneau pour la czarine, et d'autres moins magnifiques pour toutes les femmes de la cérémonie. Le czar étant monté sur son cheval,[66] fit le tour de la cour du palais, où tous les seigneurs et les dames formaient un cercle. La marche commença ensuite par six écuyers, et par quelques autres officiers de la cour. Les principaux seigneurs suivaient immédiatement, et précédaient le czar: il était suivi par le reste de sa maison. La suite de la czarine marchait après celle du czar: les officiers étaient à cheval, et les dames dans les traîneaux; deux files de jeunes gens en uniforme marchaient sur les côtés, afin que la multitude du peuple ne causât aucune interruption entre la suite du czar et celle de la czarine.

Le czar et la czarine étant entrés dans l'église, leurs Majestés se placèrent vis-à-vis la porte du sanctuaire, sur deux prié-Dieu,[67] en dehors du chœur: les cierges nuptiaux, les pains, les lanternes, le cierge de l'Epiphanie, étaient à leur droite, et les oreillers du lit de leurs Majestés à gauche.

Le chœur des chantres commença la cérémonie par plusieurs chants: on ouvrit la porte du sanctuaire, et l'archiprêtre parut à la tête du clergé; leurs Majestés se placèrent alors sur des peaux de martres zibelines, au nombre de quarante, qu'on avait étalées par terre, sur du taffetas blanc.[68]

---

63. Il n'existait pas de charge de grand-chambellan de la garde-robe du tsar, objecte l'*Antidote*. 'Mr. l'Abbé, puisque vous êtes mort au dire des gazettes', poursuit l'*Antidote*, 'que le ciel aye en pitié votre ame, mais il est très vray que vous ne valiés rien pendant votre vie. Le proverbe Russe dit le Brochet est mort, mais les dents restent. L'Abbé est mort, mais il n'en faut pas moins combattre son livre' (1770, 2ᵉ partie, p.61). On notera qu'une fois de plus l'*Antidote* recourt au procédé rhétorique classique de la *communication*, ou consultation de l'adversaire. Cette façon de s'adresser directement à l'abbé (même mort), ou d'interpeller le lecteur, donne d'autant plus de relief au débat que 'la contre-attaque est émotionnelle' (Munro, 1983, p.128).

64. Dans mon manuscrit, il n'y a pas un mot sur les quarante peaux de zibeline, prétend l'auteur de l'*Antidote* (1770, 2ᵉ partie, p.62). Le fait est pourtant confirmé par les documents russes sur lesquels s'appuie Lévesque (voir ch.5, n.43). Olearius s'évoque qu'un présent de deux peaux de martres à chacun des deux époux (Olearius, 1659, i.173).

65. En russe *argamak*, mot d'origine turco-tatare. Ces chevaux coûtaient fort cher (Margeret, 1983, p.81).

66. 'Un seigneur montait auparavant le cheval qui devait porter le tsar, afin d'éviter tout maléfice' (Lévesque, 1782, iv.47).

67. On disait *prié-Dieu*, concurremment à *prie-Dieu*, jusqu'au milieu du XVIIIᵉ siècle (voir aussi l'article 'Priez Dieu' de l'*Encyclopédie*). Il n'y a point de prie-Dieu dans nos églises, objecte l'*Antidote* (1770, 2ᵉ partie, p.62). L'abbé a fort plaisamment pris pour des 'oreillers du lit de leurs Majestés' des coussins mis sur des chaises pliantes.

68. Du taffetas rouge cramoisi (Olearius, 1659, i.171; *Voyages historiques de l'Europe*, 1693-1701, vii.143) ou du damas rouge (Lévesque, 1782, iv.48).

Après quelques prières, l'archiprêtre bénit les lanternes,[69] les pains, les cierges, les oreillers, et du vin contenu dans un grand vase d'or, qui était porté par M. Petrowich Mazura,[70] chef-sommelier du czar. Il était accompagné dans cette cérémonie, par tous les autres sommeliers subalternes.

Après ces différentes cérémonies, l'archiprêtre maria le czar et la czarine, et les fit boire par trois fois du vin béni,[71] dans un gobelet d'or. On chantait pendant ce temps des chansons d'allégresse:[72] le reste du vin fut placé sur l'autel, pour l'usage du sacrifice. On complimenta ensuite le czar, au nom du peuple et de l'Eglise.

La cérémonie du mariage étant finie, le czar prit par la main la czarine, et la conduisit à son traîneau. On avait étalé par terre du taffetas blanc, auprès de ce traîneau, ainsi qu'auprès du cheval du czar. En retournant au palais, la czarine commençait la marche, et le czar la suivait à cheval. On portait devant lui le gâteau nuptial, les cierges, et les lanternes bénites. A peine le czar fut descendu de cheval à la porte du palais que le grand écuyer monta, l'épée nue, sur ce cheval, et M. Bochdan[73] dans le traîneau de la czarine: l'un et l'autre tournèrent alors plusieurs fois autour du palais et dans la ville.

Leurs Majestés étant arrivées au palais, le czar conduisit la czarine au salon nuptial: ils se placèrent sur le trône; on disposa sur les côtés les cierges, les lanternes et le gâteau nuptial, ainsi qu'avant la cérémonie. Le czar ordonna ensuite à toute la cour de se mettre à table: elle fut servie avec somptuosité; mais leurs Majestés restèrent tout le temps sur le trône, sans rien manger. Vers la fin du repas on apporta vis-à-vis de la place du czar et de la czarine, un chapon rôti, une tourte de confiture, un gâteau, et une salière avec du sel. La première dame de la cérémonie s'approcha très respectueusement du trône, enveloppa tous ces différents mets dans une nappe, et les donna aux quatre premiers officiers de la bouche du czar, pour les porter dans l'appartement où le czar et la czarine devaient coucher. Ces mets y furent gardés soigneusement.

Après le repas, leurs Majestés se levèrent pour aller dans cet appartement: tous les seigneurs se rangèrent du côté du czar, et toutes les dames du côté de la czarine. Le prince Nikitycz, faisant les fonctions du père du

---

69. Absurde, selon l'*Antidote* (1770, 2ᵉ partie, p.64).

70. Le boïar Basile Petrowitsch Morozow (*Antidote*, 1770, 2ᵉ partie, p.64).

71. 'Après la bénédiction nuptiale, le métropolite ou le patriarche leur présentait du vin: ils en buvaient par trois fois; & quelquefois le Prince, après avoir bu, jettait le vase à terre, & les deux époux le foulaient aux pieds. Cela signifiait qu'ils souhaitaient que les ennemis qui voudraient semer entre eux la division, fussent ainsi brisés & foulés aux pieds' (Lévesque, 1782, iv.48). La coutume est fidèlement rapportée par Olearius, 1659, i.172.

72. Ce sont des cantiques: on ne chante jamais de vaudevilles à l'église en Russie, raille l'*Antidote* (1770, 2ᵉ partie, p.65). Avant que les époux ne boivent le vin, le prêtre chantait le psaume 128 (Olearius, 1659, i.172).

73. L'écuyer Bogdan Glebov, selon le manuscrit dont fait état l'*Antidote* (1770, 2ᵉ partie, p.66).

czar, donnait la main à la czarine: toute la cour conduisit leurs Majestés dans un grand salon qui précédait la chambre à coucher. Le czar s'arrêta au milieu de cet appartement avec toute la cour, qui formait deux haies. Le prince Nikitycz remit alors la czarine au czar; et après avoir fait un discours analogue à la circonstance, il ouvrit la porte de la chambre où leurs Majestés devaient coucher.

On fit d'abord entrer dans cet appartement toutes les dames de noce, nommées *swachy*, ainsi que tous les hommes, nommés *bruchi*: les porteurs de cierges, de lanternes et de couroway, entrèrent ensuite, et les y déposèrent. Le czar et la czarine suivaient immédiatement. Leurs Majestés s'arrêtèrent à l'entrée de la porte, et se tournèrent vers l'assemblée. Alors la princesse Nikitycz,[74] qui était restée à côté de la porte, avec un grand plat d'or rempli de froment, de blé, et d'autres graines, s'avança auprès de leurs Majestés: elle avait une robe longue de zibeline, le poil en dehors.[75] Cette princesse, après s'être placée en face du czar et de la czarine, jeta sur la face et sur le corps de leurs Majestés, toutes les graines qui étaient dans le plat, pendant qu'on chantait des chansons d'allégresse. Cette cérémonie étant finie, leurs Majestés entrèrent dans leur appartement, avec le prince et la princesse Nikitycz, et la porte fut fermée.

Leurs Majestés furent à peine assises, que les dames de la cérémonie commencèrent à chanter des chansons pour faire le lit nuptial.[76] Les officiers portèrent aussitôt les différents meubles qui devaient le composer. On disposa d'abord le bois de lit, sur lequel on mit un tapis de velours, et deux gerbes de froment par dessus.[77] On plaça sur ces gerbes des matelas, des draps, une couverture très riche, et les coussins qui avaient été bénis à l'église. Un prêtre posa ensuite en grande cérémonie, des images au chevet du lit de leurs Majestés; l'une sur la tête du czar, et l'autre sur celle de la czarine.

---

74. Julie Romanov, qui faisait fonction de mère du tsar et devait recevoir les époux dans la chambre à coucher, précise l'*Antidote* (1770, 2ᵉ partie, p.68-69).

75. 'la principale *svakha* revêtait deux robes fourrées de martre zibeline: à l'une le poil était en dessous & à l'autre en dessus. En cet équipage, elle souhaitait aux deux époux une postérité aussi nombreuse que les poils de sa pelisse' (Lévesque, 1782, iv.49).

76. Le lit était déjà fait, et 'on ne chanta point de chansons en le faisant', assure l'*Antidote*. En disant qu'on fit faire ce lit en présence du tsar et de la tsarine, Chappe cherche une fois de plus à ridiculiser des coutumes anciennes (1770, 2ᵉ partie, p.69). Effectivement, ni Olearius ni Lévesque n'évoquent de chants à cette occasion.

77. 'Les cierges nuptiaux étaient placés à la tête du lit dans une cuve de vermeil remplie de blé [...] On étalait sous le lit vingt-sept gerbes de seigle, pour désigner apparemment la fécondité. Une couverture de zibeline devait garantir les époux des maléfices, & l'on avait soin de jeter sur le drap des grains de blé' (Lévesque, 1782, iv.49-50). Quand le marié est un grand seigneur, il entre dans la chambre accompagné d'amis qui plantent des flambeaux dans des tonneaux remplis de froments et d'orge (Olearius, 1659, p.173); ces grains 'dénoncent la fertilité de ce mariage' (*Voyages historiques de l'Europe*, 1693-1701, vii.147).

Après que le lit fut fait, le prince Nikitycz, qui tenait la place de père, et son épouse, qui tenait celle de mère, s'approchèrent de leurs Majestés, et les conduisirent au lit nuptial. Tout le monde se retira dans l'appartement ou salon nuptial, et toute l'assemblée se mit de nouveau à manger. La table était servie aussi splendidement que pour le dîner, avec cette différence cependant, que les femmes s'étaient retirées dans les appartements de la czarine, où l'on avait préparé un festin pareil. On resta à table jusqu'au lendemain matin à neuf heures, que le czar fit appeler le prince Nikitycz, et son épouse:[78] ils entrèrent dans l'appartement, avec les officiers et les dames de la noce. Leurs Majestés s'étant habillées, les seigneurs conduisirent le czar dans son appartement, où il leur donna à déjeuner avec du gâteau et des liqueurs. Les dames qui conduisirent la czarine dans le sien, furent traitées de même.

Le lundi, qui était le troisième jour de la noce,[79] le czar fut aux bains, avec les principaux seigneurs de la cour, et la czarine avec les principales dames. Leurs Majestés les prirent à la façon du pays: ils y dînèrent seuls, et firent servir sur d'autres tables ceux qui les y avaient accompagnées. Après les bains, le czar et la czarine furent reconduits à la chambre à coucher, et y furent suivis par tous les seigneurs et toutes les dames de la cour. Le czar entra le premier, et la czarine ensuite, la tête couverte d'un voile: elle se plaça à côté du czar au milieu de l'appartement. Le prince Nikitycz ôta avec une flèche[80] le voile de la czarine, afin que toute l'assemblée pût la voir. Le grand chancelier fit publier aussitôt dans le palais, au son de la trompette, que le czar permettait de voir la czarine.[81] Tout le monde fut admis à rendre hommage à leurs Majestés, à la façon de Russie, c'est-à-dire, en se prosternant à terre.[82] Il y eut le même jour dans les appartements du czar, un grand souper, et le jour suivant un pareil chez la czarine. Les hommes et les femmes furent admis à ces deux festins; leurs Majestés y soupèrent sur une table séparée, et un peu élevée.

Le czar ayant fait témoigner au patriarche, par le grand chancelier, le désir qu'il avait de le voir, ce prélat se rendit à la cour à la tête de son clergé. Le czar alla recevoir le patriarche à la porte de la chambre d'audience, préparée pour sa réception. Le prélat, après avoir donné la bénédiction à Sa Majesté avec la croix d'or, s'assit à son côté dans un

---

78. Dans les hautes classes de la société, un serviteur restait devant la porte des nouveaux mariés et demandait de temps en temps si l'affaire était faite; dès que le marié répondait oui, on faisait sonner trompettes et tymbales, puis les époux se rendaient aux bains (Olearius, 1659, i.173).

79. Impossible, objecte l'*Antidote*: on ne peut marier la veille des fêtes et des jeûnes, donc ni le samedi, ni le mardi, ni le jeudi (1770, 2ᵉ partie, p.70-71).

80. Coutume confirmée par Lévesque, 1782, iv.50.

81. Doublement absurde, selon l'*Antidote*: 1) la charge de grand-chancelier n'existait pas; 2) seuls ceux qui avaient assisté aux noces voyaient la tsarine (1770, 2ᵉ partie, p.72).

82. Non: en saluant, tout simplement, affirme l'auteur de l'*Antidote*, qui propose une leçon (approximative) de russe sur les termes qui signifient 'saluer' et 'se prosterner' (1770, 2ᵉ partie, p.73).

grand fauteuil un peu élevé, ainsi que celui du czar, qui était seul sur le trône. Après quelque temps de conversation, le garde des archives apporta le registre, où était le contrat de mariage du czar,[83] pour le faire signer au patriarche. Le clergé rendit ensuite ses hommages au czar, et lui fit les présents d'usage: ils consistaient en gobelets d'or et d'argent, en étoffes, et en peaux très précieuses.

Quelque temps après le czar se leva, prit le patriarche par la main, et le conduisit dans l'appartement de la czarine: elle alla le recevoir dans l'antichambre; elle fit entrer le patriarche le premier, et le czar ensuite. Tout le clergé suivait la czarine, qui reçut la bénédiction du patriarche avec la croix d'or. Quand il eut béni tout l'appartement, le clergé rendit ses hommages à la czarine, et lui fit des présents, ainsi qu'il avait fait au czar.

Ce prince conduisit après ces cérémonies, le patriarche et tout le clergé dans un grand salon, où l'on avait préparé un grand dîner. Les officiers qui devaient servir furent les seuls qui eurent la liberté d'y entrer.

Ces différentes cérémonies, qui se perpétuèrent jusqu'à Pierre Ier, nous font voir en même temps la grande autorité que les patriarches avaient acquise en Russie. Ils l'étendirent de plus en plus par la suite. 'Le souverain, suivant M. de Voltaire[*], marchait nue tête une fois l'an, devant le patriarche, en conduisant son cheval par la bride. Le patriarche Nicon, que les moines regardent comme un saint, et qui siégeait du temps d'Alexis, père de Pierre le Grand, voulut élever sa chaire au-dessus du trône. Non seulement il usurpait le droit de s'asseoir dans le Sénat[84] à côté du czar, mais il prétendait qu'on ne pouvait faire ni la guerre ni la paix sans son consentement.'[85]

Au commencement du règne de Pierre Ier, les Russes se mariaient, sans que les prétendus se fussent jamais vus.[86] Les parents du garçon envoyaient une espèce de matrone[87] chez les parents de la fille: *Je sais que vous avez de la marchandise*, leur disait-elle; *nous avons des acheteurs.* Après

---

* Tome I, pages 67 et 68.

---

83. Il n'y avait pas de contrat de mariage, conteste l'*Antidote*. Après la noce, le tsar donnait à la tsarine des terres qui lui servaient de douaire si elle survivait à son époux (1770, 2e partie, p.75-76).

84. Il n'y avait point alors de Sénat, remarque avec raison l'*Antidote*, qui juge que le clergé n'a usurpé que lorsque le prince l'a bien voulu (1770, 2e partie, p.78-79).

85. Voltaire, *Histoire de Pierre le Grand*, OC, t.46, p.500-501. Chappe a modifié la première phrase de Voltaire, et a sauté ensuite deux phrases.

86. La coutume s'est maintenue après le règne de Pierre le Grand, si l'on en juge par *Le Brigadier* de Fonvizine (1769). Dans cette comédie célèbre, la femme du brigadier confesse qu'elle n'a pas connu son mari avant son mariage, qui aurait pu avoir lieu dans les années 1740.

87. En France aussi, la plupart des mariages se faisaient ainsi, surtout parmi les gens de considération, rappelle l'*Antidote*, qui invoque la Nérine de *L'Avare*, capable de marier le Grand Turc à la République de Venise (*Antidote*, 1770, 2e partie, p.80)! Il s'agit en fait de Frosine.

quelques éclaircissements, et quelques jours de négociations, les parents se voyaient. Lorsque le garçon convenait à ceux de la fille, ils fixaient le jour de la cérémonie. On conduisait l'avant-veille du mariage le prétendu chez son épouse future: elle le recevait sans lui parler. Un de ses parents était chargé d'entretenir le garçon. Le prétendu envoyait le jour suivant un présent à la demoiselle: il consistait dans des confitures, du savon, et autres choses de ce genre. Elle n'ouvrait la boîte qu'en présence de ses amies, qu'elle envoyait chercher: elle s'enfermait avec elles, ne cessant de pleurer, pendant que ses amies chantaient des chansons analogues à son mariage.

On ne trouve plus que parmi le peuple des vestiges de ces derniers usages. Les mœurs européennes que Pierre Ier a tâché d'introduire dans ses Etats, ont détruit dans quelques endroits une partie des anciens préjugés. Depuis cette époque on se recherche en mariage. Parmi les grands, les fortunes et les grandes alliances décident les parents; les enfants, comme partout ailleurs, sont rarement consultés.

Les mœurs européennes ont cependant fait peu de progrès en Russie, parce qu'elles n'ont aucun rapport avec ce gouvernement despotique:[88] elles y ont introduit le luxe, et la communication du Russe avec l'étranger; ses voyages surtout l'on rendu plus malheureux, parce qu'il a eu dès lors un terme de comparaison de son état avec celui de l'homme libre.

J'ai vu cette nation à huit cents lieues de la cour, et par ce moyen j'ai été à portée de la connaître.

La société en général est peu connue en Russie, surtout au-delà de Moscou. Eh! comment pourrait-elle se former dans un gouvernement où personne ne jouit de cette liberté politique qui établit partout ailleurs la sûreté de chaque citoyen? Tout le monde se craint mutuellement: de là la méfiance, la fausseté, la fourberie.[89] L'amitié, ce sentiment qui fait le

---

88. Mais au Danemark, le souverain est absolu, et les mœurs européennes, rétorque l'*Antidote*, 2e partie, p.83. L'argument a été réfuté par Deleyre, 1774, p.11: 'Les Russes et les Danois n'ont pas les mêmes préjugés que les Turcs, quoique soumis à un pouvoir également arbitraire. Parce que ces deux nations jouissent d'une administration plus supportable, de quelques règlements écrits, elles osent penser ou dire que leur gouvernement est limité: mais quel homme éclairé ont-elles persuadé? Dès que le prince institue les lois et les abolit [...], dès que son caprice devient loi [...], si ce n'est pas là le despotisme, qu'on nous dise quelle espèce de gouvernement ce pourrait être?'

89. Lieux communs des voyageurs. Sur la méfiance des Russes, voir Margeret, 1983, p.60; Avril, 1692, p.218; La Neuville, 1698, p.224-25; Olearius, 1659, i.146-48. Sur la fausseté et la fourberie, voir Margeret, 1983, p.117; Beauplan, 1660, p.6; La Neuville, 1698, p.192. On retrouvera ces stéréotypes chez Custine, qui parlera de la 'défiance excessive' des Russes (Custine, 1843, iii.33), de leur 'mauvaise foi' (iii.34) et de leur 'naturel dans la fausseté' (ii.210). J. Legras explique le mensonge des Russes par le servage (les rapports artificiels entre maîtres et serfs) et par l'immensité du pays, où toute vérification est difficile: loin du centre, beaucoup d'administrateurs ou de fonctionnaires se croyaient sûrs de l'impunité (Legras, 1934, p.139).

charme de la vie, n'a jamais été connue en Russie:[90] elle suppose une sensibilité d'âme qui identifie deux amis, et des épanchements de cœur qui mettent en commun leurs plaisirs et leurs peines. Les hommes ayant peu de considération pour les femmes au-delà de Moscou, elles ne sont pour rien dans la société; et sans elles comment en former? Elles vivent presque toujours enfermées dans l'intérieur de leurs maisons: elles y passent leurs jours dans l'ennui, au milieu de leurs esclaves, sans autorité et sans occupation; elles ne jouissent pas même du plaisir de la lecture, parce que la plupart ne savent pas lire. Les hommes y sont aussi ignorants que les femmes.[91] On se voit de temps en temps en grande cérémonie: les gouverneurs et les principaux magistrats donnent de grands dîners plusieurs fois dans l'année. Les parents s'assemblent de même de temps à autre, pour fêter le saint de la famille; mais ils admettent rarement dans ces festins des personnes qui ne soient pas alliées. Dans les grands repas on invite les hommes et les femmes; mais ils ne sont ni à la même table, ni dans le même appartement. La maîtresse de la maison ne paraît à l'appartement des hommes qu'au moment qu'ils vont se mettre à table: elle porte un grand cabaret couvert de verres remplis d'eau-de-vie: elle en présente dans un état d'humilité à tous les convives, qui ne la regardent seulement pas: on lui remet les verres, et elle se retire aussitôt.

Leurs repas sont toujours très nombreux; tous les états y sont invités: le militaire, le clergé, le magistrat et le négociant, sont tous à la même table; mais avec cette différence, qu'on y observe mieux que dans aucune cour d'Allemagne, l'étiquette du rang: les militaires y sont placés suivant leur grade; il en est de même des autres états; on n'a aucun égard à la naissance.

On sert tous les mets à la fois. La viande coupée en petits morceaux dans du bouillon, forme leur potage. Ils font quelquefois des ragoûts; mais on ne peut en manger qu'autant qu'on y est accoutumé. La table est couverte communément de plusieurs pyramides de rôt: la plupart de ces pyramides sont composées de différentes sortes de gibier, et les autres de

---

90. 'Car l'amitié, qui est en vénération parmi tant de nations du monde, n'a jamais eu d'estime parmi les Moscovites' (Mayerberg, 1858, i.70). Comment priver vingt millions d'hommes et plus de l'amitié et de la sensibilité qui est nécessaire pour en avoir, s'étonne l'*Antidote* (1770, 2ᵉ partie, p.91).

91. Autre lieu commun, non dénué d'une certaine pertinence. L'ignorance des Russes, relevée par les voyageurs du XVIIᵉ siècle, puis par ceux du XVIIIᵉ (Weber, 1725, i.423-24, et Jubé, 1992, p.79, 101, 121), est encore signalée, après Chappe, par Mme de Staël, Masson, Ancelot, Alexandre Dumas... L'*Antidote* réagit en donnant des exemples de l'ignorance des 'Welches' et en indiquant qu'il y a cinq cents jeunes filles dans l'Institut créé par Catherine II [l'Institut Smolny] et autant de jeunes gentilshommes dans le corps des cadets (1770, 2ᵉ partie, p.95-96). Depuis Pierre le Grand, l'effort avait porté surtout sur la création d'établissements d'enseignement secondaire et supérieur. Les écoles primaires étaient alors inexistantes, et, malgré les réformes d'Alexandre II, la Russie, à la fin du XIXᵉ siècle, conservera son retard: 21% de la population sachant lire et écrire, soit à peu près la situation de la France sous Louis XIV (Berelowitch, 1978, p.285).

viande de boucherie. On sert en même temps des confitures de la Chine, et celles qu'ils font avec les fruits du pays.

Leur façon d'être à table, et leurs usages, ressemblent beaucoup, à ce qui paraît, à ceux de quelques cantons d'Allemagne; mais ils n'en ont pris que le ridicule, qu'ils ont encore augmenté. Un profond silence règne pendant le dîner; il n'est interrompu de temps en temps que par les santés qu'on porte.

A peine est-on à table que chacun verse dans son verre du vin factice que j'ai décrit ailleurs; puis tous se lèvent aussitôt pour boire à la santé les uns des autres. On appelle chaque convive par son nom de baptême, de famille, et l'on avale une goutte de vin à chaque santé.

J'ai assisté à quelques-uns de ces dîners, composés de plus de soixante personnes: elles se saluaient toutes en même temps. Leurs attitudes et le mélange des différents sons offraient un spectacle assez singulier. Pierre ne pouvant se faire entendre de Jacques, s'allongeait sur la table, et criait de toutes ses forces: dans ce moment il était interrompu par François, qui le saluait, ou par un coup de tête de Philippe, qui en se retournant de droite à gauche, ignorait sa posture. Philippe avait bientôt son tour en portant son verre à la bouche: son voisin lui donnait un coup de coude; et en renversant une partie de son vin, l'interrompait dans le moment le plus intéressant. Ces différentes scènes, variées sous différentes formes, se répétaient presque à chaque endroit de la table. Le tableau était d'autant plus plaisant, que tous les personnages n'étaient pas également patients. Quant à moi, je ne trouvai jamais le moment de boire à la santé de personne. Je ne cessai cependant tout le temps, de remuer la tête à droite, à gauche et en avant. On regarde comme un grand talent celui de saisir les moments si à propos, qu'on boive à la santé de tout le monde en conservant sa dignité, et sans éprouver aucun accident.

Cette première santé étant portée, on s'assied, et l'on a la liberté de manger quelques moments. On place dans quelques endroits de la table des vases de verre en forme de cylindres: ils ont six pouces de haut sur quatre pouces de large. Chaque convive qui est à portée d'un de ces vases, le prend, et boit à même. Un convive commettrait une grande impolitesse, s'il prenait un verre pour ne pas boire dans le même vase que son voisin. Cet usage est non seulement dégoûtant,[92] mais encore très dangereux, à cause du scorbut, très commun en Russie.

A peine a-t-on mangé quelques minutes, qu'on boit à la santé de l'empereur. Cette santé se porte différemment: on place sur la table, devant la personne la plus distinguée, un grand bocal de verre, qui a un couvercle de la même matière. Cette personne se lève, ainsi que son voisin de la droite: elle donne à celui-ci le couvercle, verse du vin dans le

---

92. L'*Antidote* est de cet avis, et se félicite de n'avoir jamais participé aux festins des cordonniers de Tobolsk (1770, 2ᵉ partie, p.105)! A noter que le scorbut n'est pas une maladie contagieuse.

vase, et annonce qu'elle boit à la santé de l'empereur, en saluant toute l'assemblée. Après avoir bu elle remet à son voisin le bocal, et celui-ci remet le couvercle à celui qui le suit. Toute l'assemblée boit ainsi à la santé de l'empereur, tandis qu'une troupe de musiciens chantent des chansons analogues à la cérémonie.

On boit de même, et dans le même ordre, à la santé des princes et des princesses de la famille royale, et l'on continue de manger pendant quelque temps.

On commence ensuite les santés de tous les convives, avec un autre bocal de verre: mais il n'est point de la beauté du premier; il a pour couvercle une croûte de pain.

Cette cérémonie d'ailleurs se pratique de même, à cela près, qu'en remettant le couvercle à son voisin, on lui dit le nom de baptême et de famille de celui à la santé duquel on va boire, et on doit le répéter en le saluant; ce qui devient assez embarrassant pour un étranger, parce que les Russes ont trois ou quatre noms de baptême.[93] Cette cérémonie se fait dans le plus grand sérieux, et l'on doit être très exact à tout ce détail, qui se continue à la ronde. Malgré ma bonne volonté, la cérémonie manquait toujours à moi. J'oubliais la multitude des saints qu'on me nommait, et dont la plupart n'avaient jamais été dans la liste des nôtres. J'en étais cependant très mortifié. J'avais d'ailleurs communément pour voisin un Russe très zélé observateur de la règle: il avait acquis le droit d'être le législateur de la police de la table, et il était de fort mauvaise humeur lorsqu'on y manquait. Ce Russe avait la bonté de suppléer à mon incapacité; mais il fut aussi embarrassé que moi dans un instant où il m'arriva des deux côtés deux croûtes de pain, dont l'une avait fait, contre l'ordre, plusieurs naufrages dans les assiettes et dans le bocal. Ne sachant à qui répondre, ni l'usage de ces deux croûtes, je lui remis toute l'affaire entre les mains, et je m'assis. On lui représenta que l'assemblée étant composée de soixante convives, on avait fait venir un second bocal, pour accélérer la cérémonie; mais il décida qu'il valait mieux rester deux heures de plus à table, et ne pas manquer aux usages reçus.

Enfin on se leva de table, et l'on passa dans un autre appartement. Je crus d'abord que le dîner était fini, et qu'il n'était plus question que de prendre du café; mais je fus bien étonné de trouver une petite table couverte de confitures de la Chine. Quatre grands drôles y attendaient la compagnie avec des bouteilles d'hydromel, de bière, et de différentes liqueurs faites avec de l'eau-de-vie. D'autres apportèrent des cabarets couverts de verres. On se mit à boire de nouveau; la cérémonie est pour lors bannie du festin. Les Russes, quoique accoutumés à ce genre de vie, résistent rarement à l'excès des liqueurs qu'ils boivent après le dîner: elles sont d'ailleurs très spiritueuses, et l'on ne cesse de boire jusqu'au soir.

---

93. Mensonge formel dû à l'ignorance de l'abbé, constate l'*Antidote* (1770, 2ᵉ partie, p.107).

Si l'on va se promener dans la campagne, les bouteilles et les verres suivent partout la compagnie: c'est ce qu'on appelle bien faire les honneurs.

Quelques voyageurs prétendent que les femmes se livrent, ainsi que les hommes, à tous les excès de la boisson.[94] J'ai vu partout le contraire. Les femmes, après le dîner, restent dans le même appartement, où elles continuent de s'ennuyer; car trente femmes sans hommes ne peuvent que s'ennuyer.

On fait un très grand plaisir aux habitants de les aller voir; c'est ce qu'on appelle *aller en gast*.[95] Dès le moment qu'on est entré, la femme paraît avec le mari; elle donne un baiser sur la bouche à toute la compagnie. Souvent c'est une vieille septuagénaire qui arrive en clopinant, avec une tête tremblante, et quelques restes de dents pourries; mais qu'elle soit vieille ou jeune, laide ou jolie, la cérémonie est toujours la même; ce serait un crime dans tous les cas d'y porter de la gaieté. J'ai connu une personne en Sibérie qui dans ces circonstances allait quelquefois au devant des dames; et quoique l'étiquette exigeât qu'il eût un air bourru, un joli minois le dissipait toujours. Un de ses amis l'avertit qu'il manquait essentiellement aux femmes, qui ne s'en plaignaient pas, et aux hommes, qui en étaient très mécontents.

Après cette première cérémonie, la maîtresse de la maison se retire. Elle reparaît presque aussitôt avec un cabaret et des verres remplis de liqueurs: tout le monde se lève; elle en offre; on se salue, on boit, on mange pendant quelque temps, et l'on s'en va. Dans les intervalles les hommes font quelquefois la conversation; mais les femmes n'en font jamais. Si un étranger arrive, il engage l'assemblée à aller lui faire une visite; ce qui ne se refuse jamais. On ne sort de chez lui qu'après avoir bien bu, et pour aller boire chez un autre voisin. On passe ainsi toute l'après-midi à faire des visites, et communément on se retire ivre.

Toute la nation, depuis Moscou jusqu'à Tobolsk, ne connaît point d'autre plaisir de société: on danse quelquefois; mais cela est très rare, excepté dans les mariages[*].

Depuis cinquante ans environ, les femmes ont secoué à Moscou et à Saint-Pétersbourg, le joug de l'esclavage de leurs maris.[96] Avant ce temps elles vivaient et elles étaient traitées de la même manière que dans le reste

---

[*] Je parlerai ailleurs de leurs bals.

---

94. Voir ci-dessus, ch.4, n.63.

95. Ce germanisme, noté par l'*Antidote* (1770, 2ᵉ partie, p.110), ne laisse pas de surprendre. Chappe confond l'allemand *Gast* avec le russe *gost'*, de même sens (hôte, invité ou non). L'expression russe est *idti v gosti*.

96. L'*Antidote* relève une contradiction avec la p.379, éd. présente, où, selon Chappe, toute la nation russe ne voit dans la femme qu'une esclave (*Antidote*, 1770, 2ᵉ partie, p.115). A la p.383 Chappe parlait aussi de la servitude de la femme, symbolisée par les poignées de verges qu'elle devait présenter à son mari, alors que la coutume était abolie depuis Pierre le Grand (ci-dessus, ch.5, n.30).

de la Russie. Si les mœurs n'y ont pas beaucoup gagné,[97] c'est qu'elles étaient trop corrompues avant ce changement. En général un homme a toujours de grands torts dans toute la Russie s'il n'est qu'aimable.

Le séjour de Moscou m'a paru préférable, à beaucoup d'égards, à celui de Saint-Pétersbourg.[98] La ville de Moscou n'étant éloignée que de deux cents petites lieues de Saint-Pétersbourg, les gouverneurs sont trop à portée du souverain, pour être des tyrans; et les habitants en sont assez éloignés, pour ne pas craindre l'échafaud par de légères indiscrétions de société*. On cherche le plaisir à Moscou; on ose à peine en parler à Saint-Pétersbourg.

Le peuple russe n'ayant aucune idée de la liberté, est beaucoup moins malheureux que la noblesse. Il a d'ailleurs peu de désirs, et par conséquent moins de besoins: il ne connaît, principalement au-delà de Moscou, ni industrie ni commerce. Le Russe n'ayant rien en propre, est communément indifférent sur tout ce qui peut augmenter ses richesses. La noblesse même ayant toujours à craindre l'exil, et la confiscation de ses biens, s'occupe moins de les améliorer, que des moyens de se procurer promptement des fonds pour satisfaire ses goûts du moment.

Les paysans russes se nourrissent fort mal; et par conséquent facilement livrés à la fainéantise dans leurs poêles, ils y vivent dans la débauche des femmes et de l'eau-de-vie; mais ils ne peuvent pas toujours se procurer cette boisson. Si on ne les jugeait que sur la vie languissante qu'ils mènent, on leur supposerait peu d'idées; ils sont cependant fins, rusés, et plus fripons qu'aucune autre nation. Ils ont encore une adresse peu commune

---

* M. de Montesquieu rapporte, Liv. 12, chap. 12 *Des paroles indiscrètes*, que dans le *Manifeste* de la feue czarine, donné contre la famille d'Olgorouki en 1740, un de ces princes est condamné à mort pour avoir proféré des paroles indécentes qui avaient rapport à la personne de la czarine: un autre pour avoir malignement interprété ses sages dispositions pour l'empire, et offensé sa personne sacrée par des paroles peu respectueuses.[99]

---

97. Nous ne valons rien et nous ne vaudrons jamais rien, quoi que nous fassions, proteste l'*Antidote* (1770, 2ᵉ partie, p.115). Il est vrai que, sous le vernis occidental, les mœurs russes demeuraient à peu près inchangées. Mais il est vrai aussi que Chappe se demande si les Russes sont capables de progresser.

98. Chappe n'est resté que quelques jours à Moscou, à l'aller et au retour, alors qu'il a séjourné sept mois à Saint-Pétersbourg, du 13 février au 10 mars 1761, et du 1ᵉʳ novembre au début de mai 1762. Saint-Pétersbourg ne saurait être aussi agréable que Moscou, accorde l'*Antidote*, car n'y habitent que des marchands ou des gens que le devoir de leur charge oblige à y demeurer. Mais on sait y trouver le plaisir comme ailleurs (1770, 2ᵉ partie, p.117-18). Pour J.-N. Delisle, au contraire, Moscou est une ville 'qui en bien des endroits ne vaut pas Petersbourg' (Delisle, 1740, troisième cahier non paginé).

99. Le passage de *De l'esprit des lois*, très bien à sa place pour assurer qu'il ne faut pas punir de mort des paroles indiscrètes, ne peut prouver que les Dolgorouki aient été condamnés pour de simples paroles, estime l'*Antidote*: il y avait d'autres charges contre eux (1770, 2ᵉ partie, p.118). Il s'agissait en fait d'un règlement de compte avec les Dolgorouki, qui s'étaient opposés au pouvoir absolu d'Anna Ivanovna: Ivan Alekseevitch, favori de Pierre II, fut torturé et condamné à la roue, Vassili Loukitch eut la tête tranchée, les autres membres de la famille furent persécutés.

pour voler.[100] Ils n'ont pas le courage que quelques philosophes ont attribué aux peuples du nord; les paysans russes sont au contraire d'une lâcheté et d'une poltronnerie incroyable.

Ils n'ont aucun principe de morale: ils craignent plus de manquer au jeûne du Carême, que d'assassiner leur semblable, surtout un étranger: ils prétendent et croient qu'il n'est pas du nombre de leurs frères.

L'esclave russe et l'esclave polonais[101] paraissent contraires en tout: le premier néglige l'agriculture; en général il est sans mœurs, fin et rusé.[102] L'esclave polonais au contraire cultive les terres avec plaisir: il a des mœurs, et il est stupide. La différence du gouvernement des deux nations me paraît suffisante pour expliquer ces contrariétés, indépendamment des autres causes qui peuvent y avoir concouru.

L'esclave polonais possède des terres en propre; il est tout simple qu'il aime à les cultiver: il peut alors satisfaire ses besoins, et jouir des agréments de la vie sans avoir recours au crime. Il est d'ailleurs commandé par une noblesse libre, qui peut dans tous les cas pratiquer impunément la vertu. S'il est stupide, c'est qu'il est asservi. L'esclave russe n'ayant pas un pouce de terrain, dont il puisse disposer,[103] l'agriculture lui est indifférente: il veut jouir, il aime l'eau-de-vie; mais il ne peut s'en procurer communément que par les vols et les forfaits: la crainte de la punition le rend fin et rusé.

L'esclavage a détruit chez les Russes tous les droits de la nature: l'homme est en Russie une denrée de commerce[104] qu'on vend quelquefois

---

100. Nicolay d'Arfeuille écrivait déjà que les 'Moscovites et Russiens' étaient 'les plus cruels volleurs de tous les septentrionaux' (Arfeuille, 1582, f.15-16). Le P. Avril observait la présence de voleurs dans les campagnes russes (Avril, 1692, p.152). Pour l'abbé Georgel, le vol est l'un des vices nationaux des Russes (De Grève, 1990, p.1095), et pour Masson, leur vice le plus répandu après l'ivrognerie (Masson, 1800, ii.52-54).

101. Signet de Voltaire avec la mention 'esclaves' (*CN*, 1983, ii.488). Pour Bernardin de Saint-Pierre, le paysan russe est traité moins durement que le polonais (Bernardin de Saint-Pierre, 1833, i.22).

102. 'Le Russe enfin dans le commerce est fin, rusé, subtil, tracassier, trompeur', note de son côté l'auteur du manuscrit *De la Russie*, 1757, f.10r.

103. Chappe présente sous un jour idyllique la situation du serf polonais, plus complexe qu'il ne le dit. Sa misère était réelle, même si on l'a parfois exagérée (voir Fabre, 1952, p.25-29), car il ne possédait rien, comme le rappelait Jaucourt d'après l'abbé Coyer: 'il ne sauroit dire mon champ, mes enfans, ma femme, tout appartient au seigneur' (art. 'Pologne', *Encyclopédie*, xii.930a). Quant au serf russe, il avait la jouissance d'une parcelle de terre (*nadel*) laissée à son exploitation par le propriétaire en échange de redevances en argent ou en nature. Cette parcelle était redistribuée périodiquement au sein de la communauté paysanne (*obchtchina*). Le paysan russe, en tant que chef de famille, disposait aussi d'une portion de terre concédée directement par le propriétaire. La jouissance privée de cette sorte de 'tenure' paysanne s'opposait à la jouissance collective des terres de l'*obchtchina*.

104. Radichtchev décrira avec indignation la 'vente ignominieuse' des serfs, qui séparait les membres d'une même famille (Radichtchev, 1988, p.296-300). 'Je ne suis nullement l'avocat de la servitude', écrit l'auteur de l'*Antidote*, 'mais la vérité m'oblige de dire que les choses ne sont point dans l'état dans lequel il plaît à l'abbé de les représenter. Ne dirait-on pas qu'on vend chez nous les hommes au marché comme à Constantinople et comme les

à vil prix; on arrache souvent des enfants des bras de leurs mères, pour les vendre à des personnes livrées à la débauche. La joie dont les autres peuples jouissent en mettant au monde le fruit de leurs amours légitimes, n'est point faite pour les Russes. Ce fruit est au contraire une source d'amertume pour une jeune femme: elle sait que cet enfant peut lui être enlevé au moment qu'il joue sur ses genoux; elle l'allaite, elle se donne des soins pénibles pour l'élever; il se développe, et le terme où elle pourra en être privée approche chaque jour: elle ne peut jamais se flatter qu'elle trouvera dans cet enfant chéri un soutien, un ami dans sa vieillesse. Si plus avancé en âge il est témoin des larmes que ces affreuses réflexions font verser à sa mère, il lui en demande la raison; il lui prend les joues avec ses deux mains, il les couvre de baisers, et finit par pleurer avec elle.[105]

Les animaux les plus vils jouissent des plaisirs attachés à la naissance de leurs petits: l'homme en Russie est le seul être qui ne puisse pas en goûter de semblables. Cet avilissement y détruit tous les principes d'humanité, et toute espèce de sentiment. Etant entré, à mon retour de Tobolsk à Saint-Pétersbourg, dans une maison pour m'y loger, j'y trouvai un père enchaîné à un poteau au milieu de sa famille: aux cris qu'il faisait, et au peu d'égards de ses enfants pour lui, je jugeai qu'il était fou; mais point du tout. En Russie ceux qui sont chargés de recruter les troupes, parcourent les villages; ils choisissent les hommes propres pour le service, ainsi que les bouchers vont partout ailleurs dans les étables pour y marquer les moutons. Son fils avait été désigné pour servir; il s'était sauvé sans qu'il s'en aperçût: le père était prisonnier chez lui; ses enfants en étaient les geôliers, et on attendait chaque jour son jugement. J'éprouvai à ce récit, et au tableau que j'avais sous les yeux, un frémissement d'horreur, qui m'obligea d'aller prendre à l'instant un logement ailleurs.

Cette conduite a rendu les Russes cruels et barbares: ce sont des animaux que leurs maîtres croient devoir écraser avec un sceptre de fer,[106] pendant qu'ils sont sous le joug*.

La noblesse russe ayant perpétuellement sous les yeux des esclaves cruels et méchants, a contracté une dureté qui n'est point dans son caractère: rampante vis-à-vis du despote, de ses supérieurs, et de tous ceux

---

* La corruption du peuple russe dans l'état actuel, exige qu'on le tienne dans une dure servitude pendant qu'il est esclave: mais l'homme qui réfléchit conçoit aisément qu'on pourrait, en prenant des précautions, le ramener à la liberté, sans avoir à craindre les inconvénients qui se présentent d'abord. Esclave, il sera toujours corrompu.

Français et les Anglais achètent les nègres des côtes d'Afrique?' On vend des laboureurs avec les terres, mais il y a des lois qui défendent des ventes inhumaines (1770, 2ᵉ partie, p.128-29).

105. 'L'Abbé a oublié qu'il a dit quelque ligne plus haut que chés les Russes toutes sensibilité étoit détruite', remarque l'*Antidote* (1770, 2ᵉ partie, p.130).

106. 'Le plus grand seigneur de l'empire n'est pas moins esclave que son palefrenier' (Schwan, 1764, p.47). 'Quelle est la nation moderne qui puisse se vanter d'avoir été appellée en corps pour composer ses loix?', interroge l'*Antidote* (1770, 2ᵉ partie, p.135).

dont elle croit avoir besoin, elle traite avec la plus grande dureté ceux sur lesquels elle peut avoir des droits, ou qui n'ont pas la force de lui résister.

Le peuple en Russie n'ayant rien à démêler avec le souverain, il paraîtrait qu'on devrait du moins trouver le plaisir dans cette classe de la nation. Partout ailleurs les paysans s'assemblent les jours de fêtes: les pères réunis au cabaret, souvent à l'ombre d'un tilleul, se délassent de leurs travaux, en buvant quelques bouteilles de vin; ils s'entretiennent des moyens d'accroître leurs revenus, quelquefois de politique, pendant qu'un mauvais joueur de violon assis sur un tonneau, procure à leurs enfants les plaisirs les plus vifs.

Ces plaisirs sont inconnus en Russie: le peuple danse quelquefois, principalement certains jours de carnaval; mais il est dans ce temps livré à la débauche et à l'ivrognerie:[107] on n'ose pas même se mettre en route, de crainte d'être insulté par cette populace. Les paysans en Russie sont communément dans leurs poêles les jours de fêtes, ou ils restent debout devant la porte, sans faire aucun exercice: l'oisiveté est pour eux le plus grand plaisir, après ceux de l'eau-de-vie et des femmes. Si un paysan russe possède quelque argent, il va seul au *cabat* (cabaret);[108] il le dépense, et s'enivre dans quelques minutes: il ne craint plus qu'on lui enlève sa fortune.

Les jeunes paysannes s'amusent quelquefois dans les beaux jours à sauter par le moyen d'une planche posée en équilibre sur une poutre couchée par terre: elles se placent debout sur l'extrémité de la planche, et s'élèvent tour à tour à cinq à six pieds de hauteur, avec la plus grande adresse.[109] On ne voit jamais d'hommes à ces exercices, et en général ils sont rarement avec les femmes hors de leurs chaumières.

---

107. Voir ci-dessus, ch.I, n.62.

108. Le cabaret se dit *kabak*. Chappe ment, proteste l'*Antidote*: les paysans ne vont pas seuls au cabaret, mais 'par troupes'; 'il n'y a pas au monde de plus grands causeurs que le petit peuple russe' (1770, 2ᵉ partie, p.139).

109. Olearius décrivait ainsi ce divertissement: 'Elles couchent au travers d'un bloc une grande planche et se mettant sur les deux bouts elles se donnent le branle et se bercent, et par un mouvement violent elles se jettent et sautent bien haut en l'air' (Olearius, 1659, i.174). Jubé mentionne lui aussi 'ces longues planches où les femmes et filles se font sauter d'une manière aussi étonnante qu'indécente', et illustre son propos par un croquis (Jubé, 1992, p.223). Custine observera également ce jeu (Custine, 1843, iii.216-18).

[6]. Des animaux domestiques et sauvages, des oiseaux, des poissons et des insectes

Toute la nation se nourrit très mal en Russie, surtout depuis Moscou jusqu'à Tobolsk, ainsi qu'on l'a vu dans le détail que j'en ai fait. On trouve cependant en abondance sur cette route, tout ce qui est nécessaire à la vie, excepté du pain et du vin. Les rivières abondent en poisson, et les campagnes en gibier de toute espèce. Le paysan mange rarement de la viande de boucherie, et encore moins de gibier: il paraît assez indifférent sur ces mets. Sa principale nourriture est le poisson, parce qu'il peut s'en procurer beaucoup, avec la plus grande facilité. Le poisson est si commun, surtout en Sibérie, qu'au lieu d'en acheter aux pêcheurs, on fait souvent marché avec eux pour un ou plusieurs coups de filet, au risque des événements. On est toujours sûr d'avoir pour neuf ou dix sous assez de poisson pour nourrir toute une famille pendant plusieurs jours. On se procure aisément du gibier à vil prix; mais les Russes l'accommodent mal, et avec la plus grande malpropreté. Bien des personnes vivent ailleurs pour les plaisirs de la table; un étranger ne prend de nourriture en Russie que pour vivre.[1]

La perdrix est très commune à Tobolsk et dans toute la Russie, ainsi que le coq de bruyère, la gélinotte et la caille; mais tous ces oiseaux ont un goût de marais très désagréable. On trouve de même dans les environs de Tobolsk et dans toute la Sibérie septentrionale, des bandes innombrables d'oiseaux aquatiques; mais la plupart, ainsi que les oiseaux de proie, sont connus dans le reste de l'Europe.

J'ai rapporté des environs de Tobolsk les oiseaux suivants:

le paon de mer	le petit morillon
l'huîtrier ou la pie de mer	la grande sarcelle et la petite
le vanneau suisse	le canard sauvage ordinaire
le vanneau gris	la grande mouette cendrée
la barge brune	le goéland
la grande barge grise	le grand courlis
la canard siffleur	la macreuse
le canard à longue queue	le plongeon.

---

1. Sur la mauvaise nourriture et les plats mal accommodés en Russie, voir Miège, 1857, p.317-18; Mayerberg, 1858, i.57; La Neuville, 1698, p.26-28 et 182-83; Jubé, 1992, p.133-34; Dumas, 1860, 3, p.168.

Tous ces oiseaux ayant paru dans différents ouvrages, je n'ai fait graver que les deux derniers, parce qu'ils diffèrent à quelques égards, de ceux dont M. Brisson[2] a donné la description dans son *Ornithologie**.

Le plongeon de Sibérie (n° IX)[†] paraît être celui que M. Brisson a décrit sous le nom de plongeon à gorge rouge (Tome VI, page 111)

---

* On trouve aussi quelques-uns de ces oiseaux dans l'ornithologie de M. Salerne, imprimée en 1766, et qui se vend chez Debure Père, libraire.

†   *Le plongeon à gorge rouge* (n° IX)
Il est un peu plus gros que le canard domestique: sa longueur depuis le bout du bec jusqu'à celui de la queue, est d'un pied onze pouces six lignes, et jusqu'à celui des ongles, de deux pieds trois pouces sept lignes: son bec depuis sa pointe jusqu'aux coins de la bouche, a deux pouces dix lignes de long: sa queue un pouce dix lignes: son pied deux pouces huit lignes: celui du milieu des trois doigts antérieurs joint avec l'ongle, a trois pouces une ligne, l'extérieur trois pouces trois lignes, l'intérieur deux pouces huit lignes: et celui de derrière huit lignes seulement. Il a trois pieds huit lignes de vol: et ses ailes, lorsqu'elles sont pliées, ne s'étendent guère au-delà de l'origine de la queue: le sommet de la tête est couvert de petites plumes brunes dans leur milieu, et cendrées sur leurs bords: tout le reste de la tête, la gorge et les côtés du cou, jusque vers les deux tiers de sa longueur, sont cendrés: l'occiput et le dessus du cou, ainsi que ses côtés dans sa partie la plus voisine du corps, sont couverts de petites plumes brunes bordées de blanc des deux côtés: ce qui les fait paraître variées de taches longitudinales, les unes brunes, les autres blanches: cependant les plumes du cou qui approchent le plus du dos, au lieu d'être bordées de blanc, sont marquées seulement sur leurs bords, de petites taches de cette couleur: le dos, le croupion et les couvertures du dessus de la queue, sont d'un brun brillant: les plumes scapulaires sont de la même couleur, quelques-unes étant marquées de quelques petites taches blanches. Sur la partie inférieure du cou, est une tache d'un très beau marron[‡], longue de quatre pouces, et large dans sa partie inférieure d'environ dix-huit lignes: elle a la figure d'un triangle isocèle, dont le sommet est tourné vers la gorge. Au-dessous de cette tache, la partie inférieure du cou est couverte de plumes brunes dans leur milieu, et bordées de blanc dans toute leur circonférence. La poitrine, le ventre et les jambes sont d'un très beau blanc: les côtés sont couverts de plumes brunes, dont la plupart sont bordées de blanc: les couvertures du dessous de la queue sont pareillement brunes, et presque toutes bordées de blanc par le bout: celles du dessous des ailes sont blanches: quelques-unes des plus grandes ont cependant un peu de cendré sur leur côté extérieur: les petites couvertures du dessus des ailes, et les grandes les plus éloignées du corps, sont d'un brun brillant: les moyennes et les grandes les plus proches du corps, sont de la même couleur, et marquées sur leurs bords de quelques petites taches blanches: l'aile est composée de trente plumes d'un brun foncé et presque noirâtres, mais qui sont d'une couleur beaucoup plus claire à leur origine du côté intérieur seulement: les deux plus proches du corps sont de plus marquées de quelques petites taches blanches placées sur leurs bords vers leurs extrémités: la première des plumes de l'aile est fort courte: la seconde est la plus longue de toutes: la queue est composée de vingt plumes brunes: celles du milieu sont un peu plus longues que les latérales, qui vont toujours en diminuant de longueur par degrés, jusqu'à la plus extérieure de chaque côté, qui est la plus courte: ce qui rend le bout de la queue arrondi: le bec est noir: les pieds, les doigts, ainsi que leurs membranes et les ongles, sont noirâtres: cependant le côté intérieur des pieds et des doigts tire un peu sur le rougeâtre. On trouve ce plongeon dans les mers du nord, et il fait son nid sur de petites élévations qui se trouvent dans les rivières. Il ne pond que deux œufs. *Du Cabinet de M. de Réaumur.*

‡ Dans le plongeon que j'ai rapporté, cette tache est d'un très beau marron: mais sa longueur n'est que de deux pouces six lignes: sa largeur dans sa partie inférieure est de quinze lignes, et dans sa partie supérieure de huit lignes. Au-dessus de cette tache, la partie

---

2. Mathurin Brisson (1723-1806), naturaliste, membre de l'Académie des sciences, auteur d'un *Règne animal* (Paris, 1756) et d'une *Ornithologie* (1760).

IX. Plongeon à gorge rouge
Collections de la Bibliothèque municipale de Rouen.
Photographie Thierry Ascencio-Parvy

(n° III). La description que j'en donne ici est la même que celle de cet académicien. Je renvoie à des notes les différences que j'y ai observées.

J'ai rangé le second oiseau (n° X)* dans la classe des macreuses. J'ignore si cette espèce de macreuse a été gravée: elle a cependant quelque rapport avec celle dont M. Brisson a donné la description (Tome VI, page 420, n° 28). On pourra s'en assurer, en comparant ma description à celle de cet auteur. Je me suis rapproché de la sienne dans tous les cas où les rapports de ces deux oiseaux me l'ont permis, afin de les faire mieux connaître.

On voit encore dans les environs de Tobolsk des pélicans, des cygnes, et quelques grèbes. Les paons de mer varient à l'infini; on en trouve à peine deux qui se ressemblent.

Les rivières et les lacs de Sibérie, ainsi que ceux de Russie, contiennent presque tous les poissons qu'on trouve en Europe, les truites, les brochets, les tanches, les brèmes, les carpes; mais les anguilles, les écrevisses, les saumons ordinaires, et les éperlans, y sont très rares. On y trouve toutes les espèces d'esturgeons. Le poisson blanc est le plus commun de tous.

---

inférieure du cou est couverte de petites plumes, brunes dans leur milieu, et bordées de blanc dans toute leur circonférence: la poitrine, le ventre et les jambes, sont d'un très beau blanc soyeux, semblable à celui des grèbes.

‡ *La macreuse* (n° X)

Elle est un peu plus grosse que le canard domestique: sa longueur depuis le bout du bec jusqu'à celui de la queue, est d'un pied huit pouces trois lignes: son bec, depuis son bout jusqu'au coin de la bouche, a deux pouces trois lignes de long: sa queue trois pouces trois lignes: son pied deux pouces: le doigt extérieur, joint avec l'ongle, trois pouces: celui du milieu deux pouces onze lignes: le doigt intérieur deux pouces deux lignes, et celui de derrière dix lignes. Ses ailes, lorsqu'elles sont pliées, s'étendent jusque vers le milieu de la queue: leur longueur depuis le poignet est de dix pouces: la tête, la gorge, le cou et la poitrine, sont d'un noir très foncé d'acier poli: le dos, le croupion, les couvertures du dessus de la queue sont de la même couleur, mais moins foncés et moins brillants: les côtés et le ventre sont noirâtres: les petites couvertures du dessous des ailes sont de la même couleur: les grandes sont cendrées: les petites du dessous des ailes, ainsi que les grandes, sont du même noir que le dos: les plumes des ailes sont de la couleur du dos, du côté extérieur: celles qui sont proches du corps sont noirâtres du côté intérieur, et celles qui en sont les plus éloignées sont cendrées: les plumes des ailes diminuent de longueur à mesure qu'elles sont plus près du corps. On observe au-dessous du fouet de l'aile une bande blanche transversale, composée de douze plumes qui partent du coude: les ailes étant pliées, la partie de cette bande blanche qui reste à découvert, est de trois pouces, et sa largeur d'environ huit à neuf lignes. Ces plumes blanches servent de couvertures aux grandes. Le bec forme une petite éminence noire où sont les narines: sa longueur depuis le bout jusqu'aux plumes, est d'un pouce six lignes à sa partie supérieure, et de onze lignes jusqu'à l'endroit où commence l'éminence((*)): la largeur du bec est d'un pouce, et couleur de soufre: deux traits noirs partent des deux côtés des narines: ils vont joindre, en s'écartant, une pièce ronde qui se courbe sur le bec inférieur: le bec est dentelé, ainsi que celui des canards ordinaires. On trouve cette macreuse dans les marais des environs de Tobolsk en Sibérie. *Du Cabinet de Madame la marquise d'Aligni.*

((*)) Cette éminence n'a aucun rapport avec le tubercule qu'on observe dans la macreuse décrite par M. Brisson.

X. Macreuse
Collections de la Bibliothèque municipale de Rouen.
Photographie Thierry Ascencio-Parvy

J.B. le Prince del.

J.B. Tilliard Sculp.

XI. Le sterlet
Collections de la Bibliothèque municipale de Rouen.
Photographie Thierry Ascencio-Parvy

[6]. Des animaux domestiques et sauvages

Les rivières de Sibérie abondent en beaucoup d'autres poissons inconnus en Europe. Le sterlet est de ce nombre (n° XI). Ce poisson a un si grand rapport avec l'esturgeon, qu'on ne peut, pour ainsi dire, y observer aucune différence, sinon qu'il est beaucoup plus petit et beaucoup plus délicat[*]. Il est si gras qu'on n'a pas besoin d'huile pour le faire frire. Sa graisse est jaune; on en fait des provisions pour s'en servir dans la cuisine. On ramasse avec soin ses œufs, ainsi que ceux de l'esturgeon; on les fait un peu cuire dans l'huile,[3] avec du sel et quelques épices du pays. Ces œufs ainsi préparés, sont connus sous le nom de *caviar*. On l'enferme dans des pots comme de la moutarde. Ce mets est aussi recherché que le sterlet.

Ce poisson et l'esturgeon sont très communs à Tobolsk, et par conséquent le caviar; mais ce dernier mets et le sterlet se vendent très cher dans le reste de la Russie. A Tobolsk un sterlet de deux pieds de long ne se vend quelquefois qu'une douzaine de sous. Tous les autres poissons y sont à très bon marché, et en général dans toute la Russie.

Les animaux domestiques qu'on élève à Tobolsk et sur la route, jusqu'à Saint-Pétersbourg, sont les bœufs, les chevaux, quelques moutons, des chiens, des poules, des oies, et des canards en quantité.

L'espèce des bœufs[†] est très petite, ainsi que celle des chevaux; mais ces derniers animaux courent avec une grande vitesse, et ils sont presque infatigables: on leur fait faire des postes de vingt lieues avec la plus grande facilité, sans qu'ils en soient incommodés.

On ne trouve presque plus de bœufs ni de chevaux au-delà de Tobolsk; on ne voyage qu'avec des chiens[4] qu'on attelle aux traîneaux.

Les animaux sauvages sont les ours noirs et les blancs: les premiers sont très communs; les derniers habitent les bords de la Mer Glaciale. On trouve dans toutes les forêts des loups ordinaires, et des loups-cerviers, des sangliers,[5] des élans, une espèce de cerf qui a beaucoup de rapport au daim, des renards, qui, quoique de la même espèce, sont cependant très différents par la couleur de leur poil: les uns sont parfaitement blancs; d'autres roux tirant sur le rouge. On en voit de gris, avec une raie noire sur le dos: ceux-ci sont très estimés. Les plus rares et les plus beaux sont parfaitement noirs. La peau d'un de ces derniers animaux se vend quelquefois jusqu'à trois et quatre cents roubles, ou deux mille livres argent de France. On les trouve communément vers la partie orientale de la Sibérie, en allant de Tobolsk à Kamchatka. Les hermines, les martres

---

[*] Il a été dessiné sur l'original que j'ai rapporté.
[†] Les bœufs de l'Ukraine sont au contraire très gros.

---

3. On ne les fait pas cuire, et on n'emploie ni huile ni aucun ingrédient, excepté le sel et l'eau froide, corrige l'*Antidote*, 1770, 2ᵉ partie, p.143.

4. Non, dit l'*Antidote*: entre Irkoutsk et Iakoutsk, on fait une partie du chemin avec des chevaux, l'autre avec des rennes. Les chiens ne sont employés qu'au-delà de Iakoutsk, où la neige est si profonde que les chevaux et les rennes y enfonceraient (1770, 2ᵉ partie, p.145).

5. L'absence de sangliers était au contraire notée par Margeret, 1983, p.45.

zibelines sont plus communes dans ces mêmes endroits: les belles martres zibelines sont très chères; une doublure pour homme se vend cinq à six mille livres, et quelquefois vingt[*]. On estime beaucoup en France les queues de martres, en Sibérie c'est la partie de la peau de l'animal dont on fait le moins de cas, parce que son poil est trop dur: les belles martres ont même rarement de belles queues; elles sont parfaitement noires, ou n'ont que quelques poils gris: la partie du dos est toujours la plus recherchée; aussi les marchands qui veulent avoir de belles fourrures, découpent toutes ces peaux, et cousent les dos ensemble, pour les assortir. C'est là cette espèce de fourrure qui coûte si cher. Outre que les peaux des zibelines sont mieux fournies que celles des martres des autres pays, elles ont le poil plus long, plus fin, et les fourrures qu'on en fait sont beaucoup plus légères.

On trouve en Sibérie le goulu dans le canton d'Ilimsk, des loutres, des castors, des isatis,[6] des rennes, le sayga,[7] espèce de chèvre sauvage: celle-ci, ainsi que les loutres et les castors, habitent principalement le midi de la Sibérie, vers les sources de l'Irtysz, de la Ienissea, et de Lobi. Ces derniers animaux et les rennes sont plus communs au Kamchatka. On ne les trouve dans le reste de la Sibérie que vers sa partie orientale.

Ces peuples se réunissent par bandes pour aller à la chasse de ces animaux: ils y vont à la fin de l'hiver, depuis le mois de mars jusqu'à la fin d'avril, et ils emportent des provisions pour plusieurs jours. On m'a assuré qu'ils y allaient quelquefois en raquette, ainsi que je l'ai rapporté, page 62;[8] mais je n'ai point vu cet usage pratiqué en Sibérie, et il ne me paraît point le plus suivi. Ils prennent les petits animaux avec des lacets, des filets, et les gros avec des trappes.

Ils se vêtissent avec les fourrures les plus communes, principalement avec des peaux de mouton: ils vendent les autres pour payer les impôts et leur seigneur.

Les pelleteries d'Ienisseik sont plus estimées que celles de Lobi et de la Lena. Je me borne à rapporter ici le nom de tous ces animaux, parce qu'ils sont parfaitement décrits dans l'*Histoire naturelle du Cabinet du Roi*, par MM. de Buffon et Daubenton.

Les perdrix et les lièvres sont blancs pendant l'hiver, et les écureuils gris. Ces animaux reprennent leur couleur ordinaire pendant l'été; les perdrix, pendant qu'elles muent, et les quadrupèdes en changeant de poil. Quoique quelques autres pays offrent le même phénomène, j'en fus si

---

[*]Je n'ai jamais vu en Russie de fourrures de ce prix.

---

6. L'*isatis* est le renard bleu des régions arctiques.

7. Le *saïga* est une antilope. Ce mot russe, emprunté au tchagataï (forme ancienne de l'ouzbek), était alors d'importation récente: il avait été introduit en français par Buffon en 1761. On le trouve aussi dans l'*Encyclopédie* en 1765 et dans la traduction du *Voyage en Sibérie* de Gmelin en 1767.

8. Ed. présente, p.297.

frappé en Russie, que je me proposai d'examiner s'il avait sa source dans le climat ou dans l'espèce de ces animaux. Je ne reconnus à l'extérieur aucune différence entre les lièvres de Russie et ceux de France, sinon que la peau des premiers est plus garnie. Ils ont encore au-dessous des pattes un espèce de duvet semblable à celui des cygnes; au lieu que le dessous des pattes est sans poil dans les lièvres de nos climats tempérés.

Si la blancheur de ces animaux en Russie était l'effet de la rigueur du froid, ils ne devraient pas blanchir en les nourrissant pendant l'hiver dans un poêle. J'élevai à Tobolsk un lièvre pendant l'été, dans le dessein de l'emporter avec moi, pour faire cette expérience: elle ne me réussit pas, mon lièvre étant mort avant mon départ de Tobolsk; mais ayant passé par Moscou à mon retour de Sibérie, j'eus l'honneur d'y voir Mesdemoiselles Kamenski: la cadette avait un écureuil privé; il était déjà gris à la fin d'octobre, quoiqu'il eût toujours été dans un poêle très chaud. Je ne crois pas ce fait suffisant pour décider la question; mais il doit jeter de grands doutes sur l'opinion de ceux qui croient que la blancheur des lièvres et des perdrix est un effet de la rigueur du froid que ces animaux éprouvent en Russie. Il paraît qu'ils sont d'une espèce différente de ceux de nos climats.[9]

On connaît très peu les insectes[10] de la Sibérie et de la Russie. Malgré les soins que je me suis donnés pour être instruit sur cet objet, je ne suis guère en état d'augmenter à cet égard les connaissances des naturalistes.

La multitude d'objets que j'embrassais dans mon voyage, ne me permettait pas, étant seul, d'aller ramasser moi-même des insectes, parce que je ne pouvais rester assez longtemps dans ce pays. Je m'étais flatté de trouver du secours dans les endroits où je séjournais, en promettant une récompense à tous ceux qui m'en apporteraient. On ne m'en a jamais apporté un seul. Je puis cependant établir en général, que la plupart des insectes de la Russie sont de l'espèce de ceux qui se forment dans les marais et les étangs; ils paraissent communément en Sibérie au mois de juillet.

Les cousins sont en si grande quantité, principalement à Tobolsk, qu'ils désolent les habitants jusque dans leurs appartements. Ignorant cet inconvénient, je ne pris d'abord aucune précaution pour me garantir de ces mouches; aussi la démangeaison que leurs piqûres m'occasionnèrent, ne me laissait jouir d'aucun repos: mes jambes, mon visage et mes mains enflèrent si considérablement, que je fus obligé de garder le lit pendant

---

9. Les voyageurs ont bien observé que les lièvres de Russie devenaient blancs en hiver (Margeret, 1983, p.46; Jubé, 1992, p.175). Mais ils ne se sont pas demandé pourquoi. Chappe semble le seul à s'être posé la question. Cette dissertation, raille l'*Antidote*, est la même que celle de l'Académie [de Bordeaux] à propos de la peau du mouton rouge de *Candide* (*Antidote*, 1770, 2e partie, p.148).

10. Sarcastique, l'*Antidote* interpelle Chappe: 'Le petit ingrat ne se souvient pas même de son ancien ami Chabers. M. le défunt, où est donc restée la boîte à tarakans [...]?' (1770, 2e partie, p.149). Sur les mystifications de Chabers, voir ci-dessus, ch.5, n.1.

quelques jours. Je ne sortais plus par la suite qu'avec des bottes, le visage couvert d'un voile, et avec des gants aux mains, ainsi que le pratiquaient les habitants du pays. Les sentinelles prenaient les mêmes précautions. J'en ai vu qui se couvraient le visage avec du goudron. Etant obligé de l'avoir découvert pour faire mes observations astronomiques, je faisais faire du feu autour de mon observatoire avec des mottes de terre, afin d'exciter une grande fumée: elle éloignait ces insectes, et je faisais éteindre le feu au temps de mon observation.

Les cousins ne sont pas les seuls insectes qui incommodent les habitants de Tobolsk: l'air est rempli de moucherons;[11] ils forment des tourbillons toujours en mouvement: on en est assailli à chaque instant; mais ils sont plus incommodes que dangereux.

Des nuées de sauterelles et de demoiselles paraissent de temps en temps dans ces contrées. On m'a assuré qu'en 1749, 1750 et 1751, les sauterelles étaient en si grande quantité en Ukraine, qu'elles y rongèrent tout le grain dans les environs de Bielgorod:[12] toutes les herbes et les feuilles des arbres éprouvèrent le même sort; et il parut à Tobolsk le 2 juillet 1761, une si grande quantité de demoiselles, que le bourdonnement qu'elles excitaient m'engagea de sortir de mon appartement, pour m'assurer de la cause de ce bruit. Il résulte des observations que je fis, que ces insectes formaient une colonne dont la largeur s'étendait depuis la rivière Irtysz jusqu'à mon observatoire; elle était par conséquent de cinq cents toises environ: la hauteur de cette colonne n'était que de cinq toises. Elle commença à paraître à huit heures du matin, et son passage dura jusqu'à une heure du soir: elle suivait les bords de la rivière, du nord au sud. Ces insectes volaient avec une vitesse inconcevable. Pour m'en former une idée, je fixai un tourbillon de ces mouches, tenant une montre à secondes à la main; et courant avec toute la vitesse dont j'étais capable, je tâchais de le suivre: au bout de neuf à dix secondes, ce tourbillon commençait à me devancer. Je mesurai ensuite l'espace que j'avais parcouru; je le trouvai de dix-neuf à vingt toises: je m'assurai par plusieurs épreuves réitérées, que cette colonne d'insectes parcourait vingt toises en neuf secondes, et par conséquent quatre-vingt mille toises par heure,[13] ou trois lieues et demie; ainsi puisque le passage de cette colonne avait été de cinq heures, l'espace qu'elle occupait devait être au moins de dix-sept lieues, suivant sa longueur: j'ai fait voir qu'elle avait cinq cents toises en largeur,

---

11. Les pères Avril et Barnabé ont été incommodés eux aussi par des 'moucherons', ceux de la Volga, au point que leurs enflures les faisaient ressembler à des lépreux ou des hydropiques (Avril, 1692, p.95)!

12. En 1645 et 1646, Beauplan avait constaté en Ukraine des invasions de sauterelles qu'il avait décrites avec verve (Beauplan, 1660, p.76-78). Bielgorod est à quelques centaines de verstes de l'Ukraine, les sauterelles d'Ukraine ne pouvaient donc manger les grains de Bielgorod, objecte l'*Antidote* (1770, 2ᵉ partie, p.151). Bielgorod, au nord de Kharkov, est près de la frontière de l'Ukraine.

13. Non: huit mille.

et cinq en hauteur. Quelle multitude d'insectes ne devait-elle pas contenir! Ils paraissaient de loin sous la forme d'une nuée qui rasait la terre: on n'osait d'abord d'approcher; et quand on y avait pénétré, on était assailli à chaque instant par la multitude de ces mouches. Elles étaient parfaitement semblables à celles que l'on connaît en France.

On a vu par tout ce qui a été dit, qu'on trouve dans la Sibérie du gibier, du poisson, et que la viande de boucherie est commune dans quelques endroits; mais que le grain croît difficilement dans cette province. On est obligé d'en faire venir des parties de la Russie situées en Europe: le monopole le rend cher en Sibérie, à cause des friponneries qu'on y exerce, malgré la vigilance des gouverneurs; aussi le peuple mange-t-il rarement du pain.

Les Russes ne savent pas même en général faire le pain: ils ne séparent point en Sibérie le son de la farine; leur pain n'est ni levé ni cuit:[14] si l'on en jette un morceau contre le mur, il reste collé comme du plâtre; il est aigre, et d'une couleur noire. On ne mangeait point d'autre pain à Tobolsk tout le temps que j'y suis resté, excepté chez l'archevêque. Ce pain est si mauvais, que ceux qui m'accompagnaient ne se décidèrent à en manger, qu'après avoir consommé le biscuit que j'avais apporté de Saint-Pétersbourg, et que je conservais pour mon retour.

L'archevêque fait bluter la farine; il en fait faire de petits pains de deux ou trois pouces de diamètre. Ce prélat avait quelquefois la bonté de m'en envoyer une douzaine: c'était un très grand présent: il en envoyait aussi au gouverneur les jours de gala: on les découpait en petites tranches, et on en donnait une à chaque convive.

On ne connaît le vin à Tobolsk que par tradition: ceux qui vont de Saint-Pétersbourg ou de Moscou en Sibérie, en emportent quelquefois un certain nombre de bouteilles; mais en général on s'occupe peu dans ces voyages des moyens de se procurer du vin, par la nécessité où l'on est de se pourvoir de toutes les autres choses plus nécessaires à la vie. Les boissons dont on fait usage à Tobolsk sont les mêmes que celles dont j'ai parlé dans plusieurs endroits de cet ouvrage. Le peuple boit de la quouas, et les autres habitants de la bière, de l'hydromel, et des liqueurs faites avec de l'eau-de-vie.

L'eau-de-vie produit un revenu considérable au souverain: on ne la fait dans toute la Russie qu'avec du grain. Les particuliers qui ont cette entreprise vendent à la Couronne le tonneau d'eau-de-vie* trente roubles, ou cent cinquante livres de France, et la Couronne le revend au public

---

* Le tonneau contient quatre cent quatre-vingts bouteilles de France,[15] et l'on m'a assuré que vingt-quatre de ces bouteilles distillées en produisent deux environ d'esprit-de-vin.

---

14. Sur le pain ni levé ni cuit, voir Olearius, 1659, i.12; Jubé, 1992, p.133 et 217; Bernardin de Saint-Pierre, 1833, i.23. Miège, 1857, p.317, trouvait le pain assez bon, mais en regrettant qu'il ne soit pas assez cuit.

15. Le tonneau (*botchka*) contenait effectivement 480 litres environ.

quatre-vingt-dix roubles, ou quatre cent cinquante livres de France. Il est défendu à tous les Russes, sous les peines les plus rigoureuses, de faire de l'eau-de-vie.[16] La noblesse a seulement la permission de s'en procurer pour son usage.

---

16. Tout possesseur de terrain peut distiller de l'eau-de-vie, rectifie l'*Antidote*, mais pour deux usages seulement: ou pour ses propres besoins, ou pour en vendre à la Couronne. La Livonie, l'Estonie, la Finlande, l'Ukraine et les Cosaques 'ont le privilege de distiller & de vendre l'eau de vie à qui bon leur semble dans leurs pays, mais non pas en Russie'. Le prix actuel n'est pas celui indiqué par Chappe (*Antidote*, 1770, 2ᵉ partie, p.156).

[7]. Du progrès des sciences et des arts en Russie; du génie de la nation, et de l'éducation

En 1689 Pierre Ier gouverne la Russie: il conçoit le projet d'éclairer sa nation livrée à l'ignorance depuis plus de sept cents ans.[1] Il voyage en Europe[2] pour s'instruire des sciences, des arts, et de tout ce qui peut concourir à remplir ses vues. Dans ses voyages, rien ne lui échappe; il voit les savants; il va chercher l'artiste dans son atelier; il approfondit l'art, juge l'artiste, et l'engage à son service lorsqu'il est supérieur. Tous les souverains s'empressent de seconder les vues de ce grand homme: des colonies de savants et d'artistes de tous les genres, partent pour la Russie de toutes les parties de l'Europe.[3] Pierre Ier de retour dans ses Etats, fait élever des asiles consacrés aux sciences et aux arts.[4] Tous les établissements formés en Europe dans la succession des temps, paraissent en même temps en Russie: la noblesse abandonne ses barbes dégoûtantes[5] et ses anciens habits; les femmes, auparavant enfermées dans leurs maisons, paraissent dans les assemblées,[6] inconnues en Russie jusqu'à cette époque. Sa Cour devient brillante.[7] Pierre Ier semble avoir créé une nouvelle nation: mais il n'a fait

---

1. Je répète que 'jusqu'au regne du Tzar Feodor Ivanovitsch nous allions le train de toutes les autres nations de l'Europe, excepté peut être l'Italie', affirme l'*Antidote*. Mais ensuite il y eut le temps des Troubles (1770, 2e partie, p.158).

2. Les deux voyages de Pierre le Grand en Europe occidentale eurent lieu en 1697-1698 (Hollande, Angleterre, Autriche) et en 1716-1717 (Danemark, Prusse, Hollande, et surtout Paris).

3. Au moment de la 'Grande Ambassade' (1697-1698), Pierre le Grand avait recruté des centaines de Hollandais et une soixantaine d'Anglais.

4. Dans son *Mémoire* lu à l'Académie de Pétersbourg, Chappe écrivait que Pierre Ier avait été 'plus grand peut-être en établissant dans cet empire les sciences et les arts qu'en triomphant à Pultava d'un nouvel Alexandre' (Chappe, 1762, p.4).

5. Il n'y a point 'de barbes dans l'univers qui ayent fait plus de bruit que les nôtres', déplore l'*Antidote*: on en portait pourtant en Europe du temps de Charles Ier, de Henri IV ou de Louis XIII (1770, 2e partie, p.159).

6. Exact, mais en contradiction avec la p.409 où Chappe prétend que les femmes sont 'toujours enfermées dans l'intérieur de leurs maisons'. Elles l'étaient moins qu'avant François Ier en France, assure l'*Antidote*, 1770, 2e partie, p.160-61. Sur les 'assemblées', créées par un ukase de 1718, voir Weber, 1725, i.299-302, et Voltaire, *Histoire de Pierre le Grand*, *OC*, t.46, p.67 et 612.

7. Pierre Ier avait en fait réduit les dépenses de la Cour en abolissant la pompe guindée des tsars de Moscovie: il n'y avait ni chambellans, ni gentilshommes de chambre, ni vaisselle précieuse. Seule peut-être la cour de Frédéric-Guillaume de Prusse aurait pu rivaliser en simplicité avec celle de Pétersbourg. Cependant, dans les dernières années de son règne, il y eut une Cour nombreuse et brillante, créée par Catherine à la mode allemande (Klioutchevski, 1953, p.45).

aucun changement dans la constitution du gouvernement; la nation est toujours dans l'esclavage, et il en resserre les liens.[8] Il force toute la noblesse à servir; personne ne peut en être exempt. On choisit dans le peuple une troupe de jeunes esclaves: ils sont distribués dans les académies et les écoles: on destine les uns aux lettres; les autres aux sciences et aux arts, sans consulter leur talent ni leur disposition. Pierre parcourt les académies et les ateliers: il prend souvent le rabot et le ciseau; mais il ôte le pinceau des mains du jeune artiste qui peint Armide entre les bras d'Arnaud, pour lui faire donner les batogues*.[9]

Les successeurs de Pierre Ier suivent le même plan: l'Académie des sciences[10] acquiert cependant de la célébrité; les Bernoulli, les Delisle, les Herman,[11] les Euler, y soutiennent la réputation qu'ils ont acquise ailleurs: les arts y paraissent avec quelque éclat; mais la réputation de l'Académie et les arts disparaissent à mesure que la Parque moissonne les grands hommes qui y ont été appelés, ou qu'ils abandonnent la Russie. Les souverains ne cessent de procurer à leurs sujets des maîtres habiles, d'exciter et de favoriser les talents; néanmoins après plus de soixante ans, pourra-t-on nommer un seul Russe qui soit à citer dans l'histoire des sciences ou des arts?[12]

---

* Voyez *les Supplices*, page 443.

---

8. On voit que le jugement de Chappe diffère radicalement de celui de Montesquieu, pris par le 'mirage russe': tout en déplorant que les réformes de Pierre le Grand aient été faites de manière 'tyrannique', Montesquieu insiste sur le 'changement' accompli par le tsar, changement d'autant plus aisé à promouvoir que les mœurs de l'ancienne Moscovie étaient étrangères au climat et y avaient été apportées 'par le mélange des nations et par les conquêtes'. La Russie étant une nation d'Europe, Pierre n'avait pas besoin de lois pour changer les mœurs et les manières de son pays: il lui eût suffi d'inspirer d'autres mœurs et d'autres manières (*De l'esprit des lois*, livre XIX, chap. XIV).

9. 'C'est un mensonge noir, inventé par l'Abbé ou son souffleur', s'indigne l'*Antidote* (1770, 2e partie, p.163).

10. Fondée par un décret signé le 13 janvier 1724, l'Académie des sciences tint sa première séance en août 1725, quelques mois après la mort de Pierre le Grand.

11. Jacques Hermann (1678-1733), mathématicien suisse, élève de Bernoulli. Professeur aux universités de Padoue (1707) et de Francfort-sur-l'Oder (1713). Il fut le premier mathématicien de l'Académie des sciences de Pétersbourg (1724-1731) et le premier historien des mathématiques en Russie.

12. Indignation justifiée de l'*Antidote* (1770, 2e partie, p.165-66) et des *Lettres d'un Scyte franc et loyal* (1771, p.46-47), qui rappellent les noms de Kantemir, Tatichtchev, Lomonossov, Soumarokov, Prokopovitch, Trediakovski, Chtcherbatov... (Introduction, p.70). Perry, 1717 (p.250) prétendait déjà que les 'Moscovites' étaient 'de toutes les nations la moins propre à apprendre quelque art ou quelque science'. Locatelli, 1736 (p.141-42) affirmait aussi que les souverains russes, malgré leur grande autorité, n'avaient 'jamais pu réussir à faire fleurir le commerce dans ce païs & à y introduire la Religion & les Arts'. Vockerodt, en 1737, relevait qu'on n'avait trouvé jusqu'ici 'aucun Russe capable d'être professeur' à l'Académie des sciences (Vockerodt, 1999, p.1151). 'Il ne s'en trouve encore que bien peu d'assez intelligents pour être employés en qualité de Professeur' à l'Académie, écrit Manstein, 1771 (p.549), qui estime pourtant par ailleurs que les Russes ne manquent pas d'esprit. Schwan, 1764 (p.80) affirme que 'toute la Russie ne sauroit montrer un seul homme de lettres qui ait appris les premiers principes des sciences dans sa

[7]. *Du progrès des sciences et des arts en Russie*

Les gens de mérite attirés en Russie de chez l'étranger, découragés pour la plupart, n'y travaillent plus avec le même zèle qu'ils faisaient dans leur patrie.[13] L'Académie de Saint-Pétersbourg possédait en 1761 plusieurs étrangers du premier mérite, parmi lesquels on peut citer MM. Epinus, Leman, Braun, Muler, ci-devant secrétaire de l'Académie, et actuellement directeur d'une école à Moscou*,[14] Tauber, Stelin. Feu M. Lomanosow, Russe, annonçait du génie; il serait devenu partout ailleurs un

---

*J'ai appris ce changement à mon retour en France.

---

patrie'; l'unique savant russe, Lomonossov, 'doit son érudition aux Allemands'. Selon la *Gazette littéraire de l'Europe* du 14 mars 1764, les lettres et les arts ne sont cultivés en Russie que 'par des mains presque toutes étrangères' (cité par Lortholary, 1951, p.305, n. 220). La *Description politique de la Russie*, en 1767, proclame que dans les deux académies russes on ne compte 'aucun artiste, ni aucun savant remarquable; elles sont formées par des artistes et des savants étrangers qu'on y a transplantés' (AAE, M. & D. Russie, t.xi, f.152r; t.xii, f.395r). Pour Deleyre comme pour Chappe, les réformes de Pierre le Grand ont été vaines: tous les artistes, en Russie, sont étrangers (Deleyre, 1774, p.102. Voir Introduction, n.278). Après Chappe, Simon Linguet répétera que les Russes n'ont 'pas un géomètre, pas un peintre, pas un sculpteur, pas un musicien qu'ils puissent citer'; on ne parle que de 'quelques poètes' inconnus de l'étranger (Linguet, 1777-1792, xi.49). Tout aussi péremptoire, Sabatier de Cabre, 1869 (p.13) affirme même que 'les arts ne fleuriront jamais en Russie'. Plus équitable, Rousset de Missy (1728, p.256) écrivait: 'Les Russiens ont en général de l'esprit, et l'on a vu que tous ceux qui se sont appliqués aux sciences jusqu'à present y ont réussi; laborieux comme ils sont, rien ne doit leur échapper pour peu qu'ils aient de bons guides.' P.-Ch. Lévesque consacre un chapitre à la littérature russe, où il mentionne Prokopovitch, Kantemir, Trediakovski, Lomonossov, Soumarokov, Kheraskov, et traduit quelques-unes de leurs œuvres (Lévesque, 1782, v.331-52). Par ailleurs, Lévesque loue les vers français d'Andreï Chouvalov et observe que 'la Russie a des peintres, des sculpteurs, des architectes, qui ne manquent pas de talent' (iv.535-38).

13. 'des artistes ou des savans etablis à Petersbourg ne font pas plus de bien à l'Empire que s'ils étoient à Paris [...] Comme on ne leur a donné aucun moyen de communiquer à la nation leurs talens et leurs connoissances, ils n'ont pu lui être d'aucune utilité', note le mémoire *Description politique de la Russie* (AAE, M. & D. Russie, t.xii, f.395r; voir aussi t.xi, f.152r). 'Leurs découvertes journalières achèvent de vous donner un démenti bien humiliant', rétorque l'auteur des *Lettres d'un Scyte franc et loyal*, 1771, p.48. 'Jamais les gens de lettres en Russie n'ont été autant découragés ni persécutés que les seuls Encyclopédistes ont essuyé en France de traverses', écrit de son côté l'*Antidote*, 1770, 2ᵉ partie, p.167. Il n'a tenu qu'à ceux-ci d'achever leur ouvrage en Russie, conclut l'*Antidote*, qui laisse percer son dépit (on sait que Catherine II avait été froissée par le refus de Diderot).

14. Gerhard Friedrich Müller (1705-1783), né en Westphalie, établi en Russie en 1725, où il est connu sous le nom de Miller, historiographe officiel, conservateur des archives du département des Affaires étrangères, secrétaire des séances de l'Académie des sciences de 1754 à 1765, auteur entre autres d'une série d'études sur l'histoire de la Russie en 9 volumes (Müller, 1732-1764), des *Voyages et découvertes faites par les Russes...* (Amsterdam 1766), d'un *Essai abrégé de l'histoire de Nowgorod...* (Copenhague 1771), d'une *Description de la Sibérie* (Müller, 1750). Il possédait une cinquantaine d'ouvrages en français sur la Russie (Somov, 1986, p.189). Il fut l'un des censeurs de l'*Histoire de l'empire de Russie sous Pierre le Grand* de Voltaire. Müller n'a jamais été directeur d'une école, mais en 1765 tuteur en chef de la Maison des enfants trouvés à Moscou fondée par Catherine II, place qu'il a quittée pour une autre, plus conforme à sa fonction d'historiographe, précise l'*Antidote*, qui rappelle que les principales archives de la Couronne sont confiées à ses soins (1770, 2ᵉ partie, p.167).

académicien distingué. M. Rumouski,[15] trop jeune encore pour s'être fait une réputation, est né avec des talents, et avec un zèle qui n'est pas commun parmi les Russes.

Malgré cette colonie de savants, on dirait que le génie de la plupart est comme éteint,[16] dès qu'ils sont transportés en Russie; et le nom des gens de mérite que la Russie possède, semble destiné à faire le principal éclat de leurs académies et de leurs écoles. Ceux qui ne lisent pas les *Annales des sciences*, témoins irrécusables de ce que j'avance, peuvent consulter des milliers de voyageurs qui ont séjourné à Saint-Pétersbourg et à Moscou.

Cet état des sciences et des arts en Russie suppose un vice dont il faut chercher la source dans le défaut de génie de la nation,[17] ou dans le gouvernement et le climat. Un philosophe*, dont le nom sera en vénération à la postérité la plus reculée, en examinant la différence des hommes par rapport aux climats, nous représente les peuples du Nord avec des organes grossiers, ainsi que les fluides qui les animent, plus propres à produire de grands corps vigoureux que des hommes de génie;[18] mais le même philosophe nous fait envisager ces mêmes peuples comme

---

* Montesquieu, *Livre XIV*, chapitre 2, 'Combien les hommes sont différents dans les divers climats'.

---

15. Sur Roumovski, voir l'Introduction, p.7-10. Dans sa lettre inédite à Müller du 19 août 1763, Chappe se réjouit d'apprendre que Roumovski a obtenu la place d'astronome à l'Académie (Moscou, RGADA, fonds 199-Müller, n° 546, f.6*v*). L'opinion de Chappe sur le 'zèle' de Roumovski n'était apparemment pas partagée par Lalande: dans une lettre à J. A. Euler du 22 février 1771, en français, celui-ci regrette que l'Académie n'ait pas utilisé l'observatoire et les grands instruments astronomiques à cause de la paresse de Roumovski, qui, comme on le lui a raconté, ne veut pas travailler et ne laisse entrer personne à l'observatoire (Lioubimenko, 1937, p.201).

16. Comment? Le génie d'Euler s'est éteint en Russie, alors qu'il ne cesse de publier, proteste l'*Antidote*. Il est 'insoutenable' de dire qu'Æpinus, Müller, Gmelin, Pallas et tant d'autres aient abandonné leurs travaux depuis qu'ils sont en Russie. Müller à lui seul 'a publié un nombre considérable de volumes' (1770, 2ᵉ partie, p.169-70).

17. 'L'Abbé dit que je suis un sot', raille l'*Antidote*. 'Comment se peut-il donc que sous des Souverains absolus qui encouragent les sciences, le Gouvernement les décourage?' Selon Hume, les arts et les sciences peuvent fleurir sous un gouvernement absolu (1770, 2ᵉ partie, p.172). 'Du génie! Les Russes n'en ont point. Voilà ce qu'ont témérairement avancé des écrivains qui n'avaient pas même de l'esprit', écrira Lévesque, 1782, iv.535, en citant plusieurs Russes illustres (voir ci-dessus, ch.7, n.12). 'Quelques écrivains considérant le peu de progrès que les Russes ont fait [*sic*] dans les arts & dans les sciences [...] ont cru que la faute en étoit au climat de leur pays, ou à un manque de génie naturel [...] Plusieurs obstacles qui viennent de la nature du gouvernement, de la religion, & surtout de la servitude absolue des paysans, se sont opposés jusqu'ici à ce que les lumières se répandent aisément dans cet empire, & ces causes expliquent seules ce fait' (Coxe, 1787, iii.20-22).

18. Chappe partait avec un préjugé: il croyait 'que toute la Russie étoit encore dans l'état de la nature' et 'pensoit nous trouver marchant à quatre pattes', ironise l'*Antidote*, 1770, 2ᵉ partie, p.173-74). Catherine II raillera de même Le Mercier de La Rivière: supposant que les Russes marchaient à quatre pattes, écrit-elle à Voltaire le 2/13 novembre 1774, il était venu de la Martinique pour les dresser sur leurs pieds de derrière (D19188).

très courageux, simples, confiants, sans soupçons, sans politique et sans ruse, ayant peu de vices, et assez de vertus, beaucoup de sincérité, de franchise, et peu de sensibilité pour le physique de l'amour. Voyageant en Russie, j'ai reconnu partout un peuple très différent de celui que je comptais trouver, d'après les idées de ce célèbre philosophe*. Il est vrai que dans cette assertion il a considéré les peuples du Nord indépendamment du gouvernement; et celui de Russie a tellement dénaturé l'homme, en subjuguant jusqu'à ses facultés les plus indépendantes du souverain, qu'il est même très difficile d'apprécier le caractère distinctif de la nation; et c'est pour cette raison que je me suis borné jusqu'ici à rapporter des faits.

D'autres philosophes ont cru voir dans l'éducation et dans la constitution des différents gouvernements, les seuls principes des différences qu'on observe dans les diverses nations par rapport au génie, aux talents, aux passions; et alors le gouvernement despote aurait tout fait en Russie. J'ai fait dans ce pays quelques observations qui m'ont paru propres à répandre du jour sur cette matière. L'application qu'on en peut faire exige que je rappelle ici quelques vérités et quelques opinions déjà connues†.

L'homme, ainsi que les animaux et les plantes, est un composé de solides, de liqueurs et de fluides; les fibres, les vaisseaux et les filières forment les premiers solides, et les autres leur doivent leur origine. Dans l'homme les liqueurs sont le chyle, le sang, et celles qui sont formées de cette dernière liqueur, ou qui proviennent de sa destruction. Ces diffé-

---

* Articles *de la Religion, du Gouvernement, des Mœurs*, etc., etc.
† J'ai puisé presque en entier ces vérités et ces opinions dans les *Œuvres physiologiques* de M. Lecat,[19] tome I. Je cite ici ce savant physicien une fois pour toutes.

---

19. Grimm, très féroce envers Chappe, écrit entre autres: 'Il n'y a pas jusqu'à ce pauvre diable de Le Cat, chirurgien à Rouen, qu'il n'ait mis à contribution' (*CL*, viii.302). Claude-Nicolas Le Cat (1700-1768), excellent praticien, devenu chirurgien en chef de l'Hôtel-Dieu de Rouen en 1731, fut lauréat de nombreux prix de l'Académie royale de chirurgie. Fondateur de l'Académie de Rouen, il en a été nommé secrétaire pour les sciences en 1752. Il fut élu à l'Académie des sciences de Pétersbourg en 1757. Il est l'auteur de nombreux ouvrages. Son *Traité des sens* (Rouen 1740) et son *Traité des sensations et des passions en général, et des sens en particulier* (Paris 1766), ont été réunis sous le titre d'*Œuvres physiologiques* (Paris 1767), 3 vol., ouvrage auquel se réfère Chappe. Le Cat, que Grimm considérait comme un médiocre, était l'ami et le correspondant de Voltaire, qui voyait en lui un 'excellent physicien' et un 'très grand philosophe' (D12504). Le Cat lui avait soigné des fluxions aux yeux (D12591). L'œuvre de ce chirurgien est un singulier mélange d'expérimentations habiles, de vues novatrices et de théories hasardeuses (Ducable, 1995). Malgré les mises en garde de Voltaire contre l'imagination et la tentation des systèmes, Le Cat s'efforce de démontrer l'existence d'un suc nerveux, composé d'esprit universel et de lymphe (Le Cat, 1765, p.37-38 et 198). Il développe longuement ses vues sur le fluide animal, sa nature et ses fonctions (Le Cat, 1767, p.86-92 et 109-247). Selon lui, le fluide animal, qui 'se tire de l'esprit universel' (p.114), pénètre dans l'organisme par la respiration (p.117-18). Ainsi, la physique de Le Cat se teinte de métaphysique (Ducable, 1995, p.33). Le nom de Le Cat a été donné récemment à un amphithéâtre du Centre Hospitalo-universitaire de Rouen.

rentes substances constituent la machine animale de l'homme; mais elle suppose un premier moteur qui la mette en jeu, et lui donne la vie. Tous les physiciens et les anatomistes placent ce premier moteur dans le feu élémentaire; quelques-uns le nomment esprit universel, acide vitriolique, le phlogistique,[20] la matière électrique, etc. C'est ce premier fluide qui donne la vie à tout l'univers; mais il est si subtil, qu'il n'agit sur nos organes que par l'air et les autres fluides secondaires qui forment notre atmosphère, et qui ont quelque affinité avec lui.

Le fluide de l'univers, ou cet esprit universel, est donc la cause immédiate du mouvement des liqueurs et des fluides de notre organisation, et ces liquides produisent dans l'homme les ressorts et les vibrations des vaisseaux, des nerfs, et le jeu de toute la machine animale.

Nous respirons le fluide de l'univers avec l'air, et il se trouve combiné avec les aliments que nous prenons, dans le rapport d'affinité qu'il a avec ces matières, ou plutôt avec l'air qu'elles contiennent. Les organes et les fluides de la digestion font un extrait de ces aliments, et produisent le chyle, où ce fluide universel se trouve modifié de nouveau. Le chyle est la première liqueur, et la source de toutes les autres; ces dernières doivent conserver par conséquent une partie des qualités de la première. Le chyle passant dans les organes de la circulation, se métamorphose en sang. Ce liquide, parvenu à son degré de perfection dans les poumons, le cœur le pousse par l'aorte à toutes les parties de la machine, et principalement droit au cerveau, où il passe par des filtres des plus déliés, dépouillé de son alliage le plus grossier, qu'il laisse dans le sang; et c'est l'assemblage pur de cette substance précieuse qui forme le fluide animal ou le suc nerveux; il est le résultat de tous les aliments transformés en chyle, en sang, modifié par l'esprit universel, et combiné avec lui. Ce fluide, que j'appellerai dans la suite suc nerveux, et que M. le Cat appelle fluide animal, est le principal organe du sentiment et des facultés de l'âme: il existe chez les animaux ainsi que chez les hommes, et peut-être dans les plantes avec lesquelles notre formation et notre accroissement ont tant de rapport.

Ce suc nerveux fait une espèce de lac dans le cerveau;[21] la moelle épinière en est le principal fleuve, et les nerfs autant de rivières ou de ruisseaux qui arrosent et vivifient toutes les parties de l'animal. Les nerfs étant des vaisseaux, leur structure est telle, que les parois de ces canaux sont faits [*sic*] d'autres vaisseaux beaucoup plus petits; ils aboutissent d'une part au cerveau, et de l'autre à la peau, où ils s'épanouissent et forment des houppes nerveuses: le suc nerveux, après avoir été filtré dans la substance du cerveau, les fibres de ce viscère le charrient, et le versent immédiatement dans les nerfs: la partie la plus grossière versée dans la cavité du nerf, devient le principe du mouvement, et la partie la plus

---

20. On sait que les travaux de Lavoisier détruiront la théorie du phlogistique, qu'on rencontre aussi dans l'*Encyclopédie*, art. 'Phlogistique' xii.520b, et art. 'Feu', vi.609a.

21. Le Cat compare le fluide animal à un 'lac de lumière' (Le Cat, 1767, p.151).

épurée de ce suc nerveux coule dans les petits tuyaux des parois des nerfs; elle y forme une continuité, malgré les nœuds dont les nerfs sont parsemés, et devient l'organe du sentiment.[22] Ce suc nerveux, aussi subtil que la lumière, transmet au cerveau dans un instant, toutes les impressions dont il est affecté. Ce système des nerfs et du suc nerveux, établit le système de nos sensations, de nos idées, de l'esprit, du génie, et de toutes les facultés de l'âme pensante.

On a vu par la formation du suc nerveux, qu'il est le résultat de nos aliments combinés avec le fluide universel: il doit donc avoir certains rapports avec nos aliments, et, pour ainsi dire, au terroir, ainsi que le fluide qui anime les plantes.

L'esprit universel, quoique partout le même, n'agit sur nos organes que par le véhicule de l'air, et des autres fluides secondaires de notre atmosphère. Son activité et son jeu dépendent donc de ces causes secondaires; et ne l'éprouve-t-on pas dans les temps nébuleux et orageux? Certaines personnes annoncent même ces événements par les incommodités qu'elles éprouvent, et ceux qui jouissent de la meilleure santé sont lourds, pesants; toute la machine est affaissée, parce que l'action du fluide universel étant embarrassée, le jeu des fluides qui animent nos solides, et qui constituent l'économie animale, le sont dans le même rapport. Ainsi s'il existait un climat où ces causes physiques seraient constamment les mêmes, ou dans un rapport à peu près semblable, il est constant que les hommes seraient affectés de la même manière, et qu'ils auraient rarement du génie.

Mais puisque l'atmosphère a une si grande influence dans la constitution de l'homme, et par conséquent dans ses facultés, les effets de l'atmosphère doivent avoir des rapports analogues aux différentes hauteurs du sol que l'homme habite, faisant abstraction des autres causes locales qui doivent apporter des exceptions à cette loi générale. Cette opinion est un système reçu par rapport aux végétaux. On décide dans bien des cas la hauteur du terrain, par la connaissance des plantes qui y croissent; et connaissant la hauteur du terrain, on sait les plantes qu'on doit y trouver. Ces faits sont dans le nombre des vérités connues, car on a encore mieux observé les plantes que les hommes; peut-être parce que les émigrations et le mélange des nations n'ayant plus laissé aux hommes leurs caractères originaux, ils sont devenus par cette raison plus difficiles à saisir, ainsi que l'observe M. Rousseau.

L'atmosphère est composée de différents fluides, de vapeurs et d'exhalaisons qui s'élèvent de la surface de la terre. Si l'on imagine l'atmosphère divisée par couches, les premières contiendront les parties les plus grossières; et à mesure qu'on s'élèvera, l'air deviendra plus pur, il

---

22. Le Cat, dans son étude des nerfs, parle de fluide moteur et de fluide sensitif (Le Cat, 1767, p.124-25).

aura plus de ressort, et le fluide universel aura plus d'action dans le même rapport.

D'après ces notions, quoique générales, on est forcé d'admettre, avec M. de Montesquieu, l'influence des climats sur les peuples: peut-être ce grand homme a-t-il trop étendu ses effets.

On conclut également de ce qui précède, qu'il est nécessaire d'avoir égard à la hauteur du sol sur lequel vivent les hommes, pour pouvoir comparer leur caractère au climat.

La Russie n'est, pour ainsi dire, qu'une vaste plaine depuis Saint-Pétersbourg jusqu'à Tobolsk: une chaîne de montagnes la traverse du midi au nord au soixante-quinzième degré de longitude. On trouve dans différents endroits de cette plaine des endroits élevés ou plateaux, comme à Moscou, Cacy,[23] et des monticules ou buttes dans d'autres endroits, ainsi que sur la route de Saint-Pétersbourg à Moscou; mais elles sont peu élevées. J'ai nivelé cette plaine de Saint-Pétersbourg à Tobolsk, sur une distance de près de sept cent lieues, et j'ai traversé et nivelé de la même manière cette chaîne dans deux endroits différents, éloignés de soixante lieues environ. Ces nivellements m'ont procuré avec exactitude les hauteurs de toutes les positions où j'ai fait des observations en route. Ces résultats, combinés avec la géographie et les autres connaissances que j'ai acquises sur le pays, m'ont procuré les moyens de donner la hauteur du sol de la Russie, de Saint-Pétersbourg à Tobolsk, avec une exactitude plus que suffisante pour l'objet que je me propose ici[*].

Je considère le pays compris entre Saint-Pétersbourg et Tobolsk, comme une vaste plaine de sept cents lieues environ, de l'ouest à l'est, et de cinq cents du sud au nord:[24] elle a à l'ouest la mer Baltique, au nord la mer Glaciale, au sud la mer Noire et la mer Caspienne, et l'Irtysz la termine à l'est. Cette plaine immense est composée de différentes autres plaines qui forment de nouveaux plans. Je n'en distingue cependant que deux: le plus bas est aux environs de la mer, et s'étend quelquefois jusqu'à cent et cent cinquante lieues, ainsi que de Saint-Pétersbourg à Jachelbitcha, sur une distance de quatre-vingt-dix lieues de deux mille toises. (*Voyez* la coupe XVII.) J'ai déterminé la hauteur moyenne de ce plan de trente-une toises au-dessus du niveau de la mer, et le second de cent cinquante toises. Celui-ci occupe la plus grande partie de cette plaine. J'ai traversé ce plan sur une distance de plus de quatre cents

---

[*] Je m'étais proposé de rapporter ici un extrait de ce nivellement; mais cette note étant trop étendue, on trouvera cet extrait à la suite du nivellement. On peut consulter les cartes (n° VI, VII, VIII, IX, XI et XXVII), et les coupes (n° XVII, XVIII, XIX, XX et XXI).

---

23. Il n'y a aucun endroit de ce nom, observe l'*Antidote*, 1770, 2ᵉ partie, p.178-79. Le mot 'Cacy' ne figure d'ailleurs pas dans la Table des matières du *Voyage*.

24. Chappe exagère la distance de Pétersbourg à Tobolsk: 2 800 km, alors qu'à vol d'oiseau elle ne dépasse guère les 2 000 km (on a vu qu'il sous-estimait au contraire la longueur de la partie européenne de la Russie, voir ci-dessus, ch.1, n.185). En revanche, il minimise la distance du Nord au Sud: 2 000 km, au lieu de 2 500 (ch.1, n.186).

lieues. On trouve quelquefois d'autres plaines intermédiaires, comme dans les environs de Tobolsk. La hauteur de ces derniers plans est de quatre-vingts toises environ; mais ils ont peu d'étendue, et se rapprochent des deux autres, en s'abaissant à mesure qu'on avance vers le nord, et ils s'élèvent en allant vers le midi.

Les monticules et les plateaux se trouvent principalement sur le second plan, que j'ai déterminé de cent cinquante toises. Ces inégalités sont rares: leur hauteur par rapport au niveau de la mer, est de deux cent vingt toises, et de soixante-dix environ au-dessus du plan sur lequel elles sont placées; leur étendue est souvent de vingt lieues de diamètre, et quelquefois plus. On parvient à leur sommet par une pente douce et presque insensible. Le pays montagneux comprend la chaîne qui sépare la Russie de la Sibérie. Cette chaîne est la seule qu'on trouve dans cette surface immense de sept cents lieues environ en longueur, et de cinq cents en largeur. Elle est placée de même sur le second plan, dont la hauteur est de cent cinquante toises au-dessus du niveau de la mer. J'ai déduit d'un grand nombre d'observations, la hauteur moyenne de ces montagnes de deux cent quatre-vingt-dix toises;[25] et par conséquent elles n'ont que cent quarante toises au-dessus du plan sur lequel elles sont placées.[26] Il y en a quelques-unes cependant dans les environs d'Ekaterinbourg et de Solikamskaïa, qui s'élèvent jusqu'à trois cent neuf, et quatre cent soixante-onze toises (coupes 19 et 21).

On voit par cet exposé, que cette partie de la Russie ne présente en général que des plaines immenses presque de niveau.[27] On n'y trouve point, comme en France, des inégalités; elles ont une grande influence dans les variétés qu'on observe dans le sol des provinces de France, et dans l'atmosphère que ses habitants respirent. Ces inégalités forment des pays montagneux vers la partie méridionale de ce royaume, et dans les

---

25. L'Oural aurait donc moins de 600 m d'altitude moyenne. C'est à peu près exact pour l'Oural central, par où Chappe est passé. Mais on sait que les montagnes de l'Oural arctique et de l'Oural méridional sont beaucoup plus élevées, dépassant souvent les 1 000 m et pouvant atteindre 1 500 m et plus.

26. Soit moins de 300 m. Ailleurs, Chappe parlait de 100 à 160 m (ch.i, n.116). L'*Antidote* critique la méthode de nivellement de Chappe (voir l'Introduction, note 356): les baromètres ne sont pas identiques, et l'atmosphère est soumise à des variations continuelles. Il faudrait que les hauteurs relatives ne soient pas trop éloignées entre elles, ou, lorsque les endroits sont éloignés, déterminer la hauteur moyenne par une suite d'observations sur une année au moins. L'*Antidote* critique aussi, non sans pertinence, la hauteur de Tobolsk déterminée par Chappe, qui, dans son deuxième volume, 'rejette sans miséricorde' les observations qui font la ville plus basse (*Antidote*, 1770, 2ᵉ partie, p.182-86). Chappe, 1768-2 (p.521) situe Tobolsk à 68 toises, 4 pieds, 10 pouces au-dessus du niveau de la mer à Brest, soit à près de 140 m. Or, la ville est à une altitude de moins de 100 mètres.

27. Chappe est un 'faiseur de système', proclame l'*Antidote*: il a trouvé des monticules et des montagnes, mais 'il les broie dans sa plaine et leur donne le nom ingénieux de plateaux' (1770, 2ᵉ partie, p.187-88). Le 'Scythe franc et loyal' réagit de la même façon, avec plus d'esprit (Introduction, p.101).

autres des collines et des coteaux plus ou moins élevés. Aussi quoique la France n'ait que deux cent quarante lieues environ de l'ouest à l'est, et deux cent vingt-cinq du sud au nord, ses provinces, au nombre de trente-huit, offrent presque toutes des productions différentes; et l'on observe dans les habitants, à travers le caractère général de la nation, des différences très marquées. Tout le monde connaît ces différences entre les Gascons, les Normands, les Picards, les Bretons, les Champenois, et les habitants du Berry:[28] elles sont les sources des sobriquets qu'on leur a donnés.

La Russie au contraire est presque de niveau; on trouve aussi les mêmes productions végétales depuis Saint-Pétersbourg jusqu'à Tobolsk, sur une distance de près de sept cents lieues, quelque peu de blé, du chanvre; et des portes de Saint-Pétersbourg jusqu'à celles de Tobolsk*, on ne trouve que des pins, des sapins, et quelques espèces de bois blanc. Cette uniformité frappante s'étend sur les animaux et les hommes: les rivières contiennent les mêmes poissons,[29] excepté le sterlet, qui devient plus rare à mesure qu'on approche de Saint-Pétersbourg. On trouve dans les bois les mêmes animaux. Le terrain des environs de Tobolsk étant plus marécageux qu'ailleurs, les oiseaux aquatiques y sont plus nombreux; quelques-uns diffèrent à la vérité de ceux qu'on trouve dans le reste de la Russie. Des arbres fruitiers croissent dans les environs de Moscou; mais ces petites exceptions n'infirment point la loi générale; elle subsiste dans toute son étendue.

Quant aux hommes, celui qui a parcouru une province de cette contrée connaît tous les Russes; ils ont la même taille, des passions semblables, la même tournure d'esprit, les mêmes mœurs. On n'observe point la plus petite différence dans leurs plaisirs, dans leurs exercices, dans leur méthode pour cultiver la terre, dans leur habillement. Cette uniformité s'étend jusqu'aux maisons qu'ils habitent.[30] J'excepte cependant, à quelques égards, de cette observation générale, les Wotiakes, les Scheremiches, les Schuwaschi,[31] et les Tartares: ces peuples, qui se sont fixés dans de petits cantons de la Russie, vers les limites occidentales de la

---

* En passant par Solikamskaïa.

---

28. L'*Antidote* remarque avec raison qu'il en est de même en Russie: les Novgorodiens aiment la chicane, les Ukrainiens sont sans malice, les Sibériens ont beaucoup d'esprit (1770, 2ᵉ partie, p.189).

29. Les rivières de Sibérie sont remplies de poissons dont on ignore le nom en Russie, objecte l'*Antidote* (1770, 2ᵉ partie, p.191).

30. 'Quelle ressemblance y a-t-il en effet entre une yourta du Kamtschatka & une maison de pierre, une kibitka des Kalmouks & une maison enduite de ciment', écrit, avec une certaine mauvaise foi, l'*Antidote* (1770, 2ᵉ partie, p.193). Chappe, dans la phrase suivante, exclut en effet de cette uniformité les peuples allogènes.

31. Sur les Votiaks, voir ci-dessous, ch.11, n.28. Sur les Tchouvaches, voir ch.11, n.40. Chappe ne parle pas ailleurs des Tchérémisses.

Sibérie, ont conservé leur habillement, quelques-uns leur religion, et une partie de leurs mœurs; mais dans tout ce qui dépend du climat, les causes physiques sont si puissantes, qu'elles ont rangé tous ces peuples dans la classe des Russes*.

J'ai observé dans les pays élevés quelques différences entre les peuples qui les habitent et ceux des plaines. J'en ai même rapporté quelques-unes dans le détail de mon voyage, ignorant alors l'usage que j'en ferais ici. J'ai reconnu dans le pays élevé plus de vivacité et de gaieté que dans le pays bas, particulièrement à Makhneva (page 304). J'ai fait la même observation à Ekaterinbourg, dont je parlerai par la suite, et ces différences y sont encore plus marquées; elles deviennent considérables, si l'on compare les habitants de Moscou à ceux de Saint-Pétersbourg; mais dans ces deux dernières villes le gouvernement y contribue beaucoup, ainsi que je l'ai observé (page 411). Cependant ces différences entre les habitants des pays élevés et ceux de la plaine, n'y sont pas aussi décidées que dans les autres parties de l'Europe.

Dans les plaines immenses de la Russie, les rivières ont peu de pente; les eaux de pluie, et celles qui proviennent de la fonte des neiges, ont peu d'écoulement. Ces eaux rendent en général ce pays très aquatique: la surface de la terre, couverte presque partout de bois, concourt encore à rendre l'atmosphère plus humide; et l'été est toujours trop court, pour que le soleil puisse dessécher ce terrain. De là cette multitude de marais qu'on rencontre en Russie, même au milieu du continent, et à trois ou quatre cents lieues des mers.

L'hiver paraît presque le seul temps de l'année où les habitants puissent jouir d'une atmosphère pure; et alors le froid devient si rigoureux, que la nature entière y paraît dans une inertie perpétuelle. Tous les habitants renfermés et calfeutrés dans leurs poêles, y respirent un air infecté par les exhalaisons et les vapeurs que produit la transpiration. Ils vivent dans ces poêles livrés à la fainéantise, dormant presque toute la journée dans une chaleur étouffante, et ils ne font presque aucun exercice†. Ce genre de vie et le climat, occasionnent et entretiennent une si grande dissolution dans le sang de ces peuples, qu'ils sont obligés toute l'année d'avoir recours deux fois par semaine à leurs bains, pour se débarrasser, par une transpiration forcée, de l'humidité qui domine dans leur tempérament.

On conclut aisément de ce qui a été dit, que les Russes doivent avoir un suc nerveux grossier, sans jeu et sans activité, plus propre à former des tempéraments vigoureux que des hommes de génie: leurs organes intérieurs ne peuvent avoir ni ressorts ni vibrations; la flagellation qu'ils se donnent perpétuellement dans leurs bains, et la chaleur qu'ils y éprouvent, détruisent toute la sensibilité des organes extérieurs‡. Les

---

* Les Wotiakes sont cependant d'une petite taille: on en parlera ailleurs.
† Pages 293 et 302.
‡ Pages 287 et 293.

houppes nerveuses n'étant plus susceptibles d'impressions, elles ne peuvent plus les transmettre aux organes intérieurs; aussi M. de Montesquieu observe qu'il faut écorcher un Russe pour lui donner du sentiment*. Le défaut de génie chez les Russes paraît donc être un effet du sol et du climat.[32]

On aurait pu appuyer cette conclusion par d'autres raisonnements également fondés; mais cet ouvrage étant destiné à rapporter des faits, il ne permet pas de s'appesantir sur cette digression, peut-être déjà trop longue.

Il est aussi rare de trouver de l'imagination dans le Russe, que du génie; mais ils ont un talent particulier pour imiter.[33] On fait en Russie un serrurier, un maçon, un menuisier, etc., comme on fait ailleurs un soldat. Tous les régiments possèdent aussi dans leur troupe les artistes qui leur sont nécessaires; ils ne sont pas obligés de les tirer des ateliers, ainsi que partout ailleurs. Ils décident à la taille, ceux qui sont les plus propres aux arts qu'on leur destine. On donne à un soldat une serrure pour modèle; on lui ordonne d'en faire de semblables, et il en fait avec la plus grande adresse: mais il est nécessaire que le modèle soit parfait; il le copierait avec tous ses défauts, quoiqu'il fût souvent aisé de les corriger. Les artistes et les ouvriers de tout genre sont dans le même cas.

Ce talent singulier des Russes est si frappant, qu'on le reconnaît dans la nation en arrivant en Russie. On y observe aisément, qu'elle le possède à un degré si supérieur, qu'on aurait pu en former un peuple bien différent de celui qui existe.

J'ai dit ailleurs que les Russes étaient naturellement gais; qu'ils avaient l'esprit de la société, et qu'ils l'aimaient; et ne le voit-on pas parmi les Russes qui voyagent chez l'étranger? Pourquoi le Russe est-il donc si différent de ce qu'il pourrait être, au moins à certains égards? C'est dans l'éducation et le gouvernement qu'il faut chercher la solution de ce problème.

Dans un bon gouvernement, l'éducation des enfants doit être dirigée vers la vertu, l'amour de la patrie et le bonheur de la société. Cette éducation est étroitement liée avec le système politique d'un bon gouvernement; mais elle suppose que l'intérêt du souverain soit le même que celui de la nation. C'est dans les rapports et l'exacte combinaison de

---

* *Livre XIV*, chap. II.

---

32. L'*Antidote* croit relever une contradiction chez Chappe: après avoir dit que le despotisme était la cause du manque de génie des Russes, il déduit de considérations physiques qu'ils ne sauraient être que des sots (1770, 2ᵉ partie, p.176-77). L'*Antidote* gauchit ici la pensée de l'abbé (Introduction, p.77).

33. 'Chappe nous a donné plus d'une fois les attributs des taupes, & en cette occasion il nous fait part des qualités du singe', grince l'*Antidote* (1770, 2ᵉ partie, p.199). Le don d'imitation des Russes a été maintes fois observé: voir Olearius, 1659, i.166-67; Jubé, 1992, p.79 et 190. Ce don en fait des 'barbares bien habillés' (Custine, 1990, ii.417).

ces deux intérêts, qu'on trouve l'ordre et l'harmonie d'une bonne administration: elle fait la puissance du souverain, et le bonheur des peuples. On voit naître dès lors cet amour de la patrie, qui fait que chaque citoyen ne trouve son bonheur que dans celui de la nation; la reconnaissance publique fait germer et entretient l'amour de la gloire, produit les grands hommes, et leur assure la vénération de la postérité.

L'amour de la gloire et de la patrie sont inconnus en Russie; le despotisme* y détruit l'esprit, le talent, et toute espèce de sentiment. Personne n'ose penser en Russie; l'âme, avilie et abrutie, en perd jusqu'à la faculté. La crainte est, pour ainsi dire, le seul ressort qui anime toute la nation.[34]

J'ai vu dans leurs écoles le jeune géomètre étudier Euclide avec un billot pendu à son cou†, et des maîtres commander aux talents comme on commande l'exercice à l'armée.

J'ai su par un fameux artiste étranger, qu'étant chargé de diriger une de leurs écoles, il rencontra un élève d'un talent supérieur parmi ceux qu'on lui avait confiés. Jaloux de former un sujet qui lui fît honneur, il cultiva avec le plus grand soin cette jeune plante: il voyait chaque jour avec joie les progrès de son élève; mais bientôt le jeune homme n'en fit plus aucun. Cet artiste, après avoir épuisé tous les moyens de douceur pour l'encourager, lui demanda sur le ton de la plus grande amitié, la raison de son dégoût pour le travail... Je suis esclave de M.***; quand je serai habile, il me rappellera pour me faire travailler chez lui; je serai maltraité, et j'aime bien mieux vivre comme mes camarades.

J'ai connu plusieurs personnes qui étaient convaincues que les Russes étaient incapables de faire de grands progrès dans aucun genre. Je crois cette opinion absolument fausse:[35] ils ont été induits en erreur par des faits semblables à celui du jeune esclave dont je viens de parler. Ces faits au contraire supposent au moins beaucoup de jugement.

Le gouvernement a cru remédier à une partie de ces inconvénients, en ordonnant que tous ceux qui se distingueraient dans les écoles, ne seraient plus esclaves de leurs seigneurs, mais qu'ils appartiendraient à l'Etat. Alors ou les seigneurs n'envoient plus leurs esclaves aux écoles, ou ils

---

* Voyez l'article *du Gouvernement* (page 336).
† J'ai parlé page 277 de cette punition.

---

34. Lieu commun depuis Mayerberg, 1688, p.211. Voir Weber, 1725, i.30, 77-78. Pour Jubé, 1992, p.80, 179 et 191, la crainte est le 'premier mobile des Russes'. Ils ne respectent que ce qu'ils craignent, écrit Bernardin de Saint-Pierre, 1833, i.25. Voir aussi Custine, 1843, iii.285 et suiv.

35. 'Voilà un excès de bonté', ironise l'*Antidote*. Mais la contradiction avec tout ce qu'il a avancé dans son livre 'est si manifeste, que je suis tenté de fermer son in quarto & de le jetter au feu' (1770, 2ᵉ partie, p.208). Perry, 1717, p.8, notait déjà: 'Si les grands-ducs qui succéderont à celui-ci imitent sa conduite, en peu de temps on pourra voir ces peuples se polir, se civiliser et s'instruire par la fréquentation des autres peuples.' Rousset de Missy abondait dans le même sens (voir ch.7, n.10). Jubé ira plus loin: pour lui, les Moscovites sont certes les moins instruits des peuples de l'Europe, mais peut-être les plus capables de l'être (Jubé, 1992, p.79).

trouvent toujours le moyen de se les conserver; et dans tous les cas ils sont toujours esclaves.

Je pourrais citer ici quantité de faits semblables à ceux que je viens de rapporter, et dont j'ai été témoin. Je les supprime, parce qu'ils compromettraient des personnes actuellement en Russie. Le souffle empoisonné du despote s'étend sur tous les arts, sur toutes les manufactures, et pénètre dans tous les ateliers. L'on y voit les artistes enchaînés à leur établi.[36] J'en ai été témoin plusieurs fois, principalement à Moscou, et c'est avec de pareils ouvriers que les Russes s'imaginent pouvoir contrefaire les étoffes de Lyon.[37]

Pierre Ier était convaincu, et toute la nation l'est encore aujourd'hui, qu'il faut conduire les Russes de cette manière. Cette conduite pouvait avoir des fondements à quelques égards, lorsque Pierre Ier parvint au trône; mais il est bien singulier que ce détestable préjugé subsiste toujours en Russie

L'orgueil des Russes[38] est encore un grand obstacle au progrès des sciences et des arts dans cette nation. Ce vice tient à l'esprit national: on le reconnaît dans tous les états. Un élève a fait à peine quelques progrès, qu'il se croit égal à son maître, et même bientôt supérieur. Le public russe est assez peu éclairé pour le mettre sur la même ligne. Outre les désavantages qui sont la suite de cette fausse présomption, cette conduite augmente les désagréments de l'étranger appelé en Russie pour instruire les Russes; et souvent les artistes étrangers se croient forcés de tenir leurs élèves en tutelle, pour se rendre plus nécessaires. Dégoûtés de leurs états, la plupart cherchent moins à y former des sujets, qu'à s'y procurer quelque fortune, qu'ils emportent rarement dans leur patrie. Je n'ai pas trouvé un seul étranger en Russie qui ne regrettât les moments où il vivait avec ses concitoyens.

---

36. Le fait est confirmé par Novikov (Elkina, 1974, p.85). Selon Schwan, 1764 (p.47), certains artistes russes avaient 'l'âme assez servile au point d'être insensibles à la honte de se laisser battre pour travailler ou d'être enchaînés à l'atelier'.

37. Les soieries de Lyon avaient 'atteint la perfection', dira Fonvizine (1995, p.57). Mais les Russes n'ont pas besoin de les contrefaire, prétend l'*Antidote*: nos vraies et solides fabriques sont celles de toiles et de laines (1770, 2ᵉ partie, p.211).

38. Encore un lieu commun: l'orgueil des riches est particulièrement 'insupportable' (Olearius, 1659, i.149), les nobles ont le cœur 'bouffi d'orgueil' (Miège, 1857, p.310). Marbault, 1777, p.38-39, comme Miège, trouvait cet orgueil 'ridicule'. L'orgueil des seigneurs russes a été stigmatisé également par Fornerod, 1799, p.91; par Chopin, 1812, p.51; par Faure, 1821, p.132. 'Le revers de la résignation russe, c'est l'extraordinaire suffisance russe', écrit Berdiaev dans *L'Ame de la Russie* en 1915 (dans Niqueux, 1992, p.66). Tantôt Chappe représente la nation comme abattue et abrutie, tantôt il dit que notre orgueil est un obstacle au progrès, observe l'*Antidote*, 1770, 2ᵉ partie, p.213. Diderot verra comme Chappe dans la haute opinion d'eux-mêmes qu'ont les Russes un 'nouvel obstacle à la réformation' (*Sur la Russie*, dans Raynal, 1981, p.339).

[7]. *Du progrès des sciences et des arts en Russie*

La noblesse destinée au militaire envoie ses enfants au Corps des cadets*,[39] ou les élève dans le sein de sa famille; elle a les plus grands égards pour les gouverneurs chargés de l'éducation de ses enfants; mais elle est souvent forcée de livrer cette jeunesse à des maîtres peu instruits. La plupart ont été en Russie pour y tenter en vain la fortune. Ces maîtres sont rarement faits pour former cette jeune noblesse;[40] et les pères, peu instruits eux-mêmes, et avilis par l'esclavage, sont encore moins dans le cas de concourir à l'éducation de leurs enfants, de leur former le cœur, et de leur donner des sentiments. Le despote leur fait toujours envisager le danger de s'instruire dans tous les genres qui peuvent lui porter ombrage.

Il est aisé de conclure de tout ce qui a été dit dans cet article, que le gouvernement et l'éducation sont la source du peu de progrès que les Russes ont fait dans les sciences et les arts, et que ce peuple sans génie et sans imagination en général, deviendrait cependant une nation très différente, à beaucoup d'égards, de celle qui existe, s'il jouissait de la liberté. Mais irait-il bien loin? Je n'en sais rien. Il serait peut-être à souhaiter, si l'on en croit M. Rousseau de Genève, que ce peuple n'eût jamais été policé.[41] Quoi qu'il en soit, le règne de l'impératrice Catherine semble présager un changement dans l'esprit général de la nation†. Convaincue que le savant qui réunit le génie de la géométrie sublime à celui de la philosophie et des lettres, peut, en éclairant ses peuples, lui faciliter le moyen de les mieux gouverner, elle offre à ce sage un asile auprès du trône, et les avantages d'approcher d'une souveraine qui honore les sciences et les cultive. Elle appelle le savant Euller,[42] qui s'est

---

* C'est une espèce de Collège établi pour l'éducation de la noblesse.
† Voyez page 352.

---

39. Le Corps des cadets a été créé à Pétersbourg par le général Münnich sous le règne d'Anna Ivanovna (1730-1740): trois cent soixante jeunes nobles y recevaient, outre l'enseignement militaire, une instruction générale assez complète.
40. Sur les précepteurs étrangers, généralement médiocres, voir ch.4, n.22.
41. Passage célèbre du *Contrat social* (livre II, fin du chapitre 8, 'Du peuple') dirigé contre l'*Histoire de l'empire de Russie* de Voltaire. Voltaire le réfute dans son article 'Pierre le Grand et Jean-Jacques Rousseau' (1765) et, à partir de 1775, dans la 'Préface historique et critique' de l'*Histoire de l'empire de Russie*. Polémique entre deux conceptions radicalement opposées et qui eut une résonance énorme (voir aussi l'Introduction, note 272). Chappe finit-il ici par 's'aligner sur Rousseau' (Liechtenhan, 1989, p.42)? Ce serait oublier le 'peut-être'. Wilson (1970, p.144), pense au contraire, en ayant sans doute mal lu, qu'il n'est pas d'accord avec lui. Il y a de toute façon un flottement dans le jugement de l'abbé, qui, deux pages plus haut, estimait 'absolument fausse' l'opinion de ceux qui sont convaincus que le peuple russe est incapable de faire de grands progrès. Malgré la citation de Rousseau, ce peuple ira loin, prophétise l'*Antidote*: 'il n'y a qu'à voir les pas de geans qu'il a fait depuis soixante & dix ans' (1770, 2ᵉ partie, p.217-19).
42. Le célèbre mathématicien avait séjourné en Russie sous Catherine Iʳᵉ. Il avait alors remplacé dans la chaire de mathématiques Daniel Bernoulli, qui retournait en Suisse. Il avait ensuite été invité en Prusse par Frédéric II en 1741. Appelé par Catherine II en 1766, il mourra à Pétersbourg en 1783.

acquis l'immortalité par ses travaux mathématiques. Ce savant va instruire les Russes une seconde fois. Quels progrès ne feront-ils pas sous le règne de Catherine? Déjà elle a pris toutes les mesures nécessaires pour assurer le succès du passage de Vénus sur le soleil; plusieurs de ses sujets doivent l'observer dans différents endroits de ses vastes Etats.[43] Elle va créer une nouvelle nation: Pierre le Grand en avait conçu le projet, formé le plan, et préparé l'événement; la gloire d'y mettre la dernière main semble réservée à l'impératrice Catherine.

---

43. Voir l'Introduction, n.122.

[8]. Des lois, des supplices et de l'exil

Un des premiers génies de l'Europe nous apprend, dans son *Histoire de Russie**, que Pierre Ier acheva en 1722 le nouveau *Code de lois*[1] commencé en 1718, et perfectionné sous l'impératrice Elisabeth. Pierre Ier défendit, sous peine de mort, à tous les juges de s'en écarter, et de substituer leur opinion particulière à la loi générale. Cette ordonnance terrible fut affichée, et l'est encore dans tous les tribunaux de l'empire.[2] Il avait défendu, sous les mêmes peines, aux juges de recevoir des épices,[3] et à tout homme en place d'accepter des présents. Mœns de La Croix, chambellan de l'impératrice Catherine, et sa sœur, Madame de Balc, dame d'atours de l'impératrice, ayant été convaincus d'avoir reçu des présents, Mœns fut condamné à perdre la tête; et sa sœur, favorite de l'impératrice, à recevoir onze coups de knout.[4] Les deux fils de cette dame, l'un chambellan, et l'autre page, furent dégradés, et envoyés en qualité de simples soldats dans l'armée de Perse†.

Cette sévérité est bien changée depuis la mort de Pierre Ier. Toutes les provinces que j'ai parcourues ont des tribunaux qu'on appelle chancelleries: les tribunaux qui ont rapport aux affaires civiles et criminelles, relèvent du Sénat ou du Collège de justice. J'ai vu que dans toutes les chancelleries éloignées, la justice s'y vendait presque publiquement, et que l'innocent pauvre était presque toujours sacrifié au criminel opulent.

Les supplices, depuis l'avènement de l'impératrice Elisabeth au trône de Russie, sont réduits à ceux des batogues (n° XII) et du knout (n° XIII).

Les batogues[5] sont regardées en Russie comme une simple correction de police que le militaire emploie vis-à-vis du soldat, la noblesse envers ses domestiques, et ceux à qui elle confie son autorité, envers tous ceux qu'ils commandent.

---

* M. de Voltaire, tome II, chapitre 13 *Des Lois*, page 222.
† M. de Voltaire, page 277.

---

1. Il n'a pas été achevé, comme l'ont objecté les censeurs russes de Voltaire (Chmourlo, 1929, p.466). L'*Antidote* le rappelle également, en précisant que l'ouvrage n'avait guère avancé sous Elisabeth, mais que Catherine II l'a 'remis sur le tapis', et que la nation attend ce code avec la plus grande impatience (1770, 2e partie, p.219-20).
2. Deux phrases empruntées textuellement à Voltaire (*Histoire de Pierre le Grand*, *OC*, t.47, p.889-90).
3. Voltaire, *Histoire de Pierre le Grand*, *OC*, t.47, p.888.
4. Le 16 novembre 1724.
5. Voir ci-dessus, ch.3, n.73.

J.B. le Prince del.   J.B. Tilliard Sculp.

XII. Supplice des batogues
Collections de la Bibliothèque municipale de Rouen.
Photographie Thierry Ascencio-Parvy

XIII. Supplice du knout ordinaire
Collections de la Bibliothèque municipale de Rouen.
Photographie Thierry Ascencio-Parvy

J'ai été témoin de ce supplice pendant mon retour de Tobolsk à Saint-Pétersbourg. Je me plaçai à une fenêtre, aux cris que j'entendis dans la cour: je vis deux esclaves russes qui entraînaient par les bras une fille de quatorze à quinze ans; elle était grande et bien faite. J'imaginai à sa parure qu'elle appartenait à quelque famille distinguée. Sa tête, coiffée en cheveux, était penchée en arrière; ses yeux, fixés sur une personne, imploraient sa clémence; sa beauté semblait la lui assurer, et les larmes qu'elle répandait paraissaient un charme superflu. Les Russes la conduisirent cependant au milieu de la cour, et dans un instant ils la déshabillèrent toute nue jusqu'à la ceinture; ils la couchèrent par terre sur le ventre, et ils se mirent à genoux; le premier tenait sa tête serrée entre ses genoux, et le second l'autre extrémité du corps: on leur apporta des verges, dont ils ne cessèrent de fouetter sur le dos cet enfant, qu'au moment qu'on cria, *c'est assez.* On releva cette victime infortunée: elle n'était plus reconnaissable; son visage et tout son corps étaient couverts de sang et de boue. Je jugeai à ce dur traitement, que cette jeune fille avait commis quelque grand crime: j'appris quelques jours après, qu'elle était femme de chambre, et que le mari de sa maîtresse avait ordonné ce châtiment, parce qu'elle avait manqué à quelques devoirs de son état. Partout ailleurs on l'aurait peut-être renvoyée, si sa maîtresse avait été de mauvaise humeur. Les Russes prétendent qu'ils sont obligés de traiter ainsi leurs domestiques, pour s'assurer de leur fidélité. Cette conduite est cause que ces malheureux esclaves ne trouvant que de petits tyrans dans leurs maîtres, les obligent de vivre dans une méfiance perpétuelle: jusque-là qu'au milieu de leurs familles, ils sont toujours en garde contre tous ceux qui les approchent.

Je n'ai pas été témoin du supplice du knout; mais parcourant Pétersbourg avec un étranger qui me conduisait dans la ville pour en voir les curiosités, nous nous arrêtâmes à l'endroit où Mme Lapouchin[6] avait reçu le knout. Cet étranger en avait été témoin: il en était encore si frappé, qu'il m'en fit tout le détail sur le lieu même. Je rapporterai ce fait tel qu'il m'a été conté, et tel que je l'ai trouvé dans mon journal.

---

6. Un signet de Voltaire porte la mention *Me Lapuchin* (*CN*, 1983, ii.488). Mariée au général Stepan Vassilievitch Lopoukhine, Natalia Fedorovna Lopoukhina était dame d'honneur de l'impératrice Elisabeth. Comme son amie Anna Gavrilovna Bestoujeva-Rioumina, la belle-sœur du vice-chancelier Bestoujev, elle connaissait le marquis de Botta, ambassadeur d'Autriche à Pétersbourg. Lopoukhina était si belle que, dans les bals de la Cour, sous le règne d'Anna Ivanovna, elle éclipsait Elisabeth, suscitant la jalousie de cette dernière. Au temps d'Anna, Lopoukhina était liée avec le maréchal Karl Gustav Loewenwold, alors que le parti des 'Vieux Russes', ennemi des Allemands, était dévoué à Elisabeth. La conspiration à laquelle était mêlée Lopoukhina avait pour but de remettre sur le trône le petit Ivan VI, fils d'Anna Leopoldovna (régente en 1740-1741) et arrière-petit-fils d'Ivan V. L'affaire Lopoukhine éclate en 1742. Huit personnes y sont impliquées. Lopoukhine, sa femme et son fils ont la langue arrachée. Tous les trois sont condamnés à la roue, mais Elisabeth commue la peine de mort en déportation, après le knout. Les autres sont knoutés.

[8]. *Des lois, des supplices et de l'exil*

Tous ceux qui ont été à Saint-Pétersbourg savent que Mme Lapouchin était une des plus belles femmes de la cour sous le règne de l'impératrice Elisabeth: elle était liée étroitement avec un ambassadeur étranger qui tramait une conspiration.[7] Mme Lapouchin compromise dans cette intrigue, fut condamnée par l'impératrice Elisabeth à recevoir le knout. Elle parut à l'endroit du supplice dans un négligé qui donnait un nouvel éclat à sa beauté. La douceur de sa physionomie, et sa vivacité, annonçaient plutôt quelque indiscrétion, que l'ombre d'un crime. Tous ceux que j'ai consultés par la suite m'ont cependant assuré qu'elle était coupable. Jeune, aimable, fêtée et recherchée à la cour, dont elle faisait les délices, elle ne voit autour d'elles que des bourreaux, au lieu d'une multitude d'adorateurs que ses attraits lui attachaient. Elle jette sur eux des regards étonnés qui font naître le doute si elle est bien convaincue que ces apprêts la regardent: l'un des bourreaux lui arrache une espèce de mantelet qui lui couvrait le sein: sa pudeur alarmée la fait reculer de quelques pas; elle pâlit, et répand un torrent de larmes: ses vêtements disparaissent, et dans quelques instants elle se trouve exposée toute nue jusqu'à la ceinture, aux regards avides d'un peuple immense, qui gardait un silence profond: l'un des bourreaux la prend par les deux mains; et faisant aussitôt un demi-tour, il la place sur son dos courbé, et l'élève par ce moyen de quelques pouces de terre: l'autre bourreau se saisit de ses membres délicats, avec de grosses mains endurcies à la charrue; il la porte, et la transporte sans aucun ménagement sur le dos de son camarade, pour la placer dans l'attitude qui convient à ce supplice. Tantôt il lui appuie brutalement sa large main sur la tête, pour l'obliger à la tenir baissée; tantôt semblable à un boucher qui va écorcher un agneau, il semble la caresser au moment qu'il a trouvé l'attitude la plus favorable.

Ce bourreau prit alors une espèce de fouet appelé knout: il est fait d'une longue courroie de cuir préparée à ce sujet: il s'éloigne aussitôt de quelques pas, en mesurant d'un œil fixe l'espace qui lui était nécessaire; et en faisant un saut en arrière, il lui applique un coup de l'extrémité du fouet, et lui enlève une lanière de peau depuis le cou jusqu'au bas du dos. Il prend en trépignant des pieds, de nouvelles mesures pour en appliquer un second parallèlement au premier; et en quelques moments il lui découpe toute la peau du dos en lanières, qui pour la plupart pendaient sur sa chemise.[8] On lui arracha la langue immédiatement après, et elle fut

---

7. Le marquis de Botta (1688-1774), ambassadeur d'Autriche.

8. Le supplice du knout a été décrit par de nombreux voyageurs avant Chappe (Olearius, Struys, Foy de La Neuville, Perry, Deschisaux, Jubé...). Parmi les Français, Jubé présente l'avantage sur Chappe d'avoir été témoin de ce supplice: il en donne une description très détaillée (Jubé, 1992, p.157-59). Il est difficile de savoir si le texte de Chappe et les gravures d'après Le Prince ont inspiré certains auteurs, ou si ces derniers ont puisé leurs informations sur le knout à d'autres sources. Sade, par exemple, rappelle en quoi consiste ce supplice lorsqu'il imagine Catherine II donnant le knout au cours d'une scène de

J. B. le Prince del.

J. B. Tilliard Sculp.

XIV. Supplice du grand knout
Collections de la Bibliothèque municipale de Rouen.
Photographie Thierry Ascencio-Parvy

[8]. *Des lois, des supplices et de l'exil*

envoyée aussitôt en exil en Sibérie. Cet événement est connu de tous ceux qui ont été en Russie*.

Le supplice du knout ordinaire ne déshonore point,[9] parce que dans ce gouvernement despote chaque particulier est exposé aux mêmes événements,[10] qui ont souvent été les suites de simples intrigues de cour. On condamne au grand knout[11] les Russes qui ont commis les crimes qui ont rapport à la société. Ce supplice tient lieu communément de celui de la roue en France. Le grand knout (n° XIV) ne diffère du knout ordinaire qu'à quelques égards: on élève le criminel en l'air par le moyen d'une poulie fixée à une potence, et d'une corde attachée aux deux poignets liés ensemble; on place une poutre entre ses deux jambes, attachées de même, et on en place une seconde en forme de croix au-dessous de l'estomac. On lui attache quelquefois les mains derrière le dos; et en l'élevant dans cet état, ses bras se disloquent à l'omoplate.

Les bourreaux rendent ce supplice plus ou moins cruel par la façon dont ils l'exécutent: ils sont si adroits, que lorsque le criminel est condamné à mort, ils le font mourir à leur volonté, d'un seul ou de plusieurs coups de fouet.

Outre le supplice du knout, celui de la roue était en usage avant l'impératrice Elisabeth. On empalait quelquefois les criminels par le côté: on les pendait en les accrochant par les côtes; ils vivaient plusieurs jours dans cette dernière situation, ainsi que les femmes, qu'on enterrait toutes vives jusqu'aux épaules, pour avoir tué leur mari.[12] Le supplice d'avoir la tête coupée, était commun au peuple et à la noblesse.

La Russie fournit un exemple bien frappant, que ni la mort des scélérats, ni la cruauté de leurs supplices, ne rendent pas les hommes meilleurs. (*Voyez* l'article du 'Gouvernement et des Mœurs'.)

L'impératrice Elisabeth n'a laissé subsister que le supplice du knout, ainsi que je l'ai déjà observé: on condamne même rarement les criminels

---

*Elle fut rappelée de son exil par Pierre III, en 1762.

libertinage (Sade, 1998, iii.977). Pierre-Sylvain Maréchal a fait une description particulièrement crue des deux manières d'administrer le knout (Maréchal, 1802, p.301-302).

9. Idée reçue depuis Olearius, 1659, i.232-33, qui mettait cependant son information au passé ('Ci-devant ces supplices n'étaient point infâmes'). Par la suite, pour certains voyageurs, ces châtiments ne seront toujours point honteux (voir Struys, 1684, i.419 ou Perry, 1717, p.262-63). Dans l'*Encyclopédie*, l'auteur de l'art. 'Knout' reprendra cette assertion, ce qui lui vaudra la protestation d'un Russe dans le *Journal encyclopédique* du 15 septembre 1773. Le *Supplément* de l'*Encyclopédie* prendra acte de cette 'Lettre d'un Russe' en publiant un second article 'Knout' qui constitue une sorte de rectificatif (Mervaud, 1993). L'*Antidote* (1770, 2e partie, p.221-23), s'élève vigoureusement contre l'affirmation de Chappe.

10. C'est ce que dit Perry, 1717, p.262: ces supplices ne sont pas honteux parce que 'quiconque les leur reproche s'expose à souffrir la même peine'.

11. Ce que Chappe appelle le grand knout n'est autre chose que la torture extraordinaire, qui a été abolie comme les autres tortures depuis le départ de l'abbé, écrit l'*Antidote* (1770, 2e partie, p.222-23). Catherine 'a défendu l'usage de la question, & donné à l'Europe l'exemple de l'humanité' (Lévesque, 1782, v.107).

12. Voir Perry, 1717, p.192, et Voltaire, *Anecdotes sur le czar Pierre le Grand* (dans *Histoire de Pierre le Grand*, OC, t.46, p.66-67).

à ce supplice; elle l'a remplacé en exilant la noblesse, en confisquant ses biens, et en condamnant le peuple aux travaux publics. J'ai connu bien des personnes qui blâmaient la conduite de l'impératrice Elisabeth à cet égard: ils regardaient ces châtiments comme trop doux.

Cette opinion peut avoir quelque fondement par rapport à certains crimes; mais il paraît que ces personnes étaient peu instruites sur la façon dont l'exil se pratique en Russie.

Tous les criminels condamnés aux travaux publics subissent le même traitement: ils sont enfermés dans des prisons environnées d'une vaste enceinte, qui est formée de pieux de cinquante à soixante pieds de hauteur; ils se retirent dans leurs prisons dans le mauvais temps, et ils se promènent dans l'enceinte, quand le temps le permet. Ils sont tous enchaînés par les pieds; leur dépense est très modique, n'ayant communément que du pain et de l'eau, ou, suivant les endroits, quelqu'autre aliment qui leur tient lieu de pain. Un certain nombre de soldats sont destinés à les garder, et à les conduire aux mines ou aux autres travaux publics: ils y sont traités très durement. Ce châtiment n'est pas proportionné dans bien des cas à certains crimes:[13] il ne fait pas sur le peuple russe l'impression qu'on devrait en attendre, parce que ce peuple est esclave. Il n'en serait pas de même dans une nation qui jouirait de la liberté, et qui serait policée. Ce châtiment continuel serait souvent un frein plus puissant pour lui en imposer que celui de la mort.[14] Certains scélérats envisagent même ce moment comme le terme de leurs peines, et c'est à cette situation qu'il faut attribuer la fermeté

---

13. Montesquieu affirmait que, 'en Moscovie, où la peine des voleurs et celle des assassins sont les mêmes, on assassine toujours' (*De l'esprit des lois*, livre VI, ch.16, 'De la juste proportion des peines avec les crimes'). Il proclame que 'la liberté est favorisée par la nature des peines, et leur proportion' (livre XII, ch.4). Beccaria écrit aussi qu''il faudrait chercher et fixer une progression de peines correspondant à la progression des crimes' et que 'le tableau de ces deux progressions serait la mesure de la liberté ou de l'esclavage' (*Des délits et des peines*, 1764, ch.23, 'Que les peines doivent être proportionnées aux délits'). Il n'est pas exclu que Chappe ait connu la traduction de Beccaria par Morellet, parue en 1766. L'*Antidote* rétorque à Chappe que, 'anciennement', les peines n'étaient pas plus proportionnées aux crimes en Russie que chez les autres peuples, mais que les crimes ont diminué depuis que les supplices de mort ont été abolis (1770, 2ᵉ partie, p.223). Il sied bien à un Welche, poursuit l'*Antidote*, de critiquer les autres nations, alors que 'on met à mort pour peu de choses chés eux juridiquement tous les jours'! (2ᵉ partie, p.229. Peut-être y a-t-il ici une allusion à l'affaire du chevalier de La Barre, 1765-1766). Dans sa célèbre *Epître à Ninon*, Andreï Chouvalov écrit aussi:
'Nous n'éprouvons jamais l'horrible maladie
Qu'un monstre de l'enfer souffle dans ta patrie.
Un Calas, un La Barre eût vécu parmi nous' (*CL*, mars 1774, x.394).

14. Selon Voltaire, 'la terreur de la mort fait moins d'impression peut-être sur les méchants, pour la plupart fainéants, que la crainte d'un châtiment et d'un travail pénible qui renaissent tous les jours' (*Histoire de Pierre le Grand, OC*, t.46, p.575). Voltaire associe à cette idée celle de l'utilité des 'travaux publics' infligés aux criminels par l'impératrice Elisabeth, qu'il présente comme 'la première souveraine qui ait ainsi respecté la vie des hommes' (p.574). L'*Antidote* précise que, Elisabeth ayant aboli la peine de mort, les prisons se remplirent tellement qu'en 1750 le Sénat proposa d'employer les malfaiteurs convaincus des crimes les plus graves, après un châtiment corporel, aux travaux des mines et autres ouvrages publics pénibles, ce qui fut approuvé (1770, 2ᵉ partie, p.225-26).

[8]. *Des lois, des supplices et de l'exil*

que quelques-uns ont portée sur l'échafaud; mais je crois qu'il serait très dangereux d'exposer ces criminels, comme en Russie, à la vue de toute la nation. L'habitude de voir des malheureux détruit à la longue la sensibilité; et ce sentiment est si précieux à l'humanité, qu'on ne saurait prendre trop de moyens pour le conserver aux peuples qui en jouissent, et le faire naître dans ceux qui ne le connaissent point. Je suis convaincu que le tableau odieux de la multitude des malheureux enchaînés qu'on rencontre dans la plupart des villes de la Russie, n'a pas peu contribué à faire contracter aux Russes la dureté de caractère que j'ai observée dans cette nation. [15]

L'exil n'est pas le même par rapport à tous ceux qui sont condamnés à ce châtiment; les uns sont enfermés, et les autres jouissent d'une certaine liberté. Le comte de Lestoc, après avoir placé la couronne sur la tête de l'impératrice Elisabeth, fut exilé avec sa femme: [16] Lestoc fut arrêté le premier, et enfermé dans le fort de Saint-Pétersbourg. Sa femme était née en Livonie d'une famille des plus distinguées: elle était fille d'honneur de l'impératrice avant d'épouser M. de Lestoc: elle avait conservé, quoique à la cour, la noble fierté qu'inspire la liberté dont jouit la province de Livonie, conquise par Pierre Ier: Mme de Lestoc étant arrêtée ôta les diamants dont elle était parée, ainsi que sa montre, et ses autres bijoux: elle les jeta aux pieds de ceux qui l'arrêtaient, et leur dit de la conduire où ils avaient ordre de la mener: elle fut enfermée dans le même fort que son mari, mais dans un appartement séparé: tous leurs effets furent mis sous le scellé, en attendant le jugement de la Chancellerie secrète. Livrés à ce tribunal odieux, dont les juges étaient les ennemis déclarés du comte de Lestoc, principalement M. de Bestuchef, [17] premier ministre*, ces illustres prisonniers n'ignoraient pas que leur perte était assurée; aussi cherchèrent-ils peu à se défendre. Lestoc avait reçu une somme d'argent d'une puissance étrangère alliée de la Russie, [18] et l'impératrice Elisabeth

---

*J'ai lu dans les notes manuscrites sur la Russie, que l'impératrice Elisabeth avait aboli en 1741 la Chancellerie secrète lors de son avènement au trône, et qu'elle avait renvoyé au Sénat toutes les affaires qu'on y jugeait; mais il ne paraît pas que cette ordonnance ait jamais été exécutée. M. le comte de Lestoc et ses semblables n'ont jamais été jugés par le Sénat, ni par aucun Collège de justice.

---

15. L'*Antidote* termine sa deuxième partie en critiquant longuement cette page de Chappe: les criminels russes sont traités plus humainement que les galériens; il n'y en a pas un seul qui n'aurait été pendu dans tout autre pays que la Russie. Depuis que la peine de mort est abolie, et que la punition corporelle a été infligée par gradation selon les crimes, il se commet beaucoup moins de forfaits. On voit moins de gens enchaînés que de pendus ailleurs (p.227-32).

16. Sur Lestocq, voir ci-dessus, ch.3, n.31.

17. Le chancelier Bestoujev-Rioumine était opposé à l'alliance avec la France et la Prusse, d'où son hostilité à La Chétardie et à Lestocq. En 1756, la Russie entrera dans la nouvelle coalition franco-autrichienne contre la Prusse. Mais Bestoujev, en raison de son orientation pro-anglaise, perdit la confiance d'Elisabeth et fut déporté en 1758. Il sera rappelé à la cour par Catherine II.

18. La France. On sait que La Chétardie avait joué un rôle important dans la conspiration en faveur d'Elisabeth (la Suède, qui avait participé financièrement au

devait la couronne à cette puissance. Ce présent était le grand crime du comte de Lestoc: il avoua dans son interrogatoire qu'il l'avait reçu; mais ses juges lui ayant demandé la valeur de cette somme: *Je ne m'en souviens pas*, leur dit-il, *vous pourrez le savoir, si vous le désirez, par l'impératrice Elisabeth*; et en effet, il avait instruit cette souveraine qu'on lui offrait cette somme à cause des bontés dont elle l'honorait: elle lui avait permis de l'accepter.

Mme de Lestoc aussi convaincue du jugement qui serait rendu que de son innocence et de celle de son mari, demanda à ses juges pour toute grâce, qu'on lui fît trancher la tête; mais qu'on épargnât sa peau, c'est-à-dire, qu'elle n'eût pas le knout.

Malgré les intrigues de Bestuchef, l'impératrice Elisabeth ne voulut jamais consentir que ces prisonniers fussent condamnés au knout: tous leurs biens furent confisqués; ils furent exilés en Sibérie, et enfermés dans des endroits différents, sans avoir la permission de s'écrire.

Une chambre formait tout le logement de Mme de Lestoc: elle avait pour meubles quelques chaises, une table, un poêle et un lit sans rideaux: il était composé d'une paillasse et d'une couverture; elle ne changea que deux fois de draps dans la première année. Quatre soldats la gardaient à vue, et couchaient dans sa chambre, d'où elle n'avait point la permission de sortir, même pour ses besoins: à peine avait-elle quelques chemises pour en changer de temps en temps. Lestoc publiait à son retour que sa femme était toujours étonnée de ce qu'elle n'avait pas succombé au seul désagrément d'être rongée par la vermine, suite de la malpropreté dans laquelle elle était forcée de vivre. Elle jouait aux cartes avec les soldats, dans l'espérance de gagner quatre ou cinq sous, dont elle pût disposer; ce qui ne lui était pas toujours permis. Ayant pris un jour de l'humeur contre l'officier qui commandait, cet officier lui cracha au nez, et lui rendit sa captivité plus dure.

Le comte de Lestoc était encore plus malheureux, parce que la vivacité de son caractère ne lui permettait pas de souffrir patiemment la plus petite contrariété; et il ne jouissait de la liberté de se promener dans sa chambre qu'autant qu'il ne s'approchait pas de la fenêtre.

L'impératrice Elisabeth avait cependant accordé à Lestoc, ainsi qu'à sa femme, douze livres de France par jour, traitement avantageux en Russie: mais dans la crainte qu'ils n'employassent cet argent à corrompre leurs gardes, ces exilés n'avaient point le maniement des fonds qui leur étaient destinés: l'officier de garde en était le trésorier; il était chargé de leur procurer tout ce qui leur était nécessaire, et il les laissait manquer de tout.

Le comte de Lestoc fut réuni avec sa femme après quelques années: ils avaient alors plusieurs appartements, et un petit jardin à leur

---

complot, n'était pas l'alliée de la Russie: elle lui avait déclaré la guerre en août 1741). La conspiration s'appuyait sur une réaction contre les Allemands au pouvoir.

disposition; Mme de Lestoc cultivait le jardin, portait l'eau, faisait la bière, le pain, blanchissait, etc. L'officier de garde leur procurait même quelquefois de la compagnie: un de ses amis, chargé de conduire un détachement en Sibérie, désira de voir Lestoc. Ayant lié une certaine intimité avec lui, cet officier lui proposa de jouer. Le comte de Lestoc lui gagna quatre cents livres de France: cette somme était une fortune pour les deux exilés; ils furent informés presque aussitôt qu'elle était destinée pour le détachement que cet officier conduisait. Mme de Lestoc se jeta aux genoux de son mari; elle le conjura de remettre cet argent à cet imprudent militaire; Lestoc la releva, et envoya cette somme au plus prochain village, pour être distribuée aux pauvres..

Après l'exil de M. de Bestuchef,[19] M. le comte de Woronzof, grand chancelier, tenta plusieurs fois d'obtenir de l'impératrice Elisabeth le rappel du comte de Lestoc, dont il connaissait l'innocence. Cette souveraine ne voulut jamais l'accorder; elle avait cependant la singulière attention de donner des ordres, pour qu'on lui envoyât de temps en temps du vin; elle savait qu'il l'aimait beaucoup.

Après quatorze ans d'exil,[20] Lestoc et sa femme sont enfin rappelés par Pierre III; Lestoc arrive à Saint-Pétersbourg en habit de *mousic*[*].[21] Tous les seigneurs de la cour et tous les étrangers s'empressent de l'aller voir, et de lui faire oublier le temps de son exil. Les témoignages d'amitié qu'il recevait étaient sincères, parce que tout le monde connaissait son innocence; l'impératrice Elisabeth n'avait jamais eu de sujet qui lui fût plus attaché: il avait conservé ce sentiment dans son exil; il publiait que M. de Bestuchef en était l'auteur, et que l'impératrice n'avait cédé qu'aux importunités de ce ministre.

Le comte de Lestoc, quoique âgé de soixante-quatorze ans,[22] avait encore toute la fermeté dont il avait eu besoin pour placer la princesse Elisabeth sur le trône. Il racontait hautement tout le détail de cet événement et de son exil, quoiqu'il n'ignorât point qu'il déplaisait souverainement aux Russes, et qu'il se mettait tous les jours dans le cas d'être exilé de nouveau. Ses amis l'en avertissaient en vain. Pierre III lui ayant fait l'honneur de l'admettre un jour à sa table, Lestoc lui parla ainsi: *Votre Majesté, mes ennemis ne manqueront pas de me rendre de mauvais offices; mais j'espère de V. M., qu'elle laissera radoter et mourir tranquillement un vieillard qui n'a plus que quelques jours à vivre.* Il réclamait tous les effets qu'on lui avait enlevés quand on l'arrêta: ils avaient dès lors été distribués à différents particuliers, ainsi que cela se pratique. Il publiait qu'il les prendrait

---

[*] Habit du bas peuple: il est fait communément de peau de mouton.

19. En 1758 (ci-dessus, ch.7, n.17).

20. Signet de Voltaire avec la mention *lestoc* pour les p.233-34 (*CN*, 1983, ii.489).

21. Le mot *moujik* est d'abord attesté sous la forme *mousique* (Deschisaux, 1727, p.9). Il apparaît ensuite sous la forme *mougik* ou *moujik* (Jubé, 1992, p.115 et 222).

22. Lestocq avait 70 ans en 1762. Il mourra en 1767.

.J.B. le Prince del .   J.B.Tilliard Sculp.

XV. Habillement du peuple russe
Collections de la Bibliothèque municipale de Rouen.
Photographie Thierry Ascencio-Parvy

J.B. le Prince del

J.B. Tillard Sculp.

XVI. Femme samoyède
Collections de la Bibliothèque municipale de Rouen.
Photographie Thierry Ascencio-Parvy

partout où il les trouverait. Il demandait aussi qu'on lui rendît compte de ses bijoux, et de l'argent que les officiers de sa garde avaient reçu pendant son exil[*].

M. le comte de Munic,[23] aussi grand politique que grand général, tenait une conduite différente. Il ne se plaignait jamais. Les Russes et les étrangers avaient pour lui la plus grande vénération.

Le général Munic était d'une grande taille: il avait conservé dans ses malheurs, quoique âgé et très maigre, une physionomie des plus agréables. Il captivait tous les cœurs par sa politesse et par la douceur de son caractère.

Munic avait une fille[24] lors de son exil; trop jeune pour être enveloppée dans sa disgrâce, elle était restée à Saint-Pétersbourg. La jeune Munic, à l'âge de seize ans, réunissait aux vertus, à la douceur et à l'esprit de son père, la plus belle figure et tous les agréments d'une jeune personne. M. de Witenhof, né sensible, ne put résister à tant de charmes. Il avait le cordon de Saint Alexandre Neuski, et n'était pas sans ambition. Il n'ignorait pas le danger d'épouser la fille du général Munic disgracié: mais il aimait; il obtint la permission d'être heureux. Il s'est applaudi chaque jour d'avoir eu le courage de faire son bonheur.

Mme de Witenhof était séparée de son père depuis vingt ans: elle ne le connaissait que par la renommée, qui en publiait les malheurs et les vertus. Elle demeurait à Riga, où son époux commandait en second. A la nouvelle du rappel de son père, elle vole avec M. de Witenhof à Saint-Pétersbourg. L'empereur venait de monter sur le trône, tout respirait le plaisir dans cette capitale; mais le cœur tendre de Mme de Witenhof gémissait que le devoir l'obligeât de paraître un instant à la cour: elle part le jour suivant, et prend avec son mari la route de la Sibérie. Munic enfermé depuis vingt ans, n'avait jamais entendu parler de sa fille. Il était parti de Sibérie ignorant son sort et tous les événements qui s'étaient succédé dans ce long intervalle. Il revenait âgé de plus de quatre-vingts ans,[25] avec sa femme. Mme de Witenhof trouve son père sous un vil habit de peau de mouton. Munic reconnaît sa fille à ses transports, et verse des larmes pour la première fois.[26] Sa femme, accablée sous les malheurs de l'exil, tâchait en vain de partager la joie commune: ses organes, usés par l'infortune, n'étaient plus susceptibles d'aucun plaisir. J'ai eu

---

[*] Je tiens de M. le comte de Lestoc tout ce que j'ai rapporté sur son exil, et le détail de la révolution qui plaça l'impératrice Elisabeth sur le trône (page 341).

---

23. Sur Münnich, voir ci-dessus, ch.1, n.48.

24. Erreur de Chappe: une petite-fille (ch.1, n.47).

25. Münnich avait 79 ans à sa libération, en 1762.

26. 'Munich, au milieu des caresses de ses enfans, & surtout de sa fille, qu'il n'avoit vue que toute petite, versa les premières larmes de sa vie. Le Comte, vêtu d'une méchante robe de chambre de peaux de mouton, fit le reste de la route dans la compagnie des siens & arriva à Pétersbourg le 24 mars' (Manstein, 1771, p.432, note de l'éditeur). 'Le 19 [février 1762], il partit de Pelim, & arriva à Pétersbourg le 24 mars, vêtu de la même peau de mouton qu'il avoit portée dans sa prison' (Coxe, 1787, ii.266).

l'honneur de voir plusieurs fois cette respectable famille. Cette infortunée mère, quoique rassurée à Saint-Pétersbourg par les justes égards qu'on avait pour son époux, par sa prudence et par la vénération de toute la nation, était encore toute tremblante. On n'ouvrait point la porte qu'on ne remarquât de l'inquiétude sur son visage.

Tous les exilés ne sont pas enfermés, ainsi que je l'ai déjà dit. Etant en Sibérie dans une manufacture où j'avais été pour faire construire sous mes yeux certaines choses dont j'avais besoin, une personne que je pris d'abord pour un paysan russe vint dans cet endroit: elle avait une figure blême, une longue barbe dégoûtante: son habit était en guenilles; tout annonçait la plus grande misère. Son regard fixé sur moi, et une certaine inquiétude que j'observais sur sa physionomie extraordinaire, me surprirent: je m'approchai de cette personne, dans le dessein de m'éclaircir: quel fut mon étonnement, de trouver sous cet habit un homme des plus instruits! Il m'entretint en latin des sciences, du gouvernement, des intérêts des puissances d'Europe, etc. Je reconnus aisément qu'il était du nombre des malheureux exilés qui vivent dans ce pays. Je continuais mon entretien avec lui, lorsque je vis entrer un soldat russe, qui pâlit en me voyant avec cet homme. Connaissant le pays, je fis signe des yeux à l'exilé qu'il y avait quelqu'un de suspect; il entendit ce langage, cessa de parler sans se retourner, et s'en alla presque aussitôt. Je n'eus garde de le suivre, malgré l'envie que j'en avais. Je tentai en vain quelques jours après de le rejoindre, en me promenant dans tous les endroits où j'espérais le trouver: je ne l'ai jamais revu, et j'imagine qu'il aura été enfermé du moins pour quelque temps.

L'exil en Sibérie porte avec soi une sorte de réprobation; il rend un homme si malheureux, que quoiqu'il vive au milieu de ses semblables, tout le monde le fuit; personne n'ose avoir avec lui aucune espèce de liaison; mais c'est moins à cause du crime qu'on lui suppose, que par la crainte qu'on a du despote.

Les exilés les moins malheureux sont ceux qui ont la permission d'entrer en service chez les Russes; ils vivent du moins avec les humains. J'en ai connu qui étaient très contents de leur sort: ils étaient chez des marchands qui avaient des égards pour ces infortunés. Un de ces exilés m'apporta un jour une petite fiole remplie d'une liqueur qu'il m'assura souveraine pour toutes les maladies. On se persuade aisément que je l'achetai tout ce qu'il en demanda.

J'ai lu dans les ouvrages des voyageurs qui m'ont précédé, qu'on occupait en Sibérie les exilés à la chasse des animaux qui fournissent aux Russes leurs belles pelleteries.[27] Je n'y ai point vu cet usage; mais il ne m'a pas été possible de tout voir. Les Russes sont d'ailleurs si méfiants en général, que lorsqu'on les interroge, même sur des choses indifférentes au gouvernement, ils répondent toujours, *Dieu le sait, et l'impératrice*.

---

27. Voir La Neuville, 1698, p.218.

[9]. De la population, du commerce, de la marine de Russie

Un Etat ne doit sa puissance qu'à sa population, et dans bien des pays cet objet est celui dont le gouvernement s'occupe le moins. La corruption des mœurs, le luxe et la misère des peuples, sont les principaux obstacles qui s'opposent à la population; car on sait que les conjonctions illicites contribuent peu à la propagation de l'espèce. Le luxe, en augmentant les besoins, fait craindre l'embarras d'une nombreuse famille, et la misère anéantit souvent jusqu'aux désirs de multiplier son espèce.

Dans les pays du nord, le climat est un nouvel obstacle à la population: les contrées des Lapons, des Samoïedes, et tout le nord de la Russie, ont été dépeuplées de tous les temps, et le seront toujours,[1] à cause de l'infertilité des terres, et de la mauvaise qualité des nourritures dont ces peuples sont obligés de faire usage; elles n'ont presque aucun suc nourricier, et la nature entière est dans une inertie perpétuelle dans ces contrées: on y reconnaît à peine quelques principes d'activité. Par les raisons contraires, les déserts de la partie méridionale de la Sibérie et de toute la Russie, ont été autrefois très peuplés, étant situés sous un climat plus tempéré. Les émigrations des Huns et des Scythes, attestent cette vérité.[2]

Suivant l'opinion de presque tous les philosophes, le tempérament agit moins dans les climats du nord que dans ceux du midi: les peuples septentrionaux sont moins portés aux plaisirs de l'amour. Ce sentiment est chaste et légitime parmi eux, et presque toujours criminel parmi les peuples méridionaux.

Les observations que j'ai faites en Russie sont totalement opposées à cette opinion;[3] elles exceptent les Russes de cette loi générale, et les causes morales semblent donner la solution de cette contrariété apparente. Les femmes étant livrées à elles-mêmes et à l'oisiveté, les plus petites passions doivent produire de grands effets. Dans le peuple, les hommes, les femmes et les enfants couchent pêle-mêle, sans aucune espèce de pudeur*. Dès lors leurs tempéraments étant excités par la présence des objets, les deux sexes

---

* *Voyez* pages 298 et 302.

---

1. Voltaire estime au contraire que la Russie était plus peuplée avant que la petite vérole n'y sévisse (*Histoire de Pierre le Grand, OC,* t.46, p.487). Mais il considère à peu près comme Chappe que 'les pays les plus peuplés furent sans doute les climats chauds' (*Philosophie de l'histoire, OC,* t.59, p.97).

2. Les migrations des nomades n'ont bien entendu rien à voir avec la population de la Russie. La zone des steppes du sud a toujours été une zone d'invasion.

3. Ce passage a été marqué d'un signet par Voltaire.

se livrent de bonne heure à la dissolution. Quoique les bains affaiblissent pour le moment ceux qui en font usage*, la flagellation qu'ils y reçoivent donne cependant de l'activité aux fluides, et du ressort aux organes†; elle anime les passions. Ces causes particulières doivent nécessairement produire de grands changements dans les effets qui résultent du climat.

La partie de la Russie que j'ai traversée est la plus peuplée; elle tient un milieu entre les contrées glacées du nord et les contrées tempérées du midi. Ces dernières sont désertes à cause des émigrations des peuples qui en sont sortis, et ayant d'ailleurs été dévastées par les conquêtes de Gengiskan et de ses successeurs. La route que j'ai suivie paraît par conséquent la plus propre à nous donner des connaissances exactes de la population de la Russie.

Je n'entrais dans aucune maison durant mon voyage, que je ne m'informasse de l'âge auquel les pères et mères avaient été mariés, du nombre des enfants qu'ils avaient eus, de leur éducation, de leurs maladies, et de tout ce qui pouvait concourir à remplir mes vues.

Malgré les variétés que j'ai reconnues dans la multitude des faits que j'ai recueillis, je crois pouvoir établir qu'on marie communément les enfants vers dix-huit ans, souvent beaucoup plus tard, et dans quelques circonstances à quinze et à seize. Les femmes accouchent jusqu'à cinquante ans; mais cela est rare: elles m'ont paru plus fécondes que je ne l'avais cru, parce qu'elles ont la plupart les fleurs blanches,[4] et que cette maladie est partout ailleurs un obstacle à la population. Ces peuples ayant peu de besoins, ne craignent pas l'embarras des nombreuses familles: aussi ai-je trouvé des femmes qui avaient eu dix-huit enfants; mais il faut placer cette fertilité dans la classe des phénomènes. Ces femmes n'en avaient conservé cependant que deux ou trois sur un si grand nombre. Plusieurs causes particulières dépeuplent tous les jours ces vastes contrées.

La petite vérole emporte près de la moitié des enfants: il paraît qu'elle y a pénétré par l'Europe.[5] Différentes personnes m'ont attesté le fait singulier, que les Tartares vagabonds situés au midi de la Sibérie ne connaissent presque point cette cruelle maladie. Ils en ont une si grande horreur, que si quelqu'un en est attaqué, on le laisse seul dans une tente, avec des provisions de vivres, et l'on va camper ailleurs. Les Tartares qui pénètrent dans la Sibérie en sont attaqués presque aussitôt: il en meurt

---

* *Voyez* page 289.

† La flagellation donne de l'activité aux fluides, et du ressort aux organes, quoiqu'elle détruise la sensibilité des houppes nerveuses dont j'ai parlé page 438. Sans leurs bains la machine animale se détruirait promptement.

4. *Fleurs blanches*, leucorrhée. Voir le long art. 'Fleurs blanches' de l'*Encyclopédie*, vi.860b-864a. L'auteur de l'article, Arnulphe d'Aumont (1720-1782), note que lorsque les fleurs blanches sont de nature séreuse, elles rendent ordinairement les femmes stériles (p.862b). Il propose ensuite de nombreux remèdes en fonction de l'origine de la maladie.

5. Pour Voltaire, la petite vérole vient d'Arabie (*Histoire de Pierre le Grand*, OC, t.46, p.487).

beaucoup; ceux qui ont atteint l'âge de trente-cinq ans n'en réchappent presque jamais. Plus ces faits me parurent singuliers, plus je pris de précautions pour m'en assurer. Je ne puis cependant les étayer que du témoignage de plusieurs personnes éclairées que j'ai consultées, et qui n'avaient aucun motif de m'induire en erreur.

Les maladies vénériennes sont répandues dans toute la Russie et dans la Tartarie boréale plus que partout ailleurs*. Les hommes sont très sujets à la sodomie en Russie.[6] Tous les peuples, depuis Pétersbourg jusqu'à Tobolsk, sont attaqués des maladies vénériennes.[7] J'ai su qu'elles avaient pénétré jusque dans les contrées orientales de la Sibérie. M. Gmelin confirme cette vérité dans son *Voyage en Sibérie*. Suivant ce voyageur, "le mal de Naples est, pour ainsi dire, commun à tous les habitants du district d'Argunsk, hommes, femmes, vieux, jeunes, et même aux enfants. On ne peut ni en voir les effets sans une espèce d'effroi, ni penser sans compassion aux tristes suites que peut avoir cette maladie. Le seul remède qui soit en usage est la décoction d'écorce de peuplier blanc, ou de mélèze, avec l'alun. Ce remède étant propre à faire pénétrer le venin jusqu'aux parties intérieures, hâte la mort de plusieurs malades, et l'on ne peut décider si ceux qui ne meurent pas sont moins malheureux. Le peuple est détruit peu à peu. Ceux que ce mal cruel n'a point encore consumés, sont incapables de travail, et réduits à mourir de misère dans un pays fertile et sain.'[†]

Le même voyageur a trouvé peu de maisons dans la ville de Tomsk, où une personne au moins ne fût affligée de cette maladie. Il y connaissait des familles entières qui en étaient attaquées[‡]. Elle s'est répandue dans cette contrée avec la plus grande rapidité, à cause de la débauche des deux sexes, et parce qu'ils n'y font usage d'aucun remède efficace. La plupart des enfants naissent avec cette maladie[§]. On sait que le fœtus tire sa substance nourricière de la liqueur qui filtre à travers la matrice de la

---

* *Voyez* page [67].
† Gmelin, tome I, page 256.
‡ Tome I, page 157.
§ Voyez page [66].

---

6. Ce trait de mœurs est mentionné par Herberstein, 1965, p.54; Margeret, 1983, p.117; Olearius, 1659, i.152; La Neuville, 1698, p.181. Voir aussi Niederle, 1926, ii.23.

7. Voltaire fait une allusion rapide à ce fléau (*Histoire de Pierre le Grand, OC*, t.46, p.487). Schwan attribue la dépopulation russe à deux causes: 1) les bains publics, où on tue les enfants en les échaudant, puis en leur versant de l'eau glacée sur la tête; 2) les maladies vénériennes. Dans une partie de la Sibérie, elles sont tellement enracinées que les enfants naissent avec elles et qu'elles se communiquent de génération en génération (Schwan, 1766, p.98-101). Sur ce dernier point, Schwan fait le même constat que Chappe (note §). Les maladies vénériennes sévirent encore en Russie au XIXe siècle: en décembre 1846, dans son village d'Akcheno, aux environs de Penza, Ogarev observait qu'elles 'faisaient rage' (Ogarev, 1953, p.738).

mère; et cette liqueur étant envenimée, le virus se communique à l'enfant, quand même il serait sain dans sa formation. Ce virus est la source de plusieurs autres maladies inconnues dans les pays policés du reste de l'Europe, parce que les pères et les mères qui en sont attaqués se font guérir par la facilité qu'ils en ont. Le peu de soin que les Russes ont de leurs enfants dans leurs maladies, augmente encore la mortalité.

La petite vérole, les maladies vénériennes et le scorbut, produisent de si grands ravages en Russie, qu'ils y détruiront l'espèce humaine, si le gouvernement n'y apporte un prompt secours.

Les enfants qui jouissent d'une bonne santé, deviennent par leur éducation d'une vigueur extraordinaire*. Non seulement on les plonge dans l'eau froide, lorsqu'on les baptise pendant l'hiver, mais on les expose aux froids les plus rigoureux en sortant des bains†. Ces peuples ne conservent pas longtemps la vigueur qu'ils ont acquise dans leur jeunesse; ils ruinent leur tempérament par la débauche de l'eau-de-vie et des femmes. J'ai vu peu de vieillards dans mon voyage:[8] j'en ai trouvé quelques-uns de soixante et soixante-dix ans, un de quatre-vingts; c'était un ancien soldat. Pour le récompenser de ses services, on lui avait donné une petite chaumière située sur la route. On s'y arrêtait quelquefois pour faire reposer les chevaux. Seul et isolé au milieu de ces forêts, il n'avait ni femme ni eau-de-vie.

Ces peuples ne connaissent ni chirurgiens ni médecins,[9] ni d'autres remèdes en général que les bains,[10] excepté pour une maladie épidémique qui règne de temps en temps dans cette contrée, et dont je n'ai jamais entendu parler en Europe: elle s'annonce par des tumeurs de la grosseur d'une pomme d'api: au bout de trois jours il n'y a plus de remède; mais ils en guérissent aisément, lorsqu'ils y apportent promptement du secours. Il suffit de mâcher du tabac avec du sel ammoniac, et d'en faire un

---

* Voyez page 300.
† Voyez pages 287 et suivantes.

---

8. Certains voyageurs soulignent au contraire la longévité des Russes: Margeret, 1983, p.66; Olearius, 1659, i.169; Mayerberg, 1858, p.42. Au XIXᵉ siècle, plusieurs auteurs insistent sur le fait que les Russes connaissent une vieillesse sans maladies et sans infirmités: Comeyras, 1802, ii.349; Faure, 1821, p.164 et 169; Roy, 1856, p.154.

9. Le fait est constaté par Margeret, 1983, p.66, mais la situation a un peu évolué depuis le début du XVIIᵉ siècle. On ne peut pas dire qu'il n'y a pas de médecins en Russie au XVIIIᵉ siècle, mais ils sont en nombre si insuffisant que l'armée russe en manque, si bien que de nombreux blessés meurent faute de soins. Ces médecins sont allemands, et Lomonossov préconise de former des médecins russes. C'est un Allemand, arrivé en Russie en 1806, le docteur Haas, un médecin un peu fou dont parle Herzen dans ses *Mémoires*, qui sera à l'origine d'une médecine russe fondée sur l'abnégation. Idéal repris par les médecins des zemstvos, confrontés dans la seconde moitié du XIXᵉ siècle à un état sanitaire toujours aussi déplorable (Hélène Menegaldo, 'La naissance d'une médecine russe', dans Niqueux, 1992, p.29-39).

10. C'est ce que dit également Jubé, qui, contrairement à d'autres voyageurs, trouve qu'il y a beaucoup de maladies en Russie (Jubé, 1992, p.176-77).

cataplasme, qu'on applique sur la tumeur, après l'avoir piquée dans plusieurs endroits jusqu'au vif[*].

L'exploitation des mines est encore une des grandes causes de la dépopulation de la Russie: plus de cent mille hommes sont occupés à ce travail[†], et tout le monde sait que l'exploitation des mines est une cause de destruction de l'espèce humaine. Ce travail n'est propre qu'aux Etats très peuplés; il convient moins à la Russie qu'à toute autre nation. D'ailleurs si l'on en excepte les mines de fer et de cuivre, celles d'or, d'argent et de plomb sont d'un produit très modique; il est à peine égal à la dépense qu'exige l'exploitation de ces mines[‡]. Il est vrai qu'elle multiplie l'espèce monnayée, très rare en Russie;[11] mais l'or et l'argent sont des richesses de fiction: la population, la culture des terres, et l'industrie, constituent la vraie richesse d'un Etat, et celle du monarque. La puissance de l'Espagne ne s'est affaiblie après l'expulsion des Maures, que parce que les habitants de ce royaume ont abandonné l'agriculture pour aller exploiter les mines d'or du Pérou. Les colons que l'Espagne a envoyés en Amérique ont rendu quelques provinces de ce royaume presque désertes.

Depuis la conquête de la Sibérie, la Russie se dépeuple tous les jours par le nombre d'habitants qu'elle envoie dans les déserts de cette vaste province. La Sibérie est plus dangereuse à la Russie que le Pérou ne l'a jamais été à l'Espagne. Les Russes perdent inutilement un grand nombre de sujets; l'Espagne reçoit au moins des trésors du Pérou.

Un de mes amis, qui a été longtemps en Russie, où il s'occupait beaucoup de cet empire, a cru pouvoir établir que le nombre de ses habitants était en 1760 de seize à dix-sept millions.[12] M. de Voltaire estime le nombre des habitants, en 1747, à vingt millions, et à vingt-quatre, en y comprenant l'Ukraine, la Sibérie, et les provinces conquises[§]. Mais ce célèbre écrivain diminue considérablement cette population dans la

---

[*] Le détail de cette maladie et de sa guérison laisse à désirer bien des circonstances; mais je n'ai pu savoir que ce que j'en rapporte, et j'ai cru devoir me borner à ce que j'ai trouvé dans mon Journal.

[†] Voltaire, tome I, pages 52 et 54.

[‡] On en donnera le détail à l'article de l''Histoire naturelle'.

[§] M. de Voltaire donne l'état de la population en Russie, tome I, pages 51 et suivantes: il l'a extrait du dénombrement fait en 1747.

---

11. La rareté des devises en Russie a frappé Herberstein, 1965, p.84-85; Margeret, 1983, p.69; Avril, 1692, p.223-24; Weber, 1725, i.76-78.

12. Chiffre inférieur à la réalité: en 1725, la Russie ne comptait que 12 à 14 millions d'habitants, mais sa population augmentait au cours du XVIIIe siècle: elle était déjà d'environ 16 millions vers 1745 (Otcherki istorii SSSR, 1956, p.45; Soboul, Lemarchand, Fogel, 1977, p.284), ou même de 17 840 000 en 1744 (Jidkov, 1968, p.226, cité par Elkina, 1974, p.99); elle serait passée à 19 millions en 1762 (Riasanovsky, 1987, p.303-304). Toutefois, les chiffres varient suivant les historiens, la population russe étant difficile à évaluer: en 1762-1765, pour certains historiens soviétiques, elle était de 18 ou 19 millions d'habitants environ (Otcherki istorii SSSR, 1956, p.45), pour G. Lemarchand de '19 ou plutôt 23' millions (Soboul, Lemarchand, Fogel, 1977, p.284). Un signet de Voltaire marque les p.244-45 (CN, ii.489).

même page, puisqu'il suppose que l'empire de Russie est presque aussi peuplé que la France.[13] Or tout le monde sait que ce royaume ne contient pas plus de vingt millions d'âmes; et en effet, M. de Voltaire s'explique ainsi dans son premier calcul: 'La Russie contenait en 1747 six millions six cent quarante mille mâles payant la capitation. Dans ce dénombrement les enfants et les vieillards sont comptés*; mais les filles et les femmes ne le sont point, non plus que les garçons qui naissent depuis l'établissement d'un cadastre jusqu'à la confection d'un autre cadastre. Triplez seulement le nombre des têtes taillables, en y comprenant les femmes et les filles, vous trouverez près de vingt millions d'âmes.' Sans y comprendre les habitants des provinces qui ne paient pas de capitation, M. de Voltaire les suppose de quatre millions environ: mais en triplant les six millions six cent quarante mille mâles.

On fait entrer dans ce calcul le nombre des garçons qui naissent d'un cadastre à l'autre, et on n'a pas égard au nombre des personnes qui meurent, nombre qui est en Russie beaucoup plus grand que celui des personnes qui naissent; puisque j'ai fait voir que ce pays se dépeuple tous les jours†. Il paraît qu'il suffit de doubler le nombre des têtes taillables, pour avoir en 1747 le nombre exact des habitants: on aura alors treize millions d'habitants en nombre rond, et dix-sept millions, en y comprenant ceux des provinces qui ne paient pas la capitation. Il est vrai que je suppose dans ce nouveau calcul, que le nombre des femmes et des filles est égal à celui des hommes et des garçons. Plusieurs personnes sont cependant persuadées que celui des femmes et des filles est communément plus grand‡. Mais je suppose aussi que dans l'intervalle d'un cadastre à l'autre, le nombre des enfants qui naissent est égal au nombre des personnes qui meurent, tandis qu'il est constant par tout ce qui a été dit, que celui des morts est beaucoup plus grand. Il paraît donc qu'on doit supposer en 1747 le nombre des habitants de toute la Russie, de dix-sept millions. Le célèbre écrivain que j'ai cité paraît avoir fait les observations que je viens de rapporter. En supposant à la Russie presque autant d'habitants qu'à la France, il est aisé de conclure, d'après ces différents calculs, que le nombre des habitants de la Russie en 1760 était au-dessous de dix-sept millions, en y comprenant tous les mâles, les femmes, les filles, et tous les non taillables des différentes provinces. Quelque supposition que l'on fasse, ce nombre d'habitants n'ira jamais à dix-neuf millions en 1760, qu'en outrant la population.[14]

---

* Il paraît par ce dénombrement que tous les mâles payent la capitation. Il y a eu des règlements nouveaux qui en exemptent tous ceux qui n'ont pas acquis l'âge de dix ans.
† Voyez page 461.
‡ D'autres personnes croient que le nombre des hommes et des garçons est plus grand.

---

13. Selon Voltaire, 'le terrain de la Russie [...] est à peu près aussi peuplé que la France et que l'Allemagne' (*Histoire de Pierre le Grand*, *OC*, t.46, p.486).
14. On a vu que le chiffre de 19 millions d'habitants est atteint en 1762 (ci-dessus, ch.9, n.12). Il est même peut-être supérieur: selon la révision de 1762, il y avait un peu plus de

Pierre Ier tenta tous les moyens d'étendre le commerce de son empire: il fit des traités de commerce avec la Chine, la Perse, et avec différentes puissances de l'Europe. La ville de Tobolsk, capitale de la Sibérie, était le centre du commerce de la Chine: il se faisait par le moyen des caravanes qui partaient de Moscou; elles employaient trois années pour l'aller et le retour. La mauvaise foi des marchands russes[15] et des Chinois le rendit d'abord languissant; et les différends qui se sont élevés en divers temps entre ces deux puissances, l'ont totalement détruit. Les derniers sont une suite de la révolution arrivée en 1757 dans la nation des Calmouks Zongores,[16] après la mort de Galdan-Tcheren, en 1746. Il était kam des Tartares qui habitaient la partie de la Sibérie boréale, située entre la Sibérie et la Chine, vers la source de l'Irtysz*. Toute cette nation a été détruite par les Chinois.[17] Ceux qui leur ont échappé se sont réfugiés sur le Volga, sous la protection de la Russie.[18]

Les Russes ont tâché dans tous les temps d'étendre leurs limites vers le midi: ils tentèrent en 1761 de s'emparer d'une partie du terrain

---

* Je parlerai ailleurs de ce singulier événement.

9 millions d'hommes soumis à la capitation. En ajoutant ceux qui en étaient exclus (militaires, membres de la noblesse, du clergé...), on arrive à un total de dix millions d'hommes, donc à environ vingt millions d'habitants des deux sexes (Hermann, 1790, p.11-12). C'est le chiffre que les Russes avaient donné à Voltaire en réponse à l'une de ses questions (*Histoire de Pierre le Grand, OC*, t.47, p.1167). D'après des calculs récents, les chiffres du recensement de 1762-1764 seraient plus élevés, atteignant près de dix millions d'âmes (Madariaga, 1987, p.110-11). Tout en trouvant excessifs les chiffres de Voltaire, Hermann donnait des chiffres bien supérieurs à ceux de Chappe. En revanche, pour Sabatier de Cabre, 1869, p.19, la population russe n'était que d'environ 18 millions. La *Description politique de la Russie*, en 1767, va dans le sens de Chappe, et donne même des chiffres inférieurs aux siens. Elle fait état de deux statistiques différentes: la première repose sur le dénombrement des hommes (y compris en Livonie, Estonie, Finlande et Ukraine), et évalue la population totale, en doublant le chiffre, à 15 540 000 (AAE, M. & D. Russie, t.xii, f.375*v*) ou à 15 620 000 (t.xi, f.132*v*); la seconde est un tableau établi 'd'après les notes que les curés sont obligés d'envoyer tous les ans sur l'état, l'emploi et l'age de leurs paroissiens, tableau déposé au Sénat'; ce tableau qui prend en compte les femmes, dont le nombre est légèrement inférieur à celui des hommes, donne un total de 15 234 906 habitants (t.xi, f.133*v*; t.xii, f.376*v*).

15. Sur la mauvaise foi des marchands russes, voir aussi Marbault, 1777, p.262 et 267. Un siècle plus tôt, Savary écrivait déjà: 'Il y a mesme peu de confiance et de mesure à prendre avec les Moscovites, qui sont ingénieux et adroits particulièrement dans les affaires du commerce, qui ne tiennent pas toujours ce qu'ils promettent, et qui sont les hommes du monde les plus opiniastres' (Savary, 1675, p.103). En fait, les marchands russes subissent la concurrence des marchands étrangers et des classes qui font du commerce sans payer d'impôts (Klioutchevski, 1953, p.141).

16. Les Kalmouks, peuple mongol, avaient fondé au XVe siècle un immense empire en Asie centrale. Vaincus par les Mongols orientaux, ils durent évacuer la Mongolie centrale au XVIe siècle. Ils étaient alors divisés en quatre groupes. Trois d'entre eux constituèrent l'empire dzoungare à la fin du XVIIe siècle; le quatrième, celui des Torgoutes, émigra en 1616 et s'établit finalement dans la région de la Caspienne, en fondant un empire qui dura jusqu'en 1771.

17. L'empire des Kalmouks dzoungares fut détruit par K'ien Long en 1758.

18. En fait, c'est le groupe des Torgoutes qui émigra en Russie (ci-dessus, ch.9, n.16).

abandonné par les Calmouks Zongores. J'ai été témoin du petit armement que les Russes firent à Tobolsk à ce sujet, et j'ai appris en France que les Chinois les avaient obligés d'abandonner leur entreprise. Les Russes avaient pour principal objet de s'emparer des montagnes, où ils espéraient trouver des mines d'or.

Le commerce des Russes avec la Perse n'a pas eu un plus grand succès. Les Anglais avaient formé une compagnie pour faire ce commerce, par le moyen de la mer Caspienne: mais les Russes en prirent de l'ombrage; ils exigeaient que les matelots fussent russes, et que les vaisseaux fussent construits par des nationaux. Les troubles de la Perse achevèrent de détruire ce commerce. Quelques Arméniens et des Tartares de la Boukarie apportent cependant en Russie du lapis, de la soie crue, et quelques étoffes de soie: ils en remportent des fourrures et des cuirs. Mais ce négoce est très borné, ainsi que celui de Turquie. Ce dernier est entre les mains des Cosaques de l'Ukraine. Ils descendent dans des bateaux la rivière du Don jusqu'à la ville d'Azow, où ils échangent des pelleteries et du caviar contre du café et des étoffes de Turquie.

La plupart des canaux projetés pour la facilité du commerce sont restés imparfaits. On ne trouve pas dans les autres l'utilité qu'on en avait espérée: les seuls qui méritent qu'on en fasse mention, sont le canal de Ladoga et celui de Wysnei-Woloczok.[19] On peut par leur moyen voyager par eau de Saint-Pétersbourg à la mer Caspienne; mais il y a cet inconvénient, que les bâtiments sont deux ans en chemin pour l'aller et pour le retour, parce qu'ils vont contre le courant de l'eau; aussi n'en fait-on presque pas d'usage pour cet objet.

Le canal de Wysnei-Woloczok joint le Volga avec la rivière Msta*, qui se jette dans le lac Ilmen, d'où sort la rivière Wolchow, qui communique avec Saint-Pétersbourg par le canal de Ladoga. Ce dernier canal est des plus importants à la ville de Pétersbourg, pour y amener les denrées nécessaires à sa subsistance. Le fond du lac Ladoga† étant d'un sable très mouvant, les tempêtes en forment des bancs qui rendent la navigation impraticable sur ce lac.

On voit par tout ce qui a été dit, que le commerce de terre se réduit à peu de chose en Russie.[20] Les terrains immenses et les déserts qu'il faut

---

* Carte n° VI du Tome I.
† Ou Oz-ladozskoe.

19. Tous les canaux n'étaient pas imparfaits, mais certains furent difficiles à construire (voir Vockerodt, 1999, p.1123-26, et Voltaire, *Histoire de Pierre le Grand*, *OC*, t.46, p.591).

20. Chappe avait déjà affirmé (p.193) que la Russie ne connaissait au delà de Moscou ni industrie ni commerce, ce qui lui avait valu une réplique justifiée de l'*Antidote* (1770, 2e partie, p.119). En effet, par l'abrogation des douanes intérieures, en 1753, par la construction de nouveaux canaux et surtout par 'le rythme accéléré de la diversification de l'activité économique', le commerce intérieur 'se développe remarquablement' dans des villes comme Moscou, Saint-Pétersbourg, Riga, Arkhangelsk, dans des villes situées au cœur de la zone céréalière (Tambov, Penza, Kalouga), dans les ports de la Volga, et même en Sibérie, à Tobolsk, Tomsk, Irkoutsk (Riasanovsky, 1987, p.307).

traverser le rendent même presque impraticable. Tous ces faits sont connus des gens instruits qui ont été à Saint-Pétersbourg et à Moscou. M. de Voltaire donne la même idée de ce commerce[*], et je m'en suis assuré en pénétrant dans l'intérieur de l'empire. Les premiers voyageurs s'y sont trompés, parce que de leur temps c'était un objet de nouveauté qui occupait beaucoup la nation, et semblait même promettre de grands avantages.

Le commerce de mer que la Russie fait avec l'Europe est au contraire des plus avantageux à cette nation,[21] parce que l'exportation est toujours plus considérable que l'importation. En 1749, l'exportation des différentes marchandises qui sortirent des ports de Russie a été évaluée à trois millions de roubles, ou quinze millions argent de France, et l'importation à deux millions neuf cent mille roubles, ou quatorze millions cinq cent mille livres. Le nombre des vaisseaux qui abordèrent à Saint-Pétersbourg, principal port de Russie, fut en 1744 de deux cent soixante bâtiments; de deux cents en 1745;[22] de deux cent cinquante-deux en 1750, et de deux cent quatre-vingt-dix en 1751; de façon qu'on peut supposer que deux cent cinquante vaisseaux abordent tous les ans à Saint-Pétersbourg.

Les Russes commercent avec les Suédois, les Danois, les habitants de Lubeck, Hambourg, avec les Anglais, les Hollandais et les Français. Les Anglais font plus de la moitié de ce commerce.[23] Parmi les autres nations, les Hollandais sont ceux qui envoient en Russie le plus grand nombre de vaisseaux.[24] On voit peu de vaisseaux français dans les ports de Russie.[25]

---

[*] Tome II, page 211.

---

21. En 1737, Vockerodt estimait au contraire que le commerce sur mer n'était pas plus développé qu'avant Pierre le Grand (Vockerodt, 1999, p.1122).

22. Pour les années 1744-1745, les chiffres donnés par Chappe correspondent à ceux du 'Mémoire sur le commerce de la Russie', février 1751, p.70. Selon ce 'Mémoire', en 1744, le nombre de vaisseaux arrivés à Pétersbourg fut de 264 (115 venant d'Angleterre, 61 de Hollande, 29 de Lübeck, 15 de Suède, 12 de Danemark, 12 de Rostock, 5 de France...); en 1745, il fut de 195 dont 69 d'Angleterre, 32 de Hollande, 7 de France... Pour les années 1750 et 1751, Chappe a dû disposer d'une autre source. En 1756, le nombre de bâtiments entrés à Pétersbourg se serait élevé à 367, dont plus de la moitié (190) étaient anglais (*De la Russie*, 1757, f.46*v*). En 1765, il y aurait eu 239 vaisseaux anglais sur 479 (Mémoire anonyme, AN, cote Affaires étrangères, B III 432, non folioté). En 1766, toutefois, sur un total de 457, le nombre de navires anglais n'aurait été que de 165 (AAE, M. & D. Russie, t.vii, f.191*r*).

23. Sans doute exact, si l'on prend en considération le nombre de vaisseaux anglais abordant à Pétersbourg (ci-dessus, ch.9, n.22).

24. Exact. Voir, ci-dessus, les chiffres de n.22. En 1756 et en 1766, le nombre de vaisseaux hollandais aurait été le même: 68 (*De la Russie*, 1757, f.46*v* et AAE, M. & D. Russie, t.vii, f.191*r*).

25. Cinq vaisseaux français à Pétersbourg en 1744, sept en 1745 (ci-dessus, ch.9, n.22). A Kola, il n'arrivait tous les ans qu'un seul vaisseau de France, qui apportait du sel et emportait du saumon ('Mémoire sur le commerce de la Russie', février 1751, p.69). L'auteur anonyme du 'Mémoire', regrettant cette situation, écrivait: 'La France ne fait, comme on l'a vu, avec la Russie, que très peu de commerce, tandis qu'elle pourroit en faire un très-considérable' (p.84). En octobre 1761, dans sa 'Discussion de nos projets de commerce avec la Russie', Favier écrit: 'Il y a sept ans que le dernier Pavillon françois a paru dans le Port de St Petersbourg. Il y avoit dix

Ceux-ci font ce commerce par le canal des autres nations, et ils perdent alors, ainsi que les Russes, tout l'avantage d'un commerce direct.[26]

Exportation des marchandises de Russie[27]

Martres-zibelines.	Rhubarbe.
Renards noirs, blancs, etc.	Goudron.
Hermines.	Huile de Lin.
Agneaux morts-nés.	Colle de poisson.
Tigres.	Caviar.
Ours noirs et blancs.	Poisson salé.
Loups.	Résine.

ans qu'on n'en avoit vû, et depuis quarante ans c'étoit le quatrieme. On peut donc regarder l'execution de ce projet comme une creation qui fera honneur a notre Ministere' (AAE, M. & D. Russie, t.vii, f.102*r* et 129*r*). En 1766, un seul vaisseau français arrivera à Pétersbourg (AAE, M. & D. Russie, t.vii, f.191*r*).

26. Un siècle plus tôt, Jacques Savary soulignait que la plupart des marchandises transportées en 'Moscovie' venaient de France, et il se demandait pourquoi les Français ne profitaient pas de cet avantage (Savary, 1675, p.107). Frappé par ce paradoxe, tout en étant conscient des difficultés du négoce avec les Russes, Savary s'indignait de la 'lâcheté' des marchands français et réfutait point par point les arguments de ceux qui prétendaient qu'il était plus avantageux d'abandonner aux Hollandais le commerce avec la Moscovie (p.108-13). Un mémoire du 15 décembre 1757, par Godin et Cie, de Rouen, expose les moyens par lesquels la France peut 'sans perte pour l'Etat, mais avec avantage, établir et ouvrir son commerce direct avec la Russie'. Il préconise notamment de: former comme les Anglais une 'factorie' dans le Nord; mettre en faveur la grande draperie française (voir ci-dessous, note 30); charger les bonnes maisons françaises de Pétersbourg, de préférence aux étrangers, des fournitures et approvisionnements de la marine de France (AN, cote Affaires étrangères, B III 432, non folioté). Un projet de traité de commerce avec la Russie, en 32 articles, précédé d'une lettre de Versailles au baron de Breteuil du 16 février 1761, et suivi des observations de Breteuil, est conservé aux AN (Affaires étrangères, B III 432). En octobre 1761, Favier écrit: 'la nécessité de décharger et recharger en hollande toutes les marchandises de france pour la Russie, ou de Russie pour la france, les frais d'Entrepots, de loyer de magasins, et droit de garde, la prolongation du voyage, la perte du tems, souvent même d'une année entiere, balancent bien pour le moins ceux de l'Etablissement et de l'Entretien d'une correspondance directe' (AAE, M. & D. Russie, t.vii, f.106). Favier accorde que l'Angleterre 'ne verroit pas avec plaisir cet Etablissement', mais estime qu'elle n'auroit pas 'le prétexte pour en faire un point de Négociations' [dans un traité de paix], car les cours de France et de Russie n'ont pas de compte à lui rendre (f.118). Ce projet ne sera pas suivi d'effet, et, en 1765, un mémoire anonyme sur les avantages d'un commerce direct avec la Russie regrette encore que 'la France qui devroit naturellement y jouer le premier rôle ne paroît presque point s'en mêler, son importation et son exportation sont faites pour les autres nations' (AN, cote Affaires étrangères B III 432, non numéroté, non folioté).

27. Le 'Mémoire sur le commerce de la Russie' (février 1751, p.71) énumérait de manière plus condensée les principales marchandises exportées de Russie: 'le fer, la colle-forte, le Kavear pressé, les cuirs, & particulièrement le cuir de Russie, le suif, la cire, les pelleteries, toutes sortes de peaux, le chanvre, le lin, & enfin la soie qui vient de Perse'. Selon le manuscrit 'Etat du commerce actif et passif de la Russie par le port de St. Petersbourg, 1766', le total des exportations se montait à 5 775 000 roubles (AAE, M. & D. Russie, t.vii, f.192*v*). Lévesque donne des chiffres d'exportation des années 1767 à 1769 pour la moitié environ des produits mentionnés par Chappe (cuirs, suifs, goudron, caviar, etc.) et en ajoute d'autres pour ceux dont il ne fait pas état: grains, tabac, savon, cire, etc. (Lévesque, 1782, v.327-29). Voir également des statistiques pour les exportations des années 1767-1769 dans AAE, M. & D. Russie, t.vii, f.213-16).

Martres communes.	Lin.
Chats sauvages.	Chanvre.
Lièvres blancs.	Fil.
Castors.	Laine.
Loups-cerviers.	Nattes.
Cuirs.	Toiles pour les voiles.
Suifs.	Mâts.
Miel.	Fer.
Potasse.	Cuivre.

Les Russes sont peu au fait du commerce:[28] les négociants sont d'ailleurs trop dépendants du souverain et des personnes en place. Ils n'ont ni assez de fonds ni assez de crédit pour établir un commerce en grand. Les premiers négociants russes ne sont que les commissionnaires des étrangers.[29] D'ailleurs les souverains de Russie font faire pour leur compte plusieurs branches de commerce[*]. Ils se sont réservé les monopoles, qu'ils donnent à des seigneurs. L'exposition de ces faits suffit pour faire connaître les inconvénients de cette administration,[32] et que la Russie pourrait faire un commerce plus avantageux.

Les revenus de la Russie ont considérablement augmenté depuis Pierre Ier: quoique ces revenus varient suivant les différences des temps, on peut

---

[*] Voyez les revenus de la Russie.
Importation des marchandises de France en Russie
Les Français envoient en Russie des étoffes d'or, d'argent, de soie, du lin, du coton et différentes sortes de draps[30] et étoffes pour homme et pour femme, des bas, des bottes, des souliers, chapeaux, plumets, bourses, boutons; toutes sortes de quincaillerie et galanterie, des gants, des montres, épingles, lunettes, peignes, ceinturons, mouchoirs, et quantité d'autres étoffes de cette nature; du vin, de l'eau-de-vie,[31] du vinaigre, de l'huile; toutes sortes d'épiceries; des porcelaines, des fromages, des harengs, des anchois, du sucre, des cartes, du papier, des verres, des miroirs, des pipes à fumer, des bougies, du tabac, etc.

---

28. Les Russes n'ont 'aucune idée du commerce', écrira de même Marbault, 1777, p.134.

29. 'Presque tout le commerce maritime est entre les mains des étrangers', assurera Marbault, 1777, p.137.

30. Parmi les mesures destinées à établir et développer un commerce direct avec la Russie, le mémoire de Godin et Cie, de Rouen, le 15 décembre 1757, préconisait de 'mettre en faveur la grande draperie françoise des manufactures d'Abbeville, des Andelys, de Louviers et autres', car 'leur qualité est plus douce et moeleuse que celle des draps anglois' (AN, cote Affaires étrangères, B III 432, non folioté).

31. Un mémoire de 1751 sur les importations de Saint-Pétersbourg observe à propos de l'eau-de-vie de France (article 22): 'Cet article est considérable'. Mais 'l'on ne peut en introduire', ajoute-t-il, 'qu'en en faisant l'entreprise avec la Cour' (AN, cote Affaires étrangères, B III 432, f.12*r*).

32. Chappe semble ignorer d'autres contraintes administratives: une loi interdisait en effet tout commerce intérieur aux étrangers; ceux-ci ne pouvaient vendre qu'en gros, et non en détail, à Pétersbourg, et il n'était permis à un étranger ni de vendre ni d'acheter quoi que ce soit à un autre étranger (*Dictionnaire de commerce*, 1765, t.v, col. 617). Voir aussi Marbault, 1777, p.62.

cependant s'en former une idée assez juste par le détail suivant; je l'ai puisé dans des états de finance qu'un de mes amis m'a communiqués.

Chaque tête taillable paie au Trésor royal pour la capitation soixantedix kopykkes*,[33] et tous les paysans qui appartiennent à l'impératrice payent en outre quarante kopykkes. M. de Voltaire trouve en 1747 le nombre des mâles qui payent la capitation, de six millions six cent quarante mille[†]. Supposant dans l'état actuel de la Russie le même nombre d'habitants, il est aisé de déterminer le produit de la capitation. J'ai extrait des états de finance que j'ai eus entre les mains, les autres revenus de la Russie rapportés dans la note[‡], et je trouve le revenu de

---

* D'autres écrivent kopeks ou copeks. Cette monnaie revient à un sou de France, et le rouble à cent sous.

† Voltaire, tome I, page 55.

‡ *Revenus de l'Empire de Russie.*[34]

	Roubles	Argent de France
Capitation, 6 640 000 mâles, à 70 kopykkes	4 648 000	23 240 000
Les Domaines du Souverain, de 360 000 Paysans, à 40 kopykkes de surplus que la Capitation	144 000	720 000
Les Cabarets produisent annuellement, par la vente de la biere & de l'eau-de-vie	2 000 000	10 000 000
Les péages de mer & de terre, & les Douanes de Pétersbourg, Archangel, Wibourg, Narwa, Rewel, & Riga	3 150 000	15 750 000
Le Fer & le Cuivre (*)	240 000	1 200 000
La Potasse & Wadasse	70 000	350 000
La Rhubarbe	30 000	150 000
Le Goudron, & l'Huile de Poisson	180 000	900 000
Les Salines	1 400 000	7 000 000
Papier Timbré & le Sceau	200 000	1 000 000
Les Bains payent un Impôt qui produit	14 000	70 000
Le commerce des Toiles pour les Vaisseaux (**)	110 000	550 000
Le revenu de la Monnaie	250 000	1 250 000
Le revenu de la Poste	330 000	1 650 000
Le commerce du Tabac	76 000	380 000
Les droits sur le commerce des Grains	160 000	800 000
Les Conquêtes sur la Suede	100 000	500 000
Les Conquêtes sur la Perse	300 000	1 500 000
Total	13 402 000	67 010 000

(*) C'est le produit des Mines des Domaines du Souverain.
(**) Ce Commerce a été donné exclusivement à un Particulier, qui rend à la Couronne ce revenu.

---

33. Dans les années 1714-1717, un paysan payait pour sa maison et son bien 68 kopecks (Weber, 1725, i.98).

34. Weber avait exposé les revenus du tsar, de 1714 à 1717, en distinguant les revenus fixes (les impôts payés par les paysans) des revenus variables (taxes diverses) et en énumérant les monopoles. Mais il ne donnait *aucun chiffre* pour ces revenus (Weber, 1725, i.96-125).

Cet état des revenus de Russie peut être sujet à quelques discussions, parce que les variations que le temps et les circonstances amènent, doivent nécessairement y produire différents changements; mais si le revenu diminue à quelques égards, il augmente à d'autres; et dans l'état actuel où se trouve la Russie, le résultat général est toujours à peu près le même. J'ai cru devoir rapporter le détail des revenus de Russie, tel que je l'ai extrait des *Mémoires* que j'avais, sans y faire aucune correction, excepté dans le nombre des mâles qui payent la capitation. Ils étaient confondus avec les femmes. Il me paraît, d'après ce détail, qu'on doit supposer en 1767 le revenu de la Russie en argent, de treize millions quatre cent mille roubles en nombre rond, ou de soixante-sept millions argent de France. M. de Voltaire trouve par un état des finances de l'Empire en 1725, en comptant les tributs des Tartares, tous les impôts et tous les droits en argent, que le total allait à treize millions de roubles, indépendamment des tributs en nature (M. de Voltaire, tome I, page 59).

Depuis 1725 la douane a cependant considérablement augmenté par les précautions qu'on a prises d'empêcher la contrebande.[35] J'ai encore supposé le nombre des paysans qui dépendent de la Couronne, de 360 000 livres[36] (ils payent quarante kopykkes de plus que les paysans ordinaires), tandis que M. de Voltaire le détermine beaucoup plus grand en 1725.[37] Je n'ai pas compris dans le même état le revenu des pelleteries qu'on tire de la Sibérie, ni celui des apothicaireries; mais aussi j'ai supposé le nombre des mâles qui payent la capitation, de six millions six cent quarante mille, tel que M. de Voltaire l'a déterminé en 1725,[38] et on a vu à l'article de la population, que ce nombre devait être prodigieusement diminué. Il paraît aussi que c'est pour cette raison qu'on avait proposé un nouveau règlement pour augmenter la capitation de quarante kopykkes par tête; mais ce règlement n'a jamais été exécuté; et en effet, dans l'état des impôts ordinaires, les Russes ne sont pas toujours en état de les payer. Les arrérages depuis 1724 jusqu'en 1747 se montaient à deux millions cinq cent quatre mille roubles, ou à douze millions sept cent soixante-dix mille livres argent de France, que l'impératrice Elisabeth remit à ses sujets.

J'ai aussi fait entrer dans l'état ci-dessus, le revenu qui provient de la vente de la potasse et de la wadasse; mais on m'a assuré en Russie, que ce commerce n'existait plus, ou au moins qu'il était considérablement diminué, parce qu'il était préjudiciable à la Russie, en ruinant les forêts les plus à portée d'être exploitées;[39] et l'on sent évidemment la vérité de ce dernier fait.

Le nombre des paysans de la Couronne diminue non seulement à cause de la dépopulation, mais encore parce que les souverains de Russie sont dans l'usage de récompenser leurs sujets en leur donnant un certain nombre de paysans. Ce fait est connu de tout le monde.

Les pelleteries de Sibérie ne produisent pas en argent un aussi grand revenu qu'on l'a toujours cru. On transporte ces pelleteries de quatorze cents lieues, et même de deux mille,

35. Vers 1725, les revenus des douanes en Russie se seraient montés à 400 000 roubles (*Mémoires sur la Russie*, f.26v). Ils auraient donc considérablement augmenté dans les années 1760, que l'on prenne en compte le chiffre de Chappe (plus de 3 millions de roubles, éd. présente p.469) ou ceux des M. & D. Russie (un peu plus de 1 800 000 en 1764 selon le t.vii, f.162-65; plus de 2 millions en 1767 selon les t.xi et xii; voir, ci-dessous, note 42). Se sont également accrus: les revenus des cabarets, qui, selon ces *Mémoires sur la Russie*, n'étaient que de 1 million vers 1725, et ceux des salines (300 000); en revanche, les revenus procurés par le tabac, qui s'élevaient à 300 000 roubles, auraient considérablement baissé (76 000 selon Chappe, pas de chiffre dans AAE, M. & D. Russie).

36. Lapsus: lire 360 000 *paysans*, et non *livres* (voir tableau p.469).

37. Selon Voltaire, les paysans dépendant immédiatement de la Couronne étaient environ 555 000 en 1747, et non en 1725 (*Histoire de Pierre le Grand, OC*, t.46, p.482).

38. Non: en 1747 (Voltaire, *Histoire de Pierre le Grand, OC*, t.46, p.481).

39. Les riches gisements de la Kama n'étaient pas encore exploités. En Russie comme ailleurs, on tirait la potasse des cendres de différents bois brûlés. On lui donnait quelquefois le nom de 'cendre de Moscovie' (voir l'art. 'Potasse' de l'*Encyclopédie*, xiii.180a).

dans les magasins de Moscou et de Saint-Pétersbourg. Ces pelleteries passent alors par tant de mains différentes, que les plus belles parviennent rarement à ces magasins. D'ailleurs les contrées d'où on les tire étant plus fréquentées de jour en jour par les marchands qui se sont établis dans la Sibérie pour faire ce commerce, et par le militaire qu'on y envoie; ces peuples vendent leurs belles pelleteries, au lieu de les donner à ceux qui sont chargés de lever cette espèce d'impôts; et cette conduite est toute simple. Les particuliers russes se procurent par le moyen des marchands, ou par leurs amis dans le militaire, la plus grande partie de leurs fourrures, et j'ai su que quantité de pelleteries de la Couronne dépérissaient, faute de débit, dans des magasins en Sibérie et à Moscou.

Je n'ai point fait mention dans le revenu de la Russie du produit des apothicaireries, parce que je ne l'ai point trouvé dans mes *Mémoires*. La Couronne s'est réservé le revenu de tous les établissements formés dans ses Etats pour les apothicaires, et la distribution des remèdes; elle donne des appointements aux employés, paye l'entretien de tous ces établissements; elle fait enfin toutes les dépenses et en retire aussi tout le revenu. Quoique la dépense que la Couronne fait pour cet objet soit très considérable, il est très certain qu'après en avoir retiré les frais, elle y gagne encore au moins la retenue qu'elle fait sur les troupes pour les médicaments, et l'on m'a assuré que le gain allait au-delà; mais les apothicaires n'étant plus que des gens à gage, ils n'ont plus le zèle nécessaire pour s'occuper à augmenter nos connaissances dans ce genre, parce qu'ils ne travaillent jamais pour eux. On voit de même dans l'état ci-dessus, que le souverain s'est réservé plusieurs branches de commerce, et tout le monde sait qu'il doit se borner à le protéger pour le faire fleurir. Ces abus sont absolument contraires à une bonne administration, et ils ne subsistent que parce qu'on ne peut pas remédier à tout en même temps.

J'ai supposé dans le même état le revenu des provinces conquises sur la Suède de cent mille roubles seulement (ou de 500 000 livres de France), tandis que ces provinces produisaient un grand revenu à la Suède; mais ces provinces ne payent plus de capitation, et ce revenu médiocre est le produit des biens domaniaux des souverains de Russie: ces revenus ont beaucoup diminué par les donations qu'ils en ont faites à différents particuliers.

Le détail dans lequel je suis entré sur le revenu de Russie en faisant connaître la nature des impôts, donne une idée des richesses actuelles de la nation, et de ses ressources. Les observations que j'ai faites sur le revenu de cette puissance, paraissent constater qu'on le doit supposer en argent de treize millions quatre cent mille roubles, ou de soixante-sept millions argent de France. J'ai connu plusieurs personnes très instruites sur la Russie, les unes estimaient le revenu de l'Etat à quinze millions de roubles, et les autres à treize et au dessous; mais ces dernières faisaient entrer dans leurs calculs les non-valeurs.

L'espèce monnayée est rare en Russie,[40] non seulement faute de matière première; mais parce que le nombre des roubles diminue annuellement. Cet objet ayant paru mériter l'attention du gouvernement, on en chercha la source. On a reconnu que les paysans et les commerçants qui vont dans les villes, emportent chez eux en argent le produit de la vente de leurs denrées et de leurs marchandises, ils enfouissent leur fortune dans la terre,[41] pour les [*sic*] mettre à couvert de ceux dont ils dépendent, et la plupart mourant sans publier leur secret, cet argent est perdu pour l'Etat. Les tentatives qu'on a faites pour remédier à cet inconvénient ont été inutiles; il subsistera tout le temps que ce peuple sera dans l'esclavage.

40. Voir ci-dessus, ch.9, la note 11.

41. Selon Weber, les paysans russes qui ont amassé de l'argent craignent tellement leur seigneur qu'ils le cachent sous le fumier. De leur côté, les nobles dissimulent leurs biens dans des coffres ou les placent dans les banques de Venise, de Londres ou d'Amsterdam (Weber, 1725, i.77-78). Masson, après Chappe, note également que les paysans russes enterrent souvent leur argent, de crainte que les nobles ne s'en emparent (voir De Grève, 1990, p.1191, note 5). Klioutchevski, 1953, p.148-49, confirme les voyageurs, sans se référer à eux, et signale qu'un ukase interdisait d'enfouir l'argent dans la terre.

l'Etat de treize millions quatre cent mille roubles en nombre rond, ou de soixante-sept millions argent de France, plus grand de deux millions de livres qu'en 1725.[42]

Avant Pierre Ier la Russie n'avait que des barques ou d'autres petits bâtiments dont on se servait sur le Wolga et sur le Don. Les Russes ont présentement des chantiers à Archangel, à Cronstat, à Saint-Pétersbourg, à Revel, et l'on emploie beaucoup de constructeurs nationaux. Il paraît par l'état des forces de mer de 1756, comparé à celui que M. Strahlenberg en donne en 1720[*], que la marine de Russie a diminué depuis ce temps. On construit cependant presque tous les ans quelques vaisseaux dans les différents ports de Russie; mais il en faut réformer dans la même proportion, par les raisons qu'on verra par la suite. Les vaisseaux de guerre se tiennent à Revel et à Cronstat, et les petits bâtiments à Saint-Pétersbourg; mais ces ports ne sont point bons. Le port de Cronstat a trois grands inconvénients, suivant M. de Strahlenberg[†]. 'La mer n'est pas assez large devant le port, ni bien sûre, à cause de quantité de rochers et de bancs de sable cachés qui environnent ce port; en sorte que les vaisseaux ne peuvent en sortir qu'avec certains vents favorables. Secondement, les glaces y restent trop longtemps, et la mer n'en est débarrassée que vers la fin du mois de mai. Troisièmement, les vaisseaux se pourrissent promptement dans ces ports, parce qu'ils y sont toujours dans l'eau douce: (on m'a assuré qu'ils ne duraient pas plus de dix ans).[43] Le port de Revel est trop exposé aux tempêtes, et les vaisseaux n'y sont pas en sûreté, puisqu'un jour il en périt trois des plus considérables dans le port même.'

---

[*] L'auteur écrivait en 1730. Tome II, pp. 115 et 123.
[†] Strahlenberg, tome II, p.127. Ces inconvénients sont confirmés par tous ceux qui ont été à Saint-Pétersbourg.

---

42. Voltaire donnait le chiffre de 13 millions de roubles, soit 65 millions de livres, pour les revenus de l'Etat russe *en 1725* (*Histoire de Pierre le Grand, OC*, t.46, p.488). Il pensait qu'ils avaient augmenté depuis (sans donner de chiffre comme le fait Chappe). En fait, le budget de l'Etat ne s'élevait en 1725 qu'à 8 500 000 roubles, près d'un tiers des revenus (2 500 000 roubles) provenant de la capitation à laquelle étaient assujettis 5 570 000 paysans d'après le recensement de 1723 (Portal, 1990, p.139). En 1757, les revenus de l'Etat se seraient montés à un peu plus de 12 millions de roubles selon le mémoire *De la Russie* (f.25v-26r). Selon la *Description politique de la Russie*, en 1767, les revenus de l'empire, plus élevés que dans les statistiques de Chappe, sont d'environ seize millions de roubles (AAE, M. & D. Russie, t.xi, f.103v; t.xii, f.322v et 355r). Différences essentielles avec les données de Chappe: capitation (plus de 5 400 000 roubles); cabarets (3 200 000); mines (1 500 000); sel (2 millions). En revanche, les revenus des douanes sont inférieurs (plus de 2 270 000 roubles). De toute façon, ces données, comme celles de Chappe, sous-estiment les revenus de l'Etat russe, qui, en 1764, s'élevaient à 19,4 millions de roubles (Riasanovsky, 1987, p.311).

43. A partir de 'Troisièmement', Chappe cite librement Strahlenberg, et ajoute la phrase entre parenthèses. A partir de 'Le port de Revel', il résume le premier paragraphe de la p.128. Vockerodt avait observé également que l'eau du port de Cronstadt n'était pas assez salée (Vockerodt, 1999, p.1129).

[9]. *De la population, du commerce, de la marine...*

Du temps de Pierre Ier, beaucoup de vaisseaux étaient construits de sapins; présentement les parties principales au moins, sont de bois de chêne, et la plupart des vaisseaux sont construits en entier de ce bois. On le tire des environs de Cazan[*]. Cette ville est éloignée de Saint-Pétersbourg de plus de quatre cents lieues, en suivant les rivières qui servent à transporter ce bois. Il faut remonter le Wolga dans ce trajet, sur une distance de deux cent soixante lieues; ce qui oppose de grandes difficultés au transport des matériaux propres à la construction des vaisseaux. C'est pour cela qu'on y emploie encore aujourd'hui quelque peu de sapins; et tout le monde sait que ce bois n'est propre que pour les mâts, et qu'il est absolument mauvais pour tout ce qui a rapport à la construction. On doit moins l'employer en Russie à cet usage, que partout ailleurs, à cause des eaux douces des principaux ports de cet empire, qui pourrissent promptement les vaisseaux.

D'après les états que j'ai eus des forces de mer de la Russie[†], je trouve qu'elles étaient, en 1756, de vingt-deux vaisseaux de ligne, six frégates, deux galiotes à bombes, deux paquebots, deux brûlots, et quatre-vingt-dix neuf galères.[44]

---

[*] On m'a assuré qu'on en tirait aussi d'Archangel, mais en petite quantité.

[†] *Etat des vaisseaux de guerre qui composaient les forces marines de la Russie, en 1756.*

VAISSEAUX DE LIGNE. AU PORT DE CRONSTAT	Année de leur construction.	Nombre des canons qu'ils portent.
Elizabeth, *à réparer.*		110
Zacharie-Elizabeth,	1747	99
Saint Jean-Chrisostôme,	1751	99
Saint Nicolas,	1754	80
Nom inconnu,	1755	80
Lesnoy, *en mauvais état.*	1743	66
Sergius, *en mauvais état.*	1747	66
Raphael Archange, *en mauvais état.*	1745	66
Vriel, *en mauvais état.*	1749	66
Gabriel, *en mauvais état.*	1749	66
Ingermanie,	1752	66
Nom inconnu,	1754	66
Nom inconnu,	1754	66
Pantlemont, *en mauvais état.*	1740	54
Nom inconnu,	1756	66
Nom inconnu,	1756	66

---

44. Au 1er janvier 1746, le nombre de navires aurait été le suivant: 27 vaisseaux de ligne, 8 frégates, 3 galiotes à bombes, 2 prames, 4 paquebots (*De la Russie*, f.38r). En 1748, d'après la *Relation générale de la cour de Russie* de Karl Wilhelm Finck von Finckenstein publiée par F. D. Liechtenhan, les chiffres sont semblables: 28 vaisseaux de ligne, 8 frégates, 3 galiotes à bombes, 2 prames, environ 100 galères (Liechtenhan, 1998, p.465-66). Selon les deux versions de la *Description politique de la Russie*, il y avait en 1767 24 vaisseaux de ligne, 10 frégates, 3 galiotes à bombes, 4 paquebots et 100 galères (AAE, M. & D. Russie, t.xi, f.124v; t.xii, f.372r).

Elles consistaient sur la mer Baltique en 1730, suivant M. Strahlenberg, en trente-six vaisseaux de ligne, douze frégates, neuf petites frégates, et deux cent quarante galères.[45]

Lorsque l'équipage des vaisseaux et des galères se trouve complet, le nombre des officiers, des soldats et des matelots, se monte à vingt mille deux cent trente-neuf,[46] et celui des employés dans l'Amirauté, et des ouvriers dans les différents ports, à neuf mille huit cent soixante-dix neuf;

Chaque galère porte six petits canons de fer, et sur le devant deux canons de vingt-quatre livres de balle.

Il y a deux rames à chaque banc, 5 soldats à chaque rame; un officier commande la galère; il a sous lui un pilote et 12 matelots.

AU PORT DE REVEL.		
Saint Alexandre Newschi, *en mauvais état*	1749	66
Moschwa,	1750	66
Saint Jean-Chrisostome, le second, *en mauvais état.*	1749	66
L'Aigle du Nord, *très mauvais.*	1735	66
Schlusselbourg,	1751	54
Verakil,	1752	54
Total des Vaisseaux du premier rang,	22	
FREGATES.		
AU PORT DE CRONSTAT.		
Jegudice,	1746	32
Sealfil,	1746	32
Nom inconnu,	1754	32
Nom inconnu,	1754	32
AU PORT DE REVEL.		
Michel-Archange,	1748	32
Kreysel,	1751	32
GALIOTES À BOMBES.		
Le Tonnerre,	1752	10
Jupiter,	1752	10
PAQUEBOTS.		
L'Eléphant,	1752	36
Nom inconnu,	1754	36
BRULOTS.		
Mitau,	1747	
Hollande,	1747	
GALÈRES.		
Galères à 22 bancs,	32	
Galères à 20 bancs,	22	
Galères à 16 bancs,	45	

---

45. Strahlenberg, 1757, ii.123. En 1721, le nombre de galères était de 208, sans compter les 29 vaisseaux de ligne et les 6 frégates. La flotte russe était alors deux fois supérieure à la flotte suédoise, qu'elle élimina de la Baltique à la bataille de Grendam (Portal, 1990, p.112). Selon Weber, 1725, i.356, la flotte aurait été augmentée vers 1725 d'environ 40 vaisseaux de guerre et de 300 galères, chiffres manifestement exagérés. Algarotti sous-estime sans doute cette flotte lorsqu'il dénombre seulement 'plus de 130 galères' en 1739 (Algarotti, 1769, p.59).

46. Vers 1725, le total des matelots se serait élevé à 12 000, et celui des soldats de la flotte à 4 300 (*Mémoires sur la Russie*, f.97). En 1767, selon la *Description politique de la Russie*, les matelots n'étaient que 10 600 (AAE, M. & D. Russie, t.xi, f.124v; t.xii, f.372r).

mais il s'en faut de beaucoup que le nombre des soldats et des matelots soit complet.

Les officiers sont peu instruits sur la théorie de la navigation, et encore moins sur la pratique, parce qu'ils vont rarement en mer. Les vaisseaux dépérissent dans les ports au milieu des glaces et des eaux douces. Un grand nombre de vaisseaux ont été réformés sans avoir jamais porté la voile, et beaucoup d'officiers ont achevé leur carrière sans avoir jamais monté un vaisseau. Les Russes d'ailleurs craignent trop la mer pour devenir bons marins; ils n'ont pas de matelots qui en méritent le nom;[47] et la Russie n'en aura jamais, tant qu'elle ne fera point le commerce par elle-même.

Le militaire de Russie se divise en troupes de campagne et de gouvernement. Ces deux corps de troupes sont totalement différents; le dernier forme une espèce de milice, qui est distribuée sur les limites de la Tartarie, et dans les différentes provinces de ce vaste empire. Son étendue exige un corps de troupes très nombreux, pour tenir les peuples dans l'obéissance, et mettre la Russie à l'abri des incursions des Tartares. Ces troupes n'ont point d'autre destination; elles ne vont jamais en campagne, et ne sont pas propres pour faire la guerre contre des troupes aguerries; elles sont mal entretenues, et plus mal disciplinées. Il n'en est pas de même des troupes de campagne, la plupart sont très bien entretenues, et parfaitement disciplinées. On les distribue en garnison dans les provinces situées en Europe, ou dans le voisinage, et vers les limites de la Tartarie, afin qu'on puisse les réunir plus facilement, pour porter du secours dans les différentes parties de l'Etat, ou pour attaquer les puissances qui sont en guerre avec la Russie.

Je trouve par le détail des troupes de cette puissance, que l'état militaire se monte à trois cent trente un mille cinq cents hommes*. Il doit souffrir

---

* *Etat militaire des troupes de Russie, en supposant les régiments complets*

Maison de l'impératrice

Gardes du Corps, ou Leibe-Compagnie,		300
Cuirassiers du Corps,		846
Gardes à Cheval,		1223
	Régiments de Preobragenski,	3245
Gardes à Pied.	Semenowski,	2436
	Ismaelowski,	2436
Le Régiment du Grand-Duc,		846
Six Régiments d'Infanterie de huit cents quarante-six hommes,		5076
Total.		16 408

---

47. Weber estimait que les matelots russes n'étaient 'pas assez entendus dans leur métier', et que, malgré les 2000 matelots allemands distribués dans la flotte, on aurait manqué de monde en cas de combat (Weber, 1725, i.357). Les Russes construisent des

de petites variations de temps en temps, suivant les différents états que j'ai eus entre les mains. Les régiments d'infanterie étaient en 1750 de deux mille deux cent quatre-vingt-dix-huit hommes; et ceux de cavalerie et de province étaient encore moins nombreux que ceux dont je donne le détail. Le régiment des gardes du corps n'existe plus, ayant été cassé par Pierre

---

Ce corps de troupes uniquement destiné à la garde du souverain, ne va jamais en campagne. Ces différents régiments sont toujours en garnison dans les environs de la résidence du souverain, pour en disposer à sa volonté dans tous les événements.

Infanterie russe de campagne

L'infanterie russe est composée de quarante-six régiments*. Chaque régiment contient trois bataillons, et chaque bataillon est composé de douze compagnies de fusiliers, et de deux de grenadiers. Le nombre des grenadiers et des fusiliers est de 2128 hommes; et le régiment, y compris les officiers, etc., est de 2637 hommes**. Mais tous les régiments ne sont pas si nombreux: en les supposant de 2637 personnes, les [quarante-six] régiments complets se montent à 121 302.

Chaque régiment a avec lui quatre canons de trois livres de balle, et quatre petits mortiers à grenades.

Les Russes ont pour cavalerie quelques régiments de grenadiers à cheval, des cuirassiers, des dragons et des hussards.

Cavalerie russe de campagne

Quatre Régiments de Grenadiers à Cheval, de 2489 hommes,	9956
Quatre Régiments de Cuirassiers, de 1350 hommes,	5400
Vingt-six Régiments de Dragons, de 1350 hommes,	35 100
Six Régiments de Hussards, l'un portant l'autre,	12 860
Total.	63 316

Génie et artillerie

Génie,	750
Mineurs,	210
Artillerie & Bombardiers,	10 000
Total.	10 960[48]

---

* Elle a été quelquefois de cinquante-deux régiments, suivant les différents états que j'ai eus entre les mains; mais il m'a paru qu'on a réuni quelques-uns de ces régiments à ceux destinés à la garde du souverain, qui était autrefois moins nombreuse.

** On en verra le détail dans l'état de la dépense de chaque régiment.

---

vaisseaux aussi bons qu'ailleurs en Europe, mais ils ne sont pas bons navigateurs, juge également Schwan: voilà pourquoi il leur a coûté tant de bateaux et d'hommes pour prendre la forteresse de Colberg. 'Leur flotte actuellement doit se trouver dans une situation bien pitoyable', conclut-il (Schwan, 1764, p.130-31). Comme Chappe, la *Description politique de la Russie* attribue à deux causes le peu d'essor de la marine russe: 1) les vaisseaux ne peuvent se conserver longtemps dans le golfe de Finlande; 2) 'les Russes ont une répugnance et un mépris extrêmes pour le service de mer' (AAE, M. & D. Russie, t.xii, f.324r).

48. Soit une armée de campagne de plus de 195 000 hommes (176 980 selon *De la Russie*, f.28r). Vers 1720, les effectifs de cette armée de campagne n'étaient que de 100 000

III. Au reste, ces petits changements ne font rien au résultat général, il est toujours à peu près le même. Ainsi je suppose l'état militaire de Russie de 330 000 hommes[49] en nombre rond.

On comprend dans ce nombre tous les gens de métiers au service des régiments, maréchaux, serruriers, charpentiers, etc.; les valets d'équipage, les valets d'artillerie, les valets de tous les officiers de l'armée: on appelle

---

Infanterie russe de gouvernement, qui ne va jamais en campagne; espèce de milice

Vingt Régiments de 1344 hommes, dans les Pays conquis sur la Suede,	26 880
Trente-deux Régiments distribués dans différents endroits de la Russie, Sibérie, &c. Ils sont composés de 1328 hommes, excepté quatre, dont trois sont de 664 hommes, & un de 1992,	41 168
Vingt Régiments distribués en Ukraine, de 1077 hommes,	21 540
Un Régiment sur les lignes de l'Ukraine,	1248
Total.	90 836

Dragons

Quatre Régiments de 1056 hommes,	4224
Trois Régiments de 1220 hommes,	3660
Un Escadron à Moscou de	546
Total de la Cavalerie de Milice.	8430

---

hommes (Weber, 1725, ii.426-29), et, en 1725, de 130 000 (Portal, 1990, p.116). En 1748, selon Finckenstein, les troupes régulières ne se seraient montées qu'à 120 000 hommes (Liechtenhan, 1998, p.462), données qui correspondent à celles de Manstein pour le début de la guerre de Sept Ans (Manstein, 1771, p.561-62). En 1780, Gilbert Romme évaluait l'armée de campagne à 217 544 hommes, mais il minimisait considérablement les effectifs de l'infanterie (Tchoudinov, 1999, p.749).

49. Voltaire estimait le 'militaire' de la Russie à 350 000 hommes en 1747 (*Histoire de Pierre le Grand*, OC, t.46, p.484). Bernardin de Saint-Pierre (1833, t.1, p.26-27), vantera la force de l'armée russe, qu'il évaluera à 500 000 hommes. Lévesque en surestime lui aussi les effectifs: 400 000 hommes, en comprenant la marine (Lévesque, 1800, viii.141). En revanche, Sabatier de Cabre (1869, p.98) les réduit à un peu plus de 200 000. Beskrovny, 1958 (p.55 et 315) ne donne que des chiffres partiels de recrutements pour les années 1760-1780; les seuls effectifs d'ensemble de l'armée (sans la marine) dont il fasse état concernent deux années: 1734 (205 549 hommes) et 1795 (279 575 h.). Selon la *Description politique de la Russie*, en 1767, l'armée russe, sans la marine, se composait d'un peu plus de 268 000 hommes (AAE, M. & D. Russie, t.xi, f.123v; t.xii, f.324r). La marine ne comptait que 10 600 matelots (ci-dessus, ch.9, n.46). Ainsi, le total de 'l'état militaire' se montait à près de 280 000 hommes, chiffre sensiblement inférieur aux 330 000 avancés par Chappe. Les données du *Voyage en Sibérie* surévaluent peut-être les effectifs de l'infanterie, de la cavalerie, de la marine et de la maison de l'impératrice. Les statistiques de Chappe sont également supérieures à celles d'un autre document où figurent des informations très détaillées, 'Les forces militaires de la Russie en 1769, ou état des troupes qui composent l'armée impériale de Russie' (AAE, M. & D. Russie, t.xiv, f.31-119). Selon ce mémoire, le total de l'armée régulière, à l'état complet, ne s'élève qu'à un peu plus de 168 000 hommes (f.37r).

ces valets *denschik*.[50] Ces derniers sont très nombreux: on en fait des soldats après un certain temps de service. On y comprend aussi tous les soldats destinés à garder les prisonniers et les criminels; mais je n'y ai pas compris les troupes irrégulières: elles sont composées de Cosaques, de Zaporoviens, de Calmouks, de Valaques; on n'en fait usage qu'en temps de guerre. On ne leur donne aucune paye, ils n'ont que ce qu'ils retirent du pillage. Ces troupes ne sont pas redoutables par elles-mêmes, étant communément mal montées, et n'ayant aucune espèce de discipline; mais elles le sont beaucoup par leurs brigandages: elles pillent et ravagent tous les pays par où elles passent, et y exercent les plus grandes cruautés. Les Russes tirent peu d'avantages de ces troupes pour garder leurs camps, et elles sont souvent très funestes à leur armée par la consommation des vivres et des fourrages. Elles ont toujours à leur suite quantité de chevaux pour emporter le butin. Dans les états que j'ai eus du militaire de Russie, ce corps de troupes se monte quelquefois à trente et quarante mille hommes, et quelquefois plus. Or faisant entrer ces troupes dans l'état militaire, le nombre des troupes de Russie serait de trois cent soixante mille hommes environ.[51]

Ce nombre considérable de troupes me parut d'abord un paradoxe, en considérant la dépopulation de cet empire, et la modicité de ses revenus. J'ai eu entre mes mains les états militaires, avec les noms et le détail des régiments. Il est donc constant d'après ces *Mémoires*, que l'état militaire se monte à 330 000 hommes, en nombre rond, sans y comprendre les troupes

Récapitulation

Maison de l'Impératrice,	16 408
Infanterie de Campagne,	121 302
Cavalerie de Campagne,	63 316
Génie, Mineurs, Artillerie, Bombardiers,	10 960
Infanterie qui ne va jamais en Campagne,	90 836
Cavalerie de Milice,	8430
Total.	311 252
On trouve, page 255, que la Marine supposée complète, se monte, en y comprenant les Officiers & les Matelots, à	20 239
Total des troupes de terre et de mer	331 491

50. Plus exactement *denchtchik*, ordonnance.

51. En comprenant les troupes irrégulières (120 000 hommes) et les troupes de garnison (90 000 hommes), le mémoire *De la Russie* arrive à un total de 386 900 hommes (f.28v). Selon le manuscrit 'Les forces militaires de la Russie en 1769', en temps de guerre, le total de l'armée russe pouvait s'élever à 375 000 hommes, en comprenant les 209 000 hommes de troupes irrégulières (dont 3000 'Tchetcheniens'), qui ne sont pas considérés comme des soldats en temps de paix (AAE, M.& D. Russie, t.xiv, f.44r et 45r). En 1780, G. Romme évalue les troupes irrégulières à près de 300 000 hommes(!), alors qu'elles n'en représentent que 48 000 (Tchoudinov, 1999, p.742).

irrégulières. M. de Voltaire le trouve, en 1725, à peu près le même[*]. Mais par quel mécanisme d'administration, la Russie peut-elle entretenir un corps si considérable? Est-il nécessaire au souverain de cet empire? Ne doit-il pas diminuer l'état militaire le plus qu'il est possible, vu la dépopulation de ses Etats? Et si le souverain est obligé d'avoir en temps de paix un corps de troupes si considérable, est-ce une preuve réelle de sa puissance? L'examen de ces différents objets me parut si intéressant pour l'humanité, pour l'Europe, et peut-être pour la Russie, que je me donnai tous les soins pour éclaircir cette matière.

Pour procéder avec ordre, il est nécessaire de considérer la Russie dans les rapports qu'elle a avec l'Europe, avec ses voisins asiatiques; et il faut faire attention à l'étendue de cet empire. On connaît parfaitement l'état politique de la Russie dans ses rapports avec l'Europe. Plusieurs auteurs ont écrit sur ceux qu'elle a avec les Tartares ses voisins; mais soit que l'état politique de ces différentes puissances ait souffert quelque changement ou non, il est indispensable de le rappeler ici. D'ailleurs les faits rapportés par les voyageurs qui m'ont précédé, n'en seront que plus authentiques.

A mesure qu'on s'éloigne de Saint-Pétersbourg en approchant du Kamtchatka, les peuples sont moins soumis, non seulement à cause de la difficulté d'envoyer des troupes et des munitions vers la partie orientale de cet empire, mais encore parce que celles qu'on y envoie n'étant plus à portée du souverain, le militaire, les gouverneurs et tous les employés y abusent de l'autorité que le souverain leur confie. Ces peuples sont toujours prêts à se révolter; c'est un inconvénient attaché à tous les Etats d'une vaste étendue. On trouve même en Sibérie des peuples que la Russie n'a jamais pu subjuguer depuis la conquête de cette province. Les Tchouktchi sont de ce nombre. Les Ioukagires leurs voisins et les Koriaques sont médiocrement soumis. Tous ces peuples habitent l'extrémité du nord-est de la Sibérie[†]. Quoiqu'ils soient d'une faible ressource pour la Russie, cette puissance ne cesse de faire la guerre à quelques-uns pour les soumettre. Les Tchouktchi sont les plus féroces et les plus cruels ennemis des Russes.[52] Ils ont toujours conservé leur liberté, quoique les Russes aient sur eux l'avantage des armes à feu, et des troupes aguerries. Cependant comme les Russes envoyaient continuellement de nouvelles troupes contre eux, ils les auraient détruits ou subjugués par la suite des temps, sans les Ioukagires leurs voisins, qui leur prédirent cet événement, s'ils n'opposaient que des flèches aux armes à feu des Russes.

---

[*] M. de Voltaire détermine en 1725 le nombre de troupes, tant sur terre que sur mer, de 339 500. Tome I, p.59.
[†] Il faut suivre cette description, la carte sous les yeux. Carte générale, n° XX.

52. Les Tchouktches, 'encore plus féroces' que les Koriaks, sont 'les peuples les plus cruels de la Sibérie & les plus indomptables. Les Russes n'ont encore pu les soumettre' (Lévesque, 1783, i.268). Selon l'*Encyclopédie* (art. 'Tchoukotskoi', xv.950b), les Tchouktches 'vivent dans l'indépendance' et 'sont de dangereux voisins pour les Korekis et pour les sujets de la Russie, chez qui ils font de fréquentes incursions'.

Ils leur conseillèrent de fondre sur l'artillerie des Russes dès qu'ils les rencontreraient, de s'en emparer, et leur persuadèrent qu'ils en triompheraient aisément, parce qu'ils n'étaient jamais en grand nombre. Le succès justifia ce que les Ioukagires avaient prédit. Quelques années avant mon arrivée à Tobolsk, un corps de troupes russes marcha contre les Tchouktchi; le général russe envoya en avant un petit détachement avec quelque artillerie: ces troupes furent assaillies et égorgées au moment qu'elles s'y attendaient le moins; quelques soldats échappèrent à peine pour en porter la nouvelle au général russe. Il s'avança aussitôt contre ce peuple; il fut battu et obligé de demander la paix. On convint de part et d'autre que les chefs et une partie des troupes se rendraient sans armes dans un hameau voisin des deux armées. Les Tchouktchi remplirent exactement la convention; les Russes se rendirent au rendez-vous, en apparence sans armes; mais ils avaient caché sous leur habit une espèce de coutelas que les paysans russes portent toujours à leur côté. Les Russes entrèrent dans toutes les vues que les Tchouktchi leur proposèrent: ils leur firent boire une si grande quantité d'eau-de-vie, qu'ils les enivrèrent bientôt; et ils en égorgèrent la plus grande partie pendant qu'ils dormaient. Les Russes allèrent attaquer aussitôt l'armée des Tchouktchi, qui se sauva dans les montagnes, leur prince et les principaux chefs ayant péri dans le massacre que les Russes avaient fait des troupes de cette nation. J'ai su ce détail par un jeune prince, neveu du chef des Tchouktchi*. Les Russes l'avaient emmené prisonnier à Tobolsk; il y vivait dans l'infortune, quoique en liberté. Le gouvernement fournissait à sa subsistance. Cet infortuné prince, dans le désir d'avoir sa liberté, me fit prier† de le prendre pour domestique, et de l'emmener avec moi. Les Russes s'occupaient encore, en 1761, à faire la guerre à ces malheureux peuples, au lieu de les laisser tranquilles dans leurs montagnes glacées.

La plupart des autres peuples, comme les Kamtchadals, les Iakouti, les Tungouses, quoique subjugués, sont toujours en garde contre les Russes: ces derniers ayant voulu envoyer des ingénieurs pour lever le cours du fleuve Amour, et examiner si l'on ne pourrait pas y établir quelque navigation; les peuples qui habitent les bords de ce fleuve, forcèrent les Russes d'abandonner leur projet.[53]

---

* Il m'a été confirmé par les Russes qui me servaient d'interprètes.

† Il me donna un mémoire à ce sujet, qu'il avait fait écrire en latin, afin que je pusse le comprendre.

---

53. On sait que les Russes, en conflit avec les Chinois dans la région de l'Amour, avaient signé avec eux le traité de Nertchinsk en 1689. Ce traité, qui fixait les frontières entre les deux pays le long des fleuves Argoun et Gorbitsa et de la chaîne des monts Stanovoï, resta en vigueur jusqu'en 1858. Ce ne sont pas les populations yakoutes ou toungouses de la région de l'Amour qui empêchèrent les Russes d'établir la liberté de navigation sur le fleuve. Celle-ci leur avait été refusée par les Chinois à la suite de l'ambassade de Vassili Fedorovitch Bratichtchev à Pékin en 1756. Les relations sino-russes se détériorèrent d'ailleurs à partir de 1761; des troupes russes et chinoises se massèrent de part et d'autre de la frontière, qui fut fermée en 1764. La détente n'intervint qu'après l'ambassade d'Ivan

[9]. *De la population, du commerce, de la marine...*

Des multitudes de hordes tartares habitent les contrées situées au midi de la Russie: elles obligent les Russes d'entretenir perpétuellement sur ces limites des corps de troupes considérables, depuis le lac Baikal jusque vers la Pologne. Les Russes ont même fait construire dans la plupart de ces endroits, des lignes et des forts qui sont placés à peu de distance les uns des autres. Ces précautions sont nécessaires pour mettre cet empire à l'abri des incursions des Tartares, et tenir dans l'obéissance ceux que la Russie a subjugués. La plupart de ces Tartares sont vagabonds et vivent de pillage. Ils ont inquiété de tout temps les Russes dans cette partie de leur Empire. Malgré les lignes et les forts, ils pénètrent aisément en Russie, lorsqu'ils sont en force: ils pillent les villages pendant qu'on rassemble les troupes les plus à portée, et ils s'en retournent avec leur butin lorsqu'elles arrivent: aussi les déserts de la partie méridionale de la Russie, principalement de la Sibérie, sont les armes les plus formidables que les Russes puissent opposer à ces peuples: ces contrées n'étant pas habitées, les Tartares ne peuvent pas en piller les villages; la plupart n'osent avancer dans l'intérieur du pays, à cause des troupes considérables que les Russes entretiennent sur ces limites, et ces derniers tâchent de vivre en paix avec les autres.

Les Russes ont cependant de grands avantages sur ces Tartares, qui pour la plupart ne peuvent opposer que des flèches aux armes à feu des Russes. On trouve parmi ces peuples vagabonds, des nations qui ne connaissent pas même les armes à feu; mais tous ces Tartares sont guerriers et courageux. Un événement que j'ai su depuis mon retour à Paris, par M. le chevalier de Saint-Pierre,[54] atteste que quelques-uns ne connaissent pas les armes à feu; et il fait connaître en même temps l'espèce d'hommes que les Russes ont dans leur voisinage. Un gros détachement de ces Tartares s'approcha, il y a quelques années, des lignes de Sibérie; le commandant d'un des forts russes les ayant aperçus, et ignorant l'intention de ces Tartares en troupe, leur fit savoir qu'il ferait faire feu sur eux, s'ils ne se retiraient. Ces Tartares s'assemblent, et après avoir tenu conseil, ils envoient prier le commandant d'ordonner qu'on fît feu; on le fît. Plusieurs d'eux ayant été tués par une canonnade, ils s'éloignèrent un peu, tinrent un nouveau conseil, et envoyèrent prier de

Ivanovitch Kropotov à Pékin en 1767, avec la réouverture de la frontière en 1768. Au XIXe siècle, la population russe en Sibérie augmentera considérablement et l'Amour deviendra un axe de communication important. Le comte Nikolaï Nikolaevitch Mouraviev, nommé gouverneur général de Sibérie orientale en 1847, profitera de la situation désespérée de la Chine, en guerre avec l'Angleterre et la France, et aux prises avec une insurrection: par le traité d'Aïgoun, en 1858, la Chine cédera à la Russie la rive gauche de l'Amour et, en 1860, par le traité de Pékin, la région de l'Oussouri.

54. Le chevalier de Saint-Pierre (1737-1814) n'avait pas encore écrit les œuvres qui le rendront célèbre sous le nom de Bernardin de Saint-Pierre. L'anecdote sur les Tatars rapportée par Chappe se trouve dans son *Voyage en Russie* (Bernardin de Saint-Pierre, 1833, i.21-22). Sur la date à laquelle il a pu faire la connaissance de Chappe, voir l'Introduction, n.234.

nouveau le commandant de faire feu: ils s'éloignèrent encore, et ne décampèrent qu'à la troisième canonnade. Cet événement suppose un peuple qu'il serait dangereux pour la Russie d'instruire dans l'art militaire.[55]

La révolution arrivée chez les Calmouks Zongores*,[56] nous donne encore une idée de ces peuples. Cette nation était devenue si puissante sous le règne de Kaldan-Tcherin leur kan, que les Chinois et les Russes redoutaient également ce prince. Il mourut en 1746; sa mort excita une guerre civile entre ses successeurs, qui entraîna la ruine de cette nation. Les Chinois l'affaiblirent d'abord en favorisant tour à tour chacun des prétendants; et après une guerre de dix ans, ils accablèrent le nouveau kan, en 1757, et détruisirent ses sujets, dont le reste infortuné, au nombre de vingt mille familles, se sauva sur le Volga, sous la protection de la Russie†.

Plusieurs autres branches des Calmouks habitent encore dans cette partie de l'Asie. Ils ont conservé le courage et la bravoure qu'ils avaient du temps de Gengis-kan et de ses successeurs. C'est avec ces peuples que ces princes firent tant de conquêtes et donnèrent la loi à l'Asie. Les Mongales situés entre la Chine et la Sibérie descendent des mêmes Tartares, et ils ne sont pas moins courageux. La plupart dépendent de la Chine; ils sont parfaitement aguerris. Les Chinois font la guerre avec ces nations belliqueuses‡. Aussi le dernier kan s'étant retiré en Sibérie, où il mourut,[57] l'empereur de la Chine le réclama si vivement, que les Russes, après avoir fait beaucoup de difficultés, furent obligés de transporter le corps de ce prince sur les frontières de la Chine; les Chinois prétendaient pouvoir s'assurer par ce moyen de la vérité de la mort de ce kan, qu'ils redoutaient encore.

Les peuples russes qui habitent vers le midi de la Sibérie, quoique subjugués, sont cependant les plus enclins à la révolte. J'ai été à portée de m'en assurer, ayant suivi cette route à mon retour de Tobolsk à Saint-Pétersbourg.

---

* Suivant quelques auteurs, Calmuczs Zungores, Kalmouks; ou Calmouques Dsongares.
† On donne ailleurs le détail de ce singulier événement, qui fait mieux connaître cette nation.
‡ Il faut bien distinguer ces peuples des Chinois; ces derniers forment de mauvaises troupes, suivant différents auteurs.

---

55. Vockerodt avait exprimé le même avis: 'Quelques-uns', écrivait-il, 'croient que la Russie agit contre ses propres intérêts en enseignant à ces gens-là l'art de la guerre, parce qu'ils haïssent cruellement les Russes, et ne demanderaient pas mieux que d'avoir une occasion favorable pour se soustraire de la tyrannie qu'on exerce sur eux' (Vockerodt, 1999, p.1082-83).
56. C'est-à-dire les Dzoungar(e)s ou Djoungar(e)s. Au sens propre, le terme désigne, dans l'armée mongole, ceux de l'aile gauche, c'est-à-dire de l'est. Sur les Kalmouks ou Oïrats, Mongols occidentaux, voir ci-dessus, ch.9, n.16.
57. Le nouveau khan, Amursana, se réfugia en 1757 à Tobolsk, où il mourut en 1758.

[9]. *De la population, du commerce, de la marine...*

On voit par ce détail de l'intérieur de la Russie, que le souverain est obligé d'avoir perpétuellement un corps considérable de troupes pour tenir ses sujets dans l'obéissance, et pour mettre cet empire à l'abri des incursions des Tartares: c'est ce corps qu'on appelle armée de gouvernement; il se monte à cent mille hommes environ*: ces troupes n'ont point d'autre destination; elles ne font jamais la guerre autre part, non seulement parce qu'il serait trop dangereux de dégarnir les provinces et les limites, mais encore parce que ces troupes étant dispersées dans cet empire de près de 2 000 lieues, sur 500 environ de large, il n'est pas possible de les faire mouvoir, ni de les rassembler. Dans certaines circonstances, elles arriveraient au rendez-vous lorsque la guerre serait terminée; car les chemins sont presque toujours impraticables pendant l'été; on ne trouve pas toujours des ponts, même sur la route de Saint-Pétersbourg à Tobolsk, qui est très fréquentée; aussi ne voyage-t-on que pendant l'hiver en traîneau; et quoique je n'eusse que trois personnes avec moi lorsque je voyageais dans ce pays, je ne trouvais pas toujours dans les villages le nombre de chevaux qui m'étaient nécessaires pour continuer ma route. Ce sont ces difficultés locales et l'étendue de cet empire, qui sont cause que la Russie ne peut faire un autre usage des troupes de gouvernement. Elles ne sont ni aguerries, ni disciplinées; aussi les Russes n'en font-ils aucun cas. Elles sont très mal entretenues, leur paye n'est environ que la moitié de celle des troupes de campagne. Les soldats n'ont par conséquent que onze deniers environ par jour, argent de France; mais on leur distribue chaque mois, ainsi qu'à ceux de campagne, deux boisseaux de farine et un boisseau de gruau par tête. Ce corps de troupes, de près de cent mille hommes, ne coûte, en argent à la Russie, qu'un million cent soixante mille roubles, ou cinq millions huit cent mille livres, argent de France; parce que ces peuples sont obligés de fournir en nature les denrées nécessaires pour les faire subsister. Cet impôt, indépendant de la capitation et des autres droits†, procure à la Russie les moyens d'avoir un corps considérable de troupes, les peuples fournissant les mêmes denrées aux troupes de campagne, depuis l'écrivain du commissaire jusqu'au denschik (domestique des officiers). Aussi on envoie en garnison les troupes de campagne dans les provinces les plus fertiles. Par cette administration, l'état militaire de Russie, de terre et de mer, quoique de trois cent trente mille hommes, ne coûte cependant que six millions quatre cent mille roubles environ,[58] ou trente-deux millions trois cent mille livres, argent de France‡.

---

* Voyez p.477.
† Voyez p.469.
‡ Pour déterminer la dépense des troupes, j'ai pris dans les états de dépense du militaire, celle d'un régiment. On verra par les détails suivants, que les moyens dont j'ai fait usage, sont suffisants pour constater le degré de précision dont j'ai besoin dans mes résultats.

---

58. En 1757, d'après le mémoire *De la Russie* (f.26r), les dépenses pour l'entretien de toutes les troupes, y compris les troupes de garnison et les troupes irrégulières, ne se seraient

État de dépense annuelle d'un régiment complet de trente[59] bataillons, composé de douze compagnies de fusiliers, et de deux de grenadiers. On comprend dans cet état les places de fourrages qu'on paye toujours en argent.[60]

RANGS.	Nombres.	Appointements de chaque Officier & Soldat, y compris le décompte des medicaments.		Dépense annuelle.		Place de Fourrage par mois.	Place de Fourrage pour six mois de l'année.	En argent à 90 Kopecks par place de fourrage.		Nombre des Valets d'Officiers.	Appointements & Fourrage en argent pour toute l'année.		Appointements, en argent de France, Pour toute l'année.	
		Rou.	Ko.	Rou.	Ko.			Ro.	Ko.		Rou.	Ko.	Liv.	Sou.
Grand Etat-Major														
Colonel	1	585	0	585	0	17	102	91	80	6	676	80	3384	0
Lieutenant Colonel	1	351	0	351	0	11	66	59	40	4	410	40	2050	0
Major	1	286	20	286	20	11	66	59	40	4	345	40	1727	0
Aides-Major	2	175	50	351	0	16	96	86	40	4	437	40	2187	0
Chacun d'eux a une Compagnie														
Petit Etat-Major														
Quartier-Maître	1	117	0	117	0	4	24	21	60	1	138	60	693	0
Adjudants	2	117	0	234	0	8	48	43	20	2	277	20	1386	0
Equipage-Maître	1	58	50	58	50	2	12	10	80	1	69	30	346	10
Auditeur	1	81	90	81	90	3	18	16	20	1	98	10	490	10
Commissaire	1	81	90	81	90	4	24	21	60	1	103	50	517	10
Aumônier	1	64	35	64	35	3	18	16	20	0	80	55	402	15
Chirurgien	1	175	50	175	50	3	18	16	20	0	191	70	958	10
Maître Ecrivain	1	49	0	49	0	2	12	10	80	0	59	80	299	0
Sous-Chirurgiens	2	117	0	234	0	0	0	0	0	0	234	0	1170	0
Tambour-Major	1	6	57	6	57	0	0	0	0	0	6	57	32	17
Prévôt	1	7	57	7	57	0	0	0	0	0	7	57	37	17
Ecrivain du Commissaire	1	24	49	24	49	1	6	5	40	0	29	89	149	9
Ecrivain pour les Vivres	1	24	49	24	49	1	6	5	40	0	29	89	149	9
Maître de Chapelle	1	42	1	42	1	0	6	0	0	0	42	1	210	1
Musiciens & Chantres	6	6	57	39	42	0	0	0	0	0	39	42	197	2
Sous-Prévôt	2	6	57	13	14	0	0	0	0	0	13	14	65	14

(continued)

élevées qu'à 4 millions de roubles. En 1767, en revanche, selon la *Description politique de la Russie*, les dépenses militaires auraient atteint plus de 8 740 000 ou 8 790 000 roubles (AAE, M. & D. Russie, t.xii, f.322v; t.xi, f.104v).

59. Lapsus pour 'trois'.

60. Pour la composition d'un régiment d'infanterie, le manuscrit *De la Russie* (f.33v-34r) donne les mêmes chiffres que Chappe, et dans le même ordre, à quelques variantes près, minimes. Il arrive à un total de 2 618 hommes. Il donne exactement les mêmes chiffres pour les soldes des personnels (f.35v-36v). Ce mémoire (ou un exemplaire semblable) est peut-être l'un des 'différents états' que l'abbé a eus entre les mains. Les soldes sont à peine supérieures trente ans plus tard selon Chantreau, 1794, i.204-205. En revanche, dans la *Description politique de la Russie*, elles sont plus élevées: un colonel d'état-major gagne 600 roubles, les appointements d'un capitaine varient de 247 à 304 roubles suivant l'arme à laquelle il appartient, ceux d'un barbier sont de 10 1/2 à 12 roubles. Les emplois des étrangers sont valorisés comme dans le tableau de Chappe ou du manuscrit *De la Russie:* un maréchal et un serrurier allemands gagnent 64 roubles (AAE, M. & D. Russie, t.xi, f.119r-120v). Selon Beskrovny, en 1769, un régiment d'infanterie se composait de deux bataillons de douze compagnies (deux de grenadiers et dix de mousquetaires) dont les effectifs (2093 hommes) étaient inférieurs à ceux de Chappe, même en retranchant les non-combattants (*Otcherki istorii SSSR*, 1956, p.312). Ce chiffre de 2093 hommes est confirmé par Chantreau, 1794, i.204. Mais le mémoire 'Les forces militaires de la Russie en 1769' ne fait état que de 1887 hommes pour un régiment d'infanterie, même 'sur le pied complet' (AAE, M. & D. Russie, t.xiv, f.34r).

RANGS.	Nombres.	Appointements de chaque Officier & Soldat, y compris le décompte des medicaments.	Dépense annuelle.	Place de Fourrage par mois.	Place de Fourrage pour six mois de l'année.	En argent à 90 Kopecks par place de fourrage.	Nombre des Valets d'Officiers.	Appointements & Fourrage en argent pour toute l'année.	Appointements, en argent de France, Pour toute l'année.
Capitaines	12	175 50	2106 0	5	360	324 0		2430 0	12150 0
Lieutenants	16	117 0	1872 0	4	384	345 60	16	2217 60	11088 0
Sous-Lieutenants	30	81 90	2457 0	3	540	486 0	30	2943 0	14715 0
Enseignes	12	81 90	982 80	3	216	194 40	12	1177 20	5886 0
Sergents	32	9 81	313 92	0	0	0 0	0	313 92	1569 12
Capitaines d'Armes	16	9 48	151 68	0	0	0 0	0	151 68	758 8
Porte-Enseignes	6	9 10	54 63	0	0	0 0	0	54 63	273 3
Fourriers	14	9 10	127 47	0	0	0 0	0	127 47	637 7
Caporaux	64	7 57	484 80	0	0	0 0	0	484 80	2424 0
Ecrivain de Compagnie	14	7 57	106 5	0	0	0 0	0	106 5	530 5
Barbiers	14	6 57	91 98	0	0	0 0	0	91 98	459 18
Tambours	40	4 7	162 80	0	0	0 0	0	162 80	814 0
Fifres	4	6 57	16 28	0	0	0 0	0	26 28	131 8
Grenadiers & Fusiliers	2128	6 57	13980 96	0	0	0 0	0	13980 96	69904 16
Serrurier étranger	1	59 10	59 10	0	0	0 0	0	59 10	295 10
Serruriers	2	6 57	13 14	0	0	0 0	0	13 14	65 14
Maréchal étranger	1	59 10	59 10	0	0	0 0	0	59 10	295 10
Maréchaux	5	6 57	32 85	0	0	0 0	0	32 85	164 5
Charpentiers	14	6 57	91 98	0	0	0 0	0	91 98	459 18
Valets d'équipages	71	7 2	498 42	0	0	0 0	0	498 42	2492 2
Valets d'Officiers, ou Denschik	106	6 30	667 80	0	0	0 0	0	667 80	3339 0
Valets d'Artillerie	6	7 2	42 12	0	0	0 0	0	42 12	210 12
TOTAL	2367	3069 18	27209 92	101	2016	1814 40	106	29024 32	145121 0

On ne comprend point dans cet état, la retenue des médicaments, ni des hôpitaux; les médicaments ne sont d'aucune dépense pour le souverain. Voyez page 471.

D'après cet état, le soldat n'a que 32 livres 17 sous, argent de France, par an, ou un sou dix deniers environ par jour; mais on lui donne en outre chaque mois, ainsi qu'à chaque bas officier, depuis l'écrivain du commissaire jusqu'au denschik, deux boisseaux de farine, et un boisseau de gruau par tête; mais cette dépense ne regarde pas le souverain; ce sont les sujets qui fournissent ces denrées en nature, principalement ceux qui ne payent point de capitation; et c'est par cette raison qu'on distribue les troupes dans les provinces les plus fertiles, et dans celles qui ne payent pas de capitation. Le souverain paye encore au soldat son habit, et tout ce qui lui est nécessaire pour l'équiper depuis les pieds jusqu'à la tête. Cet objet se monte à 12 roubles environ, ou 60 livres argent de France. Cette somme est prise sur la retenue annuelle des appointements de chaque soldat, qui devraient être de 10 roubles 98 kopecks par an, ou de 54 livres 18 sous argent de France, et dont il ne touche que 6 roubles 57 kopecks; mais l'état de dépense est toujours en argent pour chaque soldat de 10 roubles 98 kopecks, ou 4 roubles 41 kopecks de plus que je ne l'ai supposé dans l'état ci-dessus; de façon qu'il faut augmenter la dépense d'un régiment de 10 293 roubles environ, ou de 51 465 livres argent de France, et alors la dépense totale d'un régiment revient à 39 317 roubles, ou à 196 585 livres argent de France.

Il est fort aisé d'après ce détail d'avoir une idée assez exacte de la dépense des troupes de Russie, par le moyen de l'état que j'ai rapporté, page 475. Voici le calcul que j'en ai fait.

[Quarante-six] régiments d'infanterie faisant un corps de 121 302 hommes à 39 317 roubles le régiment, coûtent 1 887 216 roubles, ou 9 436 080 livres argent de France.

La dépense d'un régiment de cavalerie est plus grande que celle d'un régiment d'infanterie, de 2 630 roubles, ou d'environ un douzième. Cette augmentation paraîtra modique; mais il faut faire attention que les sujets fournissent les fourrages, ainsi que les

Suivant les états que j'ai eus entre les mains, les dépenses de la cour en argent, ne passent pas deux millions de roubles,[61] en comprenant dans cette somme l'entretien du corps des cadets, les académies et les ministres dans les cours étrangères; de manière que ces différentes dépenses et celui du militaire ne vont qu'à 8 400 000 roubles environ,[62] ou quarante-deux

denrées, en nature, et que les chevaux étant pris dans le pays, coûtent très peu. Ainsi un régiment de cavalerie coûte en argent 41 947 roubles, ou 209 735 livres argent de France; et les quarante régiments, formant un corps de 63 316 hommes, coûtent 1 677 880 roubles, ou 8 389 400 livres, argent de France.

La garde de l'impératrice est composée d'un corps de seize mille trois cent quatre-vingts hommes; ce corps contient à peu près autant d'hommes que six régiments d'infanterie ou de cavalerie. On sait que les régiments des gardes coûtent beaucoup plus que les autres. Je supposerai cependant que la paye de ces troupes est la même que celle de la cavalerie ou de 41 947 roubles; alors les gardes de l'impératrice faisant un corps de troupes égal à six régiments, doivent coûter par an 251 682 roubles, ou 1 258 410 livres argent de France. Cette dépense est la plus petite qu'on puisse supposer, non seulement à cause que l'entretien de ces troupes est beaucoup plus cher que celui de toutes les autres, mais encore parce que la plupart de ces régiments ont une paie double de celle des autres. Mais comme je me propose d'examiner si la Russie est en état d'entretenir le nombre considérable des troupes qu'elle a sur pied, je dois plutôt tenir l'état de dépense un peu au-dessous que trop grand. Pour peu qu'on s'écartât de ce principe, l'état militaire absorberait la plus grande partie du revenu de la Russie.

Le corps du génie, des mineurs, de l'artillerie et des bombardiers est composé de 10 960 hommes, qui égalent le nombre de quatre régiments d'infanterie; et en faisant le même calcul que pour les troupes de la garde de l'impératrice, ce corps doit coûter 167 788 roubles. Je l'ai trouvé dans mes états de 300 000 roubles, ou de 1 500 000 livres argent de France. Je le supposerai de même. On trouve d'après ces différents calculs les résultats suivants.

Dépense des troupes de campagne

	Hommes.	Roubles.	Argent de Fr.
Maison de l'Impératrice	16 380	251 682	1 258 410
Infanterie	121 302	1 887 216	9 436 080
Cavalerie	63 316	1 677 880	8 389 400
Génie, Artillerie, &c	10 960	300 000	1 500 000
Total	211 958	4 116 778	20 583 890

(continued)

61. En 1757, d'après *De la Russie* (f.26r), les dépenses de la Cour ne s'élevaient qu'à un million de roubles, à quoi il fallait ajouter les dépenses pour le grand-duc (250 000 roubles); en y comprenant comme le fait Chappe les dépenses pour le corps des cadets (65 000 roubles), pour l'Académie et les universités (53 200 roubles) et les ministres des cours étrangères (150 000 roubles), on arrive effectivement à un total de moins de deux millions de roubles. Dix ans plus tard, les chiffres sont un peu plus élevés selon la *Description politique de la Russie*: 1 220 000 roubles pour les dépenses de la Cour (AAE, M. & D. Russie, t.xi, f.104r; t.xii, f.322v); quant aux dépenses pour les académies et les nouveaux établissements, elles se seraient montées soit à 251 000 roubles (t. xi, f.107r), soit à 942 000 roubles! (t.xii, f.322v).

62. En 1757, les dépenses de l'État ne se seraient montées qu'à un peu plus de 7 260 000 roubles (*De la Russie*, f.26r). En 1767, ce total aurait été nettement supérieur: près de

millions argent de France, et ayant supposé (page 469), le revenu de la Russie de treize millions quatre cent mille roubles, il reste cinq millions de roubles environ, ou 15 millions argent de France pour les autres dépenses qui sont considérables*. D'après ces observations, il n'est

	Hommes.	Roubles.	Argent de Fr.
La paie des Troupes de Gouvernement est bien différente de celle des Troupes de Campagne. La dépense d'un de ces Régiments ne revient qu'à la moitié environ de celle d'un Régiment de Campagne du même nombre d'hommes. J'ai trouvé dans l'état que j'avais, la dépense de l'armée de Gouvernement ou de Milice composée de	99 266	1 161 155	5 805 775
L'armée de Campagne,	211 958	4 116 778	20 583 890
Total de l'armée de Terre & de sa dépense,	311 224	5 277 933	26 389 665
La Flotte, le Canal de Cronstat, les Officiers & les Matelots faisant un Corps de	20 239	1 200 000	6 000 000
Total des Troupes de Terre, de Mer, & de leur dépense en argent,	331 463	6 477 933	32 389 665

* Il ne m'a pas été possible de donner le détail de ces nouvelles dépenses, faute de mémoires sur cette partie; mais l'exposition des objets qu'elles regardent, suffira pour nous en donner une idée, et jettera un nouveau jour sur tout ce qui a été dit.

1°. Je n'ai pas compris dans la dépense des troupes les appointements des officiers généraux. Ceux du feld-maréchal sont de 8 140 roubles, ou de 40 600 livres argent de France, et ceux des autres officiers à proportion. On ne trouve pas dans cet état les récompenses qu'on donne aux militaires, soit en pension, ou en leur accordant un certain nombre de paysans de la Couronne, ainsi que cela se pratique souvent; et j'observerai que cette dernière façon de récompenser est la plus coûteuse à l'Etat, parce que ce nombre de paysans ne rentre plus dans les biens de la Couronne, au lieu que les pensions ne sont que viagères.

2°. Les armes et les munitions pour toutes ces troupes: cette dépense est sans doute considérable, mais bien inférieure à celle qu'on fait partout ailleurs dans ce genre, parce que ce peuple étant esclave, la main-d'œuvre est à vil prix.

3°. L'entretien des bâtiments publics, de la cour, et quantité de dépenses extraordinaires de la cour et du souverain.[63]

4°. Les ministres qui résident auprès du souverain, le grand chancelier, le vice-chancelier, le grand-maître de la maison impériale, le grand-trésorier et le grand-écuyer.

---

13 700 000 roubles (AAE, M. & D. Russie, t.xii, f.322*v*), voire près de 13 800 000 roubles (t.xi, f.107*v*).

63. Les dépenses extraordinaires de l'impératrice, en 1767, se seraient montées à plus de 15 200 000 roubles, et les réserves sur les revenus ne se seraient élevées qu'à environ 10 600 000 roubles (AAE, M. & D. Russie, t.xi, f.110*v*-111*r*). Les moyens de pourvoir à l'excédent étaient: 1) deux millions de roubles d'arrérages dus au clergé en 1764, dont l'impératrice s'est emparée en réunissant les paysans au domaine; 2) près de 2 900 000 roubles d'épargnes qu'elle a faites sur l'état ordinaire de ses troupes (t.xii, f.323*r*).

pas vraisemblable que la Russie puisse subvenir avec un revenu aussi modique aux dépenses de nécessité absolue, et entretenir un corps de troupes de trois cent trente mille hommes:[65] quoique convaincu de cette vérité, je supposerai le fait contraire; c'est-à-dire que cette puissance

---

5°. Le conseil de guerre, composé de quatre feld-maréchaux, de deux généraux d'artillerie, et de douze lieutenants-généraux. Ce conseil a soin de l'entretien de l'armée, et de l'avancement des officiers jusqu'au grade de lieutenant-colonel. Il a sous lui la chancellerie de l'artillerie, le commissariat de la guerre, la caisse militaire, la chancellerie pour les habillements, la chancellerie pour les vivres, celle des comptes, et le comptoir du Collège de la guerre établi à Moscou.

6°. Le Collège de l'amirauté, qui prend soin de toutes les affaires qui regardent la marine. Il a l'inspection de toutes les forêts et des bois situés sur les grandes rivières. Il a sous lui 1°. le commissaire général de la marine, chargé du paiement de tout ce qui a rapport à cet objet, comme des vivres et de la caisse. 2°. le comptoir d'équipage établi pour avoir soin des magasins et de toutes les choses nécessaires à l'équipement des vaisseaux. 3°. le comptoir de la construction des vaisseaux et de tous les matériaux qui ont rapport à cet objet. 4°. le comptoir de l'artillerie et de la marine.

7°. Le Collège des affaires étrangères, dont l'objet est l'expédition des affaires secrètes, le paiement des ministres dans les cours étrangères, les pensions et les gratifications qu'on donne à ces ministres, aux officiers et autres personnes. Ce Collège règle aussi toutes les affaires hors de l'Etat. Il a à Moscou un comptoir chargé de la recette et de l'envoi des sommes qui lui sont assignées.

8°. Deux Collèges de justice, l'un à Saint-Pétersbourg, et l'autre à Moscou. Ils ont l'administration de la justice. Pierre Ier établit qu'ils n'auraient point d'épices, et il assigna aux juges et aux greffiers des appointements sur le Trésor public*. Le Sénat, au contraire, n'a point d'appointements.

9°. Le Collège des finances. Il a soin de la recette des revenus publics, à l'exception de la capitation et des salines. Il y a actuellement un comptoir à Saint-Pétersbourg qui administre les revenus des provinces conquises; tous les autres départements sont à Moscou. Je ne comprends pas dans la finance la multitude des employés chargés de la recette des revenus, des péages, de la douane, des salines, etc. Tous ces employés ne coûtent rien à l'Etat, parce qu'ils sont payés par les fermiers, qu'on appelle *otkoupckiki*.[64]

10°. Le comptoir d'Etat qui dirige la dépense des sommes publiques, et qui donne les ordonnances au Collège des finances; les chambres des rentes établies à Saint-Pétersbourg, ne paient que sur ces ordonnances.

11°. Le Collège de révision, qui reçoit les comptes de tous les autres collèges, et les examine.

12°. Le Collège du commerce. Il a pour objet les mines, les manufactures, les douanes maritimes, le péage dans les ports; et il règle toutes les disputes entre les marchands.

13°. Le comptoir du sel dirige les revenus des salines, et reçoit l'argent de ce qui entre dans les coffres de l'impératrice: il paraît que ces deux articles [XII et XIII] ne sont pas payés sur le Trésor royal.

14°. Les différentes chancelleries distribuées dans ce vaste empire, et tous les gouverneurs et autres employés militaires qui reçoivent leurs appointements des chancelleries de leurs provinces, ainsi qu'une infinité d'autres employés de la cour.

On conçoit aisément d'après le tableau, de la multitude d'employés nécessaires pour l'administration de tous ces Collèges, que les revenus de la Russie ne seraient pas suffisants, à beaucoup près, pour subvenir à toutes ces dépenses, si elles étaient prises en entier sur les revenus de l'Etat. Il sera aisé d'éclaircir par la suite cette matière; je l'aurais pu pendant

* Voltaire, tome II, p.223.

---

64. *Otkoupchtchiki*.

65. Signets de Voltaire pour les pages 272-73, 274-75, 276-77 de l'éd. originale, éd. présente, p.488-91 (*CN*, i.489).

peut entretenir ce corps de troupes, et faire face à toutes les autres dépenses nécessaires à l'administration de ce vaste empire; mais au moins est-il bien constant et démontré que la Russie n'entretient ses troupes de gouvernement et de campagne, en temps de paix, que parce qu'elles exigent peu de dépense en argent, et que les peuples fournissent en nature les denrées nécessaires à leur subsistance, et les fourrages pour la cavalerie, pourvu qu'on envoie la plus grande partie de ces troupes dans les provinces les plus fertiles: mais toutes ces facilités disparaissent en temps de guerre, parce qu'il n'est pas possible de transporter les denrées et les fourrages au-dehors de ce vaste empire; et la Russie étant, par la modicité de ses revenus, hors d'état de faire des dépenses extraordinaires; il est de la plus grande évidence que cette puissance ne peut pas entretenir sur ses revenus, un corps d'armée hors de ses Etats. Cette vérité est connue de tous ceux qui sont un peu instruits de l'état de la Russie; mais il était nécessaire d'examiner les principes sur lesquels elle est fondée.

En supposant à la Russie trois cent trente mille hommes de terre et de mer, deux cent dix mille hommes environ forment l'armée de campagne[*], seize mille hommes de ces troupes sont destinées à la garde du souverain, et le reste de l'armée est de cent quatre-vingt-quatorze mille hommes. On emploie un grand nombre de ces troupes à garder les criminels, à les conduire aux mines. Le nombre des soldats détachés des régiments, est considérable en Russie, ainsi que le non-complet. Dans les Mémoires que j'ai eus, on fait monter le non-complet à 700 hommes par chaque régiment composé de 2 637 hommes,[66] les causes suivantes se réunissent pour le rendre énorme en Russie. Le Collège de la guerre profite d'une partie du non-complet. Les provinces d'où l'on fait venir les recrues sont très éloignées, et on les rassemble difficilement, parce que les chemins sont presque impraticables: les Russes ont la plus grande répugnance pour le militaire; ce qui est cause qu'une grande partie désertent,[67] et beaucoup

---

mon séjour en Russie, si j'avais eu en ordre le tableau de cette administration, tel que je le présente ici; mais il était nécessaire d'en recueillir d'abord les matériaux, et ce n'était pas un petit travail. Au reste, il est constant que les dépenses qui concernent le militaire, sont prises sur le Trésor royal, ainsi que les appointements d'une partie des Collèges. Or cinq millions de roubles[**] sont un revenu bien modique pour subvenir aux seules dépenses qui concernent le militaire; quoique dans les parties qui ont rapport à la construction des armes, des munitions et de la marine, l'esclavage fournisse à la Russie des moyens d'employer à vil prix une multitude de bras à ces différents objets.

[**] Page 487.
[*] Voyez p.476-77.

---

66. En 1769, pour les 63 régiments d'infanterie de 1887 hommes chacun (118 881 hommes au total), le non complet était de 27 872 hommes selon les M. & D. Russie, t.xiv, f.37r. Par régiment, le non complet aurait donc été de 442 hommes. Les chiffres sont inférieurs à ceux de Chappe, la proportion du non complet aussi (23,4% contre 26,5%).

67. Bernardin de Saint-Pierre (1833, i.26) dira le contraire. Mais G. Romme et Sémione Romanovitch Vorontsov lui-même témoignent des désertions qui touchent l'armée russe dans ses campagnes à l'étranger (Tchoudinov, 1999, p.736 et 744).

meurent de fatigue avant d'arriver au régiment; ces recrues en sont souvent éloignées de sept à huit cents lieues et quelquefois plus. J'ai vu dans l'intérieur du pays, la répugnance des Russes pour le militaire; j'ai suivi pendant quelque temps un de ces détachements à mon retour de Tobolsk à Saint-Pétersbourg; après l'avoir quitté en entrant dans quelque ville, où je m'arrêtais sept à huit jours, je le rejoignais souvent dès le lendemain de mon départ[*]; et j'ai su par l'officier russe qui conduisait ce détachement, que la désertion était si considérable, qu'il ne se flattait pas d'en conduire la moitié à Saint-Pétersbourg, quoiqu'il prît sur la route des troupes disciplinées pour empêcher la désertion. Le désespoir était peint sur le visage de chaque soldat; cette recrue[68] ressemblait à une troupe de malheureux que l'on conduisait aux galères.[69] La désertion est doublement funeste à la Russie: non seulement elle perd des soldats; mais ces déserteurs ne pouvant plus paraître dans les habitations, parce qu'ils y seraient arrêtés, ils forment des bandes de brigands qui désolent le pays; et ce n'est pas sur des ouï-dire que je rapporte ce fait, je fus obligé de prendre une escorte, à mon retour de Tobolsk, pour traverser avec quelque sûreté ces provinces[†].

Supposant le non-complet de sept cents hommes par régiment, on trouve qu'il doit être au moins de soixante-quinze mille hommes dans l'armée de campagne, que j'ai déterminée de deux cent dix mille hommes; il en faut diminuer la garde de l'impératrice de seize mille hommes, garde qui reste toujours auprès d'elle. L'armée de campagne est alors réduite à cent vingt mille hommes environ;[70] mais il faut encore diminuer cette armée d'une multitude de personnes qui sont comprises, en Russie, dans l'état militaire de chaque régiment, quoiqu'elles ne se battent jamais. De ce nombre sont les fourriers, les écrivains, les barbiers, les serruriers, les maréchaux, les charpentiers, les valets d'équipages, d'officiers et d'artillerie, et différents autres employés[‡]. Ce nombre de personnes monte à plus de trois cents hommes par régiment, et à plus de trente mille hommes dans l'armée de campagne. Si l'on considère ensuite le grand nombre de soldats détachés des régiments, il est aisé de conclure que, quoique

---

* On verra dans la relation de mon retour de Tobolsk, les difficultés de voyager pendant l'été.

† Je rapporte ce détail dans la relation de mon retour de Tobolsk à Saint-Pétersbourg.

‡ Voyez l'état de la dépense d'un régiment, p.484.

---

68. Au sens ancien de 'recrutement de nouveaux soldats'.

69. En 1763, le Collège de la guerre prit des mesures afin que les recrues, lors de leur acheminement, 'ne meurent pas de faim, de froid et de maladie' (Beskrovny, cité par Tchoudinov, 1999, p.728-29). Sur la misère de ces recrues, victimes des économies faites sur leur transport, voir le témoignage de G. Romme (Tchoudinov, 1999, p.734).

70. C'est le chiffre donné en 1757 par *De la Russie* (f.32-33). Voir aussi ci-dessus, ch.9, n.48. En 1780, selon G. Romme, la Russie ne peut mettre en campagne qu'une armée de 105 000 hommes (Tchoudinov, 1999, p.750).

l'état militaire de Russie soit de trois cent trente mille hommes, en y comprenant les troupes de terre et de mer, cette puissance ne peut mettre en campagne qu'un corps d'armée de troupes réglées de soixante-dix à quatre-vingt mille hommes environ; et j'ai connu plusieurs officiers qui étaient convaincus qu'il ne passait jamais soixante mille combattants effectifs. En effet, dans la dernière guerre, l'état militaire de Russie de terre et de mer était dans l'état le plus brillant: on fit venir de l'intérieur de l'empire toutes les troupes qu'on put en tirer, afin d'envoyer en Allemagne une armée considérable. Cependant en examinant toutes les campagnes des Russes depuis 1757 jusqu'en 1761, on trouve que leurs armées n'étaient communément que de cent mille hommes, en ycomprenant les troupes irrégulières dont j'ai parlé, les ouvriers, les domestiques, et tous les autres employés que les Russes font entrer dans le nombre de leurs troupes*. Ce dernier corps se montait à plus de quinze

---

* L'armée du maréchal Appraxin était des plus brillantes à l'entrée de la campagne, en 1757. Elle était de cent vingt mille hommes, en y comprenant les troupes irrégulières et cette multitude de non-combattants dont j'ai parlé. Or quelque petit que l'on suppose le non-complet et le nombre des soldats détachés des régiments, on voit clairement que le nombre des troupes réglées n'était pas de quatre-vingt mille hommes, à beaucoup près.[71]

En 1758, l'impératrice ordonna de fortes recrues au commencement de l'année; elles devaient être de quatre-vingt mille hommes*. Le 3 mars de la même année, l'armée du général Fermer[72] était de soixante mille hommes ou environ**, en y comprenant les troupes légères et tous les valets et ouvriers, etc. Il attendait un nouveau corps commandé par M. Braun, qui le joignit proche de Kustrin.

Au commencement d'octobre, l'impératrice Elisabeth ordonna au général Butturlin[73] d'assembler un corps de troupes de quarante mille hommes, et il se mit en marche le

* *Gazette de France* du 18 mars 1758, article de Pétersbourg, p.129.
** *Ibid.* Du 18 mars 1758, article de Dantzick, p.142.

---

71. Selon *De la Russie* (f.33), l'armée d'Apraxine, à l'entrée de la campagne, n'était que de 80 000 et peut-être de 70 000 hommes. Schwan estime que les Russes ont perdu plus de 100 000 hommes pendant la guerre de Sept Ans, et qu'en temps de paix les pertes s'élèvent à un tiers par suite des mauvais traitements, de la nourriture, etc. (Schwan, 1764, p.125-27).

72. Le comte Vilim Vilimovitch Fermor (1702-1771) était le fils d'un Anglais. Il s'était illustré dans les guerres contre la Turquie et la Suède. En 1758, il devint commandant en chef de l'armée russe, après la destitution d'Apraxine (éd. présente, p.497). Il prit Königsberg et livra à Zorndorf, contre Frédéric II, une bataille sanglante et indécise. Ensuite, il se retira en Pologne et, comme le rappelle Chappe (éd. présente, p.498), dut laisser le commandement à Saltykov, sous les ordres de qui il servit. En 1762, il fut licencié de l'armée. Il devint l'année suivante gouverneur-général de Smolensk, et, en 1764, assistant au Sénat et président de la commission des impôts sur le sel et sur les vins. Franc-maçon, Fermor était membre d'une des loges de Pétersbourg.

73. Alexandre Borissovitch Boutourline (1694-1767), général et feld-maréchal. Il avait fait la campagne de Perse sous Pierre le Grand en 1722-1723 et participé à la guerre russo-turque de 1735-1739. Favori d'Elisabeth, il fut le commandant en chef de l'armée russe en 1760-1761, mais son indécision provoqua son rappel en Russie, où il fut nommé gouverneur de Moscou.

mille hommes. Celui des troupes irrégulières était encore plus grand, et alors le nombre de troupes régulières n'a jamais été que de soixante mille hommes environ, et souvent beaucoup au-dessous. Je l'ai trouvé plus grand par mes calculs, parce que j'ai supposé le militaire de Russie de trois cent trente mille hommes, tandis qu'il n'était en 1760 que de deux cent quatre-vingt-quatre mille, suivant l'état qui en fut publié par les Russes le 16 mars de la même année[*], dans un temps par conséquent où la Russie avait sur pied le plus grand nombre de troupes.

Une armée de Russes, quelque brillante qu'elle soit au commencement d'une campagne, diminue considérablement par les maladies. Ce fait paraîtra singulier, parce que les soldats russes sont communément plus robustes et plus vigoureux que ceux des autres nations:[77] ils couchent même sur la paille ou sur des planches, sans en être incommodés. D'ailleurs, il ne désertent pas à l'armée, soit qu'ils n'en aient pas la facilité, soit par principe de religion, soit qu'ils soient assez stupides pour aimer jusqu'à leur esclavage, soit qu'ils ne sachent où aller, ignorant les

---

20 octobre[***]; de façon que [avec] ce nouveau corps de troupes, quoique réuni avec celui du général Fermer, considérablement diminué par les maladies et l'affaire du 25 août,[74] l'armée de Russie ne passait pas soixante-dix mille hommes de troupes régulières.

En 1759, l'armée du général Fermer devait être de cent mille hommes effectifs, quand elle aurait reçu le renfort considérable qui était en marche dès le mois de janvier; il consistait en vingt bataillons et trente-deux compagnies de grenadiers[****]. On voit encore d'après tout ce qui a été dit, que cette armée rassemblée ne se montait qu'à soixante-dix mille combattants environ.[75]

En 1760, l'armée des Russes, aux ordres du maréchal Soltikoff,[76] se montait à cent vingt-trois mille hommes[*****], en y comprenant les troupes irrégulières, les non-combattants et le non-complet, et par conséquent on la doit supposer de soixante à soixante-dix mille hommes de troupes réglées, ainsi que dans les autres années. Celle de Butturlin était moins considérable en 1761.

[***] *Ibid.* Du 20 octobre 1798, article de Pétersbourg, p.573.

[****] *Gazette de France* du 3 mars 1759, article de Pétersbourg, p.97.

[*****] *Ibid.* Du 14 juin 1760, article de Dantzick, p.277.

[*] *Gazette de France* du 19 avril 1760. Article de Pétersbourg, p.181. Il est même vraisemblable que les troupes irrégulières sont comprises dans cet état militaire.

---

74. La bataille de Zorndorf, le 25 août 1758.

75. Elle comprenait 60 000 hommes de toutes armes, dont une bonne partie en arrière de la Vistule (Waddington, 1899, iii.117).

76. Piotr Saltykov (1700-1772), envoyé en France à l'âge de quatorze ans pour s'instruire dans la marine, devint sous Anna Ivanovna chambellan et général-major (1730), puis lieutenant général (1733). Il se distingua contre les Suédois, puis pendant la guerre de Sept Ans: en 1759, il écrasa à Kunersdorf l'armée prussienne commandée par Frédéric II, qui prétendit alors songer au suicide.

77. Olearius (1659, i.260) jugeait que les Russes étaient de 'fort bons soldats' dont les échecs étaient dus surtout à l'inexpérience des généraux. Pour Miège (1857, p.360) et Jubé (1992, p.191-92), les soldats russes sont particulièrement robustes parce qu'ils se sont endurcis dès l'enfance. Miège (1857, p.361) et Mayerberg (1858, ii.137), reconnaissent leur courage. Pour Bernardin de Saint-Pierre (1833, i.26), 'il n'y en a point qui résistent mieux aux fatigues de la guerre'.

langues étrangères, soit enfin qu'ils croient qu'on ne peut être heureux qu'au milieu des neiges de Russie. Cent soldats désertèrent à la vérité dans quelques jours du seul régiment d'Azow, en 1761; mais ces événements sont si rares, qu'on doit regarder comme nulle la désertion des soldats russes lorsqu'ils sont à l'armée.[78] Cependant le nombre des Russes qui périssaient par les armes dans la dernière guerre, réuni à ceux qui mouraient de maladie, était si grand, que j'ai connu plusieurs officiers de cette armée qui étaient convaincus que l'armée russe se renouvelait, pour ainsi dire, chaque année. La mortalité, qui a sa source dans les maladies qu'éprouvent les soldats, paraît principalement fondée sur les raisons suivantes. On a vu à l'article des mœurs et du climat, que le tempérament des Russes exige qu'ils prennent des bains de vapeurs deux fois par semaine*. Les officiers généraux et quelques autres militaires sont en état d'avoir les secours nécessaires pour prendre ces bains; mais il est impossible qu'une armée puisse en jouir: il serait même dangereux de les lui procurer si on en avait les moyens, parce que l'armée serait hors d'état de combattre deux fois par semaine. Or les soldats ne pouvant pas faire usage à l'armée des bains nécessaires à leur santé, il est tout simple qu'ils aient beaucoup de maladies, et qu'il en meure une grande quantité, parce que leurs hôpitaux sont si mal montés, qu'ils n'en méritent pas le nom. Dans les villes de Pétersbourg et de Moscou, on manque de médecins et de chirurgiens, à plus forte raison à l'armée.[79]

Le corps des officiers est peu instruit dans l'art de la guerre: cette science aussi vaste que compliquée, suppose une multitude de connaissances, dont elle est le résultat. La Russie possède à peine quelques personnes en état de les instruire des connaissances préliminaires†.[80]

Les Russes n'ont presque aucune idée de la tactique;[81] ils ignorent jusqu'au nom des Xénophon, des Hérodote, des Polybe, etc., et ils connaissent moins les grands généraux de ce siècle, par leurs travaux, que par la renommée qui en a publié les victoires. C'est cependant cet art

---

* Voyez p.293.
† Voyez l'article du progrès des sciences et des arts en Russie.

---

78. Selon Portal, 1990, p.120, la fuite des recrues avant l'incorporation se compliquait au contraire de 'désertions nombreuses'.

79. Voir ci-dessus ch.7, n.7. Le manuscrit *De la Russie* (f.31r) écrit qu'à l'armée 'on ignore totalement l'usage des hôpitaux', que les chirurgiens y sont 'très mauvais et en quelque façon nuls', et les malades 'sans secours d'aucune espèce'.

80. Sur l'inexpérience des officiers russes, voir par exemple Olearius (1659, i.260); La Neuville (1698, p.98). Mayerberg souligne qu'avec le système des préséances, au XVIIe siècle, le commandement des armées 'ne se donne pas au mérite, mais à la naissance' (1858, ii.134). On sait que Pierre le Grand avait modernisé l'armée et changé ses structures, chaque conscrit, serf ou noble, commençant au bas de l'échelle. Les victoires de la Russie sur la Suède avaient été le résultat de ces réformes.

81. Jugement trop catégorique (voir l'Introduction, p.67).

de savoir ranger une armée, et de la faire manœuvrer, qui décide le plus souvent du sort des batailles et des empires. Toute la tactique des Russes se réduit à ranger leur armée en croissant, en carré, en potence, quelquefois en triangle, et ils profitent rarement dans ces circonstances des avantages du terrain, parce que le plus souvent ils ne les connaissent pas. Quoique la plupart de leurs troupes de campagne soient parfaitement disciplinées, ils ne savent pas disposer l'ordre d'une marche. Ils placent les équipages qui sont immenses, entre la première et la seconde ligne, quelquefois pêle-mêle. Une partie de l'armée est occupée à conduire les chariots; la plupart des soldats y attachent leurs armes; il règne un si grand désordre dans la marche d'une armée russe, qu'elle ressemble à l'émigration d'un peuple. Les Russes connaissent peu l'usage des détachements en avant, des espions; leurs troupes irrégulières, formées pour veiller à la sûreté de leur marche, pour fouiller les endroits suspects, et aller à la découverte, s'occupent moins de ces différents objets, qu'à ravager et à piller les lieux par où elles passent[*]; aussi le maréchal Appraxin fut-il surpris dans sa marche en 1757. Le général Fermer campé proche Kustrin en 1756, ne fut pas averti assez à temps de l'arrivée du roi de Prusse, pour pouvoir disputer à ce monarque le passage de l'Oder. Soltikoff marchant en Silésie en 1759, fut surpris de même; les premiers régiments de son armée ayant voulu camper dans l'endroit qui leur avait été marqué, ils y furent attaqués aussitôt; le général était dans ce moment à la chasse. C'est peut-être par la même raison que les Russes, quoique vers la Silésie, allaient prendre tous les ans leurs quartiers d'hiver sur la Wistule à plus de quatre-vingts lieues de l'armée du roi de Prusse.

Les officiers n'ont aucune connaissance de la distribution des magasins, ni du détail des vivres. On distribue aux soldats de la farine, du gruau, un chariot pour douze hommes, et c'est à eux de s'arranger pour faire leur four et leur pain. Dans bien des cas la fatigue et la négligence des soldats sont cause qu'ils se nourrissent fort mal. La réunion de tous ces faits est la principale source de la lenteur des opérations militaires de leurs armées; elles forment des masses qu'on ne peut faire mouvoir.

Tous ces faits m'ont été confirmés par tous les officiers que j'ai consultés, et par des étrangers qui ont été à l'armée des Russes. Ils supposent, sans doute, un corps d'officiers peu instruits dans l'art de la guerre.[83]

---

[*] On m'a assuré cependant que sur la fin de la dernière guerre, le général Totleben,[82] étranger en Russie, avait discipliné une partie des troupes irrégulières. J'ai donné une idée de ces troupes, p.478.

---

82. Le comte Gottlieb-Heinrich Totleben (1710-1773), originaire de Saxe, était entré au service de la Russie sous Elisabeth. C'est sous son commandement, en 1760, que les troupes russes occupèrent Berlin, où elles détruisirent les fabriques d'armes et les poudreries.

83. Selon G. Romme, les officiers russes, ignorants, valent moins que les soldats et sont méprisés par leurs subalternes (Tchoudinov, 1999, p.736 et 744).

Le soldat russe étant forcé de servir,[84] n'est animé par aucun principe d'honneur,[85] ni de courage;[86] l'eau-de-vie, la crainte du châtiment, et l'amour de la vie, lui donnent cependant une espèce de bravoure dans certaines circonstances.

L'artillerie des Russes est très bien servie et toujours très nombreuse.[87] La cavalerie est principalement composée de régiments de dragons et de hussards; ils n'ont que six régiments de cuirassiers. Cette cavalerie est trop légère, pour soutenir le choc d'une cavalerie ordinaire; celle-ci culbutera toujours par sa seule masse la cavalerie russe. Leurs chevaux qu'ils tirent du pays, sont vigoureux et durs à la fatigue; ils vont d'une grande vitesse, mais ils sont si petits,[88] qu'ils succombent sous le poids des cavaliers. Après quelques mois de campagne, une grande partie de la cavalerie est à pied. On m'a cependant assuré que la Russie tirait quelquefois des chevaux du Holstein; et en effet elle est à portée d'en avoir de ce pays, ainsi que les autres puissances de l'Europe; mais la modicité de ses revenus ne lui permet pas cette nouvelle dépense*. Tout le monde convient que la cavalerie russe est la plus mauvaise qui soit en Europe;[89] il n'en est pas de même de l'infanterie[90] On écrivait il y a cent ans, qu'elle se battait bien,

---

* Voyez p.486 et suivantes.

---

84. Le soldat russe passait toute sa vie à l'armée. Ce n'est que dans la dernière décennie du XVIIIe siècle que la durée du service fut 'réduite' à vingt-cinq ans.

85. Perry, 1717, p.208, affirmait que l'honneur était chose inconnue aux Moscovites, qui n'avaient même pas de mot pour l'exprimer. Bernardin de Saint-Pierre (1833, i.24), le redira, bien que Strube de Piermont, qui savait le russe, ait très justement réfuté Perry (Strube de Piermont, 1978, p.150). Jubé estimait comme Chappe que ce n'est pas par des motifs d'honneur et de gloire que les Russes vont au combat (Jubé, 1992, p.192) Schwan affirme aussi que le point d'honneur ne détermine pas les actions des Russes, même élevés aux plus hautes dignités (Schwan, 1764, p.47). Custine, dans sa lettre cinquième, répétera ce lieu commun. Sur cette question, voir la mise au point récente d'André Berelowitch (Berelowitch, 1993).

86. Selon Schwan, 1766 (p.117-18), la bravoure des troupes russes dépend presque toujours de celle de leurs officiers: dans une nation née pour obéir, le soldat n'est qu'une machine; si on lui ôte son chef, il prend la fuite ou se fait tuer comme un animal.

87. L'artillerie russe avait connu un renforcement considérable dès le règne d'Alexis (Mayerberg, 1858, ii.133). Pour G. Romme, elle est l'arme la plus parfaite des Russes (Tchoudinov, 1999, p.739 et 744). Bernardin de Saint-Pierre (1833, i.26), pense même qu'elle surpasse celle des Allemands.

88. La petite taille des cavaliers russes, d'origine tatare, a été observée par Margeret (1983, p.80-81) et par Miège (1857, p.304), qui les jugeaient eux aussi robustes.

89. Margeret (1983, p.79), soulignait déjà que la cavalerie russe n'était qu'un grand nombre de gens mal montés, sans ordre, sans cœur et sans discipline, dont souvent le nombre fait plus de dommage que de bien à l'armée'. Bernardin de Saint-Pierre (1833, i.27), considère aussi que la cavalerie russe est 'mauvaise'. G. Romme montre qu'elle est 'sur un pied beaucoup plus mauvais que l'infanterie' (Tchoudinov, 1999, p.740-41 et 748).

90. L'infanterie russe, selon Margeret (1983, p.77, 81), était composée de gens d'élite, surtout les 'arquebusiers' (les *streltsy*), qu'il considérait comme la 'meilleure infanterie'. Mayerberg (1858, ii.133-34), soulignait le rôle primordial dévolu à l'infanterie sous Alexis. Selon Buchet (1717, p.123-26), l'infanterie russe pouvait devenir la meilleure du monde: 1) grâce à l'endurance des Russes, dont les bains, en hiver, sont suivis de plongeons dans les

pourvu qu'elle eût au-devant d'elle des fossés ou des palissades,[91] afin de pouvoir attendre à couvert l'ennemi; qu'elle prenait lâchement la fuite, et que si elle ne voyait pas de lieu de défense.[92] Il est remarquable que tout cela est encore aujourd'hui de la plus exacte vérité, quoique ces troupes soient mieux disciplinées. Si les Russes voient une fuite ouverte aisée, ils ne songent qu'à fuir, mais s'ils sont enfermés et s'ils défendent leur vie, ils deviennent redoutables. Le Russe ne combat jamais pour l'honneur, mais pour sa vie.

Les campagnes de la dernière guerre semblent appuyer ces différentes opinions. Le roi de Prusse occupé vers la Silésie contre les armées formidables de l'Allemagne, à plus de cent lieues des limites orientales de ses Etats, n'a jamais été à portée de faire une campagne suivie contre les Russes. Ce monarque ne pouvant leur opposer que de petites armées dans cette partie de son royaume, il les laissait avancer jusqu'au point où il en aurait été incommodé: alors il marchait à eux avec le projet de les détruire, et défendait qu'on fît des prisonniers; mais ce grand roi et ses généraux ont presque toujours combattu les Russes dans des positions où ils n'avaient aucune fuite ouverte; ils étaient renversés sur leurs équipages dans des marais, ou acculés contre une rivière. Ce sont là précisément les positions où les Russes qui ne combattent que pour la vie, deviennent redoutables; ils ne feront pas un pas en avant pour attaquer l'ennemi; mais s'ils ne peuvent pas se sauver, il faut les assommer pour obtenir le champ de bataille[*].

En examinant de près les campagnes des Russes qui ont fait tant de bruit pendant la dernière guerre, on est étonné de voir qu'ils n'ont jamais conquis que les provinces que le roi de Prusse avait fait évacuer; parce que ces provinces étaient trop éloignées de l'armée de ce monarque,

---

[*] L'armée russe était en Livonie en 1758. Elle se porta sur la Prusse, forte de cent vingt mille hommes, et suivant d'autres, de soixante mille effectifs.[93] Le général Lœvald fut au-devant d'elle dans la Lithuanie prussienne avec trente mille hommes. Le général Appraxin fut averti qu'il allait être attaqué; mais il n'en voulut rien croire, et continua sa marche. Lœvald, en effet, l'attaqua dans sa marche,[94] et ce ne fut que sur les premiers coups de canon, que l'armée russe se rangea en bataille à la hâte. Lœvald eut d'abord tout le succès qu'il pouvait espérer; l'armée russe fut culbutée sur ses équipages; ce désordre qui devait achever sa perte, fit son salut et lui donna la victoire. Les soldats arrêtés dans leur fuite

---

rivières; 2) grâce à leur sobriété (ils se contentent de pain de seigle et d'eau, avec de temps en temps une goutte d'eau-de-vie; 3) parce qu'ils ne paraissent point appréhender la mort.

91. C'est aussi ce qu'observe Bernardin de Saint-Pierre (1833, i.24): 'Il est cependant plus avantageux de les attaquer en plaine découverte, car n'eussent-ils devant eux qu'une simple haie, leur résistance augmente comme s'ils étaient couverts d'un rempart impénétrable.'

92. L'ordre des mots a été inversé. Lire: 'et que si elle ne voyait pas de lieu de défense, elle prenait lâchement la fuite'.

93. 124 000 hommes 'sur le papier', mais le récit de l'état-major prussien évalue les Russes à 90 000 hommes, et l'historien Rambaud à 55 000 seulement (Waddington, 1899, i.575).

94. Le 30 août 1757, à Gross-Jägersdorf.

et qu'il ne pouvait opposer aux Russes que de petites armées dans cette partie de ses Etats. La ville de Kustrim étant un poste avantageux, le roi de Prusse attaqua avec un petit corps d'armée le général Fermer qui en faisait le siège, les Russes s'attribuèrent la victoire; le roi de Prusse se retira en effet avec son armée diminuée considérablement; mais le général Fermer après avoir été

---

et enfermés par cet embarras d'équipages, se rallièrent et repoussèrent leur vainqueur.[95] Lœvald se retira en désordre, et l'armée russe victorieuse retourna sur ses pas et alla prendre des quartiers d'hiver en Courlande.[96] On prétend qu'Appraxin se retira par les conseils de M. le comte de Bestuchef. Le général Appraxin fut arrêté à Narwa en décembre 1757,[97] remplacé par le général Fermer, et le comte de Bestuchef fut disgracié au mois de mars 1758.

Le général Fermer leva ses quartiers dès le mois de janvier 1758. Une colonne de son armée, aux ordres du général Romanzow,[98] se porta sur Konigsberg, ville située dans la Prusse ducale. A l'approche des troupes russes, les garnisons de cette ville et de la forteresse de Pillau,[99] se retirèrent, après avoir encloué le canon qu'elles ne purent emporter. Les Russes mirent garnison dans cette ville et dans le fort le 21 janvier. Toute la Prusse leur était alors ouverte, et ils n'avaient d'autres ennemis à combattre, que la rigueur de la saison. Ce pays abandonné et sans défense, quoique coupé et propre à la guerre de chicane, dénotait assez que toute la Prusse allait être évacuée, et que le système du roi de Prusse était de concentrer ses forces.

Le 21 février, les Russes occupèrent Marienwerden et toutes les places situées sur la Vistule. L'armée russe était le 3 mars de plus de soixante mille hommes*. Le 18 du même mois, cette armée passa la Vistule,[100] sans être inquiétée par les Prussiens; elle continua sa marche vers l'Oder, tandis que le roi de Prusse faisait une irruption en Moravie, à plus de cent lieues de la partie de la Prusse occupée par les Russes. Pendant que le général Fermer s'approchait vers l'Oder, en dirigeant sa marche vers Kustrim, le général Browne s'en approchait de même par la Posnanie, avec un autre corps de troupes considérable.[101] Le général Fermer occupé au siège de Kustrim, avait été joint par le général Browne: lorsqu'il apprit, le 24 août au soir, que le roi de Prusse marchait à lui avec un corps de trente mille hommes (d'autres le font monter à quarante mille),[102] et qu'il se disposait à passer l'Oder

* *Gazette de France* du 3 mars 1758, à l'article de Dantzick, p.142.

---

95. Sur les bords du Pregel, les Russes opposèrent une résistance opiniâtre, en se faisant tuer sur place. 'A partir de cette action, les cours européennes comprirent qu'elles devaient compter avec la puissance militaire des tsars' (Waddington, 1899, i.578-79).

96. Dans la dernière quinzaine d'octobre, après avoir laissé une garnison à Memel (Waddington, 1899, i.580).

97. En réalité, le 28 octobre 1757. Bestoujev aurait conseillé secrètement à Apraxine de se retirer, étant donnée la maladie d'Elisabeth, qui pouvait laisser prévoir l'avènement du futur Pierre III, admirateur de Frédéric II. Quand l'impératrice se rétablit, Bestoujev fut le premier à se retourner contre Apraxine (Waddington, 1899, i.583).

98. Le général Piotr Alexandrovitch Roumiantsev (1725-1796) se distingua pendant la guerre de Sept Ans. Il fut ensuite gouverneur d'Ukraine (1764-1768), commanda l'armée russe pendant la guerre contre la Turquie et imposa aux Turcs le traité de Kutchuk-Kaïnardji (1774). Il prit part à la guerre russo-turque de 1787-1791. En 1794, il dirigea avec Souvorov la campagne contre les Polonais.

99. Port de Prusse orientale, actuellement Baltiisk, en Russie.

100. En réalité au début de juin seulement (Waddington, 1899, ii.249).

101. Mais composé d'éléments médiocres (Waddington, 1899, ii.252).

102. Frédéric n'aurait disposé alors que de 14 000 hommes, mais Fermor, d'après les rapports de prisonniers prussiens, les estimait à 40 000. Au moment de la bataille de Zorndorf, l'armée prussienne se composait de 25 000 fantassins et de 12 000 cavaliers (Waddington, 1899, ii.255-56 et 261).

joint le jour suivant par le corps de Romanzow, abandonna le siège de Kustrim, et se retira dans la Prusse.

Soltikoff après avoir remporté deux victoires, l'une sur le général Wédel, qui n'avait qu'un petit corps à opposer à toute l'armée des Russes, et la

---

pour lui livrer bataille, il détacha sur-le-champ le colonel Chomoutow, avec des troupes, pour l'inquiéter dans son passage; il leva le blocus et se porta à Zorndorff**. Le roi passa l'Oder, et se trouva au dos de l'armée russe. Ce monarque ordonna le combat, et défendit de faire des prisonniers.[103] Il s'attacha surtout à l'aile droite qui pouvait être prise en flanc; mais elle avait derrière elle un marais impraticable. Après un combat des plus opiniâtres, ou plutôt un carnage, toute cette aile fut mise en désordre et culbutée sur ce marais où elle resta, ne pouvant se sauver; et la position désavantageuse des Russes empêcha la défaite entière de cette armée.[104] Le jour finissait, on rallia pendant la nuit les soldats dispersés sur les bords du marais, et cette aile rejoignit le reste de l'armée le 26 au matin: cette journée se passa en canonnade. Les deux armées célébrèrent par des feux de réjouissance la victoire que chacune crut avoir remportée. Le roi de Prusse se retira par Kustrim, et le général Fermer alla le 27 s'établir à Gross-Kamin,[105] où il fut joint par le corps aux ordres du général Romanzow. Malgré ce nouveau renfort, le général Fermer abandonna le siège de Kustrim, le Brandebourg, et se retira dans la Prusse.

Le 5 mai 1759, toute l'armée russe, commandée par le général Fermer, avait passé la Vistule. Le 29 du mois de juin, le général Soltikoff avait pris le commandement de cette armée; et le 13 juillet, elle occupait sur la rivière Warta deux camps retranchés. Le Comte de Dohna[106] commandait l'armée prussienne; elle était si inférieure à celle des Russes, qu'il fut obligé de se retirer vers Breslaw. Les Russes suivaient le général prussien camp à camp. Il se retira à Crossen le 18 juillet, dépourvu des subsistances les plus nécessaires. Le général Wedel[107] eut ordre de prendre le commandement de l'armée du roi de Prusse, et fut battu par le général Soltikoff le 23 du même mois proche Zulichau.[108] Wedel, dans sa retraite,

** Je connais des personnes qui prétendent qu'il faisait sa retraite, lorsqu'il fut attaqué.

---

103. 'Le bruit s'était répandu dans les deux armées qu'on n'accorderait pas de quartier, aussi se battit-on avec fureur' (Waddington, 1899, ii.267).

104. Chappe a raison sur le fond, mais simplifie les opérations: il y avait bien des bas-fonds marécageux, mais l'extrême-droite de Fermor s'appuyant sur eux, Frédéric avait renoncé à la tourner et avait dirigé une attaque directe contre le Fuchsberg, où se trouvait l'aile droite des Russes, qui fut écrasée. Dans la soirée du 25 août, l'aile gauche de Fermor subit le même sort: les fuyards gagnèrent alors les bords de la rivière Mietzel, mais, faute de ponts, ne purent la franchir. 'Peut-être même l'impossibilité de continuer la course fut-elle une circonstance heureuse pour les Russes [...], ils rejoignent le centre qui tient toujours derrière le Galgengrund. Il y eut sur ce point une résistance des plus obstinées dont les Prussiens ne vinrent pas à bout' (Waddington, 1899, ii.265-71).

105. Klein-Kamin, selon Waddington (1899, ii.274).

106. Christophe, comte de Dohna (1702-1762), entré au service d'Anhalt en 1722, participe à la guerre de Silésie (1740-1745), où il commande deux régiments. Pendant la guerre de Sept Ans, en 1757, il est sous les ordres du feld-maréchal Lehwald, qui commande une armée de 28 000 hommes défendant la Prusse contre 124 000 Russes. A la bataille de Zorndorf, il commande l'aile droite de l'infanterie. En 1759, il est chargé de garder la rive droite de la Warth. Il est ensuite remplacé par le général Wedell.

107. Charles-Henri de Wedell (1712-1782), général-major (1758), puis lieutenant-général (1759). Il perd contre Saltykov la sanglante bataille de Crossen. Il sera ministre de la guerre de 1761 à 1779.

108. Actuellement Sulechow, en Pologne, près de Krosno-Odrzanskie (l'ancienne Crossen, sur l'Oder). Il s'agit de la bataille de Paltzig, au cours de laquelle 20 000 Prussiens furent opposés à 26 000 Russes: les premiers perdirent 40% et les seconds 20% de leurs effectifs (Waddington, 1899, iii.133-40).

seconde sur le roi de Prusse, qui attaqua proche Francfort l'armée des Russes combinée avec celle de Laudon, ne fit jamais la plus petite conquête. Ce général russe se retira encore dans la Prusse, sans avoir osé tenter un siège, ni suivre le roi de Prusse. Butturlin qui lui succéda, ne voulut jamais attaquer ce monarque, quoique réuni au général Laudon, l'un des grands généraux de l'impératrice reine; il se tint au contraire

enleva tous les magasins, et les Russes marchèrent alors au projet concerté de se réunir avec le général Laudon.[109] Les troupes légères des Russes s'emparèrent de la ville de Francfort,[110] où toute l'armée devait passer l'Oder pour se joindre au corps du général Laudon, qui, de son côté, pressa la marche de ses troupes pour cette réunion. Le roi de Prusse se mit entre les deux armées, et cependant la réunion se fit. Le 11 du mois d'août, le roi de Prusse passa l'Oder entre Lebus[111] et Kustrim, et se forma en bataille près de Roscke et de Fravendorf.[112] Le général Laudon avait passé l'Oder à Francfort, et les deux armées combinées se disposèrent à la bataille qu'on avait prévue. L'armée russe formait une potence. L'aile droite était parallèle à l'Oder, et l'aile gauche dirigée sur ce fleuve. Le corps du général Laudon était entre l'Oder et l'aile droite, à portée de soutenir les deux ailes. Le 12, vers les trois heures du matin, le roi de Prusse s'ébranla, et parut diriger ses principales forces contre la droite des Russes. Dans cette position, l'armée combinée n'avait pour toute retraite qu'un pont sur l'Oder; mais pendant ce temps le roi de Prusse fit établir contre leur gauche une grande batterie, qui fut masquée avec soin. Il avait fait faire de grands abattis d'arbres dans ce même endroit.

Le roi de Prusse tâcha d'attirer l'attention des ennemis sur leur droite; il fit démasquer la batterie, et se porta tout à coup sur la gauche, qu'il attaqua et renversa. Il s'empara de trente pièces de canon qu'il tourna contre les Russes. Le corps de M. de Schowalow, qui formait une partie de cette aile, fut massacré; ce qui resta fut dispersé par la suite dans le reste de l'armée. Les Russes fuyaient de toutes parts, et le roi de Prusse aurait remporté une victoire complète, sans le général Laudon qui, s'étant avancé avec son corps, rétablit l'affaire.[113] Sa cavalerie battit celle du roi de Prusse; il reprit non seulement les canons que le roi de Prusse avait enlevés sur les Russes, mais encore ceux des Prussiens, avec une partie de leurs bagages, et décida la victoire qui fut complète. Les Russes n'en retirèrent cependant aucun avantage, ils ne firent aucune entreprise tout le reste de la campagne, et ne voulurent jamais entrer dans les vues du baron de Laudon,[114] qui avait fait ses dispositions pour attaquer le roi de Prusse, dont l'armée était inférieure à celle des Autrichiens combinée avec celle des Russes.[115] Ces derniers abandonnèrent la Silésie, se retirèrent dans la Prusse, et y prirent des quartiers d'hiver sur la Vistule.

109. Gédéon, baron von Laudon ou Loudon (1717-1790), général autrichien. Officier russe sous le règne d'Anna Ivanovna (1732-1739), puis autrichien (1743), il se distingua dans la guerre de Sept Ans, puis contre les Turcs (il prit Belgrade en octobre 1789).

110. Le général Villebois, avec dix mille hommes, occupa Francfort le 31 juillet 1759 (Waddington, 1899, iii.141).

111. L'actuelle Slubice, en Pologne. La bataille eut lieu à Kunersdorf le 12 août 1759: les Prussiens perdirent 20 000 hommes, tués, blessés, prisonniers ou disparus, les Russes et les Autrichiens 17 000 (Waddington, 1899, iii.178-79).

112. Sans doute Franzendorf (Waddington, 1899, iii.177).

113. Les Prussiens auraient probablement remporté la victoire à Kunersdorf si, malgré l'avis de ses généraux, Frédéric II n'avait voulu écraser complètement l'ennemi en attaquant le Spitzberg. Laudon, et aussi les Russes, mirent les Prussiens en déroute, attaquèrent le Mühlberg et reprirent leurs canons (Waddington, 1899, iii.170-76).

114. Les Autrichiens, pas plus que les Russes, n'exploitèrent leur avantage (Waddington, 1899, iii.171).

115. Saltykov et Laudon pouvaient opposer aux 40 000 Prussiens et à leurs 250 pièces 63 000 hommes et 300 canons (Waddington, 1899, iii.159).

toujours à l'écart, crainte d'être attaqué lui-même; il fut encore se réfugier dans la Prusse ducale; et enfin Romanzow prit Colberg au mois de décembre 1761, après un siège de quatre mois environ.

Tous ces faits supposent que les Russes n'ont, pour ainsi dire, conquis que les provinces évacuées par les Prussiens au commencement de la guerre, et que non seulement les officiers sont peu instruits, mais que les troupes sont médiocres pour attaquer, quoique redoutables pour se défendre si elles n'ont pas de retraite ouverte, ainsi que je l'ai déjà dit.

Tout le monde sait que l'état militaire contribue beaucoup à la dépopulation, et que dans tout gouvernement le nombre des militaires doit avoir un rapport avec le nombre des habitants; sans cet équilibre, la nation se détruit d'elle-même. Si la France fait monter pendant la guerre son état militaire jusqu'à trois cent mille hommes effectifs, elle réduit considérablement ce nombre en temps de paix, et on trouve encore parmi ses troupes plus de vingt-sept mille hommes de troupes étrangères, qui sont à sa solde. Malgré la sagesse de cette administration, il est constant que la population n'augmente pas en France, si elle ne diminue.[121]

Quoique l'armée russe fût de cent mille hommes en 1760, la campagne se réduisit à une incursion que les Russes firent à Berlin.[116] Le détachement qu'on y avait envoyé, s'était réuni à un corps commandé par le général Lascy. Ces deux corps levèrent quelques contributions, et se retirèrent.[117] La même armée, commandée par le général Butturlin en 1761, se réunit au corps du général Laudon,[118] qui tenta en vain d'engager le général russe à livrer bataille au roi de Prusse retranché dans son camp. Ce monarque se fortifia de plus en plus, et rendit enfin son camp inattaquable.[119] Le Comte de Butturlin laissa un corps de Russes à l'armée du général Laudon, sous les ordres du comte de Czernichew, et se retira vers la fin de septembre dans la Poméranie, pour accélérer la prise de Colberg, que le général Romanzow assiégeait par mer et par terre depuis le 25 août 1761. On tirait sur la ville dans certains jours jusqu'à deux mille bombes ou boulets: c'est la seule façon que les Russes connaissent pour prendre une place,[120] qui sera par conséquent imprenable toutes les fois qu'on voudra sacrifier une partie de la ville.

---

116. Les Alliés occupèrent Berlin du 9 au 12 octobre 1760 (Waddington, 1907, iv.100).

117. Ce raid sur Berlin ne fut effectivement qu'un épisode sans répercussion sur l'issue de la campagne. Cependant, les Alliés ne se bornèrent pas à lever une contribution: ils s'emparèrent de la caisse royale (60 000 thalers), du matériel de guerre de l'Arsenal (143 canons), firent sauter la poudrerie et détruisirent les fabriques d'armes (Waddington, 1907, iv.101-104).

118. Le 25 août 1761. Comme l'écrit Chappe, Laudon multiplia en vain les démarches pour entraîner Boutourline, qui effectivement ne tenait pas à affronter Frédéric. Les Alliés se séparèrent le 9 septembre (Waddington, 1908, v.224, 228, 236-39, 249).

119. Frédéric se retrancha le 20 août 1761 à Bunzelwitz, à 5 km de Schweidnitz (l'actuelle Swidnica, en Pologne), dans le district de Breslau. Il quitta le camp le 26 septembre. Laudon prit Schweidnitz le 1er octobre (Waddington, 1908, v.238, 252).

120. En 1758, Fermor, par exemple, espérait prendre Kustrin en la bombardant (Waddington, 1899, ii.253).

121. Une prétendue dépopulation de l'univers obsède alors les philosophes, avant que Malthus ne tombe dans l'excès inverse: Montesquieu en recherche les causes dans les lettres 112 à 122 des *Lettres persanes* et propose des remèdes dans *De l'esprit des lois* (livre XXIII, ch.24 à 28). Dans un très long article, Etienne-Noël Damilaville le conteste, ainsi que ceux qui partagent ce mythe: pour lui, la population de la terre a dû être constante à toutes les

[9]. *De la population, du commerce, de la marine...*

La Russie, quoique moins peuplée que la France, est forcée à cause de l'étendue de ses Etats, d'avoir en temps de paix un état militaire de près de trois cent mille hommes ou au moins de deux cent cinquante mille hommes, si elle veut avoir une armée de campagne de cinquante mille hommes environ. Or, quel tort ne doit pas faire à la population ce corps considérable de troupes dans un Etat, où les autres causes de dépopulation semblent annoncer la destruction entière de la nation. (Voyez l'article de la population.)

D'après tout ce qui a été dit, on peut faire le résumé suivant.

L'état militaire de Russie, en y comprenant les troupes de mer, de gouvernement et de campagne, se monte à trois cent trente mille hommes (page 477).

La Russie, quoique avec un revenu de soixante-cinq à soixante-dix millions, argent de France, peut entretenir dans ses Etats ce corps considérable de troupes, parce que la paie des soldats est très modique en argent,[122] et qu'elle envoie ces troupes en garnison dans les provinces fertiles, qui fournissent en nature les denrées nécessaires à leur subsistance (page 488-89).

La Russie avec un état militaire si nombreux, ne peut mettre en campagne qu'un corps effectif de soixante à soixante-dix mille hommes de troupes réglées (pages 491 et 492), et elle dépeuple ses Etats. Cette puissance ne pouvant faire aucune dépense extraordinaire, vu la modicité de ses revenus, n'est pas en état par elle-même d'entretenir hors de son empire ce corps d'armée, parce qu'elle n'a plus la facilité de le nourrir par le moyen des denrées que les peuples lui fournissent dans les provinces de cet empire (pages 488 et suivantes).

La marine de Russie est faible, non seulement à cause que le nombre des vaisseaux est très petit, mais encore parce que le corps des officiers de mer est aussi peu instruit, que celui de terre; d'ailleurs les Russes n'ont point de matelots, et n'en auront jamais, tant qu'ils ne feront pas le commerce par eux-mêmes (page 475).

L'artillerie russe est très bien servie (page 495).

La cavalerie est la plus mauvaise de l'Europe (page 495).

L'infanterie forme ses meilleures troupes; la plus grande partie est parfaitement disciplinée: elle n'est point propre pour attaquer, médiocre

---

époques, et elle le restera (art. 'Population' de l'*Encyclopédie*, xiii.91a). Quant à la France, on sait qu'elle était, au début du XVIIIᵉ siècle, le pays le plus peuplé d'Europe, et comptait sans doute une vingtaine de millions d'habitants (il s'agit d'estimations, puisqu'il n'existait pas de recensement comme en Espagne ou en Suède). Loin de diminuer, cette population passera à 26 ou 28 millions aux environs de 1789 (en comprenant désormais, il est vrai, la Lorraine et la Corse). Cette augmentation, moins forte que dans d'autres pays d'Europe, n'en est pas moins réelle (Goubert/Roche, 1984, i.34).

122. En 1765, Jaucourt écrivait: 'La paie du militaire est très modique dans cet empire. Le soldat russe n'a point par jour le tiers de la paie de l'Allemand, ni même du François' (art. 'Russie' de l'*Encyclopédie*, xiv.445b). Weber (1725, i.64), notait déjà le 'peu de paie qu'ont les officiers moscovites'.

pour se défendre, si elle n'est pas à couvert; mais elle est redoutable dans le cas contraire, surtout si elle n'a pas de fuite ouverte (pages 497 et suivantes).

Le corps du génie est peu instruit, incapable de conduire un siège.[123] Les Russes ne savent que bombarder une ville.

Ces vérités m'ont paru pouvoir être utiles à l'Europe, parce qu'elles détruisent le préjugé où l'on est sur la Russie; et au moins c'est retrancher une erreur parmi les hommes. Les habitants de Lubeck, d'Hambourg, tremblaient au seul nom des Russes. La Pologne et l'Allemagne que j'ai traversées, considéraient la Russie comme une puissance des plus formidables de l'Europe. Les Russes avaient cette opinion de leur empire, surtout Pierre III, et dans le moment que j'écris, la France et une grande partie de Paris la considèrent de même.[124] Etant à Saint-Pétersbourg et sur le point de partir pour la Sibérie, on m'écrivait de cette capitale de la France de bien examiner ce pays, dont il sortirait au premier moment des peuples entiers, qui comme les Scythes et les Huns, viendraient s'emparer de notre petite Europe.[125] J'ai trouvé au lieu de ces peuples, des marais et des déserts.

Pour déterminer la puissance de la Russie, il ne faut pas la calculer à raison de l'étendue de ses Etats, comme la plupart des auteurs l'ont fait; mais en raison inverse de cette même étendue: alors elle est faible dans le même rapport. Dans l'état actuel, la population de la Russie, et le peu d'argent qu'elle possède, ne lui permettent pas d'envoyer une armée hors de l'empire, sans que ses victoires mêmes ne lui soient très funestes; ses armées y dépérissent presque en entier, quoique les subsides de ses alliés lui procurent les moyens d'entretenir ses troupes; l'officier, vu la modicité de ses appointements, dépense hors de l'empire une partie de ses revenus patrimoniaux, et tout le monde sait que la Russie prend dans tous les temps les plus grandes précautions pour empêcher la sortie de l'espèce monnayée,[126] parce qu'elle en connaît les inconvénients; aussi tous les Russes conviennent que la dernière guerre a été des plus funestes à l'Etat.

Il serait avantageux au souverain de la Russie de renoncer au projet d'étendre cet empire; il devrait même rapprocher et concentrer ses sujets. Cet avantage serait considérable, s'il abandonnait aux ours toute la partie boréale de la Sibérie, et qu'il fît transporter les peuples qui

---

123. Selon G. Romme, le génie est 'complètement négligé' en Russie: à peine y trouve-t-on des gens capables d'un nivellement exact (Tchoudinov, 1999, p.739 et 745).

124. Voir l'Introduction, p.66-67.

125. C'est entre autres sur cette lettre (inconnue) que se fonde M. Levitt pour avancer que Chappe était un agent secret dont la mission en Russie n'avait pas que des objectifs scientifiques (voir Introduction, note 331). Sur la polémique de Deleyre avec Chappe sur les Huns et les Scythes, voir l'Introduction, p.107 et n.427.

126. C'est ce qu'observait déjà Margeret: 'Il n'en sort nul argent' (Margeret, 1983, p.69).

habitent cette contrée glacée dans les déserts de la partie méridionale de cette province; déserts qui par la température du climat et la fertilité du sol, sont tout à fait propres à devenir la demeure des hommes. Il n'y aurait que l'inconvénient, qu'étant voisins des Tartares, ceux-ci n'apprissent des Russes l'art militaire,[127] comme ces derniers l'ont appris des Suédois. Quoi qu'il en soit, la Russie en rapprochant ces peuples, ne serait plus obligée d'avoir, même en temps de paix, un corps énorme de troupes qui augmente la dépopulation de ses Etats, et sa dépense, sans augmenter sa puissance. Sa force deviendrait par ce changement, plus considérable, parce que toutes ces troupes pourraient être occupées à la défense de ses Etats; et si la Russie travaille dans ce moment à donner la liberté à ses peuples, elle trouvera les plus grandes difficultés pour allier cette liberté avec son ambition. Le souverain, maître absolu des biens et de la vie des Russes, peut entretenir par ce moyen une armée considérable, en donnant, pour ainsi dire, une médiocre nourriture aux soldats et à ceux qui sont employés dans les ouvrages qui ont rapport au militaire; mais il n'en sera pas de même, lorsque ces peuples jouiront de la liberté.

Il m'a paru d'après ces différentes observations, que beaucoup de personnes avaient une trop grande idée de la Russie,[128] et j'en ai connu d'autres qui étaient tombées dans un excès contraire. Cette puissance sera toujours dangereuse pour les peuples du nord ses voisins.

---

127. Danger exagéré par Rousseau, on l'a vu, dans *Le Contrat social* (voir l'Introduction, n.272).

128. La *Galerie françoise*, n° VII, 1771 (p.7), notait que Chappe paraissait 'vouloir trop combattre l'idée qu'on a de cette puissance, & que ses succès justifient'. En 1748, Finckenstein assurait que la Russie n'était qu'un 'fantôme de puissance', car la plupart des régiments n'étaient pas complets, et une bonne partie des vaisseaux étaient 'endommagés et hors d'état de servir' (Liechtenhan, 1998, p.462 et 465). En 1799, le Suisse Fornerod prétendra encore que les Russes ne sont pas aussi redoutables qu'on le croit (Fornerod, 1799, p.191 et suiv.); dès le début de son ouvrage (p.4-5), il voudra rassurer 'contre la panique terreur' que pourrait inspirer ce 'colosse superbe': observé de fort près comme il l'a fait pendant quatorze ans, il 'ne saurait cacher ses pieds d'argile'.

[10]. Révolution des Calmouks-Zongores en M.DCC.LVII

De leur religion, et de la mythologie d'une partie de leurs idoles

On est toujours étonné du peu de connaissance que nous avons des peuples tartares qui habitent le midi de la Sibérie, et de l'imperfection des cartes géographiques de ces contrées. Les Russes, voisins de ces peuples, pourraient nous procurer ces connaissances. Je sais même qu'ils ont d'excellents matériaux sur ces différents objets; et il est bien singulier, qu'ayant la facilité de s'illustrer en éclairant l'humanité, ils aient abandonné cet avantage aux étrangers que le zèle a conduits en divers temps dans ces pays, de toutes les parties de l'Europe.[1] Il s'y passe de grands événements dont nous n'avons aucune connaissance;[2] la révolution des Calmouks Zongores, en est une preuve frappante. Cette nation occupait une étendue de pays plus grande que la France; elle a été détruite en 1757 par les Chinois, à la suite d'une guerre qui a duré dix ans.[3] Cet événement n'était connu durant ce temps et en 1761, que du gouvernement de Russie; et en voyageant en Sibérie, aussi peu instruit de cette révolution, que le reste de l'Europe, je ne l'ai apprise que par les Calmouks qui avaient échappé à la fureur des Chinois, et par quelques Russes qui vivaient en Sibérie.

---

1. Le P. Amiot, missionnaire jésuite à Pékin, est d'accord avec Chappe: 'il y a apparence', écrit-il, que les Russes 'ont fait tirer la carte exacte de leur pays, puisqu'en 1756 un Eleuth dans la maison ou sous la tente duquel logea un de nos missionnaires géographes que l'Empereur envoyoit pour faire cette carte, lui dit: il y a peu de temps qu'il passa ici quelques Oros qui avoient des instrumens semblables aux vôtres, & qui faisoient ce que vous faites' (Amiot, 1776, p.428).

2. 'C'est la faute de ceux à qui j'en avois envoyé moi-même une relation assez détaillée en 1757 ou 1758', commente le P. Amiot. 'Elle sera restée dans le fond de quelque cabinet, de quelqu'un très peu curieux de ces sortes d'événemens' (Amiot, 1776, p.428-29). Amiot renvoie à son 'Monument de la conquête des Eleuths' qui 'suppléera à ce qui s'est égaré, ou perdu', et qui est publié dans le recueil où paraissent ses 'Remarques', p.325-400.

3. 'Il eût été plus exact de dire: elle a été détruite par les Tartares Mantchoux; car aucun Chinois n'y a eu part: & la guerre qui a exterminé les Eleuthes n'a duré qu'environ trois ans & demi, & non pas dix ans' (Amiot, 1776, p.429). Le chapitre 'Des Kalmouks Zoungares' de Lévesque est proche du récit de Chappe, sauf sur un point (voir ci-dessous ch.10, n.15). Il complète l'abbé en rapportant qu'en 1773 la plupart des Dzoungares et des Torgouts, mécontents de l'administration russe, s'enfuirent secrètement et furent massacrés par les Kirghiz ou se réfugièrent en Chine (Lévesque, 1783, ii.48-61).

A mon retour de Tobolsk à Saint-Pétersbourg, j'en instruisis les étrangers que j'avais l'honneur de connaître[*]; et les Russes en publièrent quelque temps après une relation dans leur langue[†]. Ces peuples Calmouks réfugiés en partie dans la Sibérie et sur le Volga, établiront leurs mœurs et leur religion dans ces contrées,[5] et peut-être quelques-unes de leur idoles enfouies sous la terre, seront pour la postérité les seuls indices de cet événement; indices souvent obscurs! puisqu'une partie de ces idoles transportée à l'Observatoire royal de Paris qui tombe en ruine,[6] peuvent être enfouies d'un moment à l'autre, et retrouvées de même par la suite des temps, sous les débris de ce monument qui a fait jusqu'ici l'admiration de tous les curieux de l'Europe. J'ai donc cru qu'il était utile de transmettre cette révolution à la postérité, avec les connaissances que j'ai recueillies sur la religion des Calmouks, et sur la mythologie de leurs idoles. Je ne rapporte que les faits dont je suis certain: j'ai supprimé ceux qui ne m'ont pas paru assez authentiques pour mériter d'être placés dans cet ouvrage.

Les Calmouks ou Eluths[7] se divisent en trois branches principales,[8] les Calmouks-Zongores, les Calmouks-Koskotes, et les Calmouks-Torgautes;

---

[*] Le 1 novembre 1761. Je communiquai aussi cet événement à mon retour à Paris, à l'auteur des Mélanges intéressants, qui en a publié un extrait dans cet ouvrage curieux.[4]
[†] Le 14 décembre 1762.

---

4. *Mélanges intéressants et curieux ou Abrégé d'histoire naturelle, morale, civile et politique de l'Asie, l'Afrique, l'Amérique, et des Terres polaires* (1763-1765), en 10 t., de Jacques-Philibert Rousselot de Surgy (1737-?), Paris, Durand (t.i-ii), puis Panckoucke, Didot le jeune, Musier fils, De Hansy (voir l'article de R. Granderoute dans le *Dictionnaire des journaux*, ii.786-87). Dans le t.iii, dont la moitié est consacrée à la Sibérie, les *Mélanges intéressants et curieux* citent un extrait un peu remanié des pages de Chappe sur la révolution des 'Calmouks-Zongores' (chapitre 'Petite Buckarie', p.318-23). L'auteur exprime sa reconnaissance à 'l'obligeant académicien' à qui l'on doit 'la connaissance de cet événement qui va devenir une époque mémorable dans l'histoire des nations' (p.318) et qui 's'est fait aussi un plaisir de [lui] donner de vive voix des éclaircissemens' sur ces contrées (p.4). Par ailleurs, les *Mélanges* signalent que l'abbé a rapporté de Sibérie une partie de mammouth pesant cinquante livres ('l'extrémité qui tenoit à la mâchoire, & la moitié d'une dent d'éléphant' ne présentant aucune différence avec l'ivoire ordinaire, p.80).
5. 'Il n'y a pas à craindre que ces peuples établissent leurs mœurs en Sibérie, ni sur le Volga. Ils ont déjà quitté ces pays & sont revenus d'eux-mêmes se mettre sous l'obéissance de l'Empereur de la Chine qui les a bien reçus, leur a donné des terres à défricher' (Amiot, 1776, p.429). Dans son 'Monument de la transmigration des Tourgouths des bords de la mer Caspienne dans l'Empire de la Chine' (paru dans les mêmes *Mémoires concernant l'histoire* [...] *des Chinois*, p.401-18), Amiot précise que ce retour de cinq cent mille Eleuths eut lieu en 1771.
6. Voir l'Introduction, note 113.
7. En principe, le nom d'*Eleuthes* s'applique aux seuls Dzoungares, et non à l'ensemble des Kalmouks.
8. On trouve la même division en trois branches dans Moreri (art. 'Callmoucks'). En fait, on l'a vu (ci-dessus, ch.9, n.16), les Kalmouks formaient quatre groupes: les Tchoros, les Doerboets, les Kochots et les Torgouts. Les trois premiers constituèrent l'empire dzoungare. Selon une relation suédoise publiée par G. F. Müller, les Dzoungares étaient 'les plus distingués' des Kalmouks ('ihr vornehmstes Geschlecht'; Müller, 1732-1764, t.iv, 1760, p.279).

c'est des Calmouks-Zongores que nous allons parler: cette nation est au midi de la Sibérie, elle s'étendait depuis 90 degrés de longitude, jusqu'à 120[*], et depuis le 35me degré de latitude, jusqu'au 48me environ, en comprenant dans cette étendue de pays plusieurs provinces voisines, et la petite Boukarie, dont les Calmouks firent la conquête en 1683.

Les Calmouks-Zongores étaient gouvernés par un kan despote, connu sous le nom de *contaisch*.[9] Il a toujours été considéré comme le grand kan de tous les Calmouks; et en effet, quoique les autres branches de Calmouks eussent des kans particuliers, ils dépendaient à quelques égards du grand kan, et lui fournissaient des troupes en temps de guerre.

Tous ces peuples campent sous des tentes; ils sont divisés par hordes ou tribus, sous un chef appelé *taiska*.[10]

Le kan des Calmouks-Zongores faisait sa résidence sur la rivière Ili, qui se jette dans un lac appelé en langue calmouke *Balkach-nour*[†].

Cette nation devint si puissante sous les règnes de Tsagan-Araptan-chon-taidji et de son fils Galdan-Tcheren,[11] que les Russes et les Chinois la redoutaient également. Ces kans avaient des armées d'environ 150 mille hommes, pendant les guerres qu'ils firent avec beaucoup de succès durant quarante ans aux Chinois, aux Tangoutes, aux Russes, et à différents peuples leurs voisins.

Ils firent la conquête de la petite Boukarie[‡], dont Erken est la capitale.

Le contaisch Tsagan-Araptan se fraya une route à travers de vastes déserts, et surprit la nation tangoute située entre la Chine et l'Inde. Il attaqua aussi des Calmouks appelés Chochout, dépendants des Tangoutes qui habitent près du lac de Kokou-nour, ou lac bleu. Après avoir saccagé le Tibet, pillé la résidence du dalai-lama, il retourna dans ses Etats avec un butin immense.

Galdan-Tcheren lui succéda, et mourut en 1746;[13] il désigna pour son successeur son fils Tsebek-Dorjou, âgé de 17 ans; mais les principaux

---

[*] Voyez la carte (n° XXVII).

[†] Quelques auteurs le nomment Palcai-nor; il est à quatre-vingt-dix-sept degrés de longitude, et quarante-six de latitude.

[‡] Les principales villes sont: Kachkar ou Kashgar, Outch ou Outshou, Outschi-Ferman, Acsou, Koten ou Kouta, Ierkéen ou Erken, Choton ou Kerea.[12] Je n'ai pas pu placer cette dernière sur ma carte n° XXVII, ne connaissant pas sa position.

---

9. La dignité de contaiche, 'qui répond à la dignité impériale', est ordinairement conférée par le dalaï-lama (Lévesque, 1783, ii.49).

10. Moreri, à l'art. 'Callmoucks', emploie la forme *taisha*. Le terme comporte des variantes: *taïso* chez Avril, 1692, p.172; *taishi* chez Weber, 1725, i.415. Le terme japonais est *taisho*.

11. 'Il faut dire Tsi-Ouang, Raptan y Kaldan-Tsereng. Voyez pour le reste mes notes. Debatchi, lisez Ta-oua-tsi, ou Tarouats. Amour-Saman, lisez Amoursana' (Amiot, 1776, p.429).

12. Chappe a confondu deux villes de Chine, Khotan et Kiria, en petite Boukharie.

13. Kaldan entreprit de combattre les Khalkas, peuple de Mongolie orientale. Ceux-ci demandèrent l'aide des Chinois. L'empereur K'ang-hi envoya contre Kaldan une armée

seigneurs n'aimant pas ce jeune prince, le dépossédèrent, lui crevèrent les yeux, et le reléguèrent dans la petite Boukarie, où il fut assassiné. Les Calmouks-Zongores proclamèrent quelque temps après Lama-Darja, âgé de trente ans. Ce prince, aussi fils de Galdan-Tcheren, était né d'une concubine; l'usage rendait son élection nulle. Il existait d'ailleurs un héritier légitime, connu sous le nom de *noyon* Debatchi; il devait succéder au trône, comme le plus proche parent de Galdan-Tcheren; mais la faction de Lama-Darja était si considérable, que le noyon Debatchi, loin de chercher à monter sur le trône, se sauva chez les Kirsi-Cosaques,[14] avec le noyon Amour-Saman, et beaucoup de Calmouks.

Le noyon Debatchi avait cependant un parti parmi les Calmouks, il l'entretint pendant son séjour chez les Kirsi-Cosaques, et il entreprit de monter sur le trône par leur secours, et celui du noyon Amour-Saman, prince entreprenant, et rempli de valeur. Le noyon Debatchi, accompagné d'Amour-Saman, des Calmouks qui les avaient suivis, et d'un corps de Kirsi-Cosaques, rentra dans ses Etats, surprit à la faveur de la nuit le contaisch, dispersa son armée, et se fit élire kan, à la place de Lama-Darja, qui avait été tué dans la bataille; quelques noyons (princes) refusèrent cependant de reconnaître le nouveau kan, et formèrent une faction considérable. Amour-Saman, mécontent du noyon Debatchi depuis son élection, à laquelle il avait tant contribué, se rangea du parti des rebelles. Ils devinrent redoutables sous un tel chef; mais leur bonheur n'égala pas leur courage. Le noyon Debatchi livra bataille à Amour-Saman, le défit entièrement, et le contraignit de se sauver à la Chine.

Les Chinois redoutant la puissance des Calmouks-Zongores, saisirent cette occasion de l'affaiblir en entretenant la guerre civile parmi cette nation. L'empereur reçut Amour-Saman avec la plus grande distinction, il fut reconnu *tsin-wan* (prince du premier rang) par le *bokdo-chan*, chinois, et envoyé en Calmoukie à la tête d'une armée chinoise. Le kan Debatchi fut à la rencontre d'Amour-Saman, et lui livra bataille. Mais Debatchi ayant été battu et mis en fuite, son ennemi le poursuivit, le fit prisonnier dans la ville de Tourfan*, et les Chinois le conduisirent à Pékin.[15]

La cour de la Chine en donnant du secours à Amour-Saman, lui avait promis de le placer sur le trône de Calmoukie; mais elle ne songeait guère à effectuer cette promesse. En effet le kan Debatchi fut reçu à Pékin avec

---

* La ville de Tourfan ou Turfan est située vers les limites boréales de la petite Boukarie. Cette bataille se donna en 1754.

---

pourvue d'artillerie et le vainquit en 1690. En 1696, K'ang-hi organisa une deuxième expédition qu'il dirigea lui-même et à laquelle participa le père Jean Gerbillon, jésuite fixé en Chine, qui en fit le récit. L'empereur suivant, Yong-tcheng, combattit aussi les Eleuthes de 1731 à 1735.

14. 'Les Kirsi-Cosaques sont ceux qu'on appelle ici *Hasack*.' (Amiot, 1776, p.430). D'après Lévesque, Debatchi s'est réfugié chez les Kirghiz (Lévesque, 1783, ii.52).

15. Lévesque rapporte que Debatchi chercha refuge à Kachgar, mais fut livré aux Chinois par les habitants de la ville (Lévesque, 1783, ii.55-56).

les plus grands égards, et plutôt comme un allié, que comme un ennemi. Amour-Saman comprit alors que la politique chinoise avait uniquement en vue de détruire sa nation. Animé par ces idées, il excite secrètement à la révolte les Calmouks et les Moungales qui faisaient partie de l'armée chinoise, il se met à leur tête, tombe sur un corps chinois endormi dans la sécurité, le défait entièrement et se retire en Calmoukie, poursuivi par le reste de l'armée. Il attire dans son parti quelques troupes zongores, il attaque avec ce secours l'armée chinoise, et l'oblige de se retirer dans le plus grand désordre. Amour-Saman prend alors le titre de contaisch, et se dispose à soutenir ses droits. Une partie de la nation le reconnaît, l'autre reste fidèle au kan Debatchi, toujours prisonnier à Pékin. Différentes hordes de Moungales secouent ouvertement le joug chinois, tout semble annoncer une guerre sanglante. L'empereur de la Chine envoie en Calmoukie une armée formidable, il donne la liberté aux Calmouks qui avaient été faits prisonnier à la défaite du kan Debatchi, les comble de bienfaits, et ils se réunissent aux troupes chinoises, persuadés qu'il vont combattre pour leur souverain Debatchi, que l'empereur de la Chine garda toujours auprès de lui, pour s'assurer de la fidélité des Calmouks.

A l'approche de l'armée chinoise, la plupart des hordes moungales révoltées rentrèrent dans l'obéissance, et leurs chefs arrêtés et envoyés à Pékin, y furent punis de mort. Les princes zongores qui étaient dans l'armée chinoise, débauchèrent la plus grande partie des troupes d'Amour-Saman; il fut battu et se sauva chez les mêmes Kirsi-Cosaques où il avait accompagné Debatchi.

Ces peuples, qui ne vivent que de pillage et de rapines, voyant les Calmouks-Zongores épuisés par ces guerres civiles, et hors d'état de leur résister, entrèrent en force en Calmoukie, portant partout où ils passaient des fers, la mort et la désolation. D'un autre côté, les Chinois tenaient la même conduite, sous prétexte de secourir les Calmouks. Ce peuple infortuné, attaqué de toutes parts, abandonna sa terre natale à ses ennemis, et se sauva vers la Sibérie au nombre de vingt mille familles,[16] et ensuite sur les bords du Volga, sous la protection de la Russie, et la plupart devinrent ses sujets.

Amour-Saman n'étant pas en sûreté parmi les Kirsi-Cosaques, se retira vers les frontières de la Sibérie, dans des déserts et des montagnes presque inaccessibles; poursuivi partout par les Chinois, il se réfugia, en 1757, en Sibérie, et mourut à Tobolsk.[17]

Les Chinois furent à peine informés qu'Amour-Saman s'était retiré en Sibérie, qu'ils demandèrent qu'on leur livrât ce prince, ou, suivant la

---

16. 'ceux qui se sauvèrent en Sibérie n'étoient qu'une très petite partie de la nation. Les quatre Rois & les 21 seigneurs que l'Empereur avoient créés ont tous été exterminés avec leurs sujets, à l'exception des Han des Tourbeths' (Amiot, 1776, p.430).

17. Ces faits se passaient sous le règne de l'empereur K'ien-Long, qui annexa la Dzoungarie et extermina son peuple.

relation russe, qu'il fût enfermé pour toujours. On convint après sa mort, que son corps serait transporté sur les frontières de la Sibérie. Les Chinois y envoyèrent plusieurs fois des commissaires pour l'examiner. J'ai laissé à Tobolsk, à mon départ de cette ville, deux ambassadeurs calmouks, qui avaient été envoyés à Saint-Pétersbourg avant le règne d'Amour-Saman, pour demander la destruction des forts que les Russes avaient fait bâtir sur les bords de la rivière Irtysz: ces ambassadeurs de retour à Tobolsk, y apprirent que leur nation n'existait plus.

Suivant la relation des Russes, Amour-Saman n'entra point en Sibérie; il se réfugia sur les frontières de cette province; il y fut aussitôt attaqué de la petite vérole, dont il mourut.[18] Il avait été joint par sa femme *Bitei*, qu'on a vue à Saint-Pétersbourg en 1761. Elle était fille de Galdan-Tcheren; elle avait épousé en premières noces Ichidangin, frère aîné d'Amour-Saman, dont elle avait un fils qui s'appelait Pountsouk.

Mais on ignore pourquoi la relation russe passe sous silence le long séjour que l'infortuné Amour-Saman fit à Tobolsk;[19] il y a été enfermé très longtemps dans la maison de campagne de l'archevêque.

J'ai recueilli dans ce pays une partie de leurs idoles,[20] j'en ai eu la mythologie par le moyen des ambassadeurs calmouks; et je puis ajouter quelques connaissances à celles que nous avons de la religion de ce peuple. Les lumières que j'ai acquises sur ces objets me paraissent certaines, parce qu'à mon retour à Saint-Pétersbourg, j'y trouvai un lama ou prêtre calmouk: il servait d'interprète dans le Collège des affaires étrangères. Je parvins par le canal de M. de Vonronzof, grand chancelier de Russie, de constater avec cet interprète, la vérité de ce que j'avais appris à Tobolsk, sur la mythologie des idoles des Calmouks et sur leur religion. Cette vérification se fit chez M. le comte de Woronzof, en présence de ce

---

18. Selon Lévesque, Amourzanan entra en Sibérie et mourut de la petite vérole (Lévesque, 1783, ii.58).

19. Chappe 'paraît surpris que la relation russe passe sous silence le long séjour d'Amoursana à Tobolsk. Il est impossible qu'Amoursana ait fait un long séjour à Tobolsk. Il n'a guère vécu qu'un an après sa défection, ou sa prétendue révolte. Il est mort dans un coin de la Sibérie, peu de tems après s'y être retiré, & le Gouvernement russe ignoroit, ou faisoit semblant d'ignorer qu'il se fût réfugié chez eux. J'en parle avec connaissance de cause, puisque j'ai traduit moi-même les Lettres que les deux Cours se sont écrites à l'occasion d'Amoursana' (Amiot, 1776, p.430-31).

20. Selon les *Quelques Anecdotes sur l'arrivée et le séjour de l'abbé Chappe à Tobolsk*, le procureur Pouchkine aurait fait connaître à l'abbé un certain Veymarn, général commandant la région de l'Irtych. C'est ce dernier qui aurait donné à Chappe les 'pagodes' des 'Sungors'. Il aurait invité chez lui l'ambassadeur kalmouk et son lama, et aurait fait faire 'l'explication de tous les tableaux de la mythologie sungorienne' (Pypine, 1901, p.336). De retour à Saint-Pétersbourg, Chappe continua à s'intéresser à la religion des Kalmouks: G. F. Müller lui écrivit pour lui annoncer que le comte Alexandre Sergueevitch Stroganov voulait lui faire visiter son cabinet d'histoire naturelle et lui présenter un 'lama', sans doute pour l'informer sur le bouddhisme lamaïste (brouillon de lettre du 24 février 1762, Saint-Pétersbourg, Archives de l'Académie des sciences, F. 21, *opis* 3, n° 308-21, f.1).

ministre, de M. le comte de Merci,[21] ambassadeur de l'impératrice reine, et de M. le baron de Breteuil, ministre plénipotentiaire du roi de France. Ces ministres, aussi instruits que curieux, avaient désiré d'acquérir de nouvelles connaissances sur ces objets.

Celles que je me procurai par le moyen de cet interprète, se trouvèrent absolument conformes à celles que j'avais eues des ambassadeurs calmouks. Je m'étais lié avec eux dans le dessein de m'instruire, je n'y voyais aucun inconvénient; ces ambassadeurs étaient d'ailleurs des plus aimables. Quoiqu'ils eussent conservé la fierté tartare au milieu de leur infortune, ils se livrèrent avec le plus grand zèle à l'empressement que je leur témoignai de me lier plus intimement avec eux; mais M. le gouverneur en ayant été informé, défendit, sous les plus grandes peines, à l'interprète qu'ils avaient auprès d'eux, de se prêter à notre correspondance. Elle ne dura que sept à huit jours, et je n'ai jamais été à portée de les revoir.

La religion des Calmouks-Zongores est la même que celle du Tibet, dont le dalai lama est le souverain pontife. Cette religion est fort étendue; elle s'est répandue dans l'Inde, la Tartarie et la Chine: elle a souffert cependant quelques changements dans ces différents Etats, suivant les intérêts des princes, et des lamas ou prêtres. La mythologie des idoles que j'ai apportées, peut répandre du jour sur cette matière intéressante; mais il est nécessaire de donner d'abord une idée de cette religion, qui paraît être la même que celle de la secte de *Fo* parmi les Chinois.[22]

'Le Dalai Lama est l'image vivante du dieu que les Chinois appellent *Fo* et les lamas *La**. Fo était un prince qui naquit 1026 ans avant Jésus-Christ,[23] et qui régna dans une partie de l'Inde, que quelques-uns nomment *Chang-tyen-cho*. Il se fit passer pour Dieu, qui s'était revêtu de la chair humaine.[24] Ses disciples prétendirent, à sa mort, qu'il n'avait disparu que pour un temps, et qu'il reparaîtrait bientôt. Ils publièrent en effet sa nouvelle apparition, qui arriva au jour marqué par le Dieu *Fo*. Cette tradition, en passant de siècle en siècle, a acquis d'autant plus

---

* J'ai pris cet extrait dans le tome VII de l'*Histoire générale des voyages* de M. l'abbé Prévôt.

---

21. Le comte Florimond Mercy d'Argenteau (1727-1794), diplomate autrichien, fils adoptif du comte Claudius Florimond Mercy (1666-1734), maréchal autrichien. Il fut ambassadeur à Paris de 1766 à 1790, puis à Londres en 1794.

22. Fô est en effet le nom du Bouddha en Chine. Le mot *bouddhisme* n'apparaît qu'en 1823, mais l'*Encyclopédie* parle dès 1765 du 'budsdoïsme' dans les articles 'Siaka' et 'Siako'; le mot *lamaïsme*, qui désigne le bouddhisme des Tibétains, des Mongols et des Kalmouks, ne date que de 1845 (et, sous la forme *lamisme*, de 1813).

23. On lit dans l'*Encyclopédie* (art. 'Siaka, *religion de*', xv.147b): 'Les Budsdoïstes disent que Siaka naquit environ douze cens ans avant l'ère chrétienne'. On sait que le Bouddha historique vivait au VIᵉ siècle avant J.-C. mais que, d'après la tradition, il avait eu d'innombrables vies antérieures, et que plusieurs bouddhas l'avaient précédé. Peut-être Chappe emprunte-t-il son information à Du Halde (1735, iii.19-26, sur Fô).

24. Ce début est tiré de l'*Histoire générale des voyages*, 1749, vii.121.

d'autorité, qu'elle se trouve confirmée par les anciens écrits de leurs auteurs, et qu'on l'entretient dans ce peuple ignorant, par une suite d'impostures.

Le Dalai Lama ou Lama-Dalai est regardé dans cette contrée comme le Dieu *Fo* incarné. On le nomme aussi Père éternel. On lui donne tous les attributs de la divinité, et par conséquent l'immortalité. Pour entretenir cette imposture les lamas ou prêtres choisissent dans tous ses Etats un enfant qui a quelque ressemblance avec le grand Lama. On l'élève dans l'intérieur de son palais, pour le substituer à la place du grand Lama lorsqu'il vient à mourir. Cette fraude est aisée à entretenir chez ce peuple, parce que le grand Lama ne paraît jamais en public, et que tout le monde n'a pas la liberté de paraître devant lui. Aucun voyageur n'a pu en effet avoir cet avantage.'[25]

Grueber*[27] raconte, d'après le témoignage des habitants de Barantola, 'que le grand Lama se tient assis sur une espèce de lit très riche, dans un profond appartement de son palais, orné d'or et d'argent, illuminé d'un grand nombre de lampes. En approchant de lui, ses adorateurs se prosternent, baissent la tête jusqu'à terre, et lui baisent les pieds avec une vénération incroyable. Il a toujours le visage couvert, et ne se laisse voir qu'à ceux qui sont dans le secret.

Le grand Lama[28] reçoit cependant les adorations de ses sujets et d'une multitude d'étrangers qui viennent de fort loin pour lui rendre un culte comme à la divinité. Les kans et les autres princes y viennent de même pour l'adorer et lui apporter leurs hommages. Ils sont traités de la même manière que les plus vils de leurs sujets. La seule faveur qu'il daigne accorder à tous ses adorateurs, est de mettre la main sur leur tête, et ils se croient lavés de tous leurs péchés.

Le grand Lama est dans une si grande vénération, surtout dans le Tibet, que, suivant Grueber, les grands de ce pays se procurent, avec

---

* Tome VII de l'*Histoire générale des voyages*, p. 123 et suivantes.[26]

---

25. Ce passage, à partir de 'Ses disciples', est remanié et abrégé de l'*Histoire générale des voyages*, vii.121-22.

26. En fait, Chappe a cité librement Prévost, en faisant une sorte de montage de citations, sans respecter l'ordre de l'original. Ce qu'il rapporte d'après l'*Histoire générale des voyages* 'ne mérite pas autant la croyance du public que le reste de sa relation', car 'ceux qui ont parlé de la religion des Lama & des Kalmoucks, l'ont fait en gens prévenus sur certains articles' (Amiot, 1776, p.431).

27. Johann Grüber (v.1620-1665), jésuite autrichien, né à Linz. Parti de Rome en 1656, il arrive à Macao en 1659. Mathématicien, il est accueilli à Pékin, puis revient en Europe en 1661, après avoir traversé à pied la Tartarie, l'Hindoustan et la Perse. Reparti pour la Chine en passant par la Russie, il se rend à Constantinople, où il tombe malade, et retourne en Italie, où il meurt à Florence à l'âge d'environ quarante-cinq ans. Auteur d'ouvrages en latin, dont certains ont été composés d'après ses récits oraux. Plusieurs ont été traduits en français et en italien.

28. Un signet de Voltaire, pour les p.298-99 de l'édition originale (p.511-12), porte la mention *gr*[*and*] *lama* (*CN*, ii.489).

beaucoup d'empressement, quelques parties de ses excréments qu'ils portent autour du cou en forme de reliques.[29] Les Moungols sont dans le même préjugé suivant Gerbillon, et tous ses adorateurs croient qu'on se garantit de toutes les infirmités corporelles, pourvu qu'on ait au cou de ces reliques, et qu'on mêle de l'urine du grand Lama dans les aliments dont on fait usage.[30] Ces précieuses reliques produisent un grand revenu aux lamas, par la vente qu'ils en font à la multitude des peuples qui en viennent chercher.[31]

L'étendue de la religion du grand Lama, l'a obligé d'avoir des vicaires qui le représentent: on les nomme *kutuktus* ou *koutoukta*;[32] le nombre n'excède jamais deux cents: ils sont regardés comme de petits dieux, mais dépendants du Dalai-Lama. Plusieurs se sont cependant rendus indépendants, en s'attribuant les pouvoirs du Dalai-Lama. Des souverains éclairés ont même favorisé cette désunion, pour diviser cette puissance trop étendue.

Les lamas ou prêtres sont subordonnés aux koutoukta, de façon qu'on trouve dans le Tibet une espèce de hiérarchie ecclésiastique pour le maintien de la discipline, et qui a beaucoup de rapport à celle de l'Eglise romaine. On y voit différents grades qui répondent à ceux de nos archevêques, de nos évêques et de nos prêtres. On y voit aussi des abbés et des abbesses, des prieurs, des provinciaux et d'autres supérieurs dans les mêmes degrés pour l'administration du clergé régulier. Les lamas ou prêtres qui ont la conduite des temples dans toute l'étendue du royaume, sont tirés du collège des disciples; les simples lamas officient en qualité d'assistants dans les temples et les monastères. Le nombre de ces lamas est incroyable, ils sont communément des plus ignorants.[33]

Bentink raconte que plus de vingt mille lamas habitent au pied de la montagne de Putola, où le Dalai-Lama fait sa résidence. Ces lamas

---

29. Ce début de paragraphe est abrégé de la p.124 de Prévost.

30. Selon Hübner, la 'populace' conserve soigneusement toutes ses reliques, fait des amulettes de ses excréments et regarde son urine comme un préservatif contre toutes sortes de maladies (Hübner, 1757, iv.204-205). Voltaire écrit en 1771 dans son *Epître au roi de la Chine*:

'Plus loin du grand lama les reliques musquées
Passent de son derrière au cou des plus grands rois'

'Il est vrai que le grand lama distribue quelquefois sa chaise percée à ses adorateurs' (note de Voltaire, M.x.420). Dès 1765, dans la 'huitième question' de l'article 'Religion' du *Dictionnaire philosophique*, Voltaire rapportait que le dalaï-lama distribuait sa chaise percée aux deux sectes rivales (sans doute songeait-il déjà à ce passage de l'*Histoire générale des voyages*).

31. Ces deux paragraphes, depuis 'Le grand lama reçoit cependant les adorations', sont un remaniement de la p.124 de Prévost.

32. Les *khoutouktous* sont les incarnations de bouddhas moins importants que le dalaï-lama ou le panchen lama, de bodhisattvas et de saints indiens. Ce passage sur les *khoutouktous* est un abrégé des p.125-26 de Prévost.

33. Depuis 'l'étendue de la religion', deux paragraphes très remaniés et abrégés des p.125-26 de Prévost.

environnent cette montagne en demi-cercle à différents degrés de proximité, suivant que leur rang ou leur dignité les rendent plus ou moins dignes de s'approcher de leur souverain pontife.[34]

Le grand Lama ayant renoncé à toutes les affaires temporelles, même depuis la donation qui lui a été faite du Tibet, il choisit un vice-roi pour gouverner en son nom et par son autorité ses Etats. Ce vice-roi est connu sous le nom de *tipa,* que d'autres écrivent *deva*: il fait sa résidence à Tonker, capitale du Tibet, à peu de distance de la montagne de Putola.[35]

Les pères Grueber et Desideri,[36] jésuites, ainsi que le père Horace de la Penna,[37] capucin, ont remarqué une grande conformité entre les pratiques de notre religion et celle du Tibet.

Quelques-uns de ces ministres évangéliques se sont imaginé que le christianisme ayant été prêché dans ces régions du temps des apôtres, il en est resté des traces dans les anciens livres des lamas. Leurs conjectures ont plusieurs fondements. 1°. L'habillement des lamas, qui ressemble assez à celui des apôtres. 2°. Leur subordination, qui a quelque rapport avec la hiérarchie ecclésiastique. 3°. Une ressemblance sensible entre leurs cérémonies et celles de l'Eglise romaine. 4°. Leur idée d'une incarnation. 5°. Les maximes de leur morale.[38]

Gerbillon remarque avec étonnement que les lamas ont l'usage de l'eau bénite, le chant dans le service ecclésiastique, et la prière pour les morts; que leurs habits ressemblent à celui sous lequel on représente les apôtres; qu'ils portent la mitre comme nos évêques; enfin que le grand Lama tient à peu près parmi eux le même rang que le souverain pontife dans l'Eglise romaine. Grueber va plus loin: il assure que sans avoir jamais eu de liaison avec un Européen, leur religion s'accorde sur tous les points essentiels avec la religion romaine. Ils célèbrent un sacrifice avec du pain et du vin; ils donnent l'extrême-onction; ils bénissent les mariages; ils font des prières pour les malades; ils font des processions; ils honorent les reliques de

---

34. Ce paragraphe est extrait de la p.123 de l'abbé Prévost.

35. Ce paragraphe est un remaniement de la p.130 de Prévost. Chappe a ajouté la dernière phrase: 'il fait sa résidence à Tonker [...] de Putola'.

36. Le père Ippolito Desideri (1684-1733), jésuite italien envoyé en mission au Tibet en 1712, arrive à Lhassa en 1716 après avoir séjourné à Goa, à Lahore, à Delhi et au Cachemire. Loin de remarquer une 'grande conformité' entre les pratiques du christianisme et du lamaïsme, il a tenté, dans un mémoire en tibétain, de réfuter la 'fausse religion' du Tibet. En 1727, il fut rappelé par Benoît XIII. Sachant parfaitement le tibétain, Desideri est le premier à donner une description complète du Tibet (flore, faune, mœurs des habitants, organisation sociale, et surtout lamaïsme). Ses *Mémoires* sur le Tibet, découverts en 1875, ne furent publiés qu'en 1904. Prévost ne pouvait donc connaître ses écrits, et n'était informé sur lui qu'indirectement.

37. Horace della Penna (1680-1747), capucin italien, nommé chef de mission en 1719 pour évangéliser le Tibet. De retour à Rome en 1735, il repart en 1738 avec des présents et deux brefs pontificaux pour le roi du Tibet et le grand lama. Della Penna avait étudié le tibétain. Sa *Relation du commencement et de l'état présent du grand royaume du Tibet* parut en italien à Rome en 1742.

38. Tiré, avec des suppressions, des p.118-19 de Prévost.

leurs saints, ou plutôt de leurs idoles; ils ont des monastères ou des couvents de filles; ils chantent dans leurs temples comme les moines chrétiens; ils observent divers jeûnes dans le cours de l'année; ils se mortifient le corps, surtout par l'usage de la discipline; ils consacrent leurs évêques; ils envoient des missionnaires qui vivent dans une extrême pauvreté, et qui voyagent pieds nus jusqu'à la Chine.[39] Je ne rapporte rien, dit Grueber, que sur le témoignage de mes propres yeux.

Horace de la Penna rend témoignage de son côté que la religion du Tibet est comme une image de celle de Rome. On y croit un seul Dieu, une Trinité, mais remplie d'erreurs, un paradis, un enfer, un purgatoire, mais avec un mélange de fables. On y fait des aumônes, des prières, et des sacrifices pour les morts. On y voit un grand nombre de couvents, où l'on ne compte pas moins de trente mille moines, qui font les vœux de pauvreté, de chasteté, d'obéissance, et plusieurs autres. Ils ont des confesseurs que les supérieurs choisissent, et qui reçoivent leur pouvoir du lama comme d'un évêque; sans quoi ils ne peuvent entendre les confessions, ni imposer des pénitences. La forme de leur hiérarchie n'est pas différente de celle de Rome; car ils ont des lamas inférieurs choisis par le grand Lama, qui ont l'autorité des évêques dans leurs diocèses respectifs, et d'autres lamas subalternes, qui représentent les prêtres et les moines. Ajoutez, dit le même auteur, qu'ils ont l'usage de l'eau bénite, de la croix, des chapelets, et d'autres pratiques chrétiennes.

Quelques missionnaires, tels que Régis,[40] n'en mettent pas moins les peuples du Tibet au nombre des idolâtres; d'autres voudraient nous persuader que ces peuples étaient autrefois chrétiens, et qu'ils ont malheureusement dégénéré. Andrada[41] prétend qu'ils conservent encore une idée des mystères chrétiens, mais confuse et fort altérée.'[42]

Malgré les ressemblances que l'on vient de rapporter de la religion du Tibet avec le christianisme, M. l'abbé Prévôt conclut que l'opinion de ceux qui prennent la religion du Tibet pour une corruption du christianisme, n'est qu'une conjecture mal établie.

Les connaissances que j'ai acquises de la religion du Tibet, peut-être corrompue par les Calmouks-Zongores, supposent que ces peuples ont eu

---

39. Note marginale de Voltaire pour les p.300-301: 'Ces rites ont été ceux de presque tous les peuples' (*CN*, ii.489).

40. Saint Jean François Régis, jésuite français (1597-1640), surnommé l'Apôtre du Vivarais.

41. Antonio de Andrade (vers 1580-1634), jésuite portugais. Envoyé en Inde, il pénétra par deux fois au Cachemire et au Tibet, en 1625 et 1626. Il semble avoir été le premier voyageur occidental à pénétrer dans cette région du monde. La traduction française de ses *Voyages au Thibet* ne paraîtra qu'en 1796. Il trouve effectivement des points communs entre le christianisme et le lamaïsme (voir Jan, 1992, p.1099 et 1112).

42. Depuis 'Gerbillon remarque avec étonnement', ces passages sont extraits des p.119-20 de Prévost.

une idée confuse du christianisme;[43] je me bornerai dans ce qui suit, à rapporter ce que j'en ai su par les ambassadeurs calmouks, et par le lama dont j'ai parlé.

Les Calmouks-Zongores admettent trois ordres de divinités. Les premières sont sorties des eaux, elles ont créé celles du second ordre, les étoiles, le soleil, la lune et les planètes. Les divinités du second ordre ont créé les hommes, des plantes, des fleurs et des pierres; et les dieux du premier ordre ont déifié par la suite les hommes qui ont aimé la vertu.

Dans le principe la terre était toute couverte d'eau. Un grand vent qui s'éleva des quatre parties du monde, y excita un si grand mouvement, que les terres furent culbutées. Quatre-vingts montagnes se formèrent alors, quarante s'élevèrent au-dessus de la surface des eaux et formèrent un petit continent; sept dieux parurent après un certain temps; ils avaient des ailes et voltigeaient sur la surface de ce continent. Quatre de ces dieux s'acquittèrent de certains besoins de la nature, leurs excréments étaient du miel. Deux de ces dieux de différents sexes en ayant mangé, furent privés des facultés de monter au ciel avec les autres: ils restèrent sur la terre qu'ils peuplèrent.

Le nombre des dieux du premier ordre est de mille;[44] ils doivent régner chacun à leur tour, et six de ces dieux, dont je vais rapporter les noms, ont déjà fini leur règne.[45] Ce sont:

1°. Sandgi-namzic,[46] qui signifie bon inspecteur.

2°. Zougdor,[47] c'est-à-dire, chevelu.

3°. Tamdgetgob,[48] qui signifie, miséricordieux.

4°. Korwa-dgiguedan,[49] celui qui ruine le monde en transportant les âmes en paradis.

5°. Sertoupe,[50] le créateur de l'or.

6°. Ostroune,[51] gardien du monde.

---

43. Les Kalmouks n'ont pas eu d'idée, même 'confuse', du christianisme. L'erreur de Chappe, comme celle d'Andrade, remonte peut-être à la croyance au prêtre Jean.

44. Ce sont les mille bouddhas du passé.

45. Il s'agit des six bouddhas du passé, prédécesseurs immédiats de Gautama.

46. *Sang-dui*, nom tibétain de Guhyapati, un des Yi-dam (dieux tutélaires). Maître des secrets, forme tantrique de Vajradhâra.

47. *Dus-khor*, nom tibétain de Kâlachakra. Un des Yi-dam.

48. *Bde-mchog*, un des Yi-dam. Nom tibétain de Samvara, hypostase d'Akshobhya (Akshobhya est l'un des cinq Bouddhas de sagesse, l'Immuable, l'Inébranlable, qui subjugue les passions démoniaques).

49. *Gigei-ten*, nom japonais d'Ishâna, aspect farouche de Shiva, le dieu brâhmanique de la destruction et de la création.

50. *Gser-thub*, nom tibétain de Kanakamuni, un des Bouddhas du passé.

51. *Hod-srung*, nom tibétain de Kâshyapa, le prédécesseur immédiat de Gautama.

7°. Chaque-dgumeni,[52] est celui qui règne actuellement; il porte le nom d'une famille distinguée qui règne dans l'Inde.

8°. Maidiry,[53] c'est-à-dire, le pourvoyeur en tangout *Dgamba*.

Ce dernier doit succéder à Chaque-dgumeni; mais la fin du monde arrivera avant son règne; il annoncera aux hommes cet événement.

L'Antéchrist paraîtra au milieu des sept soleils qui brûleront tout ce qui sera sur la surface de la terre; une pluie abondante éteindra le feu, et Maidiry montera au ciel pour y prendre possession de la primauté. Les habitants du monde précédent, qui auront aimé la vertu, iront alors en paradis, et ceux des enfers[54] viendront peupler la terre: les plus méchants animeront d'abord les corps des plus vils insectes: ils passeront après leur mort dans le corps d'autres animaux plus parfaits; et ils parviendront à l'état d'homme après différentes transmigrations.[55]

On sera sans corps en paradis, et cependant on y jouira de tous les plaisirs imaginables, qui seront alors analogues à la nature de l'âme. On ne pourra néanmoins entrer en paradis qu'à la fin de chaque monde; mais les hommes qui meurent dans un état de sainteté, sont dans une grande place située devant le paradis, d'où ils voient les dieux en attendant la résurrection.

Ces peuples admettent un enfer où l'on souffre de grands tourments; on en sort à la fin de chaque monde pour venir repeupler le nouveau, ainsi que je l'ai déjà dit, et l'on n'entre en paradis qu'autant qu'on a pratiqué la vertu pendant qu'on était sur la terre.

Les réprouvés les moins criminels sont sur un cheval de bronze perpétuellement rouge par la vivacité du feu qu'on entretient dans sa capacité. Un réprouvé pressé de la soif, jouit de la facilité de se transporter au bord d'un étang ou d'une rivière; mais sitôt qu'il en veut approcher, il en sort des couteaux et des sabres qui l'empêchent de boire. Des diables ont la direction des enfers.

L'Antéchrist sera conçu par une vierge, fille du roi du Japon, et par le dieu des enfers Herlick-han.

---

52. *Câkyamuni*, ou Gautama, le Bouddha historique.

53. *Maïdari*, nom mongol de Maitreya, le Bouddha du futur. Maitreya vit actuellement sa dernière existence de Bodhisattva. Il est le 'Bienveillant' qui apparaîtra pour remettre en branle la roue de la Loi.

54. Selon le bouddhisme theravâda, il y a toute une série d'enfers non éternels. Cette notion est empruntée à la mythologie indienne, selon laquelle il existe seize enfers, huit froids et huit chauds.

55. Le bouddhisme, comme l'hindouisme, admet que l'enfer, pas plus que le paradis, n'est éternel: après l'expiation, l'esprit reprend dans l'échelle des êtres la place qu'il mérite. L'*Encyclopédie* l'avait compris: selon elle, les 'âmes malheureuses', après avoir été renvoyées dans le monde 'pour animer les animaux impurs', 'passent successivement dans ceux des animaux plus nobles, jusqu'à ce qu'elles puissent rentrer dans des corps humains' (art. 'Siaka, *religion de*').

[10]. *Révolution des Calmouks-Zongores en M.DCC.LVII*

HERLICK-HAN*,[66] signifie *Diable, Satan, Roi.* Il est cruel et méchant. C'est lui qui juge les hommes, ils croient que les autres divinités ont trop

---

* Herlick-han (n° XVII)

    Cette idole est représentée dans un tableau[56] de deux pieds de haut environ, sur un pied de large (l'original est réduit au tiers dans l'estampe). La toile est de lin: elle est imprimée par derrière d'une couleur blanche en détrempe; la peinture est aussi en détrempe†.

    Herlick-han est placé dans le milieu du tableau. Sa couleur est d'un bleu très foncé.[57] Sa tête a quelque rapport à celle d'un chat en fureur. Il a deux grandes cornes. Ses yeux sont rouges et les prunelles noires. Le bout du nez est rouge, ses sourcils sont enflammés. Il a un œil au milieu du front, et de la même couleur que les autres. Sa bouche est ouverte et très fendue. Elle est rouge, armée des deux côtés de deux grandes dents; le reste de la mâchoire est garni des dents ordinaires. On voit aux deux côtés de sa bouche deux touffes en or qui forment un triangle, et une semblable au-dessous du menton en forme de barbe. On observe sous son cou une espèce de collier avec de petits cercles blancs et un rond autour formant une médaille qui lui tombe entre deux grosses et larges mamelles. Sa tête est coiffée de cinq têtes de morts. Elles ont au-dessus des espèces d'ovales, dont le milieu est bleu foncé. Ses oreilles sont semblables à celles d'un âne, mais rouges en dedans. Elles portent à leurs extrémités deux cercles blancs faits en pendants d'oreilles. La tête est sur un fond formé de traits flamboyants en or. Il tient dans sa main droite une espèce de massue blanche disposée par anneaux. Elle ressemble à l'épine du dos d'un squelette d'animal. Elle est entortillée par le haut d'une draperie rouge, flottante, et se termine par une tête de mort. Les bouts des doigts de ses mains et de ses pieds sont armés de griffes. Il tient à sa main gauche une corde en forme de discipline, dont les extrémités sont garnies de deux

† On n'a fait aucun changement dans les dessins suivants, excepté dans celui de Herlick-han. On a supprimé le priape avec ses accessoires. Tous les dessins de ces idoles ont été faits d'après les originaux que j'ai apportés de Sibérie, et que les Russes avaient eus des Calmouks, lorsqu'ils abandonnèrent leur pays en 1757. Je les ai fait voir à des Calmouks instruits, à un de leurs prêtres ou lamas, et non seulement ils les ont reconnues, mais encore ils m'en ont donné les noms et la mythologie. Ces idoles sont donc des monuments authentiques de la religion de ces peuples.

    Le lecteur trouvera peut-être que je me suis trop appesanti sur la description de ces divinités.

    J'ai suivi ce plan, dans l'espérance que ces détails fourniraient les moyens de comparer exactement ces idoles à leurs semblables, qu'on a recueillies dans différentes contrées du globe, quoique très éloignées, et que cette comparaison pourrait jeter un grand jour sur la religion du Tibet.

    La plupart de ces idoles sont de bronze, de glaise, d'autres sont peintes. Elles peuvent par conséquent nous faire connaître l'état des arts parmi ces peuples, et nous donner une idée de leur génie.

    Tous leurs tableaux sont peints par des teintes plates, ainsi que ceux des Chinois. J'avais cru entrevoir que les Calmoucks avaient un système de couleurs pour exprimer leurs idées, ainsi que nous en avons dans le blason, et qu'on pourrait même déterminer la contrée où cette religion a pris naissance par la nature des ornements et des plantes analogues à ces pays; mais en relisant mon ouvrage, je n'ai pas été assez satisfait de mes réflexions sur ce sujet; je les ai supprimées, et me suis borné à rapporter des faits.

---

56. Les six 'tableaux' que Chappe a fait reproduire sont des *thang-ka* ('chose que l'on déroule', en tibétain). Ces peintures sur toile étaient utilisées pour la décoration des monastères ou des temples bouddhiques quand elles avaient de grandes dimensions. Elles servaient à la méditation des moines. Les 'tableaux' rapportés par Chappe, de dimensions plus modestes, semblent récents (peut-être du début du XVIIIe siècle).

57. Il s'agit donc de *Phyi-Sgrub*, le 'ministre de l'Extérieur', l'un des trois aspects sous lesquels est représenté Yama au Tibet et en Mongolie. C'est le protecteur de la secte des 'Bonnets jaunes'.

Carême de Fécamp del.   C. Baquoy Sculp.

XVII. Idoles des Calmuczs Zungores. Erlik-Han
Collections de la Bibliothèque municipale de Rouen.
Photographie Thierry Ascencio-Parvy

anneaux de fer;[58] et on observe dans un de ces anneaux une pointe sous la forme d'ardillon. L'intérieur de ses mains et la plante de ses pieds sont rouges. On voit sur ses cuisses des têtes humaines garnies de leurs cheveux. Elles sont toutes rouges et attachées à un cordon qui est sur ses épaules en forme de bandoulière. Son priape est en érection. Le bout du gland est rouge, ses testicules sont gros et ressemblent à ceux d'un homme (supprimés dans la gravure); les pieds de cette idole sont posés sur un animal. On voit à ses bras et à ses poignets des espèces de bracelets blancs. Le fond sur lequel ce dieu est placé est composé d'ornements contournés en or et en rouge. Ces ornements finissent en espèce de flammes rouges sur un fond de nuages très bruns, semblables à de la fumée.

La figure située à sa gauche est aussi bleue.[59] Elle lui présente un vase blanc fait en forme de crâne. Il contient une liqueur rouge qui paraît être du sang. Ses cheveux épars lui reviennent par devant. Ses yeux sont blancs; il en a un au milieu du front. Les prunelles sont noires et le tour rouge; ses sourcils sont en or. Cette figure est coiffée de trois têtes de morts semblables à celles de Herlick-han, avec cette différence que la première porte une fourche à trois branches de la forme d'un trident, qui est d'un bleu clair. Elle tient à son bras gauche un bâton au bout duquel est un drapeau qui voltige; il est terminé par une tête de mort et par une fourche à trois branches. Ce dieu porte un ornement en or à son oreille sous la forme de pendant. Il paraît avoir une soubreveste faite de la peau d'un cerf ou d'une renne. La tête de cet animal située en bas, est cependant différente de celles de ces animaux: elle a des cornes et des oreilles; le bout du museau est rouge; mais les pattes ressemblent aux pieds d'un cerf. Cette soubreveste est entre ses mamelles. Elles sont si allongées qu'elles ressemblent à des cornes. On voit une draperie rouge sur sa poitrine. Cette divinité a un pied sur le même animal, que le dieu Herlick-han. Cet animal ressemble à quelques égards à un taureau[60] par les pieds, la queue, les oreilles et les cornes. Le bout du nez, sa langue et l'intérieur de ses oreilles sont rouges. Il a à sa mâchoire supérieure une grosse dent, et trois à l'inférieure. On voit sous cet animal une figure humaine toute nue; elle est couleur de chair et couchée sur un plateau d'un rouge souci, et divisé par losanges en or. La figure humaine tient de sa main droite un des pieds de l'animal. Ses cheveux sont plats. Les ornements placés au milieu du plateau forment des espèces de feuilles rouges dans le milieu, et les bords sont d'un vert foncé. Il y a au-dessous d'autres ornements; ils sont placés dans un vase semblable à celui que ces divinités tiennent presque toujours à la main. Ils semblent indiquer une boisson. Le grand vase qui forme ici un ornement, a dans son milieu une espèce de tente dont les draperies sont à l'extérieur bleues, et dans l'intérieur couleur de rose. On voit à un côté de la tente deux vases remplis d'une liqueur rouge; ils sont blancs, ainsi que tous ceux qui sont dans cette image. Les ornements servent de supports à la figure principale: ils sont placés sur une terrasse. On y voit un lac, des feuillages et des fleurs.

L'idole placée au bas à la gauche de Herlick-han, est bleu foncé:[61] elle ressemble à la luxure. Ses yeux sont blancs et ses sourcils en or. Elle a un œil dans le milieu du front. Le dessus de sa tête est couronné de cinq têtes de morts, ainsi que le dieu Herlick-han, avec cette différence cependant que celle du milieu porte une fourche à trois branches. Les pendants de ses oreilles sont d'or; sa bouche est ouverte, ses lèvres sont rouges. Il a trois dents en haut et autant en bas avec deux crocs à chaque côté. Il y a aux deux coins de sa bouche deux espèces de moustaches en or, et une autre sous sa lèvre inférieure avec un collier en or à son cou. Le bout de son nez, le dedans de ses mains et la plante de ses pieds sont rouges. Elle tient de sa main gauche un vase qu'elle semble porter à sa bouche, et un autre de la main droite qui ressemble à une saucière. Elle a des ornements, ainsi que Herlick-han, au-dessous de sa poitrine, à ses bras et à ses poignets. Ses mamelles sont

58. Chappe a bien vu que la massue et la corde sont les attributs de Yama.
59. Yamî, sœur de Yama (identifiée par Gilles Béguin, communication orale).
60. Yama danse sur un buffle. Sa tête est celle d'un buffle.
61. Yama sous son aspect de démon effrayant, Antarasâdhana-dharmarâja, 'roi de la Loi' (voir Béguin, 1990, n° 71, p.128-29, et Béguin, 1995, n° 198).

grosses et larges. Elle est encore entourée, ainsi que Herlick-han, de têtes d'hommes garnies de leurs cheveux. Ces têtes sont attachées à une ceinture placée sur une peau qui paraît être de tigre. On en voit une patte sur la jambe droite de la divinité. Ses pieds sont posés sur une figure humaine toute nue et couchée sur un plateau qui est d'un jaune ardent et de forme ovale. Ce plateau est dans une figure triangulaire d'un bleu foncé, où l'on voit différents ornements. On trouve au bas et à côté du triangle un vase semblable à ceux dont on a parlé, et il a à côté trois arbres; deux sont d'un vert foncé, et le troisième bleu. Ils portent tous les mêmes fruits[‡]. Ils sont ronds et d'un rouge très vif. Les espèces de gloire qui entourent ce dieu, ressemblent à des flammes: elles sont en or et rouges, et terminées par des nuages.

Le dieu placé en bas, à droite de Herlick-han, paraît être Herlick-han lui-même:[62] il a encore quelques rapports avec celui dont on vient de parler; mais sa couleur est d'un rouge foncé, et l'animal d'un rouge clair. Ce dieu tient à sa main droite une espèce d'ornement qui se termine en pointes enflammées.

La figure placée en haut, à gauche de Herlick-han,[63] ressemble à une femme: elle paraît adresser la parole à ce dieu: elle a un air gracieux: son visage, son cou et ses bras sont d'une couleur de chair. Ses yeux sont parfaitement semblables à ceux des Calmoucks, petits et longs; sa coiffure est en pointe. Son habit est composé de différentes draperies rouges et jonquilles. (Cette dernière couleur est représentée dans la gravure par le blanc, les fleurs en or sont pointillées.) L'espèce de gloire qui l'environne est bleue.

La figure placée en haut, à droite de Herlick-han,[64] ressemble aussi à une femme. Elle regarde ce dieu, et paraît en contemplation. Elle a ses jambes croisées. Son visage, ses pieds sont d'une couleur de chair. Ses yeux sont aussi semblables à ceux des Calmoucks et des Chinois. Sa coiffure est en forme de capuchon qui descend sur son dos. Son habillement est jonquille, souci, et d'un rouge foncé. (La couleur jonquille est en blanc dans la gravure. Le souci est exprimé par de larges travaux, ils sont fort rapprochés dans la couleur rouge.) Cette divinité tient dans ses mains les queues de deux branches qui se relèvent sur les côtés, et qui ont des fleurs à leurs extrémités. On voit sur la branche à gauche, un livre à ce qu'il paraît, et à l'autre un cimeterre flamboyant. La grande gloire de cette figure est couleur de rose, et celle qui est autour de la tête est bleue.

La figure placée en haut au milieu des deux autres,[65] paraît un jeune homme d'une jolie figure. Il est presque nu. Il tient d'une main un cimeterre flamboyant, et de l'autre une branche où l'on voit des fleurs et un livre. Sa coiffure est un bonnet en forme de pyramide. On y reconnaît des pierreries sur la partie qui lui ceint le front; ses yeux ont aussi beaucoup de rapport avec ceux des Calmoucks; mais sa physionomie est absolument différente des deux autres divinités. Sa carnation est d'un rouge très foncé, couleur de souci. Ses jambes sont croisées. Des draperies qui voltigent forment son habillement. Elle a plusieurs gloires concentriques. Celle du milieu est bleue; la seconde est composée de différentes nuances en forme de rubans de diverses couleurs; et la troisième est une guirlande de feuillages et de fleurs. On voit à ses côtés le soleil et la lune.

‡ Il paraît que ces animaux et ces plantes sont l'effet de l'imagination du peintre. J'ai consulté M. de Jussieu à ce sujet, et il est du même avis.

---

62. Comme l'observe justement Chappe, il s'agit bien ici d'une émanation de Yama, *Rakta Yamarâja*. (D'après G. Béguin: voir Chandra, 1991, p.115, n° 162.) C'est même la plus répandue au Tibet et en Mongolie, celle appelée *Gsang-sgrub*, et qui fut vaincue par Mañjuçri (Mahâvajrabhairava ou Yamântaka).

63. Divinité difficile à identifier.

64. Il s'agit en fait, selon G. Béguin, de *Tsong-kha-pa* (1357-1419), roi fondateur de la plus importante secte tibétaine, les dGe-lûgs-pa, les 'Vertueux', distingués par leurs Bonnets jaunes. Il a les mains en *Dharmachakra-mudrâ* (mise en branle de la roue de la Loi).

65. Mañjuçrî (identifié par G. Béguin). Comme tous les bodhisattva, qui retardent leur entrée dans le Nirvana, il est éternellement jeune d'aspect et représenté comme un adolescent.

de bonté pour condamner les coupables. Aussi les Calmoucks offrent beaucoup de sacrifices à Herlick-han pour implorer sa clémence. Il a seize juges avec lui.[67] Huit sont pris parmi les divinités du sexe masculin, et les autres parmi celles du sexe féminin.

IAMANDAGA*,[70] suivant les ambassadeurs calmoucks, et Macha Alla,[71] suivant le prêtre que j'ai consulté, est un démon du second ordre. Les Calmoucks ont pour ce dieu la plus grande vénération.

---

* Iamandaga (n° XVIII).[68]
Cette divinité est représentée dans un tableau semblable à celui de Herlick-han. Elle a six bras et deux jambes. Elle est toute nue et d'une couleur bleue foncée (cette couleur est exprimée dans la gravure par un travail serré), excepté l'intérieur des mains, la plante des pieds, le bout du nez, le tour de la bouche et la langue qui sont d'une couleur rouge foncée (exprimés par des traits parallèles pointillés). Cette divinité a trois yeux ronds, dont l'un est au milieu du front; tous les trois sont blancs et les sourcils d'un jaune doré, ainsi que des espèces de moustaches placées à côté de la bouche et au-dessous du menton. Sa bouche est garnie de huit dents très blanches et de quatre crocs. Ses oreilles sont fort larges; elles ont à leurs extrémités un anneau avec un ornement en or, et un voile rouge qui voltige. Une espèce de collier en or termine le bas du visage; il est attaché à la naissance des oreilles. Sa coiffure est composée de fleurs, de têtes de morts et de deux cercles qui ont quelque rapport avec des cadrans. La tête de mort du milieu est soutenue par un trident entortillé d'un serpent. Le dieu porte à son cou un collier qui lui descend sur la poitrine. On y voit aussi des serpents entortillés. Cette idole tient avec deux de ses mains la peau d'un animal nouvellement écorché, elle est encore ensanglantée. Cette peau est placée derrière son dos. On voit en même temps dans sa main gauche une espèce de massue ou de sceptre terminé par une figure humaine, une tête de mort et un trident. Il tient de la troisième et de la quatrième mains des espèces de disciplines; et dans ses deux dernières mains deux vases, et elle paraît verser de la liqueur de l'un dans l'autre. Elle a au-dessous de son ventre beaucoup de têtes humaines, et pour ornement plusieurs serpents. On découvre à côté de ses jambes la peau et les pattes d'un animal; elles ont beaucoup de rapport à celles d'un tigre. Ce dieu est debout, et il écrase une figure dont les bras et les jambes sont semblables à

---

66. *Erlig khan* est le nom mongol de *Yama* ou *Yamarâja*, dieu de la mort et juge suprême des enfers. Au Tibet, il est considéré comme l'un des huit Dharmapâla, divinités terribles qui ont pour mission de défendre et maintenir la loi bouddhique. Comme les autres Dharmapâla, et ainsi que l'a observé Chappe (éd. présente, note*, p.517), il porte une couronne de cinq crânes qui symbolise peut-être les cinq *Jina* (Bouddha de vénération). Alors qu'en Chine il n'est que le cinquième juge, dans la mythologie indienne Yama est le roi des morts, juge suprême des trépassés. Il se trouve au centre des seize enfers (Frédéric, 1992, p.253).
Erlik (ou *Erblik*) désignait d'abord la planète Vénus divinisée, la 'Virile', la 'Vaillante'. Titre qu'on donne aussi à divers personnages puissants, c'est un guerrier qui tue les étoiles quand l'aube paraît. Sous l'influence du bouddhisme, Erlik est devenu un dieu des enfers et le roi des démons (équivalant à Yama), attesté en turc au moins dès 1202. Une tendance au dualisme portera Erlik, en certains cas, à entrer en rivalité avec le ciel... (Roux, 1981, ii.513).
67. Chappe a dû confondre avec les seize enfers. Il n'y a en effet, pour les bouddhistes, que dix rois ou juges des enfers. Yama est assisté par neuf assesseurs, qui sont probablement ses émanations.
68. Yamântaka, 'celui qui a vaincu Yama' (la mort) est une manifestation farouche du bodhisattva Mañjuçrî. Yamântaka, appelé également Mahâvajrabhairava, est la divinité tutélaire (Yi-dam) de l'ordre monastique des dGe-lûgs-pa.

XVIII. Idoles des Calmuczs Zungores. Iamandaga
Collections de la Bibliothèque municipale de Rouen.
Photographie Thierry Ascencio-Parvy

Carême de Fécamp del.   C. Baquoy Sculp.

XIX. Idoles des Calmuczs Zungores. Amid-Aba
Collections de la Bibliothèque municipale de Rouen.
Photographie Thierry Ascencio-Parvy

AMID-ABA*.[79] Cette divinité est celle du second ordre; elle est reconnue pour la déesse des fleurs; elle les change en hommes par sa seule volonté. Les hommes qu'on voit sur les côtés avec des espèces de trophées, sont du nombre de ceux à qui elle a donné la vie.

---

ceux d'un homme, et la tête à celle d'un animal. Il a sept autres divinités[69] autour de lui: les unes ont quelque rapport à celle dont on a parlé dans la description de Herlick-han, et on aura occasion de parler des autres par la suite. D'ailleurs la façon dont elles sont gravées suffit pour les expliquer, et me dispense d'entrer dans un plus grand détail à ce sujet.

* Amid-aba (n° XIX)

Ce tableau est semblable à ceux dont j'ai donné la description. Amid-aba est au milieu environnée d'une gloire: elle est assise les jambes croisées; elle tient entre ses mains un vase,[72] d'où coule une liqueur dans la bouche d'une figure placée au-dessous d'elle. Cette divinité a tous les traits des Calmoucks et des Chinois. Il paraît que c'est une femme qui a été déifiée:[73] sa carnation et ses pendants sont d'un rouge très foncé. (Cette couleur est exprimée dans la gravure par des traits parallèles pointillés.) Le vase et le bonnet qui forment sa coiffure, sont d'un vert très foncé; les draperies d'un souci foncé et jonquille, avec des ornements en or: la doublure est d'un bleu clair, où l'on voit aussi des ornements en or. (Le blanc exprime le jonquille dans l'estampe; les traits parallèles et éloignés, le souci; ceux qui sont serrés, le bleu; et tout ce qui est pointillé, les ornements en or.)

Les cinq divinités placées dans le haut et le bas du tableau, sont aussi des femmes: celle qui est à sa droite dans le haut[74] est toute nue, excepté les cuisses qui sont couvertes d'une draperie. Un voile verdâtre voltige autour du reste de son corps, où l'on voit beaucoup d'ornements semblables à nos colliers de perles. Elle a les mains jointes, et tient une branche terminée par des fleurs. Sa coiffure a beaucoup de rapport à une mitre d'évêque. Elle a sur le devant une croix en or. Tout ce qui est blanc indique les ornements en or.

La figure placée au haut de la gauche d'Amid-aba,[75] paraît être cette même déesse, avec cette différence, que sa carnation est exprimée par une couleur verte; elle tient d'une main une espèce de relique en or, dont le pied est un vase semblable à celui d'Amid-aba. L'habillement est d'ailleurs le même à tous égards.

La troisième divinité[76] diffère à peine de la première. Sa carnation est exprimée par une couleur bleue foncée, et les ornements par du rouge.

---

69. En haut, de gauche à droite de la gravure: peut-être Mahâkâla sous aspect Brahmânarûpadhara, bien qu'il ne brandisse pas la trompe en fémur humain, son attribut spécifique (Béguin, 1990, p.103-104); *Amitâyus*, aspect paré d'Amitâbha, le Buddha de l'ouest; *Tsong-kha-pa*; *Kâladevî* (en tibétain Dpal-ldan Lhamo), divinité farouche, la seule forme féminine du groupe des Dharmapâla. En bas, de gauche à droite, *Takkirâja*; *Ksetrapâla*; *Tra-kshad Nag-po* (identifiés par G. Béguin, communication orale).

70. Chappe, on le voit, a été embarrassé par des informations discordantes. Il ne s'agit pas de Yamântaka, mais, selon une communication orale de G. Béguin, de Mahâkâla sous son aspect sadbhuja (aux six bras).

71. Mahâkâla, le 'grand Temps' ou le 'Grand noir'. divinité particulière au Tibet, est l'un des huit Dharmapâla, protecteurs de la doctrine bouddhique.

72. Le vase d'ambroisie (*amrita*) indique qu'Amitâbha est représenté ici sous sa forme d'Amitâyus. Au Tibet, on le trouve souvent en étroit embrassement avec sa parèdre, la prajñâ Pândarâ.

73. Amitâbha n'est pas une déesse, mais le buddha de l'ouest.

74. Peut-être *Maitreya*, selon G. Béguin (communication orale).

75. Ce serait *Bhaisajyaguru*, le buddha de médecine, selon G. Béguin (communication orale).

76. *Vajradhâra* (identifié par G. Béguin, communication orale), un Adibuddha ou buddha primordial.

Nahon-douraky[†].[83] Cette divinité est une femme connue sous le nom de *Déesse de la douceur.*

Tabounisorton[‡] est une divinité du second ordre qui est ressuscitée cinquante-deux fois; aussi est-elle représentée dans le tableau par cinquante-deux figures semblables.

La quatrième figure placée au bas, à droite d'Amid-aba,[77] est aussi presque nue. Elle est coiffée en cheveux d'un noir très foncé. Une partie retombe sur ses épaules, et l'on voit un diamant au milieu de ceux qui sont relevés sur sa tête. Elle porte en bandoulière la peau d'un animal dont les jambes ressemblent à celles d'un cerf. Elle tient d'une main une branche avec un fruit. (Le blanc indique sa carnation, ainsi que dans l'original).

La cinquième figure[78] est aussi presque nue: elle a les cheveux noirs entrelacés dans différents ornements. Elle tient d'une main une branche avec un fruit, et de l'autre une espèce de foudre.

L'intervalle compris entre ces deux dernières figures, est enfermé d'une balustre où l'on observe différents ornements. On voit dans l'intérieur un amas de fleurs qui environnent la figure humaine dont on a déjà parlé, et qui soutient avec ses mains une espèce de relique. On y trouve encore des rivières où l'on voit des oiseaux aquatiques.

Les figures situées aux deux côtés d'Amid-aba au milieu des fleurs, ont toute la poitrine et l'estomac découverts. Le blanc dans la gravure indique la carnation, ainsi que dans l'original. Celles qui sont teintées sont en rouge. Il en est de même des trophées.

On voit au-dessus de ces figures des espèces de génies qui sont dans les airs. Ils tiennent d'une main un vase semblable à celui d'Amid-aba, et de l'autre une espèce de trident.

† Nahon-douraky (n° XX)

Ce tableau est semblable à ceux dont j'ai déjà parlé. Cette divinité est presque nue. Sa chair est d'un vert foncé.[80] Sa physionomie n'a aucun rapport à celle des peuples calmouks, sinon qu'elle a de grandes oreilles où l'on voit des pendants à peu près semblables. Ses cheveux noirs et entrelacés dans différents ornements, forment une coiffure qui s'élève en pyramide. Elle tient à chaque main une branche avec des fleurs.[81] L'intérieur des mains et la plante des pieds sont rouges, et l'on y observe un ornement en forme de cadran. Elle porte des bracelets à ses poignets, aux bras, à ses pieds, et différents ornements à son cou. On voit aussi au haut du tableau deux divinités. Celle à droite est le gardien du soleil,[82] et celle à gauche celui de la lune. On y observe une espèce de lapin.

‡ Tabounisorton (n° XXI)

---

77. *Avalokiteçvara* (l'un des huit grands bodhisattva du bouddhisme mahâyâna, puis du bouddhisme ésotérique, il est considéré comme une hypostase d'Amitâbha) sous son aspect Çittaviçrâmana (voir Chandra, 1991, p.243, n°627).

78. Est-ce *Çyâmatârâ* (la Târâ verte), selon G. Béguin (communication orale), ou la Târâ rouge, qui est la prajñâ (parèdre) d'Amitâbha, puisque, selon Chappe, les figures teintées sur la gravure sont en rouge?

79. *Amitâbha*, 'lumière infinie', est l'un des cinq 'buddha de contemplation' dans le bouddhisme ésotérique. De couleur rouge, assis en méditation, on lui attribue l'ouest comme direction de l'espace. Il a pour animal spécifique le paon. Son culte, né peut-être en Inde vers le deuxième siècle de notre ère, se répandit en Asie centrale, en Chine et surtout au Japon. En Extrême-Orient, un culte piétiste particulier permet par une ultime réincarnation de renaître dans sa Terre pure.

80. D'où son nom de *Târâ verte.*

81. Ces fleurs sont des fleurs de lotus de type utpala (*Nymphea*). A distinguer du lotus padma (*Nelumbium speciosum*), porté par d'autres divinités.

82. Mañjuçrî (brandissant son arme) et Çâkyamuni (identifiés par G. Béguin, communication orale).

83. Il s'agit de *Çyâmatârâ* (la Târâ verte), en mongol *Nogon Dara ekhe* (*Nahon douraky* fait penser au russe *duraki*, pl. de *durak*, 'imbécile'!). La Târâ verte est la contrepartie

Careme de Fecamp del.   *J.B. Tilliard Sculp.*

XX. Idoles des Calmuczs Zungores. Nahon Douraky
Collections de la Bibliothèque municipale de Rouen.
Photographie Thierry Ascencio-Parvy

Caresme de Fecamp del.   *J.B. Tilliard Sculp.*

XXI. Idoles des Calmuczs Zungores
Collections de la Bibliothèque municipale de Rouen.
Photographie Thierry Ascencio-Parvy

NAGUNSANA*.[86] Ce dieu est du second ordre. Il console des chagrins. Il en éprouva de si vifs étant homme, et il les soutint avec une si grande fermeté, qu'il mérita d'être déifié. Il se retira avant sa mort dans les forêts, où il vécut comme un ermite.

BOURSA†.[87] Cette divinité est de glaise. Elle a le pouvoir de conserver la beauté, et guérit des maladies vénériennes. Dans ce dernier cas ils la mettent en poudre et la mêlent dans leur nourriture. Ils ont une si grande confiance en ce dieu, que les ambassadeurs calmoucks ayant rapporté de Pétersbourg cette maladie pour fruit de leur ambassade, me firent prier de leur procurer un peu de cette poudre, en leur permettant de ratisser cette idole. Ils furent satisfaits; et quoique ce remède n'eût aucun succès, ils restèrent aussi convaincus de son efficacité, qu'on l'est dans d'autres pays de pareils remèdes.

Les lamas ou prêtres ont seuls le privilège de distribuer ces idoles, qu'ils vendent très cher. Ils prennent la glaise sur la montagne Putola, où réside le dalaï-lama. Partout ailleurs la glaise n'a point cette vertu miraculeuse.

Cette divinité est une femme[84] parfaitement semblable aux Calmoucks par la physionomie. Elle est assise sur un plateau les jambes croisées. Elle est nue en partie. Sa carnation et ses ornements sont rouges. Sa coiffure et son habillement ont beaucoup de rapport à ceux de la divinité de Nahon-douraky. Elle tient entre ses mains une espèce de vase, où l'on voit un fruit qui ressemble à un ananas.

* Nagunsana (n° XXI)

Ce dieu est en bronze. L'original est un tiers plus grand. Il est presque nu et assis les jambes croisées. Il a entre les yeux une espèce de poireau.[85] Il porte un voile en bandoulière; un autre est entortillé autour de son bras gauche et couvre ses cuisses.

† Boursa (n° XXI)

Cette divinité est gravée de grandeur naturelle. Elle est dans une petite boîte de cuivre disposée de façon qu'on peut, par le moyen d'un cordon, la porter à son cou, ainsi qu'il est d'usage. Elle tient un livre dans sa main gauche.

---

féminine d'Avalokiteçvara. Elle serait la Târâ originelle, d'où proviendraient toutes les autres Târâ, divinités 'féminines' du bouddhisme. Parée comme un bodhisattva, elle tient un lotus bleu dans ses mains, qui sont en *varada* et en *vitarka-mudrâ* (geste de don de la main droite et geste d'argumentation de la main gauche). En l'appelant 'Déesse de la douceur', Chappe (suivant peut-être ses informateurs kalmouks) met l'accent sur le caractère bienveillant de la déesse.

84. Il s'agit, non d'une divinité 'féminine', mais d'Amitâyus (identifié par G. Béguin, communication orale).

85. Symbole de bodhéité, c'est une touffe de poils blancs (*ûrnâ*).

86. *Naganchuna Baksi* est le nom mongol de *Nâgârjuna*, moine bouddhiste de l'Inde du sud vivant à la fin du deuxième siècle de notre ère. Révéré par la plupart des écoles bouddhistes du nord, il est généralement présenté comme un buddha, les mains en *dharmasakra-mudrâ* (mise en branle de la roue de la Loi) et avec une auréole de têtes de serpents (Frédéric, 1992, p.285). Mais les informateurs de Chappe (ou Chappe lui-même) se sont trompés: ce dieu en bronze ne représente pas Nâgârjuna (il fait le geste de prendre la terre à témoin et est dépourvu de l'auréole de serpents). Selon une information orale de G. Béguin, il s'agit de *Çâkyamuni* prenant la terre à témoin (avec les mains en *bhûmiçparça-mudrâ*).

87. *Boursa*: religieux difficile à identifier.

XXII. Idoles des Calmuczs Zungores. Aiouschi
Collections de la Bibliothèque municipale de Rouen.
Photographie Thierry Ascencio-Parvy

Otschirbany   Otschirbany

Zounkaba   Maidiry

Tarni Negonizan Bourchan.

Caresme de Fecamp del   J.B.Tilliard Sculp.

XXIII. Idoles des Calmuczs Zungores
Collections de la Bibliothèque municipale de Rouen.
Photographie Thierry Ascencio-Parvy

ABOURZA-SOUBOURGAN (n° XXI).[88] C'est une image qui représente l'endroit de leur temple, où est l'idole qu'ils y adorent. On la voit dans le fond d'une espèce de tabernacle.

AIOUSCHI*.[89] Ce dieu est du second ordre; on l'adore pour vivre long-temps et pour rajeunir.

OTSCHIRBANY†.[90] Ce dieu est du troisième ordre. Il fut envoyé du ciel pour combattre de mauvais génies qui avaient arrêté le soleil et la lune. Il en triompha, leur coupa la tête, et s'en fit une espèce de chapelet, qui est attaché à ses oreilles, et descend au-dessous du ventre. La bouche de cette divinité communique avec l'anus par un canal perpendiculaire. Les lamas ou prêtres en font usage pour donner la communion aux malades. Otschirbany étant assis sur la bouche du malade, on met dans celle de ce dieu la pilule sacrée. Elle tombe par son propre poids dans la bouche du malade.

MAIDIRY‡.[91] Cette divinité est du premier ordre. Elle représente l'Antéchrist, il prendra une figure humaine, suivant leur religion, et sera conçu dans le sein d'une vierge, fille du roi du Japon. Son règne sera à Jérusalem. Il fera la guerre à tous les princes ses voisins, portant partout la terreur et la désolation. Son règne sera très court. Le monde périra par le feu, et le globe sera habité de nouveau.

---

* Aiouschi (n° XXII)

Ce dieu est de cuivre jaune et de la grandeur de l'original.[*dans l'éd. originale*] Il est mutilé des deux bras. Il a entre les deux yeux une espèce de poireau. Sa coiffure forme une sorte de pyramide. Elle est composée de cinq ornements attachés à un bandeau qui lui ceint le front. Ce bandeau est fixé par derrière sur ses cheveux, qui sont relevés sur le sommet de la tête avec le toupet, et recouverts d'un autre ornement. Les ornements placés sur le front ont la forme de losange. Ils ont au milieu une fleur composée de sept pierres. Celle du milieu est une améthyste, et les autres m'ont paru d'émail. Elles sont d'une couleur bleu céleste. Ce dieu est nu jusqu'à la ceinture. Il porte une espèce de jupon qui lui couvre le reste du corps. Il porte différents ornements garnis d'améthystes ou de pierres d'émail, semblables à celles dont j'ai parlé plus haut.

Cette figure suppose que les arts sont cultivés dans le pays où elle a été faite.

† Otschirbany (n° XXIII)

Cette idole est de cuivre rouge; elle est ici un peu plus petite que l'original. Quoique d'une forme très grotesque, elle est très bien faite. Elle n'a pour tout vêtement qu'une espèce de jupon qui est attaché au-dessous des reins et qui lui couvre la cuisse jusqu'aux genoux. Elle a trois yeux, l'un est au milieu du front. Ses sourcils sont fort épais et découpés en forme de flammes. Son nez est large et écrasé. On voit autour de sa tête des têtes de mort, outre le chapelet qui est attaché au pendant de ses oreilles. Elle porte un collier qui descend sur sa poitrine, et tient un foudre à chaque main. Tout indique dans cette idole un état de convulsion.

‡ Maidiry (n° XXIII)

Cette divinité est en glaise; elle est ici de la grandeur de l'original.[*dans l'éd. originale*] Elle n'a pour tout vêtement qu'un voile qui lui couvre les cuisses, et un autre en forme de bandoulière.

---

88. *Abourza-Soubourgan*: personnage non identifié, sur un stûpa.

89. Sans doute *Mañjuçrí* (en mongol *Manchushri*).

90. *Otschirbany*. Il s'agit selon G. Béguin (communication orale) de *Dâka* (*Zabyed*, en tibétain).

91. *Maijdari* (voir n.53). Mais ce Maitreya n'a pas le geste d'enseignement pourtant fondamental pour cette déité. Selon une information orale de G. Béguin, il s'agirait plutôt du Bouddha historique (*Çâkyamuni*) tenant le bol à aumône.

Caresme de Fécamp del.   *C.Baquoy Sculp.*

XXIV. Idoles des Calmuczs Zungores. Nangilma
Collections de la Bibliothèque municipale de Rouen.
Photographie Thierry Ascencio-Parvy

ZOUNKABA*,[92] est le dieu des voleurs. C'est une divinité du troisième ordre: elle habitait la terre, suivant leur tradition, dans le même temps que Scakmoyny, qui a été placé aussi au nombre des dieux. Zounkaba était un grand voleur, et Scakmoyny regardait, au contraire, le vol comme un crime. Ces deux hommes prêchaient une morale différente et analogue à leur conduite. Zounkaba, pour terminer leurs discussions, proposa à Scakmoyny de prier les dieux de les éclairer sur ce point de dispute, et de leur demander qu'ils fissent naître une fleur devant celui dont la morale leur serait la plus agréable. Ils se mirent en effet en prière, et la fleur se trouva vis-à-vis de Zounkaba; mais la plupart de ces Calmoucks prétendent qu'elle avait paru devant Scakmoyny, et que Zounkaba la lui enleva pendant que ses regards étaient fixés sur le ciel.

TARNI-NEGONIZAN-BOURCHAN†, et par les ambassadeurs calmoucks Nidu-berouzekschy.[96] Cette idole est du premier ordre; on la regarde comme le

---

* Zounkaba (n° XXIII)
Cette idole est de glaise; on l'a gravée de la grandeur de l'original.[*dans l'éd. originale*] Elle a beaucoup de rapport à un guerrier. Zounkaba tient une fleur à sa main droite, et n'a pour tout vêtement qu'une draperie légère, un voile en forme de bandoulière, et une espèce de jupon qui lui couvre les cuisses.

† Tarni-Negonizan-Bourchan (n° XXIII)
Cette idole est de terre cuite bronzée. Elle est dans la gravure un peu plus petite que l'original. Elle a trois têtes, douze bras et trois enfants. Les trois têtes, ainsi que celles des enfants, ont un œil au milieu du front. Elle tient avec ses quatre premiers bras tendus, deux espèces de glaives flamboyants, deux ornements en forme de cadrans,[93] et différents fruits dans les autres. Elle presse contre son sein, avec deux autres bras, les trois enfants, et tient des foudres avec les deux dernières mains. Elle n'a pour tout vêtement qu'un jupon qui lui couvre les cuisses. Ses bras et ses poignets sont ornés de bracelets.

Cette divinité a beaucoup de rapport avec le Manippe à trois têtes du Tibet. Grueber lui en donne neuf‡; mais ce que j'ai rapporté de Tarni-Negonizan-Bourchan paraît rapprocher ces deux auteurs, parce que ces peuples attribuant à cette idole mille yeux et mille mains, il est vraisemblable que suivant les circonstances ils représentent cette idole avec plus ou moins de têtes et de bras; et peut-être lui donnent-ils différents noms par les mêmes raisons.[94]

On trouve dans la même planche (n° XXIII) une idole dont je n'ai pas trouvé le nom dans mes journaux.[95] Elle me paraît avoir quelque rapport avec la déesse Boursa (p.[311]).

‡ Tome VII, de l'*Histoire générale des voyages*, de M. l'abbé Prévôt, p.121.

---

92. *Zounkaba*: non identifié, peut-être Indra, le roi des dieux.

93. Ces 'cadrans' sont apparemment des roues de la Loi (*Dharmasakra*). Les attributs d'Avalokiteçvara peuvent être nombreux: glaives (comme c'est le cas ici), tridents, hallebardes..., surtout au Japon.

94. Observation pertinente. Car, en effet, 'il n'existe pas d'orthodoxie bouddhiste, mais des orthodoxies qui varient avec les sectes. Et encore les doctrines de ces dernières varient-elles souvent avec le temps ou les disciples. Ensemble de croyances vivantes, les doctrines bouddhiques sont essentiellement mouvantes, adaptables, transformables au gré des hommes et des temps' (Frédéric, 1992, p.153).

95. Peut-être s'agit-il d'*Ochirdara*, nom mongol de *Vajradhâra*, le buddha primordial (Âdi-buddha) des 'Bonnets rouges' et des 'Bonnets jaunes'.

96. *Nidubarüsheckchi* est le nom mongol d'Avalokiteçvara. Mais, là encore, les informateurs de Chappe l'ont sans doute mal renseigné: il s'agit ici de *Guhyasamâja* (identifiée par G. Béguin, communication orale), l'un des dieux tutélaires du bouddhisme ésotérique.

conservateur et le dieu tutélaire des enfants. Ces peuples croient qu'elle a mille yeux et mille bras.[97]

NANGILMA*.[100] Je n'ai eu aucun détail sur cette divinité: elle me paraît être la même que Tarni-Negonizan-Bourchan, ou le Manippe du Tibet.

---

* Nangilma (n° XXIV)

Cette idole est représentée dans un tableau semblable à ceux dont j'ai parlé (p.[304] et suivantes). Elle a trois têtes et six bras. La tête du milieu est peinte en blanc, ainsi que tout le corps. Celle qui est à droite de l'idole est en bleu, et celle de la gauche est en rouge.[98] Ses mamelles, sa physionomie et la délicatesse de ses membres constatent que c'est une femme. Les trois têtes ont un œil très distinct au milieu du front. Elle tient d'une main un parasol de forme chinoise; et l'autre pliée sur le sein semble indiquer la réflexion. Elle tient des autres bras tendus un arc et une flèche, un sabre et une espèce de sceptre. Ses bras et ses poignets sont garnis de bracelets, ainsi que Tarni-Negonizan; mais sa physionomie a plus de rapport aux Calmoucks, que cette dernière. Les quatre divinités qu'elle a autour d'elle,[99] sont les mêmes que celles dont on a déjà parlé.

---

97. Le nom sanskrit *Sahasrabhûja Sahasranetra* signifie effectivement 'aux mille bras et aux mille yeux'.

98. *Çyâmatârâ*, et *Prajñâpâramitâ* (identifiés par G. Béguin, communication orale). Bien qu'elle soit rouge, et non blanche ou jaune comme au Tibet, la *Prajñâpâramitâ* représentée ici est la 'Perfection de sagesse', personnification du sûtra du même nom, texte fondamental du bouddhisme mahâyna, puis du bouddhisme ésotérique.

99. Les deux divinités du bas de la gravure sont, à gauche, *Mahâkâla* sous son aspect Sadbhuja, et, à droite, *Dpal-ldan-Lhamo* (identifiés par G. Béguin, communication orale).

100. *Nangilma*. Aspect de *Sitâtapatrâ* (d'après G. Béguin: voir Mallmann, 1975, p.348). Divinité féminine mineure, ayant pour attribut une ombrelle blanche. Le parasol mentionné par Chappe est son attribut principal.

[11]. Départ de Tobolsk pour Saint-Pétersbourg, le 28 août 1761

LES arrangements faits à Paris pour mon voyage, exigeaient que je restasse peu de temps à Tobolsk, après mon observation de Vénus; aussi je m'occupais de mon départ à la fin d'août, lorsque je fus attaqué d'un vomissement de sang presque continuel, suivi d'un accablement qui me permettait à peine de marcher. J'étais obligé de me faire soutenir pour aller à mon observatoire. Cette incommodité hâta mon départ d'un pays où l'on ne connaît que des étuves pour tout remède. J'étais d'autant moins tenté d'en faire usage, que j'avais failli d'y être étouffé à Solikamskaïa*. J'avais à la vérité une apothicairerie des mieux fournies, avec un mémoire très détaillé de la vertu des remèdes qu'elle contenait; mais ayant eu le malheur d'empoisonner un Russe que je voulais guérir d'une légère incommodité, j'avais renoncé à la médecine: heureusement la dose n'avait pas été assez forte pour lui donner la mort.

Différentes circonstances rendaient cependant mon départ difficile; mon domestique était dangereusement malade, pour avoir été trop galant à Tobolsk; son incommodité le mettait hors d'état de me prêter aucun secours; d'ailleurs il était frappé, ainsi que l'horloger, que nous serions assassinés dans notre voyage par des brigands, qui, suivant le bruit public, ne cessaient de commettre des meurtres sur la route d'Ekatérinbourg, que je voulais prendre.

Je m'étais décidé à suivre cette nouvelle route, parce qu'elle m'offrait les moyens de connaître les mines d'Ekatérinbourg, et les différents peuples qui habitent les limites méridionales de la Sibérie. Ces objets me parurent si intéressants, que je rejetai tous les avis qui tendaient à faire changer le plan de mon voyage.

Le gouverneur m'offrit, avec toute l'honnêteté possible, une escorte de quatre soldats pour m'accompagner jusqu'à Saint-Pétersbourg. Je la refusai d'abord, dans la persuasion où j'étais que les embarras de mon voyage augmenteraient à mesure que ma suite deviendrait plus nombreuse; mais l'abattement de tous ceux qui m'accompagnaient, me détermina à profiter des bontés de M. de Soimanof. J'acceptai l'escorte; elle était composée d'un sergent et de trois grenadiers bien armés: je me procurai des munitions et des armes pour tous ceux qui étaient du voyage.

---

* Page 288.

On me donna en outre une spingole.[1] J'avais fait construire un grand chariot pour y placer tous mes instruments, mes autres équipages, les provisions de bouche et de ménage. J'avais encore deux voitures connues sous le nom de dormeuses: les soldats furent distribués sur les différentes voitures. J'en avais un sur la mienne avec la spingole. Cet arrangement et l'appareil militaire qui y régnait, remirent le calme dans les esprits. Je partis le 28 août, à la grande satisfaction du peuple de Tobolsk. Il était dans l'opinion que la rivière d'Irtizs ne rentrerait dans son lit qu'après mon départ. Je ne pus me séparer de Mgr l'archevêque, de MM. de Soimanof et Pouskin, sans éprouver les regrets les plus vifs.

Quoique vers la fin d'août, le temps de la récolte paraissait encore éloigné, les grandes chaleurs étaient passées, les insectes, si incommodes dans cette contrée, avaient disparu, tout annonçait une saison favorable pour voyager; ma maladie se dissipa dans les premiers jours de la route; je ne la trouvai cependant pas si agréable que je l'avais d'abord imaginé; les pluies continuelles qui avaient succédé à la fonte des neiges, m'opposaient de grands obstacles pour traverser l'étendue de pays comprise entre Tobolsk et les montagnes. Ce terrain marécageux sur une distance de près de cent lieues, rendait les chemins si mauvais, que j'étais obligé d'envoyer un soldat en avant pour remplir de fascines les endroits impraticables. Je connus bientôt le désagrément de voyager en été dans ces contrées, surtout avec de grandes voitures. Celles dont les naturels font usage, sont très petites et très légères*. Ma grande voiture étant chargée de tous les équipages et des provisions de bouche, était si pesante, qu'elle s'enfonçait aisément dans la bourbe, et on l'en retirait difficilement, quoiqu'on y eût attelé douze chevaux.

Je traversai du 28 au 30 août une partie de la plaine comprise entre Tobolsk et les montagnes (Poyas Zemnoi).[3] On trouvait partout une si grande quantité de canards, que sans me détourner du chemin, j'en tuais assez pour me nourrir et tout l'équipage: c'était un grand soulagement pour notre petite caravane, parce que je n'avais, pour ainsi dire, que des viandes salées. Dans ces voyages on fait des provisions de poulets, d'oies, et de canards domestiques qu'on enferme dans des cases. Mgr l'archevêque, M. de Soimanof et M. de Pouskin m'avaient procuré quantité de ces animaux; je les avais placés sur les voitures, mais impatienté

---

* On les nomme *kuibics*.[2]

---

1. Ou plutôt une *espingole*, gros fusil court à canon évasé. Le mot, dérivé d'un verbe moyen néerlandais et sans doute altéré sous l'influence de l'ancien provençal, a d'abord désigné une grosse arbalète sur roues, puis, à partir de 1671, une sorte de tromblon.

2. C'est-à-dire *kibitka*. C'est la première attestation du mot en français, qui connaîtra plusieurs variantes par la suite. La forme *kybitka* apparaît en 1797 dans un manuscrit inédit de Paul Bigot de Morogues, mais la forme moderne *kibitka* ne s'impose qu'à partir du début des années 1850.

3. La 'ceinture terrestre', c'est-à-dire l'Oural. Voir ci-dessus, ch.i, n.115.

par l'embarras qu'elles occasionnaient, j'en fis tuer une partie quelques heures après mon départ, et je lâchai les autres dans les champs.

Quoique les chemins fussent mauvais, les premiers jours de mon voyage furent assez agréables; la saison était belle, je trouvai des villages où je pouvais prendre mes repas; je faisais quelquefois la halte sur le bord des rivières; je n'éprouvai souvent que le désagrément de n'avoir que du pain du pays, auquel je n'avais jamais pu m'accoutumer.

J'arrivai à Tumen le 31[*], c'est une petite ville dont une partie est sur une montagne qui borde la rivière vers le midi. La position en est aussi agréable que celle de Tobolsk, elle est très peu peuplée. J'y reçus les plus grandes honnêtetés de M. Ivan Afananscoifk, qui en était vaiwod; il me fit présent de thé et de sucre; plusieurs autres habitants eurent la bonté de me venir voir, et me firent de même quelques présents; mais ils mirent l'alarme dans ma petite caravane, en lui apprenant qu'on avait arrêté la veille quatre brigands à trois lieues de cette ville; ils nous confirmèrent, qu'ils étaient par bandes sur cette route, qu'ils attaquaient et pillaient non seulement les voyageurs, mais les petits villages: la plupart de ces brigands avaient déserté des troupes de recrues, ou s'étaient échappés des mines d'Ekatérinbourg. Cette nouvelle me rendit plus circonspect, je visitai toutes les armes, et je fis de nouvelles provisions d'eau-de-vie pour entretenir le courage de ma troupe; j'en distribuais quelquefois moi-même aux postillons et à ceux qui m'accompagnaient. Ma santé étant parfaitement remise, tout se passait dans la gaieté, et je me suis trouvé dans des moments où tout le monde était assez indifférent sur les événements. J'avais huit personnes bien armées et la spingole chargée à mitrailles, était placée sur le devant de ma voiture; ne craignant que la surprise, je fis distribuer sur chaque voiture des flambeaux[†] qu'on allumait pendant la nuit.

J'arrivai le premier de septembre à trois heures du matin sur le bord de la rivière Piszma,[4] vis-à-vis le hameau Kila. Cette rivière a quarante toises de largeur, je me disposai à la passer sur un train de bois qui servait de pont[‡]. Il était si mauvais que les premiers chevaux de la grande voiture furent à peine sur le pont, qu'ils enfoncèrent jusqu'au poitrail; plusieurs cordes pourries à moitié se cassèrent, je fis couper promptement les traits, et je vis le moment où le pont délabré allait être emporté par le courant avec les chevaux; nous les retirâmes cependant après bien des difficultés. Un des soldats passa la rivière à la nage, et fut au hameau Kila, situé sur l'autre bord pour y chercher du secours. Ce hameau composé de cinq à six maisons avait été attaqué le 29 août par une bande des brigands dont

---

[*] Carte du tome I. N° IX.

[†] J'en avais fait faire à Tobolsk.

[‡] La plupart des ponts sont en Sibérie des trains de bois fixés sur le rivage par les extrémités.

---

4. La Pijma est un affluent de gauche de la Petchora. Elle a 389 km de longueur.

j'ai parlé; trois paysans perdirent la vie dans cet événement, mais ils obligèrent ces assassins de se retirer après en avoir tué deux. Le soldat ne put amener que deux paysans; nous nous livrâmes tous au travail, et vers les sept heures du matin je fis passer les voitures, de façon cependant qu'il n'y en avait qu'une à la fois sur le pont.

J'arrivai à onze heures du soir à Kuiarowskaia; mes voitures étaient si délabrées que je m'y arrêtai pour les faire raccommoder; je n'y trouvai personne en état de les rétablir; je fus obligé d'envoyer un soldat à un village voisin pour en amener un charron; aucun paysan n'avait voulu y aller, à cause de la terreur que les brigands avaient répandue dans ce canton: la tradition et la peur en avaient grossi le nombre, et en avaient fait des combattants de la plus grande bravoure. Je passai le restant de la nuit à faire raccommoder sous mes yeux les voitures, et je partis à six heures du matin.

A mesure que j'approchais de la chaîne, le terrain était plus cultivé, on ne trouvait presque plus de marais à Wolkava. La terre était noire, ainsi que sur toute la route depuis Tobolsk, mais elle était plus ferme. Les environs de ce hameau promettaient une récolte abondante en blé, orge et avoine; mais on craignait que le froid ne fût un obstacle à la maturité de ces grains. J'étais alors par cinquante-six degrés cinquante minutes de latitude, et éloigné de Tobolsk de cent vingt-cinq lieues environ. Toute cette plaine n'était pour ainsi dire qu'un marais qui formait un pâturage excellent. Cette étendue de terrain n'était presque point cultivée, excepté dans les environs de Pokrowskaïa et de Tumen, où je vis principalement de très beau blé, de l'avoine et quelque peu d'orge.[5] L'herbe croît avec la plus grande abondance dans cette plaine immense. Je n'y trouvai que de petits bois dispersés au milieu des marais; ils étaient presque tous de bois blanc; j'en rencontrai rarement de sapin avant d'arriver à Wolkava. J'avais été obligé de m'arrêter dans ce hameau pour y faire raccommoder mes voitures. La nuit était si belle que je fis faire la halte au milieu d'une esplanade; mais malgré le grand feu qu'on alluma, on y éprouva un froid très vif; du givre couvrit la terre le 3 septembre. Je partis à onze heures du matin; je vis dans les environs de Kosulina des pierres pour la première fois depuis mon départ de Tobolsk; elles annonçaient les montagnes. J'y entrai en effet presque en sortant du hameau: le chemin devint affreux. La nuit le rendit si dangereux, que nous traversâmes ces montagnes le plus souvent à pied, malgré les flambeaux qu'on avait allumés. J'arrivai enfin à Ekatérinbourg[6] le 4 septembre à une heure du matin. Tout le monde était si fatigué, qu'on passa le reste de la nuit dans les voitures,

---

5. Brand assurait que le terroir de la Sibérie occidentale était si bon pour le blé qu'on n'avait pas besoin de fumer les terres (Brand, 1699, p.42).

6. Fondée en 1723 par Vassili Nikititch Tatichtchev, Ekaterinbourg était alors une 'petite ville', comme le note Chappe, p.545. C'est là, on le sait, que Nicolas II et sa famille seront exécutés par les bolcheviks le 16 juillet 1918. La ville compte actuellement plus d'un million d'habitants.

sans en décharger aucune. Quant à moi, je fis étendre mon matelas par terre dans la petite chambre où je me trouvai. J'appris en même temps que c'était le logement que le commandant de la ville m'avait destiné, et que je ne devais pas me flatter d'en avoir un autre. Il était cependant si petit, qu'il n'était pas possible d'y loger. Je m'étais proposé de rester quelques jours dans cette ville; j'en avais fait prévenir le commandant par le soldat qui me précédait sur toute ma route, avec les ordres de l'impératrice que je lui avais confiés. Ils portaient qu'on me procurerait tous les secours et toutes les commodités que je pouvais désirer; et en effet j'avais été prévenu partout jusqu'à ce moment. Je me levai de grand matin dans le dessein de m'instruire des usages du pays, avant de faire aucune visite. J'envoyai un soldat chez le commandant s'informer s'il serait visible dans la journée: il me fit réponse qu'il ne serait pas chez lui. Cette réponse, à laquelle je ne m'attendais pas, m'embarrassa beaucoup. J'étais muni de lettres pour les principaux habitants de la ville; mais il convenait que je ne les visse qu'après le commandant, et ma situation ne me permettait pas d'attendre le jour où il serait de meilleure humeur. Je pris le parti d'aller chez lui pour remplir les devoirs auxquels je me croyais obligé; je fis ensuite mes visites dans la ville, bien résolu d'en partir immédiatement après, si les habitants étaient aussi extraordinaires que le commandant; mais j'en reçus, au contraire, l'accueil le plus favorable et toutes les politesses possibles. Je retournai chez moi fort satisfait. Il était alors deux heures après midi; depuis la veille onze heures du matin, je n'avais pris aucune nourriture, non plus que ceux qui m'accompagnaient, et il ne nous restait que deux canards rôtis pour huit personnes. Je me disposais à envoyer acheter des provisions en ville, lorsque j'en reçus de toutes les personnes chez qui j'avais été; et en un moment je me trouvai dans ma chambre de dix pieds en carré, avec deux moutons qui ne cessaient de bêler, des oies, des canards, des poules. Tous ces animaux faisaient un si grand bruit, que je fus obligé d'aller dans la rue, pour savoir le nom de ceux à qui je devais ces bontés.

Un des soldats prit aussitôt un des moutons, l'emporta chez une bonne vieille, ma voisine; et dans une heure environ, il fut écorché, cuit, et mangé presque en entier.

Je fus l'après-midi remercier les personnes à qui je devais ces attentions: les nouveaux accueils que j'en reçus, éloignèrent toutes les idées désavantageuses que j'avais conçues, à mon arrivée, des habitants de cette ville. M. et Mme Artibacher me comblèrent d'honnêtetés. M. Artibacher, premier conseiller de la chancellerie, était gai, instruit, et des plus aimables, quoiqu'il fût retenu au lit par une infirmité. Mme son épouse, âgée de 50 ans environ, conservait encore un reste de son ancienne beauté. Sa physionomie et son maintien annonçaient la vertu et le respect que toute la ville avait pour elle. Cette dame aimait les étrangers, et cherchait toutes les occasions de leur être utile. Elle me fit dire par mon interprète, en présence de son mari et de toute l'assemblée, qu'elle voulait me servir de mère, et diriger mon ménage tout le temps que je serais à Ekatérinbourg. Je fus si sensible et si pénétré de cette honnêteté, que j'ai su par la suite que je n'avais rien répondu; mais ma situation et mon silence furent pour elle la marque la plus certaine de ma reconnaissance. Son mari, parlant un peu le français, me tira de l'espèce de délire où j'étais: il me fit différentes questions sur l'objet de mon voyage. Sa femme ayant entendu une partie de notre entretien, qui roulait sur les montagnes qu'on observe dans la lune, sur Jupiter, etc. me fit demander par son mari, si je ne pourrais pas les lui faire voir avec mes lunettes. On s'attend bien qu'elle fut satisfaite de ma réponse. Je m'en allai presque aussitôt, totalement occupé du projet que j'avais formé à l'instant.

Mon logement était si petit et si mal arrangé, qu'il n'était pas possible d'y recevoir personne: je me donnai tous les mouvements possibles pour m'en procurer un autre. J'avais une lettre de M. le baron de Strogonof, qui portait des ordres pour que ses gens d'affaires me procurassent tous les secours dont j'aurais besoin. J'appris, après quelques perquisitions, qu'un de ses gens d'affaires était dans la ville: je le fis prier de passer chez moi. Il y vint en effet, et reconnut que la lettre n'était pas de son maître, mais d'un parent qui portait le même nom: il m'offrit cependant ses services, m'assurant qu'il ferait sa cour à son maître, s'il pouvait être assez heureux pour m'être de quelque utilité. Je dois publier à la louange de la famille des Strogonofs, que partout où j'ai traversé des terres qui leur appartenaient, j'ai trouvé dans leurs intendants les procédés les plus honnêtes. L'amour pour les étrangers est héréditaire dans cette illustre famille. M. Strahlemberg, et tous ceux qui ont voyagé après lui dans cette contrée, en ont éprouvé de même les plus grandes bontés[*].

Je priai l'intendant de M. de Strogonof de me procurer les moyens d'avoir un logement commode et plus étendu que le mien: j'en eus un dès le lendemain, et je n'appris qu'après mon départ qu'il m'avait cédé le sien. Je m'y établis le même jour, et j'y disposai un petit observatoire. Je m'étais proposé de faire des observations astronomiques dans cette ville, pour en déterminer la position.

Les habitants de la ville me firent l'honneur de me venir voir en corps le jour suivant: ils m'offrirent une garde. Quoique très sensible à cette nouvelle marque de bonté, je les priai très instamment de ne point m'envoyer cette garde: celle que j'avais avec moi me suffisait, et j'avais éprouvé que cet appareil de grandeur est souvent fort incommode.

Je fus à peine établi dans mon nouveau logement, que je me disposai à y recevoir Mme Artibacher, et une partie de la ville que je désirais mettre de la partie. Le jeune comte de Woronzof,[7] à qui j'ai toutes sortes

---

[*] M. le baron de Strogonof, sénateur, a un très beau cabinet d'histoire naturelle.

---

7. Alexandre Romanovitch Vorontsov (1741-1805), neveu du chancelier et frère de la princesse Dachkova. Il sera sénateur libéral sous Catherine II, chancelier sous Alexandre Ier (1802-1804).

d'obligations, m'avait adressé à son homme d'affaire qui demeurait à un quart de lieue d'Ekatérinbourg. Il était on ne peut plus obligeant, très intelligent, et parlait d'ailleurs assez bien le français. Je le priai de me procurer, le six du mois où nous étions, le meilleur souper possible pour quarante personnes; mais j'exigeai que sa femme fût seule dans la confidence. On fit venir des provisions de différents endroits: tout se disposa hors de chez moi; et deux heures avant le souper, personne n'en avait le plus petit soupçon.

Le ciel était parfaitement serein depuis quelques jours, et favorisait mon dessein. Je fus voir, la veille, M. et Mme Artibacher; je les priai de venir voir, le jour suivant, la lune et Jupiter qu'on voyait à sept heures du soir: j'engageai en même temps Mme Artibacher d'amener avec elle ses amies et toutes les personnes de la ville qui étaient de sa connaissance. Je me proposais, par cette conduite, de lui faire connaître que cette petite fête était pour elle; j'étais cependant bien aise que les principales personnes de la ville s'y trouvassent, mais je n'en voulais prier aucune.

La ville d'Ekatérinbourg est habitée par beaucoup d'étrangers, principalement d'Allemands: les mœurs et les usages ont dès lors moins de rapport à ceux des Russes que dans les autres endroits de la Sibérie, où il n'aurait pas été possible de donner cette petite fête, parce que les femmes y sont trop gênées.

Mme Artibacher vint à l'heure marquée avec une nombreuse compagnie en femmes seulement. Je la conduisis à l'endroit où j'avais disposé une lunette: il était fort éloigné de la maison, afin que tout pût s'y disposer sans qu'on s'en aperçût. Les hommes vinrent nous joindre aussitôt. Etant instruit qu'il était nécessaire, dans toutes ces fêtes, d'avoir des musiciens, j'en avais fait assembler un certain nombre. On vint m'avertir lorsque tout fut prêt; alors je priai Mme Artibacher et sa compagnie de venir se reposer chez moi: on y vint en effet, et la musique annonça leur arrivée. Toute l'assemblée passa dans l'appartement où était le souper, et sa surprise me fit connaître que le secret avait été très bien gardé. N'ayant prié que Mme Artibacher, je la quittai pour faire entrer tout le monde, dans la crainte qu'on ne se retirât. L'assemblée se trouva cependant plus nombreuse que je ne l'avais cru, et il n'était pas possible que tout le monde se mît à table. Je proposai aux hommes de servir les femmes, qui seraient les seules à table, ainsi que cela se pratique en Europe. Quelque extraordinaire que parût d'abord cette proposition en Sibérie, où les femmes servent, au contraire, les hommes, elle fut acceptée: M. Cléopet, Russe, homme d'esprit et aimable, voulut bien m'aider à la faire goûter; et l'espérance de son exécution ne fut pas le moindre plaisir que j'eus de cette fête. Je distribuai des serviettes aux hommes; et m'adressant à Mme Artibacher, je lui dis que, puisqu'elle voulait avoir la bonté de me servir de mère, c'était à elle de faire les honneurs chez moi. Elle répondit quelques mots en russe que je n'entendis pas; mais je fus très étonné de voir une partie de l'assemblée se retirer, principalement la jeunesse qui me paraissait fort disposée à la joie. M'étant mis en devoir de l'arrêter, mon interprète m'en empêcha, et m'apprit que ces personnes se retiraient d'après la réponse de Mme Artibacher: *Ceux qui sont faits pour rester, n'ont qu'à se mettre à table.*

L'assemblée diminua cependant si considérablement, que les hommes se mirent à table, et il y avait encore plusieurs couverts de vides. Le souper se passa fort agréablement; nous en avions banni la triste étiquette: Mme Artibacher y mit toute la gaieté possible, ainsi que M. Cléopet et sa femme. Cette dernière était jeune, vive, aimant la joie et le plaisir. Je proposai un bal après le souper; on s'en amusa également, quoique quelques Russes, sans doute de l'ancien temps, eussent envoyé chercher leurs femmes, qu'il fallut laisser partir. On dansa, malgré ce contretemps, jusqu'à quatre heures du matin; et l'on se retira, à ce qu'il me parut, très satisfait.

Cette petite fête eut un plus grand succès que je ne le pouvais désirer. Tous les convives y furent si sensibles, que la ville m'envoya le lendemain le carrosse de cérémonie attelé de six chevaux, pour m'en servir tout le temps que je resterais à Ekatérinbourg. Le gouverneur me rendit une visite, et me fit oublier, par toutes ses honnêtetés, les raisons de mécontentement que je pouvais avoir. Je fus remercier les principaux habitants de la ville, et je priai les officiers qui étaient à la tête des mines, de me procurer les moyens de les voir. Cet objet était celui qui m'avait déterminé à prendre la route d'Ekatérinbourg, et à faire quelque séjour dans cette ville. M. Cléopet était un des officiers qui en avaient la principale direction: il me donna la plus grande idée de leurs mines d'or, en m'en faisant voir quelques échantillons qui étaient très riches. Ces mines étaient situées à quelques lieues de la ville: nous y fûmes le lendemain: nous partîmes de grand matin, accompagnés de plusieurs voitures et de beaucoup de personnes à cheval. Je passai toute la matinée à voir les mines. M. Cléopet me conduisit à deux heures dans une petite maison où il avait fait préparer un dîner des plus splendides. On fit venir, vers la fin du dîner, toutes les filles du village: elles s'étaient parées comme pour un jour de fête: elles chantèrent tout le temps qu'on fut à table. On donna un petit bal après le dîner: voyant qu'il languissait, je pris une de ces paysannes et je la fis danser. On m'avertit immédiatement après, qu'il était de la plus grande indécence de danser en Russie avec une esclave. Je ne pus réparer ma faute qu'en la rendant commune à toute la société; et après quelques petites explications, toute l'assemblée, hommes, femmes, paysans et paysannes, dansèrent tous ensemble, ainsi que cela se pratique partout ailleurs dans ces circonstances. Tout le monde en fut si satisfait, qu'on dansa jusqu'au souper.

Leurs instruments de musique sont la balalaïca et le violon. La balalaïca est une espèce de guitare: un Russe en touchait (*Tome I*, n° XXV). Le violon n'est qu'un morceau de bois grossièrement creusé: il n'a que trois cordes de crin de cheval; et on fait usage, au lieu de résine, d'un morceau d'écorce de sapin, attaché au violon avec une corde. Un Tartare avait cependant un violon plus parfait. Les danses russes me parurent n'avoir aucun rapport avec celles du reste de l'Europe, excepté avec les allemandes. Les Russes dansent souvent une douzaine ensemble; quelquefois deux seulement, un homme et une femme: leurs danses sont la plupart de caractère: elles m'ont paru anciennes, et n'avoir aucun rapport avec la servitude dans laquelle les hommes tiennent les femmes.[8]

Dans leurs danses de caractère, un amant exprime son amour à sa maîtresse par l'attitude et les gestes les plus lascifs.[9] Sa maîtresse y répond en y joignant les grâces de son sexe: grâces d'autant plus piquantes, que l'état languissant où elles vivent, met dans leur action une certaine langueur qui leur donne plus d'expression et de tendresse. La femme appuie quelquefois ses deux mains sur ses hanches, et fixe de côté son amant avec deux grands yeux noirs et ouverts, tandis que sa tête et son corps sont penchés du côté opposé; elle semble repousser son amant par cette attitude fière. Celui-ci avance alors en suppliant, la tête baissée, les deux bras pliés en avant et les deux mains sur sa poitrine: il est dans un état de soumission et de douleur.

Quelque rapport qu'aient les danses russes avec les allemandes par l'expression et la vivacité, elles en diffèrent d'ailleurs considérablement. Les danses allemandes ne respirent en général que la gaieté et le plaisir, elles sont communément accompagnées de beaucoup de sauts: les danses russes, au contraire, s'exécutent terre à terre, et expriment plutôt le désir que la jouissance; elles sont plus tendres et plus expressives.[10]

La danse russe est quelquefois une espèce de pantomime, qui demande beaucoup de souplesse et de légèreté (*Tome I*, n° XXV). Les jeunes gens peuvent seuls danser, ils s'en acquittent avec une adresse singulière: ils tournent sur un pied, presque assis, et se relèvent dans un instant pour prendre une attitude bizarre et grotesque, qu'ils varient à chaque instant, avançant, reculant, ou tournant autour de l'appartement. Ils dansent souvent seuls, ou avec une femme qui ne fait presque aucun mouvement.

On n'avait pas prévu, en partant d'Ekatérinbourg, que cette fête nous retiendrait toute la journée dans cet endroit: j'avais d'ailleurs prié M. Cléopet de me faire voir les autres mines; et il fut décidé, en conséquence, qu'on coucherait dans ce hameau, afin de pouvoir y aller le

---

8. Chappe fait un effort pour comprendre les danses russes (appelées *pliaski*), différentes des danses occidentales (*tantsy*). Les voyageurs étrangers et les compilations avaient tendance à les mépriser: Jubé (1992, p.181), compare les danses des femmes à celles des ours, les *Voyages historiques de l'Europe* (1698, p.36), affirment même que les Russes y sont moins habiles que les plantigrades. Olearius (1659, i.16), trouvait les danses russes grotesques, et Miège (1857, p.328), les jugeait de plus indécentes.

9. Bernardin de Saint-Pierre parle lui aussi de pantomimes voluptueuses et lascives (Bernardin de Saint-Pierre, 1833, i.22).

10. Mme de Staël rejoindra ici Chappe: elle notera que les danses russes sont gracieuses et empreintes de volupté modeste, d'indolence et de vivacité (De Grève, 1990, p.1196).

XXV. Danse russe
Collections de la Bibliothèque municipale de Rouen.
Photographie Thierry Ascencio-Parvy

jour suivant. On eut beaucoup de peine à trouver des matelas:[11] on les étendit dans la chambre où l'on avait soupé. Les uns y couchèrent, et les autres passèrent la nuit dans les voitures. Cette espèce de tracas et de désordre, loin d'incommoder l'assemblée, y répandit au contraire une nouvelle gaieté. On retourna le jour suivant à Ekatérinbourg, où je reçus des fêtes des principaux habitants de la ville. J'y restai quelque temps, dans le dessein d'y faire des observations astronomiques et de mieux connaître leurs mines. J'en donnerai le détail à la fin de cet ouvrage.

Ekatérinbourg est une petite ville, fondée par Pierre I en 1723: elle est du gouvernement de Tobolsk, et le centre de toutes les mines et fonderies de Sibérie: aussi n'est-elle habitée, pour ainsi dire, que par des personnes qui ont rapport aux mines. Les habitants sont allemands pour la plupart. La société y est plus agréable que dans aucune autre ville de Sibérie, parce que les mœurs y sont plus analogues à celles du reste de l'Europe.

La ville a un commandant, dont l'autorité ne s'étend que sur le militaire. La chancellerie y juge toutes les affaires et tout ce qui concerne les mines: elle a le gouvernement général de celles des environs, ainsi que de celles de Solikamskaia, de Cazan et d'Orenbourg, soit qu'elles appartiennent à la Couronne ou aux particuliers. La chancellerie a les mêmes pouvoirs et les mêmes qualités qu'un gouverneur; elle n'est subordonnée qu'au Collège impérial des mines, qui fait sa résidence à Saint-Pétersbourg. Les mines de Colivan et de Nerczinsk[12] n'ont point de rapport à cette chancellerie; elle ont leurs juridictions particulières.

La chancellerie d'Ekatérinbourg a au-dessous d'elle cinq juridictions qu'on appelle comptoirs. Ces différentes juridictions ont pour objet l'administration de la justice, les impôts, l'exploitation des mines, leur revenu, et le détail des biens domaniaux de la Couronne. Le souverain entretient dans cette ville une manufacture pour travailler le marbre, le porphyre. On y polit aussi des cornalines, des sardoines, et un cristal brun qu'on trouve dans les mines des environs. Ce travail se fait par le moyen de différentes machines que l'eau fait mouvoir.

La garnison est de trois ou quatre cents hommes. Il y a un hôpital, une apothicairerie, et différentes maisons pour la douane et la vente de l'eau-de-vie. Les officiers qui ont la direction de ces derniers établissements, forment une juridiction qu'on appelle le commissariat: mais il est subordonné à la chancellerie.

Pierre Ier avait ordonné l'établissement d'une école où l'on devait instruire la jeunesse dans les langues latine, allemande, italienne, dans les mathématiques et le dessin: je n'y ai trouvé ni maîtres ni écoliers; le clergé même ne sait pas le latin. Cet établissement est réduit à un maître d'école, dont les appointements sont fixés à cent roubles, ou cinq cents livres

---

11. Sur l'absence de lits en Russie, voir ci-dessus, ch.1, n.131.

12. Kolyvan', petite ville au sud de Barnaoul, près de la frontière du Kazakhstan. Sur Nertchinsk, voir ci-dessus, ch.2, n.24.

argent de France. Ce maître d'école était du nombre des personnes qui me firent l'honneur de me venir voir immédiatement après mon arrivée. Quoiqu'il fût âgé de soixante ans, il était d'une gaieté et d'une vivacité dont je fus surpris. Il m'adressait souvent la parole; mais comme je n'entendais pas la langue russe, et que j'étais d'ailleurs très occupé à recevoir la compagnie, il ne me fut pas possible de m'entretenir avec lui.

Ce maître d'école revint chez moi à mon retour des mines, et je sus qu'il était le petit-fils d'un réfugié français. Son grand-père, nommé *Mouisset*, était capitaine dans les gardes françaises: il s'était retiré en Russie du temps de la révocation de l'Edit de Nantes.[13] Je fus le voir le lendemain dans sa petite chaumière. Il était marié, et avait quatre ou cinq enfants. Ce bon homme était dans la plus grande joie d'avoir un Français chez lui: il ne connaissait notre nation et nos mœurs que par la tradition de ses ancêtres, qui ne lui en parlaient jamais, disait-il, sans verser des larmes; et il ne put s'empêcher d'en répandre. Sa sensibilité me toucha vivement. Il me raconta tout ce qu'il avait souffert pour parvenir à l'état médiocre dans lequel il vivait. Etant entré dans quelques discussions sur la révocation de l'Edit de Nantes, il me dit en fureur que c'était le Père la Chaise qui avait conduit cette affaire,[14] et que les jésuites perdraient la France. Dans ce temps on les expulsait de ce royaume.[15] Je n'aurais pu lui faire un plus grand plaisir que de l'en instruire; mais ayant quitté ma patrie en 1759,[16] je n'étais point dans le cas de prévoir cet événement. Ses ancêtres, en lui transmettant leur haine pour les jésuites, lui avaient donné quelques connaissances de géométrie et de dessin: il faisait le plan des mines, et élevait la jeunesse. J'étais si satisfait de ce Français, et si touché de sa situation, que je le quittai avec un grand regret de ne pouvoir l'emmener. Il vivait d'ailleurs très content dans sa médiocrité, et les Russes le considéraient beaucoup. Il possédait un petit jardin qu'il cultivait lui-même; ce jardin lui fournissait toutes sortes de légumes. Il m'en offrit, en m'assurant que je n'en trouverais nulle part. J'en acceptai avec d'autant plus de plaisir, que je n'en avais pas fait usage tout le temps de mon séjour en Sibérie.

Je restai encore quelques jours à Ekatérinbourg; j'en partis le 20, après avoir rempli les différents objets que je m'étais proposés. Je devais

---

13. Un ukase de 1688 avait ouvert officiellement l'Empire et l'armée russes aux victimes de la révocation de l'Edit de Nantes. D'autres Français s'étaient installés en Russie, surtout à partir du règne de Pierre le Grand, mais, déçus par les conditions qui leur étaient faites, ils tentaient de revenir en France, ce qui ne pouvait être le cas des protestants. Les descendants de ces derniers devenaient parfois précepteurs, ou maîtres d'école comme ce Mouisset rencontré par Chappe.

14. On sait qu'au contraire le père La Chaise avait protesté contre les mesures qui ont suivi la révocation de l'Edit de Nantes.

15. En août 1762, un arrêt du Parlement de Paris interdit la Compagnie de Jésus et supprima leurs collèges, mais les jésuites purent rester en France à titre individuel. Ils ne seront expulsés qu'en 1764.

16. En fait en novembre 1760 (voir ci-dessus, p.247).

traverser une grande chaîne de montagnes; ce qui exigeait de nouveaux arrangements. Je fus obligé d'abandonner mon grand chariot, avec lequel je n'aurais jamais pu monter sur ces montagnes: j'y substituai sept petits chariots qu'on appelle *quibiks*:[17] on ne connaît point d'autres voitures en Russie, pour transporter les équipages. Elles sont très petites, et par conséquent on les charge peu; autrement, il ne serait pas possible de voyager dans ce pays, tant les chemins y sont mauvais. Ce nouvel arrangement que je n'avais prévu, m'aurait beaucoup retardé à Ekatérinbourg, sans les bontés de M. le comte de Voronzof: son intendant, et M. Cléopet, conseiller des mines, me procurèrent toutes les facilités que je désirais. Je voyageai assez commodément le premier jour; mais à mesure que j'avançais dans la chaîne, le chemin devint plus mauvais: d'ailleurs, j'avais besoin de 24 à 25 chevaux, et je ne trouvais pas partout ce nombre.

On rencontre différents forts en traversant ces montagnes. Celui de Grobowa est dans le milieu de la chaîne, et le dernier, Astchitzkaia, est dans la plaine. Ces forts ne sont que des tours de bois entourées de palissades. Ils ont été construits pour tenir dans l'obéissance les Baskirs,[18] que la Russie a eu tant de peine à subjuguer. Ils avaient cru jusqu'alors être sous la protection de cette puissance, et non ses sujets.

Le pays est très découvert après la chaîne: je ne trouvai que de petites collines, semblables à celles qu'on rencontre dans toutes les plaines. Les bois étaient dispersés par bouquets: je n'y ai vu que du bois blanc, principalement du bouleau.

J'arrivai le 23 à la forge de Souxon;[19] je m'y arrêtai dans le dessein d'y acquérir quelque connaissance des mines de cuivre des environs; je savais qu'elles étaient des plus curieuses. N'étant point connu du directeur, je ne me flattais pas d'y recevoir un grand accueil, ni d'y jouir de la facilité d'y satisfaire ma curiosité: aussi je fis arrêter les voitures dans une esplanade, sans qu'on dételât les chevaux. Le directeur, quoique assez poli, me permit difficilement de parcourir les forges et les différents établissements qu'on y avait faits. Je fus reconnu dans cette manufacture par un des ouvriers de M. Dimidof, qui m'avait vu à Solikamskaia[*]: il en avertit son maître. Cette nouvelle manufacture appartenait aussi à M. Dimidof, qui avait donné des ordres pour que je fusse parfaitement reçu à Solikamskaia. Le directeur de Souxon informé de ce détail, vint me joindre, lorsque j'étais occupé à examiner les mines qu'on avait disposées par tas dans une cour. Il me fit beaucoup d'excuses des difficultés qu'il

---

[*] Voyez page 286.

---

17. Sur la *kibitka*, voir ci-dessus, ch.11, n.2.

18. Les Russes menèrent une guerre coloniale contre les Bachkirs révoltés, de 1705 à 1720. On sait que ce peuple se soulèvera également au moment de la révolte de Pougatchev (1773-1775).

19. La petite ville de Souksoun entre Krasnooufimsk et Koungour, au sud-est de Perm.

m'avait faites. Je parcourus de nouveau avec lui tous les lieux qui pouvaient m'intéresser: je croyais m'en retourner, quand je me trouvai chez lui, où il avait fait conduire mes voitures, et préparer un grand dîner. Ce directeur étant fort instruit dans sa partie et sur le pays, me procura beaucoup de lumières sur la géographie, sur les mines, et me conduisit après le dîner dans une chambre où il avait enfermé les morceaux de mine les plus intéressants. C'était un tas de bois métallisé par une dissolution de cuivre. Il offrait le coup d'œil le plus agréable par les différentes couleurs que ces bois présentaient: ils étaient encore plus curieux en les examinant de près, à cause des différentes cristallisations qui s'y étaient formées. Je ne pus modérer l'excès du plaisir que me procura ce spectacle: le Russe s'en aperçut, et crut avoir un trésor dans cet appartement. Je choisis plusieurs morceaux de ces bois, et je ne prenais pas les moins beaux. Mais ce Russe, qui d'abord s'était fait un plaisir de m'en procurer, me parut fort mécontent de mes arrangements: je m'en aperçus, et je me bornai à quelques petits morceaux. Je l'avertis cependant de ne pas fonder sa fortune ni celle de son maître, sur cette collection très curieuse pour un naturaliste, mais d'un médiocre produit si l'on ne considérait que sa valeur intrinsèque. Je partis très satisfait de toutes les honnêtetés du directeur de cette fonderie, et j'arrivai à Tikonoska le 24 à quatre heures du matin. J'éprouvai de si grandes difficultés dans cet endroit pour avoir des chevaux, que je ne pus en partir qu'à neuf heures. Je découvris, presque en sortant de ce village, une nouvelle chaîne de montagnes qui s'élevait insensiblement. L'espace compris entre la première et celle-ci n'est qu'une vaste plaine où l'on trouve quelques collines. Le terrain n'était cultivé que dans quelques endroits, encore n'y semait-on que de l'orge; du moins je n'y vis point d'autre grain.

A quelques lieues de Birna, l'étourderie d'un postillon faillit à me coûter la vie. Les cochers russes, loin de prendre des précautions pour descendre les petites montagnes, ainsi que cela se pratique partout, les descendent au contraire au galop. Ils passent sur le pont avec la même vitesse, et parviennent bientôt au sommet de l'autre colline; mais s'ils n'enfilent pas parfaitement le pont, la voiture vole en éclats, sans qu'on puisse y apporter aucun remède, n'étant pas possible de retenir les chevaux dans ces moments. Après avoir traversé la rivière de Tourka, je montai une petite montagne que je descendis presque aussitôt. Le chemin était tortueux et sur le bord d'un précipice; mon cocher allait avec une si

Le chemin devint mauvais à mesure que j'avançai dans cette chaîne: elle me parut différente à tous égards de la première. Dans celle-ci les montagnes étaient quelquefois allongées,et formaient une pente douce: les dernières au contraire, quoique peu élevées, étaient si escarpées, qu'on ne pouvait les monter qu'avec de grandes difficultés; le terrain en était même différent. Depuis Tobolsk jusqu'à cette seconde chaîne, la terre était noire et grasse; dans ces nouvelles montagnes elle était jaunâtre et beaucoup plus ferme.

grande vitesse en descendant cette montagne, que n'ayant pas tourné assez promptement dans un coude de ce chemin, les chevaux en sortirent, et je vis le moment où les chevaux et la voiture faisaient la culbute dans le précipice. Un cheval s'abattit heureusement, je sautai promptement hors de la voiture, et je saisis les autres chevaux par la bride. Ayant été secouru aussitôt, cet événement n'eut point d'autres suites, excepté pour le cocher: une partie de ses camarades s'en emparèrent, sans que je m'en aperçusse, et le conduisirent dans le bois: ils le couchèrent par terre sur le ventre, et le bâtonnaient avec une telle fureur, qu'ils l'auraient fait expirer sous les coups, si, averti par des cris redoublés, je n'eusse couru le délivrer. Je lui fis donner un verre d'eau-de-vie, et un moment après il était aussi gai qu'avant sa correction. Il remonta sur le siège, chantant une petite chanson, et ne pensant plus à ce qui lui était arrivé:[20] aussi malgré cette correction, et la défense que je lui avais faite d'aller vite dans les descentes, il était toujours tenté de descendre les montagnes au galop; et je fus obligé, pour l'en empêcher, de prendre un bâton dans ma voiture; et à chaque descente je l'appuyais sur ses épaules pour l'avertir d'aller doucement.

J'arrivai enfin à Birna; ce village est habité par des Tartares. Plusieurs étaient venus au-devant de moi à un werst de leur village, ils me témoignaient par des signes les plus grandes marques d'amitié.[21] La candeur et la paix qui régnaient sur leur physionomie annonçaient qu'elles étaient sincères: aussi je les suivis sans aucune inquiétude. Ils se placèrent à la tête de ma voiture, et me conduisirent à la maison du chef de leur village, qui y jouissait de la plus parfaite considération: son mérite et ses vertus lui avaient acquis le droit de les commander, sans qu'il y eût eu aucune élection. Ils m'avaient fait préparer une espèce de dîner qui consistait dans du miel, du beurre et quelques légumes. Leurs maisons sont aussi propres que celles des Sibériens le sont peu. Au reste, ils vivent à peu près de la même façon, excepté qu'ils sont mahométans.

Leurs habillements ont quelque rapport avec ceux des Russes (*Tome I*, n° XV et XXVI). Les Tartares ont une tunique de laine sur laquelle ils mettent leur ceinture; et ils portent par-dessus la tunique, une ample et longue robe qui flotte au gré des vents. Ils sont toujours en bottes. Leur tête est rasée, excepté une partie de derrière qu'ils couvrent avec une calotte de cuir. Ils portent un bonnet dont le contour est de peau. Cet habillement leur sied parfaitement. Ils sont d'ailleurs grands, robustes et bien taillés. Leur physionomie, quoique douce, annonce un peuple guerrier et indépendant; aussi conserve-t-il ses anciens privilèges. Il fournit à la Russie, en temps de guerre, un certain nombre de troupes qu'elle soudoie.

---

20. Jubé note le même trait chez un 'fustigé', qui, après sa correction, se relève comme si de rien n'était, et vient demander du tabac au cocher qui mène l'abbé (Jubé, 1992, p.159).
21. Sur les Tatars, 'naturellement affables' et hospitaliers, voir Delisle (1768, p.527).

J.B. le Prince del.   *J.B. Tillard Sculp.*

XXVI. Tartares des environs de Kazan

Collections de la Bibliothèque municipale de Rouen.
Photographie Thierry Ascencio-Parvy

L'habillement des femmes tartares diffère peu de celui des hommes:[22] il est plus court, et la ceinture est par-dessus la robe. Leur coiffure est un bonnet, souvent fait en pain de sucre; il est couvert de copecks et de grains de verre, ainsi qu'une grande pièce de drap qui est attachée au bonnet, et qui leur descend jusqu'au derrière. Elles portent des bottes; et sans leur coiffure, on les prendrait pour des hommes, au premier coup d'œil. Elles partagent la plupart des travaux de leurs maris: ceux-ci les traitent avec douceur: une parfaite égalité règne entre eux. Les femmes me parurent jouir de la plus grande liberté: les filles, au contraire, sont fort retirées; et j'ai su que, malgré les précautions des pères et des mères, elles se procuraient des moments de liberté dont elles profitaient. En Sibérie, les femmes sont, au contraire, enfermées; les filles jouissent d'une plus grande liberté, et on a vu qu'elles en profitaient aussi. Dans tous ces pays, on est fort embarrassé avec les filles.

L'habillement des Russes diffère de celui des Tartares, en ce que les premiers n'ont qu'une espèce de gilet au lieu de tunique, et que souvent ils laissent pendre leur chemise, sans la renfermer dans leurs culottes. Ils portent par-dessus une espèce de jaquette avec une ceinture. Ils n'ont point de bottes, mais ils s'enveloppent la jambe avec du drap, et l'entortillent par le bas avec une corde.[23] Leurs souliers sont faits communément d'écorces d'arbres.[24] Tout le peuple de Russie a conservé la barbe: ils portent tous un bonnet.

En comparant l'habillement des hommes russes à celui des Tartares, ce dernier mérite à tous égards la préférence: il est noble, au lieu que celui des Russes est mesquin. Il n'en est pas de même de l'habillement des femmes. Celui des femmes tartares est communément plus riche, mais quelquefois moins agréable. Les femmes russes portent dans leur maison, par-dessus la chemise, une tunique[25] qui leur descend jusqu'aux talons: elle se boutonne par devant. Quand elles sortent, elles ont une robe par-dessus, et quelquefois une capote. Leur coiffure ressemble plutôt à une espèce de chapeau, qu'à toute autre chose: il est ordinairement orné de copecks et de verreries. L'habillement des filles est le même, avec cette différence seulement, qu'elles sont toujours coiffées en cheveux,[26] et qu'elles n'ont qu'une espèce de ruban qui leur ceint la tête.

Lorsque je partis de Birna, les Tartares doublèrent les chevaux à cause des montagnes qu'il fallait traverser, sans vouloir d'augmentation de prix, ni rien accepter pour la dépense que j'avais faite chez eux.

Le chemin devint affreux à peu de distance de ce village. Les montagnes, quoique de peu de hauteur, étaient si escarpées, et la pluie les

---

22. Delisle notait au contraire que les femmes tatares portaient sous leurs longs habits de grandes culottes qui leur descendaient jusqu'à la cheville (Delisle, 1768, p.547).
23. Ces bandes d'étoffe s'appellent *onoutchi* (sing. *onoutcha*).
24. Ces chaussures de tille sont les *lapti*.
25. C'est le *saraphane*.
26. Avec des tresses.

J B. le Prince del.

JB le Prince Sculp.

XXVII. Halte de l'auteur dans les montagnes de Sibérie
Collections de la Bibliothèque municipale de Rouen.
Photographie Thierry Ascencio-Parvy

avait rendues si glissantes, que malgré les efforts de tous les postillons réunis à ceux de la plus grande partie des chevaux qu'on attelait à la même voiture, on pouvait à peine parvenir au sommet de la montagne, quoique tout le monde fût à pied. De nouvelles montagnes en présentant les mêmes obstacles fatiguaient d'autant plus les hommes et les chevaux, que chaque voiture exigeait la même manœuvre. La mienne étant la plus légère, je pris les devants dans l'intention d'envoyer du premier hameau du secours aux autres; mais on ne put me conduire qu'à un quart de lieue de l'endroit où je les avais laissées.

J'étais alors sur le bord du ruisseau Tourka dans un fond entouré de montagnes (n° XXVII): mon horloger et mon interprète s'y rendirent presque aussitôt. Après avoir attendu en vain les autres voitures dans cet endroit pendant deux heures, j'envoyai des Tartares au-devant avec une partie des chevaux que j'avais auprès de moi.

Les autres voitures parurent à une heure après minuit: j'avais laissé aux voituriers des flambeaux qu'ils avaient allumés, et qui les faisaient distinguer au loin. Les Tartares qui étaient restés auprès de moi furent pour lors au-devant d'eux, et pour les éclairer, ils mirent le feu de distance en distance aux sapins qui étaient sur la route. Si ces arbres de la plus grande hauteur, en s'enflammant dans un instant, leur furent d'un grand secours, ils offraient un spectacle qui n'était pas moins curieux et singulier: ils représentaient différents feux d'artifice distribués sur les rampes et les hauteurs de ces montagnes. Je fis ranger toutes les voitures autour du feu; les chevaux furent attachés derrière à des piquets. On distribua de l'eau-de-vie à tous ces gens qui soupèrent, ainsi que moi, du meilleur appétit. Après une heure de repos, on raccommoda les voitures, et je me couchai auprès du feu sur une peau d'ours: je dormis très peu, je m'éveillai quelques heures après, et j'allai parcourir ces montagnes pendant qu'on disposait tout pour le départ. Depuis le commencement de cette chaîne je n'avais vu sur ma route que des bouleaux; mais à six wersts de l'endroit où j'avais passé la nuit, j'avais trouvé partout des sapins, ainsi que dans la première chaîne, avec cette différence cependant qu'ils étaient beaucoup plus gros, très élevés, bien nourris et bien venants; de façon que ces deux chaînes me paraissent totalement différentes pour le sol et les productions: la terre au lieu d'être noire est au contraire jaunâtre.

Je partis vers sept heures du matin, et je montai aussitôt sur une montagne très élevée et très escarpée. J'éprouvai beaucoup de difficulté pour parvenir au sommet, parce qu'il tombait de la pluie qui rendait le chemin si mauvais, que les hommes, quoique à pied, avaient beaucoup de peine à la gravir. Nous arrivâmes enfin sur le midi à la Poste-Pisse. Ce hameau est situé sur le bord de la petite rivière du même nom, et vers la fin de la chaîne. Je trouvai encore partout des sapins et le terrain jaunâtre. Les sapins avaient trois et cinq pieds de diamètre, et près de quatre-vingts pieds de hauteur. Le bois était touffu par la quantité des herbes et des arbrisseaux qui s'y trouvaient; au lieu que dans la première chaîne, surtout dans les environs d'Ekatérinbourg, le sol était pelé; on n'y voyait que des sapins de peu de hauteur, rabougris et malvenants.

Depuis le commencement de cette seconde chaîne je n'avais vu nulle part la terre cultivée: elle l'est dans les environs de Pisse où le pays commence à être découvert. Le blé nouvellement ensemencé avait déjà plus de deux pouces de hauteur; il était par conséquent plus avancé qu'à Tobolsk au commencement de juillet. Je ne m'arrêtai dans ce hameau que le temps nécessaire pour prendre de nouveaux chevaux. J'arrivai à Ossa[27] vers trois heures du soir. C'est une petite ville située sur le bord de la Kama: une partie médiocrement fortifiée est sur une hauteur. Ossa est au milieu d'une plaine très découverte, cultivée presque en entier. Je suivis en partant de cette ville les bords de la Kama, et je rentrai à deux lieues d'Ossa dans les bois que j'avais quittés avant d'entrer dans cette ville, à peu près à une égale distance: la pluie avait rendu le chemin très mauvais. Je n'arrivai à Cracova qu'à une heure du matin, quoique j'eusse voyagé toute la nuit à la lueur des flambeaux. N'ayant point trouvé de chevaux dans ce hameau, je me déterminai à y passer la nuit. On fit un grand feu au milieu de la rue, et tout le monde se rangea autour et se coucha sur de la paille. Je fis porter mon matelas dans la plus proche maison, où je passai la nuit. Je m'éveillai de très bonne heure; je descendis aussitôt dans la rue où je trouvai tout mon monde qui dormait d'un profond sommeil: ils me parurent si heureux, que je les laissai dormir paisiblement jusqu'au jour. Je raccommodai le feu presque éteint; je visitai les voitures, et je partis à huit heures. J'arrivai à midi sur le bord de la Kama. Cette rivière que nous passâmes dans un bateau qu'on fait aller avec des rames, me parut avoir plus de cent toises de largeur: nous employâmes dix-huit minutes à la traverser avec quatre rames. On m'assura qu'elle avait trente à quarante pieds de profondeur. La traversée de cette rivière est très dangereuse à cause de la petitesse du bac qui sert à la passer. On est obligé de mettre les grandes voitures en travers, de sorte que si l'on ne prenait pas les plus grandes précautions pour les empêcher de glisser, le bateau se renverserait au plus petit mouvement. Après avoir passé la Kama, j'espérais voyager dans de meilleurs chemins et dans un pays plus habité: j'avais déjà essuyé deux gelées, de sorte que les matinées étaient très froides. Tous les jours la terre était couverte le matin de frimas; les arbres se dépouillaient de leurs feuilles; les fruits se détachaient de leurs tiges penchées; les chemins en étaient couverts. Tout annonçait le deuil de la nature, on ne voyait plus que la triste verdure des sapins. J'étais encore éloigné de quatre à cinq cents lieues de Saint-Pétersbourg, et je craignais d'être surpris en route par l'hiver: je m'arrêtais peu par cette raison; j'arrivai le 28 à Sowialova après avoir éprouvé bien des accidents. Dans une de ces circonstances deux soldats avaient été blessés.

---

27. Joseph Nicolas Delisle, qui est passé lui aussi par Ossa, a décrit les incursions des Bachkirs dans cette ville (Delisle, 1768, p.559).

Sowialova est un hameau habité par des Wotiakes. La singularité de ce peuple et de leur habillement me détermina à m'y arrêter une partie de la journée. Quelques auteurs ont placé les Wotiakes au nombre des Tartares, mais je n'ai reconnu aucun rapport entre ces deux nations.[28] Les femmes et les hommes wotiakes n'ont communément que quatre pieds et quelques pouces de hauteur. Ils sont d'un tempérament faible et délicat. L'habillement des hommes ne diffère point de celui des Russes; mais celui des femmes n'a aucun rapport avec tous ceux que j'ai vus en Sibérie (n° XXVIII). Elles ont une chemise de grosse toile, fendue sur la poitrine comme celle des hommes; elle est bordée dans cet endroit avec du fil ou avec de la laine de différentes couleurs. Elles ont encore une petite broderie d'une figure triangulaire sur le côté droit de la chemise. Leur habit est de laine; il a beaucoup de rapport à celui des jésuites lorsqu'ils sont dans le collège; les manches de l'habit de dessus sont fendues vers le milieu pour y passer la main;[29] communément la partie inférieure est pendante. Cet habit n'est attaché sur le devant que par une ceinture artistement brodée; il descend jusqu'à la jambe. Elles portent de gros bas de drap avec des sandales à la russe. La coiffure des femmes wotiakes est assez singulière: elles s'enveloppent d'abord la tête avec un torchon, elles attachent par-dessus avec deux cordons une espèce de casque fait d'écorce d'arbre; il est garni par-devant d'un morceau d'étoffe et de copeks. Ce casque est ensuite couvert par un mouchoir brodé de fil et de laine de différentes couleurs, et entouré de franges; cette coiffure les élève de près d'un pied.[30] Leurs cheveux forment deux tresses qui tombent sur la poitrine avec un collier semblable à ceux des Tartares. Une des personnes qui m'accompagnaient, curieuse de l'examiner, fut obligée d'ouvrir la chemise d'une de ces Votiakes, de façon que sa gorge était totalement à découvert. Loin de le trouver mauvais, quoique en public, elle riait de sa curiosité.

M. Strahlemberg croit ce peuple un des plus anciens de la Sibérie[*]. Il est chrétien depuis plusieurs années, mais si peu instruit, qu'il n'a pas la plus petite idée de cette religion.[31] Les Russes leur envoyèrent des prêtres

---

[*] Tome II, p.153.

---

28. Les Votiaks ou Oudmourtes, en effet, ne sont pas des Tatars, mais un peuple finnois parlant une langue permienne de la famille ouralienne. Ils sont actuellement environ 600 000 vivant dans la République autonome du bassin supérieur de la Kama.

29. Détail de l'habillement des femmes votiakes observé également par Lévesque (1783, i.413).

30. Un peu moins selon G. F. Müller: un quart d'archine (environ 18 cm). Müller avait décrit minutieusement l'habit et la coiffure des femmes votiakes, qu'il avait observées en 1733. Il avait noté le bandeau en écorce de bouleau qui entourait leur coiffure, le mouchoir brodé de fils de différentes couleurs et garni de franges (Müller, 1732-1764, t.iii, 1759, p.322-23).

31. Pour Joseph Nicolas Delisle, les Votiaks étaient un peuple 'grossier, stupide et idolâtre', qui n'avait 'aucun usage de l'écriture' (Delisle, 1768, p.527). Müller trouvait que, comme les Tchérémisses et les Tchouvaches, ils étaient d'une très grande bêtise et d'une

XXVIII. Femmes Wotiakes, en Sibérie
Collections de la Bibliothèque municipale de Rouen.
Photographie Thierry Ascencio-Parvy

et des soldats pour les convertir. Je trouvai à Sowialova un missionnaire russe chargé de les instruire et de les baptiser. Quoiqu'il n'entendît pas leur langue, il les faisait toujours chrétiens; aussi ont-ils conservé toutes les superstitions de leur religion.

Désirant acheter un habit de femme, on m'en apporta un qu'on me vendit vingt-cinq livres argent de France. Le village en fut à peine informé qu'il s'assembla et réclama cet habit. Il regardait cette vente comme un sacrilège dont le village serait la victime, parce qu'ils enterraient les femmes avec leurs habits; c'était un article de leur religion. On emmena la femme qui me l'avait vendu; elle convint du fait; mais elle représenta que cet habit avait appartenu à feue sa mère. Elle vivait lorsqu'ils furent faits chrétiens, et il fut alors défendu de la part de l'impératrice d'enterrer les morts avec leurs habits. Cette femme fut renvoyée innocente: cependant les Wotiakes voulurent m'obliger à rendre l'habillement, et je ne le conservai que par le secours des soldats que je fis mettre sur la défensive.

Les femmes wotiakes sont très laides en général, et plus malpropres qu'aucun peuple du Nord, excepté les Samoyèdes, suivant le rapport que m'en ont fait des Russes qui ont voyagé dans cette contrée. Ces dernières ne portent jamais de chemise: leur habillement est fait de peau de rennes en forme de sac (n° XVI). Leurs bas sont aussi de peau du même animal, et elles portent quelquefois des sandales à la russe*.

Je partis très tard de cet endroit; je traversai plusieurs hameaux habités par des Wotiakes et des Tartares, et j'arrivai le 29 à huit heures du soir sur les bords de la rivière Wiatka. Pour la passer, on avait établi sur deux bateaux un pont que l'on conduisait à la rame. Cette rivière est moins large que la Kama, mais elle est plus rapide, et si dangereuse que le batelier ne voulut pas nous passer à cause du vent et des rochers qui s'y trouvent. Je me déterminai à rester toute la nuit sur ses bords: on alluma un grand feu; je fis construire une espèce de tente avec des branches d'arbres; et après avoir soupé, je me couchai sur une peau d'ours. Je m'éveillai vers minuit tout gelé et tout couvert de neige: je ne savais dans le premier moment si je rêvais; cependant la neige continua de tomber toute la nuit; la terre en était couverte le matin de plus d'un demi-pied. Je passai la rivière sur ce pont ambulant en douze minutes. La quantité de neige qui était tombée, avait rendu les chemins si mauvais, que j'éprouvai les plus grandes difficultés pour arriver au hameau Scynd, quoique tout le monde eût fait à pied ce court trajet, afin de soulager les chevaux. J'étais fort embarrassé sur les moyens de continuer ma route: je passai une partie

---

* Un Russe qui a voyagé chez les Samoyèdes, m'a fait présent d'un de leurs habits, d'après lequel on a fait le dessin.

---

très grande ignorance, de surcroît portés aux vices et adonnés à la boisson (Müller, 1732-1764, iii.316-17). Plus indulgent, Lévesque note qu'ils ont l'esprit borné, mais qu'ils sont intelligents (Lévesque, 1783, i.406). Toutefois, il rejoint Chappe en affirmant qu'ils sont 'victimes d'une folle superstition' (i.418).

de la matinée flottant dans l'incertitude, si j'abandonnerais mes voitures pour prendre des traîneaux, ou si je courrais les risques de voyager avec mes voitures à roues. Ce dernier parti était très dangereux; mais on m'assura d'un autre côté que je ne trouverais pas de neige en approchant de Cazan*, et que je serais obligé par conséquent d'abandonner les traîneaux.

Je partis avec mes voitures à roues, quoiqu'il neigeât beaucoup; on doubla le nombre des chevaux: j'en avais quarante-deux, je leur fis donner de l'avoine en quantité; on distribua de l'eau-de-vie aux postillons, et par ces moyens j'arrivai à Sicchi le même jour à dix heures du soir malgré les chemins affreux. Je traversai dans ce trajet plusieurs villages habités par des Tartares; leurs habits sont différents à quelques égards de ceux des Tartares de Sibérie: ces peuples étaient plus polis; ils conservaient cependant leur simplicité et la pureté de leurs mœurs.

La neige diminuait à mesure que j'approchais de Cazan; elle avait totalement disparu à Wisocogora. Une vaste prairie, où l'herbe avait repoussé, offrait la verdure du printemps; le pays devenait plus riant à chaque instant, et le ciel plus serein; les frimas n'avaient point encore dépouillé les arbres de leurs feuilles: je voyais dans les environs de Cazan des chênes pour la première fois depuis mon séjour en Russie, et des arbres fruitiers dans des espèces de vergers, au lieu des terrains glacés de Sibérie et des déserts de sapins qui n'étaient presque habités que par des animaux la plupart inconnus en Europe. Je voyageais sur des coteaux à travers des bosquets, j'en recherchais l'ombrage que je redoutais quelques jours auparavant. Des villages opulents annonçaient la fertilité du pays: on y voyait des jardins arrangés avec art, que des fleurs ornaient encore. Tout semblait alors me rapprocher de ma patrie; agréable situation, dont on ne peut se faire une idée qu'après en avoir été privé.

J'arrivai à Cazan le premier octobre. Un prince tartare en était le gouverneur, j'en reçus l'accueil le plus favorable: il avait ordonné qu'on me préparât un logement; mais M. Weroffchin, Russe que j'avais eu l'honneur de voir à Pétersbourg, avait eu la bonté de m'en faire préparer un chez lui, et l'on m'y conduisit.

Je fus voir le gouverneur le jour suivant; après quelques compliments que je n'entendis pas, nous nous assîmes autour d'une table couverte d'un beau tapis: on y plaça quatre grandes pipes et un vase de porcelaine rempli de tabac de la Chine: je fumai quelques instants. On servit aussitôt des liqueurs du pays, des confitures, avec des fruits et un melon d'eau; ce dernier fruit est si délicat et si agréable que je me bornai à ce mets. Les melons sont communs à Cazan; on en peut manger avec excès sans en être incommodé.[32] Je trouvai ce fruit si supérieur à tout ce que je connaissais

---

*Quelques auteurs écrivent Kazan.

---

32. Le père Avril, 1692, p.96, écrivait à propos des melons d'eau d'Astrakhan, qu'il trouvait 'd'un goût très exquis': 'On peut en manger tant qu'on veut sans en craindre

dans ce genre, que je m'en procurai de la graine, mais elle n'a pas réussi en France.

Mgr l'Archevêque me fit prier d'aller à sa campagne située aux environs de la ville; il eut la bonté de m'envoyer plusieurs voitures pour m'y transporter et ceux qui m'accompagnaient. Je trouvai un prélat instruit dans les sciences, l'histoire et la littérature: aussi était-il traité avec la plus grande vénération dans toute la Russie; c'est le seul prêtre que j'aie vu dans ces vastes Etats, qui ne parût pas étonné qu'on se transportât de Paris à Tobolsk pour y observer le passage de Vénus sur le soleil.

Je séjournai plusieurs jours à Cazan: j'y fis quelques observations astronomiques, qui me servirent à fixer avec exactitude la position de cette ville. Elle conserve encore un reste de son ancienne opulence, quoique son commerce soit presque éteint. Les maisons, quoique en bois pour la plupart, y sont très bien bâties. Quantité de noblesse y est réunie, et y vit en société. Tout ce qui est nécessaire ou utile à la vie y est très commun, même en gibier, en poisson et en fruits. On y trouve du pain blanc, aussi peu connu en Sibérie que les ananas. Le vin seul est très rare à Cazan, mais ils ont l'art d'en faire avec différents fruits: il diffère peu du naturel par le goût et la couleur; mais il est très dangereux pour la santé à cause de l'eau-de-vie qui en est toujours la base.

Les mœurs sont aussi différentes de celles de la Sibérie que les climats. Les femmes y sont à table, dont elles font les honneurs et l'agrément: elles font partie de la société, ainsi qu'à Moscou et à Saint-Pétersbourg.

Les Tartares forment une grande partie des habitants de Cazan; mais loin d'y être persécutés, ils y sont traités avec les plus grands égards; aussi sont-ils très attachés à leur souverain. Ils ont conservé l'innocence de leurs mœurs, leur probité, leur bonne foi:[33] ils jouissent presque tous d'une petite fortune. Leurs habillements sont beaucoup plus riches que ceux des Tartares dont j'ai déjà parlé: celui des femmes était même différent à quelques égards, principalement par rapport à la coiffure; je n'y en ai jamais vu en pain de sucre.[34] Elles ont beaucoup de rapport avec celle des Russes, à cela près que leurs cheveux sont entrelacés de pierres précieuses et de perles. Ils en font des ornements sur les manches de leurs

---

aucune suite fâcheuse'. Jubé vante lui aussi leur goût 'admirable' et assure de même qu''on n'en est jamais incommodé', même quand on en mange 'prodigieusement' (Jubé, 1992, p.185).

33. Ils sont donc préférables aux Russes! Perry, 1717, p.218, estimait déjà que les Tatars étaient plus honnêtes que les Moscovites. 'Leur physionomie est douce, modeste & même timide', mais 'ils sont fiers & même orgueilleux', rapporte Lévesque. 'Polis entre eux', les Tatars de Kazan 'ne sont pas moins honnêtes avec les étrangers: on ne sort pas de chez eux sans avoir reçu quelque présent'. L'éducation et leur religion 'rendent ces Tatars propres, tempérants, modérés & compatissants' (Lévesque, 1783, ii.215-16). 'Agriculteurs laborieux, ils tirent de la terre un meilleur produit que les Russes' (Lévesque, 1782, v.478).

34. 'L'habit des femmes [des Tatars de Kazan] est à peu près de même que celui des hommes [...] Leur tête est presque entièrement enveloppée d'un bonnet garni de coraux ou de pièces de monnaie' (Lévesque, 1783, iii.219-20). Lévesque consacre huit chapitres aux Tatars de Kazan, dont un chapitre sur leur habillement (p.213-47).

habillements; d'autres sont attachés à leur cou, et pendent sur leur poitrine.

Cette ville est très étendue et bien peuplée.[35] M. de Schouvalof, l'un des plus grands protecteurs des lettres en Russie,[36] avait déterminé l'impératrice Elisabeth à y établir un gymnase ou collège pour y élever la jeunesse. M. Wérofkin, Russe, en était le directeur: il avait sous lui huit professeurs, deux pour la langue française, deux pour la langue allemande, deux pour le latin, un pour le russe, et un maître en fait d'armes, qui apprenait aussi à danser. Les appointements de ces professeurs étaient de cent cinquante roubles, ou de sept cent cinquante livres, argent de France. Malgré des appointements si modiques, les exercices de tout genre se faisaient avec les plus grands succès, par les soins et le zèle de M. Vérofkin. Il était très instruit, et il réunissait à ces connaissances le grand art de savoir conduire les hommes qui lui étaient subordonnés, et les élèves qu'il devait former: homme rare et fait pour la place qu'il occupait: il ne l'a cependant pas conservée longtemps pour le malheur de cette école naissante. Son mérite distingué lui avait fait des ennemis de tous ceux qui couraient la même carrière. L'envie et la jalousie le poursuivaient partout. On ne cessait de le tourmenter, quoique à quatre cents lieues de la capitale: les coups qu'on lui portait étaient d'autant plus sûrs, qu'occupé dans Cazan à se rendre utile à sa patrie, il ignorait d'où ils partaient, ou il n'était pas à portée de les parer. Dans les pays les plus éclairés, l'envie et la jalousie sont les fléaux les plus funestes aux hommes de lettres, mais ils y sont moins dangereux que parmi les peuples ignorants. Dans la société instruite, les traits empoisonnés de l'envie et de la jalousie tournent à la longue contre ceux dont ils partent, et l'homme supérieur triomphe toujours; mais dans un pays ignorant, les hommes instruits sont les plus intéressés à perdre l'homme supérieur; et comme ils sont seuls capables de décider la nation ignorante, elle confirme bientôt leur iniquité. M. de Schouvalof, protecteur de M. Werofkin, et favori de l'impératrice Elisabeth, lui avait toujours servi de bouclier. Il perdit son autorité à la mort de cette princesse; et l'envie en sentinelle fit dans l'instant une victime de M. Werofkin: il aura été trop heureux, en perdant sa place, s'il n'a pas augmenté le nombre des infortunés de Sibérie.

---

35. Kazan a été fondée en 1257 par les Mongols, à quelque distance de l'ancienne Bolgar, capitale des Bulgares de la Volga. Elle fut la capitale d'un état bulgaro-mongol indépendant de la Horde d'Or. On sait qu'Ivan IV s'en empara après un long siège en 1552. La ville compte actuellement plus d'un million d'habitants.

36. Ivan Ivanovitch Chouvalov (1727-1797), le favori de l'impératrice Elisabeth, fut effectivement un promoteur des lettres, des arts et des sciences: fondateur avec Lomonossov de la première université russe, celle de Moscou, en 1755, il créa l'Académie des beaux-arts de Saint-Pétersbourg en 1757 et en fut le président. Il confia à l'architecte Rastrelli la construction du Palais d'Hiver, de l'Institut Smolny, du palais de Tsarskoe-Selo. Il attira en Russie des peintres français comme Louis-Joseph Le Lorrain, qui fut le premier directeur de l'Académie des beaux-arts de Saint-Pétersbourg.

Je cherchai partout dans les environs de Cazan la fameuse plante nommée *borametz*,[37] dont parle M. l'abbé Lambert dans son *Histoire civile et naturelle*.[38] Suivant M. l'abbé Lambert, cette plante ressemble à un agneau, elle en a toutes les parties avec une toison délicate, dont les femmes se servent pour couvrir leur tête. Elle a quelque peu de sang et de chair: elle n'a point de cornes, mais des bouquets de laine en façon de cornes: elle vit et se nourrit tant qu'elle a de l'herbe verte autour d'elle; mais ce zoophyte ou plante animale périt aussitôt que l'herbe voisine vient à se sécher.

On ne doit pas croire que M. l'abbé Lambert ait donné ces faits extravagants pour des vérités qu'il croyait; il ne les a sans doute rapportés que pour mettre les voyageurs dans le cas d'examiner ce qui a pu être la source de cette fable ridicule. Malgré mes soins je ne pus jamais me procurer cette plante inconnue à Cazan. On la voit au Jardin du roi; et quelques auteurs la placent dans la classe des mousses,[39] mais elle n'a aucun rapport avec la fable rapportée par M. Lambert.

Je partis de Cazan à quatre heures du soir, et j'arrivai sur le bord du Volga à sept heures dix-huit minutes. Ce fleuve me parut avoir dans cet endroit deux cents toises de largeur environ; on me dit qu'il en avait dix de profondeur, ou soixante pieds. Le temps était calme; les eaux de ce

---

37. La fable du *baranetz* ou agneau végétal (du russe *baran*, mouton) semble remonter au moins au XIVe siècle. Herberstein, qui invoque le témoignage de Guillaume Postel, semble n'y croire qu'à moitié (1965, p.180-82). Du XVIe siècle au milieu du XVIIIe, une bonne quarantaine d'auteurs rapportent cette légende. On sait que Diderot, en 1751, tentera de lui régler son compte dans l'article 'Agnus scythicus' de l'*Encyclopédie*. Mais le mythe aura la vie dure: on le trouvera encore en 1759 dans l'article 'Moscovie' de Moreri, et jusque dans le *Journal des savans* d'août 1769, p.71, à propos justement de Chappe, qui, au lieu de réfuter l'abbé Lambert, aurait dû, selon l'auteur de la recension, 'plutôt examiner les voyageurs qui ont passé dans les mêmes lieux avant lui & il auroit vu que Struys en parle comme d'une plante qui vient aux environs d'Astrakhan [...]; il étoit plus naturel d'examiner le récit d'un voyageur que celui d'un compilateur.' Sur cette 'plante animal', voir Mervaud, 2003-1.

38. Claude, François Lambert (vers 1705-1765), curé de Saint-Etienne-du-Rouvray, diocèse de Rouen, auteur de plusieurs ouvrages. Il résume ainsi le mythe rapporté par ses prédécesseurs: 'La fameuse plante nommée *Boranets* se trouve aux environs de la Riviere de Wolga ou Rha. Cette plante ressemble tout à fait à un Agneau, & en a toutes les parties avec une toison délicate, dont les femmes se servent pour couvrir leur tête. Elle a quelque peu de sang & de chair; elle n'a point de cornes, mais des bouquets comme de laine en façon de corne: elle vit & se nourrit autant de tems qu'elle a de l'herbe autour d'elle; mais aussitôt que l'herbe voisine vient à se sécher, ce Zoophite ou plante animal vient à défaillir manquant de nourriture: le goût de cette plante est très agréable' (Lambert, 1750, i.85). Lambert est moins crédule lorsqu'il rapporte longuement les fables qui avaient cours sur l'ivoire fossile (i.204-205), mais, dans un autre ouvrage, il croit bizarrement aux 'archivampires'.

39. Le savant écossais Hans Sloane (1660-1753), dont Diderot invoque le témoignage dans l'*Encyclopédie*, avait observé que l'*agnus scythicus* n'était qu'une espèce de fougère couverte d'un duvet noir jaunâtre, qu'on trouvait de telles plantes à la Jamaïque, '& qu'au reste il semble qu'on ait employé l'art pour leur donner la figure d'un agneau' (Diderot, art. 'Agnus scythicus', *Encyclopédie*, i.179b). Le mot *baranetz* désigne en effet, en russe, un lycopode, une petite plante voisine des prêles et des fougères.

fleuve, l'un des plus beaux de l'Europe, n'étaient pas agitées; je le passai dans un bateau que six rameurs faisaient aller, j'employai dix-sept minutes pour le traverser. On m'avait assuré à Tobolsk et à Cazan qu'on y trouvait quantité de pirates, et qu'on s'amusait même à les chasser au fusil comme des canards; mais je n'y ai jamais vu de ces pirates, quoique j'aie parcouru ses bords l'espace de cent lieues. J'arrivai le 8 du même mois à Kusmodemianks, après avoir traversé le pays de nouveaux peuples, les Schuwaschi.[40] Ils diffèrent peu des Russes dans leurs habillements: ils sont chrétiens, mais aussi peu instruits que les Wotiakes; aussi ont-ils conservé de même toutes leurs superstitions.

Je repris à Kusmodemianks la route que j'avais suivie pour aller à Tobolsk: à mesure que j'approchais de St-Pétersbourg, situé plus au nord, le froid se faisait sentir de jour en jour plus vivement, et m'opposait les plus grands obstacles pour voyager avec des voitures à roues: quelques rivières étaient déjà gelées; j'arrivai enfin à Saint-Pétersbourg le premier novembre 1761: je passai l'hiver dans cette capitale auprès de M. le baron de Breteuil, qui m'y combla de nouveaux bienfaits. Je m'embarquai au printemps, dès que la mer fut libre, pour revenir en France, où j'arrivai au mois d'août 1762, près de deux ans après en être parti.

Fin de la première partie du tome premier.

---

40. 'Plus de la moitié des Tchouvaches ont reçu le baptême, mais, dit un voyageur instruit & raisonnable qui m'a communiqué ses notes, ils n'ont pas abjuré dans le cœur la religion de leurs pères' (Lévesque, 1783, i.471-72). Les Tchouvaches parlent une langue turque. Ils sont actuellement 1 500 000, dont la moitié vit dans la république autonome de Tchouvachie et le reste dans les régions voisines, en Tatarie et en Bachkirie.

Bibliographie

N.B. Les références abrégées utilisées dans la présente édition sont données ci-dessous au commencement de chaque entrée. On consultera également, ci-dessus, la liste des abréviations.

Sources manuscrites

Berlin, Staatsbibliothek

– Fonds Formey, Kasten 44, lettres de J. A. Euler à S. Formey, notamment extrait de son journal, novembre 1769, f.121*v*.

Moscou, Archives d'actes anciens de l'Etat russe (RGADA)

– Fonds 16, n° 150. f.7, Rapport de Soïmonov, 3 avril 1761, en russe, sur l'arrivée de Chappe à Tobolsk.
– Fonds 199, Portefeuille G.F. Müller, n° 546: lettre de Chappe au chancelier M. Vorontsov, 8 mai 1761, lettre de Chappe à Roman Vorontsov, s.d. [juin 1761?] (voir une copie identique à Paris, Archives nationales) et cinq lettres de Chappe à Gerhard Friedrich Müller, du 4 juillet 1761 au 19 août 1763, f.1-11.
– Fonds 1263, Golitsyn, *opis* 1, n° 1119, f.3: lettre de Dmitri Alekséévitch Golitsyn au vice-chancelier Alexandre Mikhaïlovitch Golitsyn, 1er janvier 1771.

Paris, Archives de l'Académie des sciences

– Lettre de Chappe à [Grandjean de Fouchy], Pétersbourg, 21 mars 1762 (pochette de séance du 5 mai 1762).
– Lettre de Chappe à Debure, s.d. [31 août 1768] (dossier Chappe).
– Lettre de José Antonio de Alzate y Ramirez, 30 janvier 1771, traduite en français par Pingré.
– Extraits de trois lettres de La Condamine (pochettes de séance du 15 novembre 1769 et du 31 mars 1770).
– Extrait d'une lettre de José Antonio de Armona, 18 août 1769 (pochette de séance du 15 novembre 1769).
– Chappe 1767-2: 'Mémoire sur le voiage de Mr. l'abbé Chappe d'Auteroche de l'Académie royale des sciences dans la mer du Sud, pour l'observation du passage de Vénus sur le soleil du 3 juin 1769', lu le 14 novembre 1767, 10 p. (pochette de séance du 14 novembre 1767).

N.B. Les pochettes de séance sont des usuels qui ne comportent pas de cotes.

Paris, Archives du Ministère des affaires étrangères

N.B. Nous désignons respectivement les séries 'Correspondance politique' et 'Mémoires et Documents' par les abréviations C. P. et M. & D.

– Chappe, 1767-3: *Projet de voyage de M. l'abbé Chappe d'Auteroche dans la mer du Sud pour le passage de Venus sur le soleil le 3 juin 1769, lu à l'Assemblée publique de l'Académie royale des sciences le 14. novembre 1767 par M. l'abbé Chappe d'Auteroche* (copie jointe à la lettre de Trudaine de Montigny à Choiseul du 3 juin 1768, puis à celle de Choiseul au marquis d'Ossun le 7 juin 1768), C. P. Espagne 552, f.278-82.

– Note sur le voyage de M. Chappe d'Auteroche (copie jointe à la lettre de Trudaine de Montigny à Choiseul du 3 juin 1768, puis à celle de Choiseul au marquis d'Ossun du 7 juin 1768), C. P. Espagne 552, f.283-84r.

– Lettre de Trudaine de Montigny à Choiseul, 3 juin 1768, C. P. Espagne 552, f.277r.

– Lettre de Choiseul à Trudaine de Montigny, 6 juin 1768, C. P. Espagne 552, f.305r.

– Lettre de Choiseul au marquis d'Ossun, 7 juin 1768, C. P. Espagne 552, f.310r.

– Lettre de Choiseul à Trudaine de Montigny, 20 juin 1768, C. P. Espagne, f.385.

– M. & D. Russie, tomes vii, ix, xi, xii et xiv. Deux mémoires dont les données se recoupent sont peut-être deux variantes d'un même texte: *Description politique de la Russie servant à faire connoître l'Etat actuel des forces du souverain, et les richesses de la nation* (t.xi, 1767, f.70-163) et *Description politique de la Russie servant à faire connoître les forces du souverain, et les ressources de la nation* (t.xii, 1767, 437 f. doubles).

Paris, Archives de l'Observatoire de Paris

– Chappe 1769-2: Journal de Californie, C 520-14 (cinq carnets de voyage, contenant, outre le journal, des observations astronomiques et des descriptions de poissons, avec dessins. Le sixième carnet s'est perdu pendant la traversée).

– Observations astronomiques faites en Californie, C 5-22.

Paris, Archives nationales

– Lettre de Chappe à Roman Vorontsov, s.d. [juin 1761?] (copie) dans 'Extrait d'une lettre dattée de Moscou

le 6/17 aout qui m'a été écrite par le secretaire de Mr le chambellan comte de Woronzow frère du chancelier et que j'ay recue hier au soir', datée de 'S. Petersbourg, le 23. aout 1761', Marine G 94, f.122 (voir copie identique au RGADA).

– Lettre du duc de Choiseul [au ministre de la Marine], Compiègne, 7 août 1768, Marine G 94, f.134.

– Lettre de Mistral, commissaire général ordonnateur du port du Havre, 31 août 1768 (à propos du départ de Chappe pour la Californie), Marine B³ 577 (Ponant, année 1768), f.94.

– Lettre de M. de Chavigny, commissaire des classes [au ministre de la Marine], Nantes, 6 septembre 1768, Marine G 94, f.133r.

– Lettre de Chappe au marquis d'Ossun, Cadix, 22 novembre 1768 (copie), Marine G 94, f.127-28.

– Lettre de Chappe à Beliardi, Cadix, 22 novembre 1768 (copie), Marine G 94, f.128v-29r.

– Lettre de Chappe au duc de Choiseul, 13 décembre 1768 (copie), Marine G 94, f.125-26.

– Lettre de Chappe [au ministre de la Marine], 13 décembre 1768 (original), Marine G 94, f.123-24.

– Lettre du marquis d' Ossun au marquis de Grimaldi, 29 novembre 1768 (copie), Marine G 94, f.130r-32r.

– Lettre du marquis d'Ossun à Chappe, Madrid, 2 décembre 1768, f.129r-30r.

– Delisle, 1740: Relation du voyage de Joseph Nicolas De l'Isle en Sibérie, pour l'observation du passage de Mercure sous le Soleil, qui devoit arriver à Berezow le 21 avril/2 mai 1740 au matin, Marine 2 JJ 76 [en fait, cette relation de 197 p., en allemand, est de Tobias Königsfeld; le texte de Delisle, sans titre, à la suite du texte de Königsfeld, est une lettre en français de 42 p. composée de cinq petits cahiers de 8 p. non paginés, numérotés de 2 à

6, puis d'un cahier de 2 p. portant le n° 7].

Paris, Bibliothèque nationale de France (Manuscrits)

– Arfeuille, 1582: Extraict des observations de Nicolay d'Arfeuille, Dauphinois, premier cosmographe du roy, faictes durant ses navigations touchant la diversité des navires [...], manuscrit dédié à l'amiral de Joyeuse, Paris, 20 juillet 1582, ms. fr. 20 008.

Reims, Bibliothèque municipale

– Vockerodt, 1737: Vockerodt, Johann Gotthilf, Considérations sur l'état de la Russie sous Pierre Ier, cote 2150, p.129-213 [manuscrit envoyé à Voltaire par Frédéric II en 1737 et recopié par Jacques François du Raget de Champbonin].

Rouen, Bibliothèque municipale

– De la Russie, 1757: ms. Montbret 998 (2), Grand folio, 63 f. [l'allusion à la victoire des Russes à Gross Jägersdorff (f.32r), le 19 août 1757, et le portrait du chancelier Bestoujev (f.59v-60r) avant sa destitution au début de mars 1758, permettent de dater ce mémoire de la seconde moitié de 1757].
– Mémoires sur la Russie: ms. Montbret 778, vol. relié in-8°, 226 p. [rédigé sous le règne de Catherine Ire, entre 1725 et 1727].

Saint-Pétersbourg, Archives de l'Académie des sciences

– Fonds 1, *opis* 3, Correspondance scientifique n° 47: deux lettres d'Antheaulme de novembre 1760, et une de Clairaut, du 31 décembre 1760, f.40-41 et 47-48.
– Fonds 20, Lomonossov, *opis* 1, éd. n° 2 (1761-1765), f.78-83: 'Extrait des principales observations faites à

Tobolsk sur le passage de Vénus sur le soleil le 7 juin 1761' [voir ci-dessous, Imprimés, Chappe, 1762].
– Fonds 21, G. F. Müller, *opis* 1, n° 31: lettre d'Æpinus, en allemand, 1er juin 1760, f.3-4; lettre de Johann Kaspar Taubert, en russe, s.d., f.5; note de G. F. Müller sur l'expédition de Chappe, f.8-11; rapport de Müller sur le passage de Vénus, 8 mai 1760, en allemand, f.20.
– Fonds 21, G. F. Müller, *opis* 3, n° 308-21: lettres de G.F. Müller à Chappe, 24 février 1762 et 28 mars-18 mai 1763, f.1-4.

Tartu, Bibliothèque de l'université

– Collection Schardius, cote 5/922: lettre de Grandjean de Fouchy à l'Académie des sciences de Pétersbourg, 15 octobre 1760 [lettre soustraite aux Archives de l'Académie des sciences de Pétersbourg dans la première moitié du XIXe siècle].

Imprimés

Aaron, 1987: Aaron, Olivier, 'Le voyage en Sibérie', *Art et curiosité*, n° 103, juillet 1987, p.12-18.
Acher, 1980: Acher, William, 'Sources cosmopolites de M. de Wolmar', *RHLF*, mai-juin 1980, p.366-83.
Adhémar et Seznec, 1957-1963: Diderot, *Salons*, éd. Adhémar, Jean, et Jean Seznec, vol.i, *Salons de 1759, 1761, 1763*, Oxford, The Clarendon Press, 1957; vol.ii, *Salon de 1765*, Oxford, The Clarendon Press, 1960; vol.iii, *Salon de 1767*, Oxford, The Clarendon Press, 1963. Voir Seznec, 1967.
Aigueperse, 1836: Aigueperse, P. G., *Biographie ou Dictionnaire historique des personnages d'Auvergne*, t.i, Clermont-Ferrand, Thibaud-Landriot, 1836, 2 vol.
Alekséev, 1932: Алексеев, Михаил Павлович, *Сибирь в известиях западноевропейских путешественников и писателей* [*La Sibérie*

vue par les voyageurs et les écrivains d'Europe occidentale], Irkoutsk, Kraïgiz, 1932.

Alekséev, 1941: Алексеев, Михаил Павлович, *Сибирь в известиях западноевропейских путешественников и писателей* [*La Sibérie vue par les voyageurs et les écrivains d'Europe occidentale*], 2ᵉ éd., Irkoutsk 1941.

Alekseeva, Vinogradov, Piatnitski, 1985: Алексеева, М. А., Виноградов, Ю. А., Пятницкий, Ю. А., *Гравировальная Палата Академии Наук XVIII века. Сборник документов.* [*Chambre de gravure de l'Académie des sciences au XVIIIᵉ siècle. Recueil de documents*], Leningrad, Naouka, 1985.

Algarotti, 1769: Algarotti, Francesco, *Lettres du comte Algarotti sur la Russie*, Londres et Paris, Merlin, 1769, in-12.

Alpatov, 1967: Alpatov, Mikhaïl Vladimirovitch, *Trésors de l'art russe*, traduction Olga Dacenko, Paris, Le Club français du livre, 1967.

Amiot, 1776: Amiot, le P. Joseph-Marie, 'Quelques remarques sur un article intitulé *Révolutions des Calmoucks Logores en 1757*, que M. l'abbé Chappe d'Auteroche, de l'Académie royale des sciences de Paris, a inséré dans son *Voyage en Sibérie*, page 190 etc. du tome premier', *Mémoires concernant l'histoire, les sciences, les arts, les mœurs, les usages etc. des Chinois, par les missionnaires de Pékin*, Paris, Nyon, t.i, 1776, p.428-31.

Andreev, 1946: Андреев, Александр Игнатьевич, 'Ломоносов и астрономические Экспедиции А.Н. 1761 г.' ['Lomonossov et les expéditions astronomiques de l'Académie'], *Ломоносов, сборник статей и материалов*, [*Lomonossov, recueil d'articles et de documents*], Moscou–Leningrad, 1946, ii.248-64.

Antidote, 1770: *Antidote, ou Examen du mauvais livre superbement imprimé intitulé: Voyage en Sibérie* [...], *par M. l'abbé*

Chappe d'Auteroche, s.l. [Saint-Pétersbourg] 1770, 2 parties en un vol.

Antidote, 1771-1772: *Antidote, ou Examen*[...], Amsterdam, Marc-Michel Rey, 1771-1772, 2 vol. in-8º. [Sur le dos des deux vol., le titre est *Voyage en Sibérie* (t.v et t.vi). Le premier vol. a pour titre *Antidote*. Première partie ou tome cinquième des *Voyages en Sibérie*, 1771. Le second volume est intitulé *Antidote. Seconde partie ou tome sixième des Voyages en Sibérie*, 1772].

Antidote, 1772: *The Antidote, or an Enquiring into the merits of a book, entitled A Journey into Siberia, made in MDCCLXI* [...] *by the Abbe Chappe d'Auteroche* [...] *In which many essential errors* [...] *are pointed out, and confuted, and many interesting anecdotes added* [...] *By a lover of truth. Translated into English by a Lady*, London, S. Leacroft, 1772.

Antidote, 1869: Антидот, trad. P. I. Bartenev, dans **Осмнадцатый век** [*Le Dix-huitième siècle*], t.iv, Moscou 1869, p.225-463.

Antidote, 1901: Антидот, éd. Pypine, dans *Catherine II, 1901-1907*, t.vii, 1901, p.5-298.

Armitage, 1954: Armitage, Angus, 'Chappe d'Auteroche: a pathfinder for astronomy', *Annals of science* 10, 1954, p.277-93.

Arquié-Bruley, Labbé et Bicart-Sée, 1987: Arquié-Bruley, Françoise, Jacqueline Labbé, et Lise Bicart-Sée, *La Collection Saint-Morys au Cabinet des dessins du musée du Louvre*, I dans *Notes et documents des musées de France*, nº 19, Paris, Editions de la Réunion des musées nationaux, 1987. Voir Labbé et Bicart-Sée.

Artigas-Menant, 2001: Artigas-Menant, Geneviève, *Lumières clandestines. Les Papiers de Thomas Pichon* (thèse de doctorat d'Etat), Paris, Honoré Champion, 2001.

Avril, 1692: Avril, le P. Philippe, *Voyage en divers états d'Europe et d'Asie, entrepris pour découvrir un nouveau chemin à la Chine* [...], Paris, C. Barbin, J. Boudot, G. et L. Josse, 1692.

Bachaumont, 1777-1789: Bachaumont, Louis Petit de, *Mémoires secrets pour servir à l'histoire de la république des lettres en France depuis 1762 jusqu'à nos jours, ou Journal d'un observateur* [...], par feu M. de Bachaumont, [continué par Pidansat de Mairobert et Moufle d'Angerville], Londres, J. Adamson, 1777-1789, 36 t. en 31 vol.

Bacou, 1970 et 1976: Bacou, Roseline, *I disegni dei Maestri, il Settecento francese*, Milan, Fratelli Fabbri Editori, 1970, et *Dessins et aquarelles des grands maîtres, le XVIIIᵉ siècle français*, Paris, Editions Princesse, 1976.

Beaujeu, 1700: Beaujeu, chevalier de Beaujeu, *Mémoires*, Amsterdam, chez les héritiers d'Antoine Schelte, 1700.

Beauplan, 1660: Beauplan, Guillaume Le Vasseur, sieur de, *Description d'Ukranie, qui sont plusieurs provinces du royaume de Pologne*, Rouen, Jacques Caillöué, 1660.

Bedel, 1964: Bedel, Charles, 'Les cabinets de chimie', *Enseignement et diffusion des sciences en France au XVIIIᵉ siècle*, Paris, Hermann, 1964, p.647-52.

Béguin, 1977: Béguin, Gilles, *Dieux et démons de l'Himâlaya, Art du bouddhisme lamaïque*, Paris, Grand-Palais, 1977, Paris, Editions de la Réunion des musées nationaux, 1977.

Béguin, 1990-1991: Béguin, Gilles, *Art ésotérique de l'Himâlaya. Catalogue de la donation Lionel Fournier*, Musée national des arts asiatiques–Guimet, Paris, Editions de la Réunion des musées nationaux, 1990-1991.

Béguin, 1995: Béguin, Gilles, avec la collaboration de Sylvie Colinart, préface de Jean-François Jarrige, *Les Peintures du bouddhisme tibétain*, *Musée national des arts asiatiques-Guimet*, Paris, Editions de la Réunion des musées nationaux, 1995.

Beliavski, 1965: Белявский, М. Т., *Крестьянский вопрос в России накануне восстания Е. И. Пугачева* [*La Question paysanne en Russie à la veille du soulèvement d'E. I. Pougatchev*], Moscou, MGU, 1965.

Belinski, 1948: Belinski, Vissarion Grigorievitch, *Textes philosophiques choisis*, Moscou, Editions en langues étrangères, 1948.

Belinski, 1953-1956: Белинский, Виссарион Григорьевич, *Полное собрание сочинений* [*Œuvres complètes*], Moscou, éd. de l'Académie des sciences de l'URSS, 1953-1956, 12 vol.

Bellier de La Chavignerie, 1865: Bellier de La Chavignerie, Emile, *Les Artistes français du XVIIIᵉ siècle oubliés ou dédaignés*, extrait de la *Revue universelle des arts*, Paris, Veuve Jules Renouard, 1865, rééd. Genève, Minkoff reprint, 1973.

Bellier de La Chavignerie et Auvray, 1882-1885: Bellier de La Chavignerie, Emile, et Louis Auvray, *Dictionnaire général des artistes de l'Ecole française depuis l'origine des arts du dessin jusqu'à nos jours. Architectes, peintres, sculpteurs, graveurs et lithographes*, Paris, Librairie Renouard, 1882-1885.

Beloselsski-Belozerski, 1784: Beloselsski-Belozerski, Alexandre Mikhaïlovitch, prince, 'Epître aux François', dans *Poésies françoises d'un prince étranger*, Cassel, Imprimerie françoise, 1784, in-8° [publié par Marmontel].

Beloselsski-Belozerski, 1789: Beloselsski-Belozerski, Alexandre Mikhaïlovitch, prince, 'Epître aux François', dans *Poésies françoises d'un prince étranger*, Paris, Didot l'aîné, 1789 [publié par Marmontel].

Bénézit, sans date: Bénézit, Emmanuel, *Dictionnaire critique et documentaire des peintres, sculpteurs, dessinateurs et graveurs*, Paris, Librairie Gründ, 1956 et rééd. 1976, 1999.

Benisovich, 1949: Benisovich, Michel, 'Documents sur le graveur Nicolas Delaunay', *Bulletin de la Société de l'art français*, année 1949, Paris, Armand Colin, 1950, p.109-12.

Bénot, 1993: Bénot, Yves, 'Deleyre de l'*Histoire des voyages* (t.xix) à l'*Histoire des deux Indes*', *DHS* 25 (1993), p.369-86.

Berckenhagen, 1970: Berckenhagen, Ekhart, *Staatliche Museen Preußischer Kulturbesitz, Die Französischen Zeichnungen der Kunstbibliothek Berlin*, Berlin, éd. Bruno Hessling, 1970.

Berelowitch, 1993: Berelowitch, André, 'Plaidoyer pour la noblesse moscovite. A propos des affaires d'honneur au XVIIᵉ siècle', *CMRS* 34, n° 1-2 (janvier-juin 1993), p.119-38.

Berelowitch, 1978: Berelowitch, Wladimir, 'L'école russe en 1914', *CMRS*, 19, n° 3, juillet-septembre 1978, p.285-300.

Berg, Grigoriev et Stepanov, 1949: Berg, L. S., Grigoriev, A. A., et Stepanov, N. N., *Описание земли Камчатки, с приложением рапортов, донесений и других неопубликованных материалов.* [*Description des terres du Kamtchatka avec rapports, témoignages et autres matériaux inédits*], Moscou, Léningrad, 1949.

Bernardin de Saint-Pierre, 1826: Bernardin de Saint-Pierre, Jacques Henri, *Correspondance de J.-H. Bernardin de Saint-Pierre, précédée d'un supplément aux mémoires de sa vie*, par Louis Aimé Martin, Paris, Ladvocat, 1826.

Bernardin de Saint-Pierre, 1833: Bernardin de Saint-Pierre, Jacques Henri, *Voyage en Russie*, dans *Œuvres posthumes*, éd. Louis Aimé Martin, Paris, Lefèvre, 1833 [constitue le t.ii des *Œuvres*, Paris, Lefèvre, 1833].

Berthoud, 1773: Berthoud, Ferdinand, *Traité des horloges marines*, Paris, J. B. G. Musier fils, 1773, in-4°, 27 pl.

Besançon, 1964: 'Témoignage: pages oubliées. Chappe d'Auteroche: *Voyage en Sibérie*', Textes choisis et présentés par Alain Besançon, *CMRS* 5, n° 2 (avril-juin 1964), p.234 (extraits de Chappe, p.235-50).

Beskrovny, 1958: Бескровный, Любомир Григорьевич, *Русская армия и флот в XVIII веке (Очерки)*, [L'Armée et la flotte russes au XVIIIᵉ siècle (Essais)], Académie des sciences de l'URSS, Institut d'histoire, Edition militaire du Ministère de la défense de l'URSS, Moscou 1958.

Bilbassov, 1897: Бильбасов, Василий Алексеевич, *Обзор иностранных сочинений о Екатерине II* [*Examen des écrits étrangers sur Catherine II*], dans *История Екатерины II* [*Histoire de Catherine II*], Berlin, Stuhr'sche Buchhandlung, s.d., t.xii, 1896, 2 vol. [1ʳᵉ partie, 1744-1796; 2ᵉ partie, 1797-1896; la préface est datée de 1896; l'ouvrage avait été interdit en Russie].

Biliarski, 1865: Билярский, Петр Спиридонович, *Материалы для биографии Ломоносова* [*Documents pour la biographie de Lomonossov*], Imprimerie de l'Académie des sciences, Saint-Pétersbourg 1865.

Birembaut, 1964: Birembaut, Arthur, 'L'enseignement de la minéralogie et des techniques manières', *Enseignement et diffusion des sciences en France au XVIIIᵉ siècle*, Paris, Hermann, 1964, p.365-418.

Bjurström, 1986: Bjurström, Per, *French drawings, nineteenth century, drawings in Swedish collections*, 5, Stockholm, Liber Förlag, 1986.

Bjurström, 1987: Bjurström, Per, *Le Dessin en France 1400-1900. Collection du Nationalmuseum de Stockholm*, Paris, Editions Scala, publié avec le Drawing Center, New York, 1987.

Blunt, 1973: Blunt, Anthony, 'Drawings at Waddesdon Manor', *Master drawings*, vol. xi, n° 4 (hiver 1973), p.359-64, pl. 1 à 21.

Bocher, 1879: Bocher, Emmanuel, *Les Gravures françaises du XVIIIᵉ siècle ou Catalogue raisonné des estampes, vignettes, eaux-fortes, pièces en couleurs, au bistre et au lavis, de 1700 à 1800, cinquième fascicule Augustin de Saint-Aubin*, Paris, Damascène Morgand et Charles Fatout, 1879.

Bocher, 1882: Bocher, Emmanuel, *Les Gravures françaises du XVIIIe siècle ou Catalogue raisonné des estampes, vignettes, eaux-fortes, pièces en couleurs, au bistre et au lavis, de 1700 à 1800, sixième fascicule Jean-Michel Moreau le Jeune*, Paris, Damascène Morgand et Charles Fatout, 1882.

Bolotov, 1871-1873: Болотов, Андрей Тимофеевич, *Записки Андрея Тимофеевича Болотова*, 1738-1794 [*Mémoires d'Andrei Timofeevitch Bolotov, 1738-1794*], t.i-iv, Saint-Pétersbourg, Imprimerie Stasioulevitch, 1871-1873.

Bonacker, 1966: Bonacker, Wilhelm, *Kartenmacher aller Länder und Zeiten*, Stuttgart, Anton Hiersemann, 1966.

Bonnières, 1984: Bonnières, Françoise de, 'Le livre français en Russie', *Histoire de l'édition française*, t.ii: *Le Livre triomphant (1660-1830)*, Paris, Promodis, 1984.

Boucher et Jaccottet, 1952: *Le Dessin français au XVIIIe siècle*, préface de François Boucher et notices biographiques par Philippe Jaccottet, Lausanne, Mermod, 1952.

Boutaric, 1866: Boutaric, Edgard, éd. *Correspondance secrète de Louis XV*, Paris 1866.

Brand, 1699: Brand, Adam, *Relation de Mr Evert Isbrand, envoyé de sa Majesté czarienne à l'Empereur de la Chine, en 1692, 93 et 94, par le sieur Adam Brand*, Amsterdam, J.-L. De Lorme, 1699.

Breuillard, 1980: Breuillard, Jean, 'L'occupation russe en France, 1816-1818', dans *Le 14 décembre 1825: origine et héritage du mouvement des décembristes*, Paris, Institut d'études slaves, 1980, p.9-49 (collection historique de l'Institut d'études slaves, 27).

Breuillard, 1994: Breuillard, Jean, *N. M. Karamzin et la formation de la langue littéraire russe*, thèse de doctorat d'Etat dactylographiée, Paris IV-Sorbonne 1994.

Breuillard, 1999: Breuillard, Jean, 'Les Russes envahisseurs et occupants en France (1814-1818)', *Slavica occitania*, n° 8, 1999, p.67-113.

Broc, 1975: Broc, Numa, *La Géographie des philosophes: géographes et voyageurs français au XVIIIe siècle*, Paris, Editions Ophrys, 1975.

Brockhaus-Efron, 1890-1904: Брокгауза и Ефрона Энциклопедический словарь [*Dictionnaire encyclopédique de Brockhaus et Efron*], Saint-Pétersbourg, Imprimerie Efron, 1890-1904, 82 vol. [reprint Terra, 1990-1994].

Brouk, 1990: Брук, Я. В., *У истоков русского жанра XVIII век* [*Les Sources du genre russe au XVIIIe siècle*], Moscou, Iskousstvo, 1990.

Buchet, 1717: Buchet, abbé Pierre François, *Abrégé de l'histoire du czar Peter Alexiewitz*, Paris, P. Ribou et G. Dupuis, 1717.

Bukdahl, 1980: Bukdahl, Else Marie, *Diderot critique d'art I: théorie et pratique dans les Salons de Diderot*, trad. Jean-Paul Faucher, Copenhague, Rosenkilde et Bagger, 1980.

Bukdahl, 1982: Bukdahl, Else Marie, *Diderot critique d'art II: Diderot, les salonniers et les esthéticiens de son temps*, trad. Jacques Piloz, Copenhague, Rosenkilde et Bagger, 1982.

Bukdahl, 1989: Bukdahl, Else Marie, 'Les problèmes d'identification des œuvres d'art dans les Salons', *Editer Diderot*, éd. Georges Dulac, avant-propos de Jean Varloot, *SVEC* 254 (1988), p.343-50, 16 pl.

Bukdahl et Lorenceau, 1984: *Diderot, Salon de 1765*, éd. Else Marie Bukdahl et Annette Lorenceau, Paris, Hermann, 1984.

Bukdahl-Delon-Kahn et Lorenceau, 1995: *Diderot, Salons de 1769, 1771, 1775, 1781, Héros et martyrs*, éd. Bukdahl, Else Marie, Michel Delon, Didier Kahn et Annette Lorenceau, Paris, Hermann, 1995.

Burollet, 1980: Burollet, Thérèse, *Musée Cognacq-Jay, Peintures et Dessins*, Paris, Ville de Paris, 1980.

BV *Библиотека Вольтера, Каталог книг, издатель М. П. Алексеев, Т. Н. Копреева.* / *Bibliothèque de Voltaire. Catalogue des livres*, par M. P. Alekséév et T. N. Koprééva, Moscou, Leningrad, Editions de l'Académie des sciences de l'URSS, 1961.

Cadot, 1967: Cadot, Michel, *La Russie dans la vie intellectuelle française, 1839-1856*, Paris, Fayard, 1967.

Cassini de Thury, 1773-1: 'Extrait des observations du passage de Vénus sur le soleil, faites par M. l'abbé Chappe, en 1769', *Mémoires de l'Académie des sciences*, année 1770, Paris, 1773, p.83-88.

Cassini de Thury, 1773-2: 'Sur les observations faites par M. l'abbé Chappe, en Californie', dans *Histoire de l'Académie royale des sciences*, année 1770, Paris 1773, p.76-78.

Castéra, 1800: Castéra, Jean Henri, *Histoire de Catherine II, impératrice de Russie*, Paris, F. Buisson, An VIII [1800], 3 vol. [1ʳᵉ éd., en 2 vol., an V-1797].

Catherine II, 1868: Catherine II, 'Lettres de l'Impératrice Catherine à Madame Geoffrin', *Bulletin du bibliophile*, Paris, Léon Techener fils, 1868, p.265-91.

Catherine II, 1901-1907: *Сочинения Императрицы Екатерины II* [*Œuvres de l'Impératrice Catherine II*], éd. A. N. Pypine, Saint-Pétersbourg, Imprimerie de l'Académie des sciences, 1901-1907, 12 tomes.

Chabin, 1983: Chabin, Marie-Anne, *Les Français et la Russie dans la première moitié du XVIIIe siècle: la famille Delisle et les milieux savants*, thèse dactylographiée, Ecole nationale des chartes 1983.

Chabin, 1985: Chabin, Marie-Anne, 'La curiosité des savants français pour la Russie dans la première moitié du XVIIIe siècle', *RES*, 57/4 (1985), p.565-76.

Chandra, 1991: Chandra, Lokesh, *Buddhist iconography begun by the late*

Prof. Raghu Vira, New Delhi, International academy of Indian culture and Aditya Prakashan, 1991.

Chantreau, 1794: Chantreau, Pierre-Nicolas, *Voyage philosophique, politique et littéraire fait en Russie pendant les années 1788 et 1789*, Paris, Briand, 1794, 2 vol.

Chappe, 1754: Chappe d'Auteroche, Jean, éd. Halley, Edmund, *Tables astronomiques de M. Hallei*, 2e éd., Paris, Durand et Pissot, 1754, in-8°.

Chappe, 1762: Chappe d'Auteroche, Jean, *Mémoire du passage de Vénus sur le soleil contenant aussi quelques observations sur l'Astronomie, et la déclinaison de la Boussole, faites à Tobolsk en Sibérie l'Année 1761*, lu à l'Académie des sciences de Pétersbourg le 8 janvier 1762 par Mr l'abbé Chappe d'Auteroche de l'Académie royale des sciences de Paris, Saint-Pétersbourg, Imprimerie de l'Académie des sciences, s.d. [mars 1762].

Chappe, 1763-1: Chappe d'Auteroche, Jean, 'Extrait du voyage fait en Sibérie pour l'observation de Vénus sur le disque du soleil, faite à Tobolsk le 6 juin 1761', [daté 13 novembre 1762], *Mémoires de l'Académie royale des sciences*, année 1761, Paris 1763, p.337-53.

Chappe, 1763-2: Chappe d'Auteroche, Jean, 'Extract from a Journey to Siberia, for observing the transit of Venus over the Sun, by M. l'abbe Chappe d'Auteroche', *Gentleman's magazine and historical chronicle* 33, Londres 1763, D. Henry and R. Cave, p.547-52.

Chappe, 1766-1: Chappe d'Auteroche, Jean, 'Observations astronomiques faites à Bitche en 1756, 1757, 1758', *Mémoires de l'Académie royale des sciences*, année 1760, Paris, 1766, p.158-61.

Chappe, 1766-2: Chappe d'Auteroche, Jean, 'Mémoire sur la théorie des deux comètes qui ont été observées au commencement de cette année', *Mémoires de l'Académie royale des sciences*, année 1760, Paris 1766, p.166.

Chappe, 1766-3: Chappe d'Auteroche, Jean, 'Observation de l'éclipse du soleil du 13 juin 1760 faite à l'Observatoire royal de Paris', *Mémoires de l'Académie royale des sciences*, année 1760, Paris 1766, p.307-308.

Chappe, 1767-1: Chappe d'Auteroche, Jean, 'Observations de Mercure faites à l'Observatoire Royal au mois de mai 1764, avec plusieurs éclipses des satellites de Jupiter depuis 1760 jusqu'en 1764', *Mémoires de l'Académie royale des sciences*, année 1764, Paris 1767, p.353-61.

Chappe, 1768-1: Chappe d'Auteroche, Jean, 'Observation de l'éclipse de soleil du 16 août 1765', *Mémoires de l'Académie royale des sciences*, année 1765, Paris 1768, p.610.

Chappe, 1768-2: Chappe d'Auteroche, Jean, *Voyage en Sibérie*, Paris, De Bure, 1768, 2 tomes en 3 vol.

Chappe, 1769-1: Chappe d'Auteroche, Jean, 'Observation de l'éclipse de soleil du 5 août 1766', *Mémoires de l'Académie royale des sciences*, année 1766, Paris 1769, p.404-406.

Chappe, 1769-1770: Chappe d'Auteroche, Jean, *Voyage en Sibérie*, Amsterdam, Marc-Michel Rey, 1769-1770, 2 vol. L'édition ne comporte que quelques planches: frontispice, habillement du peuple russe, supplices (des batogues, du knout ordinaire, du grand knout), femme samoyède.

Chappe, 1770-1: Chappe d'Auteroche, Jean, 'Observation de l'Eclipse de Lune du 4 janvier 1768', *Mémoires de l'Académie royale des sciences*, année 1768, Paris 1770, p.96.

Chappe, 1770-2: Chappe d'Auteroche, Jean, 'Observations du passage de la Lune par les Pléiades, le 22 septembre 1766', *Mémoires de l'Académie royale des sciences*, année 1767, Paris 1770, p.268-69.

Chappe, 1770-3: Chappe d'Auteroche, Jean, 'Observations sur l'orage du 6 août 1767, & d'un coup de foudre qui s'est élevé de la terrasse de l'Observatoire', *Mémoires de l'Académie royale des sciences*, année 1767, Paris 1770, p.344-49, avec une figure du mât parcouru par la foudre. Observé avec Cassini fils et de Prunelay (compte rendu dans *Histoire de l'Académie des sciences*, 1770, p.31-33).

Chappe, 1770-4: Chappe d'Auteroche, Jean, *A Journey into Siberia made by order of the King of France*, Londres, printed for T. Jefferys, geographer to the king, 1770.

Chappe, 1771-1: Chappe d'Auteroche, Jean, 'Voyage en Californie (observation du premier et du second contact intérieur de Vénus lors du passage de cette planète sur le disque du soleil, le 3 juin 1769)', *Mémoires de l'Académie des sciences*, année 1769, Paris 1772, p.423.

Chappe, 1771-2: *Auszug aus des Herrn Abtes Chappe d'Auteroche [...] Reise nach Sibirien*, dans *Allgemeine Historie der Reisen zu Wasser und Lande*, éd. Johann Joachim Schwabe, Leipzig 1747-1774, Band 20, 1771 [trad. de *l'Histoire générale des voyages*].

Chappe, 1771-1772: Chappe d'Auteroche, *Reize naar Siberië, op bevel des Konings van Vankryk ondernomen in 1761*, [trad. par Gerhard Dumbar], Te Deventer, by Lucas Leemhorst, 1771-1772, 2 vol.

Chappe, 1772: Chappe d'Auteroche, Jean, *Voyage en Californie pour l'observation du passage de Vénus sur le disque du Soleil, le 3 juin 1769 [...] rédigé et publié par M. de Cassini fils*, Paris, Charles-Antoine Jombert, 1772.

Chappe, 1773-1: Chappe d'Auteroche, Jean, 'Mémoire lu à la rentrée publique de l'Académie royale des sciences du 14 novembre 1764. [...]', publié par Berthoud, *Traité des horloges marines*, 1773, Appendice n° 6, p.539-45.

Chappe, 1773-2: 'Reconnaissance faite par M. l'abbé Chappe en lui confiant la montre marine n° 3', Paris, septembre 1768, publié par Berthoud, *Traité des horloges marines*, 1773, Première suite du n° 6 de l'Appendice, p.545.

Chappe, 1775: Chappe d'Auteroche, Jean, 'Projet de voyage dans les mers du Sud', *Histoire de l'Académie royale des sciences*, 1772, 1ʳᵉ partie, Paris 1775, p.73-75.

Chappe, 1778: Chappe d'Auteroche, Jean, *A voyage to California to observe the Transit of Venus*, Londres, E. & C. Dilly, 1778.

Chappe, 1880: Chappe d'Auteroche, Jean, *Voyage en Sibérie* [...], Limoges, Ch. Barbon, Bibliothèque chrétienne et morale, 1880 (version abrégée).

Chaumeil, 1867: Chaumeil, abbé, *Biographie des personnages remarquables de la Haute Auvergne*, Saint-Flour, Ribains, 1867.

Chennevières, 1897: Chennevières, Philippe de, 'Une collection de dessins', *L'Artiste*, chapitre XVIII (janvier 1897).

Chevalier, 1939: Chevalier-Rulhière, Alice, *Claude-Carloman de Rulhière, premier historien de Pologne. Sa vie et son œuvre historique*, thèse de la Faculté des lettres de l'Université de Paris, Paris, F. Leviton, 1939.

Chmourlo, 1929: Шмурло, Е., *Вольтер и его книга о Петре Великом* / [Chmourlo], Evgenii Frantsevitch, *Voltaire et son œuvre 'Histoire de l'empire de Russie sous Pierre le Grand'*, Prague, Orbis, 1929. [L'ouvrage est pourvu de deux titres].

Chopin, 1822: Chopin, Jean-Marie, *De l'état actuel de la Russie*, Paris, J. A. S. Collin de Slancy, 1822.

Chouillet, 1980: Diderot, *Salon de 1759*, voir DPV, Diderot, xiii.62-83. *Salon de 1761*, voir DPV, Diderot, xiii.209-72. *Salon de 1763*, voir DPV, Diderot, xiii.333-415.

Chtchebalski, 1869: Щебальский, Петр Карлович, 'Екатерина как писательница' ['Catherine écri-

vain'], *Заря* [*L'Aurore*], n° 6, 1869, p.1-19.

Clark, 1986: Clark, Ronald W., *Benjamin Franklin*, trad. Eric Diacon, Paris, Fayard, 1986.

Claudon, 1990: Claudon, Francis et Claudon-Adhémar, Catherine, 'Le Voyage en Sibérie de Chappe d'Auteroche', *DHS* 22 (1990), p.61-71.

CN Corpus des notes marginales de Voltaire, vol. i-v, Berlin, Akademie Verlag, 1979-1994.

Cocault, 1979: Cocault, Christian, dans *Petit larousse de la peinture*, éd. Michel Laclotte et Jean-Pierre Cuzin, Paris, Librairie Larousse, 1979, 2 vol.

Cohen, 1886: Cohen, Henry, *Guide de l'Amateur de livres à gravures du XVIIIᵉ siècle*, éd. baron Roger Portalis, Paris, P. Rouquette, 1886.

Cohen, 1912: Cohen, Henry, *Guide de l'Amateur de Livres à gravures du XVIIIᵉ siècle*, éd. Seymour de Ricci, 1ʳᵉ partie, Paris, A. Rouquette, 1912.

Cohen, 1994: Cohen, Claudine, *Le Destin du mammouth*, Paris, Seuil, 1994.

Colas, 1933: Colas, René, *Bibliographie générale du costume et de la mode. Description des suites, recueils, séries, revues et livres français et étrangers relatifs au costume civil, militaire et religieux, aux modes, aux coiffures et aux divers accessoires de l'habillement, avec une table méthodique et un index alphabétique*, Paris, Librairie René Colas, 1933, 2 vol.

Collins, 1679: Collins, Samuel, *Relation curieuse de l'estat présent de la Russie, traduite* [par A. Des Barres] *d'un auteur anglois, qui a esté neuf ans à la cour du grand Czar*, Paris, Louis Billaine, 1679.

Coquin, 1994: Coquin, François-Xavier, 'Chaire d'histoire moderne et contemporaine du monde russe du Collège de France. Leçon inaugurale', *RES* 66/4 (1994), p.715-31.

Corberon, 1901: *Un Diplomate à la cour de Catherine II, 1775-1780. Journal intime du chevalier de Corberon, chargé d'affaires de France en Russie, publié d'après le manuscrit original*, éd. L.-H. Labande, Paris 1901, 2 vol.

Coxe, 1787: Coxe, William, *Voyage en Pologne, Russie, Suède, Danemarck, etc.*, trad. M. P. H. [Paul-Henri] Mallet, Genève, Barde, Manget & compagnie, 1787, 4 vol.

Custine, 1843: Custine, Astolphe de, *La Russie en 1839*, Paris, P. Amyot, 1843, 4 tomes.

Custine, 1990: Custine, Astolphe de, *La Russie en 1839*, Malakoff, Solin, 1990.

Dachkova, 1881: Dachkova, Ekatérina Romanovna, *Mon histoire. Mémoires de la princesse Daschkow* [E.R. Dachkova], d'après le manuscrit revu et corrigé par l'auteur, éd. P. Bartenev, *Архив князя Воронцова* / *Archives du prince Vorontsov* 21 (*Papiers de la princesse Daschkoff, née comtesse Vorontzoff*), Moscou 1881.

Dachkova, 1999: Dachkova (Catherine). *Mon histoire. Mémoires d'une femme de lettres russe à l'époque des Lumières*, éd. Alexandre Woronzoff-Dashkoff, Catherine Le Gouis, Catherine Woronzoff-Dashkoff, préface de Francis Ley, Paris, L'Harmattan, 1999.

Dacier, 1909: *Catalogues de ventes et livrets de Salons illustrés par Gabriel de Saint-Aubin*, éd. Emile Dacier, *I. Le catalogue de la collection Crozat (1755). II. Livret du Salon de 1769*, Paris, Société de reproduction des dessins de maîtres, 1909.

Dacier, 1914: Dacier, Emile, *L'Œuvre gravé de Gabriel de Saint-Aubin: notice historique et catalogue raisonné, collection Société pour l'étude de la gravure française*, Paris, Imprimerie nationale, 1914.

Dacier, 1929-1931: Dacier, Emile, *Gabriel de Saint-Aubin, peintre, dessinateur et graveur (1724-1780), I. L'Homme et l'Œuvre; II. Catalogue raisonné*, Paris et Bruxelles, éd. G. van Oest, 1929 et 1931.

Darcel, 1852: Darcel, Alfred, notice 'Jean-Baptiste Le Prince' dans Philippe de Chennevières, *Portraits inédits d'artistes français*, 3e fasc., Paris, Vignères, 1853, p.58-60.

Dauterman, 1976: Dauterman, Carl Christian, 'Sèvres figure painting in the Anna Thompson Dodge collection', *The Burlington magazine*, vol. cxviii (novembre 1976), n° 884, p.752-62.

Débarbat *et al.* 1990: Débarbat, Suzanne, Solange Grillot, Jacques Lévy, *L'Observatoire de Paris. Son histoire, 1667-1963*, 2e éd., Paris, Ed. de l'Observatoire, 1990.

De Bruyn, 1718: De Bruyn, Cornelius, *Voyages par la Moscovie, en Perse et aux Indes orientales*, Amsterdam, les frères Wetstein, 1718, in-fol.

De Grève, 1990: De Grève, Claude, *Le Voyage en Russie, Anthologie des voyageurs français aux XVIIIe et XIXe siècles*, Paris, Robert Laffont, 1990.

Delambre, 1827: Delambre, Jean-Baptiste Joseph, *Histoire de l'astronomie au dix-huitième siècle*, publié par M. Mathieu, de l'Académie des sciences, Paris, Bachelier, 1827.

Delessalle, 1944: Delessalle, Hubert, *Les Tapisseries de Beauvais au XVIIIe siècle: les jeux russiens d'après J.-B. Le Prince*, thèse dactylographiée de l'Ecole du Louvre, 1944.

Delessalle, 1941-1944: Delessalle, Hubert, 'Les tapisseries des "Jeux russiens"', *Bulletin de la Société de l'Art français* (1941-1944), p.127-32.

Delessalle, 1946: Delessalle, Hubert, 'Les tapisseries de Beauvais au XVIIIe siècle: les Jeux russiens d'après Jean-Baptiste Le Prince', *Bulletin des Musées de France* (août-septembre 1946), nos 6-7, p.47-48.

Deleyre, 1770-1: Deleyre, Alexandre, 'Histoire du Kamtschatka', *Continuation de l'Histoire générale des voyages*, t.xix, Paris, Panckoucke, 1770, p.231-366.

Deleyre, 1770-2: Deleyre, Alexandre, 'Extrait du *Voyage en Sibérie* de

M. l'abbé Chappe d'Auteroche, de l'Académie des sciences', *Continuation de l'Histoire générale des voyages*, t.xix, Paris, Panckoucke, 1770, p.421-82.

Deleyre, 1774: Deleyre, Alexandre, *Tableau de l'Europe, pour servir de supplément à l'histoire philosophique & politique des établissements & du commerce des Européens dans les deux Indes* [publié par Guillaume Thomas Raynal], Amsterdam 1774; le texte du *Tableau de l'Europe* figure sans titre dans la 2ᵉ éd. de l'*Histoire philosophique et politique des deux Indes*, La Haye, Gosse fils, 1774, livre 19, vii.201-424, et dans la 3ᵉ éd., Genève, Pellet, 1780, livre 19, iv.461-706.

Deleyre, 1780: Deleyre, Alexandre, 'Voyage de M. l'abbé Chappe en Sibérie', dans La Harpe, 1780-1801, t.ix, 1780, p.165-230 [reprend en le modifiant l'Extrait désigné par Deleyre, 1770-2].

Deleyre, 1793: Deleyre, Alexandre, *Idées sur l'éducation nationale*, imprimées par ordre de la Convention nationale, s.l.n.d. [Paris, Imprimerie nationale, 1793].

Delisle, 1768: Delisle, Joseph Nicolas, *Extrait d'un voyage fait en 1740 à Beresow en Sibérie, aux dépens de la Cour Impériale, par M. de l'Isle, Doyen de l'Académie royale des Sciences, alors professeur d'Astronomie à l'Académie de Pétersbourg, pour y observer le passage de Mercure sur le disque du Soleil, & du Journal de M. Koenigsfeld, qui l'accompagnoit*, dans *Continuation de l'histoire générale des voyages*, par A. G. Meunier de Querlon, A. Deleyre et J. P. Rousselot de Surgy, 12 vol., t.xviii [le t.xviii est le premier volume de la *Continuation...*], Paris, Rozet, 1768, p.525-70.

Delpuech de Comeiras, 1802: Delpuech de Comeiras, Victor, *Tableau général de la Russie moderne et situation politique de cet empire au commencement du XIXᵉ siècle*, Paris, Treuttel et Wurtz, an X-1802, 2 vol.

Deschisaux, 1727: Deschisaux, Pierre, *Voyage de Moscovie*, Paris, C.-L. Thiboust, 1727.

Des Essarts, 1800-1803: Des Essarts, Nicolas Toussaint Le Moyne, dit, *Les Siècles littéraires de la France, ou nouveau dictionnaire historique, critique et bibliographique de tous les écrivains français*, Paris, l'Auteur, 1800-1803 (t.ii, 1800).

Dictionary of art Dictionary of art, éd. Jane Turner, Londres, Macmillan et New York, Grove, 1996, 34 vol.

Dictionnaire de la conversation, 1852-1866: *Dictionnaire de la conversation et de la lecture*, 2ᵉ éd., Paris, F. Didot, t.v, 1861.

Dictionnaire des journalistes: *Dictionnaire des journalistes, 1600-1789*, éd. Jean Sgard, Oxford, Voltaire Foundation, 1999, 2 vol.

Dictionnaire des journaux: *Dictionnaire des journaux, 1600-1789*, éd. Jean Sgard, Oxford, Voltaire Foundation, Paris, Universitas, 1991, 2 vol.

Diderot, *Œuvres politiques*, 1963: Diderot, Denis, *Œuvres politiques*, éd. Paul Vernière, Paris, Garnier, 1963.

Draibel, 1874: Draibel, Henri, *Œuvre de Moreau le Jeune, Notice et catalogue*, Paris, P. Rouquette, 1874.

Ducable, 1995: Ducable, Gérard, 'Un chirurgien rouennais au siècle des Lumières', *Etudes normandes* 1 (1995), p.29-34.

Duchet, 1971: Duchet, Michèle, *Anthropologie et histoire au siècle des Lumières*, Paris, Maspero, 1971.

Duclaux, 1975: Duclaux, Lise, *Musée du Louvre, Inventaire général des dessins. Ecole française*, tome xii, Paris, Editions des Musées nationaux, 1975.

Du Halde, 1735: Du Halde, le P. Jean-Baptiste, *Description géographique, historique, chronologique, politique et physique de l'Empire de la Chine et de la Tartarie chinoise*, Paris, P. G. Le Mercier, 1735, 4 vol.

Dulac, 1983: Dulac, Georges, 'Grimm et la Correspondance littéraire envoyée à Catherine II' (d'après les lettres de Dimitri Golitsyn et de F. M. Grimm au vice-chancelier Alexandre Golitsyn), *SVEC* 217 (1983), p.207-48.

Dulac et Evdokimova, 1990: Dulac, Georges, avec la collaboration de Ludmila Evdokimova, 'Politique et littérature. La correspondance de Dmitri A. Golitsyn (1760-1784)', *DHS* 22 (1990), p.367-400.

Dulac, 1997: Dulac, Georges, article 'Russie', dans *Dictionnaire européen des Lumières*, éd. Michel Delon, Paris, PUF, 1997, p.961-67.

Dumas, 1860: Dumas, Alexandre, *De Paris à Astrakhan*, Paris, A. Bourdilliat, 1860.

Eeckaute, 1968: Eeckaute, Denise, 'La législation des forêts', *CMRS* 9, n° 2 (1968), p.194-208.

Elkina, 1972: Элькина, И. М., 'Шапп д'Отерош и его книга *Путешествие в Сибирь*' ['Chappe d'Auteroche et son *Voyage en Sibérie*'], *Вопросы истории СССР* [*Questions d'histoire de l'URSS*], Moscou, Université de Moscou, 1972, p.361-388.

Elkina, 1973: Элькина, И. М., 'Французские просветители и книга Шаппа д'Отроша о России' ['Les hommes des Lumières français et le livre de Chappe d'Auteroche sur la Russie'], *Вестник московского университета* [*Le Messager de l'Université de Moscou*], Moscou, Université de Moscou, série 9, histoire, novembre-décembre 1973, p.71-81.

Elkina, 1974: Элькина, И. М., '*Путешествие в Сибирь* Шаппа д'Отроша и '*Антидот*' Екатерины [*Le 'Voyage en Sibérie' de Chappe d'Auteroche et l'"Antidote" de Catherine*], thèse de 'candidat' dactylographiée, Moscou, Université de Moscou, 1974.

Encyclopédie des gens du monde: Encyclopédie des gens du monde, répertoire universel des sciences, des lettres et des arts, t.v, Paris, Treuttel et Würtz, 1835.

Engel, 1765: Engel, Samuel, *Mémoires et observations géographiques et critiques sur la situation des pays septentrionaux*, Lausanne, A. Chapuis, 1765.

Engerand, 1900: Engerand, Fernand, *Inventaires des collections de la couronne. Inventaire des tableaux commandés et achetés par la direction des bâtiments du Roi (1709-1792)*, Paris, Ernest Leroux éd., 1900, 2 vol.

Enseignement et diffusion des sciences, 1964: *Enseignement et diffusion des sciences en France au XVIIIe siècle*, éd. René Taton, Paris, Hermann, 1964 (*Histoire de la pensée*, 11. Ecole pratique des hautes études).

Ermitage, 1974: Эрмитаж – История и архитектура зданий [*L'Ermitage: l'Histoire et l'architecture des Bâtiments*] Leningrad, Editions d'art Aurore, 1974.

Ermitage, 1990: Эрмитаж, История и современность [*Ermitage, Histoire et époque contemporaine*] Moscou, Iskousstvo, 1990.

Esakov, 1974: Esakov, Vasiliy A., notice 'Pallas, Pyotr Simon', *Dictionary of scientific biography*, éd. Charles Coulston Gillispie, vol.x, New York, Charles Scribner's Sons, 1974, p.283-85.

Evguéni, 1845: Евгений, Митрополит, *Словарь русских светских писателей, соотечественников и чужестранцев, писавших в России* [*Dictionnaire des écrivains russes profanes, des compatriotes et des étrangers qui ont écrit en Russie*], Moscou, Moskvitianine, 1845.

Extrait de la main de Catherine, 1872: [Extrait de la main de Catherine réfutant les renseignements de l'abbé Chappe sur la Russie], *SRIO* 10 (1872), p.317-20.

Fabre, 1952: Fabre, Jean, *Stanislas-Auguste Poniatowski et l'Europe des Lumières*, Paris, Belles-Lettres, 1952.

Faure, 1821: Faure, docteur Raymond, *Souvenirs du nord: la guerre, la Russie et les Russes ou l'esclavage*, Paris, Pélicier, 1821.

Favier, 1789: Favier, Jean-Louis, *Doutes et questions sur le traité de Versailles entre le roi de France et l'impératrice reine de Hongrie, par feu M. Favier*, s.l. 1789.

Fedorov, 1973: Fedorov, A. S., notice 'Kracheninnikov, Stephan Petrovitch', *Dictionary of scientific biography*, ed. Charles Coulston Gillispie, vol.vii, New York, Charles Scribner's Sons, 1973, p.495.

Flammermont, 1899: Flammermont, Jules, 'J.-L. Favier, sa vie et ses écrits', *La Révolution française* 36 (1899), p.161-84, 258-76, 314-35.

Fonvizine, 1995: Fonvizine, Denis, *Lettres de France (1777-1778)*, traduites et commentées par Henri Grosse, Jacques Proust et Piotr Zaborov, Paris, CNRS Editions, Oxford, Voltaire Foundation, 1995 (*Archives de l'est / Littérature et relations culturelles*).

Fornerod, 1799: Fornerod, *Coup d'œil sur l'état actuel de la Russie*, Lausanne, 1799 [un second titre porte: *L'Antidote ou les Russes tels qu'ils sont, et non tels qu'on les croit, par un Ami de la vérité et de la liberté*].

Fortia de Piles, 1796: Fortia de Piles, Alphonse Toussaint, *Voyage de deux Français en Allemagne, Danemarck, Suède, Russie et Pologne, fait en 1790-1792*, Paris, Desenne, 1796, 5 vol. in-8° [la page du faux titre porte *Voyage de deux Français dans le nord de l'Europe*].

Forycki, 1990: Forycki, Rémi, 'De Paris à Tobolsk ou le voyage de Chappe d'Auteroche en Russie', dans *Space and boundaries / Espace et frontières. Proceedings of the XIIth congress of the International comparative literature association / Actes du XIIe congrès de l'Association internationale de littérature comparée, Munich 1988*, Munich, Iudicium, 1990, ii.322-28.

Forycki, 1992: Forycki, Rémi, 'Chappe d'Auteroche et son *Voyage en Sibérie*', *Acta Universitatis Lodziensis, Folia litteraria* 33, Lodz 1992, p.231-38.

Fouchy, 1772: Fouchy, Jean-Paul Grandjean de, 'Eloge de l'abbé Chappe', dans *Histoire de l'Académie royale des sciences*, année 1769, Paris 1772, p.163-72.

Fradkin, 1953: Фрадкин, Н. Г., *По земле катчатской* [*Sur la terre du Kamtchatka*], Moscou 1953.

Frantsouzskaïa kniga, 1986: *Француз-ская книга в России в XVIII в.* [*Le livre français en Russie au XVIIIe siècle*], éd. S. P. Louppov, Léningrad, Naouka, 1986.

Frédéric, 1992: Frédéric, Louis, *Les Dieux du bouddhisme. Guide iconographique*, Paris, Flammarion, 1992.

Furcy-Raynaud, 1905: Furcy-Raynaud, Marc, *Correspondance de M. d'Angeviller avec Pierre (première partie)*, *Nouvelles Archives de l'Art Français*, 3e série, tome 21, année 1905, Paris, éd. Jean Schemit, 1906.

Galerie françoise, 1771: *Galerie françoise, ou Portraits des hommes et des femmes célèbres qui ont paru en France*, Paris, Herissant le fils, 1771.

Gavrilova, 1983: Гаврилова Е. И., *Руский рисунок XVIII века* [*Le Dessin russe au XVIIIe siècle*], Leningrad, Khoudojnik RSFR, 1983.

Georgel, 1818: Georgel, abbé Jean-François, *Voyage à Saint-Pétersbourg en 1799 et 1800*, Paris, Alexis Eymery, 1818.

Gennadi, 1874: Gennadi, Grigori Nikolaevitch, *Les Ecrivains franco-russes. Bibliographie des ouvrages français publiés par des Russes*, par Grégoire Ghennady, Dresde, E. Blochmann et fils, 1874.

Gmelin, 1767: Gmelin, Johann Georg, *Voyage en Sibérie*, trad. libre de M. de Keralio [Louis Félix Guinement de Keralio], Paris, Desaint, 1767, 2 vol.

Goggi, 1988: Goggi, Gianluigi, 'Les *Fragments politiques* de 1772', dans *Editer Diderot*, éd. Georges Dulac, *SVEC* 254 (1988), p.427-62.

Goggi, 1991: Goggi, Gianluigi, 'Diderot et la Russie: quelques remarques sur une page de la première édition de l'*Histoire des deux Indes*, *L'Encyclo-pédie, Diderot, l'esthétique: mélanges en hommage à Jacques Chouillet, 1915-1990*, éd. Sylvain Auroux, Domini-que Bourel et Charles Porset, Paris, PUF, 1995, p.99-112.

Goggi, 1993: Goggi, Gianluigi, avec la collaboration de Georges Dulac, 'Diderot et l'abbé Baudeau: les colonies de Saratov et la civilisation en Russie', *RDE* 14 (avril 1993), p.21-83.

Goggi, 1997: Goggi, Gianluigi, 'Diderot et le concept de civili-sation', *DHS* 29 (1997), p.353-73.

Goggi, 2001: Goggi, Gianluigi, 'Deleyre et le *Voyage en Sibérie* de Chappe d'Auteroche: la Russie, les pays du Nord et la question de la civilisation', dans *Le Mirage russe au XVIIIe siècle*, textes publiés par Serguéï Karp et Larry Wolff, Centre international d'étude du XVIIIe siècle, Ferney-Voltaire 2001, p.75-134.

Goldenberg, 1966: Гольденберг, Л. А., *Федор Иванович Соймонов* (1692-1780) [*Fedor Ivanovitch Soïmo-nov, 1692-1780*], Moscou, Naouka, 1966.

Goncourt, 1859: Goncourt, Edmond et Jules de, *L'Art au dix-huitième siècle*, fascicule VI, *Les Saint-Aubin*, Paris, E. Dentu, 1859.

Goubert et Roche, 1984: Goubert, Pierre, et Roche, Daniel, *Les Français et l'Ancien Régime*, Paris, Armand Colin, 1984.

Grate, 1986: Grate, Pontus, 'Le "cabak" de Jean-Baptiste Le Prince', *Revue de l'art* 72 (1986), p.19-23.

Grate, 1994: Grate, Pontus, *French paintings II: Eighteenth century, Natio-nalmuseum*, Stockholm, Swedish national art museums, 1994.

Gudin de La Brenellerie, 1777: Gudin de La Brenellerie, Paul-Philippe, *Aux mânes de Louis XV et des grands hommes qui ont vécu sous son règne, ou Essai sur le progrès des arts et de l'esprit humain*, Lausanne 1777.

Guiffrey et Marcel, 1921: Guiffrey, Jean et Pierre Marcel, *Archives des musées nationaux et de l'Ecole du Louvre. Inventaire général des dessins du musée du Louvre et du musée de Versailles – Ecole française*, t.ix, Paris, Librairie cen-trale d'art et d'architecture, éditions Albert Morancé, 1921.

Guze-Dzięciolowski, 1994: Guze, Justyna, et Andrzej Dzięciotowski, *Rysunki i Akwarele*, Zamek Królewski w Wars-zawie, Varsovie, 1994.

Hambis, 1957: Hambis, Louis, *La Sibérie*, Paris, PUF, 1957.

Haumant, 1913: Haumant, Emile, *La Culture française en Russie (1700-1900)*, Paris, Hachette, 2e éd., 1913.

Hautecœur, 1970: Hautecœur, Louis, 'Une famille de graveurs et d'éditeurs parisiens: les Martinet et les Hautecœur (XVIIIe et XIXe siècles)', *Mémoires publiés par la Fédé-ration des Sociétés historiques er arché-ologiques de Paris et d'Ile-de-France*, t.xviii-xix, 1967-1968, Paris 1970, p.205-340.

Hédou, 1879: Hédou, Jules, *Jean Le Prince: son œuvre et le secret de son procédé de gravure au lavis*, Paris, Baur et Rapilly, 1879.

Hellyer, 1982: Hellyer, Mary-Eliza-beth, 'Recherches sur Jean-Baptiste Le Prince (1734-1781)', thèse de 3e cycle dactylographiée de l'Uni-versité de Paris-Sorbonne sous la direction du Professeur Jacques Thuillier, Paris, 1982.

Hellyer, 1987: Hellyer, Mary-Eliza-beth, compte rendu de l'exposition *Drawings by Jean-Baptiste Le Prince for the 'Voyage en Sibérie'*, Philadelphie, Rosenbach Museum and Library, 1986, cat. par Kimerly Rorschach et Susan B. Taylor, *The Burlington magazine*, volume cxxix, n° 1010 (mai 1987), p.349.

Herberstein, 1965: Herberstein, baron Sigmund von, *La Moscovie au XVIe siècle vue par un ambassadeur occidental, Herberstein*, éd. et trad. Robert Delort, Paris, Calmann-Lévy, 1965.

Hermann, 1790: Hermann, Benedikt Franz Johann, *Statistische Schilderung von Russland in Rücksicht auf Bevölkerung, Landesbeschaffenheit, Naturprodukte, Landwirtschaft, Bergbau, Manufakturen und Handel*, Saint-Pétersbourg, Christian Tornow & Compagnie, 1790.

Herzen, 1954-1966: Герцен, Александр Иванович, *Собрание сочинений в тридцати томах* [*Œuvres en trente volumes*], Moscou, Académie des sciences de l'URSS, 1954-1966.

Histoire des découvertes faites par divers savans voyageurs, 1778-1787: *Histoire des découvertes faites par divers savans voyageurs dans plusieurs contrées de la Russie & de la Perse...*, 6 t., Berne, La Haye, 1778-1787.

Hübner, 1757: Hübner, Johann (fils), *La Géographie universelle* [trad. J.-J. Duvernoy], Bâle, Jean Rodolphe Imhof, 1757, 5 vol.

Hullebroek, 1936: Hullebroek, Adolphe, *Peintres de cartons pour tapisseries, d'après les études de C. Rodon y Font, Toussaint Du Breuil, Jean Bérain, Claude Audran, Nicolas Bertin, Jean Le Prince*, Paris et Liège, Ch. Béranger, 1936.

IFF Bibliothèque nationale, Cabinet des Estampes, Inventaire du fonds français, graveurs du XVIIIe siècle, Paris, Bibliothèque nationale, 1931-1977, 14 vol. dont t.i, par Marcel Roux, 1931; t.iii, par M. Roux, 1934; t.iv, par M. Roux, 1940; t.v, par M. Roux, 1946; t.vii, par M. Roux avec la collaboration d'E. Pognon, 1951; t.viii, par M. Roux avec la collaboration d'E. Pognon, 1955; t.xi, par Yves Bruand, Michèle Hébert et Yves Sjöberg, 1970; t.xii, par M. Hébert et Y. Sjöberg, 1973; t.xiii, par Y. Sjöberg sous la direction de Françoise Gardey, 1974; t.xiv, par Y. Sjöberg sous la direction de F. Gardey, 1977.

IFF, XIXe Bibliothèque nationale, Cabinet des Estampes, Inventaire du fonds français, après 1800, Paris, Bibliothèque nationale, 1949, t.v par Jean Adhémar.

Index biographique de l'Académie des sciences, 1979: *Index biographique de l'Académie des sciences du 22 décembre 1666 au 1er octobre 1978*, Paris, Gauthier-Villars, 1979.

Jan, 1992: Jan, Michel, *Le Voyage en Asie centrale et au Tibet*, Paris, Robert Laffont, 1992.

Jidkov, 1968: Жидков, Г. П., 'Экономия кабинетской деревни Западной Сибири накануне реформы', dans *Освоение Сибири в Эпоху феодализма* (XVII-XIX) ['L'économie d'un village de la Couronne de la Sibérie occidentale à la veille de la Réforme', dans le livre *La Mise en valeur de la Sibérie à l'époque du féodalisme (XVIIe-XVIIIe s.)*], N°. 3, Novossibirsk 1968.

Jougla de Morenas, 1938: Jougla de Morenas, Henri, *Grand armorial de France*, Société du grand armorial de France éditeur, t.ii, [s.l.] 1938.

Jubé, 1992: Jubé, abbé Jacques, *La Religion, les mœurs et les usages des Moscovites*, éd. Michel Mervaud, *SVEC* 294 (1992).

Kabakova-Stroev, 1997: Kabakova, Galina, et Alexandre Stroev, 'Les voyageurs aux bains russes', *RES* 69/4 (1997), p.505-18.

Kafker and Kafker, 1988: Frank A. Kafker et Serena L. Kafker, *The Encyclopedists as individuals: a biographical dictionary of the authors of the 'Encyclopedie'*, *SVEC* 257 (1988).

Kafker et Pinault Sørensen, 1995: Kafker, Frank A., et Madeleine Pinault Sørensen, 'Notices sur les collaborateurs du recueil de planches de l'*Encyclopédie*', *RDE* 18-19 (octobre 1995), p.200-29.

Kämmerer, 1980: Kämmerer, Jürgen, 'Theorie und Empire: Rußland im Urteil aufgeklärter Philosophen und Reiseschriftsteller', *Reisen und Reisebeschreibungen im 18. und 19. Jahrhundert als Quellen der Kulturbezie-*

hungsforschung, éd. B. I. Krasnobaev *et al.*, Berlin, Verlag Ulrich Camen, 1980.

Khrapovitski, 1862: Храповицкий, Александр Васильевич, *Памятные записки, 1782-1793* [*Mémoires, 1782-1793*], éd. G. H. Gennadi, 2ᵉ éd., Moscou, Imprimerie de l'université, 1862.

Klioutchevski, 1953: Klutchevski [Klioutchevski], Vassili Ossipovitch, *Pierre le Grand*, trad. H. de Witte, Paris, Payot, 1953.

Klioutchevski, 1958: Ключевский, Василий Осипович, *Сочинения в 8 томах* [*Œuvres en 8 volumes*], Moscou, Edition de littérature économique et sociale, t.v, 1958.

Kobeko, 1881: Кобеко, Дмитрий Фомич, 'Ученик Вольтера. Граф Андрей Петрович Щувалов (1744-1789)' ['Un élève de Voltaire. Le comte Andreï Petrovitch Chouvalov'], *Русский Архив* [*Archives russes*] 1881, iii.241-90.

Kossova, 1984: Коссова, И. М., 'Путешествие в Сибирь и Антидот' ['Le *Voyage en Sibérie* et l'*Antidote*', *Вопросы истории* [*Questions d'histoire*], 1984, i.185-89.

Krohn, 1922: Krohn, Mario, *Frankrigs og Danmarks Kunstleriske Forbindelse i det 18. Aarhundrede*, Copenhague, Henrik Koppel Forlag, 1922, 2 vol.

Labat, 1722: Labat, Jean-Baptiste, *Nouveau voyage aux isles de l'Amérique contenant l'histoire naturelle de ces pays, l'origine, les mœurs, la religion et le gouvernement des habitants anciens et modernes [...], le commerce et les manufactures*, Paris, Pierre-François Giffart, 1722, 6 vol.

Labbé et Bicart-Sée, 1987: Labbé, Jacqueline, avec la collaboration de Lise Bicart-Sée, *La Collection Saint-Morys au Cabinet des dessins du musée du Louvre, II, Répertoire des dessins* dans *Notes et documents des musées de France* 19, Paris, Editions de la Réunion des musées nationaux, 1987. Voir Arquié, Labbé et Bicart-Sée, 1987.

La Harpe, 1780-1801: La Harpe, Jean-François de, *Abrégé de l'histoire générale des voyages*, Paris, Hôtel de Thou (Laporte et Moutardier), 1780-1801, 32 vol.

Laissus, 1964: Laissus, Yves, 'Les cabinets d'histoire naturelle', *Enseignement et diffusion des sciences en France au XVIIIᵉ siècle*, éd. René Taton, Paris, Hermann, 1964, p.659-712.

Lalande, 1762: 'Extract from a Paper of Mons. De la Lande [...] to Mr. Gael Morris, of the Transit of Venus, on the 6th June 1761, observed at Tobolsk in Siberia, by M. Chappe', *Philosophical transactions*, vol. 52, 1761, London, Davis and C. Reymers, Printers to the Royal Society, 1762, p.254.

Lalande, 1770: Lalande, Joseph Jérôme Lefrançois de, 'Observations de l'Eclipse de Lune du 4 janvier 1768, par M. l'Abbé Chappe d'Auteroche', *Mémoires de l'Académie royale des sciences*, 1768, Paris 1770, p.96.

Lalande, 1773: Lalande, Joseph Jérôme Lefrançois de, 'Observations de M. l'Abbé Chappe, faites en Californie pour le passage de Vénus, avec les conséquences qui en résultent', *Mémoires de l'Académie royale des sciences*, année 1770, Paris 1773, p.416-22 [daté 12 décembre 1770; il s'agit d'une addition au Mémoire de Lalande intitulé 'Observation du passage de Vénus sur le soleil faite à Paris le 3 juin 1769'].

La Marche, pseud. de Schwan, Christian Friedrich: voir ce nom.

Lambert, 1750: Lambert, abbé Claude François, *Histoire générale, civile, naturelle, politique et religieuse de tous les peuples du monde*, Paris, Prault fils, 1750, 15 vol. [le t.i est consacré à la Russie].

La Mottraye, 1732: La Mottraye, Aubry de, *Voyages en anglois et en françois*, La Haye, A. Moetjens, 1732.

La Neuville, 1698: Foy de La Neuville, *Relation curieuse et nouvelle de Moscovie*, Paris, P. Aubouyn, 1698.

Lange, 1725: Lange, Laurent, 'Journal du voyage de Laurent Lange à la Chine', dans Weber, 1725, ii.89-144.

Langevin, 1967: Langevin, Luce, *Lomonossov, sa vie, son œuvre*, Paris, Editions sociales, 1967.

Launay, 1991: Launay, Elisabeth, *Les Frères Goncourt collectionneurs de dessins*, préface de François Nourrissier, Paris, Arthena, 1991.

Lecaros, 1994: Lecaros, Véronique, 'Tobolsk la religieuse, Irkoutsk la marchande', *Les Sibériens*, Paris, Autrement, 1994.

Le Cat, 1765: Le Cat, Claude-Nicolas, *Traité de l'existance, de la nature et des propriétés du fluide des nerfs, et principalement de son action dans le mouvement musculaire*, Berlin 1765.

Le Cat, 1767: Le Cat, Claude-Nicolas, *Traité des sensations et des passions en général et des sens en particulier*, Paris, Vallat-la-Chapelle, 1767, [le faux titre porte: *Œuvres physiologiques de M. Le Cat. Traité des sensations et des passions. T. 1ᵉʳ*].

Le Clerc, 1786: Le Clerc, Nicolas Gabriel, *Atlas du commerce*, Paris, Froullé, 1786.

Le Dix-huitième siècle 1899: *Le Dix-huitième siècle. Les mœurs, les arts, les idées: récits et témoignages*, n° 23. Paris, Hachette, 1899.

Legras, 1934: Legras, Jules, *L'Ame russe*, Paris, E. Flammarion, 1934.

Le Monnier, 1763: Le Monnier, Pierre Charles, 'Considérations sur le diamètre de Vénus observé à Tobolsk le 6 juin 1761', 12 mai 1762, dans *Histoire de l'Académie royale des sciences*, année 1761, Paris 1763, p.332-33.

Leonhard Euler Briefwechsel, 1975: *Leonhard Euler Briefwechsel, Beschreibung, Zusammenfassung der Briefe und Verzeichnisse*, éd. A. Juskevic, V. Smirnov et W. Habicht, Bâle, Birkhäuser Verlag, 1975.

Lettres d'un Scyte franc et loyal, 1771: *Lettres d'un Scyte franc et loyal, à M. Rousseau, de Bouillon, auteur du 'Journal encyclopédique'*, Amsterdam 1771.

Lettres d'un Scyte franc et loyal, 1901: *Lettres d'un Scyte franc et loyal*, éd. A. N. Pypine, dans *Catherine II, 1901-1907*, t.vii, 1902, p.343-60.

Lévesque, 1782: Lévesque, Pierre-Charles, *Histoire de Russie*, Paris, Debure l'aîné, 1782, 5 vol.

Lévesque, 1783: Lévesque, Pierre-Charles, *Histoire des différents peuples soumis à la domination des Russes ou suite de l'Histoire de Russie*, Paris, Debure l'aîné, 1783, 2 vol.

Lévesque, 1800: Lévesque, Pierre-Charles, *Histoire de Russie*, nouvelle éd., Paris, Librairie économique, Hambourg et Brunswick, Pierre-François Bauche et compagnie, An VIII [1800], 8 vol.

Levitt, 1998: Lewitt, Marcus C., 'An antidote to nervous juice: Catherine the Great's debate with Chappe d'Auteroche over Russian culture', *Eighteenth-century studies* 32 (1998), p.49-63.

Liechtenhan, 1989: Liechtenhan, Francine Dominique, 'Custine avant Custine: un jésuite en Russie', *Revue de la bibliothèque nationale* 33 (automne 1989), p.37-46.

Liechtenhan, 1991: Liechtenhan, Francine Dominique, 'Le Russe, ennemi héréditaire de la chrétienté? La diffusion de l'image de la Moscovie en Europe occidentale aux XVIᵉ et XVIIᵉ siècles', *Revue historique* 577 (janvier-mars 1991), p.77-103.

Liechtenhan, 1998: Liechtenhan, Francine Dominique, 'La cour d'Elisabeth vue par des diplomates prussiens (2)', *CMRS* 39/4 (octobre-décembre 1998), p.439-86.

Ligne, 1989: Ligne, Charles Joseph, prince de, *Mémoires, lettres et pensées*, Paris, François Bourin, 1989.

Linguet, 1777-1792: Linguet, Simon Nicolas Henri, *Annales politiques, civiles et littéraires du dix-huitième siècle*, par M. L., Londres et Paris, l'auteur, 1777-1792, 19 vol.

Lioubimenko, 1935: Lubimenko [Lioubimenko], Inna, 'Un académicien russe à Paris, d'après ses lettres inédites, 1780-1781', *Revue d'histoire moderne* 10 (novembre-décembre 1935), p.415-47.

Lioubimenko, 1937: Любименко, Инна Ивановна, *Ученая корреспонденция Академии Наук XVIII века. Научное описание* 1766-1782 [*Correspondance savante de l'Académie des sciences du dix-huitième siècle. Description scientifique, 1766-1782*], Moscou, Leningrad, Ed. de l'Académie des sciences de l'URSS, 1937.

Locatelli, 1736: Locatelli, Francesco, *Lettres moscovites*, Paris, Aux dépens de la Compagnie, 1736.

Lomonossov, 1950-1983: Ломоносов, Михаил Васильевич, *Полное собрание сочинений* [*Œuvres complètes*], 11 tomes, Moscou, Leningrad, Ed. de l'Académie des sciences de l'URSS, 1950-1983.

Lortholary, 1951: Lortholary, Albert, *Les 'Philosophes' du XVIIIᵉ siècle et la Russie. Le Mirage russe en France au XVIIIᵉ siècle*, Paris, Boivin, 1951.

Lossky, 1988: Lossky, Boris, 'Jean-Baptiste Le Prince, sa vie, son œuvre', in cat. exp. Metz, 1988, introduction.

Lugt Lugt, Frits, *Les Marques de collections de dessins & d'estampes*, Amsterdam, Vereenigde Drukkerijen, 1921; *Supplément*, La Haye, Martinus Nijhoff, 1956.

Luminet, 1999: Luminet, Jean-Pierre, *Le Rendez-vous de Vénus*, Paris, Jean-Claude Lattès, 1999.

McAllister Johnson, 1979: McAllister Johnson, William, 'Un document sur J.-B. Le Prince et ses graveurs', *Nouvelles de l'estampe* (mai-juin 1979), p.28-34.

Madariaga, 1992: Madariaga, Isabel de, 'Catherine II et la littérature', dans *Histoire de la littérature russe des origines aux Lumières*, Paris, Fayard, 1992, p.656-69.

Maggs Bros, 1939: *L'Œuvre gravé de A. J. Duclos*, Paris, Maggs Bros Ltd, 1939.

Mahérault et de Najac, 1880: Mahérault, Marie-François-Joseph, *L'Œuvre de Moreau le Jeune, catalogue raisonné et descriptif avec notes iconographiques et bibliographiques, précédé d'une notice biographique par Emile de Najac*, Paris, Adolphe Labitte, 1880, rééd. Amsterdam, APA–G. W. Hissik & Co, 1979.

Mallmann, 1975: Mallmann, Marie-Thérèse de, *Introduction à l'iconographie du Tântrisme bouddhique*, Bibliothèque du Centre de recherches sur l'Asie centrale et la Haute-Asie, Paris, Maisonneuve, vol. i, 1975.

Manstein, 1771: Manstein, Christoph Hermann von, *Mémoires historiques, politiques et militaires sur la Russie*, Paris, Humblot, 1771.

Marbault, 1777: Marbault, *Essai sur le commerce de Russie*, Amsterdam, 1777.

Marcel, 1914: Marcel, Pierre, *Carnet de croquis de Moreau le Jeune*, Paris, s.n., 1914.

Maréchal, 1802: Maréchal, Pierre-Sylvain, *Crimes des empereurs russes, ou Histoire de la Russie, réduite aux seuls faits importants*, Paris, Buisson, 1802, in-8°.

Margeret, 1983: Margeret, capitaine Jacques, *Un mousquetaire à Moscou*, introduction, notes et bibliographie d'Alexandre Bennigsen, Paris, La Découverte/Maspero, 1983.

Mariette, *Abecedario*, 1854-1856: *Abecedario de P. J. Mariette et autres notes inédites de cet amateur sur les arts et les artistes. Ouvrage publié d'après les manuscrits autographes conservés au Cabinet des Estampes de la Bibliothèque impériale et annoté par MM. Philippe de Chennevières et Anatole de Montaiglon*, III, Paris, J.-B. Dumoulin, 1854-1856.

Marmontel, 1972: Marmontel, Jean-François, *Mémoires*, éd. John Renwick, Clermont-Ferrand, G. de Bussac, 1972.

Martin-Allanic, 1964: Martin-Allanic, Jean-Etienne, *Bougainville navigateur et les découvertes de son temps*, Paris, PUF, 1964.

Marx, 1969: Marx, Karl, 'L'affranchissement des paysans russes' [texte constitué de trois articles parus dans le *New York daily tribune*, 1858-1859], trad. Maximilien Rubel, dans K. Marx, F. Engels, *Ecrits sur le tsarisme et la Commune russe*, numéro spécial d'*Economies et sociétés*, Genève, Droz, t.3, n° 7 (juillet 1969), p.1312-28.

Massie, 1985: Massie, Robert K., *Pierre le Grand*, trad. Denise Meunier, Paris, Fayard, 1985.

Masson, 1800: Masson, Charles François Philibert, *Mémoires secrets sur la Russie, et particulièrement sur la fin du règne de Catherine II et sur celui de Paul*, Paris, Charles Pougens, an VIII [1800], 2 vol.

Materialy, 1863: Материалы для истории журнальной и литературной деятельности Екатерины II [*Documents pour l'histoire de l'activité journalistique et littéraire de Catherine II*], éd. Piotr Pekarski, Saint-Pétersbourg, Académie des sciences, 1863.

Maubert, 1943: Maubert, Andrée, *L'Exotisme dans la peinture française du XVIIIe siècle*, thèse de doctorat de l'Université de Paris, Paris, E. de Boccard éditeur, 1943.

Mayerberg, 1688: Mayerberg, *Voyage en Moscovie d'un ambassadeur conseiller de la Chambre impériale, envoyé par l'empereur Léopold au czar Alexis Mihalowics, Grand Duc de Moscovie*, Leyde, Friderik Harring, 1688.

Mayerberg, 1858: Mayerberg, baron Augustinus von, *Relation d'un voyage en Moscovie*, Paris, A. Franck, 1858, 2 tomes.

Mellot et Queval, 1997: Mellot, Jean-Dominique, et Elisabeth Queval, *Répertoire d'imprimeurs / Libraires XVIe-XVIIIe siècle. Etat en 1995 (4000 notices)*, Paris Bibliothèque nationale de France, 1997.

Mémoire sur le commerce de la Russie, 1751: 'Mémoire sur le commerce de la Russie', *Journal œconomique* (janvier 1751), p.87-111 (février 1751), p.61-85.

Mervaud, 1985: Mervaud, Christiane, *Voltaire et Frédéric II, une dramaturgie des Lumières*, *SVEC* 234 (1985).

Mervaud, 1986: Mervaud, Michel, 'Pour le 400e anniversaire du voyage du Dieppois Jean Sauvage à Arkhangelsk: un Normand en Russie au XVIe siècle', *Etudes normandes* 2 (1986), p.38-52.

Mervaud et Roberti, 1991: Mervaud, Michel et Jean-Claude Roberti, *Une infinie brutalité. L'image de la Russie dans la France des XVIe et XVIIe siècles*, Paris, Institut d'études slaves, 1991.

Mervaud, 1993: Mervaud, Michel, 'Le knout et l'honneur des Russes', *RDE* 14 (avril 1993), p.111-24.

Mervaud, 1994: Mervaud, Michel, 'Un monstre sibérien dans l'*Encyclopédie*, et ailleurs: le béhémoth', *RDE* 17 (octobre 1994), p.107-32.

Mervaud, 1998: Mervaud, Michel, 'L'envers du "mirage russe": Deleyre et Chappe d'Auteroche', *RES* 70/3 (1998), p.837-50.

Mervaud, 2003-1: Mervaud, Michel, 'Diderot et l'*Agnus Scythicus*, le mythe et son histoire', *SVEC* 2003:01, p.65-103.

Mervaud, 2003-2: Mervaud, Michel, 'Chappe d'Auteroche à Cadix. Quatre lettres inédites', *DHS* 35 (à paraître).

Mezin, 1999: Мезин, Сергей Алексеевич, *Взгляд из Европы. Французские авторы XVIII века о Петре Великом* [*Le Regard de l'Europe. Pierre Ier vu par les auteurs français du XVIIIe siècle*], Editions de l'université de Saratov, 1999.

Michaud, 1811-1828: Michaud, Joseph et Louis Gabriel, *Biographie universelle ancienne et moderne*, Paris, Michaud frères, 52 vol., 1811-1828.

Michel, 1987: Michel, Christian, *Charles-Nicolas Cochin et le livre illustré au XVIIIe siècle avec un catalogue raisonné des livres illustrés par Cochin 1735-1790, collection Ecole pratique des* *hautes Etudes IVe section sciences historiques et philologiques: VI: Histoire et civilisation du Livre*, vol.xviii, Genève, Librairie Droz, 1987.

Michel, 1993: Michel, Christian, *Charles-Nicolas Cochin et l'art des Lumières, collection Bibliothèque des écoles françaises d'Athènes et de Rome*, vol.280, Rome, Ecole française de Rome, 1993.

Miège, 1857: Miège, Guy, *La Relation de trois ambassades de Monseigneur le comte de Carlisle*, nouvelle édition revue et annotée par le prince Augustin Galitzin, Paris, P. Jannet, 1857.

Mirzoev, 1970: Мирзоев, Владимир Григорьевич, *Историография Сибири (Домарксистский период)* [*Historiographie de la Sibérie, période prémarxiste*], Moscou, Mysl, 1970.

Modzalevski, 1907: Модзалевский, Борис Львович, 'Род Пушкина' ['La lignée de Pouchkine'], dans *Пушкин, Библиотека великих писателей* [*Pouchkine, Bibliothèque des grands écrivains*], édité par S. A. Vengerov, éd. Brockhaus-Efron, t.i, 1907, p.1-24.

Mohrenschildt, 1936: Mohrenschildt, Dimitri Sergius von, *Russia in the intellectual life of eighteenth century France*, New York, Columbia University Press, 1936.

Molok, 1939-1947: Молок, А. И., 'Дидро о России' ['La Russie vue par Diderot'], dans Дидро. *Собрание сочинений* [Diderot, *Œuvres*], Moscou, 1939-1947, t.x.

Monnier, 1981: Monnier, André, *Un publiciste frondeur sous Catherine II: Nicolas Novikov*, Paris, Institut d'études slaves, 1981.

Monnier, 1997: Monnier, André, 'Catherine II pamphlétaire: l'*Antidote*', *Catherine II et l'Europe*, éd. Anita Davidenkoff, Paris, Institut d'études slaves, 1997, p.53-60.

Moreri, 1759: Moreri, Louis, *Grand Dictionnaire historique ou Mélange curieux de l'histoire sacrée et profane*, Paris, Libraires associés, 1759, 10 vol.

Moureau, 1893: Moureau, Adrien, *Les Moreau*, Paris, Librairie de l'art, 1893.

Moureau, [1894]: Moureau, Adrien, *Les Saint-Aubin*, Paris, Librairie de l'art [1894].

Moureau, 1991: Moureau, François, 'Courrier du Bas-Rhin', dans *Dictionnaire des journaux*, i.286-88.

Moureau, 1999: Moureau, François, 'Manzon', dans *Dictionnaire des journalistes*, ii.676-79.

Müller, 1750: Миллер, Федор Иванович [Müller, Gerhard Friedrich], *Описание Сибирского царства* [*Description de la Sibérie*], Saint-Pétersbourg, Académie des sciences, 1750.

Müller, 1732-1764: Müller, Gerhard Friedrich, éd., *Sammlung Russischer Geschichte*, Saint-Pétersbourg, Académie des sciences, 1732-1764, 9 vol.

Muller, 1725: Muller, Jean Bernard, 'Mœurs et usages des Ostiackes', dans Weber, 1725, ii.147-225.

Müller, 1973: Müller, Ludolf, 'Древнерусское сказание о хождении Апостола Андрея в Киев и Новгород' ['La légende vieux-russe du voyage de l'apôtre André à Kiev et Novgorod'], *Летописи и хроники* [*Annales et chroniques*], Mélanges N. N. Voronine, Moscou 1973, p.48-63.

Münnich, 1989: Münnich, Burchard Christoph von, '*Ebauche' du gouvernement de l'Empire de Russie*, éd. Francis Ley, Genève, Droz, 1989 [édition originale: *Ebauche pour donner une idée de la forme du gouvernement de Russie*, 1774].

Munro, 1983: Munro, George E., 'Politics, sexuality and servility: the debate between Catherine II and the abbé Chappe d'Auteroche', *Russia and the West in the eighteenth century*, colloque de 1981, éd. A. G. Cross, Newtonville, Mass., Oriental Research Partners, 1983, p.126-31.

Nakagawa, 1994: Nakagawa, Hisayasu, 'Réponse d'une philosophe du pays sauvage à un philosophe du pays civilisé: l'*Antidote* de Catherine II de Russie contre le *Voyage en Sibérie* de Chappe d'Auteroche', *Etudes de langue et littérature françaises* 64, Tokyo, 1994, p.16-28.

Nationalmuseum Stockholm, 1990: Nationalmuseum Stockholm, *Illustrerad katalog över äldre utländskt måleri, Illustrated catalogue European paintings*, avant-propos de Görel Cavalli-Björkman, Västervik, C. O. Ekblad & Co, 1990.

Nécrologe, 1771: 'Eloge de M. l'abbé Chappe d'Auteroche', *Nécrologe des hommes célèbres de France*, Paris, Moreau, t.vi, 1771, p.133-57.

Nemilova, 1985: Немилова И. С., *Французская живопись. XVIII Век. Собрание Западноевропейской живописи – Каталог*, [*La Peinture française du XVIIIe siècle*], Leningrad, Iskousstvo, 1985.

Nemilova, 1986: [Inna S. Nemilova, *The hermitage: catalogue of western European painting: French painting eighteenth century*, Moscou, Iskusstvo Publishers, Florence Giunti Barbèra Martello, 1986].

Neuman, 1986: Neuman, Carol Jones, 'The historical background', dans Rorschach, 1986, p.21-26.

Niederle, 1926: Niederle, Lubor, *Manuel de l'antiquité slave*, Paris, Champion, 1926.

Niqueux, 1992: Niqueux, Michel, éd., *La Question russe, essais sur le nationalisme russe*, Paris, Editions universitaires, 1992.

Normand, 1909: Normand, Charles, *L'Art et les mœurs en France*, Paris, Renouard et H. Laurens, 1909 (ouvrage collectif).

Nunis, 1982: *The 1769 transit of Venus. The Baja California observations of Jean-Baptiste Chappe d'Auteroche, Vicente de Doz, and Joaquim Velásquez Cárdenas de León*, éd. Doyce B. Nunis, Jr., trad. James Donahue, Maynard J. Geiger et Iris Wilson Engstrand, Los Angeles, *Baja California travels series* 46, Los Angeles, Natural history museum of Los Angeles County, 1982.

Ogarev, 1953: Огарев, Николай, 'Письма Огарева к Герцену' ('Lettres d'Ogarev à Herzen'), *Литературное наследство* [*L'Héritage littéraire*], t. 61, Moscou 1953, p.703-96.

Olearius, 1659: Olearius [Oelschläger], Adam, *Relation du voyage d'Adam Olearius en Moscovie, Tartarie et Perse fait à l'occasion d'une ambassade au grand duc de Moscovie, et au roy de Perse par le duc de Holstein depuis l'an 1633 jusques en l'an 1639*, trad. A. de Wicquefort, Paris, J. Du Puis, 1659, 2 vol.

Omeltchenko, 1993: Омельченко, Олег Анатольевич, '*Законная монархия* Екатерины II: просвещенный абсолютизм в России* [*La 'Monarchie légale' de Catherine II: l'absolutisme éclairé en Russie*], Moscou, Iourist, 1993.

Otcherki istorii SSSR, 1956: *Очерки истории СССР XVIII в. Вторая половина* [*Etudes d'histoire de l'URSS Deuxième moitié du XVIIIe siècle*], Moscou, Ed. de l'Académie des sciences de l'URSS, 1956.

Oulojénié, 1961: *Соборное Уложение 1649 года* [*Code de 1649*], éd. Тихомиров, Михаил Николаевич, Епифанов, Петр Павлович, Moscou, Université de Moscou, 1961.

Ouspenski, 1913: Ouspenski, A. I., *Словарь художников в XVIII веке писавших в императорских дворцах* [*Dictionnaire des peintres ayant décoré les palais impériaux au XVIIIe siècle*], Moscou, A. I. Snegirev, 1913.

Ovsiannikov, 1994: Овсянников, Юрнй, '"Московские письма" графа Локателли, Итальянец в Петербурге' ['Les "Lettres moscovites" du comte Locatelli, un Italien à Pétersbourg'], *Вопросы литературы* [*Questions de littérature*], 1994/4, p.219-39.

Pape, 1989: Pape, Maria Elisabeth, 'Turquerie im 18. Jahrhundert und der "Recueil Ferriol" ', exp. *Europa und der Orient 800-1900*, Berlin, Berlsmann Lexikon Verlag, 1989, p.305-23.

Pechtitch, 1965: Пештич, Сергей Леонидович, *Русская историография XVIII*, [*L'historiographie russe du XVIIIᵉ siècle*], Leningrad, Université de Leningrad, 1965.

Pecker, 2002: Pecker, Jean-Claude, 'Les astronomes français des Lumières', dans *Sciences, musiques, Lumières: mélanges offerts à Anne-Marie Chouillet*, Centre International d'étude du XVIIIᵉ siècle, Ferney-Voltaire 2002, p.433-49.

Pekarski, 1870-1873: Пекарский, Петр Петрович, *История императорской Академии Наук в Петербурге Петра Пекарского* [*Histoire de l'Académie impériale des sciences de Saint-Pétersbourg, de Piotr Pekarski*], Saint-Pétersbourg, Imprimerie de l'Académie des sciences, t.i, 1870; t.ii, 1873.

Perez et Pinault, 1985-1986: Perez, Marie-Félicie, et Madeleine Pinault, 'Three new drawings by Jean-Jacques de Boissieu', *Master drawings* 23-34 (1985-1986), p.389-95 et illustrations hors texte.

Perry, 1717: Perry, John, *Etat présent de la Grande-Russie, contenant une relation de ce que S. M. czarienne a fait de plus remarquable dans ses états, et une description [...], par le capitaine Jean Perry*, trad. par Hugony, La Haye, H. Dusauzet, 1717.

Perry, 1718: Perry, John, *Etat présent de la Grande Russie*, Paris, Cailleau, 1718.

Pinault Sørensen, 1988: Pinault Sørensen, Madeleine, 'A l'Ouest', dans *Corps écrit* 27, Paris, PUF, 1988, p.19-26.

Pinault, 1990: Pinault, Madeleine, *Le Peintre et l'histoire naturelle*, Paris, Flammarion, 1990.

Pinault Sørensen, 1994: Pinault Sørensen, Madeleine, 'Le Voyage de Chappe d'Auteroche en Californie', *Barbares et sauvages: images et reflets de la culture occidentale*, actes du colloque de Caen, 26-27 février 1993, éd. Jean-Louis Chevalier, Mariella Colin et Ann Thomson, Caen, Presses universitaires de Caen, 1994, p.141-51.

Pinault Sørensen: Pinault Sørensen, Madeleine, 'Grimm, amateur d'art, critique et courtier', dans *La Culture française en Europe et les archives de l'est* (à paraître).

Pinault Sørensen et Sørensen, 1993: Pinault Sørensen, Madeleine, et Bent Sørensen, 'Recherches sur un graveur de l'*Encyclopédie*: Defehrt', *RDE* 15 (novembre 1993), p.97-112.

Pingaud, 1886: Pingaud, Léonce, *Les Français en Russie et les Russes en France*, Paris, Didier, Perrin et Cie, 1886.

Pirazzoli-T'Serstevens, 1969: Pirazzoli-T'Serstevens, Michèle, *Gravures des conquêtes de l'empereur de Chine K'ien-Long au musée Guimet*, Paris, musée Guimet, Les Presses artistiques, 1969.

Plekhanov, 1923-1927: Плеханов, Георгий Валентинович, *Сочинения* [*Œuvres*], Moscou–Leningrad, 1923-1927, 24 vol. in-8°. Sur l'*Antidote*, xxii.176-84.

Pluchart, 1889: Pluchart, Henry, *Ville de Lille, musée Wicar, notice des dessins, cartons, pastels, miniatures et grisailles exposés précédée d'une Introduction et du résumé de l'Inventaire général*, Lille, A. Massart imprimeur, 1889.

Portal, 1990: Portal, Roger, *Pierre le Grand*, Bruxelles, Editions Complexe, 1990 (1ʳᵉ éd. Le Club français du livre, 1951).

Portalis, 1877: Portalis, Roger, *Les Dessinateurs d'illustrations au dix-huitième siècle*, Paris, Damascène Morgand et Charles Fatout, 2 vol., 1877.

Portalis et Béraldi: Portalis, baron Roger, et Henri Béraldi, *Les Graveurs du dix-huitième siècle*, Paris, Damascène Morgand et Charles Fatout, Paris, i, 1880; ii, 1881; iii, 1882.

Posselt, 1990: *Die Große Nordische Expedition von 1733 bis 1743. Aus Berichten der Forschungsreisenden Johann Georg Gmelin und Georg Wilhelm Steller*, Munich, C. H. Beck, 1990, avec un texte de Doris Posselt.

Potocka, 1897: Potocka, Anne, *Mémoires de la comtesse Potocka, 1794-1820*, publiés par Casimir Stryienski, Paris, Plon, Nourrit et Cie, 1897.

Pouchkine, 1950-1951: Пушкин, Александр Сергеевич, *Полное собрание сочинений в десяти томах* [*Œuvres complètes en dix volumes*], Moscou, Académie des sciences de l'URSS, 1950-1951.

Prevost, 1954: Prevost, M., notice 'Bure (De)', *Dictionnaire de biographie française*, éd. M. Prevost et Roman d'Amat, t.vii, Paris 1954, Librairie Letouzey et Ané, p.683-84.

Procès-verbaux: *Протоколы заседаний конференции Академии Наук с 1725 по 1803 год* / *Procès-verbaux des séances de l'Académie impériale des sciences depuis sa fondation jusqu'à 1803*, t.i-iv, Saint-Pétersbourg 1897-1911 [procès-verbaux en latin, allemand et français]: t.ii (1744-1770), 1899: t.iii (1771-1785), 1900 [l'ouvrage est pourvu de deux titres].

Pronina, 1983: Пронина, И. А., *Декоративное искусство в Академии Художеств – Из истории русской художественной школы XVIII – первой половины XIX века* [*L'Art décoratif à l'Académie des beaux-Arts – Histoire de l'école russe des arts du XVIIIe – première moitié du XIXe siècles*], Moscou, Iskousstvo, 1983.

Proust, 1969: Proust, Jacques, 'Diderot, l'Académie de Pétersbourg et le projet d'une *Encyclopédie russe*', *Diderot studies* 12 (1969), p.103-31.

Proust, 1976: Proust, Jacques, '"Le joueur de Flûte de Passy", Diderot et l'image du paysannat russe', dans *Les Préoccupations économiques et sociales des philosophes [...] du XVIIIe siècle*, Colloque, Bruxelles, 26-27 mai 1975,

Etudes sur le XVIIIe siècle, III, Bruxelles, éd. de l'Université libre de Bruxelles (1976), p.223-33.

Pypine, 1890-1892: *История русской Этнографии* [*Histoire de l'ethnographie russe*], Saint-Pétersbourg, Imprimerie Stasioulévitch, 1890-1892, 4 vol. in-8°.

Pypine, 1901: Пыпин, Александр Николаевич, 'Введение. Кто был автором *Антидота*' ['Introduction: qui était l'auteur de l'*Antidote*'], Catherine II, 1901-1907, t.vii, 1901, p.i-lvi.

Quérard, 1828: Quérard, Joseph Marie, *La France littéraire*, t.ii, Paris, Didot père et fils, 1828.

Quérard, 1869: Quérard, Joseph Marie, *Les Supercheries littéraires dévoilées*, Paris, Paul Daffis, 1869-1870, 3 vol.

Racault, 1990: Racault, Jean-Michel, 'Le voyage de Pingré dans l'océan Indien', *DHS* 22 (1990), p.107-20.

Radichtchev, 1988: Radichtchev, Alexandre, *Voyage de Pétersbourg à Moscou*, trad. Madeleine et Wladimir Berelowitch, préface de Franco Venturi, Paris, Gérard Lebovici, 1988.

Rambaud, 1890: Rambaud, Alfred, éd, *Recueil des instructions données aux ambassadeurs français et ministres de la France, Russie*, t.ix, Paris, 1890.

Raskine, 1978: Raskine, Abram, *Petrodvorets (Peterhof) palais et pavillons jardins et parcs fontaines et cascades sculptures*, trad. Vladimir Maximoff. Leningrad, Editions d'art Aurore, 1978.

Raynal, 1774: Raynal, abbé Guillaume Thomas François, *Histoire philosophique et politique des établissements et du commerce des Européens dans les deux Indes*, La Haye, Gosse fils, 1774, 7 vol.

Raynal, 1780: Raynal, abbé Guillaume Thomas François, *Histoire philosophique et politique des établissements et du commerce des Européens dans les deux Indes*, Genève, Pellet, 1780, 4 vol.

Raynal, 1981: Raynal, abbé Guillaume Thomas François, *Histoire philosophique et politique des deux Indes*, choix de textes par Yves Bénot, Paris, Maspero, 1981.

Réau, 1921: Réau, Louis, 'L'exotisme russe dans l'œuvre de Jean-Baptiste Le Prince', *Gazette des beaux-arts* (1921), p.147-65.

Réau, 1924: Réau, Louis, *Histoire de l'expansion de l'Art français moderne: le monde slave et l'orient*, Paris, H. Laurens, 1924.

Reiset, 1869: Reiset, Frédéric, *Musée national du Louvre: notice des dessins, cartons, pastels, miniatures et émaux exposés dans les salles du 1er et du 2e étage au Musée impérial du Louvre, Deuxième partie, école française, dessins indiens, émaux*, Paris, Ch. de Mourgues Frères, 1869.

Rémusat, 1831: Rémusat, Jean-Pierre-Abel, 'Notice historique sur la vie et les ouvrages de m. Gosselin', *Histoire et mémoires de l'Institut royal de France, Académie des inscriptions et belles-lettres* 9, Paris, Imprimerie royale, 1831, p.200-21.

Riasanovsky, 1987: Riasanovsky, Nicholas V., *Histoire de la Russie des origines à 1984*, trad. André Berelowitch, Paris, Robert Laffont, 1987.

Ribier, 1905: Ribier, Dr Louis de, *La Chronique de Mauriac, par Montfort, suivie de documents inédits sur la ville et le monastère*, Paris, Champion, 1905.

Ricci, 1923: Ricci, Seymour de, *The Rœderer Library of French books: prints and drawings of the 18th century*, Philadelphie, New York, The Rosenbach Library, 1923.

Roland Michel, 1976: Roland Michel, Marianne, 'Représentations de l'exotisme dans la peinture en France dans la première moitié du XVIIIe siècle', *SVEC* 154 (1976), p.1437-57.

Roland Michel, 1987: Roland Michel, Marianne, *Le Dessin français au*

XVIIIe siècle, Fribourg, Office du livre et Paris, Editions Vilo, 1987.

Rorschach et Taylor, 1985: Rorschach, Kimerly et Susan B. Taylor in cat. exp. *Eighteenth-century French book: drawings by Fragonard and Gravelot from the Rosenbach Museum and Library*, Philadelphie, Rosenbach Museum and Library, 1985.

Rorschach, 1986: Rorschach, Kimerly, 'Le Prince, Chappe d'Auteroche and the *Voyage en Sibérie*', dans Kimerly Rorschach, *Drawings by Jean-Baptiste Le Prince for the 'Voyage en Sibérie'*, Philadelphie, Rosenbach Museum and Library, 1986, p.9-17.

Rouchès et Huyghe, 1938: Rouchès, Gabriel, et René Huyghe, *Cabinet des dessins du musée du Louvre: catalogue raisonné: Ecole française de J.-F. Millet à Ch. Muller* [t.xi], Paris, Edition des musées nationaux, Palais du Louvre, 1938.

Rouët de Journel, 1952: Rouët de Journel, le P. Marie Joseph, *Monachisme et monastères russes*, Paris, Payot, 1952.

Rousset de Missy, 1728: Rousset de Missy, Jean [pseud. Baron Iwan de Nestesuranoi], *Mémoires du règne de Catherine, impératrice et souveraine de toute la Russie*, La Haye, Alberts et Van der Kloot, 1728.

Roux, 1981: Roux, Jean-Paul, 'Turcs et Mongols. La religion et les mythes', *Dictionnaire des mythologies*, éd. Yves Bonnefoy, Paris, Flammarion, 1981, t.ii.

Rovinski, 1886-1889: Ровинский, Д. А., *Подробный словарь русских гравированных портретов* [*Dictionnaire détaillé des portraits russes gravés*], 4 vol., Saint-Pétersbourg, 1886-1889.

Roy, 1856: Roy, Just Jean Etienne, *Les Français en Russie, souvenirs de la campagne de 1812 et de deux ans de captivité en Russie*, Tours, A. Mame, 1856.

Rulhière, 1797: Rulhière, Claude-Carloman de, *Histoire, ou anecdotes sur la révolution de Russie en 1762*, Paris, Desenne, 1797.

Rulhière, 1819: Rulhière, Claude-Carloman de, *Œuvres*, Paris, Ménard et Desenne fils, 2 vol., 1819.

Sabatier de Cabre, 1869: Sabatier de Cabre, Honoré-Auguste, *Catherine II, sa cour et la Russie en 1772*, 2ᵉ éd., Berlin, A. Asher, 1869 [1ʳᵉ éd., Berlin 1862].

Sade, 1998: Sade, Donatien Alphonse François, marquis de, *Histoire de Juliette, ou les prospérités du vice*, dans *Œuvres complètes*, Pléiade, éd. Michel Delon, Paris, Gallimard, t.iii, 1998.

Sagard, 1990: Sagard, Gabriel, *Le Grand Voyage du pays des Hurons*, éd. Réal Ouellet, Introduction et notes par Réal Ouellet et Jack Warwick, [s.l.], Leméac éditeur, Bibliothèque Québécoise, 1990.

Saur: *Saur Allgemeines Künstler Lexikon. Die Bildenden Künstler aller Zeiten und Völker*, Munich, Leipzig, K. G. Saur, 6, 1992, 14, 1996.

Savary, 1675: Savary, Jacques, *Le Parfait Négociant ou Instruction générale pour ce qui regarde le commerce*, Paris, Louis Billaine, 1675.

Schéfer, 1918: Schéfer, Gaston, *Moreau le Jeune, 1741-1814*, Paris, Manzi, Joyant et Cie, 1915.

Scherer, 1788: Scherer, Jean-Benoît, *Histoire raisonnée du commerce de la Russie*, Paris, Cuchet, t.i, 1788.

Schwan, 1764: Schwan, Christian Friedrich [pseud. La Marche] *Lettres d'un officier allemand à un gentilhomme livonien, écrites de Pétersbourg en 1762, tems du règne & du détrônement de Pierre III, empereur de Russie, recueillies et publiées par C. F. S. de La Marche*, Londres, Aux dépens de la Compagnie [La Haye], 1764.

Schwan, 1766: Schwan, Christian Friedrich, *Histoire et anecdotes de la vie, du règne, du détrônement et de la mort de Pierre III, dernier empereur de toutes les Russies, etc., etc., etc., écrites en forme de lettres publiées par Mr. de La Marche* (Lettres d'un gentilhomme allemand de S. Pétersbourg à son ami en Livonie), Londres, aux dépens de la Compagnie, 1766 [même ouvrage que le précédent, même pagination, suivi de: *Histoire de la vie, du règne et du détrônement d'Ivan III [sic], empereur de Russie, assassiné à Schlüselbourg...*].

Scott, 1987: Scott, Barbara, *Letters from Paris*, 'Peter the Great and after', *Apollo* (janvier, 1987), n° 299, p.66.

Ségur, 1824-1826: Ségur, Louis-Philippe, comte de, *Mémoires, ou Souvenirs et anecdotes*, Paris, Eymery, 1824-1826, 3 vol.

Sevastianov, 1987: Севастьянов, А., 'Вольтер глазами Пушкина' ['Voltaire vu par Pouchkine'], *Вопросы литературы* [*Questions de littérature*], 1987, n° 2, p.146-67.

Seznec, 1967: Diderot, *Salons*, éd. Jean Seznec, vol. iv, *Salons de 1767, 1771, 1775, 1781*, Oxford, The Clarendon Press, 1967.

Sgard, 1982: Sgard, Jean, 'L'échelle des revenus', *DHS* 14 (1982), p.425-33.

Simpson, 1942: Simpson, George Gaylord, 'The beginnings of vertebrate paleontology in North America', *Proceedings of the American philosophical society*, col. 86, 1 (septembre 1942), p.130-88.

Smith, 1976: Smith, Hedrick, *Les Russes*, trad. Maud Sissung, France-Marie Watkins et Jeanne-Marie Witta, Paris, Belfond, 1976.

Soboul, Lemarchand, Fogel, 1977: Soboul, Albert, Guy Lemarchand et Michèle Fogel, *Le Siècle des Lumières*, Paris, PUF, t.i, 1977 (*Peuples et civilisations*).

Sommervogel, 1890-1900: Sommervogel, Carlos, *Bibliothèque de la compagnie de Jésus: Bibliographie*, Paris, Alphonse Picard, et Bruxelles, Oscar Schepens, 1890-1900.

Somov, 1986: Сомов, Владимир, 'Франпузская "Россика" Эпохи Просвещения и русский читатель'

['Les "rossica" français à l'époque des Lumières et le lecteur russe'], dans *Французская книга в России в XVIII в.* [*Le livre français en Russie au XVIIIe siècle*], Leningrad, Naouka, 1986, p.173-245.

Soukhomlinov, 1876: Сухомлинов, Михаил Иванович, *История Российской Академии* [*Histoire de l'Académie russe*], 2, *Записки императорской Академии Наук* [*Mémoires de l'Académie impériale des sciences*], t.xxvii, Saint-Pétersbourg, 1876.

Souriau, 1905: Souriau, Maurice, *Bernardin de Saint-Pierre d'après ses manuscrits*, Paris, Société française d'imprimerie et de librairie, 1905.

Stählin, 1990: Штелин, Якоб, *Записки Якоба Штелина об изящных искусствах в России* [*Mémoires de Jacob Stählin sur les beaux-arts en Russie*], éd. K. V. Malinovski, 2 vol., t.i, Moscou, Iskousstvo, 1990.

Stein, 1912: Stein, Henri, *Augustin Pajou*, Paris, Emile Levy, 1912.

Stein, 1996: Stein, Perrin, 'Le Prince, Diderot et le débat sur la Russie au temps des Lumières', *Revue de l'art*, n° 112, 1996-2, p.16-27.

Strahlenberg, 1757: Strahlenberg, Philip-Johan Tabbert von, *Description historique de l'empire russien*, trad. Barbeau de La Bruyère, Amsterdam et Paris, Desaint et Saillant, 1757, 2 vol.

Strube de Piermont, 1978: Strube de Piermont, Frédéric Henri, *Lettres russiennes*, éd. Corrado Rosso, Pise, La Goliarda, 1978.

Struys, 1684: Struys, Jans Janszoon, *Les Voyages de Jean Struys en Moscovie, en Tartarie, en Perse, aux Indes, et en plusieurs autres pays étrangers*, Lyon, T. Amaulry, 1684, 2 vol.

Swinton, 1798: Swinton, Andrew, *Voyage en Norwège, en Danemarck et en Russie dans les années 1788, 89, 90 et 91*, trad. P. F. Henry, Paris, F. Josse, 1798, 2 vol.

Tavernier, 1998: Tavernier, Roger, 'Le *Voyage en Sibérie* de l'abbé Chappe et Gerhard Dumbar, son traducteur hollandais', dans Emmanuel Waegemans, éd., *Russia and the Low Countries in the eighteenth century*, Groningen 1998, p.263-83.

Taylor, 1987: Taylor, Sean J., 'Pendants and commercial plays: formal and informal relationship in the work of Nicolas Delaunay', *Zeitschrift für Kunstgeschichte* 50, Band 1987, 4, p.509-38.

Tchetchouline, 1906: Чечулин, Николай Дмитриевич, *Очерки по истории русских финансов в царствование Екатерины* [*Essais sur l'histoire des finances russes sous le règne de Catherine II*], Saint-Pétersbourg, Imprimerie du Sénat, 1906.

Tchoudinov, 1999: Tchoudinov, Alexandre, 'Gilbert Romme à propos de l'armée russe au XVIIIe siècle', *Cahiers du monde russe* 40/4 (octobre-décembre 1999), p.723-50.

Thieme et Becker Thieme, Ulrich, et Becker, Felix, *Allgemeines Lexikon der Bildenden Künstler von der Antike bis zur Gegenwart*, Leipzig, W. Engelmann, veb. E. A. Seeman Verlag, 1907-1950, 37 vol.

Thubron, 1991: Thubron, Colin, *Les Russes*, trad. Bernard Blanc, Paris, Payot, 1991.

Tooley, 1979: Tooley, Ronald Vere, *Tooley's dictionary of mapmakers*, New York, Alan R. Liss Inc., et Amsterdam, Meridian, 1979.

Tourneux, 1899: Tourneux, Maurice, *Diderot et Catherine*, Paris, Calmann-Levy, 1899.

Trénard, 1985: Trénard, Louis, notice 'Gosselin', *Dictionnaire de biographie française*, éd. M. Prevost, Roman d'Amat et H. Tribout de Morembert, t.xvi, Paris, Librairie Letouzey et Ané, 1985, p.657-58.

Troitski, 1966: Троицкий, Сергей Мартинович, *Финансовая политика русского абсолютизма в XVIII веке* [*La Politique financière de*

l'absolutisme russe au XVIIIe siècle],
Moscou, Naouka, 1966.

Troyat, 1977: Troyat, Henri, *Catherine
la Grande*, Paris, Flammarion, 1977.

Van Regemorter, 1971: Van Regemorter, Jean-Louis, *Le Déclin du
servage*, 1796-1855, Paris, Hatier,
1971.

Venturi, 1988: Venturi, Franco, pré-
face de Radichtchev [trad. Michel
Pétris], *Voyage de Pétersbourg à
Moscou*, Paris, 1988.

Vesselovski, 1893: Веселовский,
Константин Степанович, *Не-
сколько материалов для истории Академии наук в биографи-
ческих очерках ее деятелей
былого времени* [*Quelques documents
pour l'histoire de l'Académie des sciences
tirés des essais biographiques de ses
représentants d'autrefois*], Académie
impériale des sciences, 1893.

Vockerodt, 1999: Vockerodt, *Considérations sur l'état de la Russie sous Pierre
Ier*, dans Voltaire, *OC*, t.47, appendice III, p.1044-1164.

Voltaire, *Histoire de Pierre le Grand*
Voltaire, *Histoire de l'empire de Russie
sous Pierre le Grand*, éd. critique par
Michel Mervaud avec la collaboration de Ulla Kölving, Christiane
Mervaud et Andrew Brown, *OC*,
t.46-47, Oxford 1999.

Voltaire, *Philosophie de l'Histoire* Voltaire, *La Philosophie de l'Histoire*, éd.
J. H. Brumfitt, *OC*, t.59, Oxford
1969.

Voreaux, 1998: Gérard Voreaux, *Les
Peintres lorrains du dix-huitième siècle*,
Paris, éditions Messene, 1998.

Voyages historiques de l'Europe, 1693-
1701: *Voyages historiques de l'Europe*
[par Claude Jordan], Paris, Nicolas
Le Gras, 1693-1701, 8 vol. [vol. vii,
1698: *Voiages historiques de l'Europe
contenant l'origine, la religion, les mœurs,
les coûtumes & les forces des Moscovites,
avec quelques remarques sur les Tartares,
de leur voisinage*; autre éd., 1701,
même éditeur, même tome, même
pagination].

Waddington, 1899-1914: Waddington,
Richard, *La Guerre de Sept Ans:
histoire diplomatique et militaire*, Paris,
Firmin-Didot, 1899-1914, 5 vol.

Wagner, 1992: Wagner, Pierre-
Edouard, 'Histoire locale et lettres
classiques: les bibliothèques de
Victor Jacob et de Charles Lorrain'
in *Bibliothèques offertes. Hommage aux
donateurs. Un siècle d'enrichissement
des collections anciennes et précieuses de
la Bibliothèque municipale*, Metz, Mé-
diathèque du Pontiffroy, 1992, p.39-
44.

Waliszewski, 1893: Waliszewski, Ka-
zimierz, *Le Roman d'une impératrice*,
Paris, E. Plon, Nourrit et Cie, 1893.

Weber, 1725: Weber, Friedrich Christian, *Nouveaux mémoires sur l'état présent
de la Grande Russie ou Moscovie*, trad.
par le P. Malassis, Paris, Pissot, 1725,
2 vol.

Welter, 1963: Welter, Gustave, *Histoire
de Russie*, Paris, Payot, 1963.

Wilson, 1970: Wilson, Francesca,
*Muscovy: Russia through foreign eyes
1553-1900*, New York, Washington,
Praeger Publishers, 1970.

Wilson, 1985: Wilson, Arthur M.,
Diderot et son œuvre, trad. Gilles
Chahine, Annette Laurenceau, Anne
Villelaur, Paris, Robert Laffont,
1985.

Witsen, 1785: Witsen, Nicolaas, *Noord
en Oost Tartarye*, Amsterdam, M.
Schalekamp, 1785, 2 vol. [première
éd., Amsterdam 1692].

Wolf, 1877: Wolf, Rudolf, *Geschichte der
Astronomie*, dans *Geschichte der Wis-
senschaften in Deutschland*, Band 16,
München, R. Oldenbourg, 1877.

Wolf, 1902: Wolf, Charles Joseph
Etienne, *Histoire de l'Observatoire de
Paris, de sa fondation à 1793*, Paris,
Gauthier-Villars, 1902.

Woolf, 1959: Woolf, Harry, *The Tran-
sits of Venus: a study of eighteenth-
century science*, Princeton University
Press, 1959.

Woolf, 1962: Woolf, Harry, *Les Astronomes français, le passage de Vénus et la*

diffusion de la science au XVIIIe siècle, Paris, Université de Paris, Palais de la Découverte, 1962.

Woolf, 1971: Woolf, Harry, 'Chappe d'Auteroche', *Dictionary of scientific biography*, éd. Charles Coulston Gillispie, New York, C. Scribner's sons, vol. iii, 1971, p.197-98.

Zach, 1818: Zach, Friedrich von, *Correspondance astronomique, hydrographique et statistique*, Gênes, A. Ponthenier, 1818-1826, 15 vol.: vol. i, 1818.

Zinner, 1968: Зиннер, Эрвин Петрович, *Сибирь в известиях западноевропейских путешественников и ученых XVIII века* [*La Sibérie vue par les voyageurs et les savants occidentaux du XVIIIe siècle*], Irkoutsk, Editions de Sibérie orientale, 1968.

Expositions

(références précédées de: exp.)

The Rococo age, Atlanta 1983: *The Rococo age, French masterpieces of the eighteenth century*, Atlanta, Georgia, High Museum of Art, 1983, cat. High Museum of Art par Eric M. Zafran, Introduction, Jean-Luc Bordeaux.

Römische Skizzen, Berlin, 1988: *Römische Skizzen. Zwischen Phantasie und Wirklichkeit*, Berlin, Staatsbibliothek, éd. Philipp von Zabern, 1988, cat. collectif sous la direction de Dirk Syndram.

Französische Zeichnungen, Frankfurt am Main, 1986-1987: *Französische Zeichnungen im Städelschen Kunstinstitut 1550 bis 1800*, Frankfurt am Main, Städtische Galerie im Städelschen Kunstinstitut, 1986-1987, notices par Hildegard Bauereisen et Margret Stuffmann.

De Veronese à Goya, Japon, 1993-1994: *De Veronese à Goya: Tableaux et dessins du Palais des Beaux-Arts de Lille*, exposition itinérante au Japon (Tokyo, Tobu Museum of Art; Yokohama, Yokohama Museum of Art; Nagoya, Aichi Prefectural Museum of Art; Kitahyushu, Kitahyushu Municipal Museum of Art), 1993-1994, cat. par Arnauld et Barbara Brejon de Lavergnée.

Diderot et la critique, Langres, 1984: *Diderot et la critique de Salon 1759-1781*, Langres, musée du Breuil de Saint-Germain, 1984, cat. par Jacques Chouillet, Else Marie Bukdahl et Roland May.

Au temps de Watteau, Lille, 1985: *Au temps de Watteau, Fragonard et Chardin, les Pays-Bas et les peintres français au XVIIIe siècle*, Lille, musée des Beaux-Arts, 1985, notices Le Prince par Lise Duclaux, Catherine Louboutin et Hervé Oursel.

France in the eighteenth century, Londres, 1968: *France in the eighteenth century*, Londres, Royal Academy, 1968, cat. collectif sous la direction de Denys Sutton.

French landscapes, Londres, 1977: *French landscapes drawings and sketches of the eighteenth century. Catalogue of a loan exhibition from the Louvre and other French museums at the Department of Prints and Drawings in the British Museum*, Londres, The British Museum Publications Ltd, 1977, cat. sous la direction de Roseline Bacou.

Jean-Baptiste Le Prince, Metz, 1988: *Jean-Baptiste Le Prince*, Metz, musée d'art et d'histoire, 1988, cat. par Magdelaine Clermont Joly.

Dessin français, 1977: *Французский Рисунок XVI-XVIII веков. Из собрания Государственного музея изобразительных искусств имени А. С. Пушкина* [*Le Dessin français des XVIe-XVIIIe siècles – la collection du musée des Beaux-Arts Pouchkine à Moscou*], Moscou, Iskousstvo, 1977.

Costumes des Peuples de Russie, Moscou, 1990: *Костюм народов России в Графике XVIII-XX Веков. Из фондов Государственной центральной театральной библиотеки.* [*Costumes des peuples de Russie dans l'art graphique des XVIIIe-XXe siècles des réserves de la Bibliothèque théâtrale centrale d'Etat*], Moscou 1990.

La Lorraine dans l'Europe, Nancy, 1966: *La Lorraine dans l'Europe artistique du XVIIIe siècle*, Nancy, Musée des beaux-arts, 1966.

A Selection from our shelves, New York, 1973: *A Selection from our shelves: books manuscripts and drawings from the Philip H. et A. S. W. Rosenbach Foundation Museum, Philadelphie*, New York, Grolier Club, 1973, ouvrage par Clive E. Driver.

The Art of drawing in France, New York et Edimbourg, 1987: *The Art of drawing in France*, New York, The Drawing Center, et Edimbourg, National Gallery of Scotland, 1987, čat. Sotheby's Publications par Per Bjurström.

L'Eloge de l'Ovale, Paris, 1975: *L'Eloge de l'Ovale, Peintures et pastels du XVIIIe siècle français*, Paris, Galerie Cailleux, 1975, n° 17, avant-propos par Jean Cailleux, cat. par Marianne Roland Michel.

La Diseuse de bonne aventure, Paris, 1977: *La Diseuse de bonne aventure de Caravage, Les dossiers du département des Peintures*, Paris, musée du Louvre, département des Peintures, 1977, cat. Réunion des musées nationaux par Jean-Pierre Cuzin.

Dieux et démons de l'Himâlaya, Paris, 1977: *Dieux et démons de l'Himâlaya, art du bouddhisme lamaïque*, Paris, Grand-Palais, 1977, cat. Réunion des musées nationaux, par Gilles Béguin.

Dessin et sciences, Paris, 1984: *Dessin et sciences*, Paris, Musée du Louvre, Cabinet des Dessins, 1984, cat. Réunion des Musées nationaux par Madeleine Pinault et al.

Diderot et l'art, Paris, 1984-1985: *Diderot et l'art de Boucher à David: les Salons 1759-1781*, Paris, Hôtel de la Monnaie, 1984-1985, cat. Réunion des Musées nationaux par Marie-Catherine Sahut et Nathalie Volle et al.

Graveurs français, Paris, 1985: *Graveurs français de la seconde moitié du XVIIIe siècle*, Paris, musée du Louvre, XIIIe exposition de la collection Edmond de Rothschild, 1985, cat. Réunion des musées nationaux par Pierrette Jean-Richard.

La France et la Russie, Paris 1986-1987: *La France et la Russie au siècle des Lumières*, Paris, galeries nationales du Grand-Palais, 1986-1987, cat. par Annie Angremy et Jean-Pierre Cuzin et al.

Le Dessin français, Paris, New York, 1993-1994: *Le Dessin français: chefs d'œuvre de la Pierpont Morgan Library*, Paris, musée du Louvre, Département des Arts graphiques et New York, The Pierpont Morgan Library, 1993-1994, cat. par Cara Dufour Denison.

Dessiner la nature, Paris, 1996: *Dessiner la nature: dessins et manuscrits des bibliothèques de France XVIIe-XVIIIe-XIXe siècles*, Paris, Espace Electra, 1996, n° 127, cat. par Madeleine Pinault Sørensen.

Pajou, Paris et New York, 1997-1998: *Pajou, sculpteur du Roi 1730-1809*, Paris, musée du Louvre, 1997-1998 et New York, Metropolitan Museum of Art, 1998, cat. Réunion des musées nationaux par James David Draper et Guilhem Scherf.

Splendeurs des collections de Catherine II de Russie, le cabinet de pierres gravées du duc d'Orléans, Paris, Centre culturel du Panthéon, 2000, cat. sous la direction de Julia Kagan et Oleg Neverov.

Augustin de Saint-Aubin, Paris, s.d. *Augustin de Saint-Aubin: portraits gravés ancienne collection Beraldi*, Paris, L'Albertine, s.d.

Drawings by Jean-Baptiste Le Prince, Philadelphie, Pittsburgh, New York, 1986-1987 *Drawings by Jean-Baptiste*

Le Prince for the 'Voyage en Sibérie', Philadelphie, Rosenbach Museum and Library, 1986-1987; Pittsburgh, The Frick Art Museum, 1987; New York, The Frick Collection, 1987, cat. par Kimerly Rorschach.

Street criers, Stanford, 1970: *Street criers and itinerant tradesman in European prints*, Stanford 1970.

Dessins français, Exposition USA, 1972: *Dessins français du 17ᵉ et du 18ᵉ siècles / French master drawings of the 17th & 18th centuries*, exposition itinérante aux USA, 1972, n° 83, cat. par Pierre Rosenberg.

Old master drawings, Washington-Fort Worth, 1990-1991: *Old master drawings from the National Gallery of Scotland*, Washington, National Gallery, 1990 et Fort Worth, Kimbell Art Museum, 1990-1991, cat. par Hugh Macandrew.

Index

Index